긍정심리치료
치료자 매뉴얼

테이얍 라시드 · 마틴 셀리그만 지음 | 우문식 · 이미정 옮김

물푸레 KPPI 한국긍정심리연구소

자신들의 작품이 잘 익은 열매로 맺히기도 전에 저세상으로 간 훌륭한 학자 크리스토퍼 피터슨, 존 아벨라, 수전 훅세마에게 이 책을 바칩니다.
-마틴 셀리그만

내 눈의 빛인 자인과 자이드, 아프로즈에게
-테이얍 라시드

**긍정심리치료
치료자 매뉴얼**

초판 1쇄 발행 2020년 3월 5일
초판 2쇄 발행 2023년 2월 5일

지은이 테이얍 라시드 · 마틴 셀리그만
옮긴이 우문식 · 이미정
펴낸이 우문식
펴낸곳 물푸레
등록번호 제1072호
등록일자 1994년 11월 11일
주소 경기도 안양시 동안구 시민대로 230 아크로타워 B동 D1251호
전화 031-453-3211
팩스 031-458-0097
홈페이지 www.mulpure.com
이메일 ceo@kppsi.com

값 33,000원

ISBN 978-89-8110-335-4 13180

긍정심리치료(PPT)는 상담·코칭·치료·행복·성장의 통합이다

긍정심리학은 왜 우리에게 필요할까. 기존에 존재하는 심리학만으로는 충분하지 않을까. 긍정심리학 창시자 마틴 셀리그만에 따르면 기존 심리학은 절반 정도만 완성된 상태라고 한다(2004). 완성된 절반은 고통, 트라우마, 질병, 분노, 불안, 공포 등만 다룬다는 것이다. 그렇다면 나머지 절반은 무엇으로 채울까. 행복, 기쁨, 감사, 용서, 희망, 회복력 등을 다루는 긍정심리학이다. 이제 심리학은 긍정심리학의 탄생으로 완성되지 않은 절반이 채워지게 된 것이다.

긍정심리학은 1998년 당시 미국심리협회 회장인 셀리그만에 의해 탄생했다. 탄생한지 20여 년밖에 되지 않았지만 최근 심리학의 흐름이라고 할 정도로 심리학뿐만 아니라 교육, 사회과학, 종교 등 사회 각 분야에서 눈부신 발전을 이루어가고 있다. 단적인 예로 세계에서 우울증 등 스트레스를 가장 많이 경험하는 미국 하버드대에서 2002년 강의를 개설한 후 현재까지 가장 인기 있는 과목이라는 점을 들 수 있다. 왜 그렇게 인기가 있는 것일까. 250개 이상 미디어의 평가에 의하면 역사상 가장 실천적 학문이기 때문이라고 한다. 학생들은 긍정심리학은 나 자신에게 포커스를 맞추도록 하고, 어려운 일을 해결해 주기도 하지만 좋은 일을 지속시켜주는 방법을 알려준다고 말한다.

긍정심리학이 사회 각 분야에서 발전을 거듭하고 인기를 얻고 있음에도 유독 인기를 얻지 못하는 분야가 아이러니하게도 상담심리학 분야인듯 하다. 일부에서는 긍정심리학은 사람들의 심리적 문제를 충분히 깊이 파헤치지 않고 긍정적인 생각으로 빠르게 전환한다고 비난하기도 한다. 이러한 상담심리학 분야의 우려와 비난이 있음에도 긍정심리학자들은 지난 20년 동안 상담심리학, 이상심리학 분야에서 연구를 거듭한 결과 긍정심리학을 기반으로 한 긍정심리치료(Positive PsychoTherapy·PPT)의 이론적 틀을 구축하고, 증상과 강점 중심 개입의 차이를 입증했으며, 강점장애 분류를 시도하고, 개입 방법을 개발한 후 PPT 15회기를 완성시켰다. 그리고 그 결과를 2018년과 2019년 치료자를 위한 『긍정심리치료 치료자 매뉴얼』과 내담자를 위한 『긍정심리치료 워크북』을 통해 발표했다.

PPT는 긍정심리학 이론에 광범위하게 기반을 둔, 새롭게 등장한 심리치료 접근 방법이다. 지금까지 심리치료는 내담자가 자신의 심리적 문제를 진술하는 것이었다. 이런 방식은 어린 시절의 트라우마를 파헤치고, 왜곡된 사고를 바로잡으며, 기능장애와 관계를 회복하는 것이 치료라는 가정에 기반을 두고 있다. 심리치료는 내담자의 우울증상과 불안 감소에 큰 기여를 했다. 하지만 내담자의 행복은 치료의 명시적 목적이 아니다. 반면 PPT는 긍정심리학의 팔마(PERMA)를 기반으로 내담자의 행복을 향상시켜 증상을 보이는 스트레스를 완화하고 성장에까지 이르게 하려는 노력이다.

심리치료자(심리학자, 정신건강의학과 의사, 임상심리사, 상담심리사, 사회복지사)의 의무는 우울증, 불안감, 분노 등을 멈추게 하는 것만으로 끝나는 것이 아니다. 내담자들을 행복하게 만들어줄 수 있어야 한다. 심리학자의 사명은 질병을 고치고 행복을 만들어주는 것이다. 내담자들은 그들의 문제를 해결하고 고통을 지우는 것뿐만 아니라 그들의 잠재력을 발휘하고 더 나아가 행복하길 바란다. 그러려면 그에 맞는 도구와 기술들이 필요하다.

셀리그만은 이제 심리치료자의 사명은 2가지라고 말한다. 하나는 치료를 통해 장애를 없애는 것이고, 또 다른 하나는 행복을 만들어 성장시키는 것이다. 그리고 내담자가 "저는 행복해지고 싶어요. 저는 덜 우울해지고 싶어요"라고 한다면 심리치료자는 두 세트의 도구를 갖출 것을 권한다. 첫 번째는 우울증에 대항하는 도구이고, 두 번째는 행복을 만드는 도구다. 우울증에 관한 도구는 많다. 하지만 행복을 만들어주는 도구는 아직 없는 듯하다. 행복을 만들어주는 도구가 바로 PPT다.

우울증을 겪고 있는 내담자가 "선생님, 저는 행복해지고 싶어요. 선생님이 저를 행복하게 살아갈 수 있도록 해주셨으면 좋겠어요"라고 한다면 어떻게 하겠는가. 지금까지 대부분 치료사는 행복을 만드는 방법과 만들어주는 방법 대신 부정적인 요소에 집중했을 것이다. 하지만 증상의 부재가 행복하게 해주는 것은 아니다. 행복은 만드는 것이기 때문이다.

"저는 행복해지고 싶어요"라고 말한다면 이젠 그걸 무시해서는 안 된다. 지금까지는 시도되지 않았던 방식이 그들에게 필요하다. 그것이 바로 긍정심리학이고 PPT다. 긍정심리학은 질환과 고통의 부재 그 이상의 것을 원하는 이들에게 줄 수 있는 해답이기 때문이다. PPT는 상담과 코칭, 행복, 치료, 성장을 동시에 통합시킬 수 있다. 상담과 코칭을 통해 내담자를 행복하게 해서 치료가 되고 성장에 이르게 한다는 것이다. 그래서 셀리그만은 심리학자 와이엇과의 인터뷰에서 PPT를 '심리치료의 혁명'이라고 했다.

나는 2003년 긍정심리학을 우리나라에 최초로 도입해 경영학 석사·박사학위 논문을 쓴 것은 물론 지금까지 오직 긍정심리학만을 연구하고 확장시키고 있다. 긍정심리학에 빠져 두 번의 부도와 그에 따른 수많은 시련을 겪으면서도 2013년 부터 상담심리학을 독학과 심리상담연구원 인턴, 레지던트 과정, 대학원 석사·박사과정에서 새로 배우고 연구하며, 2020년 상담심리학 박사학위를 받았다. 긍정심리학을 심리상담코칭에 정착시키기 위해선 상담심리학에 대한 좀 더 깊이 있는 학문적 이해가 필요했기 때문이다. 현재 PPT 15회기 기반의 개인 상담과 코칭, 집단 상담과 코칭(치료) 프로그램을 운영하고 있다.

이 과정에서 때론 무시와 조롱을 받으며 외롭기도 했지만 오히려 이런 상황이 나를 심리적으로 더욱 단단하게 단련시켰고, 긍정심리학에 대한 사명의식과 열정을 끌어올려준 것 같다. 내가 이 같은 환경 속에서도 긍정심리학을 포기하지 않은 것은 긍정심리학에 대한 사랑과 확신 때문이다. 내가 적용해서 실천해보니까 되더라는 것이다.

나는 이 책의 원서를 처음 받아보고 설레는 마음에 며칠 동안 잠을 제대로 이루지 못했다. 그동안 심리상담 연구를 바닥부터 다시 하면서 "긍정심리학은 깊이가 없어" "붕 뜬 것 같아" "코칭 개념이라 한물 갔어" "상담 작업을 해도 금방 다시 올라올거야" "긍정은 상담을 하다 보면 자연히 나타나는 거야" "사기 아니야!" 같은 이야기를 수없이 들었지만 나홀로 반론하기엔 한계가 있었다. 또한 그동안 내가 긍정심리상담과 코칭 임상을 통해 연구하고 적용한 내용과 거의 일치했기 때문이기도 하다.

상황에 차이는 있을 수 있지만 많은 심리치료자가 이 책을 처음 받아보고 나서 나와 같은 설레는 경험을 할 것이다. 접근 방법의 차이는 있지만 치료 현장에서 스스로 상담과 코칭(치료) 목표를 세우고, 구조화하며, 결과를 확인할 수 있는 검증된 기법들을 간절하게 기다렸을 것이기 때문이다. 이제 치료자들은 '나도 내담자를 행복하게 만들어줄 수 있다'는 확신 역시 가질 수 있을 것이다.

나는 다른 긍정심리학자들과 같이 PPT를 심리치료의 새로운 장르라고는 생각하지 않는다. 그보다 전통적인 '잘못된 것 고치기' 중심의 부정적 접근법을 보충해주는 '강점 키우기' 모델이라고 본다. PPT는 기존의 심리치료를 대체하는 것이 아니라 약점 개선에 치중하는 치료의 균형을 맞추려는 점진적인 변화다. PPT는 인간 경험의 내재적 복잡성을 균형 있게 이해하고자 증상과 강점을, 위험과 자원을, 약점과 가치를, 후회와 희망을 통합하기 때문이다. PPT 치료자는 내담자의 호소를 무시하거나 축소하지 않고 트라우마와 연관된 내담자의 고통을 공감하고 주의 깊게 살피며 그와 동시에 행복과 성장 잠재력을 탐색한다.

심리치료자가 심리적으로 고통 받는 내담자에게 인생의 어려움을 헤쳐 나갈 수 있게 개인적이고 대인적인 최고 자원을 활용하는 방법을 가르쳐준다면 보다 큰 이해와 도움을 줄 수 있다. 개인 강점을 알려주고, 긍정정서 배양에 필수적인 기술을 알려주며, 긍정 관계를 강화하고, 자신의 삶에 의미와 목적을 부여하게 해주면 엄청난 의욕과 힘을 얻게 하면서 치료 효과를 높일 수 있다. PPT의 궁극적 목적은 내담자가 즐겁고 의미 있고 행복한 삶을 추구하기 위해 강점과 자원을 최대한 발견해 활용하는 적절한 기술을 배우도록 돕는 것이다.

심리치료자기 가장 행복할 때는 언제일까. 심리학자 해리슨과 웨스트우드는 무엇이 치료자의 행복을 유지시켜주는지를 연구한 결과 3가지 속성이 있다는 것을 발견했다. 첫 번째 속성은 이만큼이면 충분하다는 자아, 두 번째 속성은 치료의 변화 과정이며, 세 번째 속성은 고통과 시련이 있는데도 세상을 아름다움과 잠재력이 있는 장소로 생각하는 것이다. 이런 속성은 PPT의 이론적 성향의 핵심이며 기술과 실습을 통해 바뀔 수 있다. PPT는 상담코칭, 치료, 행복, 성장의 통합이기 때문이다. 이 책을 통해 우리나라 정신 건강 분야에 종사하는 심리치료자는 물론 내담자, 그들의 가족 등 더 많은 사람이 행복해졌으면 좋겠다.

2023년 새해를 시작하며
한국긍정심리연구소·긍정심리상담코칭센터 소장 우문식

2부 회기별 실습

긍정심리학을 심리치료 환경 속으로

일반적인 심리치료법은 내담자가 자신의 결점에 대해 상세하게 진술할 때 어느 정도 회복된다는 검증되지 않은 무언의 전제하에 이루어진다. 하지만 긍정심리치료(PPT)는 그 반대다. PPT에서는 내담자가 자신의 삶에서 옳고, 강하며, 좋고, 잘하는 부분을 완전히 인식하고, 그중 최상의 것을 이용해 심리적 증상을 완화하도록 격려한다. 실례를 들자면 다음과 같다.

- 과거의 심리적 외상 경험에 집착하는 젊은 여성 엠마(Emma)는 용서할 수 있는 용기를 내 용서가 아픔이 되기도 하지만 도움도 된다는 사실을 발견한다.
- 우울증과 자살충동에 시달리는 중년의 남성 알레한드로(Alejandro)는 정신과 응급실에 앉아 있다. 그 순간 그곳에 있는 대부분의 사람이 자신보다 훨씬 더 상태가 심각해 보인다는 사실을 알아차리고, 자신이 자신의 문제에 대처할 수 있는 내적 자원을 충분히 갖추고 있음을 깨닫는다.
- 20대 후반의 여자 대학원생 미리엄(Miriam)은 어떠한 진단 범주에도 정확하게 맞아떨어지지 않는 환영과 환각을 경험하고 있다. 다시 치료를 받기 시작한 미리엄은 수많은 전문가를 만나봤지만 그중 누구도 진단을 내리지 못했다.

이런 사람들과 그 밖에 다른 수많은 심리적 증상자가 지난 15년 동안 PPT를 선택했다. PPT에서는 그들을 단순하게 상처 입은 영혼에 지친 육체, 무기력한 정신을 가진 사람으로 보지 않기 때문이다. PPT는 그들의 고통을 과소평가하지 않으면서 좋은 점을 평가하고 인정하며 증폭시킨다. 또한 그러한 내담자들의 강점을 치료 수단으로 사용한다.

- 엠마가 자신의 심리적 외상을 똑바로 들여다볼 준비가 됐을 때 PPT는 용서의 미묘한 차이를 이해하는 과정이 됐다. 다시 말해 엠마는 용서가 도움이 되거나 아픔이

될 수도 있다는 사실을 이해하게 된 것이다. 엠마는 용서라는 자신의 강점 덕분에 자신이 공감할 줄 아는 친절한 사람이 된다는 사실을 깨달았다.

- 알레한드로는 PPT 도중 예견력이 자신의 대표 강점 중 하나라는 사실을 발견했다. 알레한드로는 다른 사람들이 자신보다 상태가 훨씬 심각하다고 결론내릴 수 있었고, 그 사실을 이해하자 자신의 강점을 이용해 자기 인생에서 긍정자원을 찾아 활용하는 것이 가능해졌다.
- 우리의 치료 서비스가 미리엄에게 특화돼 있지 않았는데도 미리엄은 무엇 때문에 다시 치료받기 시작했느냐는 우리의 질문에, 이 세상에서 자신의 심리적 증상만을 보지 않고 창의성과 끈기로 학위를 딸 수 있던 자신을 인정해주는 것은 PPT뿐이라고 했다.

심리치료는 대개 약점을 고치고 바로잡는 치료 학문으로 발달해왔다. 당신은 이 책에서 진정한 긍정정서와 성격강점, 의미, 목표를 탐구하고 키워나가는 데 중점을 두고 심리치료를 할 수 있다는 사실을 배워나갈 것이다. 이 책에서 제시하는 실제 사례들은 슬픔과 스트레스, 불안, 왜곡된 사고, 또는 분노에 사로잡힌 내담자들도 자신들의 친절, 감사, 열정, 자기통제력, 무엇보다 희망과 낙관성이라는 강점을 찾아 개입시킬 수 있다는 사실을 보여준다. 이 책에서는 그러한 사례들을 소개하고, 긍정 기술들을 이용해 심리적 증상을 완화하는 체계적이고 구조화된 15회기를 제시한다. 또한 이 책은 긍정정서 배양과 성격강점 증폭, 의미 추구, 긍정관계 증진, 내재적 동기가 부여된 목표 추구가 치료자들뿐만 아니라 내담자들의 치료와 성장에도 중심이 된다는 변형적 과정을 묘사하고 있다.

정신건강 전문가(심리학자, 정신건강의학과 의사, 상담심리사, 임상심리사, 사회복지사)들은 융통성과 문화적 고려가 필요한 수많은 치료 환경에 이 책을 적용할 수 있다. 이 책 1부는 이론적 기반을, 2부는 치료자들에게 PPT 실습의 단계별 과정을 제시한다. 관련된 치료 자료는 각 회기 마지막과 이 책 마지막 부록에 수록돼 있다. 추가적인 PPT 관련 자료들은 온라인(www.oup.com/ppt)에도 소개돼 있다.

PPT는 현재 연구 중인 새로운 치료 방법이라 아직은 대규모의 확실한 결과에 대한 연구가 부족한 면이 있다. 이 책이 PPT의 장래성을 철저하게 평가해주는 수단이 되길 바란다.

테이얍 라시드 · 마틴 셀리그만

1부
긍정심리치료 소개와
치료 기반

1장
긍정심리치료: 그 정의와 필요성

한 세기가 넘는 세월 동안 심리치료는 내담자가 자신의 결점에 대해 진술하는 것이었다. 매년 수십만 명이 동기 부여 강좌와 워크숍, 수련회, 강의에 참석하고, 자기계발 도서와 애플리케이션(앱)을 더욱 많이 구매한다. 이런 치료 사업은 어린 시절의 트라우마를 파헤치고, 왜곡된 사고를 바로잡으며, 기능장애, 관계를 회복시키는 것이 치료라는 가정에 기반을 두고 있다. 이처럼 부정성에 중점을 두는 게 직관적으로는 타당해 보인다. 하지만 이 책에서는 치료자가 긍정성의 중요성을 보지 못하고 있다고 생각한다. 심리치료는 내담자의 우울증상과 불안 감소에 큰 기여를 하고 있다. 그러나 내담자의 행복(웰빙·원서에는 행복(Happiness)과 웰빙(Well-being)을 혼용해 사용했지만 독자들의 혼란을 피하고자 행복으로 통일했다. -옮긴이)은 치료의 명시적 목적이 아니다. 반면 긍정심리치료(Positive PsychoTherapy · PPT)는 긍정심리학(Positive Psychology · PP)을 기반으로 내담자의 행복을 향상시켜 증상을 보이는 스트레스를 완화하려는 노력이다.

이 책은 2부로 구성돼 있다.

- 1부에선 PPT의 이론적 틀을 제시한다. 성격강점을 탐구하고, 실습과 과정을 거쳐 변화의 메커니즘(기제)으로 결론 내린다.
- 2부에선 PPT의 핵심 개념과 지침, 기술, 워크시트를 포함한 PPT 15회기를 소개한다. 각 회기의 '적합성과 융통성' 단락은 내담자의 특정한 구체적 상황을 고려해(핵심 요소를 놓치지 않고) PPT 실습을 할 수 있는 다양한 방법을 제시한다. 각 회기에는 문화적 고려사항뿐만 아니라 사례가 적어도 하나씩 포함돼 있다.

긍정심리치료의 정의

PPT는 PP 이론에 광범위하게 기반을 둔, 새롭게 등장한 심리치료 접근법이다. PP는 개인과 공동체, 기관이 플로리시(번성, 지속적 성장)할 수 있는 조건과 절차를 과학적으로 연구한다. 또한 효과가 있는 것과 좋은 것, 옳은 것, 의미 있는 것, 최상의 것이 무엇인지를 분석한다(라시드, 서머스, 셀리그만(Rashid, Summers, & Seligman), 2015). PP가 심리학 영역에 미치는 영향력은 1999~2013년 출판된 1336개 자료를 광범위하게 체계적으로 검토한 결과를 통해 확인할 수 있다(도널드슨, 돌웻, 라오(Donaldson, Dollwet, & Rao), 2015). 이들 자료 중 PP 이론의 경험적 검증과 원칙, 개입이 포함된 것이 750개 이상에 달한다.

PPT는 PP의 심리치료 및 치료 과정의 실전응용 분야다. PPT는 인간 경험의 내재적 복잡성을 균형 있게 이해하고자 증상과 강점을, 위험과 자원을, 약점과 가치를, 후회와 희망을 통합한다. PPT 치료자는 내담자의 호소를 무시하거나 최소화하지 않고 트라우마와 연관된 내담자의 고통을 공감하고 주의 깊게 살피며 그와 동시에 성장 잠재력을 탐색한다.

이 책에서는 PPT를 심리치료의 새로운 장르라고는 생각하지 않는다. 그보다 치료의 방향 재설정, 다시 말해 전통적인 '잘못된 것 고치기' 접근법을 보충해주는 '강점 키우기' 모델이라고 본다(더크워스, 스틴, 셀리그만(Duckworth, Steen, & Seligman), 2005).

PPT는 긍정성 그 이상을 보여준다. 그렇다고 다른 심리치료가 부정적이라는 이야기는 아니다. 사실 PPT는 기존의 심리치료를 대체하는 것이 아니다. 그보다 약점 개선에 치중하는 치료의 균형을 맞추려는 점진적인 변화다. 심리적으로 고통 받는 내담자가 인생의 어려움을 헤쳐 나가고자 개인적이고 대인적인 최고 자원을 활용하는 방법을 배운다면 보다 큰 이해와 도움을 받을 수 있다. 개인 강점을 알고, 긍정정서 배양에 필수적인 기술을 배우며, 긍정관계를 강화하고, 자신의 삶에 의미와 목적을 부여하면 엄청난 의욕과 힘이 생기면서 치료 효과가 나타날 수 있다. PPT의 궁극적 목적은 내담자가 즐겁고 의미 있고 행복한 삶을 추구하기 위해 강점을 최대한 활용하는, 구체적이고 응용 가능하며 개인적으로 적절한 기술을 배우도록 돕는 것이다. PPT는 이 목적을 달성하는 데 규범적 권위로 결점을 진단하는 치료자의 역할을 성장과 회복력(Resilience), 행복을 적극적으로 촉진하는 역할로 확장시킨다.

긍정심리치료가 왜 필요한가

심리치료는 정신건강 전문가(심리학자, 정신건강의학과 의사, 심리상담사, 임상심리사, 사회복지사 등)의 핵심 활동이며, 그 이론적 방법은 다양하다(왓킨스(Watkins), 2010). 그중 심리치료는 심리적 고통을 효과적으로 완화시켜준다(캐스턴과이(Castonguay), 2013; 셀리그만, 1995). 그 효과는 플라시보 효과보다 월등하게 뛰어나다. 또한 많은 사례에서 심리치료가 장기적으로 약물 단독 치료보다 훨씬 더 효과가 좋았다(리킨, 드루베이스(Leykin & DeRubeis), 2009; 시디구에 외 다수(Siddique et al.), 2012). 실제로 심리치료는 심장학(병)의 거의 모든 개입(베타수용체 차단 약, 혈관성형술, 스타틴 등)을 포함해 경험적으로 검증된 많은 치료법 못지않게 효과적인 것으로 나타났다(웜폴드(Wompold), 2007). 경험적으로 검증된 심리치료는 우울증과 정신분열증, 외상 후 스트레스 장애, 강박 장애증, 공포증, 공황장애, 식이장애 같은 많은 심리장애에 적용할 수 있다(발로(Barlow), 2008; 셀리그만, 1995). 미국 약물 남용 및 정신보건청(SAMHSA) 웹사이트에는 365개 이상의 정신장애 중 84개의 매뉴얼화된 치료법 145개가 올라와 있다(SAMHSA, 2015). 이 밖에 치료동맹과 치료 소통의 미묘한 차이, 비언어적 언어, 치료자 효과, 치료 과정, 내담자와 주고받는 피드백 과정 같은 좀 더 세부적인 심리치료 측면도 모두 연구 대상이 됐다(웜폴드, 2001; 왓킨스, 2010).

결점에 중점을 두는 전통적인 심리치료는 많은 장애증상을 감소시켰다. 하지만 이 책에서는 부정적 측면에 집중하는 심리치료자의 방법이 막다른 골목에 이르렀다고 본다. 내담자의 20~30%는 치료 과정에서 별다른 변화를 경험하지 못하고, 5~10%는 사실상 상태가 더 악화된다(한센, 램버트, 포르먼(Hansen, Lambert, & Forman), 2002; 램버트, 2013). 그러므로 심리치료는 엄청난 장벽, 그러니까 이 책에서 '65% 장벽'이라고 부르는 것에 가로막혀 있다. 65% 장벽이란 심리치료를 받는 내담자의 약 65%만 치료 혜택을 받는다는 뜻이다. PPT 같은 강점 기반 접근법을 사용하면 다음과 같은 방법으로 심리치료 효과를 개선할 수 있다.

- 심리치료의 범위 확대하기
- 의료모델 너머로 확장하기
- 심리치료 결과 확대하기

- 치료자에게 미치는 부정적 영향 약화하기

심리치료의 범위 확대하기

치료자가 심리치료에서 부정적 측면에 비중을 두는 경향은 이해할 수 있다. 두뇌가 긍정경험보다 부정경험에 더욱 강하게 반응하고, 그런 경험을 지향한다는 증거가 있기 때문이다(바우마이스터, 브래츨라프스키, 핀케나우어, 보스(Baumeister, Bratslavsky, Finkenauer, & Vohs), 2001; 로진, 로이즈먼(Rozin, & Royzman), 2001). 이처럼 타고난 부정성은 진화론적 과거를 돌이켜봤을 때 주거지와 식량, 배우자를 찾는 데 도움이 됐다. 인간의 정신은 인생에서 잘못되는 일은 지나치게 많이 생각하고, 잘 되는 일은 충분히 생각하지 않는다. 본질적으로 부정성은 대체로 심리치료의 기능을 정의해준다. 부정성이 심리치료에서 중요한 기능을 담당하고 있지만 그 범위를 한정 짓기도 한다.

인간은 목적과 의미가 있는 삶을 살고 싶어 한다(더크워스, 스틴, 셀리그만(Duckworth, Steen, & Seligman), 2005). 정신건강 문제에 대한 인식이 높아지면서 정신질환 환자들이 점점 더 소리 높여 자신의 삶이 어떠한지, 정신질환에서 벗어나는 데 무엇이 도움이 되는지에 대해 이야기하고 있다(세커, 멤브리, 그로브, 시봄(Secker, Membrey, Grove, & Seebohm), 2002). 이런 내담자는 희망과 긍정관계, 의미 추구를 포함한 완전한 회복을 원한다(세커, 멤브리, 그로브, 시봄, 2010). 긍정심리치료(PPT)는 강점 배양을 통해 내담자의 개인적 성장에 발판을 만들어줄 수 있는 더할 나위 없는 기회를 제공한다. 증상이나 결점 개선에만 치중해 그런 기회를 낭비해서는 안 된다. 회복력은 문제를 개선하거나 없애는 것이 아니라 강점과 기술, 능력, 재능, 적성을 평가하고 향상시키는 것이다(크리츠-크리스토프 외 다수(Crits-Christoph et al.), 2008; 르 보우틸리어 외 다수(Le Boutillier et al.), 2011; 랩, 고샤(Rapp & Gosha), 2006).

의료모델 너머로 확장하기

심리치료에서는 정신질환이 신경전달물질 조절 장애와 유전적 이상, 두뇌 구조와 기능 결함 때문에 생기는 두뇌질환이라는 의료모델을 계속 사용하고 있다(디컨(Deacon), 2013; 매덕스(Maddux), 2008). 데이비드 엘킨(David Elkin)(2009)과 그의 동료들은 심리치료에서 이런 의료모델의 중첩이 문제가 된다는 사실을 지적했다. 의료모델에서 의사는 증상을 기반으로 질병을 진단해 치료한다. 심리치료에서는 질병과 치료 모두가 약물과 거의 관련 없는 대인적이고 맥락적인 특성에 좌우되기 일쑤다. 하지만 의료모델은 지배적이고 기술적인 틀을 유지한다. 다른 기술 체계와 달리 문화적 존중과 경제적 이점은 심리치료에 맡겨버린다(엘킨스(Elkins), 2009). 그러나 질병과 달리 정신질환의 원인은 단순한 병인체로 추적될 수 없다.

제임스 매덕스(James Maddux)(2008)는 의료모델이 심리치료에 미치는 영향력을 증상과 기능장애 진단, 장애 치료 등 일반적으로 심리치료와 연관된 조건으로 확인할 수 있다고 했다. 이런 영향력을 분석해보면 치료적 비중이 건강이 아니라 장애와 기능장애에 치우쳐 있다는 결과가 나온다. 심리치료의 의료모델은 훈련과 조사, 전문집단에 뿌리 깊이 박혀 있다.

그렇기 때문에 이 책에서는 이런 의료모델을 버리기보다 강점 기반 접근법과 통합해 더욱 균형 잡힌 심리치료를 만들어나가자고 제안한다. 강점이 정신질환(슈랭크 외 다수(Schrank et al.), 2016)과 자살 충동(존슨 외 다수(Johnson et al.), 2010), 경계성 성격장애(울리아셰크 외 다수(Uliaszek et al), 2016) 같은 심각한 고통을 치료해주는 적극적인 요소가 될 수 있다는 증거가 있기 때문이다. 심리치료 분야와 강점을 통합하면 내담자와 치료자의 경험이 풍부해질 수 있다. 슬레이드(Slade)(2010)는 그런 확장으로 치료자가 낙인과 차별에 맞설 수 있고, 사회의 행복을 개선할 수 있다고 주장했다. 하지만 결점에 치중하는 심리치료의 의료모델을 강점과 통합해 확대하려면 평가와 치료가 모두 달라져야 한다. 21세기에는 이런 치료자의 역할 변화가 예외적인 것이 아니라 일반적인 것이다. 알렉스 우드(Alex Wood)와 니컬러스 테리어(Nicholas Tarrier)(2010)는 치료적 고통 수준의 이해와 치료가 긍정성에 동등한 비중을 두고 균형 있게 진행돼야 한다고 제안했다. 그이유는 다음과 같다.

- 강점은 심리장애 발달을 잠재적으로 예방하면서 삶의 부정사건이 고통에 미치는 영향을 완화할 수 있다(후타, 홀리(Huta & Hawley), 2008; 마르케스, 패리스-리베이로, 로페즈 (Marques, Paris-Ribeiro, & Lopez), 2011).
- 강점은 삶의 질(프록터 외 다수(Proctor et al.), 2011)과 심리적·주관적 행복(고베인지, 린리(Goveindji & Linley), 2007) 같은 몇 가지 행복 지표와 연관돼 있고, 거의 모든 성

격강점이 학업 만족과 평균 성적(라운스베리 외 다수(Lounsbury et al.), 2009), 정신건강(리트먼-오바디스, 스테거(Littman-Ovadis & Steger), 2010; 퀸런 외 다수(Quinlan et al.), 2012)과 관련돼 있다.

- 강점 기반 개입에는 많은 이점이 있다. 강점은 부정적 특성이나 증상의 예견력을 초월해 심리장애를 예측해준다(우드 외 다수(Wood et al.), 2009). 강점 기반 개입은 많은 이점을 제공한다(퀸런 외 다수, 2012).

- 다양한 문화권 내담자가 더욱 효율적이고 수용적으로 강점 향상을 받아들일 수 있다(해리스, 토레센, 로페즈(Harris, Thoresen & Lopez, 2007); 페드로티(Pedrotti), 2011).

- 사회성 지능과 친절이라는 성격강점을 지니고 있다면 정신건강 문제가 있는 사람들에게 낙인을 찍는 성향이 적다는 뜻이다. 개방성을 가진 사람들은 정신건강장애 진단을 받은 사람들에게 그런 장애에 대한 개인적인 책임을 지우지 않는다(버틸로, 깁슨(Vertilo & Gibson), 2014).

심리치료 결과 확대하기

심리치료 결과 연구학자들은 삶의 질과 심리적 행복 지표를 회복의 정의에 통합해 넣어야 한다고 강조한다. 래리 데이비드슨(Larry Davidson)과 그의 동료들은 적어도 증상을 완화하거나 감소시키려고 노력한다는 조건 하에 자원과 열망, 희망, 흥미 같은 인생의 긍정 요소를 배양하는 치료를 '회복 지향적 치료(recovery- oriented care)'라고 했다(데이비드슨, 샤하르, 로리스, 셀스, 톤도라(Davidson, Shahar, Lawless, Sells, & Tondora), 2006).

회복 지향적 실습 지침을 알려주는 30개 국제 자료를 주제별로 분석한 결과에서는 회복의 개념을 증상 감소에 그치지 않고 행복을 포괄하는 것으로 확대하라고 권고한다. 그뿐만 아니라 강점 평가와 활용, 평가와 검토, 관리 계획, 목표를 잘 파악하는 것도 회복으로 간주하라고 추천한다. 또한 그런 강점을 적극 활용해 관리와 치료를 하라고 조언한다(르 보우틸리어 외 다수(Le Boutillier et al.), 2011). 회복의 정의와 확장은 또한 내담자와의 관계를 더욱 강조하면서 정신건강 전문가의 역할을 확대시킨다(슬레이드, 2010). 슈랭크와 슬레이드(2007)는 회복이란 태도와 가치, 감정, 목표, 기술 변화가 일어나는 극히 개인적이고 독특한 과정이라고 개념화했다. 완전한 회복은 심리적 고통으로 인한 한계에도 성취감과 만족감을 느끼며 살 수 있다는 뜻이다. 그뿐만 아니라 정신질환의 파괴적인 영향력을 극복하고 성장하면서 삶의 새로운 의미와 목적을 키워나가는 것이기도 하다.

치료자에게 미치는 부정적 영향 약화하기

심리치료의 성격상 정신건강 치료자는 끔찍한 사건에 대해 그림처럼 생생한 묘사를 들어야 하고, 극히 잔인하거나 폭력적인 행위 또는 그 둘 모두에 해당하는 행위의 심리적(때론 신체적) 후유증을 입증해야 한다. 심리치료 시 치료자가 주로 미묘하고 심각한 부정기억과 경험을 마주한다면 그런 공감적 몰입 경험이 누적돼 치료자에게 부정적인 영향을 미칠 수 있다. 이런 영향은 감정 소모와 비인격화, 개인적 성취 부족으로 나타나 소진과 동정심 감소를 초래한다(버조프, 키타(Berzoff & Kita), 2010; 데이턴, 구리스, 트라우(Deighton, Gurris, & Traue), 2007; 하트(Hart), 2014). 해리슨과 웨스트우드(Harrison & Westwood)(2009)는 무엇이 치료자의 행복을 유지시켜주고, 치료자를 본보기로 만들어주는지 연구했다. 그 결과 대단히 중요한 긍정적인 성향을 찾아냈는데 이는 3가지 속성을 믿는 치료자의 능력을 통해 드러났다. 첫 번째 속성은 이만큼이면 충분하다는 자아, 즉 치료자가 자신의 전문지식을 자신하는 것이다. 두 번째 속성은 치료의 변화 과정이며, 세 번째 속성은 세상을 (고통과 시련이 있음에도 그 외에) 아름다움과 잠재력이 있는 장소로 생각하는 것이다. 이런 속성은 PPT의 이론적 성향의 핵심이며 실습을 통해 개선된다.

65% 장벽

앞서 언급했듯이 어떤 내담자는 심리치료로 아무런 혜택도 얻지 못한다. 실제로 치료 중 상태가 악화되는 내담자(5~10%)도 있다(램버트, 2007). 이런 장벽을 정신병리학의 가장 흔한 형태인 우울증에 적용해 살펴보겠다.

우울증은 '정신질환의 감기'라고 부르기도 한다. 이에 효과적인 것으로 알려진 2가지 치료법이 있다. 그중 하나는 인지행동치료이며, 나머지 하나는 프로작(Prozac)과 졸로프트(Zoloft), 렉사프로(Lexapro) 등 선택적으로 세로토닌 재흡수 억제제를 사용하는 치료다. 이 각각의 치료법 반응률은 약 65%다. 이런 반응은 45~55%에 이르는 플라시보 효과를 포함한 것이다(리프 외 다수(Rief et al.), 2011). 플라시보가 현실적일수록 플라시보 반응도 훨씬 커진다. 이런 통계 수치는 반복해 나오고 있다. 무작위 플라시보 통제 우울증 치료제 실험을 30년간 메타분석한 최근 결과에 따르면 플라시보 반응 덕분에 치료 효과가 높아질 수 있다(커시 외 다수(Kirsch et al.), 2002; 언두라가, 발데사리니(Undurraga & Baldessarini, 2017).

65% 장벽은 왜 존재할까. 구체적인 치료 효과가 왜 그렇게 적은 걸까. 일반적으로 사람들의 행동 변화가 일어나기 어렵기 때문이다. 특히 치료받는 사람들과 동기가 부족한 사람들, 동반 질환 문제가 있는 사람들, 변화를 꾀할 수 없는 불건전한 환경에서 살아가는 사람들은 더더욱 그렇다. 결과적으로 많은 내담자는 뿌리 깊은 부적응적인 행동을 계속하고, 변화를 위협적이며 성취 불가능한 개념으로 인식할 수 있다.

실제로 많은 치료자가 치료를 포기한다. 관리 의료와 제한된 치료 예산 때문에 정신건강 전문가가 화재 예방보다 화재 진압에 시간과 재능을 쏟아붓는 상황이 종종 발생한다. 치료자는 거의 대체로 위기관리와 피상적인 치료에 주력한다. 피상적인 치료가 흔히 발생한다는 현실도 65% 장벽의 일부 요인이 되기도 한다(셀리그만, 2006).

전통적인 결점 지향 심리치료에서는 많은 치료자가 억눌린 분노 같은 부정정서를 표현해야 그런 정서가 최소화된다고 믿는다. 분노는 표출하지 않으면 다른 증상으로 나타난다고 생각해서다. 이런 치료 문헌에는 그런 유입적 사고를 설명해주는 '베개 때리기' '울분 토해내기' '감정 표출하기' 같은 문구가 가득하다(셀리그만, 2006). 이런 접근법 때문에 현재의 심리치료는 대체로 내담자를 환경에 대한 수동적 반응자로 묘사하는 *피해자학(victimology)* 학문으로 남는다. 충동과 본능, 욕구는 불가피하게 충돌을 초래하고, 이런 충돌은 분출을 통해 부분적으로는 해소할 수 있다. 하지만 이 책에서는 분출을 기껏해야 피상적 치료에 불과하고, 최악의 경우 분노 및 분개 증폭과 심장질환을 초래할 수 있는 치료법이라고 본다(차이다, 스텝토(Chida & Steptoe), 2009).

전통 심리치료 접근법의 대안

심리적 고통을 겪으면서도 제대로 잘 기능하는 법을 배우는 것은 PPT에서 수용하는 대안 접근법이다. 우울과 불안, 분노는 종종 완화시킬 수 있지만 완전히 없앨 수는 없는 유전적 성격특성에서 생겨난다. 모든 부정정서와 성격에는 강력한 생물학적 한계가 있다. 심리치료로 그런 한계를 극복할 수 있다고 기대하는 것은 비현실적이다. 전통적 심리치료의 일시적인 최고의 치료법은 내담자가 최고치의 우울과 불안, 분노 속에서도 살아갈 수 있도록 도와주는 것이다. 역사적 인물인 에이브러햄 링컨 전 미국 대통령과 윈스턴 처칠 전 영국 총리는 정신질환을 앓았다. 이들은 심각한 정신건강 문제를 안고 있었지만 최고의 기능을 발휘한 대단한 인물들이었다(페디아디타키스(Pediaditakis), 2014). 아마도 자신들의 강점을 활용했기에 제대로 기능했던 것 같다. 심리치료는 내담자에게 증상이 있어도 강점을 활용해 제대로 기능하는 법을 가르쳐주는 개입을 개발해야 한다. PPT는 분명히 내담자가 제대로 기능하고, 어쩌면 65% 장벽을 깨는 데 도움이 될 것이다.

기존의 심리치료 접근법을 바꿔야 하는 또 다른 중대한 이유가 있다. 심리치료의 궁극적 목표인 행복한 삶은 전통적인 결점 지향 틀로는 완전히 성취할 수 없다는 것이 그 이유다. 예컨대 그런 부정특성을 통제한 연구에서 연구학자들은 긍정특성(희망과 낙관성, 자기효능감, 감사 등)이 적은 사람들이 우울증상을 보일 위험이 두 배 더 높다는 사실을 발견했다(우드, 조지프(Wood & Joseph), 2010). 이와 마찬가지로 성격강점(희망과 감상력, 영성 등)은 우울증 회복에 큰 기여를 한다(후타, 홀리(Huta & Hawley), 2008). 감사(플린치보, 무어, 창, 메이(Flinchbaugh, Moore, Chang, & May), 2012)뿐만 아니라 희망과 낙관성(카버, 셰이어, 세게르스트롬(Carver, Scheier, & Segerstrom), 2010)은 모두 스트레스와 우울증 수준을 낮춰준다.

2장
긍정심리개입

긍정성에 주의를 기울이는 심리적 개입은 흔치 않다. 2장에서는 앞서 소개한 긍정심리치료 개입과 관련 치료법을 검토하겠다. 그런 개입과 치료법은 현대의 긍정심리개입(Positive Psychology Interventions · PPI)과 긍정심리치료(PPT)의 전조가 된다.

긍정심리개입의 역사적 관점

과학자와 철학자, 현자들은 행복과 플로리시를 여러 관점에서 묘사하려고 시도했다. 공자는 수양과 교육, 조화로운 사회적 관계와 결합된 인간의 일상적인 존재에 삶의 의미가 있다고 믿었다. 소크라테스와 플라톤, 아리스토텔레스는 행복해지려면 반드시 도덕적 삶을 추구해야 한다고 했다. 제2차 세계대전 이전 심리학에는 3가지 분명한 의무가 있었다. 첫째, 정신질환을 치료하는 것, 둘째, 모든 사람이 생산적이고 충만하게 살도록 돕는 것, 셋째, 재능을 찾아내고 기르는 것이었다(셀리그만, 2006; 칙센트미하이(Csikszentmihalyi), 2000). 윌리엄 제임스(William James)는 『종교적 경험의 다배양(Varieties of Religious Experiences)』에서 용기와 희망, 정직이 의심과 공포, 걱정을 물리칠 수 있다고 했다. 존 듀이(John Dewey)(1934)는 사람과 환경 간 예술적 · 심미적 교감이 필요하다고 강조했다. 헨리 머리(Henry Murray)(1938)는 긍정적이고 즐겁고 생산적인 경험 연구가 인간 이해에 필수라고 단정지었다.

제2차 세계대전이 끝난 직후 심리학은 대체로 경제적 · 정치적 긴급사태 때문에 더욱 좁아져 정신병 평가와 치료에 주력하게 됐다. 하지만 칼 로저스(Carl Rogers)와 에이브러햄 매슬로(Abraham Maslow), 헨리 머리, 고든 올포트(Gordon Allport), 롤로 메이(Rollo

May) 같은 인본주의 심리학자는 심리치료의 긍정 접근법을 계속해 지지했다. 이들은 좋은 삶을 묘사하고, 내재적인 성장 지향 성향으로 삶을 촉진하는 방법을 파악하려고 했다. 매슬로는 다음과 같이 말했다(1970).

"심리학은 긍정적인 측면보다 부정적인 측면을 더욱 성공적으로 다루었다. 인간의 단점과 질병, 가해 행위에 관해 많은 것을 밝혔지만 인간의 잠재력과 미덕, 성취 가능한 열망 또는 심리학적 최절정에 관해서는 거의 알아내지 못했다. 이는 마치 심리학이 정당한 관할 구역의 절반, 그것도 더욱 어둡고 더욱 나쁜 절반에만 스스로를 국한시키고 있는 것 같다(p. 354)."

마리 자호다(Marie Jahoda)는 1950년대 긍정정신건강의 개념을 연구했다(자호다, 1958). 마이클 포다이스(Michael Fordyce)는 그런 개념을 몇 가지 긍정개입으로 바꿔 대학생들과 함께 시험해봤다(포다이스, 1983). 1980년대 스티브 디 샤저(Steve de Shazer)와 잉 김 버그(Ing Kim Berg)가 개발한 해결-중심 치료(스티브 디 샤저 외 다수, 1986; 호케스(Hawkes), 2011)는 변경 가능한 선택지에서 해결책과 목표를 만들어내는 데 중점을 둔다. 행복(웰빙)치료는 인지행동치료와 행복 요소를 통합하고, 정신장애와 불안장애를 치료하는 데 효과적이다(루이니, 파바(Ruini & Fava), 2009). 이와 비슷하게 프리슈(Frisch)의 삶의 질 치료는 인지치료와 긍정심리 개념을 통합하고 우울증 환자에게 효과적이다(프리슈, 2013). 하지만 엄청나게 많은 결점 지향 치료에 비해 긍정 중심 치료는 소수에 불과하다. 그런 탓에 심리치료자들은 손상과 결점, 기능장애에 관해 많은 것을 배웠지만 행복한 삶의 요소와 요소 배양 방법은 거의 모른다.

긍정심리개입과 긍정심리치료

PPT는 긍정심리학의 원칙에 광범위하게 기반을 둔 치료 개입법이다. 다시 말해 긍정심리학 내 치료 방법 및 치료 작업인 것이다. PPT는 PPI를 통해 경험적으로 검증된 구체적인 실습 15회기로 구성됐다. 이런 실습들은 단독으로 진행되거나 2~3개로 묶여 있다(셀리그만 외 다수, 2005). 이런 실습들을 경험적으로 검증한 후 응집력 있는 규약(protocol)으로 구성한 것이 PPT다. 이 단락에서는 PPT를 자세하게 설명하기 전에 먼저

PPI의 경험적 지위를 평가한다.

종종 온라인으로 제공되는 PPI는 행복을 증진시키는 비교적 간단한 전략이다. 마틴 셀리그만과 그의 동료들은 3가지 PPI(잘 됐던 일 3가지 또는 감사 일기와 대표 강점을 새로운 방식으로 사용하기, 감사 방문, 셀리그만 외 다수, 2005)를 경험적으로 검증했다. 독립적인 여러 연구에서도 동일한 결과가 나왔다(간더 외 다수(Gander et al.), 201); 미첼 외 다수(Mitchell et al.), 2009; 몬그레인, 안셀모-매슈스(Mongrain, Anselmo-Mathews), 2012; 오두, 벨라-브로드릭(Odou & Vella-Brodrick), 2013; 슈엘러, 파크스(Schueller & Parks), 2012; 두안 외 다수(Duan et al.), 2014; 쇼타누스-디지크스트라 외 다수(Schotanus-Dijkstra et al.), 2015; 벨라-브로드릭, 파크, 피터슨(Vella-Brodrick, Park, & Peterson, 2009).

PPI는 최초 검증 이후로 널리 사용됐다(파크스 외 다수(Parks et al.), 2012; 프로이어 외 다수(Proyer et al.), 2013; 퀸런 외 다수(Quinlan et al.), 2015; 윈슬로 외 다수(Winslow et al.), 2016). 이런 PPI는 감사(에몬스, 매컬로(Emmons & McCullough), 2003)와 용서(워딩턴, 드링카드(Worthington, & Drinkard), 2000), 음미하기(브라이언트(Bryant), 1989), 강점(버킹엄, 클리프턴(Buckingham & Clifton), 2001), 심리적 행복(리프, 싱어(Ryff & Singer), 1996; 리프, 싱어, 데이비드슨(Ryff, Singer, & Davidson, 2004), 공감(롱 외 다수(Long et al.), 1999) 같은 긍정적인 속성과 행복을 증진시키는 다소 유사한 이론적 및 치료적 시도에 새로운 자극이 됐다.

PPI의 이론적 틀과 그 적용 결과는 단행본으로 출간돼 장학금을 끌어 모으고 있다. 『긍정심리개입 안내서(Handbook of Positive Psychology Interventions)』(파크스, 슈엘로(Parks & Schueller), 2014)는 기존의 PPI와 새롭게 등장하는 PPI에 대한 포괄적인 관점을 제시한다. 알렉스 우드와 주디스 존슨(Judith Johnson)은 최근 『긍정임상심리 안내서(The Handbook of Positive Clinical Psychology)』(우드, 존슨(Wood & Johnson), 2016)라는 포괄적인 단행본을 출판했다. 이 책에서는 우울증과 감정이상 조절, 불안증, 외상 후 스트레스 장애, 자살경향성, 정신질환 같은 치료 상태를 검사해 행복을 성격과 정신병리학, 심리적 치료법과 연관 짓는 통합적 관점을 제시한다.

그뿐만 아니라 PPT(라시드, 하웨스(Rashid & Howes), 2006)와 웰빙 치료(파바(Fava), 2016), 삶의 질 치료(프리슈(Frisch), 2016) 같은 긍정심리학 기반의 임상치료법에 대해서도 논의한다. 또한 수용전념치료와 내담자 중심 치료, 심리도식치료 같은 전통적인 치료법을 긍정심리학 시점에서 재해석하기도 한다.

PPI가 PPT 규약의 개발과 개선에 어떤 기여를 했는지는 〈표2.1: 임상 환경에서 선택한 긍정심리개입(PPI)〉에 나와 있다. 이 표에는 다양한 임상 및 건강관리 환경에서 성인에게 적용한 PPI 20개가 소개돼 있다. 이 같은 PPI는 우울증과 불안증, 식이장애, 자살경향성, 품행장애 같은 핵심 임상 문제를 중점적으로 다룬다. 각각의 독립적인 연구는 PPI가 증상 감소에 효과적이라는 사실을 분명하게 보여준다. 특히 중점적 구성 요소(감사, 희망과 낙관성, 친절, 용서, 성격강점 등)를 사용해 심장 문제와 재활, 뇌졸중 이후 재활, 두뇌 손상, 2형 당뇨병, 유방암 등 광범위한 건강 문제의 적극적 또는 보조적 치료에 PPI를 사용할 수 있을 것으로 보인다. 홍콩과 인도네시아, 이란, 한국, 호주, 독일, 스페인 등 여러 문화권에서 PPI를 사용했다.

각각의 연구에서 사용한 적절한 PPT 실습도 〈표2.1〉에 나와 있다. 이 같은 정보는 PPT가 발전하고 있는 새로운 치료 양상이지만 증거에 기반을 두고 있다는 사실을 알려주기에 치료자에게 특히 중요하다.

표2.1 임상 환경에서 선택한 긍정심리개입(PPI)

번호	출처	치료적 초점과 적절한 PPT 실습	설명(표집, 방법론)	결과
1	허프먼 외 다수(Huffman et al.) 2011	심장병: 감사 편지, 최상의 나, 잘 됐던 일 3가지	8주간 PP 텔레메디신 개입을 심장병 환자에게 시험 적용	PPI 개입은 급성 심장질환 환자 집단에게 사용할 수 있고, 잘 받아들여짐
2	펑 외 다수(Fung et al.), 2011	부양 스트레스: 성격강점, 잘 됐던 일 3가지, 감사 방문, 강점을 사용해 문제 해결하기	뇌성마비 아동의 부모와 보모들이 한 홍콩 병원의 정형외과와 외상학과에서 주 4회기에 참여	4회 개입 회기와 부스터 회기 이후 참여자의 양육 스트레스가 크게 감소했고, 희망은 크게 증가. 치료 종료 후가 아닌 치료 중 집단의 지각한 사회적 지지 증가
3	치벤스 외 다수(Cheavens et al.), 2006	우울증: 성격강점	MDD 기준에 적합한 성인 34명을 무작위로 선정해 16주간 치료. 한 집단은 강점 중심 치료받고, 다른 집단은 CBT와 더불어 결점이나 보상 중심 치료받음	내담자의 강점에 중점을 둔 집단에서는 결점이나 보상 접근법을 사용한 집단에 비해 증상 변화율이 훨씬 빠르다는 결과가 나옴
4	플뤼키게르 외 다수(Flückiger et al.), 2008	불안증: 개인의 강점과 능력, 준비성 같은 내담자의 자원을 치료에 통합해 넣음	독일에서 환자의 긍정자원(유능감) 중점 방식이 특히 치료 초기의 치료 결과에 영향을 미치는지 연구했음	유능감 중점 방식이 치료자의 전문적 경험과 치료 기간뿐만 아니라 치료 전 고통과 행복의 갑작스러운 반응, 증상 감소와 상관없이 긍정적인 치료 결과와 연관돼 있다는 결과가 나옴

5	호, 예웅, 퀵 (Ho, Yeung, & Kwok), 2014	우울증: 행복한 이야기, 일상생활에서 감사한 일 찾기, 낙관적인 사고방식 찾기, 음미하기, 호기심	홍콩 지역공동체와 요양원에서 63~105세 74명이 9주간 집단 치료적 환경에서 PPI 완료	우울증상 감소와 삶의 만족도, 감사, 행복 증가라는 결과가 나옴
6	앤드루스, 워커, 오닐 (Andrewes, Walker, & O'Neill), 2014	두뇌 손상: 잘 됐던 일 3가지, 대표 강점	두뇌 손상 환자 10명을 무작위로 선정해 개입집단이나 통제집단으로 배정	12주 후 개입집단의 행복이 증가하고, 자아개념이 개선됨
7	허프먼 외 다수, 2014	자살경향성: 감사 방문, 성격강점, 최상의 나, 잘 됐던 일 3가지, 의미 있는 활동	자살 기도나 시도로 입원한 환자들에게 실시한 9가지 PP 연습의 실행 가능성과 수용성을 연구하고, 부차적으로 그런 연습의 상대적 영향력 검토	나이와 순서, 생략 연습을 고려한 PPI의 전반적인 효과가 증명. 감사와 개인적 강점의 효과가 증명됨
8	커, 오도노반, 페핑(Kerr, O'Donovan, & Pepping), 2015	우울증, 불안증, 약물 남용 등 같은 정신병적 우려: 감사와 친절	퀸즐랜드의 심리외래병원 7곳 중 한 곳에서 개별 심리치료 대기자 명단에 있던 성인 48명이 참여. 이들은 2주간 자가개입 실시	짧은 PPI로 감사라는 정서 경험은 확실하게 키워줄 수 있지만 친절은 불가능하다는 결과가 나옴. 하지만 감사와 친절 개입은 모두 플라시보 조건과 비교했을 때 관계 형성, 일상생활에 대한 만족도와 낙관성 향상, 불안증 감소를 보였음
9	허프먼 외 다수, 2015	2형 당뇨병: 긍정사건에 대한 감사, 개인 강점, 감사 편지, 친절한 행위	이 개념 증명 연구에서 2형 당뇨병 환자와 심혈관 위험 환자 15명(평균 나이 60.1±8.8세)이 PP 연습	더욱 높은 수준의 긍정적인 영향과 낙관성, 행복이 2형 당뇨병 같은 만성질환 환자들의 개선된 건강 행동 준수(및 결과)와 연관돼 있다는 결과가 나옴
10	후인 외 다수(Huynh et al.), 2015	투옥으로 이어지는 품행장애: 좋은 삶 모델로 통합된 팔마(PERMA)에 기반을 둔 활동과 과제	긍정적인 재진입 교정 프로그램이라는 이 PPI는 주간 강연과 토의, 과제를 통해 제공되고, 범죄자들에게 지역공동체 재진입 촉진. 기술을 가르치는 데 중점을 둠	개입 전후의 감사와 희망, 삶의 만족도 점수가 크게 차이 남.
11	고, 현(Ko & Hyun), 2015	우울증: 잘 됐던 일 기록하기, 긍정적인 피드백, 감사 편지	MDD 진단 성인 환자 53명이 한국의 한 병원에서 8주간 치료제를 사용하지 않고 PPI를 받음	PPI를 받은 집단의 우울증 측정 점수가 크게 감소하고, 희망과 자부심 측정 점수가 크게 증가함
12	램버트 드레이븐, 몰리버, 톰프슨(Lambert D'raven, Moliver, & Thompson), 2015	우울증: 감사 편지 쓰기 좋은 하루 만들기	우울증상을 보이는 환자 76명이 1차 진료 환경에서 6주간 시험 프로그램에 참여해 좋은 하루 만들기와 감사 편지 쓰기를 포함한 개입을 받음	기준점에서 6개월 후 추적검사 시기까지 건강과 활력, 정신 및 신체건강이 일상적 활동에 미치는 효과 점수가 개선됨

13	레트노와티 외 다수(Retnowati et al.), 2015	자연재해 이후 우울증: 희망 개입, 목표 설정, 계획하기, 동기 유지하기	인도네시아의 므라피산 분출에 직접적인 영향을 받은 성인 31명으로 구성된 개입 집단이 2시간씩 4회기에 걸쳐 희망 개입을 받음	치료 후 개입집단의 우울증이 크게 감소함
14	샤베스 외 다수(Chaves et al.), 2017	우울증: 감사하기, 음미하기, 성격강점, 친절	MDD 내담자가 구조화된 진단 이후 무작위 통제 실험에서 집단 CBT(n=49)나 집단 PPI(n=47)에 배정	양쪽 집단 모두 개입 전후 주요 결과가 대폭 변했지만 두 치료법의 차이는 크게 나타나지 않았음
15	나크라한 외 다수(Nikrahan et al.), 2016	관상동맥 우회술: 감사와 용서, 대표 강점, 가능한 최상의 자기, 긍정적인 사회적 소통, 과거 재구성,	최근 관상동맥우회술이나 경피적 관상동맥개입술을 받은 환자 69명이 무작위로 PPI나 대기자 통제집단으로 배정. 기준점과 후개입(7주), 15주 차 추적검사 시 위험 생체지표 평가	통제집단 참여자와 비교해 7주 차에 PPI 집단의 고민 감도가 크게 감소했고, 코르티솔 각성 반응이 대폭 낮아짐
16	산후안 외 다수(Sanjuan et al.), 2016	심장 재활: 잘 됐던 일 3가지, 대표 강점, 최상의 나, 감사 표현하기, 친절한 행위	스페인의 심장병 환자들(n=108)이 통제집단(정규 재활 프로그램)이나 행복 프로그램, 재활 프로그램에 무작위 배정	기능 능력 통제 후 재활집단 단독의 경우보다 행복 프로그램과 재활집단에서 부정적 영향이 크게 감소함
17	웅 외 다수(Wong et al.), 2018	정신질환 고통: 감사 편지, 감사 일기	심리치료를 받으려는 성인들(n=293)이 (a)통제(심리치료만 실시)집단, (b)심리치료+표현적 글쓰기 집단, (c)심리치료+감사 글쓰기 집단에 무작위 배정	감사 글쓰기 집단 참여자가 다른 사람들에게 감사를 표현하는 편지를 씀. 표현적 글쓰기 집단과 통제집단 참여자보다 감사 글쓰기 집단 참여자의 정신건강이 더욱 많이 개선됨
18	해리슨, 카이룰라, 키콜러(Harrison, Khairulla, & Kikoler), 2016	식이장애: 긍정정서 배양, 성격강점	11~18세 여성 입원환자 8명이 긍정성 집단 치료를 완료하고 6개월 추적검사와 그 전후 검사에서 평가받음	환자들의 75%가 주관적 행복이 의미 있게 개선됐고, 87.5%는 삶의 만족도가 의미 있게 개선됨
19	테릴 외 다수(Terill et al.), 2016	뇌졸중 이후 재활: 감사 표현하기, 친절 실습하기	6개월 전이나 그 이전에 뇌졸중을 앓았던 사람과 그 배우자 또는 돌보미가 짝을 이뤄 이 실험에 참여. 이 두 사람 모두나 이 중 한 명이 우울증상을 보임. 개입은 2가지 활동을 매주 혼자, 그리고 둘이 함께 완성하면서 8주간 자가행동 PPI로 진행됨	다섯 커플이 이 프로그램 완료(83% 유지). 참여자들은 8주 중 최소 6주간 활동에 참여했고, 개입에 '매우 만족함'이라고 보고함
20	멀러 외 다수(Muller et al.,) 2016	만성통증과 신체장애: 감사 표현하기, 친절한 행위, 용서, 몰입, 신체 돌보기	척추 손상과 다발성 경화증, 신경근병증, 폴리오 후 증후군, 만성통증 환자들이 무작위로 PPI나 통제조건을 배정받음. PP집단 참여자들은 개인화된 PPI를 완료하고, 통제집단 참여자들은 8주 동안 생활에 관한 글을 씀	PPT집단의 개입 전후 통증과 강도, 통증 조절, 통증 재앙화, 통증 간섭, 긍정적인 영향, 우울증이 크게 개선됨. 삶의 만족도와 우울증, 통증 강도, 통증 간섭, 통증 조절의 개선 상태는 2.5개월 추적검사 시까지 유지함

※ PP=긍정심리학, PPI=긍정심리개입, CBT=인지행동치료, MDD=주요 우울장애. 출판연도 순으로 나열

더 나아가 치료자가 〈표2.1〉을 검토하면 내담자의 구체적인 치료적 욕구를 다룰 때 PPT 모델을 적용할 수 있다. 예컨대 치료자는 새롭게 등장하는 증거를 기반으로 심리적 문제가 있는 내담자에게는 어떤 실습이 더욱 효과적인지, 감사 일기나 감사 방문을 어떻게 비교문화적으로 실행할 수 있는지, 트라우마와 싸우고 있는 내담자에게는 어떤 실습이 적절하지 않은지를 결정할 수 있다.

PPI의 이론적 토대와 잠재적인 변화의 메커니즘, 치료적 조건 설명에서 담당하는 PPI의 역할도 살펴봤다. 예컨대 감사는 우울증의 치명적인 영향에 반작용 역할을 하고(우드, 몰트바이, 질레트, 린리, 조지프(Wood, Maltby, Gillett, Linley, & Joseph), 2008), 희망은 외상후 스트레스 장애 치료에서 변화의 메커니즘 역할을 하며(질먼, 슘, 차드(Gilman, Schumm, & Chard), 2012), 영성과 의미는 심리치료에서 치료 역할을 한다(스테거, 신(Steger & Shin, 2010); 워딩턴, 후크, 데이비스, 맥대니얼(Worthington, Hook, Davis, & McDaniel), 2011). 또한 용서는 복수할 권리를 포기하거나 분노를 사라지게 하는 점진적 과정(해리스 외 다수, 2006; 워딩턴, 2005)이다. 또 다른 연구에서는 창의성과 조울증의 관계(머리, 존슨(Murray & Johnson), 2010), 긍정정서와 사회적 불안의 관계(카시단 외 다수(Kashdan et al.), 2006), 사회적 관계와 우울증의 관계(옥사넨 외 다수(Oksanen et al.), 2010)를 입증했다. 피츠패트릭(Fitzpatrick)과 스탈리카스(Stalikas)(2008)는 긍정정서가 치료 변화를 강력하게 예측한다고 했다. 다른 수렴적 과학적 증거에 따르면 긍정정서는 단순하게 성공과 건강을 반영하는 것이 아니다. 태도와 사고방식을 적응적으로 바꿔 성공과 건강을 이끌어내기도 한다(프레드릭슨(Fredrickson), 2009).

PPI의 전반적인 효과와 적절성을 몇몇 연구보고서에서 살펴봤다. 이 같은 보고서는 이론적 가닥을 종합하고, PPI 적용에 관한 중요한 치료적 결과를 제공한다. 이런 12가지 보고서는 〈표2.2: 치료적 결과를 제공하는 긍정개입 검토서〉에 나와 있다. 보고서에는 PPI의 전반적 효과에 관해 출판된 메타분석 2가지도 포함돼 있다. 그중 첫 번째 메타분석은 신(Sin)과 류보머스키(Lyubomirsky)(2009)가 치료적 표집과 비치료적 표집을 포함한 51개 긍정개입을 분석한 것이다. 이 분석에 따르면 긍정개입은 우울증상의 대폭 감소(평균 r=0.31)와 행복 증진(평균 r=0.29)에서 중간 효과 크기로 효과를 증명해 보였다. 보일러(Boiler)와 그의 동료들이 실시한 두 번째 메타분석의 참여자는 6139명이었다(신과 류보머스키의 19개 연구 포함). 이 분석에 따르면 PPI는 작은 효과 크기(평균 r=0.23)로 우울증을 감소시켰고, 중간 효과 크기(r=0.34)로 행복을 증진시켰다.

혼(Hone)과 자르덴(Jarden), 스코필드(Schofield)(2015)는 40개 PPI의 효과를 분석하면서 표준화된 틀을 사용했다. 다시 말해 개입 범위(Reach), 효과성(Efficacy), 적응성(Adoption), 실행(Implementation), 유지(Maintenance)를 평가하는 RE-AIM을 이용한 것이다(글래스고, 포크트, 보엘스(Glasgow, Vogt, & Boels), 1999; 방법과 도구 국립협력센터(National Collaborating Center for Methods and Tools), 2008). RE-AIM은 연구표집과 환경의 대표성, 비용, 효과의 지속성을 개인 수준과 기관 수준에서 평가한다. RE-AIM에 따르면 PPT 점수는 상당히 다양하다. 범위는 64%, 효과성은 73%, 적응성은 84%, 실행은 58%, 유지는 16%다.

긍정정서를 이용하는 2가지 메타분석 중 하나는 행동 활성화(마주첼리, 케인, 리스(Mazzucchelli, Kane, & Rees), 2010)를, 다른 하나는 마음챙김 기반 접근법(카셀라스-그라우, 비베스(Casellas-Grau & Vives), 2014)을 사용한다. 이 두 메타분석은 강점 기반 접근법으로 행복을 증진시킬 수 있다는 사실을 증명해 보였다.

다른 보고서들은 정서 조절 부문에서 긍정정서(쿠아드바흐, 미콜라이차크, 그로스(Quoidbach, Mikolajczak, & Gross), 2015) 같은 구체적인 긍정속성의 효과성뿐만 아니라 증상 감소 및 행복 증진(드레이븐, 파샤-자이디(D'raven & Pasha-Zaidi), 2014) 부문에서 구체적인 강점(감사와 친절)의 효과성을 연구했다. 또 다른 보고서들은 긍정속성이 신체건강 문제(매캐스킬(Macaskill), 2016)와 유방암, 감사(루이니, 베스코벨리(Ruini, & Vescovelli), 2013), 확고한 결과 측정치 파악(스토너, 오렐, 스펙터(Stoner, Orrell, & Spector), 2015)에 어떻게 영향을 미치는지를 살펴봤다. PPI가 신경과학 분야(카퍼 외 다수(Kapur et al.), 2013)뿐만 아니라 트라우마, 전쟁 같은 복잡한 상황에서(알-크레나위 외 다수(Al-Krenawi et al.), 2011) 적절성을 지니는지도 연구됐다.

표2.2 치료적 결과를 제시하는 긍정심리개입 검토서

번호	출처	보고서 내용	핵심 결과
1	신, 류보머스키(Sin & Lyubomirsky), 2009	메타분석: 참여자 4266명과 51개 PPI 포함. PPI 효과성을 검토하고 치료자에게 실질적인 지침 제공	PP 개입으로 행복이 크게 증진되고(평균 r=0.5), 우울증상이 크게 감소(평균 r=0.31)
2	마주첼리, 케인, 리스 (Mazzucchelli, Kane, & Rees), 2010	메타분석: BA가 행복에 미치는 영향을 분석한 연구. 참여자 총 1353명과 20개 연구 포함	통합 효과 크기(Hedge의 g값)에 따르면 사후검사에서 BA와 통제조건의 행복도 차이가 0.52였음. BA는 치료적 환경과 비임상 환경 모두에서 다양한 인구의 행복을 개선하는 매력적이고 준비된 개입을 제공하는 것 같음
3	퀸런, 스와인, 벨라-브로드릭(Quinlan, Swain, & Vella-Brodrick), 2012	검토 행복: 증진을 위해 강점 분류를 확실하게 가르치거나 사용하려 했고, 사전 개입 및 사후 개입 측정과 비교집단을 사용한 연구 8개 검토	내담자에게 계획을 세우고, 현재와 다른 미래를 그려보며, 목표를 설정하라고 요구하면 개입 효과가 더 좋아진다는 결과가 나옴. 개인의 동기와 관계, 자율성과 관련된 목표를 달성할 가능성이 훨씬 더 높음. 장기 개입이 단기 개입보다 훨씬 더 효과가 좋았음
4	보일러 외 다수(Boiler et al.), 2013	메타분석: 치료자 7명과 내담자 6139명이 참여하고 무작위로 출판된 연구 39개 검토	메타분석 결과 표준편차가 주관적 행복은 0.34, 심리적 행복은 0.20, 우울증은 0.23으로 나와 PPT 효과가 작음
5	카셀라스-그라우, 비베스(Casellas-Grau& Vives), 2014	체계적 검토: 마음챙김 기반 접근법과 긍정정서 표현, 영적 개입, 희망 치료, 의미 만들기 개입을 포함한 16개 연구에 중점을 둠.	유방암 환자와 생존자들에게 적용한 PPI가 긍정적인 측면을 개선할 수 있는 것으로 나타남
6	드레이븐, 파샤-자이디(D'raven & Pasha-Zaidi), 2014	검토: 치료자 상담에 맞춰 음미하기와 감사, 자기연민 같은 PPI 표집 검토. 이 같은 PPI가 왜, 어떻게, 어떤 조건에서, 누구에게 최적의 효과를 발휘하는지 설명하기 위해 PPI 표집 검토	PPI가 행복을 증진시킬 수 있다는 결론이 나옴. 하지만 적합성과 시기, 문화 같은 중요한 사항을 고려해야 함. 더 많이가 항상 더 나은 것은 아님
7	드르배릭 외 다수(Drvaric et al.), 2015	비판적 검토: 11개 연구를 검토해 강점 기반 치료 접근법이 정신질환에 걸릴 치료적 위험이 있는 사람들을 치료하는 데 효과적이고 적절한지 분석	긍정적인 대처 기술과 회복력이 높은 수준이 심리적 스트레스를 완화해줄 수 있는 보호 요소로 나타남. 정신병에 걸릴 치료적 위험이 높을 경우 회복력 키우기가 행복을 증진시키고, 적응적 정신건강을 개선하는 데 효과적일 수 있음
8	혼, 자르덴, 스코필드(Hone, Jarden, & Schofield), 2015	효과성 검토: 1만664명이 참여하는 PPI 40개의 효과성을 중점적으로 다루면서 범위와 효과성, 적응성, 실행, 유지를 포함하는 개입 유용성의 5가지 측면에서 효과성 검토	RE-AIM 점수가 상당히 다양했음. 범위는 64%, 효과성은 73%, 적응성은 84%, 실행은 58%, 유지는 16%였음
9	쿠아드바흐, 미콜라이차크, 그로스 (Quoidbach, Mikolajczak, & Gross), 2015	검토: 정서 조절 과정 모델을 이용해 125개 이상의 연구 검토. 친절한 행위와 가능한 최상의 자기, 잘 됐던 일 3가지, 감사 방문, 목표 설정, 희망, 음미하기 같은 PPI가 포함	상황 선택과 상황 수정, 주의 분산, 인지 변화, 반응 조절을 포함한 5가지 장단기 전략으로 긍정정서를 키울 수 있다고 제안함

10	로프케(Roepke), 2015	메타분석: 사람들이 역경을 겪고 나서 다양한 치료 접근법을 통해 성장할 수 있는지를 검토. 타당하거나 신뢰할 수 있는 PTG(외상 후 성장) 측정과 더불어 12개 무작위 통제연구 포함	PTG를 배양하기 위한 이들 개입은 PTG에 높은 효과를 나타내는 것을 확인함
11	스토너, 오렐, 스펙터 (Stoner, Orrell, & Spector), 2015	체계적 검토: 특성을 공유한 인구집단에서 표준화 기준을 사용하는 PP 결과 측정을 평가. 치매 인구집단에서 잠재적 적응이나 사용에 적합한 강력한 측정을 파악하는 것이 목표	회복력과 자기효능감, 종교성·영성, 삶의 가치 평가, 일관성, 자율성, 자원 활용성이라는 구성 요소 내에서 16개 PP 결과 측정을 파악. PPI에서 적절한 정신력 측정 분석 보고의 중요성을 강조함
12	매캐스킬 (Macaskill), 2016	검토: 신체건강 문제와 함께 PPI를 임상인구집단에 적용하는 문제를 검토	PPI를 신체건강 문제와 함께 임상인구집단에 적용하기 시작하고 있음. 암과 관동맥성 심장병, 당뇨병에 PPI를 적용하는 문제를 조사. PPI 실시 후 초기 결과가 개선됨

※PP=긍정심리, BA=행동 활성화, PPI=긍정심리개입, PTG=외상 후 성장. 출판연도 순으로 나열.

루이즈 램버트 드레이븐(Louise Lambert D'raven)과 파샤 자이디(Pasha-Zaidi)(2006)는 상담 환경에서 감사, 감상력, 용서, 긍정관계 같은 성격강점을 이용하는 긍정개입의 적절성을 검토했다. 그 결과 PPI가 긍정적인 영향과 경험을 이끌어냈고, 우울증을 완화하는 데 효과적이었다. 보다 중요한 사실은 PPI를 치료적 맥락에서 사용하면 내담자가 내재 능력을 동원해 바람직한 변화의 동기를 훨씬 쉽게 가질 수 있다는 것이다. 더 나아가 PPI는 긍정정서와 행복을 유지하고 증진시키는 일반적인 치료실습 전략을 제공한다.

다양한 치료 환경에서 복잡한 치료적 문제를 다루는 PPI는 심리치료의 지식 기반과 건강 결과를 발전시켜나가고 있다. 강력한 경험적 증거와 새롭게 등장하는 PPI 작업은 PPT 개발과 수정의 토대를 마련하는 데 필수적이다.

긍정심리치료와 행복(웰빙) 이론

PPT는 셀리그만의 플로리시를 위한 행복(웰빙) 이론인 팔마PERMA(셀리그만, 2002a, 2012) 개념화와 성격강점(피터슨, 셀리그만, 2004)이라는 2가지 주요 이론에 일차적인 기반을 두고 있다(성격강점은 웰빙 이론인 팔마 전체의 기반이다. 강점의 S를 PERMA에 붙여 팔마스 PERMAS로 표기한다. ―옮긴이). 이 중 먼저 행복을 과학적으로 측정하고 관리할 수 있는 5가지 요소로 나누는 팔마 모델을 설명하고자 한다. 팔마 모델은 〈표2.3 행복 이론: 팔마〉에서 (a)긍정정서와 (b)몰입, (c)관계, (d)의미, (e)성취(셀리그만, 2012)로 요약돼 있다. 팔마의 3가지 분야(긍정정서와 몰입, 의미)에 대한 성취감은 우울증 감소, 삶의 만족도 증가와 관련돼 있다는 연구 결과가 있다(아세베도, 세이(Asebedo & Seay), 2014; 버티시 외 다수 (Bertisch et al.), 2014; 헤디, 슈프, 투시, 와그너(Headey, Schupp, Tucci, & Wagner), 2010; 컨 외 다수(Kern et al.), 2015; 드레이븐, 파샤-자이디, 2016; 라몬트(Lamont), 2011; 슈엘러, 셀리그만, 2010; 서지, 우(Sergy & Wu), 2009).

긍정정서

긍정정서는 행복의 쾌락적(즐거움) 측면을 대변한다. 이런 측면은 과거, 현재, 미래에 대한 긍정정서를 경험하고, 그런 정서의 함양과 지속성을 증폭시키는 기술을 배우는 것으로 이뤄져 있다.

- 과거의 긍정정서에는 감사, 용서, 자족감, 성취감, 자부심, 평온함이 있다.
- 미래의 긍정정서에는 희망과 낙관성, 신념, 믿음, 자신감이 있다.
- 현재의 긍정정서에는 만족, 쾌락, 음미하기, 마음챙김이 있다(셀리그만, 2002a).

표2.3 행복(웰빙) 이론: 팔마

요소	내용
긍정정서	행복, 자족감, 자부심, 평온함, 희망과 낙관성, 신뢰, 자신감, 감사 같은 긍정정서 경험하기
몰입	최적의 초집중 상태인 몰입과 고도의 집중, 보다 발전하고 싶은 내재적 동기를 느끼고자 자신의 강점을 활용하는 활동에 깊이 몰두하기
관계	긍정적이고 안정적이고 신뢰할 수 있는 관계 맺기
의미	자신보다 더 원대한 목적의식과 믿음을 갖고 뭔가에 소속해 봉사하기
성취	성공과 승리, 유능, 그리고 성취 그 자체를 추구하기

셀리그만, 2012

긍정정서는 부정정서와 비교했을 때 일시적이지만 더욱 융통성 있고 창의적이며 효과적인 사고 과정을 만들어나가는 데 핵심적 역할을 한다(프레드릭슨, 2009). 조사 결과에 따르면 긍정정서는 부정정서를 '상쇄'시켜 회복력을 키워주고(프레드릭슨, 투게이드, 워, 라킨(Fredrickson, Tugade, Waugh, & Larkin), 2009; 존슨 외 다수, 2009), 장수와 결혼 만족도, 관계, 수입, 회복력과 깊이 연관돼 있다(검토 시에는 프레드릭슨, 브래니건(Fredrickson & Branigan), 2005; 류보머스키, 킹, 디너(Lyubomirsky, King, & Diener, 2005) 참조). 배리 슈워츠

(Barry Schwartz)와 그의 동료들(2002)은 심리치료를 받으려는 우울증 내담자의 긍정정서 대 부정정서 비율이 0.5 대 1보다 더 낮은 경향이 있다는 사실을 밝혀냈다(완치 수준의 긍정정서 대 부정정서 비율은 4 대 1이다. -옮긴이). 긍정정서 부족이 정신질환의 핵심 요인으로 보인다.

긍정정서는 신체건강에도 영향을 미친다. 예컨대 공중위생관리국에서는 심장질환을 사망의 주요 원인으로 계속해 기록하고 있다. 또한 흡연과 비만, 고혈압, 운동 부족 비율 등 가능한 위험 요소에 관한 자료도 수집한다. 이런 자료들은 미국의 각 지방자치단체 차원에서 찾아 이용할 수 있다.

미국 펜실베이니아대 연구조사팀은 이런 신체적 역학을 디지털 트위터 버전과 연관 지으려고 했다. 이들 연구학자는 2009~2010년 일련의 공개적인 트위트를 유도했다. 이와 동시에 기존의 정서 사전을 사용해 위치 파악이 가능한 개인의 무작위 트위트 표본을 분석했다. 미국 전체 인구의 약 88%를 차지하는 1300여 개 지방자치단체에서 충분한 트위트와 건강 데이터를 수집한 결과는 이러했다. 특정한 지방자치단체 거주자의 트위트에서 수입과 교육 수준을 통제하면 분노, 스트레스, 피로 같은 부정정서 표현이 심장질환 고위험과 연관돼 있다는 것이었다. 반면 기쁨, 낙관성 같은 긍정정서 표현은 심장질환 저위험과 연관돼 있었다(아이흐스테드 외 다수(Eichstaedt et al.), 2015).

몰입

몰입은 업무에 집중하기, 친밀한 관계, 여가를 추구하는 것과 관련된 행복의 한 측면이다. 몰입이라는 개념은 칙센트미하이(Csikszentmihalyi)(1990)의 몰입 연구에서 탄생했다. 칙센트미하이의 몰입은 '음악과 하나 되는 것'처럼 어떤 활동에 참여해 시간 가는 줄 모르고 극도로 집중하는 심리적 상태를 말한다. 개개인이 어려운 과제를 감당할 수 있을 정도로 충분한 기술이나 능력을 갖추고 있다면 시간 개념을 잊어버린 채 경험에 깊이 몰두하거나 그와 '하나' 될 가능성이 크다. 셀리그만(2002a)은 몰입을 향상시키는 한 가지 방법은 내담자가 자신의 '대표 강점'을 파악해(이 책 후반에서 논의함, 8장 2회기 참조) 보다 자주 사용할 수 있게 도와주는 것이라고 했다. 대표 강점을 새로운 방식으로 사용하도록 권장하는 PPI가 특히 효과적인 것으로 밝혀졌다(아자네도 외 다수(Azanedo et al.), 2014; 베르톨드, 루크(Berthold & Ruch), 2014; 부쇼르 외 다수(Bushor et al.), 2013; 포레스트 외 다

수(Forest et al.), 2012; 귀스웰, 루크(Güsewell & Ruch), 2012; 쿠말로 외 다수(Khumalo et al.), 2008; 리트먼-오바디스, 라비(Littman-Ovadis & Lavy), 2012; 마르티네즈-마르티, 루크(Martinez-Marti & Ruch), 2014; 피터슨 외 다수, 2007; 프로이어 외 다수, 2013; 루크 외 다수, 2007).

PPT에서 내담자는 대표 강점을 사용해 몰입 활동을 시작하는 법을 배운다. 이런 활동은 비교적 시간이 많이 걸린다. 예를 들어 암벽 타기와 체스, 농구, 춤, 예술 창작이나 경험, 음악, 문학, 영적인 활동, 사회적 상호작용뿐만 아니라 빵 굽기와 정원 일, 아이와 놀아주기 같은 창의적인 추구 활동이 있다. 이런 몰입 활동은 빠르게 사라져버리는 감각적 쾌락에 비해 훨씬 오래 지속되고, 더욱 많은 사고와 해석을 요구하며, 너무 쉽게 익숙해지지 않는다. 몰입은 지루함과 불안, 우울증을 해소해주는 중요한 해독제가 될 수 있다.

많은 심리장애의 특징인 무쾌감증과 무관심, 지루함, 다중 작업(multitasking), 초조함은 대체로 주의산만의 징후다(도널드슨, 칙센트미하이, 나카무라(Donaldson, Csikszentmihalyi, & Nakamura), 2011; 맥코믹 외 다수(McCormic et al.), 2005). 고도의 몰입은 보통 지루함과 반추를 날려버린다. 다시 말해 힘든 과제를 성공적으로 완수하려고 애쓰면서 주의 지원은 당면 과제에 집중시켜 활성화시키고, 자기 관련 정보와 위협 관련 정보 처리에 소모되는 능력은 줄여나간다. 추가적으로 몰입 활동 이후 성취감을 느끼면 종종 긍정적인 반추의 2가지 형태인 회상하기와 만끽하기를 할 수 있다(펠드먼, 주르먼, 존슨(Feldman, Joormann, & Johnson), 2008). 이 같은 몰입의 특징은 치료 개입에 효과적으로 적용되고 있다(그라파나키 외 다수(Grafanaki et al.), 2007; 나카무라, 칙센트미하이, 2002).

관계

모든 인간은 진화 과정에서 자연도태로 형성된 근본적인 '소속 욕구'를 지니고 있다(바우마이스터, 래리(Baumeister & Leary), 1995). 긍정적이고 안정적인 관계는 행복과 강력하게 연관돼 있다(월리스(Wallace), 2013). 미국의 시간 사용 조사(American Time Use Survey)에 따르면 사람들은 깨어 있는 대부분의 시간을 적극적으로나 수동적으로 타인과 상호작용하는 데 소비한다. 예컨대 다른 사람들과 토의하고, 협력하며, 좋은 것을 교환하는 것이다(노동통계청(Bureau of Labor Statistics), 2015). 인간관계의 질은 친구 수나 친구와 함께 보내는 시간 같은 양적 특성보다 훨씬 더 중요하다. 예컨대 부모와 또래, 선생님을 포함해 광범위한 사회적 지지를 받는 아이들은 학업 성취와 상관없이 그런 지지를 받지 못하는 또래보다 정신질환(우울증과 불안증)을 앓을 확률이 낮고, 행복을 더욱 많이 누린다(데미르(Demir), 2010; 스튜어트, 술도(Stewart & Suldo), 2011).

긍정관계는 정신질환을 예방해줄 뿐만 아니라 장수에도 도움이 된다. 30만8849명이 참여한 148개 연구에서 더욱 탄탄한 사회적 관계를 맺은 사람들의 생존 가능성은 50% 증가했다. 이런 결과는 나이와 성별, 초기 건강 상태, 사망 원인, 추적검사 시기와 상관없이 일관적이었다(홀트-룬스태드, 티모시(Holt-Lunstad & Timothy), 2010). 거의 모든 PPT 실습에 다른 사람들과 관련된 직접 또는 회상 성찰이 포함됐다. 연구학자들은 무작위 실험에서 관계 중심의 긍정적인 활동을 수행한 사람들의 관계 만족도가 높아졌다는 사실을 발견했다(오코넬, 오세아, 갤러거(O'Connell, O'Shea, & Gallagher), 2016).

의미

의미는 자신보다 더욱 원대한 뭔가에 소속돼 봉사하고자 자신의 대표 강점을 사용하는 것으로 이뤄진다. 의미 연구의 선구자 빅터 프랭클(Victor Frankl)(1963)은 행복을 바라기만 해서는 얻을 수 없다고 강조했다. 행복은 자신보다 더욱 원대한 목표를 달성하기 위해 일하다 보면 의도치 않게 나타나는 결과라는 것이다. 그런 원대한 목표와 연결하는 활동을 성공적으로 하는 사람들은 '의미 있는 삶'을 성취한다. 그 방법은 무수히 많다. 예컨대 친밀한 대인관계, 예술적이고 지적인 혁신이나 과학적 혁신, 철학적이거나 종교적 사색, 사회적 또는 환경적 행동주의, 경력을 소명으로 생각하기, 영성 또는 명상처럼 잠재적으로 혼자 추구하는 기타 활동이 있다(예: 스틸먼, 바우마이스터(Stillman & Baumeister), 2009; 브제니브스키, 매콜리, 로진, 슈워츠(Wrzeniewski, McCauley, Rozin, & Schwartz, 1997). 의미 있는 삶을 만들어나가는 방법과 상관없이 그런 행위 자체가 만족감을 낳고 잘 살아가고 있다는 믿음을 심어준다(아커먼, 주로프, 모스코비츰(Ackerman, Zuroff, & Moskowitzm), 2000; 힉스, 킹(Hicks & King), 2009).

보다 원대한 삶의 목적이 있는 성인들은 두뇌 손상에서 훨씬 빠르게 회복된다(라이프 외 다수, 2016). PPT는 내담자의 구체적인 목표 정의와 설정을 도와주고, 그런 목표와 관련된 중요한 의미를 명확히 해 목표 달성 가능성을 높이는 유용한 시도일 수 있다(맥나이트, 카시단(McKnight & Kashdan), 2009). 의미와 목적의식이 역경에서 빠르게 회복할 수 있게 도와주고, 절망과 제어 불능에 사로잡히지 않게 해준다는 증거가 있다(그레이엄, 로벨,

글라스, 록시나(Graham, Lobel, Glass, & Lokshina, 2008; 라이트세이(Lightsey), 2006). 의미에 가득 찬 삶을 사는 내담자는 어려운 상황에서 포기하기보다 계속 앞으로 나아갈 가능성이 크다(맥나이트, 카시단(2009). PPT는 내담자가 심리적 문제를 다루기 위해 인맥을 형성하도록 도와줄 수 있다.

성취

성취는 객관적이고 구체적인 성취나 승진, 메달, 보상을 뜻할 수 있다. 하지만 성취의 본질은 발전하고 진보하고자 하는 주관적 추구에 있고, 궁극적으로는 개인적으로나 대인적으로 성장하는 것이다. 팔마스 모델에서는 강점과 능력, 재능, 기술, 노력을 이용해 깊은 만족감과 성취감을 느낄 수 있는 뭔가를 하는 게 성취라고 정의한다.

성취하려면 강점을 적극적이면서도 전략적으로 사용해야 하고(어떤 강점을 언제 사용해야 하는가를 결정하고), 상황적 변동을 면밀하게 살펴 시기적절하게 변화를 꾀해야 한다. 또한 구체적인 행동이나 습관의 일관성도 필요하다. 마지막으로 성취에는 외적인 보상이 따를 수 있다. 하지만 내재적 동기를 갖고 의미 있는 목표를 추구, 성취할 때 행복이 증진된다.

긍정심리치료: 이론적 가정

PPT는 긍정개입 연구의 경험적 기반, 팔마 모델과 성격강점의 이론적 기반에서 발전된 것이다. 하지만 자연과 원인, 진로에 관한 3가지 가정과 다음에 토의할 구체적인 행동 패턴 치료를 중심으로 운영되기도 한다.

내재적 성장 능력

PPT는 인본주의 심리학과 맥을 같이해 내담자의 내재적 성장 능력과 성취감, 행복이 장기간 심리적 고통에 억눌릴 때 정신질환이 발병한다고 주장한다. 심리치료는 인간관계의 변형적인 힘을 이용해 잠재력을 발휘하거나 되찾을 수 있는 독특한 기회를 제공한다. 또한 판단하지 않고 공감해주는 치료자가 유례없는 상호작용을 통해 내담자의 가장 깊은 정서와 바람, 열망, 생각, 믿음, 행동, 습관에 접근할 수 있게 해준다. 하지만 이런 독점적 접근 권한을 자연스럽게 나타나는 부정성을 처리하고, 최악의 상황을 바로잡는 데 주로 사용한다면 성장을 촉진하는 기회가 빛을 보지 못하거나 종종 완전히 사라져버린다.

강점에 중점을 두면 내담자는 권위적이지 않고, 지루하고 평범하지 않으며, 불평하지 않는 법만 배울 수 있는 게 아니다. 더욱 자발적이고 창의적이며 유쾌하고 감사할 줄 아는 사람이 되는 구체적인 기술을 배울 수 있다. 강점이 끔찍한 생활환경에서도 성장에 핵심 역할을 할 수 있다는 증거가 있다. 인구통계 말고 성격강점도 회복력과 사회적 지지, 자부심, 삶의 만족도, 긍정적인 영향, 자기효능감, 낙관성을 예측해준다(마르티네즈-마르티, 루크, 2016). 성격강점의 중요성에 관한 이런 가정을 지지해주는 증거가 증가하고 있다. 린리(Linley)와 그의 동료들(2010)은 강점을 사용하는 사람들이 자신의 목표를 달성할 가능성이 높다는 사실을 증명해 보여줬다. 더 나아가 강점 사용은 부정경험의 영향력을 완화해준다(존슨, 구딩, 우드, 테리어(Johnson, Gooding, Wood, & Tarrier), 2010). 노년층이 낙관성과 감사, 음미하기, 호기심, 용감성, 이타성, 삶의 의미 같은 강점에 중점을 두면 우울증상이 감소했다(호, 예옹, 퀵(Ho, Yeung, & Kwok), 2014). PPT는 이 같은 사실을 종합해 내담자가 성장할 수 있다고 가정하고, 증상 감소에 도움이 되는 그런 성장 과정을 강조한다.

증상 못지않게 진정성 있는 강점

PPT는 강점 그 자체를 가치 있게 여긴다. 또한 긍정정서와 강점을 증상과 장애 못지않게 진정성 있는 실질적인 요소로 취급한다. 강점은 치료적 경계에 하릴없이 떠도는 방어기제나 환영 또는 증상의 부산물이 아니다. 분노와 기만, 경쟁, 질투, 탐욕, 걱정, 스트레스가 실재한다면 정직과 협력, 자족, 감사, 연민, 평온도 실재한다. 단순하게 증상이 없다고 정신적 행복을 누리는 것은 아니라는 조사 결과가 있다(바텔스 외 다수(Bartels et al.), 2013; 키이스, 에두아르도(Keyes & Eduardo), 2012; 술도, 샤퍼(Suldo & Shaffer), 2008). 강점과 증상을 통합하면 내담자의 자기 인식이 확장되고, 치료자에게는 추가적인 개입 경로가 열린다. 치벤스와 그의 동료들(2012)은 심리치료에서 내담자의 약점보다 강점에 중점을 두면 더욱 뛰어난 결과가 나온다는 사실을 증명해 보였다. 이와 마찬가지로 플뤼키케르와 그로세 홀트포스(Grosse Holtforth)(2008)는 각 회기 시작 전 내담자의 강점을 중점적으로 다루면 치료 결과가 개선된다는 사실을 밝혀냈다. 치료자가 내담자의 용감성, 친절, 겸손, 끈기, 사회성 지능을 되찾아주고 배양하고자 적극적으로 노력할 때 내담자의 삶이 더욱더 성취감으로 충만해질 가능성이 높다. 이와는 대조적으로 치료자가 증상 개선에 중점을 둘 때는 내담자의 삶이 덜 우울해질 수 있다.

치료관계

PPT의 마지막이자 세 번째 가정은 결점에 대해서만 이야기하지 않고 긍정경험과 개인적 특성(긍정정서와 강점, 미덕 등)을 탐색하고 분석해 효과적인 치료관계를 형성할 수 있다는 것이다. 이런 치료동맹 형성은 치료 변화에 핵심적인 공통 요소다(호바스 외 다수(Horvath et al.), 2011; 카즈딘(Kazdin), 2009). 스킬(Scheel)과 데이비스(Davis), 헨더슨(Henderson)(2012)은 강점에 중점을 두면 치료자가 내담자와 신뢰하는 관계를 맺기 쉽고, 내담자에게 희망을 심어줘 동기 부여를 할 수 있다는 사실을 발견했다. 브라질 심리치료자 26명과의 인터뷰에 기반을 둔 또 다른 연구에서는 치료자가 치료 중 내담자의 정보에서 긍정정서를 이끌어내면 내담자의 자원 활용성을 보다 잘 인식할 수 있다는 사실을 밝혀냈다. 더 나아가 내담자의 자원이 결점과 동일하게 중시될 때 긍정정서가 치료관계를 강화해준다(판덴베르허, 실베스트르(Vandenberghe & Silvestre), 2013). 그러므로 치료동맹은 강점을 수용하는 관계를 통해 형성할 수 있다.

이런 과정은 전통적인 심리치료 접근법과 대조된다. 전통적인 심리치료 접근법에서는 치료자가 일단의 증상과 문제를 내담자에게 진단 형식으로 분석하고 설명해준다. 대중매체에서 보여주는 심리치료의 초상이 그런 치료자의 역할을 더욱 부각시킨다. 대중매체에서는 문제점에 대해 이야기하고, 억압된 감정을 분출하며, 잃어버렸거나 망가진 자부심을 치료자의 도움을 받아 회복하는 치료관계를 보여준다.

3장
정신병리학: 증상과 강점

PPT에서 **긍정심리학의 핵심 개념은** 정신질환을 평가하고 다루는 데 긍정성(성격강점, 긍정정서, 몰입, 의미, 긍정관계, 성취)이 증상 못지않게 중요한 요소라는 것이다. 이런 개념은 정신병리학의 전통적인 시각에서 크게 벗어난 것이다. 전통적인 정신병리학에서는 증상이 중심 위치를 차지한다. 순전히 증상에 기반을 둔 분류 체계는 내담자의 다양하고 복잡한 삶을 이해하는 데 적절하지 않다.

이 책에서는 먼저 증상에 독점적으로 초점을 맞출 수밖에 없는 이유를 이해한다는 점을 명확하게 밝히고 싶다. 실제로 문제 증상은 눈에 확 띄고, 치료적 환경에서는 긍정적인 것보다 문제 증상에 훨씬 쉽게 접근해 평가할 수 있다. 보통 내담자와 치료자가 부정 경험에 집중하면 보다 복잡하고 깊이 있는 치료적 대화를 나눌 수 있다. 그러므로 치료적 서비스를 받으려는 내담자가 부정사건과 좌절, 실패를 쉽게 떠올리거나 치료자가 충동, 양가감정, 기만, 개인적 결점이나 대인적 결점에 관한 이야기를 쉽게 평가하고 숙고하며 해석하는 것은 놀라운 일이 아니다. 치료자는 훨씬 더 명확한 정보적 가치가 있기 때문에 부정성에 더욱 신경을 많이 쓰고, 복잡한 인지 처리를 시작한다(피터스, 차핀스키 (Peeters & Czapinski), 1990). 따라서 보통 증상과 장애를 탐색하기 위해 임상 평가를 실시한다. 하지만 거의 증상에만 초점을 맞추면 임상 평가에 다음과 같은 중대한 한계가 생긴다.

증상

중심 요소

증상은 기본적으로 치료적 대화의 중심 요소이기 때문에 반드시 진지하게 연구해야 한다. 반면 긍정성은 증상적 완화의 부산물이라서 평가할 필요가 없다. 이런 가정이 아주 뿌리 깊게 박혀 있어 전통적으로 긍정적인 속성은 보통 방어기제로 간주된다. 예를 들어 불안은 이론적으로 종교개혁(베버(Weber), 2002)을 특징짓는 직업윤리를 이끌어낸 원동력이었다. 우울증이 방어기제가 돼 죄책감을 물리치고, 그런 감정의 보상으로 동정심이 나타난다는 이론이 제시된 바 있다(맥윌리엄스(McWilliams), 1994). PPT에서는 인간의 강점을 약점 못지않게 실재하는 오래된 것이자 모든 문화권에서 가치 있는 것으로 간주한다(피터슨, 셀리그만, 2004).

강점은 증상만큼이나 정신질환 평가와 치료에 결정적인 요소다. 또한 방어기제도 아니며 부산물이나 보상으로 간주되는 것도 아니다. 강점은 그 자체로 가치 있는 것이며 평가 과정에서 약점과 별개로 측정되는 것이다. 예컨대 자신을 통제해 다른 사람들의 협력을 이끌어내고자 반드시 겸손을 사용해야 하는 건 아니다. 친절을 베푸는 것이 반드시 스트레스 상황을 해소하거나 중화시키려는 시도도 아니다. 또한 창의성은 불안을 이용해 혁신을 일으키는 것만이 아니다.

왜곡된 프로필과 틀

전통적인 결점 지향 평가와 치료 접근법은 정신질환 진단 및 통계편람(DSM:-5·미국정신의학협회, 2013)의 인위적인 범주 내에서 내담자에게 꼬리표를 붙인다. 꼬리표를 붙이는 것 자체가 바람직하지 못한 것은 아니다. 꼬리표는 세상을 분류하고 조직한다(매덕스, 2008). 하지만 정신병리학에서 내담자를 꼬리표 붙이는 대상으로 취급하면 내담자의 다양한 복잡성을 간과할 수 있다(부아베르, 파우스트(Boisvert & Faust), 2002; 사스(Szasz), 1961). 이처럼 지나친 진단 중심 경향 때문에 DSM 기반 진단은 결점과 장애를 두드러지게 요약해 보여주는 성격 프로필을 만들어낸다. 성격의 치료적 평가는 약점뿐만 아니라 강점도 탐색하는 종합적인 과정이 돼야 한다(술도, 샤퍼, 2008). 치료적 평가에서 표출된 문제를 해결해야 하는 문제점으로 취급하자마자 이를 줄이는 것이 개입의 성공 척도가 된다.

하지만 심리 문제는 복잡하고 다면적이며 종종 특이하게 표출된다(해리스, 토레센, 2006). 더 나아가 정신질환 증상이 완화됐다고 내담자가 반드시 행복을 누리는 것은 아니다. 시간과 자원 할당이라는 측면에서 치료적 부동산(real estate)은 한정돼 있다. 이런 부동산의 대부분을 증상 완화가 차지한다면 강점과 의미 또는 목적 강화에 투자할 시간과 노력이 많이 남지 않는다.

낙인

현재의 치료 실습은 대체로 어린 시절의 트라우마 파헤치기와 왜곡된 사고 평가, 대인적 어려움, 정서적 혼란 평가를 지향한다. 사람들은 자신들의 어려운 상황이 정신질환으로 진단받아 낙인 찍힐까 봐 치료 서비스를 회피한다(코리건(Corrigan), 2004). 대중매체에서 보여주는 정신질환자의 초상 때문에 정신건강에 대한 낙인이 사라지지 않는다(베어스, 맥민, 시고빈, 프리(Bearse, McMinn, Seegobin, & Free), 2013). 게다가 점점 더 다양해지고 국제화되는 사람들이 유럽 중심의 진단 꼬리표에 항상 동의하는 것도 아니다(잘라켓 외 다수(Zalaquett et al.), 2008).

정신질환은 강점조절장애

주디스 존슨(Judith Johnson)과 알렉스 우드(Alex Wood)(2017)는 긍정심리학과 임상심리학 둘 다에서 연구한 대부분의 구성 요소가 긍정에서 부정에 이르는 연속체(감사에서 배은망덕, 침착에서 불안 등)에 존재하기 때문에 '긍정'이나 '부정' 중 어느 한 연구 분야에 대해서만 이야기하는 것은 무의미하다고 주장했다. 전통적인 결점 기반 심리학은 긍정심리학과 통합해 이득을 볼 수 있다. 그 이유는 다음과 같다.

- 성격강점과 긍정정서 같은 긍정심리학 구성 요소는 전통적인 치료적 요소를 비교문화적으로나 전향적으로 고려할 때 독자적으로 행복을 예측할 수 있다.
- 강점과 긍정적으로 정서화된 감정 같은 긍정심리학자의 핵심적인 중점 사항은 위험요인과 상호작용해 결과를 예측하고, 그 결과 회복력이 생겨난다.
- 보통 행복 증진에 사용하는 PPT는 증상 완화에도 사용할 수 있다.
- 유럽 중심의 임상심리학은 대체로 긍정심리학 구성 요소와 통합해 비교문화적으로

적용해 활용할 수 있다.

이 책에서는 이 같은 주장을 고려해 치료자에게 DSM 기반 심리장애를 재개념화하라고 요구한다. 20년도 더 지난 과거에 에번스(Evans)(1993)는 부정행동이나 증상에는 대체 가능한 긍정 형태가 있다고 했다. 이런 상호관계는 어느 정도까지는 의미론적인 문제다. 증상은 언제나 간단하게 일상적인 반대어로 설명할 수 있다. 하지만 모든 증상이나 장애가 자연스럽게 그런 상호관계에 들어맞는 것은 아니다. 예컨대 용기는 불안의 반대라고 개념화할 수 있지만 불안해하는 모든 사람이 용기가 부족한 것은 아니다. 에번스는 정신병리학의 구성 요소 대부분을 2가지 유사한 측면으로 측정할 수 있다고 주장했다. 첫째, 병적이거나 바람직하지 못한 측면은 심각한 일탈에서 중립적 위치를 거쳐 긍정적인 비발생으로 이동하는 것이다. 둘째, 그 정반대 측면은 비발생에서 다소 중립적인 위치를 거쳐 바람직한 형태로 이동하는 것이다.

이 같은 맥락에서 피터슨(2006)은 심리장애를 강점의 부재, 즉 강점의 정반대나 강점의 남용(AOE)으로 간주할 수 있다고 주장했다. 또한 성격강점의 부재가 실제 정신병리학의 특징이라고 했다. 하지만 에번스처럼 피터슨도 성격강점 부재가 반드시 생물학적 표지자(Markers)가 분명한 정신분열증이나 조울증 같은 장애를 뜻하는 것은 아니라고 했다. 많은 심리학 기반 장애(우울증과 불안증, 집중과 행동 문제, 인격장애 등)는 증상의 존재라는 측면뿐만 아니라 성격강점의 부재, 정반대, 남용이라는 측면에서 보다 전체론적으로 이해해야 하는지도 모른다.

피터슨의 AOE 접근법에서 순응은 독창성의 부재로 나타난다. 특히 전체 집단이 순응을 고수할 때는 더더욱 그렇다. 호기심의 부재는 무관심이다. 무관심은 개인이 알 수 있는 것에 한계를 두기 때문에 바람직하지 못하다. 호기심의 정반대는 지루함이다. 과한 호기심도 해로울 수 있다. 특히 폭력이나 성관계, 마약에 호기심이 생길 경우 더더욱 그렇다. AOE 접근법을 치료적 민감성과 예민성을 고려해 치료적 환경에 적용하는 것은 쉽지 않을지도 모른다. 내담자의 상태를 강점(용감성, 낙관성, 친절 등)의 완전 부재라든지, 강점의 정반대(진부함은 창의성의 반대, 기만은 정직의 반대, 편견은 공정성의 반대 등)나 강점 남용(정서지능의 남용은 정서적 혼란, 시민의식의 남용은 국수주의, 유머의 남용은 어릿광대짓 등)이라고 개념화하면 치료자와 내담자 모두 의기소침해질 수 있고, 심지어 이론적 타당성이 사라질 수 있다. 어떤 사람한테서 친절을 조금도 찾아볼 수 없다거나 용감성이 완전히 사라졌다고 상상하기는 어렵다. 그렇기 때문에 이 책에서는 약간 수정한 AOE 강점 버전을 제시한다.

먼저 DSM 기반 장애를 강점 부족이나 남용이라는 측면에서 검토하라고 제안한다. 예를 들어 부족에 중점을 두면 우울증의 부분적 원인을 다른 변수 중 희망과 낙관성, 열정 부족으로 볼 수 있다. 이와 마찬가지로 투지와 끈기 부족으로 불안증의 몇몇 측면을 설명할 수 있다. 공정성과 형평성, 정의 부족은 품행장애를 강화할지도 모른다. 이 밖에도 많은 심리장애는 구체적인 강점들의 남용으로 타당하게 개념화할 수 있다. 예컨대 우울증의 부분적 원인은 겸손 남용(자기 욕구를 드러내기 꺼림)과 친절 남용(자기 관리를 희생시켜 타인에게 친절하기), 예견력 남용(좁아진 현실관), 의미 남용(고도집중과 끊임없는 헌신을 초래함)이 될 수 있다. 〈표3.1 강점조절장애로 보는 주요 심리장애〉는 강점 부족이나 헌신의 측면에서 바라보는 주요 심리장애의 증상을 나열해 보여준다.

강점 부족만으로는 진단을 내리기 힘들다. 그럼에도 영국 스털링대에서 알렉스 우드가 새롭게 연구한 결과에 따르면 긍정성 부재나 부족이 치료 상태에 위험을 가한다. 우드와 조지프(Joseph)(2010)는 5500명이 참여한 종적 연구에서 자기수용과 자율성, 삶의 목적, 타인과의 긍정관계, 환경적 통달, 개인적 성장 같은 긍정특성이 약한 사람들이 치료적 범주에서 우울증에 걸릴 가능성이 7배 높다는 사실을 발견했다. 긍정특성의 부재는 현재와 과거의 우울증 병력과 신경증적 성향, 신체건강 악화를 포함한 수많은 부정 측면 이외에도 심리장애를 초래하는 독자적인 위험 요소가 됐다. 더 나아가 긍정특성이 강한 사람들은 치료적 고통을 포함한 부정사건의 영향을 한층 적게 받는다(존슨 외 다수, 2010; 존슨, 구딩, 우드, 테리어, 2010).

PPT 관점에서 봤을 때 강점 부족이나 남용이 정확히 어떻게 작용할까. 치료 사례를 한번 살펴보자. 역학연구센터 우울 척도(Center for Epidemiologic Studies- Depression scale · CES-D · 라들로프(Radloff), 1977)는 우울증 측정 시 가장 많이 사용하는 5가지 척도 중 하나다. 이 척도는 우울과 행복이라는 2가지 별개 요소를 16개 부정 항목과 4개 긍정 항목으로 살펴보는 것으로 널리 알려져 있다(샤퍼, 2006). 알렉스 우드와 그의 동료들은 성인 6125명의 자료를 분석해 이차원적 구조의 CES-D는 통계적 허위일 가능성이 크다고 했다. 우울과 행복은 대개 비슷한 뜻으로 해석될 수 있고, 기존의 측정은 동일한 연속체의 각각 다른 극단을 이용할지도 모르기 때문이다(우드, 테일러, 조지프, 2010). 다시 말해 우울과 행복은 같은 연속체의 일부분이며, 그 둘을 따로따로 연구하는 것은 동일한 조사를 불필요하게 반복하는 행위다. 이와 마찬가지로 상태-특성 불안 척도(State-Trait Anxiety Inventory)는 불안-이완 연속체로 개념화할 수 있다(스필버거 외 다수(Spielberger et al.), 1983).

개인적 차이

PPT에서 강점 부족이나 남용으로 설명하는 특성은 과학적으로 잘 연구되고 정의된 강점(감사, 호기심, 용서 등)과 일상적인 생활 경험으로 표현되는 특성(태평, 평온, 성찰, 융통성 등)을 합친 것이다. 증상을 재개념화하는 한 가지 방법은 증상의 정반대, 즉 강점이 일상적인 경험에서 부족하거나 남용되는지를 살펴보는 것이다. 강점 부족이나 남용을 묘사하는 일상적인 용어는 개인이 식별할 수 있을 정도로 두드러질 수 있지만 경험적 검토의 대상이 되지는 않는다(알다오, 놀렌-훅세마, 슈바이처(Aldao, Nolen-Hoeksema, & Schweizer), 2010; 브론 외 다수(Bron et al.), 2012).

강점 부족과 남용

강점 부족이나 남용을 묘사하는 많은 용어가 강점을 규범적으로 만들면서 부족이나 남용이 바람직하지 못하다고 암시할 수 있다. 예컨대 예견력, 중용, 용감성 부족이 보통 바람직하지 못한 상태라면 과도한 열정과 자기보호, 위험 감수는 바람직한 상태로 간주될 수 있다. 이 책에서는 덜 주관적이고 보다 과학적인 이해를 돕는 접근법을 제시하고자 노력하고 있다. 더욱 풍부한 감사, 친절, 호기심, 사랑, 희망과 낙관성은 삶의 만족도와 깊은 관련이 있다는 증거가 있다. 반면 사회성 지능, 용서, 자기통제력, 끈기 부족은 심리 문제와 연관 있다고 증명됐다.

상황 역학

심리장애와 관련 증상은 내담자가 깊이 파묻혀 있고 종종 자기 뜻대로 바꿀 수 없는 복잡한 상황과 문화 환경을 이해할 때 보다 잘 파악할 수 있다. 그 2가지 사례는 다음과 같다.

내담자 미셸(Michel)은 사회적 불안증상을 보였다. 영어가 모국어가 아니라서 뭔가 틀린 말이나 적절하지 못한 말을 할까 봐 지나치게 걱정돼 사회적 상황을 피하는 것이었다. 미셸은 무심코 적절하지 못한 말을 해 친구의 기분을 상하게 한 적이 있었다. 그 일로 친구한테서 사람을 차별한다는 비난을 받고, 사회적으로도 불안한 상태가 됐다. 강점 부족이나 강점 남용의 측면에서 증상을 살펴보려면 맥락적 특성도 이해해야 한다. 미셸은 모국어로 친구들과 이야기할 때는 사회적 불안증상을 보이지 않았다. 그런 상황에서는 자신감을 느꼈고, 농담도 하며, 공감 능력도 보여줬다. 증상 중심 접근법에서는 이런 상황을 '내담자가 모국어로 상호작용할 때는 사회적 불안증상을 보이지 않는다'고 묘사할 것이다. 하지만 강점 기반 접근법에서는 동일한 상황을 '내담자가 모국어로 상호작용할 때는 유쾌하고, 사회적으로 편안해하며, 공감적이다'고 묘사할 가능성이 높다.

또 다른 내담자 샤론(Sharon)은 두 곳에서 파트타임으로 근무했다. 그중 하나는 고급 소매점이었고, 다른 하나는 발달장애 아동 대상의 정신병원이었다. 소매점에서 샤론은 세일 기간에 세세한 세부사항을 전문적으로 철저하게 관리해야 했다. 그래서 소매점 업무에 신경을 많이 쓰다 보니 실수하거나 뭔가를 잊어버리는 행동에 점점 더 집착하게 됐다고 했다. 다른 직장에서는 아동들을 치료 활동에 몰입시키는 어려운 일을 하는데도 편안하고 유쾌하며 사교적이 됐다고 했다. 증상 중심 접근법에서는 이런 상황을 '내담자가 소매점 근무에서 적절한 수준의 예상된 불안을 경험하고 있고, 정신병원에서는 그와 비슷한 수준의 불안을 경험하지 않는다'고 묘사할 것이다. 반면 강점 기반 접근법에서는 동일한 상황을 '내담자가 소매점에서는 종종 마땅히 그래야 하는 것보다 더 조심스러워지고 신경을 곤두세워 창의성, 쾌활함 같은 다른 강점을 사용할 수 없다. 반면 정신병원에서는 자신의 강점을 더욱 잘 활용해 유쾌하고 편안하게 활동하고 다른 사람들과 진실하게 관계를 맺는다'고 묘사할 가능성이 크다.

상황 역학뿐만 아니라 내담자의 복잡하고 다양한 삶을 이해할 때 강점이 어떻게 미묘한 역할을 수행하는지를 고려하는 것은 무척 중요하다.

강점 소유 대 강점 개발

두드러진 고통과 기능 손상을 초래하는 일련의 구체적인 증상이 있다면 치료 진단이

나온다. 야스민(Yasmin)이라는 내담자가 그런 경우였다. 야스민은 몇몇 정신건강 전문가로부터 경계성 성격장애 진단을 받은 후 치료받으러 왔다.

야스민은 치료받기 시작한 지 10분 만에 DSM에 나열된 증상 대부분을 가지고 있다고 이야기했다. 또한 자신이 정서조절장애와 관계 어려움, 자기손상 충동성으로 고통 받는 사람이라고 생각했다. 야스민이 성격강점 평가(8장 2회기 참조)를 완료한 이후 치료자는 야스민의 증상을 무시하지 않으면서 야스민에게 기본적으로 사랑이 넘치는 사람이지만 사랑을 적절하게 표현하는 기술이 부족하다고 말해줬다. 또한 이해 능력과 공감 형성 능력, 친절, 신중함을 발휘하면 그녀에게 이로울 수 있다는 이야기도 했다. 야스민은 자신이 많은 분야에서 변변치 못한 판단력을 발휘하는 성향이 있다는 사실을 깨닫기도 했지만 뛰어난 판단력을 발휘한 경험도 공유할 수 있었다. 자신이 즉각적으로 시기적절하게 반응해 한 친구의 목숨을 구했던 일을 이야기했다. 야스민은 강점 평가로 자신의 구체적인 강점을 깨달았고, 원래는 강점이었던 자질을 종종 남용해 문제가 생겼다는 사실도 알아차렸다. 이와 동시에 야스민에게는 열정을 적응적으로 사용하는 능력과 신중함, 자기통제력처럼 문제 해결에 사용할 수 있는 구체적인 강점이 부족하다.

증상이나 강점을 단순하게 알기만 해서는 변화를 꾀하기 어렵다. 내담자가 치료자의 도움으로 미묘한 차이를 고려해 강점을 적응적으로 사용할 수 있어야 치료적 변화가 일어날 수 있다. 치료자가 내담자의 현재 호소 문제를 해결하기 위해 과거의 성공을 강조할 때, 강점을 사용했거나 보여줬던 내담자의 작거나 간단한 사건도 능숙하게 포착할 때, 구체적인 강점 사례를 들어 내담자의 가치를 널리 알릴 때, 강점 모색을 포기하지 않을 때 변화가 일어난다.

정도냐, 아니면 규모냐

치료자는 내담자가 특정한 강점을 충분히 갖고 효과적으로 발휘할 수 있는지 확인해야 한다(아즈젠, 셰이크(Ajzen & Sheikh), 2013). 한 예로 중년 내담자 줄리아(Julia)는 범불안장애를 보여 지나치게 걱정하고 초조해하며 집중을 잘 하지 못했다. 강점 개발로 줄리아의 증상을 치료할 수 있다면 그녀는 비판적 사고와 예견력, 음미하기 등을 얼마나 많이 사용해야 할까. 치료 효과가 있는 구체적인 일련의 강점이나 짝을 이루는 강점이 있는 가. 조사 결과에 따르면 대표 강점이든 하위 강점이든 삶의 만족도를 증가시키는 효과는 동일하다(겔소, 누트 윌리엄스, 프레츠(Gelso, Nutt Williams, Fretz), 2014; 러스트, 디스너, 리드(Rust, Diessner, & Reade), 2009).

표3.1 강점조절 장애로 보는 주요 심리장애

표출 증상	강점조절장애 강점 부족이나 강점 남용
주요 우울장애	
우울한 기분, 슬픔, 절망(남이 보기에 울먹이는 것 같다 등), 무기력, 더딤, 안절부절못함, 지루함	즐거움과 기쁨, 희망, 낙관성, 쾌활함, 자발성, 목표 지향 부족, 신중함과 겸손 남용
즐거움 감소	음미하기와 열정, 호기심 부족, 자기통제력과 자족감 남용
피로, 더딤	열정과 경계심 부족, 이완과 느슨함 남용
사고 능력이나 집중력 감소, 우유부단함, 반추	결정 및 해결책 고르기 능력과 확장적 사고 부족, 과분석 남용
자살 생각/계획	의미와 희망, 사회적 인맥, 해결책 고르기, 확장적 사고, 자원 활용성 부족, 태평함(방어적 비관성) 남용
파괴적 기분조절 곤란 장애	
극심한 분노 표출(구두 표출과 신체적 표출)	자기통제력과 신중함 부족, 지속적인 짜증과 분노, 열정 남용
불안·고통을 동반한 불특정 우울장애	
흥분하거나 긴장함, 유난히 초조함	자족감(고통 인내)과 감사, 이완, 신중함, 새롭고 신선한 아이디어에 대한 개방성, 호기심 부족, 열정과 열기, 열의 남용
양극성 장애	
고조된 기분, 과대망상, 짜증	태연함과 차분함, 분별력 부족, 평정과 열정 남용
과장된 자부심이나 거창함	겸손과 자아, 사회성 지능 부족, 의지력과 자기성찰 남용
평소보다 수다스러움	성찰과 사색 부족, 열정과 정열 남용
쾌락적 활동에 지나치게 참여함(자제할 줄 모르는 폭풍 구매, 성적 무분별, 경솔한 사업 또는 경력 선택 등)	중용과 신중함, 소박함 부족, 열정(집착)과 방종 남용
고통스러운 결과가 나올 잠재력이 높은 활동에 지나치게 참여함(자제할 줄 모르는 폭풍 구매, 성적 무분별, 어리석은 사업 투자 등)	자기통제력과 예견력, 균형, 겸손, 정서 조절 부족, 자기관리(방종)와 열정, 감사 남용

범불안장애	
실제 위험이나 인지한 위험을 지나치게 걱정함	예견력과 지혜, 비판적 사고 부족, 조심성과 주의력 남용
초조하고, 피로하며, 안절부절못함. 조마조마하고, 불안하며, 집중하기와 잠들기가 어려움	침착과 마음챙김, 자발성 부족, 원시안과 평정 남용
분리불안장애	
주요 애착 대상을 잃을까 봐 지속적으로 지나치게 걱정함	사랑하고 사랑받는 능력, 사회적 신뢰, 낙관성, 유대감 부족, 사랑과 자기통제력 남용
선택적 함묵증(함구증)	
말해야 하는 구체적인 사회적 상황에서 말을 하지 못함	진취성, 개인 지성, 사회성 지능, 사회성 기술 부족, 신중함과 자기점검 남용
특정 공포증	
특정한 대상이나 상황에 대한 두드러진 불안	용감성과 창의성 부족, 민감성, 조심스러운 반응성 남용
적극적 회피를 하거나 극한 공포 또는 불안으로 버텨냄, 지나치게 큰 공포	마음챙김과 이완, 사회적 판단을 견뎌내는 용기, 이성적인 자기대화(성찰과 자기성찰) 부족, 준수의식과 자각, 조심성 남용
초조함, 안절부절못함, 조마조마함, 불안함	태연함과 개인 지성, 자기평가, 주시, 이완, 마음챙김, 분별, 자기평정 부족, 조심성과 민감성, 반응성, 비판적 평가 남용
사회공포증	
사회적 상황이나 공연 상황을 두려워함	용감성과 즉흥성, 타인에 대한 신뢰 부족, 사회성 지능(자신을 사회적 그림의 일부라기보다 청중으로 봄)과 비판적 평가 및 감정 남용
광장공포증	
대중교통과 주차장, 다리, 가게, 극장을 이용하거나 군중 속에 있을 때 두드러지게 두려워하거나 불안해함. 집 밖에 혼자 나가기 두렵거나 불안함	용감성과 즉흥성, 개방성, 융통성 부족, 민감성, 상황에 대한 조심성, 조심성 남용
공포장애	
'미칠 것 같은' 극심한 두려움이 거센 심장박동과 어지러움, 휘청거림 또는 몽롱함으로 나타남. 비현실감과 비인격화, 미래의 공격에 대한 지속적인 걱정	평정과 사회성 지능, 개인 지성, 창의성, 표면 이면의 환경 또는 상황을 탐색하려는 호기심, 낙관성 부족(예기치 못한 부정적 결과를 기대함), 민감성과 환경적 신호에 대한 반응성, 자각 남용
강박장애	
원치 않는 거슬리는 생각과 충동 또는 이미지가 계속 반복됨	마음챙김과 내려놓기, 호기심, 예견력 부족, 성찰과 자기성찰, 도덕성이나 공정함 남용
불안을 예방하기 위해 해야 할 것만 같은 반복적인 행동이나 정신작용	완벽에 미치지 못하는 대상과 실적에 대한 자족감, 창의성, 융통성, 자제력 부족, 성찰과 자기성찰, 계획 남용
신체이형질환	
다른 사람들의 눈에 아예 띄지 않거나 미미해 보이는 신체적 외양의 결점에 집착	완벽에 미치지 못하는 자기 이미지에 대한 자족감과 개인 성격강점 인정, 겸손 부족, 개인 지성과 자기관리, 자기가치 남용

저장장애	
실제 가치와 상관없이 소유물을 버리거나 소유물과 떨어지기 어려움	중요한 것과 의미 있는 것에 관한 예견력 부족, 확실한 자기이미지 부족(물체와 엮여 있는 정체성), 사람들 및 경험과의 관계보다 물건과 인공물과의 관계 부족, 자신의 인지한 욕구를 무시하지 못함(연민 부족), 낙관성과 조심성 남용
외상 후 스트레스 장애	
트라우마를 겪은 후 불안하고 고통스러운 기억을 자기도 모르게 계속 떠올림	회복력, 재기 능력, 정서를 처리하거나 그에 필요한 지지를 얻어내는 개인 지성, 다양한 대처 기제를 탐색하기 위한 위험 감수 능력과 창의성, 끈기, 희망과 낙관성, 사회성 지능, 트라우마를 받은 사건에 의미를 부여하거나 시야를 넓히는 능력 부족, 성찰(반추), 부정적 렌즈나 시각으로만 사건을 바라보거나 인지하는 능력, (트라우마를 받은 경험에 대한) 집착 남용
극심하거나 장기적인 심리적 고통, 트라우마를 받은 사건을 상징하는 외적 신호를 두려워함	자기위안 능력, 이완이나 평정 되찾기, 고통스러운 거절이나 상황을 색다르거나 적응적인 태도로 경험하기 위한 창의성과 용기, 자기결정력 부족, 평정과 조심성, 현 상태 유지 능력 남용
고통스러운 기억(사람, 장소, 대화 활동, 물체, 상황) 회피	고통스러운 기억을 정면으로 직시하려는 의지(정서적 용감성) 부족, 즉흥적인 경험에 휘둘리지 않거나 필요한 위험도 감수하지 않는 자기보호 남용
주의력결핍 과잉행동장애(ADHD)	
세부사항에 면밀한 주의를 기울이지 못함, 직접적으로 말을 걸어도 듣지 않는 것 같음	경계성과 사회성 지능 부족, 주시력 남용
과제와 활동을 조직하기 어려움	수양과 관리 부족, 열정과 열의 남용
지속적 집중이나 정신적 노력이 필요한 과제를 회피하거나 싫어함	투지와 끈기 부족, 쾌락적 즐거움 남용
잠시도 가만히 있지 못함. 과도한 운동 또는 달리기, 지나치게 서성거림	차분함과 평정, 신중함 부족, 민첩함, 열정 남용
지나치게 말을 많이 하거나 다른 사람들을 방해 또는 간섭함. 차례를 기다리기 힘들어함	사회성 지능과 자기인식, 끈기 부족, 열정과 진취성, 호기심 남용
반항성 장애	
고의적으로 사람들을 짜증나게 함	친절과 공감, 공정성 부족, 관용 남용
종종 화내고 분노하고 앙심을 품거나 보복하려고 함	용서와 감사, 분별력 부족, 공정성과 평등 남용
파괴적 행동장애, 충동통제장애, 품행장애	
남을 괴롭히고, 위협하며, 협박함	친절과 시민의식(팀워크) 부족, 리더십과 자기통제, 통치 남용
다른 사람의 소유물을 훔치고 파괴함	정직과 공정성, 정의 부족, 용감성과 공정성 남용
성격장애	
편집성 성격장애	

충분한 근거 없이 다른 사람들이 남을 착취하고 속이거나 남에게 해를 입힌다고 의심함	사회성 지능, 타인에 대한 신뢰, 개방성, 호기심 부족, 신중성, 근면 남용
다른 사람들의 충성이나 신용을 의심함, 다른 사람들에게 속을 털어놓기 주저함, 온화한 말이나 사건에 모욕적이거나 위협적인 의미가 숨겨져 있다고 생각함	개인 지성, 사랑을 주거나 받는 능력, 안정적인 깊은 애착 부족, 사회성 지능과 개방성 남용
경계성 성격장애	
전반적인 관계 불안정, 진짜로 버림받았거나 버림받았다고 상상함	지속적이고 깊은 일대일 관계에서 사랑하고 사랑받는 능력, 안정적인 애착, 정서적 친밀감과 관계 상호주의, 관계적 신중성과 친절, 공감 부족, 호기심, 빠르게 식어버리는 열정, 애착과 정서지수 남용
이상화와 평가절하	진정성, 친밀한 관계에 대한 신뢰 부족, 중용과 신중성, 개방성(하나의 사건에 휘둘림), 현실 지향, 예견력 부족, 판단력과 즉흥성 남용
자기파괴적 충동성(소비, 무분별한 운전, 폭식, 분노 폭발 등)	자기통제력, 인내, 중용, 신중성 부족, 신중성 없는 용감(신중성 없는 행동), 위험 감수 능력 남용
자아도취적 성격장애	
거창함과 오만함, 숭배받고 싶은 욕구, 자만심 강함	정직과 겸손, 사회성 지능, 친절(진심으로 타인에게 관심을 가지는 것) 부족, 자기경시와 비판주의, 개인적 지성(개인적 용구나 바람을 우선시함) 남용
무한한 성공과 힘, 뛰어남, 아름다움 또는 이상적인 사랑에 관한 환상	겸손과 예견력, 개인 지성 부족, 창의성(공상)과, 합리화, 지성화 남용
특권의식, 부당하게 호의적인 대우를 기대, 지나친 숭배를 요구	겸손과 시민의식, 공정성 부족, 리더십과 인정받고 싶은 욕구 남용
대인적 착취	공정성과 형평성, 정의 부족, 옳음과 폭정, 권위주의 남용
타인을 시기함	너그러움과 인정 부족, 자기보호 남용
연극성 인격장애	
지나친 정서성과 지나치게 주목받으려고 함	태연함과 겸손 부족, 개인 지성과 사회성 지능 남용
남의 영향을 받기 쉬움(타인이나 환경에 쉽게 영향을 받음)	끈기와 결단력, 목표 지향성 부족, 집중 효율성 남용
부적절한 성적 유혹, 신체적 외양을 지나치게 강조함	분별과 자기통제력 부족, 정서적 탈억제 남용
얕고 성급한 정서적 표현	마음챙김과 사회성 지능 부족, 즉흥성 남용
자기극화, 연극조, 과장되고 얕은 정서 표현	진정성, 중용, 마음챙김, 정서지수, 열정 부족, 자신의 욕구와 정서, 흥미를 진정으로 표현하지 못함
관계를 과대평가함	사회성 지능 부족, 돌보기와 친구 되기 남용
강박성 성격장애	
세세한 것과 질서정연, 완벽주의에 집착함	무엇이 더 중요한지에 관한 예견력, 즉흥성 부족, 끈기와 질서정연 남용

융통성과 개방성, 효율성을 희생한 대인적 통제	친절과 공감, 추종 능력 부족, 순응과 자비 남용
세부사항과 규칙, 목록, 조직 또는 일정에 집착해 일차적인 활동 목적이 빛을 잃음	융통성, 새롭게 사고하고 생산적으로 일을 처리하는 창의성 부족, 완벽과 조직화 남용
여가와 우정을 희생해 지나치게 일에 몰두	균형과 음미하기, 관계에 감사하는 마음 부족, 방종 남용
엄격함과 고집	적응성과 융통성, 창의적 문제 해결 능력 부족, 수양과 신중성 남용
지나치게 양심적이고 고지식함, 도덕성과 윤리 또는 가치에 대한 융통성이 없음	예견력, 결정의 영향력 고려, 적응성과 융통성, 창의적 문제 해결 능력 부족, 독선 남용
회피성 성격장애	
비판과 반감 또는 거부가 두려워 다른 사람들과 함께하는 활동 회피	위험을 감수하는 대인적 용기, 타인의 비난이나 반감을 보다 폭넓은 시각에서 바라보는 비판적 추론, 용기 부족, 자기인식과 조심성 남용
사회적 고립, 사람을 피함, 부적절성을 우려해 새로운 대인적 상황 억제	대인적 강점, 자신의 정체성과 타인 또는 집단의 정체성을 통합하는 능력 부족, 신중성과 비판적 사고 남용
자신이 사회적으로 서투르고, 개인적으로 매력이 없으며, 다른 사람들보다 열등하다고 생각함	자기확신과 자기효능감, 희망, 낙관성 부족, 겸손과 진정성 남용
새로운 활동에 참여하기 위해 위험 감수를 꺼림	용감성과 호기심 부족, 자기통제력과 준수 남용
의존성 성격장애	
지나친 돌봄을 요구함, 혼자 남겨지는 걸 두려워함	독립성과 진취성, 리더십 부족, 은둔성 남용
일상적 결정을 내리기 어려움	예견력과 결단력 부족, 비판적 분석과 세부사항에 집중하기 남용
타인과의 의견 차이를 드러내기 어려움	용감성과 판단력 부족, 옳은 것을 주장할 수 없음, 비타협성 남용
주도하기 어려움	자기효능감과 낙관성, 호기심 부족, 조직화와 자율성 남용
반사회적 성격장애	
사회적 규범과 법률에 순응하지 못함	시민의식과 공동체 목적의식, 권위 존중, 친절, 자비, 용서 부족, 용감성(위험 감수)과 열정 남용
기만성, 반복적인 거짓말, 타인을 속여 개인적 이득을 취함	정직과 진실성, 공정성, 도덕적 잣대, 공감 부족, 자기중심적 개인 지성 남용
신체적 싸움이나 공격으로 나타나는 과민성, 충동성, 공격성	태연함과 마음챙김, 용인, 친절, 숙고, 타인에 대한 지식, 자기통제력, 예견력 부족(결과를 예측하지 못함), 정신적 및 신체적 활기와 열정, 야망, 용감성 남용, 안전지대에서 너무 쉽게 벗어남

※부족=성격강점 행사 또는 사용 능력 감소, 남용=증상 과다가 아닌 강점 과다. DSM-5 기반으로 작성

4장
성격강점의 중심적 역할과 활용법

증상 못지않게 중심적인 성격강점

셀리그만과 피터슨(2004)의 『성격강점과 덕목의 분류(Character Strengths and Virtues (CVS)』는 인간의 핵심 강점을 분류하려는 심리학 최고의 포괄적이고 일관적이며 체계적인 노력이었다(〈표4.1 행동가치: 성격강점 분류〉 참조). 성격강점은 그 자체로 가치 있는 보편적인 특성이지만 반드시 유익한 결과를 낳는 것은 아니다. 대체로 성격강점은 약해지지 않는다. 강점을 사용할 때 사람들은 목격자를 고양시켜 질투심보다 감탄을 이끌어낸다. 사람들이 소유하고 있는 강점의 패턴은 무척 다양하다. 사회기관은 의식적인 절차를 통해 성격강점을 배양하려고 한다. 하지만 CVS 분류는 규범적이기보다 묘사적이고, 성격강점은 다른 행동 변수처럼 연구할 수 있는 대상이다.

성격강점과 가치, 재능

강점(희망하는 행동 묘사)과 가치(희망하는 행동 규범)는 어떻게 다른가. 성격강점과 가치는 둘 다 도덕적으로 바람직한 것이지만 몇 가지 다른 점이 있다.

첫째, 성격강점은 훨씬 더 광범위한 핵심 가치와 비교해 더욱 세부적이고 미묘한 자아 속성을 가진다. 예컨대 타인과 잘 어울리는 가치는 사랑하고 사랑받는 능력과 친절, 사회성 지능, 팀워크, 감사 같은 훨씬 구체적인 속성(성격강점)에서 추정해낸 것이다. 둘째, 성격강점과 비교해 가치는 종종 양육과 교육, 보상과 인정의 복잡한 체계를 통해 기관에서 적극적으로 배양하는 것이다. 이런 가치를 옹호하거나 실천하면 훌륭한 시민으로 인정받는다. 다시 말해 가치는 사람들을 개인으로서 평가하는 기준이다.

가치와 강점은 비슷한 점이 많은 사촌관계나 마찬가지다. 한 가지나 그 이상의 핵심 가치가 다양한 성격강점에 깔려 있을 수도 있고, 많은 성격강점이 한 가지나 그 이상의 핵심 가치와 교차할 수도 있다. 가치와 성격강점은 둘 다 개개인의 행동을 이끌어준다. 또한 자신이 누구인지, 자신의 행동과 결정을 이끌어주는 원칙을 성찰할 수 있는 기회를 제공한다. 그뿐만 아니라 높은 삶의 만족도와 행복과 깊이 관련돼 있다.

가치는 성격강점보다 훨씬 더 규범적인 경향이 있다. 예컨대 성공의 가치는 성공하길 바라기만 하는 게 아니다. 학교, 기업, 회사와 정치, 예술, 스포츠 기관이 성공을 측정하고 달성하고자 구체적인 규칙과 필수사항을 정해놓았다. 이런 규칙에는 타인과 잘 어울리기, 청결 유지하기, 조직화하기, 꼼꼼하게 처리하기 등의 가치가 포함돼 있다. 이런 가치는 개인적 또는 전문적 성취에 거의 필수적인 속성이다. 이에 비해 성격강점은 좀 더 개인화된 속성으로 간주된다. 예를 들어 A는 창의성, 용감성, 정직, 신중함, 유머라는 성격강점을 갖고서도 호기심, 공정성, 사회성 지능, 자기통제력, 영성이라는 성격강점을 지닌 B와 동일한 성공과 성취를 이룰 수 있다.

표4.1 성격강점 분류(피터슨, 셀리그만, 2004)

지혜와 지식 더 나은 삶을 위해 지식을 습득하고 활용하는 것과 관련된 인지적 강점들
a. 창의성: 모두에게 영향을 미치는 독창적인 아이디어나 해결책을 이끌어내는 강점 b. 호기심: 호기심과 흥미를 느끼고, 새로운 것을 추구하며, 새롭고 다양한 도전적인 경험을 추구하는 강점 c. 개방성(판단력): 자신과 다른 사람들에게 도움이 될 만한 정보를 객관적이고 이성적으로 가릴 줄 아는 강점 d. 학구열: 기술을 습득하고, 호기심을 충족시키며, 기존 지식을 넓혀나가고, 뭔가 완전히 새로운 것을 배우면서 긍정정서를 느끼는 강점 e. 예견력: 세상 이치를 정확하게 깨닫는 것이며, 사회적으론 다른 사람의 말에 귀 기울이고, 그들의 이야기를 평가해 현명하게 상담해주는 강점
용기 내적·외적 난관에 직면하더라도 추구하는 목표를 성취하고자 하는 의지를 실천하는 정서적 강점들
a. 용감성: 위협, 도전, 시련, 고통을 당해도 물러서지 않고 해야 할 일을 하는 강점 b. 끈기: 한번 시작한 일은 포기하지 않고 마무리해 완성하는 강점 c. 정직: 자신을 거짓과 꾸밈없이 드러내고 개인의 행동이나 생각, 감정을 수용하며 책임지는 강점 d. 열정: 활기와 에너지를 갖고 열정적이고 도전적으로 자신이 하는 일에 임하는 강점
사랑과 인간애 사람을 보살피고 친밀해지는 것과 관련된 대인관계 강점들
a. 사랑: 사람과의 친밀한 관계를 소중하게 여기며 다른 사람을 사랑하고 사랑을 받아들일 수 있는 강점 b. 친절: 다른 사람을 돕고 보살피며 선한 행동을 하려는 강점 c. 사회성 지능: 자신과 다른 사람이 어떻게 행동하는 것이 적절한지, 그 동기와 감정을 간파하는 강점

정의감 개인과 집단 간 상호작용을 건강하게 만드는 건강한 공동체 생활과 관련된 사회적 강점들
a. 시민의식과 팀워크: 개인의 이익보다 집단의 이익을 추구하고자 구성원들이 힘과 뜻을 모아 노력하는 강점 b. 공정성: 편향된 개인적인 감정의 개입 없이 모든 사람에게 동등하고 공평한 기회를 주는 강점 c. 리더십: 집단 활동을 조직하고 관리해 성과를 이끌어내는 강점
절제력 지나침으로부터 보호해주는 강점으로, 독단에 빠지지 않고 무절제를 막아주는 중용적 강점들
a. 용서와 자비: 잘못을 행한 사람을 용서하고, 다시 기회를 주며, 분노를 버리고 앙심을 품지 않는 강점 b. 겸손과 겸허: 과장된 허세를 부리거나 특권적인 존재로 생각하지 않으며, 다른 사람을 존중하고 조언을 잘 받아들이는 강점 c. 신중함: 불필요한 위험에 빠지지 않게 하고, 나중에 후회할 말이나 행동을 하지 않는 강점 d. 자기통제력(자제력): 자신의 다양한 감정, 욕구, 충동을 적절하게 잘 통제하는 강점
영성과 초월성 현상과 행위에 대해 의미를 부여하고, 보다 큰 우주와 관계를 맺으며, 의미를 제공하는 강점들
a. 감상력: 다양한 삶의 영역에서 나타나는 아름다움, 탁월함을 인식하고 감상하는 강점 b. 감사: 누군가가 준 유형의 혜택이나 아름다운 자연 앞에서 평온함을 느끼는 순간과 같은 선물을 받고 고마워하는 강점 c. 희망과 낙관성: 계획한 일이 잘 될 것이라는 기대와 희망을 갖고 그것을 성취하기 위해 노력하는 강점 d. 유머와 쾌활함: 잘 웃고 우스갯소리를 하는 것을 좋아하고, 역경 속에서도 밝은 면을 찾아내며, 다른 사람에게 웃음을 선사하는 강점 e. 영성: 종교생활이나 인생의 궁극적 목적과 의미에 대한 일관성 있는 신념을 가지고 살아가는 강점

성격강점은 또한 재능과는 다르다. 음악적 능력과 운동 민첩성, 손재주 같은 재능은 훨씬 선천적이고 고정된 것인 반면, 강점은 후천적으로 습득하고 개인적으로 키워나가며 종종 더 큰 사회기관에서 배양하는 것이다. 재능은 보다 자동적으로 나오는 것인 반면, 강점은 의도적으로 행사할 수 있는 것이다(친절 대 공정함을 적절하게 사용할 수 있는 때를 포착해 사용하기 등). 앞서 언급했듯이 재능은 훨씬 선천적인 것(음악적 능력과 운동 능력, 손재주 등)이고 때론 낭비된다. 친절, 호기심, 감사, 낙관성 강점이 두드러진 개인은 보통 재능을 낭비하지 않고 사용하는 방법을 찾아낸다. 재능은 도덕적 중립을 유지하는 성향이 있는 반면, 강점과 가치에는 도덕적 개념이 깔려 있다. 감사하고 낙관적이며 열정적이고 호기심과 사랑이 있는 개인은 자신의 삶에 만족할 가능성이 크다는 증거가 있다. 다시 말해 성격강점은 행복을 증진시킨다(피터슨, 파크, 셀리그만, 2005).

재능은 강점이나 가치보다 훨씬 독립적인 성향이 있다. 개인의 운동 민첩성은 지적인 기능과, 예술적 능력은 일상적인 실용 지능과 연관성이 적다. 강점은 재능에 비해 훨씬 더 서로 밀접하게 관련돼 있고 종종 무리를 지어 효과를 발휘한다. 호기심이 높은 사람은 창의성 역시 높을 가능성이 크고, 자기통제력과 신중함은 리더십과 시민의식처럼 함께 작용한다.

셋째, 성격강점은 (단독으로보다) 서로 결합해 표출되고, 맥락 내에서 검토해야 한다. 예를 들어 친절, 용서 같은 강점은 사회적 유대를 공고히 할 수 있지만 남용하면 당연시될 수 있다. 이런 분류 도식에서 성격강점(친절, 팀워크, 열정 등)은 재능 및 능력과 뚜렷하게 구별된다. 운동 실력과 정확한 기억력, 완벽한 투구, 손재주, 신체적 민첩성은 다른 결과를 낳기 때문에 종종 가치 있게 여겨지는 재능과 능력이다. 강점은 도덕적 특성을 지니지만 재능과 능력은 그렇지 않다.

긍정심리치료와 강점 통합하기

치료자는 PPT 과정 내내 내담자의 삶에서 강점을 사용한 사건과 경험, 강점 표출을 적극적으로 살펴본다. 이런 강점들은 배양 가능한 심리장애 대처 및 잠재적 완화 능력과 기술, 역량, 적성을 통해 드러날 수 있다. 긍정심리학자는 종종 약점을 최소화하거나 강점과 긍정성에만 집중한다고 비난받는다. 다시 한 번 말하지만 성격강점을 탐색한다고 증상을 무시해서는 안 된다. 내담자의 증상과 강점은 물론 위험과 자원, 취약성과 회복력이 통합돼 복잡하지만 현실적인 자아의식의 초상이 형성된다면 내담자가 불행 상태에서 벗어나 행복 상태로 나아갈 수 있다. 하지만 전통적인 심리치료에서는 보통 내담자의 전반적 심리 프로필에 강점을 통합해 넣지 않는다. 따라서 이 책에서는 내담자의 강점을 끌어내기 위해 다음의 3가지 사항을 고려하라고 권한다.

- 타당하고 신뢰할 수 있는 강점 측정도구 사용하기
- 강점 사용의 맥락과 미묘한 차이 이해하기
- 의미 있는 목표에 맞춰 강점 사용하기

타당하고 신뢰할 수 있는 강점 측정도구 사용하기

대부분의 긍정개입에서는 주로 무료 온라인 측정도구인 행동가치-강점 척도(Values in Action-Inventory of Strengths · http://www.viacharacter.org/)를 이용해 강점을 평가한다 (피터슨, 셀리그만, 2004). 몇 가지 다른 강점 측정도구도 개발돼 경험적으로 검증됐다. 그 중에는 강점 발견(Strength Finder)(버킹엄, 클리프턴, 2001)과 리얼라이즈2(Realise2)(린리, 2008), 성인 욕구 강점 평가(Adult Needs and Strengths)(넬슨, 존스턴(Nelson & Johnston),

2008), 삶의 질 척도(Quality of Life Inventory)(프리슈, 2013)가 있다.

전형적으로 치료자는 간단한 '강점 파악하고 사용하기' 전략을 따른다. 그중 높은 점수(총점 24점) 순으로 상위 5위권에 드는 강점이 대표 강점이다. 이런 접근법은 비치료적 환경에선 유용하고 효과가 있지만 비판적인 치료적 욕구를 충족시키지 못할 수도 있다. 상위 강점에만 중점을 두면 내담자가 그런 강점들의 치료 잠재력이 가장 크다고 생각할 수 있다. 실제로는 그런 강점들이 모든 내담자에게 효과가 있는 게 아닐 수도 있는데 말이다. 한 중년 남성 내담자는 제법 큰 성취를 이뤘는데 실습 시간에 이렇게 말했다. "모든 성취를 다 이뤘는데도 제 본능적인 반응은 다른 누군가보다 조금 나은 일을 했다는 것이었죠." 이런 내담자는 끈기, 리더십, 학구열을 포함하는 상위 강점을 발휘해 이득을 얻지 못할 수도 있다. 오히려 감사, 영성, 유머 같은 몇몇 하위 강점을 발휘해야 훨씬 더 큰 치료 이득을 얻을 수 있다. 24가지 강점이 모든 경우에 동일한 치료 잠재력을 발휘하는 게 아니라는 사실을 명심해야 한다.

강점 사용의 맥락과 미묘한 차이 이해하기

강점 기반 치료 접근법의 가장 중요한 측면은 강점 사용의 맥락화다. 이것이 가능해야 표출된 문제를 전면에서 중심적으로 다룰 수 있다. 치료적 환경에서는 보통 미묘한 차이를 좀 더 고려한 이론 중심의 강점 사용 접근법이 필요하다(비스바스-디너, 카시단, 미나스 (Biswas-Diener, Kashdan, & Minhas), 2011).

이런 단점을 극복하기 위해 성격강점 평가 접근법을 추천한다(라시드, 셀리그만, 2013 · 8장 2회기 워크시트 참조). 이 접근법에서 치료자는 내담자에게 각 핵심 강점을 간략하게 설명해주고, 자신의 성격을 가장 잘 설명해주는 강점 5가지를 (등급을 매기는 것이 아니라) 찾아내라고 한다. 이에 덧붙여 내담자는 친구나 가족으로부터 보조 자료를 수집해 치료자와 공유한다. 치료자는 그 모든 정보를 종합하고, 선택한 강점들의 설명에 명칭과 구체적 맥락을 기재해 내담자에게 제공한다. 그다음 치료자가 내담자에게 구체적 상황에서 강점을 사용한 추억과 경험, 사례, 성취, 기술을 이야기해보라고 한다. 이어서 내담자는 자기보고 강점 측정(VIS-IS 등)을 완료한다. 내담자는 치료자와 협력해 자신의 표출된 호소 문제를 겨냥한 구체적이고 달성 및 측정 가능한 목표를 설정한 후 대표 강점의 적응적 사용을 확인한다. 우울증과 불안증 진단 내담자를 대상으로 한 최근의 치료 연구에 따르면 호기심, 유머, 정직 강점은 다른 사람들이 파악할 가능성이 크다. 반면 겸손, 공정성, 예견력은 다른 사람들의 지지를 받을 가능성이 가장 적었다(라시드 외 다수, 2013).

의미 있는 목표에 맞춰 강점 사용하기

목표는 내담자의 대인적 맥락에 맞춰 조정할 수 있을 뿐만 아니라 개인적으로 의미 있는 것이어야 한다. 예컨대 내담자의 목표가 호기심을 더욱 많이 사용하는 것이라면 내담자와 치료자는 호기심 사용의 최적 균형을 맞춰주는 구체적인 행동에 대해 논의한다. 그래야 호기심 사용으로 참견(과용/남용)이나 지루함(부족/충분히 활용 못 함)이 발생하지 않는다. 내담자는 또한 어려운 상황에 적응적으로 대처하고자 목표를 설정할 때 강점을 융통성 있게 수정해 사용하는 법도 배운다(비스바스-디너, 카시단, 미나스, 2011; 슈워츠, 샤프 (Schwartz & Sharpe), 2010). 〈표4.2 15가지 빈번한 역경을 극복하는 강점 사용법〉을 참조하길 바란다.

표4.2 15가지 빈번한 역경을 극복하는 강점 사용법

	역경(증상)	잠재적 성격강점	강점 기반 고려사항
1	사교활동에 관심이 없음(말을 많이 하지 않음, 사회활동에 많이 참여하지 않거나 많은 것을 공유하지 않음, 친구가 거의 없음 등)	활력, 열정, 열의, 자기통제력	하이킹과 자전거 타기, 산악자전거 타기, 등산, 힘차게 걷기, 조깅 등 주간 야외 활동 중 적어도 하나를 시작해 유지하기
2	쉽게 포기하고, 과제를 끝내기 어려워하며, 부주의한 실수를 함	인내, 근면, 성실, 끈기	일상 활동에 대한 흥미를 감소시키는 요인 파악 도와주기. 신뢰하는 누군가와 나눌 수 있거나 관리할 수 있는 달성 가능한 작은 목표 설정하기
3	충동적으로 행동하고, 정서 조절을 힘들어하며, 두드러진 기분 변화를 겪음	자기통제력, 개인 지능과 정서적 폭발의 트리거 (trigger·유발 동기) 찾아내기	인지한 위협에 반응하기보다 동일한 기능이나 목표에 이바지할 수 있는 강점 기반의 구체적인 대체 행동을 생각해낼 수 있다는 확신 심어주기. 예컨대 관심을 끌려고 소리를 지르거나 좌절감을 표현하기보다 호기심과 열린 마음으로 무엇 때문에 짜증이 나는지 자문해본다. 문제가 지속되면 예견력을 발휘해 해결 가능한 문제인지, 그렇지 않다면 일부분이라도 해결할 수 있는지를 살펴본다. 그러고 나서 현실적이면서도 희망적인 전망을 유지하면서(낙관성) 다른 사람들과 협력해(팀워크) 문제를 해결할 수 있는 창의적인 방법을 찾아볼 수 있다.
4	앙심을 품고, 사소한 모욕을 과장하며, 진지한 사과를 받아들이지 않음	용서, 자비	앙심과 부정기억의 영향력에 관해 토의하기. 적절한 경우에 가해자에게 친절을 베풀어 공감할 수 있게 도와주기. 누군가의 기분을 상하게 했다가 용서받은 경험을 떠올려 그런 경험을 일상화할 수 있게 도와주기

5	다른 사람들의 다정하고 쾌활한 몸짓에 반응하지 않음	유머, 쾌활함, 사회성 지능과 정서 지수	상대의 쾌활한 몸짓과 유쾌한 활동에 부드러운 태도로 동참하게 도와주기. 적절하고 몰입적인 동영상과 시각적인 실제 사례 또는 동시대 본보기 제시하기
6	의미 있는 사회적 상호작용을 바라지만 시작하기 어려워함. 사회적 상황을 피하고 소외감과 무기력을 느낌	사회성 지능, 용감성, 끈기	창의적 노력이 필요한 수업(사진기술과 미술, 그래픽디자인, 요리, 뜨개질 등)처럼 안전하다 싶고 일대일 상호작용이 별로 없는 사회적 행사에 참여하라고 격려하기. 사회적 상호작용에 면밀한 주의를 기울이고, 평가의 두려움 없이 자신의 의견을 제시하며, 자신의 관점을 공유할 수 있는 방법을 찾아보라고 격려하기
7	실패에 집착하고 지나치게 부정적임	희망과 낙관성	내담자와 함께 현재 효과가 있거나 적어도 충분히 잘 됐던 일 목록을 적극적으로 작성하기. 그런 일들의 인과관계에 대한 내담자의 의견 끌어내기. 작은 것이라도 과거의 성공을 끌어내 통달 경험과 낙관성을 키워나가기
8	경쟁적이고 고성취 성향이 있음. 최고가 되려고 많은 시간과 노력을 투자함. 다른 사람들이 자신보다 뛰어날 때 분노하고 후회함	시민의식과 팀워크, 예견력, 겸손과 겸허	물질적 이득이 증가해도 수익은 감소한다는 과학적 결과를 가르쳐주기. 경험적 활동을 통해 음미하기와 느림, 감사의 이득을 느낄 수 있게 도와주기. 겸손의 심리적 이점 가르쳐주기. 외적 인정이나 보상을 바라지 않고도 훌륭한 일을 할 수 있게 도와주기
9	엄격하고 융통성 없는 사고를 갖고 있음. 새로운 환경과 동료, 상황과 같은 변화에 잘 적응하지 못함	호기심, 개방성(판단력)	호기심과 개방성, 특히 사람들과 장소, 과정 중심으로 새로운 경험을 시도하도록 격려해 호기심과 열린 마음을 체계적으로 키워주기. 모든 측면을 검토해 열린 마음을 키우기 위해 고의적으로 반대 입장을 취하라고 격려하기. 대조적인 견해를 더욱 잘 이해하기 위해 읽어보고, 그에 대해 논의하라고 격려하기
10	인생에서 잘 됐던 일과 다른 사람들의 선의의 행동을 당연하게 여김	감사, 사회성 지능, 친절	진심으로 감사하지만 그 마음을 명확하게 표현하지 못한 몇 가지 일에 대해 내담자와 논의하기. 당연시하는 일이 일어나지 않는다면 기분이 어떨지 생각해보라고 하기. 하루 동안 발견해낸 다른 사람들의 긍정적인 행동을 기록(글로 쓰거나 스마트폰을 이용해 시각적으로 기록)하게 도와주기
11	겸손이 부족하고, 불필요하게 주목받으려고 하며, 자신의 자질과 성취를 과대평가함	겸손과 겸허, 정직	자신의 능력과 성취를 정확하게 현실적으로 평가하게 도와주기. 외적인 겉치레 없이 진정성과 진실함을 느끼면서 경험을 시각화 또는 회상하게 도와주기. 자신의 결점을 인정하고, 그런 결점들 덕분에 어떻게 인간적인 사람이 됐는지를 기록하라고 하기
12	실수에서 교훈을 얻지 못하고 종종 실수를 반복. 도덕적이고 윤리적인 문제에 대한 더욱 깊은 이해가 부족하고 지식을 실질적인 문제에 적용하지 못함	예견력, 실용지혜, 신중함	바람직하지 못한 결과가 나왔던 최근의 결정을 밑거름 삼아 다음 사항을 토의해 실용지혜 갈고닦기. (a)이 결정이 내담자와 다른 사람들에게 어떤 영향을 미치는가? (b)내담자가 상황의 적절한 맥락적 특성을 최적으로 사용하거나 고려했는가? (c)엄격한 규칙 적용(인지한 공정함) 대신 사회성 지능과 친절 같은 더 나은 결과를 얻기 위해 사용할 수 있는 대체 강점이 있는가? (d)내담자의 행동이 잠재된 강점을 전달하는가? (e)내담자가 동료나 신뢰할 수 있는 사람, 정보에 능통한 소식통한테서 현명한 조언을 구하는가?
13	스스로 고립되거나 무관심한 사람처럼 보임	사랑하고 사랑받는 능력, 사회성 지능	일상적인 몸짓과 행동을 통해 진정한 사랑과 애정을 드러내기. 자신에게 관심을 보이는 사람들을 조금이나마 배려하고, 친구들에게 정직하고 투명한 모습을 드러낼 수 있게 도와주기

14	특정한 상황에서 부적절하게 행동하고, 자신과 다른 사람들에게 민감성이나 배려심을 발휘하지 않음	공정성, 형평성, 정의	수치스러워하거나 비난하지 않고 자신과 다른 사람들의 긍정적인 속성을 의식하라고 격려하기. 다른 사람들과 점차적으로 함께 활동하고 상호작용하라고 격려하기. 부당한 대우를 받고 괴롭힘을 당하거나 놀림을 당하는 사람들 편에 서기
15	일에 파묻혀 성장의 기회를 찾지 못하고, 무기력을 느끼고 지루해함	창의성, 용감성, 끈기	직장에서 실패를 두려워하지 않고 일상적인 업무를 새롭지만 적응적인 방식으로 처리하라고 격려하기. 이렇게 하지 못한다면 언제나 하고 싶었지만 하지 못했던 업무 이외의 활동을 시작해 창의성을 탐색하고 표현하는 방법을 찾게 도와주기. 이 활동에서도 성취감을 느끼지 못한다면 성취감을 느낄 수 있는 활동을 찾을 때까지 다른 활동을 시도해보라고 격려하기

다음은 젊은 여성 내담자 엠마(Emma)가 짧은 결혼생활 이후 이혼에 대처하고자 심리치료를 받은 이야기다.

많은 내담자처럼 엠마는 상처 받고 배신당한 기분에 치료받기 시작했다. 그녀는 비교적 젊은 나이에 공부를 계속하기를 바랐던 보수적인 부모님의 반대를 무릅쓰고 결혼해 창피했다고 했다. 엠마는 본능적으로 부정 생각에 빠져들었다고 했다. 초기 치료에서는 엠마가 자신의 아픔과 분노, 배신감을 털어놓으며 공감과 타당성을 느낄 수 있는 장소를 제공하면서 그녀의 트라우마를 처리하는 데 집중했다. 이런 대화에서 치료자는 내담자가 설명한 몇 가지 건전한 행동(건전하게 대처하기와 회복력 등)을 부드럽게 지적해줄 뿐만 아니라 트라우마의 세세한 측면을 중점적으로 다루었다. 또한 엠마가 자신의 수치심과 후회, 두려움(용기), 노력, 끈기를 드러냈을 뿐만 아니라 꾸준히 치료받으러 와서 고맙다고 했다(인정하기). 엠마는 이런 지지에 힘입어 변화하고 싶은 열망을 표현할 수 있었다. 치료자는 강점에 기반을 두고 내담자를 유심히 살피다가 적절한 순간에 그동안 알아차린 내담자의 강점들을 자연스럽게 말해주면서 변화의 가능성을 논의해보자고 했다. 엠마는 처음엔 주저하면서 자신의 강점을 인정하지 못했지만 치료자한테 자신의 강점에 관한 이야기를 진지하게 듣기만 해도 자기효능감이 높아졌다.

긍정심리치료와 강점 통합하기: 기술과 전략
내담자 강점 평가는 협력해 목표를 생각해낼 수 있는 독특한 치료 기회를 열어준다.

치료자는 내담자와 치료 목표에 대해 논의할 수 있다. 예컨대 이렇게 물어볼 수 있다. "당신의 모든 호소 문제와 두려움, 스트레스 요인, 의심을 없애고 싶나요?" "행복하고 자신만만하며 만족스러운 삶을 사는 데도 흥미가 있나요?" 경험상 대부분의 내담자가 이 2가지 질문에 모두 "네"라고 대답한다. 하지만 치료자들이 PPT의 목적을 잘 아는 게 중요하다. PPT의 목적은 내담자가 약점을 없애는 것 뿐만 아니라 행복이 치료와 더 나아가 심리장애 예방에 중요하다는 사실을 이해하게 도와주는 것이다. 다음은 강점과 PPT를 통합하는 전략들이다(키즈, 2013).

성격강점 평가 방식

대부분의 정신병리학 측정은 비용이 비싸고 치료적 환경에서 실시해야 한다. 반면 의사와 긍정심리학 연구학자들이 개발한 타당하고 신뢰할 수 있는 강점 측정은 온라인에서 무료로 쉽게 이용할 수 있다. 진정한 행복 웹사이트(www.authentichappiness.org · 펜실베이니아대와 연계)와 VIA 웹사이트(www.viacharacter.org)에 측정도구가 나와 있다. 내담자는 가정에서 측정해 결과지를 인쇄, 치료 시 회기에 가져올 수 있다. 앞서 언급했듯이 강점 평가에 가장 널리 사용하는 측정은 VIA-IS(피터슨, 셀리그만, 2004; www.viacharacter.org)다. CVS 강점 모델에 기반을 둔 VIA-IS는 240개 항목과 120개 항목 두 버전으로 이용할 수 있다. CVS 모델에 기반을 두고 피드백 메커니즘을 형성하는 간략한 72개 항목 버전도 이용할 수 있다(라시드 외 다수, 2013; www.tayyabrashid.com, www.KPPSI.com(한국긍정심리연구소)). 이 4가지 웹사이트에서는 측정도구를 무료로 제공하고, 강점과 다른 긍정속성에 관한 즉각적인 피드백을 제공한다.

자기보고 측정 이외에도 연구조사에서 실시한 인터뷰도 강점 평가에 사용할 수 있다. 치료자가 공식 평가를 선호하지 않는다면 초기 상담이나 치료 도중 내담자에게 질문해 강점과 긍정정서, 의미를 이끌어낼 수 있다. 그런 질문들을 예로 들자면 이렇다. "당신 삶에 의미를 부여해주는 것은 무엇인가요?" "여기서 잠시 멈추고 당신이 잘하는 것에 대해 이야기해봅시다. 누군가 친절이나 감성을 행동으로 보여줄 때 처음에 어떤 생각과 느낌이 드나요?" 플뤼키게르와 그의 동료들(2009)은 치료 과정에서 치료적 인터뷰를 통해 내담자의 강점을 이끌어냈다. 일상적인 실습에서 생활사 설문지나 치료 인터뷰에 쉽게 통합해 넣을 수 있는 '자원 활성화 질문' 몇 가지는 다음과 같다.

- 가장 즐기는 것은 무엇인가? 가장 즐기는 경험을 묘사해본다.
- 무엇을 잘하는가? 최상의 나를 끌어내는 경험을 묘사해본다.
- 미래에 이루고 싶은 열망은 무엇인가?
- 만족스러운 하루를 만들어주는 것은 무엇인가?
- 진정성을 느낄 수 있는 경험은 무엇인가?
- '진짜 나'를 느낀 순간을 묘사해본다.

마이클 스킬(Michael Scheel)과 그의 동료들(2012)은 심리치료자 연구에서 PPT나 다른 강점 기반 치료로 내담자의 강점을 평가하는 치료자에게 지침이 될 수 있는 5가지 논제를 인터뷰를 통해 밝혀냈다. 이들 5가지 논제와 치료 실습 사례는 다음과 같다.

강점 증폭

강점 증폭은 내담자가 과거의 자기강점을 찾아보고, 현재 표출된 긍정성을 포착하며, 비록 작은 성공이라도 알아내게 도와준다.

사례 사회적 불안증상을 보이는 남성 내담자가 운동을 하면서 군중의 '날카로운 눈초리'를 받는 게 두려웠던 경험을 극복한 이야기를 해줬다. 이 내담자는 전체 시즌에서 단 3분 동안 경기장에서 뛰었지만 그것만으로도 팀에게 플레이오프 진출을 선사할 수 있었다.

외상 후 스트레스 장애(PTSD) 증상을 보이는 여성 내담자는 용감성을 발휘해 친구를 괴롭히는 사람에게 맞설 수 있었다. 이런 이야기들은 치료자에게 내담자의 과거 강점을 증폭시킬 수 있는 기회를 제공한다.

맥락적 고려사항

문제에 훨씬 더 중점을 두어야 하는 상황에서 치료자는 강점의 한계를 이해해야 한다. 맥락적 고려사항이라는 논제에서 살펴보면 너무 빠르게 밀어붙이다가는 내담자의 향후 강점 수용성을 가로막을 수 있다.

사례 급성 공황장애나 강박장애 증상을 보이는 내담자에게는 구체적이고 잘 확립된 치료 규약이 필요하다. 심각한 사회성 불안증상을 보이는 내담자에게 자발적으로 사회성 지능을 갈고닦으라고 하거나 트라우마를 먼저 다루지 않고 외상 후 성장을 고려하라고 하면 이들은 향후 강점 기반 접근법을 멀리할 수 있다.

강점 지향 과정

강점 지향 과정은 내담자가 문제와 결점에 치중하지 않게 도와주고, 좋은 시절에 강점에 대해 토의하며, 강점이라는 측면에서 정체성을 정의하는 방법을 찾아보는 것이다.

사례 한 내담자는 치료 초기 단계에 이렇게 말했다. "명상 수업을 들어도 초조해요……. 마음이 언제나 고속도로를 달리고 있는 것 같아요." 치료자는 이 내담자에게 지난 사흘간을 유심히 떠올려보라고 했다. 한 번에 하루씩 떠올려보면서 아무리 사소해도 좋으니 긍정경험을 최소한 한 가지는 찾아보라고 했다. 그러자 내담자는 3가지를 떠올려 기록할 수 있었다. 치료자는 내담자의 상상력(정확하게 태양이 구름 사이로 얼굴을 내밀었을 때 5분간 즐겁게 산책했던 경험 포함)뿐만 아니라 음미하기(회상담) 강점을 칭찬해줬다. 긍정사건 기록 경험은 긍정적인 순간으로 돌아가는 시각적 신호가 됐다. 이 내담자는 감사 일기를 쓰겠다고 했고, 결국 명상 실습이 유익하다는 사실을 깨달았다.

강점 지향 결과

강점 지향 결과는 내담자가 더욱 확실하게 변화를 소유하고, 강점을 활용하는 목표를 정하고, 구체적 강점을 찾거나 이용하는 목표 설정 방법을 배우도록 도와준다.

사례 한 내담자는 재정상담 회사를 성공적으로 설립했지만 목적과 의미가 부족하다고 느껴져 치료받았다. 이 내담자는 자신의 강점 프로필을 작성하면서 자신에게 끈기와 지속적인 낙관성, 회복력이 없었다면 무에서 사업을 시작해 경쟁적인 시장에서 성공을 거둘 수 없었을 거라는 사실을 깨달았다. 그 과정에서 많은 좌절을 겪었지만 견뎌냈다. 이 내담자는 자신의 강점들을 찾아내자 진심으로 그 존재를 인정할 수 있었다. 그 전까지는 자신의 성취를 인정하고 축하한 적이 한 번도 없었다. 이젠 다음 단계로 나아가기 전에는 언제나 성취하고자 하는 또 다른 목표를 세웠다. 게다가 이 내담자는 자신의 회사가 많은 직원과 가족의 생계를 책임지고 있다는 사실을 알 수 있었다. 이것은 목적의식을 증진시켜주는 깨달음이었다. 이 내담자는 의미를 더욱 강화하고자 경제적으로 어려운 환경에 처한 학생들에게 장학금을 주기로 했다.

긍정의미 만들기

긍정의미 만들기는 내담자가 자기 문제를 더욱 깊이 이해해 강점을 개발할 수 있게 도와준다. 또한 현실적인 예견력을 통해 부정 및 긍정특성의 균형을 맞출 수 있게 해준다. 마지막으로 어려움이나 문제점이 강점이 될 수 있는 맥락을 이해할 수 있게 돕는다.

사례 한 남성 내담자는 평생 동안 트라우마에 시달렸다. 고국에서 다수의 공습에서 살아남았고, 내전을 겪었으며, 피난민 지위를 얻으려고 분투했다. 새로 정착한 나라에서는 주당 60시간 이상 일하고, 고등학교에 이어 대학교에 다녀야 했다. 치료 초기에는 자신을 PTSD와 주의력결핍 과잉행동장애, 불안증, 우울증상을 가진 종합병동으로 취급했다. 하지만 자신의 강점을 파악해 힘든 상황에서 맥락화하자 이 내담자의 자기인식이 달라졌다. 자신의 강점 덕분에 자신을 희생자에서 생존자로 바라보게 됐다. 현재는 상담사가 돼 고문과 트라우마로 고통 받는 다른 희생자들을 돕고 있다. 이 내담자는 희생자들의 언어로 이야기하고, 그들의 미묘한 문화적 차이를 이해할 수 있는 몇 안 되는 사람 중 한 명이다.

환경 내에서 강점 포착하기

어떤 내담자는 다른 사람들보다 자신의 강점을 더욱 잘 의식한다. 치료자는 내담자에게 가족과 동료들, 친구들로부터 자신의 강점뿐만 아니라 자신과 관련된 부차적 정보를 얻으라고 권할 수 있다. 이런 정보는 사회 및 공동체적 완충재를 평가하고 파악할 때 특히 유익하다. 예컨대 치료자는 내담자의 가족 문제를 파악할 수 있을 뿐만 아니라 내담자가 일차 지지집단과 기관(협회, 집단, 클럽, 남학생 사교클럽, 여학생 클럽), 소셜네트워크서비스(SNS)에서 어느 정도의 애착과 사랑, 돌봄을 받고 있는지를 평가할 수 있다. 사회기관에 깊이 새겨져 있는 이득과 지지는 물론 직장이나 공동체에서 겪는 내담자의 문제도 탐색해야 한다(라이트, 로페즈(Wright & Lopez), 2009).

강점 본보기

치료자는 내담자의 강점 식별과 파악을 돕고자 특정 강점을 보여주는 귀감(본보기나 아이콘)을 언급할 수 있다. 윈스턴 처칠은 리더십과 열정, 마하트마 간디는 자기통제력과 공정성, 마더 테레사는 친절과 사랑, 넬슨 만델라는 끈기와 용서, 마틴 루서 킹은 용감성과 공정성, 희망을 대변한다. 또한 알베르트 아인슈타인은 호기심, 찰리 채플린은 유머와 쾌활함, 토머스 에디슨은 호기심과 학구열, 빌 게이츠는 친절, 스티브 잡스는 창의성을 대변한다. 〈부록D: 강점 키우기〉에는 각각의 24가지 강점 설명과 행동, 강점 활용 방식, 두드러진 조사 결과, 학문 서적, 동시대 사례, 관련 웹사이트가 포함돼 있다.

구체적인 아이콘과 영화 캐릭터를 이용해 강점에 대해 토론하면 실제 갈등 맥락에 강점을 적용하는 구체적인 경우를 논의할 수 있고, 내담자에게 본보기를 제공해 강점 개발의 발판을 마련해줄 수 있다. 치료자는 내담자가 자신과 관련된 특정한 강점을 지닌 아이콘과 자신을 동일시하는지, 아니면 그와 다른 방식을 취하는지를 살펴볼 수 있고, 내담자의 인생 딜레마를 해결하려고 노력하면서 그런 아이콘을 언급할 수 있다. 또한『영화 속의 긍정심리학(Positive Psychology at the Movies』(니믹, 웨딩(Niemiec & Wedding), 2013) 같은 자료를 이용해 구체적인 강점 묘사를 제공할 수도 있다.『영화 속의 긍정심리학』은 24가지 VIA 강점과 관련된 영화, 주제, 등장인물을 소개한 책이다. 〈부록D〉에는 영화 제목과 내용 뿐만 아니라 강점 사용 아이디어가 광범위하게 수록돼 있다.

치료 시작 시 강점 평가

강점은 치료 과정에서 일찌감치 평가할 수 있다. 공감적 경청으로 라포(rapport)가 형성되면 내담자가 자신의 이야기를 풀어놓고, 그와 동시에 치료자는 내담자의 강점을 포착할 수 있다. 치료 시 가능하면 일찍 강점을 논의하라고 권하는 데는 몇 가지 이유가 있다. 첫째, 강점 지식과 인정은 위기가 발생할 때 특히 이로울 수 있기 때문이다. 치료자가 내담자의 강점을 이해하면 힘든 고비를 넘기기 위해 회복력이 필요할 경우 잠재적으로 활성화할 수 있는 귀중한 추가적 자원을 얻게 된다. 이 책의 저자 중 한 명이 임상심리학자이자 연구학자로 근무하고 있는 캐나다 스카버러대 건강센터(Health&Wellness

Center)에서 성격강점 온라인 평가는 표준 초기 상담 평가의 일부분이다. 내담자는 강점 측정을 완료하자마자 두드러진 성격강점에 관한 피드백을 받는다. 3가지 사례는 다음과 같다.

사례1 자동차 사고를 당한 한 젊은 여성이 초기 상담에서 인지 및 행동 더딤을 포함해 심각한 우울증상을 보였다. 치료자는 그 여성의 강점 중 하나인 감사에 초점을 맞추었고, 내담자에게 그 강점이 어떻게 그녀를 대변하는지 물어봤다. 내담자는 마지못해 미소를 짓고는 한참 후 이렇게 말했다. "살아 있는 것에 감사하고…… 제 인생에서 좋은 많은 것을 당연시했어요. 지금은 그 어떤 것도 당연하게 여기지 않아요."

사례2 3학년인 남학생은 학업 부진으로 대학교에서 정학 통지를 받고 나서 개인 치료를 받기 시작했다. 첫 회기에서 이 남학생은 실의에 빠진 것 같았고, 대학생활이 자신에게 맞지 않는다고 말했다. 치료자는 이 남학생의 호소 문제를 공감하며 들어주고 나서 사회성 지능 강점이 드러난 사례를 이야기해달라고 했다. 그는 학업을 잘 수행하기 어려웠지만 대규모 소매점 판매원 업무는 항상 우수하게 해냈다고 했다. "거의 모든 사람과 관계를 맺을 수 있었고, 그 사람들에게 특정한 상품이 필요하다는 확신을 심어줄 수 있었죠. 첫해 근무가 끝날 무렵 놀랍게도 상품 매출과 수익 창출에서 제가 카운티에서 3위를 했다는 이야기를 관리자한테 들었어요."

사례3 한 중년 여성은 경계성 성격장애를 진단받고, 외래 진료실에서 변증법적 행동치료를 완료한 후 개인 치료를 받았다. 초기 상담에서 이 내담자는 치료자와 자신의 대표 강점에 관해 논의했다. 이때 이 내담자는 이렇게 말했다. "많은 치료와 심리치료, 지지집단치료를 받았어요. 하지만 제가 무엇을 할 수 있는지에 대해 긍정적으로 이야기하면서 치료받기 시작한 건 이번이 처음이에요. ……전 항상 제 약점에 관한 이야기만 들었죠. 저를 이렇게 대해주다니 정말 너그러운 분이시군요."

치료자가 내담자의 증상뿐만 아니라 성격강점을 체계적으로 평가하면 내담자를 보다 깊이 이해할 수 있다. 모든 증상 이면에 고통의 흔적이 있다면 모든 강점에는 회복력과 연결성, 성취의 이야기가 있다. 내담자의 강점을 파악하면 희망과 낙관성, 용기, 창의성을 내담자에게 불어넣으면서 관계를 맺을 수 있는 기회가 생긴다.

5장
긍정심리치료
실습과 과정, 변화의 메커니즘

실습과 과정

긍정심리치료(PPT)[1]에는 크게 3단계가 있다. 〈표5.1 긍정심리치료: 회기별 묘사〉는 PPT를 요약해 보여준다.

1. 1단계 시작 시점에서 내담자는 특히 역경을 극복하는 과정에서 최상의 나를 보여줬던 경험을 회상하고 글로 쓰며 개인적인 이야기를 만들어낸다. 이 단계에서 치료 작업은 대부분 대표 강점 프로필 평가 및 종합, 강점과 심리적 스트레스 요인의 통합에 필요한 기술 습득에 중점을 둔다.
2. 2단계에서는 내담자가 개인의 내적 경험과 대인 경험을 재검토하는 법을 배울 수 있도록 도와준다. 특히 부정경험을 긍정경험으로 바꿔 가급적 균형 잡힌 시각을 가질 수 있게 장려한다.
3. 3단계에서는 내담자가 자신의 강점을 활용해 미래의 희망을 찾고, 긍정관계를 증진시켜 삶의 의미와 목적을 추구하게 도와준다.

5장에서는 각 단계를 요약해 설명하고, 각 단계별로 회기 중과 회기 사이에 활용하는 실습과 과정을 묘사한다. 여기서는 PPT를 구체적이고도 순차적으로 설명한다. 하지만 치료자는 자신의 치료적 판단에 의지해 이 과정을 각 내담자에 맞게 적용해야 한다. PPT

---

1 긍정심리치료라고도 알려진 또 다른 치료 접근법은 독일의 노스랫 페세시키안(Nosrat Peseschkian)이 개발했다. 페세시키안과 그의 동료들은 20년 이상 긍정심리학에 대해 연구했다. 이 두 치료법은 명칭이 동일하지만 사실은 완전히 다르다. 이 책에서 논의하는 PPT는 보다 최근의 동시대적인 긍정심리학 운동에 뿌리를 두고 있다. 반면 페세시키안과 그의 동료들이 시행하는 긍정심리학은 비교문화적 및 이론 간 관점을 통합하는 체계적인 통합 접근법이다(페세시키안, 2000; 페세시키안, 트리트(Peseschkian, & Tritt), 1998).

를 단독으로 사용하거나 다른 치료법을 통합해 사용할 수 있다.

치료자는 내담자가 전체 치료 과정 내내 감사 일기를 써서 하루 동안 자신에게 일어난 잘 됐던 일 3가지를 기록하도록 장려한다(감사 일기에 관한 보다 더 자세한 내용은 7장 1회기 참조). 내담자는 대부분 부산스러운 일상에서 놓치기 쉬운 긍정경험을 의식적으로 주목하는 게 유익하다는 사실을 깨닫는다. 치료가 끝날 무렵 내담자는 일상적인 긍정경험을 서면(자필 문서, 메모, 전자문서)이나 시각적 형태(휴대전화로 사진 촬영하기), 대인적 형태(토론, 감사, 직접 만나 표현하기, 아니면 3가지 모두)로 기록하는 법을 알게 된다. 덕분에 내담자는 회기 중 키워나가는 더욱 광범위한 경험적 의식을 유지할 수 있고, 부정편향을 애호하는 인간 본성에 계속 저항할 수 있다. 내담자는 자신만의 독특한 강점들이 있으며, 그것들을 다양한 방법으로 활용할 수 있다는 사실을 배운다. 이 점을 염두에 두고 PPT 방법을 계속 분석해보겠다.

표5.1 긍정심리치료: 회기별 묘사

회기	주제	내용	주요 실습
1단계 1	긍정 소개와 감사 일기	내담자의 치료 환경 적응, 내담자와 치료자의 역할 및 책임 정하기 등 치료를 구조화하는 방법, 긍정 경험을 기록해 긍정 정서를 키우는 방법, 감사하기가 행복에 미치는 영향을 평가하는 방법 등을 배우는 회기	• 긍정 소개: 역경을 극복해 최상의 자신을 표출한 사건을 떠올려보고 시작과 중간, 긍정 결말로 구성된 이야기를 한 장 분량으로 작성한다. • 감사 일기: 매일 저녁마다 크고 작은 잘된 일 세 가지와 그 이유를 기록한다.
2	성격강점과 대표강점	성격강점과 대표강점을 중점적으로 다루는 세 차례 회기 중 첫 번째로, 대표강점은 실습을 통해 개발할 수 있는 긍정 특성이며 개인의 성장과 행복에 기여한다는 것을 배우는 회기	성격강점: 강점 검사와 평가, 가족 구성원, 친구 등 다양한 출처를 통해 얻은 정보를 수집해 자신의 대표강점 프로필을 작성한다.
3	대표강점 실용지혜	대표강점 실용지혜 기술을 보여주는 회기, 자신의 대표강점을 균형 잡힌 방식으로 활용해 문제를 해결하는 방법을 배우는 회기	강점 사용 노하우: 세 가지 구체적인 상황을 해결하는 다섯 가지 실용지혜 전략(구체화하기, 적절성 찾기, 충돌 해소하기, 성찰하기, 조절하기)을 활용한다.
4	더 나은 버전의 나	긍정적이고 실용적이며 지속적인 자기 개발 계획을 명확히 작성하고 실행하는 회기	더 나은 버전의 나: 측정과 성취가 가능한 구체적인 목표를 정해 강점을 융통성 있게 사용하고 좀 더 나은 버전의 '나'라는 자기 개발 계획을 작성한다.
2단계 5	종결되지 않은 기억과 종결된 기억	과거 기억을 떠올려 기록하고 처리하는 회기, 종결되지 않은 기억과 부정적인 기억을 다루는 기술을 배우는 회기	긍정 평가: 긴장을 풀고 고통스러운 기억, 즉 종결되지 않은 기억을 기록하고, 그러한 기억을 적절히 다루는 네 가지 방법을 탐색한다.

6	용서	용서가 하나의 사건이 아니라 변화를 위한 과정임을 알고, 용서인 것과 용서가 아닌 것을 배우는 회기	• 리치(REACH): 용서에 이르는 길을 배운다. • 용서 편지: 용서 편지를 쓰되 반드시 전할 필요는 없다.
7	최대자 vs 만족자	최대자(최상의 것을 선택하기)와 만족자("이 정도면 괜찮아"처럼 충분히 좋은 것을 선택하기) 개념을 제시하는 회기	만족자 지향: 최대자나 만족자의 생활 영역을 탐색하고, 만족을 증진하는 계획서를 작성한다.
8	감사	현재 생존해 있는 사람이나 과거에 긍정적인 도움을 받았지만 미처 감사를 전하지 못한 사람을 떠올려보고 그에게 편지를 써 감사 개념을 확장하는 회기	• 감사 편지: 어려울 때 도움을 받았는데 미처 감사 인사를 전하지 못한 사람에게 감사 편지를 쓴다. • 감사 방문: 감사 편지의 대상을 초대해 일대일로 만나기, 사전 설명 없이 감사 편지 직접 읽어주기 등을 실천한다.
3단계 9	희망과 낙관성	가능한 한 최상의 현실적인 결과를 생각하고 낙관성을 키우는 법을 배우는 회기	문 하나가 닫히면 다른 문이 열린다고 생각하기: 닫혀 있는 문 세 개와 열려 있는 문 세 개를 생각해보고 기록한다.
10	외상 후 성장	트라우마를 겪은 후 계속 마음에 걸리는 충격적인 경험에 관한 내면의 깊은 감정과 생각을 탐색하는 회기	표현적 글쓰기: 충격적이고 고통스러운 경험을 종이 한 장에 옮기는 선택적 활동을 한다. 건전한 대처 기술을 익히고 키워 현재의 스트레스 요소에 짓눌리지 않을 때 이 실습을 종료한다.
11	느림과 음미하기, 마음챙김	속도를 늦추는 법을 배우고, 음미하는 법과 마음챙김을 의식하고 키우는 회기	느림과 음미하기: 자신의 성격 및 생활환경에 적합한 느림의 기법과 다섯 가지 음미하기 방법을 하나씩 선택하고, 마음챙김 명상을 한다.
12	긍정 관계	긍정 관계를 위해서는 사랑하는 사람들의 강점을 인정하는 것이 중요하다는 사실을 배우는 회기	긍정 관계 나무: 사랑하는 사람들과 각자 자신의 강점을 평가하고 서로의 강점을 칭찬해 관계를 강화하는 방법을 논의한다.
13	긍정 소통	긍정적인 소식에 대한 네 가지 반응 기술과 그중 관계 만족을 예견하는 기술을 배우는 회기	적극적·건설적 반응 기술: 자신에게 중요한 사람의 강점을 탐색하고 적극적이고 건설적인 반응 기술을 적용한다.
14	이타성	자신과 타인 모두에게 도움이 되는 이타적인 사람이 되는 법을 배우는 회기	시간 선물하기: 자신의 대표강점을 사용해 시간 선물하기 계획을 세운다.
15	의미와 목적	좀 더 나은 선을 추구하고 그것을 위해 노력하는 데 집중해 의미 있는 삶을 만드는 법을 배우는 회기	긍정 유산: 어떤 사람으로 기억되고 싶은지, 특히 어떤 긍정적인 발자취를 남기고 싶은지를 기록한다.

1단계

과정

PPT 1단계는 4회기로 구성된다. 치료자는 첫 회기부터 내담자에게 최상의 나를 드러냈던 구체적인 경험이나 사건을 중심으로 전개되는 개인적인 이야기를 생각해보라고 격려한다. 또한 크고 작은 역경을 극복하며 자신의 강점을 발휘했던 사례와 이야기를 말해보라고 한다. 다시 말해 역경을 극복했거나 그에 성공적으로 대처했던 방법을 말해보고 써보라고 하는 것이다.

치료자는 내담자와 서로 신뢰할 수 있는 치료관계를 맺고 유지하고자 내담자의 호소 문제에 공감해준다. 증상을 보이는 내담자의 고통뿐만 아니라 일상생활의 소소한 좋은 행동에 대해 토의한다. 예컨대 내담자가 특별한 식사 준비를 즐기는 행동, 화창한 날씨를 음미하는 행동, 일상적인 사소한 일을 성공적으로 완수하는 행동에 대해 이야기한다. 그러면 내담자는 진단적 고통을 지나치게 강조해 묻혀버릴 수 있는 소소하지만 긍정적인 삶의 측면에 주목할 수 있다.

이때 내담자는 다양한 자료(8장 2회기 참조)를 이용해 자신의 강점을 평가하고, 자신의 표출된 문제 및 행복과 관련된 현실적인 목표를 설정한다. PPT 1단계의 핵심은 내담자가 자기평가를 통해 현재와 과거의 자신의 강점을 파악하고, 자신에게 중요한 다른 사람들로부터 얻은 정보를 수용해 예견력을 넓히는 것이다. 이 과정은 회복력에 관한 이야기를 글로 쓰고, 회복력에 관건이 되는 강점을 파악하면서 완성된다. 치료자는 기회가 있을 때마다 내담자가 강점을 적절하게 이용해 어려운 상황을 다루는 방법을 깊이 이해할 수 있게 적극적으로 도와준다. 긍정경험이 감정 조절에 중요한 역할을 한다는 증거가 있다(주르먼, 드케인, 고틀립(Joormann, Dkane, & Gotlib), 2006). 회상을 통해 긍정정서를 '음미'할 수 있다(브라이언, 스마트, 킹, 2005). 피츠패트릭(Fitzpatrick)과 스탈리카스(Stalikas)(2008)는 특히 치료 과정 초기 단계에서 긍정정서가 변화의 출발점이 되고, 장기적으로 구축 자원을 만들어낼 수 있다고 했다. 결과적으로 내담자는 새로운 아이디어와 관점을 고려할 수 있다.

강점 평가의 마지막 단계에서 치료자는 내담자가 실용지혜를 키우도록 격려한다(9장 3회기 참조). 강점을 사용할 때는 실용지혜를 마스터 강점으로 간주한다(슈워츠, 샤프, 2010). 이것이 강점 활용 노하우다. 실용지혜를 터득하면 강점을 포함한 심리자원을 재조정해 변동적인 상황적 요구에 적용하는 능력이 따라온다. 예컨대 관점을 바꾸거나 상충하는 열정과 욕구, 생활영역의 균형을 맞추는 것이다(카시단, 로텐버그(Kashdan & Rottenberg), 2010; 영, 카시단, 매카티(Young, Kashdan, & Macatee), 2015).

PPT는 내담자가 긍정과 부정 모두를 미묘하게 조정해 상황에 맞게 사용하는 법을 배워 다양한 상황에서 감정을 조절하고 자기평가를 향상시킬 수 있도록 돕는다. 내담자는 긍정정서보다 부정정서가 훨씬 더 유용하기 때문에 부정정서를 경험하거나 심지어 강화하려는 자극을 받을 수 있다.

- 친밀한 관계에서 분노와 좌절, 실망을 느낀다면 상대가 뭔가를 잘못했다는 신호일 수 있다.
- 중요한 일을 완수할 수 있다는 확신도 적정 수준의 불안감이 없을 경우 일의 지연을 초래할 수 있다.
- 상실감과 슬픔을 회피하며 건전하지 못한 대처 방법(예: 약물, 성관계, 쇼핑)에 의지할 때 상실감의 의미를 이해하지 못하고, 적응적 대처에 필수적이라고 할 수 있는 수정한 개인적 이야기를 고려하지 못할 수 있다.

PPT는 내담자에게 특정한 강점을 더욱 많이 사용하라고 요구하지 않는다. 그보다 특정한 강점을 언제, 어떻게, 적절하게 또는 부적절하게 사용할 수 있는지, 그 결과로 다른 사람들이 어떤 영향을 받을 수 있는지를 보다 깊이 생각해보라고 권한다(비스바스-디너, 카시단, 미나스, 2011; 프레들린, 리트먼-오바디아, 니믹(Fredlin, Littman-Ovadia, Niemiec, 2017; 카시단, 로텐버그, 2010). 〈표4.2〉(4장 참조)에서는 심리적 역경과 그 역경을 극복하는 방법으로 사용할 수 있는 특정한 강점 기반 전략의 잠재적 연관성을 제시한다.

실습

내담자는 긍정소개를 작성하면서 PPT를 시작한다. 이 같은 긍정소개 덕분에 내담자는 특히 어려움을 극복하는 과정(7장 1회기 참조)에서 최상의 나를 보여줬다고 믿는 이야기로 자신을 소개할 수 있다. 내담자는 집에 가서 보다 깊이 생각해보고, 앞서 작성한 도입부를 구체화해 대략 300자 분량으로 써본다. 그다음부터는 성격강점 평가로 시작되는 강점 실습에 중점을 둔다(8장 2회기 참조). PPT는 120개 VIA 강점검사(120-item Values in Action-Inventory of Strengths · VIS-IS)(피터슨, 셀리그만, 2004)와 대표 강점 설문(Signature Strengths Questionnaire)(라시드 외 다수, 2013)이라는 타당성과 신뢰성을 갖춘 2가지 평가 방법을 추천한다. 이 2가지 평가 방법은 성격강점과 덕목 분류 편람(Classification of Strengths & Virtures)(피터슨, 셀리그만, 2004)에서 파생된 것이다. 이런 강점 평가에는 다른 자기보고식 평가(묘사 기반 강점과 연상 사진 기반 강점 파악하기)와 내담자에게 중요한 사람들이 내담자의 대표 강점을 (등급을 매겨 평가하는 게 아니라) 파악하는 이차보고식 평가도 포함돼 있다(이차보고식 평가는 내담자가 회기 중간중간에 자신에게 중요한 사람들한테서 받아온다).

치료자는 모든 자료를 종합해 내담자의 대표 강점을 결정한다. 이런 포괄적 평가 과정을 통해 내담자는 자신의 강점들을 구체적으로 파악하고 이해해 맥락화할 수 있다. 24가지 강점을 드러내는 포괄적인 태도와 행동 목록은 〈부록D: 강점 키우기〉에 나와 있다(이 부록은 내담자 워크북과 www.oup.com/ppt에서도 찾아볼 수 있다). 이 자료는 강점의 추상적인 개념을 평가 가능한 구체적인 행동으로 보여준다.

치료 과정 내내 치료자는 내담자의 대표 강점을 증상과 동등하게 부각시키려고 애쓴다. 그러기 위해 내담자가 자신의 대표 강점을 사용하고 키워나간 추억과 경험, 실제 생활 이야기, 사례, 성과, 기술을 털어놓도록 자연스럽게 유도한다. 하지만 강점에 관해 이야기하면서 부정특성을 과소평가하거나 최소화해서는 안 된다. 강점을 사용할지 말지를 결정하는 중요한 관건은 맥락이다. 예컨대 앞서 언급했듯이 내담자는 특정한 상황에서 긍정정서보다 더 유용할 수 있다는 이유로 부정정서에 휩쓸려 행동하거나 심지어 그런 감정을 더욱 강화할 수 있다. PPT는 내담자에게 반드시 특정한 강점을 더욱 많이 사용하라고 요구하지 않는다. 그보다 내담자가 특정한 강점을 언제 어떻게 표출해 적절하게 또는 부적절하게 적용할 수 있는지를 생각해보도록 장려한다. 이런 접근법은 카시단(Kashdan)과 로텐버그(Rottenberg)(2010), 비스바스-디너(Biswas-Diener)와 카시단 외 미나스(Minhas)(2011)가 제시한 전략과 일치한다.

PPT 1단계는 내담자가 자신의 표출된 호소 문제를 해결하고자 자신의 대표 강점을 적절하게 사용하는 달성 가능한 구체적인 행동 목표를 설정하면서 마무리된다. 이런 목표가 더 나은 버전의 나(10장 4회기 참조)라는 실습의 핵심이다. 이 실습은 본래 긍정심리 개입인 최상의 나(Our Best Selves)(셸던, 류보머스키(Sheldon & Lyubomirsky), 2006)를 수정한 것이며, 내담자가 보다 달성 가능한 '더 나은 자신'을 찾도록 격려한다. 또한 내담자가 자신의 내면 깊숙이 자리한 자원과 대표 강점을 보다 깊이 이해해 표출된 문젯거리와 관련된 개인 목표를 구체적으로 시각화하고 글로 쓰도록 이끌어준다. 이 실습의 목표는 내담자의 우선순위 재구성을 위해 내담자의 자기통제력을 높이고, 내담자의 동기와 감정을 증진시키는 것이다. 이 실습에서는 글쓰기가 아주 중요한 부분을 차지한다. 자기 계발 계획을 글로 쓰면 성공률이 42% 상승한다는 조사 결과가 있다(파들라(Fadla), 2014).

2단계

과정

PPT 2단계는 5회기에서 8회기까지다. 이 단계에서는 내담자가 번거로운 일상 문제를 효과적으로 헤쳐 나가는 것과 앙심 또는 부정기억, 트라우마처럼 보다 더 심각한 문제를 해결하거나 건설적으로 다루는 것의 미묘한 차이를 생각해 강점을 적절하게 사용하도록 돕는 데 주력한다. 더 나아가 내담자는 자신의 강점을 측정 가능한 방식으로 융통성 있게 활용해 상황적 어려움에 적절하게 대응하는 법을 배운다(비스바스-디너, 카시단, 미나스, 2011). 이 과정에서 치료자는 결점이 아니라 강점의 부족이나 남용 때문에(앞서 논의한 대로) 발생할 수 있는 증상 또는 문제를 낳는 내담자의 구체적인 행동이나 습관을 부각시킨다.

PPT 2단계의 핵심은 내담자가 특정한 긍정 및 의미 기반의 대응 전략을 습득해 계속 마음에 걸리는 종결되지 않은 부정기억을 재해석하도록 돕는 것이다(폴크먼, 모스코티즈, 2000). 치료 실습의 한 가지 사례를 들자면 다음과 같다.

심리적 마음챙김이 가능한 젊은 남성 샘(Sam)은 개인 치료를 받는 동안 3회기까지 잘 준비한 것처럼 보이는 이야기를 풀어놓는 데 전념했다. 현재 연애에 대한 불안감, 아홉 살도 되지 않은 자신을 두고 떠나버린 아버지에 대한 분노, 자기 외모에 대한 불만, 사회적 상황에서 느끼는 어색함 등 현재와 과거의 기억을 늘어놓았다. 이 모든 이야기를 자세하게 털어놓고 싶은 샘의 욕구가 워낙 강해 치료자는 샘이 아버지에 관한 긍정기억을 하나 찾아낼 때까지 끼어들고 싶지 않았다. 샘은 아버지가 약물 문제 때문에 자신의 인생에 별로 모습을 드러내지 않았지만 거의 종교적으로 한 가지 의식을 아버지와 함께했다고 했다. 이것이 바로 시작점이었고, 치료자는 즉시 자세한 이야기를 물어봤다. 샘은 12월만 되면 아버지가 자신을 지역 크리스마스 축제에 데려갔다고 했다. 그곳에서 두 사람은 페리스 대회전 관람차를 타려고 오랫동안 기다려야 했다. 샘은 아버지와 함께 옷을 두껍게 입고 핫초콜릿 한 잔씩 든 채 10~12분 정도 기다렸던 그 시간이 1년 중 최고의 시간이었다고 회상했다. 이 추억을 자세하게 들려주는 동안 샘의 정동이 달라졌다. 아버지에 대한 평가는 그다지 달라지지 않았지만 긍정적인 추억을 묘사하면서 샘의 마음속에 부드럽고 작은 긍정의 틈이 생겼다. 샘은 또한 자신이 아버지에 대한 부정적 추억, 바꿀 수 없는 과거의 사건을 곱씹는 데 많은 시간을 보냈다는 사실을 깨달았다. 그럼에도 샘에게는 그런 추억에 대한 자신의 반응을 바꿀 수 있는 선택권이 있었다.

PPT 2단계 내내 내담자는 자신이 종결되지 않은 부정기억에 얼마나 많은 관심과 자원을 쏟아붓고 있는지를 의식하게 된다. 또한 인생에서 진정으로 긍정사건에 관심을 쏟는 법을 배운다(11장 5회기 참조). 무엇이 용서이고, 무엇이 용서가 아닌지를 배우고 나면(12장 6회기 참조) 용서를 통해 분노 기반 감정의 순환을 끊어낼 수 있는 선택권을 얻는다. 내담자는 과거의 긍정기억을 떠올리면서 감사하는 마음을 지속적으로 느낄 수 있다. 내담자가 극히 개인적인 경험을 떠올려보고 글로 쓰면 자신의 감정을 보다 잘 이해할 수 있다. 결과적으로 개인적 성장에 필수적인 요소, 즉 보다 큰 통제감을 얻는다(데시, 라이언(Deci & Ryan), 2008).

실습

PPT 2단계에서는 먼저 치료자가 내담자와 치료관계를 형성하고 내담자의 강점 파악을 도와준다. 그러고 나서 내담자가 마음속에 품은 앙심과 고통스러운 기억이나 분노를 글로 써내고, 그와 같은 부정정서의 영향에 대해 논의하도록 격려한다. PPT는 부정정서 표현을 억제하지 않는다. 그보다 내담자가 긍정정서와 부정정서를 망라한 모든 감정을 평가하도록 격려한다. 하지만 앞서 언급했듯이 부정정서는 (보통 앙심이나 고통스러운 기억의 형태로) 긍정정서보다 훨씬 더 오래 남고 마음속에 더 깊이 박힌다. 내담자가 부정기억을 적절하게 다루도록 도와주는 PPT 실습은 상당히 많다. 예컨대 긍정평가(라시드, 셀리그만, 2013)는 내담자가 앙심과 분노를 풀어놓고(11장 5회기 참조), 다음 4가지 전략을 통해 재평가하도록 도와준다.

- **심리적 공간 조성하기** 내담자는 보다 덜 개인적이고, 보다 더 중립적인 제3자 관점에서 자신의 고통스러운 기억을 글로 풀어쓴다. 이 실습을 통해 부정기억을 세세하

게 떠올려 이야기하는 시간과 노력을 줄여나간다(크로스, 아이덕, 미첼(Kross, Ayduk, & Mischel), 2005). 결과적으로 이미 벌어진 일과 지나간 감정을 곱씹기보다 보다 인지적이고 주의를 끄는 자원을 이용해 자신의 감정과 부정기억의 의미를 재구성할 수 있다.

- **재강화** 내담자는 긴장이 풀린 상태에서 고통스러운 기억의 더 미세하고 미묘한 측면들을 떠올려본다. 이렇게 해서 부정적 측면에 치우치는 성향 때문에 간과할 수 있는 종결되지 않은 부정기억의 긍정적이거나 조정 가능한 측면을 떠올려 재정리하고 재강화한다.

- **의식적 자기초점화** 내담자가 부정기억에 반응하기보다 그런 기억을 관찰하도록 격려한다. 의식적 자기초점화는 내담자가 뒤로 한 발 물러서서 종결되지 않은 부정기억을 한 편의 영화처럼 자기 눈앞에 펼쳐놓고 바라보는 것이다. 내담자는 부정기억에 얽힌 감정적 끈을 의식적으로 느슨하게 풀어놓고, 참여자보다 관찰자가 돼 그런 기억을 지켜보는 법을 배운다.

- **전환** 내담자는 고통스러운 기억을 불러일으키는 신호가 무엇인지 인지하고, 고통스러운 기억 곱씹기를 중단시키는 대체적 신체활동이나 인지활동(전환)에 즉각 참여하는 법을 배운다. 심리적으로 고통 받는 내담자의 가슴 아픈 기억은 밀접하게 상호연관돼 있어 종종 외적인 신호에 자극을 받아 떠오른다. 내담자가 적응적인 대체활동에 참여하면 부정기억에 주기적으로 빠져드는 순환을 좀 더 쉽게 끊어낼 수 있다. 그런 대체 활동 참여를 효과적으로 활용하면 부정기억에 빠져 방전되기보다 부정정서를 다루는 법을 배울 수 있다.

12장 6회기에서 치료자는 내담자가 무엇이 용서이고, 무엇이 용서가 아닌지를 이해할 수 있도록 도와준다. PPT에서는 용서를 복수할(지각된 또는 실제) 권리를 기꺼이 포기하는 변화의 과정으로 개념화한다(해리스 외 다수, 2007; 웨이드, 워딩턴, 하케(Wade, Worthington, & Haake), 2009). 내담자는 용서가 가해자의 가해 행위를 사해주는 것도 아니고, 사회적으로 수용할 수 있는 정의를 약화시키는 것도 아니며, 잘못을 잊어버리거나 가해 행위의 결과를 무시하는 것도 아니라는 사실을 배운다. 또한 용서가 부정생각이나 감정을 단순하게 중립적이거나 긍정적인 것으로 대체하는 것도 아니라는 사실을 깨닫는다(엔라이트, 피츠기번스(Enright & Fitzgibbons), 2015). 내담자는 이런 이해를 바탕으로 용서를 통해 해소하고자 하는 분노 등을 유발하는 자신의 부정경험 한 가지를 글로 쓴다.

PPT 중반부의 또 다른 실습인 만족 지향(슈워츠 외 다수, 2002)은 내담자가 과제 수행에 얼마나 많은 시간과 에너지를 투자하는지 의식하고, 그런 소비를 적절하고 이로운 목표에 걸맞게 관리하는 법을 가르쳐준다(13장 7회기 참조). 이 실습의 목적은 내담자가 자신의 부정정서를 직시하지 못한 채 자신의 행복에 큰 도움이 되지 못하는 쇼핑에 많은 시간을 투자한다는 사실을 보다 날카롭게 의식하도록 도와주는 것이다.

이와 동등하게 연관된 PPT의 중심 구성 요소는 감사다. 감사는 자신의 삶에서 인지한 긍정적인 것을 고맙게 여기는 마음의 상태다. 감사는 행복과 밀접하게 연관돼 있는 것이 확실하다(데이비스 외 다수(Davis et al.), 2016; 커, 오도노반, 페핑, 2015; 우드, 프로, 게라티(Wood, Froh, & Geraghty), 2010). 14장 8회기에서 소개하는 2가지 실습은 PPT 2단계에서 감사를 증진시키는 필수적인 요소다. 그중 첫 번째 실습은 감사 편지다. 이 실습에서 내담자는 도움을 받았는데 감사 인사를 전하지 못한 사람을 떠올려본다. 그러고는 회기 중 그 사람이 도움을 준 행위와 긍정적인 결과를 구체적으로 묘사하면서 감사를 진실하고도 분명하게 표현하는 편지 초안을 작성한다. 집에 가서 감사 편지 2통을 더 작성하고 나서 감사 방문을 계획한다. 이 두 번째 실습에서는 내담자가 감사하고 싶은 사람을 직접 만나거나 그 사람에게 전화를 해 감사 편지를 읽어준다. 상대를 직접 만나 편지를 읽어주면 양쪽 모두 강력한 긍정정서를 느낄 수 있다. 내담자는 처음에 이런 실습을 하기 꺼리지만 일단 하고 나면 무척 감동적인 경험으로 기억하게 된다.

3단계
과정

9회기에서 15회기까지 진행되는 PPT 3단계에서는 긍정관계(사적인 관계와 공동체 관계 모두 포괄) 회복이나 증진에 중점을 둔다. 빅터 프랭클의 『죽음의 수용소에서(Man's Search for Meaning)』(1963)와 『의사와 영혼: 심리치료학에서 로고테라피까지(The Doctor and the Soul: From Psychotherapy to Logotherapy)』(1986)는 의미와 목적에 관해 논하는 중요한 서적이다. 이들 책은 행복이란 혼자 갈구한다고 얻을 수 있는 것이 아니라고 강조한다. 행복이란 자기 자신보다 더 원대한 목적을 달성하고자 노력하는 과정에서 의도치 않게 '뒤따라오는' 결과다. 보다 더 원대한 목적과 연관되는 활동을 추구할 수 있는 사람들은 보다 큰 행복을 맛본다(맥나이트, 카시단, 2009; 맥린, 프랫(McLean & Pratt), 2006; 슈넬(Schnell), 2009). 그러므로 PPT 3단계에서 내담자는 의미와 목적을 추구할 준비가 될 가능성이 크다. 다시 말해 강점을 통해 자아개념을 넓히고, 고통스러운 기억을 다룰 수 있으며, 용서에 대해 배울 수 있고, 감사의 이점을 깨닫기 시작한다.

의미와 목적의식은 내담자가 절망과 통제력 부족에 빠지지 않게 도와줄 뿐만 아니라 역경에서 회복하거나 더 나아가 재도전하는 데 도움이 된다는 사실을 강하게 뒷받침해주는 연구 결과가 있다(보나노, 맨시니(Bonanno & Mancini), 2012; 캘훈, 테데시(Calhoun & Tedeshi), 2006; 그레이엄, 로벨, 글라스, 록시나, 2008; 스카그스, 배런(Skaggs & Barron, 2006). PPT 3단계는 내담자가 친밀한 대인관계 및 공동체관계 강화와 예술적이고 지적이거나 과학적인 혁신 추구 또는 철학적이거나 종교적인 명상 등 여러 과정에 참여해 의미를 키워나가도록 격려한다(스틸먼, 바우마이스터, 2009; 브제니브스키, 맥콜리, 로진, 슈워츠, 1997). 이 단계에서 실시하는 문 하나가 열리면 다른 문이 열린다고 생각하기, 표현적 글쓰기, 시간의 선물하기 같은 실습은 내담자가 의미와 목적을 찾아 추구하도록 도와준다. 이 과정에서 내담자는 종종 고통스럽고 때로는 트라우마로 남은 경험을 털어놓는다. 이때 치료자는 내담자의 그런 경험을 공감해주고, 적절하다 싶을 때마다 그런 경험에서 성장의 가능성을 찾아보기도 한다. 이런 탐색을 잘 보여주는 2가지 치료 사례는 다음과 같다.

여성 내담자 나피사(Nafissa)는 학생으로 배우자에게 정서적으로 학대받고 있었고, 발달장애가 있는 아이까지 키우고 있었다. 나피사는 아무도 자신에게 신경 쓰지 않는다고 느꼈다. 치료자는 공감을 통해 내담자와 확고한 치료관계를 확립하고 내담자의 회복력을 평가하고 나서 그 모든 역경에도 어떻게 공부를 계속할 수 있었는지를 내담자에게 물어봤다. 그러자 나피사는 잠시 멈칫하더니 언니한테서 얼마나 많은 지원을 받았는지를 세세하게 설명했다. 거의 10분 전만 해도 나피사는 혼자인 것만 같았고 무기력했다. 하지만 나피사가 언니한테 받은 도움을 자세히 말하고 나자 회기 도중 나피사의 정동이 달라졌다. 나피사가 타인의 강점을 알아보고 자신의 분노를 다소 누그러뜨릴 수 있게 된 것이다.

여성 내담자 뉴겐(Nyugen)은 감정 조절 증상과 약물중독 때문에 개인 치료를 받기 시작했다. 그녀는 한 회기가 끝날 무렵, 낙태하기 몇 달 전부터 고민했던 생각을 털어놓았다. 이전 회기에서는 꺼내지 않았던 이야기였다. 뉴겐은 대표 강점 프로필 작성을 이미 끝냈고, 그중 하나는 친절이었다. 우연찮게도 막바지 평가 이전에 그녀는 자신의 친절에 대해 치료자와 이야기를 나누었다. 그로부터 일주일 후 다음 회기에서 뉴겐은 이렇게 말했다. "제가 그 생각 때문에 얼마나 괴로워했는지 말씀드렸잖아요. 선생님과 친절에 대해 이야기를 나누고 나서 생각해봤는데…… 갑자기 이런 상황에서 할 수 있는 친절한 일이 뭘까 하는 생각이 들더라고요. ……한참 고민하다가 제 난자를 불임부부에게 증여하기로 결심했어요." 더 나아가 난자 증여를 위해 일 년 동안 약물 복용을 중단하기로 했다고 설명했다. 뉴겐은 자신의 결심이 자신뿐만 아니라 타인에게도 도움이 된다고 느꼈다.

실습

PPT 3단계 실습은 계속해서 내담자의 강점을 활용하고, 내담자가 자신보다 더 원대한 뭔가에 소속되고 기여하기 위해 강점을 어떻게 사용하는지를 중점적으로 다룬다. 그중 몇몇 실습은 타인과 관계를 맺고자 타인의 강점을 알아보고 인정하며 칭찬해주거나 자신의 강점을 효과적으로 이용해 대인관계를 개선하는 데 주력한다(라이언, 후타, 데시, 2008). 내담자는 또한 사랑하는 사람들의 강점을 포착하는 법을 배우고, 긍정관계 나무라는 실습을 통해 서로 공유하거나 연관된 강점을 중심으로 대인적 행사를 계획하는 법도 배운다. 적극적이고 건설적인 반응 기술이라는 또 다른 실습에서는 배우자한테서 긍정적인 소식을 듣는 소중한 순간을 인정하고 이용하는 방법을 배운다(게이블, 레이스, 임펫, 애셔(Gable, Reis, Impett, & Asher), 2004). 이 단계의 마지막 2가지 실습(시간의 선물, 긍정유산 남기기)은 내담자가 자신의 강점을 활용한 의미 있는 노력으로 남을 도와주고, 어떤 사람으로 기억되고 싶은지에 대한 비전을 명확히 정립하게 해준다.

일부러 집중하지 않으면 간과할 수 있는 즐거운 순간은 마음챙김을 통해 자각해 그 의미를 키울 수 있다. 치료 경험이 암시하는 바에 따르면 대부분의 내담자는 빠르게 변하는 무척 복잡한 환경에서 살아가는 생활과 관련된 스트레스 요인을 다루기 위해 치료받는다. 느림과 음미하기 실습(브라이언트, 베로프, 2007)에서는 내담자가 건포도 명상과 깃털 만지기, 향수 냄새 맡기 같은 간단한 과제 수행과 관련된 감각에 깊은 주의를 기울여야 한다. 내담자는 간단하게 그런 활동에 주의를 기울이기만 해도 삶이 훨씬 더 즐겁고 흥미진진해진다는 사실을 깨닫게 된다. 치료자는 내담자가 삶의 다양한 측면을 의식적으로 음미하도록 도와줘야 한다. 또 다른 시간의 선물하기 실습은 내담자가 자신에게 중요한 사람들과 함께하는 시간을 내는 게 자신의 인간관계와 그 인간관계에 속하는 개개인에게 얼마나 중요한지, 어떤 영향을 미치는지를 느낄 수 있도록 도와준다.

마지막으로 긍정유산 남기기 실습에서는 내담자에게 훗날 어떻게 기억되고 싶은지에 중점을 두고 짤막한 글(최대 1장)을 써보라고 한다. 여기서는 내담자에게 살아가면서 직면할 수 있는 장애를 예측하거나 그에 적응하고 장기적 목표를 달성하기 위해 특정한 강점을 선택하고 능률적으로 활용하는 능력을 가르치고자 한다(슈미드, 펠프, 레너(Schmid, Phelp, & Lerner), 2011). 이 마지막 실습은 과거의 성취 경험을 끌어내고(긍정소개) 미래를 대비해 강점과 동기를 수정한다(긍정유산 남기기)는 점에서 도입부 실습과 연관 있다. 이를 보여주는 사례는 다음과 같다.

40대 내담자 말리카(Malika)는 자식들이 독립한 후 중단했던 석사학위 과정을 수료하려고 학교로 돌아갔다. 그리고 주로 전남편에게 냉소적이고 격노하는 감정을 갖게 돼 개인 심리치료를 받기 시작했다. 하지만 능동적으로 일하고, 과거의 유해한 기억과 적절하게 거리를 두면서 점점 더 미래지향적인 사람이 됐다. 게다가 긍정유산 남기기 실습은 자신이 인생에서 진정으로 바라는 것이 무엇인지를 명확하게 알아내는 데 큰 도움이 됐다.

"매섭게 화내는 사람으로 기억되고 싶지 않아요. ……당연히 진정성 있는 사람으로 기억되고 싶죠. 항상 화에 사로잡혀 있는 그런 모습 말고, 행복한 사람으로 기억되고 싶어요. 어쩌면 그것보다는 배려심 깊고 헌신적인 사람으로 기억되고 싶은 것인지도 모르겠어요. 열심히 일하면서 생의 가혹한 시련에도 굴하지 않는 사람 말이에요. 전 인생의 진짜 시험은 부와 물질을 모으는 것이 아니라 나누는 것이라는 사실을 세 아이에게 가르쳐준 엄마로 기억되고 싶어요. 가해자를 용서하지 못하는 사람으로 기억되고 싶지는 않아요. 전 최고의 유전자를 갖고 태어나지는 않았어요. 하지만 제가 갖고 태어난 게 무엇이든 더 나쁘게가 아니라 더 낫게 만들었죠."

치료자 노트

이 3단계 과정은 항상 의도대로 진행되고, 모든 내담자에게 똑같은 효력을 발휘하는 것은 아닐 수 있다. 이 같은 단계는 회복력과 행복을 향해 나아가는 복잡하게 뒤엉킨 길이라고 여겨야 한다. 내담자는 의미와 목적에 대해 논의하는 후반부 치료 단계에 이르러서야 자기 인생 이야기의 의미를 완전히 이해할 수도 있다. 이와 유사하게 긍정평가 실습은 15회기에 넣을 수 있는 것보다 훨씬 많은 것을 제공해줄 수 있다. 몇몇 내담자는 제한된 치료 회기 횟수, 즉각적이고 지속적인 관심이 필요한 새로운 위기나 트라우마, 강점에 중점을 두지 않으려는 내담자의 성향 같은 상황적 요소나 기타 요소 때문에 자신의 강점을 완전히 표출하지 못할 수도 있다. 변하는 것은 쉽지 않다. 수년 동안 부정에 치우쳐 살았다면 희망, 열정, 감사 같은 강점을 단단하게 키워내기까지 15회기 이상이 필요할 수도 있다.

변화의 메커니즘

월시(Walsh)와 캐시디(Cassidy), 프리베(Priebe)(2016)는 PPT를 체계적으로 평가해 〈표 5.1 PPT에서 나타나는 변화의 메커니즘〉에서와 같은 몇 가지 변화의 메커니즘(기제)를 찾아냈다. 이런 메커니즘은 광범위한 5개 범주로 나뉜다. 다음 소제목들 아래에 삽입된 설명은 〈표5.1〉에 나오는 변수와 광범위하게 일치한다.

긍정정서 배양(긍정경험의식 및 기억하기)

몇 가지 PPT 실습은 긍정정서를 확실하게 키워주기 때문에 결과적으로 주의집중 자원이 개방된다. 프레드릭슨의 중대한 긍정정서 연구에 따르면 긍정정서는 사실상 일시적인 정서임에도 생각과 행동의 목록을 넓혀준다(프레드릭슨, 2001, 2009). 감사 일기, 감사 방문, 느림과 음미하기 같은 PPT 실습은 확실하게 긍정정서 배양을 촉진시킨다. 내담자는 잠자리에 들기 전 감사 일기 실습을 하면서 그날 하루 동안 일어났던 크고 작은 잘 됐던 일 3가지를 기록한다. 대부분의 내담자는 이 실습이 부정경험에 대처하기뿐만 아니라 친구와 가족의 친절한 행동과 몸짓을 확실하게 알아차려 관계를 공고히 하는 데 도움이 된다고 느낀다. 결과적으로 기존의 관계가 새롭게 평가된다. 쉽지는 않겠지만 친절을 베풀어준 사람을 가급적 직접 만나 감사 인사를 하면 대부분 긍정정서가 생긴다.

이렇게 표현을 하면 진정으로 감사하는 집약된 마음이 우러나오고 사방에서 긍정정서가 솟아난다. 한 예로 이 실습을 마친 중년의 남성 관리자는 이렇게 말했다.

직장에서는 직원들의 빈틈, 실수만 제 눈에 보였죠. 그러다 감사 일기를 쓰기 시작하면서 직원들이 잘한 일이 뭐가 있는지 곰곰이 생각하게 됐어요. ……그랬더니 제가 놓친 게 정말 많더라고요. ……이제는 제가 놓쳤던 것들을 볼 수 있어요.

그림5.1 PPT에서 나타나는 변화의 메커니즘

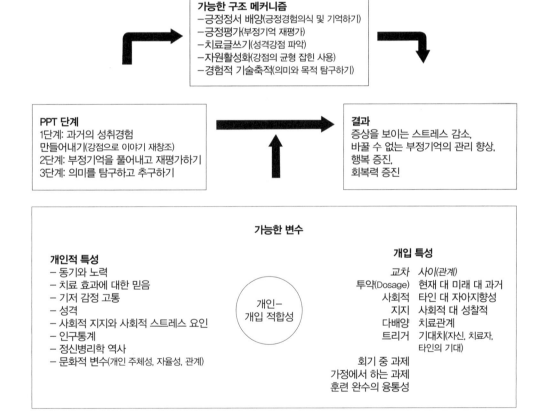

이와 마찬가지로 감사 편지와 감사 방문도 보통 깊은 긍정정서를 끌어낸다. 로렌스(Lawrence)라는 한 내담자는 감사 방문 경험을 이렇게 묘사했다.

제가 하고 싶은 말을 정확하게 담고 싶어 일곱 번이나 다시 썼어요. 서두르고 싶지 않았거든요.

마크(Mark)와는 일주일에 한 번 항상 만나는 식당에서 점심이나 저녁을 같이하곤 했죠. 얼마 전 마크에게 주말에 저녁을 같이 먹자고 했는데 그날 하기로 마음먹었어요. 그날 우리는 복잡한 식당 한가운데 앉아 있었죠. 주문한 음식이 나오려면 적어도 25분은 기다려야 한다고 하더라고요. 그래서 마크에게 이렇게 말했죠. "너한테 읽어주고 싶은 편지가 있어."

그러자 마크가 날 쳐다보더니 걱정스러운 목소리로 이렇게 말하더라고요. "로렌스, 너 괜찮아? 어디 아픈 건 아니지? 안색이 안 좋아 보이는데."

"아냐, 아냐. 난 괜찮아. 너한테 이걸 큰 소리로 읽어줘야 해." 전 제가 뭘 하려는지 설명하려고 애썼죠.

"알겠어. 한번 읽어봐." 이렇게 말하는 마크는 약간 좋기도 하고 약간 싫기도 한 것처럼 보였어요.

저는 편지를 읽기 시작했어요. 그러다가 마크의 눈에 눈물이 맺히는 걸 보고 깜짝 놀랐죠. 지금까지 한 번도 보지 못한 일이었거든요. 33년 동안 친구로 지내면서 말이에요. 마크는 말문을 잃었고, 저도 마찬가지였어요. 그 순간만큼 우리 두 사람이 부각돼 서로 깊이 연결된 적은 또 없었어요.

이 사례에서 보다시피 긍정정서는 변화를 도모하는 순간을 가져다줄 수 있다. 퇴퍼(Toepfer)와 워커(Walker)(2009)는 감사 편지의 질과 표현 언어, 어조가 행복에 기여할 수 있다는 사실을 발견했다. 그뿐만 아니라 내담자는 자신과 타인의 성격강점을 파악해 스스로 가치 있는 존재라고 느끼는 것은 물론 타인의 가치도 인정할 가능성이 높아진다. 내담자는 긍정태도로 음미하기와 타인 이해하기에 대한 의식을 높인다. 앞서 소개한 내담자는 지속되는 우울증 때문에 악화됐을지도 모르는 중요한 관계를 감사 편지와 방문으로 되살리면서 긍정적인 영향을 받았다. 피츠패트릭(Fitzpatrick)과 스탈리카스(Stalikas)(2008)는 치료적 변화를 이끌어낼 수 있는 긍정정서의 중요성을 강조한다. 그와 동시에 확장이 변화에 기여할 수 있는 것과 변화를 성취할 수 있는 방법에 관한 범위를 확대해 심리치료에 체험적 가치를 더해준다고 말한다. 예컨대 PPT에서는 실습을 통해 긍정정서를 끌어낼 뿐만 아니라 내담자를 더욱 개방적으로 변화시킨다고 주장할 수 있다.

내담자가 긍정정서를 가지면 새로운 아이디어를 생각해내고, 대안적인 문제 해결책을 찾아내며, 현재의 어려움을 재해석하고, 신선한 해결책과 새로운 행동 노선을 추진해 나갈 가능성이 훨씬 더 높아진다. 긍정정서는 융통성과 포괄성을 더해 생각을 넓혀준다. 이런 확장과 더불어 내담자가 자신의 강점을 알게 되면 자신의 문제를 재구성할 수 있다. 내담자는 매주 PPT 실습을 하면서 긍정경험을 포착해 이름 붙이고 묘사하는 주의집중력과 의식을 높일 수 있다. 이런 PPT 실습은 '작은 변화의 사건'이 되고, 시간이 지나면서 이런 변화가 쌓여 더 큰 결과가 나온다.

긍정평가(부정기억 재평가하기)

PPT 2단계는 내담자가 부정기억(PPT에서 말하는 '종결되지 않은 기억')을 체계적으로 마주할 수 있게 도와준다. 먼저 내담자는 편안하고 안전한 치료적 환경에서 치료자와 치료동맹을 맺고, 자신의 강점을 탐색하며, 실용지혜 전략을 얻는다. 그러고 나서 부정경험과 사건, 상황을 현실성 있게 긍정적으로 재해석하려고 한다(왓킨스 외 다수(Watkins et al.), 2008). 여기서는 내담자가 부정기억의 부작용뿐만 아니라 보다 풍부하고 깊이 있고 섬세한 감정 및 인지 어휘 개발에 미치는 긍정적인 영향도 깨닫게 도와준다. 내담자는 또한 갇혀서 빠져나오지 못하는 부정적 분위기에서 더 중립적인 분위기로 관심을 전환하는 구체적인 전략을 배운다. 이런 기술과 더불어 자신의 강점 사용에 도움이 되는 다른 기술도 습득한다. 예컨대 긍정평가 기술은 내담자 지나(Gina)에게 큰 도움이 됐다. 지나는 폭언이 오가는 이혼을 겪었는데 그때 종결되지 않은 부정기억으로 괴로워하고 있었다.

지나는 이 실습을 하면서 감사 일기(진행 중인 실습)도 계속 썼다. 덕분에 자기 강점의 적응적 측면과 부적응적 측면을 모두 인식하는 기술이 향상됐다. 지나는 한두 가지 실습이나 기술 때문에 달라진 것이 아니었다. 그보다 자신의 강점(대표 강점 프로필)을 생각해보고, 과거를 재해석하며(긍정평가), 부정편향을 극복하기 위해 긍정마음 상태를 유지했기(정기적으로 치료에 참여) 때문이었다. 게다가 지나는 이런 과정 덕분에 역동적으로 감정적 반응을 할 수 있고, 강점 인식이 그런 역동성의 긍정적이거나 적응적인 측면을 파헤쳐보는 데 도움이 된다는 사실을 이해할 수 있었다.

기억과 연관된 감정은 그 본연의 재구성 속성 때문에 변하기 쉽다. 부정기억은 그 악영향을 줄여 다시 쓸 수 있다(레돈두 외 다수(Redondo et al.), 2014). 내담자는 긍정평가를 통해 부정경험을 긍정경험과 연관 짓는 법을 배운다.

치료 글쓰기(성격강점 파악)

긍정평가를 돕는 많은 PPT 실습에는 성찰과 글쓰기가 포함돼 있다. 여기서 글쓰기는 성찰(개인)과 중요한 경험에 대한 토론(치료자와 함께 진행)에 이어 또 다른 잠재적인 변화의 메커니즘이다. 이런 접근법은 강력한 치료 방안으로 여겨진다(프래타롤리(Frattaroli), 2006). 내담자가 부정사건(종결되지 않은 기억)과 긍정사건을 글(긍정소개, 감사 편지, 긍정유산 남기기)로 쓰면 그 사건을 이해할 수 있다. 트라우마 사건 글쓰기의 이점은 잘 정리돼 있다(펜네베이커(Pennebaker), 1997). 부정사건과 긍정사건 쓰기는 경험의 보다 깊은 측면을 들여다볼 수 있게 해준다. 이런 글쓰기 과정이 정확히 어떻게 변화를 이끌어낼까. PPT에서 글쓰기는 항상 성찰과 함께 진행된다. 이때 성찰은 내담자 혼자 하거나 회기 중 치료사의 도움을 받아서 한다.

예컨대 감사 일기 실습에서 내담자는 자신의 개인적 경험과 감정 경험을 보다 깊이 있게 체계화해 치료와 관련된 경험과 감정을 성찰해본다. 결국 이때는 글쓰기와 긍정평가가 함께 진행된다. 이 과정에서 내담자는 안전한 울타리 안, 다시 말해 (실제 또는 비유적으로) 치료자 앞에서 헝클어진 기억을 순차적으로 다소 조리 있게 구두로 풀어낼 수 있다. 지원적 치료관계는 내담자가 감정적으로 민감한 것이라서 종종 회피하고 싶은 경험을 재구성하거나 재평가하는 데 도움이 된다.

성찰과 글쓰기는 또한 내담자가 시간에 따른 관점에 초점을 맞추게 도와준다. 예컨대 긍정소개 실습은 과거의 성취 경험을 강조해 현재의 자기효능감을 높인다. 한편 더 나은 버전의 나와 긍정유산 남기기는 과거와 현재의 성취 경험과 성공, 회복력을 이용해 신중하게 효율적으로 선택한 강점을 바탕으로 의미 있는 미래를 그려보게 한다.

PPT에서 긍정정서는 내담자가 자신의 정보처리 능력을 키워 보다 개방적이고 탐구적인 글쓰기로 자기 경험을 재평가할 수 있는 가능성을 높여준다. 트라우마 경험 쓰기가 정신건강과 신체건강에 이롭다는 확실한 증거가 이미 나와 있다(프래타롤리, 2006; 커너, 피츠패트릭(Kerner & Fitzpatrick), 2007; 필립스, 롤페(Phillips & Rolfe), 2016). 최근엔 부정사건과 긍정사건 쓰기가 경험의 보다 깊은 측면을 들여다보는 데 도움이 된다는 증거가 나왔다(버튼, 킹(Burton & King), 2004; 퍼네스, 다이스빅(Furnes & Dysvik), 2013). 개인과 집단 PPT를 끝낸 내담자는 실제로 달라졌고 부정성뿐만 아니라 긍정성에 관한 성찰과 글쓰기의 치료 효과를 증명한다.

강점의 균형잡힌 사용(자원 활성화)

PPT는 심리치료의 자원-활성화 모델(플뤼키게르, 그로세 홀트포스, 2008)에 바탕을 두고 있다. 자원-활성화 모델은 내담자의 개별 강점과 능력, 준비성 등 기존의 자원을 치료하고자 하는 문제에 적용한다. 대표 강점 탐색의 PPT 활동은 감사 방문, 적극적이고 건설적인 반응 기술, 느림과 음미하기, 시간의 선물하기 같은 다른 실습의 이차적 자료와 더불어 자원을 활성화해준다. 다시 말해 강점을 개인적으로 활용할 수 있는 구체적인 활동으로 바꿔주는 것이다. 내담자는 이런 실습을 통해 추상적인 아이디어를 실제로 경험하고 더 나아가 기분도 달라진다. 본래 내담자는 마음이 괴로워 치료받으려고 한다. 그래서 내담자가 자신의 강점과 다른 팔마스 요소를 행동으로 옮기면 인지적 자원(예: 작업 기억, 주의집중, 선택, 여과)이 그런 활동에 배치된다. 결과적으로 삶의 부정적 측면에 신경 쓸 새가 없어진다. 긍정경험을 많이 할수록 자기효능감이 높아지고 내담자의 자신감이 강해진다. 강점이 자아개념을 높여주기 때문에 삶의 만족도와 연관 있다는 연구 결과가 있다(앨런, 더피(Allan & Duffy), 2014; 더글라스, 더피(Douglass & Duffty), 2015).

내담자가 자신의 개인적 기술과 대인 기술, 회복력을 탐색하고 자기 것으로 만들어 자기 능력을 명확히 하고, 개인적으로 의미 있는 목표를 추구할 때 치료자는 자원 활성화를 촉진할 수 있다. 사례를 하나 들자면 다음과 같다.

우울증에 걸린 여성 내담자 세이마(Saima)는 긍정소개를 공개하고 대표 강점 실습을 끝낸 후 이렇게 말했다. "몇 년 동안 치료받으면서 저한테 빠진 것만 들여다봤어요. 그건 마치 가짜 애착 담요를 둘둘 감고 있는 것과 같았죠. ……그냥 점점 더 깊은 수렁에 빠져들기만 했어요. ……지금은 제가 영적인 존재이자 사회성 지능을 갖춘 창의적인 사람임을 알고 있어요. 다른 사람들도 그런 제 의견에 동의하고요. 저를 감쌌던 담요, 아니 베일이 사라져 앞으로 나아갈 준비가 된 것 같아요." 이 내담자는 또한 더 나은 버전의 나 실습을 완수해 구체적인 목표를 정할 수 있었다.

내담자가 존중과 좋은 대접을 받고 있다고 느낄수록 자신의 표출된 문제를 보다 기꺼이 적극적으로 해결할 수 있다. 강점 파악은 분명히 내담자의 자기효능감과 자기신뢰에 도움이 된다.

의미와 목적 탐구하기(경험적 기술 구축)

PPT 실습은 내담자의 대표 강점을 개발해준다. 대표 강점이라는 자산은 증상적 고통에 묻혀버리기 때문에 치료받으러 온 내담자는 보통 자신의 특정한 강점을 의식하지 못한다. 지름길인 쾌락적 활동(초콜릿 먹기와 성관계, 여행, 쇼핑처럼 쾌락을 유도하는 활동)과 달리 PPT 실습은 시간적 순차를 따르는 집중적이고 의도적인 활동(처음에는 글쓰기, 이어서 감사 방문하기, 대표 강점을 활용하는 계획 세우기, 감사 일기에 매일 3가지 잘 됐던 일 쓰기, 음미하는 날 정하기, 시간의 선물하기)이다. 빠르게 익숙해지는(또는 적응되는) 쾌락적 일상 활동에 비해 PPT 실습은 보다 오래 지속되고, 많은 생각과 해석이 필요하며, 습관으로 만들기가 쉽지 않다. 예컨대 PPT의 실험석 활농이 쇼핑에 비해 더 큰 행복을 예견해준다는 증거가 있다(디트마르, 본드, 허스트, 카서(Dittmar, Bond, Hurst, & Kasser), 2014; 카서, 2002).

따라서 내담자는 치료 초기에 행복은 저절로 오는 게 아니라 노력해 만드는 것이라는 이야기를 듣는다. PPT 실습은 내담자를 바꿔놓는다. 내담자가 자신의 대표 강점을 이용하는 모든 활동을 할 수 있기 때문이다(앨런, 더피, 2014; 포레스트 외 다수, 2012). 예컨대 대표 강점이 창의성인 내담자는 창의성을 사용한 뭔가를 해보라는 이야기에 언제나 하고 싶었던 도예를 선택한다.

조절 변수가 치료 변화에 미치는 역할(개인-개입 적합성)

많은 잠재적 조절 변수가 치료 변화에 영향을 미칠 수 있다. 스티븐 슐러(Stephen Schuller)(2010)는 개인-활동 적합성에 관해 상세하게 논의했다. PPT 실습이라는 맥락에서 봤을 때 이 과정에서는 치료자가 내담자 개개인의 성격기질과 본능적 동기를 고려해 각자의 필요에 적합한 특정 실습을 목표로 삼아야 한다. 예컨대 내담자가 변하고자 하는 의욕이 있는지 고려한다. 그런 의욕이 있다면 헌신과 자기효능감 수준은 어느 정도인가. 내담자가 PPT를 도움이 되는 일반적이고 구체적인 실습으로 인식하고 있는가. 어려움에 처해도 헌신 수준이 약해지지 않을 정도로 PPT 실습을 가치 있게 여기는가. 헌신 수준이 약해질 경우 다시 시작하게 도와줄 수 있는 사회적 지원이 있는가. 특정한 연습의 시기, 순서, 통합이 최적 수준에 이를 때 전반적인 맥락적 특징은 무엇인가(류보머스키, 레이어스(Lyubomirsky & Layous), 2013; 슈엘러, 카시단, 파크스, 2014). 핵심적 치료의 진정성을 해치지 않고 개별적 치료 패키지를 만들어 독특한 개성과 문화적 특성, 맥락적 특성을 해소하기 위해 각 PPT 실습의 융통성을 어느 정도 허용하는가. 2부에서는 각 PPT 실습의 적합성과 융통성을 살펴본다.

PPT 실행 시 주의사항

긍정심리학은 내담자들의 문제를 충분히 깊게 탐색하지 않고 긍정적인 생각으로 빠르게 전환한다는 비난을 받아왔다(코인, 텐넨(Coyne & Tennen), 2010; 에렌라이히(Ehrenreich), 2009; 맥눌티, 핀챔(McNulty & Fincham), 2012). 이 장에서 여러 차례 되풀이해 언급하겠지만 PPT의 치료 목적은 부정정서를 부인하는 것도 아니며, 장밋빛 안경을 쓰고 빠르게 긍정을 찾으라고 내담자를 격려하는 것도 아니다. PPT는 자신의 온전한 긍정자원을 탐색하고 이용해 역경을 극복하라고 내담자를 부드럽게 격려하는 과학적 노력이다. 그렇지만 PPT 실행 시 염두에 두어야 하는 다음과 같은 중요한 주의사항이 있다.

1. PPT는 강점을 강조하지만 규범적이지는 않다. 그보다 기술적 접근법이라서 개개인이 경험의 긍정 측면에 집중할 때 특정한 이득이 축적된다고 암시해주는 수렴적인 과학적 증거에 바탕을 두고 있다. 시간이 지나면서 긍정과 부정이 생물학적이고 유전적인 표지자(Makers)로 측정되는 인과적 역할을 수행한다고 증명하는 특정한 증거도 나올 것이다. 예를 들어 잘하는 것(그냥 기분이 좋은 것이 아님)은 항체와 항바이러스 유전자의 보다 강력한 발현과 연관돼 있다(프레드릭슨 외 다수, 2013). 이와 비슷하게 분노와 스트레스, 피로 같은 부정정서를 드러내는 정서들은 보다 높은 심장질환 발병률과 관련 있다(아이흐스테드, 2015). 내담자가 PPT 아이디어와 실습의 과학적인 근거를 규범적 접근법으로 인식하지 않게 명확히 설명해야 한다.
2. 현재는 PPT가 극단적 공황장애와 선택적 함구증, 편집증 성격장애 치료에 효과적이라는 증거는 없다. 그렇기 때문에 이런 급성 증상을 보이는 내담자에게 PPT를 적

용하는 것은 치료적으로 현명하지 못한 일이다. 더 나아가 몇몇 내담자는 자신들의 강점이 아니라 증상을 집중적으로 치료해야 한다는 생각이 강할 수 있다. 이런 사람들은 자신의 약점이 드러나거나 명확하게 밝혀지면 치료자의 평가를 받을까 봐 두려워할지도 모른다. 또 다른 내담자는 희생자라는 자아인식에 사로잡혀 자신의 주체성을 쉽게 찾지 못하기도 한다. 하지만 성격강점 파악으로 자아도취적 특성이 부각될 수도 있다. 그러므로 특정한 상황적 맥락에서 강점을 논의하고, 미묘한 차이를 철저하게 살펴봐야 한다.

예컨대 어떤 내담자는 특정한 상황에서 친절을 베풀거나 용서를 해도 이득을 얻지 못할 수 있다. 이와 마찬가지로 진정성을 보이고 사회성 지능을 드러냈다가 갈등에 휩싸이는 내담자도 있다. 또 어떤 내담자는 복잡한 어려움을 해결할 때 정직한 태도와 공감적 태도 중 어느 쪽을 선택해야 할지 고민하기도 한다. 또 다른 내담자는 학대당한 적이 있는 데다 겸손, 친절, 용서라는 강점을 지니고 있어 PPT의 혜택을 즉시 누리지 못할 수도 있다. 이들은 상황을 보다 정확하게 현실적으로 이해하기 위해 예견력과 비판적 사고 기술을 개발해야 한다. 심각한 트라우마나 외상 후 스트레스 장애가 있는 내담자는 처음에 증상 중심 치료에 더욱 잘 반응할 수 있고, 외상 후 성장에 관한 PPT 실습을 할 수 없을지도 모른다. 요약하자면 PPT는 만병통치약이 아니다. PPT 효과가 유독 좋게 나오는 치료 문제가 있을 수 있다. 또한 PPT가 더 적절한 내담자와 특정 시간대가 있을지도 모른다. 치료자는 그런 측면을 고려해 내담자-치료 적합성을 평가하고, 그런 적합성을 지속적으로 살펴봐야 한다.

3. PPT를 사용하는 치료자는 선형적 향상을 기대해서는 안 된다. 장기적인 행동 및 감정 패턴을 바꿔주는 동기는 치료 중 달라지기 때문이다. 치료자는 모든 부정적 잔류 감정과 상처, 고통, 상실감을 다 다루었다고 생각해서는 안 된다. 내담자가 모든 것을 털어놓지 않을 수도 있기 때문이다. 몇몇 PPT 실습은 보통 부정적이고 불편한 감정을 이끌어낸다. 이런 실습의 본질은 내담자가 힘들었던 경험과 트라우마에서 아픔(잠재적 성장까지)을 찾아낼 수 있게 해주는 것이다. 내담자의 고통스러운 기억이 떠오를 때 치료자는 언제나 유념해 그런 부정정서를 시기적절하게 다루어야 한다. 긍정정서를 이끌어내려고 부정정서를 경시하거나 축소해서는 안 된다. 그랬다가는 치료관계가 심각하게 약화될 수 있다. 특히 치료자가 내담자의 역사적 트라우마와

치료 후 성장을 인식하고 있을 때는 트라우마와 상실감, 역경에 따라오는 긍정적인 기회를 너무 빨리 또는 강압적으로 언급해서는 안 된다. 그렇다고 치료관계가 깨질까 봐 두려워 내담자의 잠재적 성장을 이끌어내는 일을 주저해서도 안 된다.

4. 치료자는 PPT 실습이 다른 치료법과 마찬가지로 의도치 않게 해를 끼칠 수 있음을 알아야 한다. 예컨대 자아인식이 과장된 한 내담자가 강점을 활용하면 자기도취증이 심해질 수 있다. 강점을 균형 있게, 상황에 적절하게 사용하라고 강조하는 것도 중요하지만 부정정서의 적응적 측면도 논의해야 한다. 예컨대 뻔뻔한 인권 위반에 분노하거나 공동자원 상실(독립서점 폐쇄나 자동화로 인한 일자리 감소 등)에 슬퍼하는 내담자의 감정은 인정해줘야 한다. 진정한 부정정서는 긍정정서로 빠르게 대체해서는 안 된다.

5. 마지막으로 긍정정서와 성격강점, 의미, 관계, 성취는 문화적 맥락에서 살펴봐야 한다. 감정적인 소통방식과 대가족에 대한 상호의존 또는 시선 회피가 내담자의 문화적 관점에 따라 열정과 사랑, 존중(맥그래스(McGrath), 2015; 페드로티, 2011)을 뜻할 수도 있다. PPT의 각 회기에서는 문화적 고려사항을 요약해 보여준다(7~21장).

PPT 결과 연구

PPT의 경험적 증거가 증가하고 있다. PPT 실습은 개인적으로 입증되고 나서(셀리그만, 스틴, 파크스, 피터슨, 2005) PPT 매뉴얼(라시드, 셀리그만, 2019; 셀리그만, 라시드, 파크스, 2006)에 통합됐다. 이 매뉴얼은 그 이후 20개 연구에 사용됐다(〈표5.2 PPT 결과 연구 요약〉 참조). 이런 연구들은 국제적으로 실시됐고 다양한 인구(우울증, 불안증, 경계성 성격장애, 정신질환, 흡연 인구)를 다루었다. 이 중 대부분은 집단치료 형식으로 실시됐다. 전반적으로 PPT는 고통 증상을 크게 낮추고, 치료 후 행복의 효과 크기를 중상으로 높인다(〈표5.2 결과 측정과 효과 크기에서 변하는 전측정에서 후측정〉 참조). 무작위 통제 실험을 포함한 4가지 연구는 잘 연구된 적극적인 매뉴얼화 치료법인 변증법적 행동치료와 인지행동치료를 PPT와 직접적으로 비교했다. PPT는 특히 행복 측정에서 그 두 치료법과 동등하거나 그보다 월등하게 뛰어난 것으로 밝혀졌다(예: 카, 핀네건, 그리핀, 코터, 하이랜드(Carr, Finnegan, Griffin, Cotter, Hyland), 2017; 오초아, 카셀라스-그라우, 비베스, 폰트, 보라스(Ochoa, Casellas-Grau, Vives, Font, Borras), 2017; 슈랭크 외 다수, 2016). 〈표5.2〉의 연구 가운데 절반 이상은 캐나다와 중국, 한국, 칠레, 프랑스, 스페인, 오스트리아, 이란, 미국의 지역 표본으로 우울증과 불안증, 경계성 성격장애, 정신병, 니코틴 의존을 포함한 치료적 호소 문제를 다루었다.

PPT 결과 연구에 따르면 전반적으로 통제 점수나 치료 후 점수에 비해 우울증이 감소하고 행복이 증가했다. 인지행동치료나 변증법적 행동치료 같은 기존의 치료법과 비교했을 때 PPT는 유독 행복 측정에서 비슷한 효과를 보였다. 이들 연구는 대부분 표본 크기가 작다는 점에 유의해야 한다. 그럼에도 그런 연구들이 암시하는 바에 따르면 PPT 방법론은 이전의 결과를 명확히 하고 변화의 메커니즘을 보다 잘 이해하기 위해 한층 더 경험적인 검토를 보장한다. 이 목적을 달성하고자 PPT 결과 측정, 즉 긍정심리치료 척도(PPTI · 거니(Guney), 2011)가 개발 및 입증됐다(PPTI는 〈부록C〉에 수록돼 있다). 내담자용 워크북과 www.oup.com/ppt에서도 PPTI를 찾아볼 수 있다. PPTI는 긍정정서와 몰입, 의미, 관계를 포함한 PPT의 특정한 적극적 요소를 평가하는 데 사용한다(버티시, 라트, 애시먼, 라시드, 2014; 라시드, 하웨스, 로우덴, 2017). 게다가 긍정적인 임상심리학 자원 온라인 부록(Online Appendix of Positive Clinical Psychology Resource-www.oup.com/ppt에 나와 있음)에는 긍정적인 임상심리학과 관련된 광범위한 참고문헌과 주제별 임상논문 목록, 관련된 멀티미디어 자원(유튜브 동영상, 웹사이트, 간행물)을 포함한 추가적인 자원의 포괄적 목록이 나와 있다.

정신건강 치료적 환경에 PPT를 적용한 사례를 체계적으로 연구한 결과도 출판됐다. 12가지 연구를 바탕으로 살펴본 결과에 따르면 널리 사용되는 PPT 요소(감사 일기, 성격 강점, 감사 편지, 감사 방문)가 있는 반면 그다지 자주 사용되지 않는 요소(만족 지향, 긍정평가, 긍정관계 나무)도 있다. PPT 치료 실습과 연구가 발전하면서 종적 연구와 다중방법론 연구 디자인(경험적 표집이나 생리 및 신경지수)으로 특정 장애에 미치는 PPT 효과를 밝혀낼 수 있을지도 모른다. 이 책이 그에 도움이 되길 바란다. PPT의 치료 적용이 치료 실습 레퍼토리를 풍부하게 하고 개선해준다는 사실은 지속적인 치료 연구를 통해 알려졌다고 생각한다.

이 책에서는 치료자에게 이론과 연구 결과, 실습 사례를 제시한다. 1부에서는 PPT의 일관성 있는 이론적 틀을 제시하려고 노력했다. PPT가 왜 필요한지, 어떤 특정한 행복을 가져다주는지도 밝혔다. 거의 10년 동안 증거 기반 실습이 변치 않는 원칙으로 자리 잡아왔다. 1부에서는 수많은 치료 조건과 다양한 표본을 통해 PPT의 효과성을 살펴봤다.

1부에서 설명했던 이론적 설명이 2부에서는 구조적이고 순차적이며 융통성 있고 문화적으로 반응하는 회기로 바뀐다.

표5.2 PPT 결과 연구 요약(출판연도와 프레젠테이션 연도 또는 둘 중 하나에 따라 순서대로 표기)

저자와 출판	설명 및 표본 특성	측정 결과	핵심 결과
무작위 통제 실험			
1. 셀리그만과 라시드, 파크스, 2006, 출간	MDD(주요우울장애) 진단 내담자 개인 PPT(n=11), 12~14회기, 대학교 상담센터에서 치료받는 대학생과 대학원생 TAU(n=9) 및 TAUMED(n=12)와 비교	우울증(ZDRS와 해밀턴(Hamilton)), 전반적인 정신적 고통(OQ-45), 생활만족도(SWLS), 행복(PPTI)	사후 우울증 PPT<TAU(ZDRS와 해밀턴 d=1.12 및 1.14)와 PPT<TAUMED(ZDRS d=1.22), 전반적 정신적 고통(OQ-45 d=1.13); 사후 웰빙 PPT>TAU 및 TAUMED(d=1.26 및 1.03)
2. 셀리그만과 라시드, 파크스, 2006, 출간	경중 우울증상 내담자 집단 PPT(n=21), 6회기, 대학생 비치료 통제집단과 비교	우울증, 생활만족도(SWLS)	사후 우울증 PPT<통제집단(BDI-II d=0.48), 3, 6, 12개월 추적검사(d=각각 0.67, 0.77, 0.57)에서 주당 0.96 포인트(p<.003) 감소, 통제집단보다 변화율이 훨씬 큼(p<.05)
3. 파크스-샤이너 (Parks-schenier), 2009, 논문	6개 온라인 PPT 훈련을 마친 개인(n=52), 온라인 표본인 비치료 통제집단(n=60)과 비교	우울증(CES-D), 생활만족도(SWLS), 긍정 및 부정효과(PANAS)	사후 우울증(6개월 추적검사에서 CES-D d=0.21); 사후 PPT> 긍정 및 부정효과(3, 6개월 추적검사에서 각각 d=0.16, 0.33, 0.55)
4. 아스가리푸어 외 다수 (Asgharipoor et al.), 2012, 출간	MDD 진단 내담자의 12주 집단 PPT, 이란 병원에서 12주간 진행된 CBT와 비교	우울증(SCID와 BDI-II), 행복(OTH), 생활만족도(SWLS), 심리적 행복(SWS)	사후 행복, PPT>CBT(OTH d=1.86), 대부분의 측정에서 양쪽의 치료 결과가 다르지 않음
5. 뤼, 류 (lü and Liu), 2013, 출간	집단 PPT(n=16)(회기당 2시간씩 16주), 비치료 통제집단(n=18)과 비교, 환경적 어려움을 다룰 때 긍정효과가 미주신경 긴장도에 미치는 영향 탐구	긍정 및 부정효과(PANAS), 호흡성 동부정맥	우울증, PPT<통제집단, 6개월 추적검사(d=0.21); 긍정 및 부정효과, PPT>통제집단, 사후 개입 및 3, 6개월 추적검사(각각 d=0.16, 0.33, 0.55)
6. 라시드 외 다수, 2013, 출간	6, 7학년 학생들의 집단 PPT(n=9), 9회기, 공립중학교에서 비치료 통제집단(n=9)과 비교	사회성 기술(SSRS), 학생 만족도(SLSS), 행복(PPTI-C), 우울증(CDI)	사후 PPT>사회성 기술(SSRS-혼합-부모 버전(d=1.88)과 PPTI-C(d=0.90))
7. 라인시(Reinsch), 2014, 프레젠테이션	고용 지원 프로그램을 통해 심리치료를 받는 내담자 집단 PPT(n=9), 6회기, 비치료 통제집단과 비교(n=8)	우울증(CES-D), 행복(PPTI)	사후 우울증(CES-D d=0.84), 치료 이득이 사후 개입 한 달 동안 지속됨, 우울증세를 보이는 비치료 통제집단은 통계상 치료 비율이 45%로 크게 감소함

8. 슈랭크 외 다수, 2016, 출간	정신질환 진단을 받은 지역 성인의 집단 WELLFOCUS PPT(n=43) 완료, 11주간 TAU와 비교	웰빙(WEMWBS); 정신병적 스트레스(간편 정신평가 척도(Brief Psychiatric Rating Scale)), 우울증 척도, 행복 척도, PPTI	사후 WEMWBS(d=0.42)와 우울증(d=0.38), 긍정심리치료 척도로 측정한 웰빙(d=0.30). 치료집단에 적합하게 맞춘 이차 분석으로 증상 감소(d=0.43)와 우울증(d=0.41), SDHS 우울증 결과가 개선됨
9. 율리아셰크, 라시드, 윌리엄스, 굴라마니 (Uliaszek, Rashid, Williams, & Gulamani), 2016, 출간	변증법적 행동치료(n=27)를 대학교 보건센터에서 우울증과 경계성 성격장애 증상을 보이는 내담자와 비교하는 집단 PPT(n=27)	우울증(SCID), 정신병 증상(SCL-90), 감정 조절(DER), 고통 인내(DTS), 마음챙김(KIMS), 행복(PPTI), 생활만족도(SWLS), 작업동맹 척도(Working Alliance Inventory); PPTI PPT	PPT와 변증법적 행동치료는 사전 치료에서 사후 치료에 이르기까지 PPTI와 SWLS, 작업동맹 척도, WOCCL 부적응 부척도(maladaptive subscale)를 제외한 모든 측정에서 결과가 크게 달라짐. 각각의 평균 효과 크기는 d=0.60과 d=0.78
10. 도울라타바디 외 다수 (Dowlatabadi et al.), 2016, 출간	경중 우울증상을 보이는 불임 여성 36명을 무작위로 통제집단(n=18)과 개입집단(n=18)으로 나눔	우울증(BDI-II)과 생활만족도(SWLS)	통제집단과 비교해 개입집단은 생활만족도가 사전 검사 시 22.66에서 사후 검사 시 26.13으로 크게 증가함(p<0.001)
11. 도울라타바디 외 나수, 2016, 출간	이 무작위 통제 실험은 이란의 케르만샤에 위치한 종양센터의 유방암 환자를 각각 21명씩 묶어 PPT 집단과 통제집단으로 나눔. PPT 집단에서 5명, 통제집단에서 4명이 이 실험을 완료하지 않음	개입 전과 개입 10주 후 우울증(BDI-II)과 옥스퍼드 행복 척도에 관한 자료 수집	사후 우울증, PPT>통제(BDI-II d=1.13)와 사후 행복, PPT>통제(옥스퍼드 행복 척도 d=1.83)
12. 카 외 다수, 2017, 출간	공공 정신병원 세 곳과 MDD로 진단받은 세 집단의 참여자 82명이 CBT(n=40)나 TAU(n=42)와 통합된 세이예스투라이프(SYTL) PPT에 배정됨. TAU에는 CBT 지원 치료와 내담자-중심 치료, 정신역학, 심리치료, 통합 심리치료가 포함됨. 양쪽 치료 모두 회기당 2시간씩 20주에 걸쳐 진행	우울증: SCID; 벡의 우울 척도-II(BDI-II), 해밀턴 우울증 평가 척도(HRS-D), 몽고메리-아스버그 우울증 평가 척도(MADRS), 비용-결과 평가(cost-consequences evaluation)	양쪽 치료 완료자와 1, 2, 3시간 ITT 분석에서 2×3과 집단×시간 다변 변량 분석(MANOVA)을 사용한 BDI-II와 HRS-D, MADRS 평균 점수는 시간 효과에 큰 영향을 받음. 모든 효과 크기는 SYTL 집단에 유리했고, 소(d=0.12)에서 중(d=0.66) 사이임. 비용-결과 분석에서는 SYTL 집단의 건당 서비스 활용 총비용 평균이 TAU의 평균보다 훨씬 더 낮았음
13. 퍼칠리너, 레이라이터 (Furchtlehner & Laireiter), 2016, 프레젠테이션	PPT 집단을 우울증 진단 환자들 집단 CBT와 비교함. 회기당 2시간씩 14주간 소집단으로 실시	SCID, 우울증(BDI-II, MADS), 웰빙(PPTI), 생활만족도(SWLS), 증상(BSI)	모든 결과 측정에서 PPT가 중상 효과 크기와 우울증(d=0.82), MADS(d=0.33), PPTI(d=0.58), SWLS(d=0.85), BSI(d=0.95) 수치에서 CBT보다 훨씬 뛰어남

14. 황과 권, 홍, 2017, 출간	한국 부산시 대학생들이 개별 맞춤 조정(Individual modified)(PPTm; n=8)과 명상치료의 도움을 받는 집단 뉴로피드백(group neurofeedback)(NFB; n=8), 비치료(n=8)라는 3가지 조건에 무작위로 배정	심리적 및 사회적 웰빙을 평가하는 플로리시 척도(flourishing scale · FS)와 객관적 효과를 평가하는 긍정 및 부정경험 척도(SPANE)	PPTm과 명상치료의 도움을 받은 NFB는 비치료집단에 비해 심리적 웰빙(FS)과 긍정 및 부정경험에서 상당히 긍정적인 효과를 거두었음. 추적검사에서 NFB 명상치료의 주관적 웰빙은 평균 효과 크기가 d=1.08로 PPTm보다 크게 증가했음. 반면 PPTm의 심리적 웰빙은 평균 효과 크기가 d=1.36으로 NFB 명상치료보다 크게 증진됨
15. 오초아 외 다수, 2017, 출간	감정적 고통 수치가 높은 연속 생존 유방암 성인 여성 환자 126명이 집단 형식이나 대기통제집단으로 긍정심리치료(PPT; n=73)에 배정받음. 8~12명으로 구성된 각 집단이 회기당 90~120분씩 12회로 PPT 받음	병원 불안우울 척도(HADS), 일반인용 외상 후 스트레스 장애 점검표(PCL-C), PTG, 극한 생활사건 척도(Extreme Life Event Inventory)	PPT 집단은 고통 감소와 외상 후 증상 감소, PTG 증가를 보이면서 통제집단보다 치료 후 결과가 월등하게 좋았음. 3개월과 12개월 추적검사에서도 그 결과가 계속 유지됨

비무작위

16. 굿윈, 2010, 논문	연수 클리닉의 공동체 표본집단인 불안과 스트레스에 시달리는 개인의 관계 만족도 증진에 초점을 맞추는 집단 PPT, 10회기로 진행	불안(BAI), 스트레스(PSS), 관계 적응(DAS)	사후 PPT<불안(BAI d=1.48), 스트레스<(PSS d=1.22), 관계 만족도(DAS) 변화 없음
17. 쿠아드라-퍼랄타 외 다수(Cuadra-Peralta et al.), 2010, 출간	우울증 진단 내담자와 9회기에 걸쳐 진행되는 집단 PPT(n=8), 칠레의 지역센터에서 행동치료(n=10)와 비교	우울증(BDI-II와 CES-D), 행복(AHI)	사후 행복(AHI, PPT>행동 치료(d=0.72); PPT 집단<우울증, 사전 치료에서 사후 치료(BDI-II d=0.90, CES-D d=0.93)

무작위 통제 실험

18. 베이, 2012, 출간	프랑스의 병원에서 우울증상을 보이는 내담자의 집단 CBT(n=8) 및 약물치료와 집단 PPT(n=10) 비교	우울증(BDI-단축(shortened)), 우울증 및 불안(HADS), 행복(SHS), 정서 척도(EQ-I), 생활만족도(SWLS), 긍정 및 부정효과(PANAS)	사후 우울증, PPT<CBT(d=0.66), 행복(SHS d=0.81), 생활만족도(SWLS d=0.66), 낙관성(LOT-R d=1.62), 정서지수(EQ-I d=1.04). 대부분의 측정에서 PPT와 CBT가 약물치료 집단보다 훨씬 좋은 결과를 보였음
19. 마이어 외 다수, 2012, 출간	병원 제휴 클리닉에서 정신분열증을 보이는 내담자(n=16)에게 적합하게 맞춘 6개 훈련을 10회기에 걸쳐 실시하는 집단 PPT에 기준점, 사후 개입, 3개월 추적검사 평가를 더함	심리적 웰빙(SWS), 음미하기 믿음 척도(SBI), 희망(DHS), 회복(RAS), 증상(BSI), 사회적 기능(SFS)	사후 PPT<CBT 우울증(BDI d=0.66), 행복(SHS d=0.81), 생활만족도(SWLS d=0.66), 낙관성(LOT-R d=1.62), EQ-I(d=1.04). 대부분의 경우 PPT와 CBT가 약물치료 집단보다 결과가 훨씬 더 좋음

20. 카흘러 외 다수(Kahler et al), 2015, 출간	지역의료센터에서 금연 상담 및 니코틴 패치와 통합해 8회기에 걸쳐 진행되는 집단 PPT(n=19)	우울증(SCID, CES-D), 니코틴 의존(FTND), 긍정정서 및 부정정서 상태(PANAS)	회기 참석률과 치료 만족도가 높고, 대부분의 참여자가 PPT 훈련에서 이득을 얻음. 표본의 3분의 1(31.6%) 정도가 금연한 날부터 6개월 동안 금연 유지함

※PPT=긍정심리치료, MDD=주요 우울장애, SWLS=생활만족도 척도, TAU=평상시와 동일한 치료, TAUMED=평상시와 동일한 치료 및 약물치료, CBT=인지행동치료, MANOVA=다변 변량 분석, PTG=외상 후 성장, ZDRS=중우울 평가 척도

결과 측정

1. 벡 우울증 척도-II(Beck Depression Inventory·-II BDI-II; Beck, Steer, & Brown, 1996)

2. 벡 우울증 척도-II-단축 형태(Beck Depression Inventory-II-Short Form·BDI-SF; Chibnall & Tait,1994)

3. 벡 불안 척도(Beck Anxiety Inventory·BAI; Beck, Epstein, & Steer, 1988))

4. 간편 증상 척도(Brief Symptom Inventory·BSI; Derogatis, 1993)

5. 간편 정신병 평가 척도(Brief Psychiatric Rating Scale·BPRS; Overall & Gorham, 1962)

6. 유행병 연구 우울증 척도 센터(Center for Epidemiological Studies Depression Scale·CES-D; Radloff, 1977)

7. 아동 우울증 척도(Children Depression Inventory·CDI; Kovacs, 1992)

8. 내담자 만족 설문지(Client Satisfaction Questionnaire·CSQ-8; Larsen, Atkinson, Hargreaves, & Nguyen, 1979)

9. 정서 조절 척도 난이도(Difficulties in Emotion Regulation Scale·DERS; Gratz & Roemer, 2004)

10. 고통 인내 척도(Distress Tolerance Scale·DTS; Simons & Gaher, 2005)

11. 이원 적응 척도(Dyadic Adjustment Scale·DAS; Spanier, 1976)

12. 정서 지수 척도(Emotional Quotient Inventory·EQ-I; Dawda & Hart, 2000)

13. 파거스트롬 니코틴 의존 테스트(Fagerström Test for Nicotine Dependence·FTND; Heatherton, Kozlowski, Frecker, & Fagerström, 1991)

14. 해밀턴 우울증 평가 척도(Hamilton Rating Scale for Depression·HRSD; Hamilton, 1960)

15. 국가보건결과 척도(Health of the Nation Outcome Scale·HoNOS; Pirkins et al., 2005)

16. 병원 불안 우울 척도(Hospital Anxiety and Depression Scale·HADS; Bjelland, Dahl, Haug, & Neckelmann, 2002)

17. 통합 희망 척도(Integrated Hope Scale·IHS; Schrank et al., 2012)

19. 몽고메리 아스버그 우울 척도(Montgomery Asberg Depression Scale·MADS; Montgomery & Asberg, 1979)

20. 행복 추구 경향(Orientations to happiness·Peterson, Park, & Seligman, 2005)

21. 생활지향 검사 개정판(Life Orientation Test-Revised·LOT-R; Scheier, Carver, & Bridges, 1994)

22. 결과 설문지-45(Outcome Questionnaire-45·OQ-45; Lambert et al., 2003)

23. 긍정심리치료 척도(Positive Psychotherapy Inventory·PPTI; Rashid & Ostermann, 2009)

24. 긍정심리치료 척도-아동 버전(Positive Psychotherapy Inventory-Children Version ·PPTI-C; Rashid & Anjum, 2008)

25. 외상 후 스트레스 장애 점검표-민간인 버전(Post-Stress Disorder Checklist-Civilian Version·Costa-Requena, & Gil, 2010)

26. 외상 후 성장 척도(Post-traumatic Growth Inventory·PTGI; Tedesshi & Calhoune, 1996)

27. 회복 평가 척도(Recovery Assessment Scale·RAS; Corrigan, Salzer, Ralph, Sangster & Keck, 2004)

28. 호흡성 동부정맥(Respiratory sinus arrhythmia·RSA; Berntson et al., 1997); measures heart rate variability

29. 음미하기 믿음 척도(Savoring Beliefs Inventory·SBI; Bryant, 2003)

30. 웰빙 척도(Scales of Well-being·SWB; Ryff, 1989)

31. 단축 우울-행복 척도(Short Depression-Happiness Scale·SDHS; Joseph & Linley, 2006)

32. 사회적 기술 평가 시스템(Social Skills Rating System·SSRS; Gresham & Elliot, 1990)

33. DSM-IV 제 1축 장애의 구조화된 치료적 면담(Structured Clinical Interview for DSM-IV Axis I · SCID; First, Spitzer, Gibbon & Williams, 2007)

34. 학생 생활 만족 척도(Students' Life Satisfaction Scale · SLSS; Huebner, 1991)

35. 사회 기능 척도(Social Functioning Scale · SFS; Birchwood, Smith, Cochrane & Wetton, 1990)

36. 행동가치-청소년 척도(Values in Action-Youth · VIA-Youth; Park & Peterson, 2006)

37. 워릭-에든버러 정신건강 척도(Warwick-Edinburgh Mental Well-Being Scale · WEMWBS; Tennant et al., 2007)

38. 중(Zung) 자기평가 우울 척도(Zung Self-Rating Depression ScaleScale · ZSRS; Zung, 1965).

2부
회기별
실습

6장
회기와 실습, 치료 과정

2부의 목적은 전문적 배경이 다양한 치료자가 여러 환경에서 긍정심리치료(PPT)를 행할 수 있게 치료 기술을 습득하고 수정하며 연마하도록 돕는 것이다. 〈표6.1 긍정심리치료: 일반 회기 구조〉는 개인별 및 집단 환경별 전형적인 PPT 회기를 요약해 보여준다. 이 책의 저자들은 긍정정서, 몰입, 관계, 성취, 의미, 회복 및 회복력 지향 목표를 키워주는 치료 조건을 마련하고자 증거에서 경험까지 수집하는 모든 노력을 기울였다. 2부에 소개된 회기들은 치료자에게 온화하면서 명확한, 연속적이면서 조정 가능한, 공감적이면서 효과적인 기술과 전략을 제시한다.

긍정심리치료 오리엔테이션

치료자용 제안 대본
내담자에게 PPT를 소개할 때 사용할 수 있는 대본은 다음과 같다.

PPT는 당신의 증상에 강점으로, 약점에 미덕으로, 결함에 기술로 대응하는 치료 접근법을 통해 복잡한 상황과 경험을 균형 잡힌 방식으로 이해하는 데 도움이 된다.

인간의 두뇌는 긍정보다 부정에 보다 집중하고, 보다 강하게 반응한다. 하지만 PPT는 긍정을 키우는 법을 가르쳐준다. 인생에서 역경을 극복하려면 회복력을 키워주는 강인한 내적 자원이 필요하다. 건강이 병보다 낫듯이 통달이 스트레스보다, 협력이 갈등보다, 희망이 절망보다, 강점이 약점보다 낫다.

PPT의 긍정은 주로 셀리그만의 행복에 대한 아이디어를 바탕으로 하고 있다. 셀리그만은 행복과 웰빙을 과학적으로 측정하고 가르칠 수 있는 5개 영역으로 나누었다. (a)긍정정서, (b)몰입, (c)관계, (d)의미, (e)성취라는 5개 영역의 첫 알파벳을 따서 약칭 팔마(PERMA(셀리그만, 2012))라고 한다. 이 요소들은 완전한 것도, 독점적인 것도 아니다. 하지만 이 요소들을 성취하면 고통이 감소하고 삶의 만족도가 증가한다.

PPT 실습은 다양한 관점에서 당신의 강점을 평가하는 데 도움이 된다. '실용지혜'를 키워주는 일련의 실습도 있다. 예를 들어 위험하고 새로운 계획과 검증된 계획 중 어느 것을 택할지 결정하는 법, 공정함과 친절의 균형을 맞추는 법, 친구에게 공감해주는 동시에 객관성을 유지하는 법이 있다. 실용지혜의 목적은 어려운 상황을 보다 잘 다룰 수 있게, 다시 말해 어려움에 대처하는 많은 방법 중 현명한 방법을 선택하게 도와주는 것이다.

PPT는 맥락 내에서 강점에 대해 가르친다. 실제로 몇몇 상황에서는 슬픔과 불안 같은 부정이 긍정보다 적응성이 뛰어날 수 있다. 특히 생존이 걸려 있을 때는 더더욱 그렇다. 이와 마찬가지로 더 큰 선을 행하기 위해 저항의 표현으로 표출하는 분노는 순종보다 적응성이 훨씬 뛰어나다. 지금부터 당신의 고통과 아픔을 이해하려 노력하고, 그런 고통에서 의미를 찾을 수 있는지 살펴보겠다.

표6.1 긍정심리치료: 일반 회기 구조

핵심 개념	치료자가 쉽게 읽고 바꿔 쓸 수 있는 쉬운 말로 설명한 증거-기반 핵심 개념
이완 실습	이완 실습으로 각 회기 시작. 이완 실습 시간은 보통 3~5분
감사 일기	• 이완 실습 이후 지난주 감사 일기에 기록한 좋은 사건이나 경험 이야기하기 • 치료자가 내담자의 강점 활용 사례 유도하기 • 내담자가 크거나 작은 긍정정서 경험을 이야기하고, 그런 긍정정서가 어떻게 생겨났는지 생각해보기 • 치료자가 언론매체에 소개된 최근의 긍정사건을 내담자에게 이야기해주기
검토	치료자와 내담자가 이전 회기의 핵심 개념과 실습 검토하기. 이전 회기에 논의하고 실습한 개념과 관련된 내담자의 경험과 반응, 성찰을 이야기해보라고 격려하기
회기 중 실습	내담자가 가정에서도 지속적으로 하길 바라며 회기 사이에도 지속되는 회기 중 실습을 각 회기별로 최소 하나씩 하기
성찰과 토의	내담자가 회기 중 실습을 성찰하고 논의할 수 있게 도와주는 질문하기
사례	이 책 저자들의 치료 실습 중 최소 한 가지 사례를 제시하기. 내담자의 비밀성을 보호하기 위해 개인 정보는 모두 수정하기
적합성과 융통성	PPT 실습이 모든 치료적 요구에 효과가 있는 것은 아니므로 융통성 발휘하기

문화적 고려사항	각 회기마다 문화적 고려사항 반영하기
유지	내담자가 각 실습의 이점을 유지하기 위해 사용할 수 있는 특정한 전략 제시하기
자원	추가 자료와 웹사이트, 동영상 같은 자원 목록 제시하기
이완	회기 시작 시와 마찬가지로 회기 종료 시에도 간단한 이완 실습하기

이 대본을 보여주고 나서 내담자와 함께 〈표5.1 긍정심리치료: 회기별 묘사〉를 살펴본다. 이렇게 PPT를 개괄적으로 제시하면 회기 중 드러나는 내담자의 혼란이나 호소 문제를 사전에 파악해 다룰 수 있다. 예컨대 내담자가 혼란스러워하거나 확신이 없을 수도 있다. "긍정심리치료로 나의 장기적인 심리 문제를 해결할 수 있을지 모르겠어요" "모두 좋은 이야기처럼 들리지만 특정한 내 증상을 어디서 어떻게 다룰 건가요?"처럼 내담자가 최상의 마음 상태를 유지하지 못하거나 PPT 치료법에 익숙하지 않을 경우 명확한 설명을 들어야 PPT 혜택을 제대로 누릴 수 있다.

치료자용 제안 대본

PPT는 세 단계로 나눌 수 있다.

- 1단계는 다양한 관점에서 강점을 탐색해 균형 잡힌 이야기를 만들도록 도와주는 데 집중한다. 자신의 대표 강점을 이용해 의미 있는 목표를 설정하게 된다.
- 2단계는 긍정정서를 키우고 부정기억과 부정경험, 부정감정을 다루도록 돕는 데 집중한다. 이런 부정에 사로잡히면 갇혀서 앞으로 나아가지 못한다.
- 3단계는 긍정관계를 탐색하고 그런 관계를 키워주는 과정을 강화하는 데 집중한다. 이 마지막 PPT 단계는 또한 삶의 의미와 목적을 찾게 해준다.

치료 과정

여기서는 PPT 맥락에서 심리치료의 보다 세밀한 측면을 살펴보겠다. 예컨대 기본 원칙 확립과 치료 과정 조성, 치료동맹, 몰입, 동기, 변화 과정, 내재적 동기, 재발 방지, 피드백, 결과, 치료자와 내담자 효과, 변화 과정 같은 것이 있다.

기본 규칙 확립

PPT 진행 중 지켜야 하는 몇 가지 기본 규칙을 정해놓는 것이 중요하다. 치료자와 내담자는 치료 시작 시점에 기본 규칙에 대해 이야기하고, 지속적으로 갱신해야 한다. 하지만 내담자가 계속 머뭇거리고, 소극적으로 굴며, 배운 기술을 바꾸려고 하거나 아예 배우려고 하지 않을 수도 있다. 이때는 그런 내담자를 인정하고 공감해준 다음에 주저하는 이유를 물어본다. 치료 과정을 관리하는 것은 궁극적으로 치료자가 전문적으로 책임져야 할 일이다. 내담자가 여러 이유로 치료의 의도된 목표에서 크게 벗어날 때도 치료자가 조심스럽게 치료를 종결하거나 내담자를 적절한 곳으로 위탁해야 한다.

비밀성

내담자와 치료자의 역할과 책임에 대해 이야기한다. 치료자의 실습 관할권에 따라 정보의 비밀을 지키겠다고 내담자를 안심시킨다. 내담자가 서로의 민감한 정보를 공유하는 집단 환경에서는 구체적이고 세세한 이야기와 경험을 그 해당 집단 내에서 비밀로 유지해야 한다고 설명한다. 하지만 내담자가 회기 중 얻은 교훈은 그 집단 바깥에서 공유할 수 있다.

이완

간단한(3~5분) 이완 실습으로 회기를 시작한다. 이 책 마지막과 내담자 워크북, www.oup.com/PP에 나오는 〈부록A: 마음챙김과 이완 실습〉을 참고하길 바란다. 집단 환경에서는 각 PPT 회기 직전에 악기 연주를 할 수 있다. 그러면 마음을 달래주는 부드러운 치료적 환경이 마련돼 내담자가 해결해야 하는 문제를 좀 더 깊이 파고들 수 있다.

치료관계

다른 치료와 마찬가지로 진정으로 따뜻하고 신뢰할 수 있는 협력관계 확립과 유지는 PPT에서도 내담자에게 동기 부여를 해주고, 바람직한 치료 변화를 이끌어내는 데 결정적인 요소다. 따라서 치료관계에 균열이 생기지 않았는지 자주 확인해야 한다. 균열의 징조는 내담자와의 의견 차이, 치료 과제 참여 부족, 치료 과정 이해 부족, 진전 중단, 내담자와 치료자의 소통 단절이다.

내재적 동기

어떤 내담자는 노력의 결과를 즉각 얻지 못하면 동기를 잃어버린다. 또 다른 내담자는 실습을 성공적으로 완수할 수 있다는 자신감이 부족하다. 실습의 성공적 완수에 필요한 사회적 지지가 부족한 경우도 있다(라이언, 린치, 반스티키스테, 데시(Ryan, Lynch, Vansteeekiste, & Deci), 2011). 이 모든 조건이 내담자의 동기를 약화시킬 수 있다. 라이언과 그의 동료들은 대부분의 사람에게는 상담을 받으려는 내재적 동기가 없다고 주장한다. 대부분은 상담을 재미있는 오락 활동이라고 생각하지 않는다. 치료가 경력 향상과 보다 만족스러운 관계, 또는 한층 더 건강한 생활 등 가치 있는 결과를 향해 나아가는 길이라고 인식한다면 상담을 가치 있게 여길 가능성이 훨씬 크다. 따라서 각 내담자가 가장 절실하게 바라는 특정한 결과를 검토하는 게 중요하다. 그런 결과와 내담자의 보다 깊이 있는 가치를 연결 지으면 내담자가 필수적인 변화를 이뤄내려는 동기를 유지할 수 있다.

적극적 몰입

PPT는 적극적 치료다. 안정된 치료관계만 형성되면 충분하다는 주의가 아니다. 문제들만 세세하게 논의하면 내담자의 바람직하지 못한 행동을 바꾸지 못할 가능성이 크다. 내담자가 PPT 기술을 일상생활에 적용하면서 치료자와 적극적으로 협력할 때 최적의 결과를 도출해낼 수 있는 치료법이 바로 PPT다. 따라서 PPT 실습에서 내담자의 몰입은 회기 중과 회기 후 효과적인 치료 결과를 이끌어내는 결정적 요소다.

희망 부여

희망 부여는 인간의 변화 과정에서 중요한 측면이다. 다양한 이론적 지향에서 희망은 치료의 통합적인 틀이 되고 있다. 사실상 셀리그만(2002b)은 희망 부여가 깊이 있고 주된 치료 전략이라고 단정한다. 이런 전략은 종종 '비특이성(nonspecifics)'이라는 비판적이고 부정확한 명칭으로 불린다. 희망이 3~4회기 심리치료 초기 단계에서 변화를 이끌어내는 데 중심적 역할을 한다는 증거가 있다(한나(Hanna), 2002; 슈랭크, 스탱헬리니, 슬레이드(Schrank, Stanghellini, & Slade), 2008). 치료 초기 단계에 희망을 부여하면 더 나은 미래를 설계할 수 있다는 믿음을 키워줄 수 있다(프랭크, 프랭크(Frank & Frank), 1991). 벡과 그의 동료들은 치료자란 '희망 공급업자'(뉴먼, 레이히, 벡, 레일리-해링턴, 기울라이(Newman, Leahy, Beck, Reilly-Harrington, & Gyulai), 2002, 86쪽)라고 묘사했다. 또한 종종 절망에 사로잡힌 상태에서 치료받는 내담자에게 구체적으로 희망을 심어주는 치료 기법과 기술을 옹호했다. 희망 부여의 중요성을 강조하면서도 심리치료자의 희망 증진 방법을 연구한 경험적 연구는 거의 없다(라슨, 이데이, 르메이(Larsen, Edey, & LeMay), 2007). 라슨과 스테게(Stege)(2010)는 희망을 구체적인 치료 실습으로 바꾸는 데 주력한 사례 연구에서 심리치료 시 희망을 직접적인 말로 전하는 것이 아니라 넌지시 비치는 방법을 추천했다. 이 두 사람은 개인적 강점과 최근의 변화, 사회적 지지 같은 내담자 자원을 강조하라고 한다. 이때 내담자는 자신의 강점이나 변화에 관한 개인적인 이야기를 생각해보라고 지시받을 수 있다.

PPT는 처음부터 내담자에게 자신의 강점에 관한 이야기를 하라고 부추긴다. 긍정소개라는 초창기 실습이 바로 내담자가 최상의 나의 모습을 끌어내는 이야기를 생각해 쓰고 이야기하는 것이다. 이와 마찬가지로 강점 평가를 하면 여러 상황에서 내담자의 강점을 부각시켜주는 생활 경험을 돌이켜보게 된다. 더 나아가 *감사 일기, 감사 편지, 용서에 이르는 길, 용서 편지, 표현적 글쓰기, 긍정유산 남기기* 같은 실습은 강점과 변화에 관한 이야기를 끌어낸다. 그러므로 PPT는 처음부터 적극적으로 희망을 부여하고 치료 과정 내내 희망의 원천을 유지시켜주는 치료 접근법이라고 개념화할 수 있다.

동시 치료

내담자가 치료 요소와 상호보완적이거나 대체적 약물(허브, 동종치료, 기치료 등) 둘 또는 둘 중 한 가지를 포함하는 다른 관련 과정에 참여하고 있는지, 생활방식에 대한 어떤 특정한 지침이나 기대를 옹호하는지를 논의한다. 그런 과정들이 PPT 실습과 상호보완적인지 또는 경쟁적인지에 대해서도 알아본다.

변화 과정

어떤 내담자는 중요한 사람한테 소개받았다든지, 위탁치료라든지 하는 외적인 이유로 동기를 얻을 수 있다. 이런 내담자는 빠르고 쉬운 치료 해결책을 기대할 수 있다. 한편 급성 스트레스 때문에 PPT에 진심으로 관심을 갖는 내담자도 있다. 하지만 PPT가 내담자의 능동적 참여를 요구하는 적극적인 치료법이라는 사실을 알고 나면 자신의 장기적인 부적응 행동 패턴을 바꾸기 어렵다고 생각할 수 있다. 내담자가 자신의 만성 패턴을 인지했다면 내담자에게 공감하고 나서 변할 수 있고 장기적 행동을 바꿀 가치가 있다고 분명하게 전달하는 것이 중요하다. 시간이 걸리더라도 내담자가 변화를 구체적이고 현실적이며 낙관적인 방식으로 개념화할 수 있게 도와준다.

융통성

이 책에서 설명하는 PPT 실습은 효과적인 실행을 돕는 구체적 사용법이 적용돼 있다. 하지만 내담자 동기가 약해지면 숙련된 치료자가 내담자의 흥미를 되살리고 내담자의 욕구를 충족시켜줄 수 있게 실습을 수정할 수 있다. 각 회기별 '적합성과 융통성' 단락을 유의해 살펴보길 바란다. 이 단락 내용에 따르면 내담자의 동기를 유지하기 위해 융통성을 발휘할 수 있다.

접근성과 포용성, 유효성

모든 PPT 실습이 모든 내담자의 욕구를 완전히 충족시켜줄 수 있는 것은 아니다. 처리하지 못한 욕구는 치료를 약화시킬 수 있다. 그러므로 치료 규약을 한 가지 이상 알고 경험해야 내담자에게 추가적인 선택권을 제시할 수 있다. 이런 선택권은 특수한 치료 조건에 맞게 반드시 수정해야 할 수도 있다. 그래야 보다 포괄적이고 효과적이며 접근하기 쉬운 치료가 될 수 있다.

피드백

양육과 멘토링, 교육, 관리, 협상과 달리 심리치료는 본질적으로 친밀한 대인 과정이라서 내담자의 적극적인 참여가 있을 때만 효과적이다. 그러므로 치료자가 내담자를 토의에 참여시키는 게 중요하다. 그뿐만 아니라 내담자의 솔직한 피드백을 자주 끌어내 내담자가 PPT 원리를 이해하고 있는지 확인해야 한다. 치료 진행 중 내담자에게 PPT를 어떻게 생각하는지 자주 물어 적극적으로 피드백을 이끌어낸다. 무엇이 효과가 있고, 무엇이 효과가 없는지에 관해 내담자와 토의한다. 뭔가가 효과가 있었다면 그것은 어떻게 진행됐고 뭐가 달라졌는가. PPT는 긍정과 부정의 섬세한 균형을 맞추려고 애쓴다.

그러므로 치료자는 내담자가 회기별 작업과 기술 실습을 어떻게 인지하고 있는지를 알아내거나 내담자에게 솔직하게 물어봐야 한다. 내담자가 기술 획득을 감당할 수 있는 이로운 것으로 인지하고 있는가. 어떤 내담자는 심리적 스트레스로 특정한 주제나 실습의 핵심 개념을 제대로 인식하지 못할 수도 있다. 따라서 내담자가 기술을 획득할 때 적절하게 지지해주고 융통성을 발휘해야 한다. 내담자의 지속적인 피드백을 적극적으로 끌어내면 치료가 효과적인지, 내담자의 상태가 나아지는지, 아니면 나빠지는지, 그런 상호작용으로 치료에 반드시 필요한 변화의 기회가 제공되는지를 평가하기가 쉬워진다(램버트, 한센, 핀치, 2001).

치료 결과 주시

PPT 실시 내내 신뢰할 수 있는 결과 측정도구의 도움을 받아 내담자의 상태 악화 가능성을 주시하는 게 중요하다. 이 책 초반부에 이미 언급했듯이 내담자의 약 30~40%는 심리치료의 이점을 깨닫지 못한다. 게다가 5~10%를 차지하는 소수의 내담자는 실제로 치료 중 상태가 악화된다(램버트, 2007). 자신감 있게 PPT를 시작하되 PPT가 항상 모든 사람에게 효과가 있는 게 아니라는 사실을 명심해야 한다. 치료자 자신의 치료적 판단에 정기적으로 실시하는 신뢰성 있는 타당한 결과 측정을 참조하면 내담자의 진척 상태(또는 진척 부족)를 확인하고, 적시에 치료적 의사결정을 개선할 수 있다. 피드백을 통해 내담자의 비몰입과 비개선 상태 또는 상태 악화를 감지하면 내담자의 동기를 평가하고, 회기 중 내담자와 함께 비몰입 문제를 다룬다. 치료를 중단한 내담자한테서 피드백을 받으면 의료 전달의 미묘한 차이를 명확하게 파악해 개선하는 데 큰 도움이 된다. 치료자는 치료 도중 자신의 몰입을 측정하고 조정하기 위해 동료들과 상담하는 게 좋다.

재발 방지

내담자가 어떤 치료를 받든 증상이 재발하거나 예전 상태로 돌아갈 수 있다. 재발 이유는 동기 감소를 비롯해 다양하다. 재발은 중대한 사건이다. 내담자 취약성을 초래할 수 있는 신호와 조건(기념일, 특정한 장소나 사람들 등)을 확실하게 논의해야 한다. 보통 내담자의 상태는 부정정서와 부정경험 때문에 약해져 재발한다. 그러므로 회기 중 PPT 실습(감사 일기, 느림과 음미하기, 창의적 활동, 대표 강점 활용하기 등)을 해 긍정정서를 만들어낸다. 긍정정서가 사고를 넓혀준다는 연구 결과(프레드릭슨, 2009)가 있다. 내담자는 긍정정서를 경험할 때 치료받으려는 동기를 다시 찾을 가능성이 훨씬 크다. 기쁨과 쾌활함, 흥미, 호기심은 지루함과 냉소 같은 초창기의 부정적 태도보다 더 정확한 정보를 끌어낼 수 있다(프레드릭슨, 로사다(Fredrickson & Losada), 2005). 긍정정서는 또한 내담자의 동기 유지에 중대한 역할을 할 수도 있다. PPT 실습의 목적은 긍정정서를 끌어내는 것이다. 내담자가 그런 실습에 참여할 경우 치료자는 회기 중과 회기 후 긍정정서 경험이 내담자의 내재적 치료 동기를 어떻게 이끌어낼 수 있는지에 대해 진지하게 토의한다.

진척

5장에서도 언급했듯이 선형적 개선을 기대해서는 안 된다. 장기적 행동 패턴과 정서 패턴을 바꾸려는 동기가 치료 도중 변하기 때문이다. 내담자의 변화 준비성도 달라진다. 그러므로 그런 변화에 긍정적으로 대응하고, 언제든지 치료 목적을 수정할 자세를 갖추는 것이 중요하다. 스트레스 요인, 희망하는 변화와 관련된 구체적인 목표를 확실하게 정하면 내담자 결과가 좋아진다.

치료 기반

내담자 동기는 환경 변화에 따라 달라진다. 그런 변화의 타당한 이유를 내담자와 함께 찾아볼 수 있고, 필요하다면 동료와도 상의할 수 있다. PPT의 증거-기반 이론을 잘 알아두는 게 중요하다. 이 책에서 소개한 구조화된 실습이 순조롭게 적용되지 않는 특이한 상황도 틀림없이 발생한다. PPT 이론에 관한 확고한 지식이 있으면 상황에 적합하게 PPT 실습을 수정할 수 있다. 하지만 PPT 실습은 희망하는 결과를 성취하는 다양한 방법을 제공하면서 내담자와 협력해 수정하는 게 좋다.

2부의 나머지 부분에서는 핵심 개념과 일치하는 15회기와 실습, 성찰과 토의, 사례, 적합성과 융통성, 문화적 고려사항, 유지, 자원을 제시한다. 이 모든 것이 PPT의 핵심이다.

7장
1회기: 긍정소개와 감사 일기

1회기에서는 내담자를 치료적 환경에 적응시키고, 내담자와 치료자의 역할과 책임을 분명히 한다. 또한 긍정경험을 일기로 기록하고 감사가 행복에 미치는 영향을 인식해 감사를 키워주는 실습을 시작하는 법을 알려준다. 이 회기에서 다루는 2가지 긍정심리치료(PPT) 실습은 긍정소개와 감사 일기다.

1회기 요약

핵심 개념(1편)

회기 중 실습: 긍정소개

성찰과 토의

사례

적합성과 융통성

문화적 고려사항

유지

핵심 개념(2편)

회기 중 실습: 감사 일기

성찰과 토의

사례

적합성과 융통성

문화적 고려사항

유지

자원

핵심 개념(1편)

심리치료는 다른 어떤 사회적 상호작용으로도 얻지 못하는 방식으로 자기 인생 이야기를 남과 나눌 수 있는 많지 않은 시간 중 하나다(아들러, 매캐덤스(Adler & McAdams), 2007). 이런 심리치료의 상호작용을 과거의 아픔과 모욕감, 상처를 회상하는 데 다 써버리면 어떻게 될까. 완고한 사고와 불안정한 정서 또는 관계 때문에 의식하지 못하는 자아의 일부분을 통합할 기회가 사라진다. 의미 있는 경험을 의식적으로 떠올려 이야기(시작과 중간, 끝이 있는 이야기)로 짜내고 기록해 다른 사람과 나눠 본다. 그러면 개인적 강점을 끌어낼 수 있는 자아의 중요한 일부분을 재구성하고 재평가하며 재정리할 수 있다. PPT 시작 시 완료하는 긍정소개 실습은 보다 건전하고 회복력이 뛰어난 자아개념을 구축하거나 회복시켜주는 촉매가 될 수 있다. 또한 내담자와 치료자가 그런 경험을 내담자 성격의 일부분으로 볼 수 있게 해준다.

긍정소개는 내담자의 아주 좋게 종결된 의미심장한 사건이나 경험을 끌어낸다. 긍정기억 회상은 감정 조절에서 중요한 역할을 수행한다. 성찰과 글쓰기, 공유, 개인적 전성기 재구성은 특히 치료 과정 초기 단계에서 긍정정서를 끌어내는 잠재력을 지니고 있다 (주르먼, 시머, 고틀립(Joormann, Siemer, & Gotlib), 2007). 치료 과정 초기에 긍정정서를 배양하면 내담자가 새로운 아이디어와 관점을 고려할 뿐만 아니라 장기적 자원을 구축할 수 있고, 결과적으로 치료 변화가 확실하게 일어난다(피츠패트릭, 스탈리카스(Fitzpatrik & Stalikas), 2008).

내담자는 보통 심리치료를 받기 시작할 때 이런 질문을 던진다. "왜 내가 실패했는가? 왜 다른 사람들이 나를 부당하게 대우하는가? 내 목표를 성취할 수 있을까?" 내담자가 글쓰기(종이에 쓰든, 노트북이나 다른 전자기기에 쓰든 상관없음)를 하면 자신의 과거 효능감(과거에 성공적으로 처리한 일)을 의식하고, 과거의 그 사건 이후로 겪었던 미묘하거나 크나큰 모든 변화를 현 상태와 비교할 수 있다. 행복하고 성숙한 사람들은 자기 인생 이야기에서 개인적 극복과 성장의 순간을 강조하려고 한다(매캐덤스, 2008). 긍정소개는 내담자가 자신의 이야기를 현재에서 미래로 재편집하고, 보다 긍정적이고 성공적인 경험을 창조할 수 있게 이끌어주는 이정표가 될 수 있다.

회기 시작 시 이완

각 회기는 간단한 이완 운동으로 시작한다. 이 책 마지막에 수록된 〈부록A: 마음챙김과 이완 실습〉을 참조하길 바란다. 이 부록의 복사본은 내담자 워크북에도 나와 있다.

회기 중 실습: 긍정소개

이 실습에서 내담자는 실생활 이야기로 자신을 소개한다. 치료자가 사례를 들어 내담자의 참여를 격려할 수 있다. 여기서는 이 책 저자의 실제 이야기를 사례로 제시하겠다. 이 회기 마지막의 '참고문헌' 단락에서는 몇몇 동영상 목록도 소개한다. 이런 사례들은 내담자가 자신의 이야기를 풀어낼 수 있게 도와준다. 먼저 다음의 초안을 내담자에게 제시한다.

치료자용 제안 대본

다음의 대본은 내담자에게 긍정소개 실습을 소개할 때 사용할 수 있다.

모두 자리에 앉아주세요. 등은 의자 등받이에 기대고, 발은 바닥에 내려놓고, 양손은 허벅지에 올리세요. 숨을 깊게 세 번 들이마시고 내쉬세요. 힘든 상황을 긍정적으로 헤쳐 나갔던 때나 상황을 떠올려보세요. 인생을 바꿔놓았던 아주 큰 사건만을 떠올릴 필요는 없습니다. 최상의 나를 불러냈던 작은 사건도 괜찮습니다. 이제 눈을 뜨고 워크시트 1.1: 긍정소개를 이용해 그 상황을 글로 작성해보세요. 시작과 중간, 긍정적인 결말이 분명하게 드러나는 형태로 이야기를 작성하세요.

내담자에게 회상하는 시간을 3~4분 정도 준다. 그리고 나서 눈을 뜨고 워크시트1.1: 긍정소개를 이용해 특정 사건이든 뭐든 마음속에 떠오르는 것을 글로 써보라고 한다. 이런 워크시트는 각 회기마다 수록돼 있고(a), 내담자 워크북에도 나와 있다(b). 내담자가 거리낌 없이 자유롭게 글을 쓰도록 격려하고, 세세한 이야기를 모두 쓸 필요는 없다는 사실을 명확하게 알려준다. 내담자가 무슨 이야기를 쓰든 그것은 내담자 자신만 볼 수 있다. 뭔가를 쓴다는 행위 자체가 때로는 자신을 정의하기도 하는 경험을 이해하는 데 도움이 될 수 있다. 개인 회기로 PPT를 진행한다면 내담자의 이야기나 그 이야기를 창작하는 과정을 말해달라고 한다. 개인 환경 PPT를 진행할 때는 치료자에게 내담자가 자신의 이야기를 털어놓는다. 집단 환경에서는 내담자에게 자신의 이야기나 이야기 창작 과정을 집단 내 편안한 사람에게 털어놓으라고 한다. 그 이야기를 들어주는 사람은 경청해야 하고, 그 이야기 작성자의 허락을 받은 경우에만 그 이야기를 더 큰 집단에 전달할 수 있다. 이렇게 이야기를 공유할지 말지는 선택사항이지만 한 집단에서 처음으로 이야기를 털어놓은 사람은 집단 내에서 이야기 공유를 증진시키려고 한다.

워크시트1.1: 긍정소개

힘든 상황을 회복력을 통해 긍정적으로 헤쳐 나갔던 때를 생각해본다. 인생을 바꿔놓은 크나큰 사건만을 떠올릴 필요는 없다. 최상의 나의 모습을 불러냈던 작은 사건도 괜찮다. 그 상황을 글로 써본다. 시작과 중간, 긍정적인 결말이 분명한 형식으로 작성한다. 공간이 더 필요하다면 다른 종이에 이어서 써도 좋다.

_____

_____

_____

_____

_____

_____

_____

_____

_____

성찰과 토의

다음의 질문을 생각해보고 그 답을 써보라고 한다.

- 어떤 이야기는 당신 자신을 인식하는 방식의 일부가 된다. 그 이야기가 당신의 자아 개념에 어떤 영향을 끼쳤나?
- 그 상황을 다루는 데 도움이 된 것은 무엇인가? 다음과 같은 세부사항을 기록해본다.
 - 끈기와 낙관성 또는 신념을 비롯한 개인적 속성
 - 친한 친구들과 가족 또는 전문적 관계에서 얻는 지지와 같은 환경적 속성
- 당신의 인생에서 중요한 사람들이 당신의 회상 이야기를 당신과 똑같은 기분이나 방식으로 의식하는가?

이런 성찰과 글쓰기가 끝난 후 토의를 진행한다.

사례: 넌 뭘 잘하니?

다음의 긍정소개는 이 책의 저자가 쓴 것으로, 인간에 관한 저자의 방향성을 바꿔놓고, 저자에게 치료에 관한 의문을 재구성해야 한다는 확신을 심어준 실제 사례다. 이 저자는 보통 이런 이야기를 내담자에게는 들려주지 않는다. 하지만 치료자는 이를 통해 자신의 의문을 재구성해 이득을 볼 수 있다.

몇 년 전, 뉴욕 브루클린에 있을 때였다. 날이 어두워지고 단풍잎이 떨어지는 것을 보며 나는 요가 수업을 들은 후 활기차게 자동차 쪽으로 걸어가고 있었다. 그때 갑자기 차가운 금속이 부드럽게 허리에 닿는 것 같아 멈춰 섰다. 뒤를 돌아보자 10대 아이가 들고 있는 권총이 보였다. 공범으로 보이는 다른 10대 아이 한 명이 나를 조용히 내 자동차로 끌고 가더니 열쇠를 달라고 했다. 나는 그 아이들의 지시에 따라 자동차 뒷좌석에 앉았다. 한 명은 바짝 경계하면서 내 등에 총구를 들이대고 있었고, 다른 한 명은 운전대에 앉아 거칠게 차를 몰았다. 두 번이나 빨간 신호등을 무시하고 달렸다. 선종 수련을 하는 것처럼 차분했던 내 몸과 마음이 완전히 공황 상태에 사로

잡히면서 손바닥에 땀이 나고 심장이 쿵쾅거렸다. 비극적인 내 운명만 머릿속에서 맴돌았다. 파키스탄 라호르의 먼지 나는 위험한 거리에서 임상심리학 학위를 따겠다던 내 꿈이 브루클린 거리에서 경찰차의 추격을 받으면서 사라질 것만 같았다.

아이들이 지갑을 달라고 했을 때는 즉각 줘버렸다. 체크카드를 보자 아이들의 눈이 반짝거렸다. 돈을 손에 넣을 수 있다는 흥분감에 휩싸여서인지 자동차 속도가 더 빨라졌고, 또다시 빨간 신호등을 무시하고 달렸다. 나는 공황 상태에서 초공황 상태로 빠져들었다. 완전히 무기력해져 체념하고는 깊고 길게 우짜이(ujjayi) 호흡을 했다. 우짜이 호흡은 요가에서 마음을 가라앉히는 기법이다. 우짜이 호흡을 하자 몸보다 마음이 더 빨리 반응한 건지 내 안의 치료자 본능이 깨어났다. 덕분에 나는 더 듬거리면서 이렇게 말했다. "내 신형 자동차와 체크카드는 이미 너희에게 내줬고, ATM(현금입출금기)에서 현금도 순순히 인출해줄 거야. 그런데 왜 이렇게 서두르는 거지? 계속 신호를 위반하면 곧 경찰에 잡힐 거야." 우리가 달리고 있는 브루클린의 이 지역은 특히 해 질 무렵 경찰이 정기적으로 순찰하는 곳이었다. 그러자 한 명이 즉각 이렇게 소리쳤다. "입 닥쳐! 다시는 해 뜨는 거 못 보는 꼴 되기 싫으면." 지금은 치료자 기술을 발휘할 때가 아니다 싶었다. 치료도 때로는 해로운 결과를 낳기도 하니까.

그런데 놀랍게도 자동차 속도가 느려졌고 심지어 빨간 신호등에 멈춰 서기도 했다. 이제 아이들은 눈에 불을 켜고 ATM을 찾기 시작했지만 나를 안전하게 데리고 들어갈 수 있는 ATM은 하나도 찾지 못했다. 나는 다시 한 번 우짜이 호흡을 해 마음을 가라앉히고 내 안의 치료자 본능을 또다시 깨웠다. 그러고는 대부분의 치료자처럼 질문을 던졌다. 실은 끔찍한 생각에서 벗어나고 싶은 마음이 더 커서 잡담을 시작했다.

나는 정중하게 이렇게 물었다. "너희는 무슨 일을 하니? 이 일(자동차 훔치기) 말고 말이야."

"그게 왜 알고 싶은데?" 운전하던 10대가 대답했다.

"그냥 궁금해." 내가 대답했다.

"크루클린(브루클린을 뜻하는 말)의 이 지역이 우리 구역이야……. 여기서 우리를 엿먹이려는 놈들은 처리해버리지……. 그러니까 우릴 속일 생각하지 마. 다시는 해 뜨는 거 못 보게 해줄 테니까."

나는 단지 라포를 형성하려고 애쓴 것뿐이었다. 물론 총으로 위협받는 상황에서 라포 형성하기는 대부분의 대학 수준 임상심리 프로그램에서 가르치는 게 아니다. 하여튼 10대 아이의 거친 대답에 나는 입을 다물 수밖에 없었다. 대부분의 치료자가 오랫동안 조용히 있지 않을까 하는 의문이 생겼다. 나는 치료자 본능에 따라 행동하고 싶은 충동을 도저히 억누를 수 없어 난데없이 이렇게 질문했다. "너희는 뭘 잘하니?" 처음에 나왔던 몇몇 대답은 여기에 쓸 가치도 없는 것들이었다. 그 대답이 뭐였는지는 여러분의 상상에 맡기겠다. 하지만 그 아이들의 거친 일상적 말투가 내 안의 고집스러운 치료자 본능에 거슬리지는 않았다. 그래서 나는 계속 부드럽게 질문을 던졌다. "너희들 구역은 잘 관리하는 것 같은데 또 뭘 잘해?"

그러자 아이들 얼굴에 혼란스러우면서도 약간 즐거운 기색이 어렸다. 마치 '우리가 지금 뭐 하고 있는 거지?' 하고 의아해하는 것 같았다. 한참 후 내 옆자리에 앉은 10대 아이가 멋쩍은 미소를 지으며 총구로 내 배를 좀 더 세게 찔렀다. 나는 좀 더 깊이 숨을 들이마시고 질문을 바꿨다. "뭔가 잘하는 게 분명히 있을 거야." 농담이 좀 더 오갈 거라고 생각했는데 운전자가 재킷 주머니에서 CD를 꺼내 자동차 CD 플레이어에 넣고 음량을 높였다. 그러자 자동차 안이 시끄러운 불협화음으로 울리기 시작했다. 요즘 유행하는 노래 같았다. 그때 인질범 한 명이 큰 소리로 말했다. "우린 음악을 잘해. 기분 좋을 때 음악을 연주하고 춤을 춰……. 저 뒤에 있는 녀석은 노래를 끝내주게 잘하지."

인질범들은 시끄럽게 울리는 음악에 맞춰 상체를 들썩거리면서 나한테도 같이 춤추자고 했다. 그때쯤 나는 이미 그들과 비슷해 보였는데 자동차 안에서 그들과 함께 춤추기 시작한다면 아무도 뭔가 이상하다고 의심하지 않을 게 분명했다. 사실 나는 안전한 환경에서도 춤 생각만 하면 불안해진다. 배를 누르는 총구를 의식하면서 나는 다음 날 신문기사 헤드라인을 상상해봤다. '춤추면서 죽은 사람'이라고 실리지 않을까. 나는 인질범들에게 춤출 줄 모른다고 말했다. 그러자 아이들은 자비롭게도 '춤 동작'을 가르쳐주겠다고 했다. 그러더니 내 머리에 야구 모자를 거꾸로 씌워놓고 춤 동작을 따라 하라고 했다. 곧이어 나도 모르게 리듬에 맞춰 상체를 들썩거리기 시작했다. 발리우드 선율을 듣고 자랐던 내가 브루클린 거리에서 총으로 위협당한 채 랩과 레게 댄스 동작을 배울 줄은 상상도 하지 못했다.

아이들은 ATM을 찾기로 한 걸 잊어버리고 간식을 먹으러 델리 가게로 향했다. 아이들이 뭔가를 사주겠다고 했지만 나는 정중하게 거절했다. 그러고는 그 아이들의 친구 한 명을 만나러 갔다. 그로부터 45분 후 아이들은 나를 어두운 브루클린 거리 구석에 내려주고는 내 차를 몰고 떠났다. 다음 날 경찰이 약간 부서진 내 자동차를 발견했다. 내 체크카드와 신용카드는 사용하지 않은 상태였고, 자동차 트렁크에 있던 노트북컴퓨터도 그대로 있었다. 그때 이후로 나는 "넌 뭘 잘하니?"라은 질문을 하는 걸 절대 주저하지 않는다.

사례: 농구 결승전에서 3득점

20대 초반의 남성 내담자 루이스(Louise)가 개인 심리치료에서 작성한 긍정소개의 일부분을 여기서 소개하겠다. 루이스는 동기와 자신감 부족뿐만 아니라 사회불안증상을 보였다. 처음 3회기까지 치료자와 내담자는 내담자의 표출된 고통을 관리하는 데 주력했다. 3회기 마지막에는 치료자가 루이스에게 치료자용 초안에 나온 지시사항에 따라 자신에 관한 이야기를 써보라고 했다. 그다음 회기에서 루이스는 치료자와 거의 눈을 마주치지 않고 주저하면서 자신의 이야기를 읽었다.

루이스가 농구팀에서 활동했던 고등학교 마지막 해의 이야기였다. 루이스는 운동선수였고 언제나 운동을 하고 싶었지만 사회불안증상 때문에 항상 벤치에 앉아 있었다. 라이벌 학교 경기장에서 진행된 시즌 마지막 경기에서 루이스의 팀이 2점 차로 지고 있었을 때였다. 경기가 끝나갈 무렵 핵심 선수가 부상을 입었다. 코치는 다른 방법이 없기에 루이스에게 경기에 출전하라고 했다. 루이스는 경기장에서 뛸 생각만 해도 불안했다고 했다.

"경기 전에는 불안했지만 경기장에서 몇 분 뛰고 나자 그 순간과 경험에 완전히 몰입했죠. 결국 제 모습이 어떻게 보일지나 다른 사람들이 제 실력을 어떻게 생각할지 따위는 중요하지 않았어요. 전 그냥 거기서 제 의무를 다했어요. 그 순간에는 제 의무를 마칠 수 있었고, 다른 사람들의 날카로운 평가의 눈빛을 잊어버릴 수 있었죠."

루이스는 이 이야기를 끝내면서 전체 시즌 동안 단 3득점했지만 팀의 플레이오프 진출에는 충분한 점수였다고 말했다.

적합성과 융통성

내담자는 사진과 공예품, 기념품, 상장, 자격증, 감사 편지 같은 것을 이용해 자신의 이야기를 확고하게 만들 수 있다. 또한 편집한 디지털 이미지와 유튜브 동영상 등으로 자신의 이야기를 전달할 수도 있다. 자신의 이야기를 직접 또는 컴퓨터를 통해 제출할 수 있다.

긍정소개는 봉투에 넣어 봉하고 봉투 앞에 이름과 날짜를 적은 다음 치료자에게 제출해 안전하게 보관해달라고 할 수 있다. 치료자는 내담자에게 21장 15회기에 나오는 실습을 할 때 긍정소개를 사용할 거라고 말해줄 수 있지만 세부적인 설명은 하지 않는다. 또한 긍정소개 봉투를 자신 외 다른 사람들이 읽지 못하도록 안전하게 보관하겠다고 내담자를 안심시킨다.

긍정소개를 생각해 쓰기 힘든 내담자는 가족이나 친한 친구들에게 자신에 관한 이야기를 써달라고 부탁할 수도 있다.

마지막으로 여기서 소개한 그 어떤 방법도 도움이 되지 않을 경우 내담자는 영감을 받은, 역경을 극복한 이야기나 실제 사건 아무거나 쓸 수 있다. 그렇게 시작해 점차 자신의 실제 이야기나 회복력 경험에 접근할 수 있다. 대안으로 이상적인 자기소개를 창작할 수도 있다.

문화적 고려사항

겸손을 높이 평가하는 비서구 문화권 내담자는 처음에 긍정소개 실습을 힘들어할 수 있다. 긍정개입을 자화자찬, 허영, 무례함으로 받아들일지도 모른다. 이 같은 내담자에게는 이런 실습이 문화적 기대와 맞지 않을 수도 있다. 동아시아 문화권 내담자 한 명은 세계적으로 유명한 경영대학에 다니는 국제학생인데 긍정소개 실습을 완수하지 못해 힘겨워했다. 하지만 그 학생의 한 친구가 본인의 허락을 받아 그 내담자에 관한 아주 감동적인 이야기를 적어 e메일로 보내줬다.

내담자가 구두나 서면으로 자기 이야기를 전하기 꺼릴 경우 문화적으로 적절한 자기 표현 방식이 무엇인지 물어본다. 또한 그 내담자에게 적합한 방식으로 자기 이야기를 털어놓을 것을 권한다. 예컨대 한 내담자는 이야기를 쓰지 않고 자신의 스케치북을 치료자에게 보여줬다. 일정 기간 그린 그 스케치에는 내담자가 친밀하게 느끼는 구체적인 문화적 특색이 담겨 있었다. 그런 특색과 연관성에 관한 논의는 내담자 자신의 이야기 창조에 도움이 된다. 내담자에게 긍정소개 실습이 과시가 아니라 자기인식에 관한 것임을 이해하도록 도와주면 내담자의 자기 이야기 창작을 도울 수 있다.

마지막으로 문화적 타당성을 높이고자 내담자는 다른 사람들과 함께 일하면서 회복력을 경험한 이야기를 공유할 수 있다.

유지

내담자의 진척 상태를 유지할 수 있게 다음 사항을 내담자와 함께 논의한다.

- 긍정소개는 성장과 승리에 관한 내담자의 다른 이야기들을 회상하는 데 도움이 될 수 있다. 때론 내담자와 치료자가 서로를 더욱 잘 알게 되고, 내담자가 치료 과정에서 훨씬 더 편안해진 후 가장 중요한 이야기가 나온다.

- 내담자의 자기 이야기는 내담자 자신의 각기 다른 부분들을 보여준다. 이 실습의 이점을 극대화하려면 내담자가 자기 자신과 다른 사람들에게 자신에 관해 뭐라고 이야기하는지를 생각해본다. 그런 이야기에 한 가지 주제나 여러 가지 주제가 있는가, 그런 이야기를 통해 무엇을 전달하려고 하는가, 당신은 상처받기 쉬운가, 아니면 회복력이 뛰어난가, 희생자인가, 아니면 생존자인가, 청중에 따라 당신의 이야기가 완전히 또는 미묘하게 달라지는가, 당신의 가치는 무엇인가. 이렇게 자문해보면 자신이 누구인지를 명확하게 파악하기가 훨씬 쉬워진다(맥클린, 파수파시, 팔스(Mclean, Pasupathi, & Pals), 2007).

- 당신이 하는 이야기는 그 이야기가 전개되는 곳의 문화로부터 영향을 받는다. 그런 문화를 깊이 이해하는 한 가지 방법은 당신의 이야기, 특히 회복력에 관한 이야기를 사랑하는 사람들과 함께 검토하고 나누는 것이다. 이렇게 함으로써 다른 사람들과의 관계가 공고해질 가능성이 커지고, 동일한 어려움에 대처하는 다양한 방법도 배울 수 있다.

심리치료에서 대부분의 대화는 이야기의 순서를 정해주는 잠재력을 지니고 있다. 각 내담자의 이야기를 귀담아 듣고, 그에 관한 질문을 던지고 확실하게 확장시킨다. 각 이야기의 세부사항과 핵심 주제를 기록하고 기억한다. 이런 이야기들은 이후 실습/회기에서 사용할 수 있다. 이야기와 현재 생활환경의 차이를 찾아보는 것도 괜찮다.

일상생활의 스트레스 요인은 종종 에너지를 고갈시키고 기분을 우울하게 만든다. 긍정적이고 자전적인 기억 회상이 부정감정을 떨쳐내는 데 도움이 된다는 연구 결과가 있다. 감사 일기를 쓰고 나서 주기적으로 읽어보고 통찰력의 변화가 생겼는지 살펴보라고 격려한다(다음의 감사 일기 실습 참조). 내담자는 또한 유사한 최고의 기억이나 경험을 떠올려 스트레스 요인에 대처할 수도 있다. 한 내담자는 긍정개입 실습 이후 스트레스 요인을 좀 더 잘 극복할 수 있게 유사한 최고의 경험 사진 6장을 골라 휴대전화에 저장해두었다.

핵심 개념(2편)

감사는 고마워하는 경험이다. 이런 경험을 하다 보면 인생에서 긍정적인 것을 알아차리고 인지하게 된다. 결과적으로 긍정의 가치와 의미를 인정하게 된다. 감사는 예견력을 확장시켜주고, 다른 긍정정서와 긍정추론을 키워준다.

치료적으로 우울증을 앓는 개인은 그렇지 않은 통제집단보다 감사 수준이 크게 낮다(거의 50% 더 낮다)(왓킨스, 그림, 콜츠(Watkins, Grimm, & Kolts), 2004). 실제로 감사는 우울증을 예방할 수 있다(우드 외 다수, 2008; 창(Tsang), 2006).

또한 감사는 적절하고 실현 가능할 때마다 내담자의 긍정경험뿐만 아니라 부정경험까지도 재구성할 수 있다. 이렇게 재구성이 일어나면 심리증상이 줄어든다(램버트, 핀챔, 스틸먼, 2012). 감사 일기 계속 쓰기 같은 지속적인 실습을 통해 보다 많이 감사하는 법을 배우면 훨씬 더 긍정적인 대체 전략을 배워 사용할 수 있고, 결과적으로 스트레스가 감소한다(우드, 조지프, 린리, 2007).

회기 중 실습: 감사 일기

감사의 혜택을 누리는 법

감사는 예견력을 확장시켜주고 내면의 긍정정서와 긍정자질을 키워준다. 감사 분야의 심리학자 로버트 에몬스(Robert Emmons)는 감사 실습으로 8가지 확실한 혜택을 얻을 수 있다는 연구 결과를 제시했다(에몬스, 미시라(Emmons & Mishra), 2012). 그 8가지 혜택은 다음과 같다.

- *최상의 혜택* 감사하면 긍정경험에서 최상의 혜택을 얻을 수 있다.
- *자기가치와 자아존중감* 감사는 자기가치와 자아존중감을 키워준다. 또한 자기 자신과 다른 사람들이 얼마나 많은 것을 성취했는지 깨닫게 도와주고, 결과적으로 자신감과 효능감이 높아진다. 안주하거나 피해의식에 사로잡히는 자기연민 같은 부정적 습관도 버릴 수 있게 도와준다.
- *스트레스 대처 능력* 감사는 스트레스와 역경에 대처할 수 있게 도와준다. 그뿐만 아니라 초기의 충격에서 벗어난 이후 자기 인생에서 가장 중요한 것이 무엇인지를 평가할 수 있게 해준다.
- *타인 돕기* 감사하는 사람들이 남을 도울 가능성이 훨씬 높다. 친절하고 배려 있는 행동을 보다 잘 인지해 보답하려고 한다. 이들은 물질주의자가 될 가능성이 훨씬 적고 가진 것에 감사할 줄 아는 성향이 더 강하다.
- *보다 나은 인간관계* 감사는 인간관계를 강화해줄 수 있다. 친구들과 가족의 가치를 진정으로 깨달을 때 그들을 더 잘 대우해줄 가능성이 크다. 당신이 그들을 잘 대우해주면 당신도 좋은 대우를 받는다.
- *부정적 비교 감소* 감사를 표현하면 자신을 남과 비교할 가능성이 줄어든다. 자신이 가진 것(친구, 가족, 가정, 건강)에 감사하고 만족하게 되며, 가지지 못한 것에 상심할 가능성이 낮아진다.
- *부정적 시간 단축* 감사를 표현하면 부정이 줄어든다. 예를 들어 감사하다고 느끼면 죄책감과 탐욕 또는 분노가 감소한다.
- *적응 둔화* 새로운 것을 가진 기쁨이 얼마나 오래 지속되는가. 처음에는 행복하지만 그런 기쁨은 오래가지 않는다. 이런 행복감이 보다 오래 지속되도록 물건과 경험의

의미와 가치를 인지해 적응을 둔화시킬 수 있다.

우울증을 앓는 내담자는 자신을 남과 부정적으로 비교하는 성향이 있다. 그런 비교는 자기 가치를 깎아내리고 피해의식과 분노를 키운다는 증거가 있다(놀렌-훅세마, 데이비스, 1999). 반면 감사는 자신이 이로운 것들의 수혜자라는 사실을 깨닫게 도와준다. 배려할 줄 모르면 감사할 수 없다. 감사 실습을 통해 자기 몰두에서 사회적 확장으로 관점을 바꿔 다른 사람들의 친절에 대해 생각해보는 법을 배운다. 간단히 말해 감사는 힘든 시기에 완충재로 쓸 수 있는 심리자원을 키워준다.

감사는 성격특성의 효과를 통제하고 난 후 독특하게도 총체적인 수면의 질, 주관적인 수면의 질, 수면 대기시간, 수면 지속시간, 주간 활동 기능장애와 깊은 연관이 있다. 수면 이전의 인지 상태에 따라 감사와 수면의 질의 관계가 달라지는 것 같다. 감사하는 사람들은 잠들 때 부정적이고 걱정스러운 생각을 적게 하고, 긍정생각을 많이 하는 편이다. 수면 이전의 부정적 인지 상태는 수면을 방해하고, 감사는 그런 부정생각을 줄여줘 수면의 질을 보장해주는 것이다. 이와 마찬가지로 수면 이전의 긍정적 인지 상태는 수면에 긍정적인 효과를 낳고, 감사는 긍정생각을 증진시켜 수면의 질을 높여준다(우드, 조지프, 로이드, 앳킨스, 2009).

치료자용 제안 대본

감사 일기 실습에서 내담자에게 소개해줄 수 있는 초안이다.

인간의 진화에 따르면 인간은 성공보다 실패를 더 잘 기억한다. 인간의 정신은 본래 긍정적인 사건과 경험보다 부정적인 것에 더 집중한다. 이를 일컬어 '부정편향'이라고 한다. 대부분의 사람은 만족하는 일과 제대로 처리한 일보다 잘못된 일(또는 잘못될지도 모르는 일)을 어떻게 해결할지 생각하느라 더욱 많은 시간을 보낸다. 좋은 사건보다 나쁜 사건을 더욱 철저하게 분석하고, 긍정보다 부정에 훨씬 더 오래 안주하는 경향이 있다. 이런 성향 때문에 삶의 만족도가 최소화되고, 심리적 고통이 최대화된다.

부정경험에 집중하는 법은 굳이 배우지 않아도 할 수 있다. 하지만 긍정경험에 감사하려면 특별한 관심과 노력이 필요하다. 불평하기, 비판하기, 냉소하기는 쉽게 할 수 있지만 감사하기 실습은 어렵다. 긍정경험은 훨씬 더 쉽게 잊어버리고 부정경험을 보다 잘 기억한다. 그러므로 자기가 가진 것에 감사하는 기술과 습관을 익히는 게 중요하다.

　모든 잘 됐던 일을 당연시해선 안 된다. 그러다 보면 자신이 누릴 수 있는 권리와 긍정적인 사건도 당연시하게 된다. 이를 피하는 방법은 감사 실습을 매일 하는 습관을 들이는 것이다.

감사 일기

치료자용 제안 대본

　매일 밤 잠들기 전에 3가지 잘 됐던 일(오늘 일어났던 잘 됐던 일)을 써본다. 이 잘 됐던 일 3가지 항목 옆에 다음의 질문 중 최소 한 가지에 대한 대답을 각각 적는다.

- 왜 오늘 이 잘 됐던 일이 일어났는가? 이 일이 당신에게 어떤 의미가 있는가?
- 이 잘 됐던 일을 떠올리려고 애쓰면서 무엇을 배웠는가?
- 당신 자신이나 다른 사람들이 이 잘 됐던 일에 어떤 식으로 기여했는가?

　감사 일기는 지속적인 실습이다. 내담자에게 매일 이 실습을 완료해 회기마다 가져오게 한다. 회기를 시작할 때 내담자에게 감사 일기의 잘 됐던 일 3가지 항목을 읽어달라고 한다. 감사 일기 항목을 계속 추가하지 못하는 내담자도 있다. 이 문제를 해결하기 위해 감사 일기 샘플 몇 개를 회기 중 제시한다. 또한 그런 내담자에게는 지난 한 주를 돌이켜보고 일어났을지도 모르는 긍정적인 일을 생각해보라고 한다. 그리고 나서 그런 일을 회기 중 기록하게 한다. 내담자는 노트나 컴퓨터에 감사 일기를 쓸 수 있다. 2주마다 성찰과 토의, 질문을 활용해 내담자가 자신이 기록한 잘 됐던 일에 관해 토의할 수 있게 한다. 이런 토의는 내담자가 자기 인생에서 일어나는 잘 됐던 일을 알아차리고 기록하는 습관의 이점을 구체화할 수 있게 도와준다.

성찰과 토의

　감사 일기 실습 이후 다음과 같은 질문에 관해 생각해보고 토의한다.

- 특정한 좋은 사건을 떠올리기가 어려웠나? 그렇다면 그 경험을 구체적으로 말해본다.
- 당신이 생각해낸 잘 됐던 일에 어떤 패턴이 있었나? 가족과 친구, 업무 또는 자연과 관련된 일이었나?
- 업무나 친구 등 잘 됐던 일에서 명확하게 드러나지 않은 특정한 삶의 영역이 있었나?
- 잘 됐던 일이 일어나는 데 당신이 적극적인 역할을 했는가, 아니면 대체로 잘 됐던 일이 저절로 생겼는가?
- 이 실습 이후로 잘 됐던 일을 좀 더 많이 떠올리게 됐는가?
- 잘 됐던 일 떠올리기가 상황과 사람을 바라보는 새로운 방식이 됐는가?
- 잘 됐던 일을 다른 사람들에게 이야기해주는가?
- 잘 됐던 일을 적기가 어려웠나? 그렇다면 그 이유는 무엇인가?

사례: 우울증상과 감사 일기

남아프리아계 23세 여성 나빌라(Nabila)는 우울함과 공허함, 지나친 걱정, 동기 부족을 포함한 우울증상 때문에 심리치료를 받았다. 나빌라는 그런 증상이 꽤 오래됐다고 했다. 이전에도 심리치료와 약물치료를 받았다. 나빌라는 절망적인 한숨을 쉬면서 그동안 모든 치료의 효과가 제한적이었고, 회복돼도 지속되지 않았다고 했다. 치료자가 지금은 어떤 동기로 치료받고자 하는지 묻자 나빌라는 경험상 심리치료든 약물치료든 모든 치료의 시작 단계가 다소 효과적이었다고 대답했다. 게다가 긍정 심리치료에 호기심이 생겼다고 했다.

"우울증은 오랫동안 제 인생의 일부분이었어요." 나빌라는 이렇게 회상했다. 나빌라는 청소년기 초기에 처음으로 우울증을 앓았다. 보수적이고 종교적인 가정에서 자라나 '연극성drama'이라고 스스로 명명한 부정성을 많이 지녔다고 말했다. "엄마는 대체로 장기 우울증상을 보였어요. 고압적이고 권위적인 아빠에게 정서적으로나 신체적으로 학대를 받았죠."

나빌라는 엄마가 '수동적인 사람'이었고, 자신은 '그렇게 되고 싶지 않았다'고 했다. "고등학교 시절에는 제 주장을 펼칠 수 있었죠. 그런데 엄마가 제게 등을 돌리고 가혹하게 대했어요. 그 이후로도 계속 그랬죠. 제가 엄마와 여러모로 비슷했기 때문에 엄마가 자신의 고통과 좌절감을 저한테 모두 퍼붓는 것 같았어요. 제가 점점 더 캐나다인의 정체성을 드러내기 시작하자 엄마는 그게 싫었나 봐요. 엄마는 제가 인도의 엄격한 문화적 규범을 지켜주길 바랐죠. 제가 엄마와 똑같지 않다는 사실을 받아들이지 못했어요. 전 남아시아계 캐나다인이에요. 엄마처럼 캐나다에 살고 있는 남아시아인이 아니라고요."

나빌라는 엄마를 깊이 사랑하지만 수동적, 공격적으로 분노를 드러냈다. "서구적인 옷차림을 하거나 남자친구 사귀는 걸 엄마가 적극적으로 막지는 않아요. 하지만 제가 뭔가 도덕적으로 잘못된 행동이라도 하는 것처럼 은연중 죄책감을 느끼게 하죠." 나빌라가 이렇게 설명했다.

"가끔 엄마는 아빠한테 제가 가족의 수치라느니, 여동생 두 명에게 나쁜 영향을 미친다느니 하는 이야기를 해요. 아빠도 저를 반항적이라고 생각하고요." 나빌라는 이어서 이렇게 말했다.

나빌라는 이런 부정성에 계속 둘러싸여 지내고 있고, 말 한마디에도 과거 이미지와 기억들이 떠오른다고 슬프게 말했다. 지난 일을 곱씹으면 점점 더 우울해지고 절망에 깊이 빠져든다고도 했다.

나빌라는 전형적인 우울증상을 보이고 있고, 그러다 종종 나선형 부정성에 빠져들었다. 치료자는 나빌라에게 다른 치료 실습들 중 감사 일기를 쓰기 시작하라고 했다. 나빌라는 한 주 동안 매일 잘 됐던 일 3가지를 기록하는 장소 등 구체적인 설명이 적힌 안내서를 받았다. 이런 안내서는 좋은 경험과 그에 관한 성찰 내용을 작성하는 장소 같은 부수적인 세부사항에 신경 쓰지 않고 집중하는 데 도움이 된다. 나빌라가 감사 일기를 쓰기 시작했을 때는 다소 회의적이었다. 나빌라의 첫 번째 잘 됐던 일은 친한 친구로부터 감사 e메일을 받은 것이었다. 나빌라가 남편과 힘든 시간을 보내고 있던 친구를 만나 커피를 함께 마신 적이 있었는데 그에 대한 감사 편지였다. 치료자는 나빌라에게 이렇게 물어봤다.

치료자 무슨 내용이었기에 e메일을 받아 기분이 좋았나요?

나빌라 그 친구와 최근 함께 시간을 보냈어요. 그때 그 친구는 남편과 사이가 좋지 않았어요.

치료자 그 친구분이 왜 그런 e메일을 보냈나요?

나빌라 그 친구가 좋은 사람인 건 알고 있었지만 정말 그런 편지를 받을 줄은 생각지도 못했는데……. 제가 정확하게 뭘 해줘서 그 친구에게 도움이 됐는지는 모르겠어요. 때로는 그냥 이야기를 들어줄 필요도 있나 봐요.

나빌라가 감사 일기를 쓰기 시작하면서 긍정경험의 미묘한 측면을 좀 더 세부적으로 보여주는 잘 됐던 일 항목이 늘어났다. 또한 그런 잘 됐던 일 항목을 회기 중 토의하면서 치료자는 나빌라의 생활 일면을 들여다볼 수 있는 흔치 않은 기회를 얻었다. 나빌라는 종종 여동생과 산책한다고 했다. 치료자는 그런 사건들이 나빌라의 긍정행동 속성을 어떻게 보여주는지, 나빌라의 건강과 어떤 관련이 있는지에 대해 나빌라와 토의했다. 나빌라는 이런 토의를 통해 자신의 인생에 이미 존재하고 있는 잘 됐던 일에 관심을 갖게 됐다. 처음에는 비교적 시시한 잘 됐던 일을 그냥 적기만 하는 게 자신의 장기적 우울증을 치료하는 데 무슨 효과가 있을지 의심스러웠다고 했다. 하지만 결국 그 간단한 실습 덕분에 작지만 의미 있는 긍정적인 변화를 일으키는 자신의 역할을 인지할 수 있다는 사실을 깨달았다. 무엇보다 가장 놀라운 변화는 나빌라가 엄마에 관한 긍정적인 이야기를 쓰기 시작했다는 점이다. 할 수 있을 거라고 생각하지 못했던 큰 발자국을 내딛은 것이다.

적합성과 융통성

잘 됐던 일 기록하기가 식상해지는 내담자도 있다. 긍정성과 부정성 모두에 식상해지기 마련이다(루카스(Lucas), 2007); 카너먼 외 다수(Kahneman et al.), 2006). 그러므로 감사 전략을 다양화하고 남용을 막아 신선하게 유지하는 것이 중요하다. 감사 표현을 다양화하는 전략은 다음과 같다.

- 번갈아 한 주에는 감사 일기를 쓰고, 그다음 주에는 사랑하는 사람이나 다른 사람에게 감사 일기를 읽어준다.
- 글쓰기 대신 사진 촬영이나 주간 스마트폰 콜라주, 소묘, 스케치 같은 예술 활동으로 감사를 표현한다.

- 긍정사건을 저녁 식사 전후 가족에게 이야기하거나 퇴근 무렵 직장에서 e메일로 직장 동료들에게 이야기하는 것처럼 다른 사람들과 적극 교류하면서 이 실습을 한다.
- 한 주나 격주 단위로 가족과 직장, 여가, 자연 또는 언론에 보도되는 긍정사건에 집중하면서 일부러 분야를 다양화한다.

어떤 내담자에게는 보다 구체적인 지도가 필요하다. 감사 일기 실습에 식상해지는 문제를 해결하려면 내담자에게 다음과 같은 길잡이를 제시한다.

- 오늘 뭔가 아름다운 것을 목격했다. 그것은 _____
- 오늘 뭔가를 아주 잘했다. 그것은 _____
- 오늘 나한테 친절한 사람에게 친절을 베풀었다. 그것은 _____
- 오늘 좋은 소식을 들었다. 그것은 _____
- 오늘 고무적인 뭔가를 봤다. 그것은 _____

어떤 내담자는 깜빡하는 버릇 때문에 이 실습을 완료하지 못할 수도 있다. 이 실습을 보다 더 일상적인 습관으로 만들어주는 전략은 다음과 같다.

- 새 공책이나 일기장을 구입하면 훨씬 더 눈에 잘 들어오거나 기분이 좀 더 특별하게 느껴질 수 있다.
- 매일 저녁 동일한 시간에 이 실습을 하고 감사 일기를 같은 장소에 보관한다.
- 매일 기억할 수 있게 스마트폰 알람을 설정해둔다.

이 실습의 핵심은 긍정사건을 체계적으로 기록하고 성찰하면서 의식적으로 신경 쓰는 것이다. 매일 긍정적인 기록으로 하루를 마감할 수 있게 저녁에 감사 일기 실습을 하는 게 좋다. 하지만 어떤 내담자는 아침에 제일 먼저 고마운 일을 기록하고 싶어 하는데 그것도 괜찮다. 이들은 감사 일기 실습을 통해 긍정적인 분위기로 하루를 시작할 수 있다고 생각하는 것 같다. 여기에 약간 변화를 줘 하루를 시작할 때 그날 일어날 수 있는 잘 됐던 일 3가지를 쓰고, 하루를 마칠 때 실제로 일어났던 잘 됐던 일 3가지를 쓸 수도 있다.

또 어떤 내담자는 아주 힘든 상황(사랑하는 사람의 죽음, 심각한 질병, 오랜 관계 결별 또는 소중한 직장 상실 등)을 겪고 있어 긍정사건에 집중하는 인지 능력이 약화될 수도 있다. 이런 내담자는 감사 일기 실습을 확실하게 수행하지 못할지도 모른다. 이런 경우 부정문장과 긍정문장 쓰기 같은 융통성 있는 접근법을 사용한다. 이 밖에도 자기 인생에서 무엇이든 긍정소식에 관해 토의하기, 주중에 공공장소에서 일어나는 긍정사건에 대해 이야기하기, 적절하다면 부정사건 이후 일어나는 긍정사건을 공유하기가 있다. 이 같은 접근법을 사용하면 내담자가 자기 취향에 적합한 방식으로 긍정사건에 감사할 수 있다.

문화적 고려사항

치료자는 감사 표현이 문화에 따라 다를 수 있음을 유념해야 한다. 어떤 문화권에서는 감사의 말보다 몸짓을 선호한다. 이 경우 글로 감사를 포착해 표현하기 어려울 수 있다. 감사를 포착해 표현하는 다양한 방법이 필요하다.

극단적인 상황(집단학살과 기근, 전염성, 내전, 정치 탄압 또는 대규모 자연재해 등)을 경험할 수 있는 문화권 내담자는 긍정경험을 목격하고 인식하기보다 그런 상황에서 벗어나야 감사할 수 있다. 이와 마찬가지로 부정사건의 긍정평가도 감사 표현으로 간주될 수 있다.

어떤 내담자는 일상생활에서 감사할 가치가 있는 일을 찾기 힘든 상황에 처해 있을 수 있다. 이런 사람들에게는 감사하게 여기는 과거의 성취를 떠올려보라고 한다. 그들이 성공할 수 있게 도와줬던 사람들을 기억해보라고 하는 것이다. 회기 이외의 시간에 그런 실습을 전혀 할 수 없다면 강요하지 않는다. 그 대신 감사할 수 있는 경험에 집중하는 기회를 회기 중 찾아본다.

다양한 문화권 내담자 중에는 말로나 글로 감사를 표현하는 서구적 방식을 개방적으로 받아들이지 못하는 사람도 있을 수 있다. 이런 경우 감사를 표현하는 문화적으로 구체적이고 민감한 방법을 찾아본다.

유지

매일 감사를 표현하면 행복이 지속되고 증진된다. 감사 표현은 문을 잡아준 사람에게 "감사합니다"라고 의식적으로 진지하게 말하거나 친구로부터 긍정적인 e메일을 받는 것처럼 간단할 수도 있다. 내담자에게 감사를 키우는 습관을 일일 일정에 짜 넣으라고 한다.

내담자의 진척 상태를 유지할 수 있도록 다음 사항을 내담자와 함께 논의한다.

- 감사하는 사람은 다른 사람들을 덜 시기하고, 자신의 성공을 물질적 이득이라는 잣대로 평가할 가능성이 작다. 자기가 가진 것(가족과 친구, 건강, 가정)에 진심으로 감사할 때는 이웃이 가진 것에 그다지 신경 쓰지 않는다(핀레이, 라이언스(Finlay & Lyons), 2000; 프로 외 다수, 2011). 감사하는 사람은 또한 다른 사람들을 훨씬 더 많이 도울 것 같다. 다른 사람들의 친절하고 배려 있는 행동을 보다 잘 인지하면 자연스럽게 보답하고 싶어지는 것 같다(왓킨스, 2010). 이런 식으로 감사는 다른 이로운 결과를 증진시키고 강화한다. 감사하기 실습을 시작하고 난 이후 또 다른 어떤 좋은 변화가 일어났는가?
- 널리 퍼지는 감사 의식은 삶의 사건을 긍정적으로 해석하는 데 기여한다. 다시 말해 감사하는 사람들은 삶의 사건을 보다 긍정적으로 바라보는 경향이 있다. 내담자는 감사 실습 이후(감사 일기 지속적으로 쓰기)에 과거의 아픔과 고통스러운 기억을 감사 실습 전과 어떻게 다르게 해석하는지에 대해 치료자와 토의해보는 게 좋다.
- 잘 됐던 일이 자신의 강점과 자질 또는 재능과 관련돼 있는지 살펴본다. 감사하기가 친절과 사회성 지능, 개인 지성, 감상력 같은 당신의 다른 속성들을 인지하는 데도 도움이 됐는가?
- 예술 활동(물감으로 그림 그리기, 스케치하기, 사진 촬영, 콜라주 또는 스크랩북 만들기)을 통해 감사를 표현할 수 있다.
- 몇 주 동안 당신의 잘 됐던 일을 글로 쓰는 대신 배우자에게 이야기할 수 있고, 배우자에게도 잘 됐던 일을 이야기해달라고 할 수 있다.
- 며칠 동안 부정적이거나 슬픈 기분에 사로잡혀 감사 일기를 쓰고 싶지 않을 때는 그냥 이전의 잘 됐던 일 항목을 훑어본다.

회기 종료 시 이완

각 회기를 마칠 때마다 회기 시작 시와 마찬가지로 짧은 이완으로 회기를 종료한다.

긍정소개의 자원

간행물

- Bauer, J. J., McAdams, D. P., & Sakaeda, A. R. (2005). Interpreting the good life: Growth memories in the lives of mature, happy people. Journal of Personality and Social Psychology, 88, 203 – 217.
- Burns, G. (2001). 101 Healing Stories: Using Metaphors in Therapy. New York: Wiley.
- McAdams, D. P. (2001). The psychology of life stories. Review of General Psychology, 5,100 – 122.
- Pals, J. L. (2006). Narrative identity processing of difficult life experiences: Pathways of personalitydevelopment and positive self-transformation in adulthood. Journal of Personality, 74, 1079 – 1110.

동영상

- First author's positive introduction: Tayyab Rashid on Using Strengths at a Time of Trauma:
  https:// youtu.be/ Pucs6MUpKng

웹사이트

- Readers' Digest section on true and inspiring stories:
  http:// www.rd.com/ true-stories/
- Inspiring stories including amazing, short, moral, funny, positive, touching, positive, and spiritual stories:
  http:// www.inspirationalstories.eu

감사 일기의 자원

간행물

- Emmons, R. A., & Stern, R.(2013). Gratitude as a psychotherapeutic intervention: Gratitude. Journal of Clinical Psychology, 69(8), 846 – 855.
- Kaczmarek, L. D., Kashdan, T. B., Kleiman, E., Baczkowski, B., Enko, B., Siebers, A., et al.(2013). Who self-initiates gratitude interventions in daily life? An

examination of intentions, curiosity, depressive symptoms, and life satisfaction.
Personality and Individual Differences, 55, 805 − 810.

- Krysinska, K., Lester, D., Lyke, J., & Corveleyn, J.(2015). Trait gratitude and
suicidal ideation and behavior: An exploratory study. Crisis: The Journal of
Crisis Intervention and Suicide Prevention, 36(4), 29 − 296. http:// dx.doi.org/
10.1027/ 0227-5910/ a000320
- O'Connell, B. H., O'Shea, D., & Gallagher, S.(2017). Feeling thanks and saying
thanks: A randomized controlled trial examining if and how socially oriented
gratitude journals work. Journal of Clinical Psychology, 73(10), 1280 − 1300.
- Wood, A. M., Froh, J. J., & Geraghty, A. W. A. (2010). Gratitude and well- being:
A review and theoretical integration. Clinical Psychology Review, 30, 890 − 905.

동영상

- Martin Seligman explains Three Blessing Exercise:
https:// youtu.be/RT2vKMyIQwc
- Robert Emmons on evidence-based practices of cultivating gratitude:
https:// youtu.be/ 8964envYh58
- Louie Schwartzberg's TED Talk on gratitude showing stunning time-lapse
photography:
https:// youtu.be/ gXDMoiEkyuQ

웹사이트

- Explore what good is happening in the world through these websites:
www.selfgrowth.com/ news www.happynews.com www.optimistworld.com

8장
2회기: 성격강점과 대표 강점

2회기는 성격강점과 대표 강점을 집중적으로 다루는 세 회기 중 첫 번째 회기다. 성격 강점과 대표 강점은 실습을 통해 개발할 수 있고, 개인의 성장과 건강에 기여할 수 있는 긍정특성이다. 2회기부터 4회기까지는 강점 평가, 강점의 맥락적 활용과 상황 특수적 활용 이해, 희망하는 자아상이나 더 나은 자신을 만들기 위해 구체적인 강점을 이용할 수 있는 방법을 다룬다.

2회기 요약
핵심 개념
  회기 중 실습: 성격강점 평가
  성찰과 토의
  사례
  적합성과 융통성
  문화적 고려사항
  유지
자원

핵심 개념

전통적 치료법은 내담자의 심리적 고통 평가를 돕기 위해 스트레스 요인과 증상, 기능 장애, 결핍장애를 평가하는 타당하고 신뢰할 수 있는 방법을 사용한다. 한편 긍정심리치료(PPT)는 내담자의 성격강점을 평가하는 타당하고 신뢰할 수 있는 도구를 제공한다. 그렇기 때문에 내담자는 분별 있고 긍정적이고 좋은 사람이 될 수 있는 많은 다양한 방법을 이해하고 발견할 수 있다.

PPT는 성격강점을 집중적으로 다룬다. 심리적 증상과 그 심각성은 내담자의 스트레스와 슬픔, 분노, 불안을 이해하는 데 도움이 된다. 한편 감사, 희망, 사랑, 친절, 호기심 같은 성격강점은 내담자가 분별 있게 잘 기능하는 좋은 사람이 되는 방법을 이해할 수 있게 도와준다. 심리학에 따르면 분노와 적대감, 복수심, 자아도취적 특성 같은 부정정서를 경험하는 개인은 다수의 심리적 문제를 보일 가능성이 훨씬 더 크다. 이 같은 맥락에서 감사, 용서, 겸손, 사랑, 친절을 경험하는 개인은 보다 행복해지고, 삶에 보다 만족할 가능성이 높다(트롬페터 외 다수(Trompetter et al.), 2017). 그러므로 증상 및 강점 평가는 균형 잡힌 통합적 치료 실습을 하는 데 대단히 중요하다. 그뿐만 아니라 심리치료가 고통 경감과 번영 증진에 관한 것이라는 사실을 이해하는 데도 결정적인 역할을 한다.

치료적 관점에서 실시하는 강점 평가는 1부에서 자세히 소개했다. 다음의 핵심 요점은 내담자가 명확하게 강점에 집중할 수 있게 도와준다.

- 약점을 고치는 것은 교정이다. 반면 강점 배양은 성장을 낳고 행복을 증진시킨다. 내담자의 이야기를 경청하고, 내담자가 자신의 문제를 분석하도록 도와주는 것은 대단히 가치 있는 일이다. 하지만 단순한 분석과 통찰력으로 반드시 내담자를 정서적으로 더욱 강하게 만들 수 있는 것은 아니다. 증상과 스트레스와 관련지어 강점을 토의하고 숙고하면 내담자의 자기효능감이 높아진다. 강점은 친절하고, 유쾌하고, 부지런하고, 호기심 많고, 창의적이며, 감사할 줄 아는 좋은 사람이 되는 다양한 방법을 제시해주기 때문이다.
- 강점은 본질적으로 좋은 기분을 느낄 뿐만 아니라 좋은 사람이 되고 잘 됐던 일을 할 때 생겨난다. 잘 됐던 일을 하면 보통 기분이 좋아진다. 하지만 잘 됐던 일 하기란 '충분히 열심히 하면 무엇이든 할 수 있어' '한계는 없어'처럼 진부하고 기분 좋은 말에 국한되는 것이 아니다. 그와는 대조적으로 구체적이고 현실적인 행동에서 비롯된다.
- 강점이 정신질환의 완충재 역할을 할 수 있다는 증거가 있다. PPT는 정신질환이 특

정한 강점 부족으로 생겨난다고 생각한다. 예컨대 희망과 낙관성, 감사, 열정, 사랑, 호기심이 약한 사람은 우울증을 앓을 가능성이 큰 반면(트롬페터 외 다수, 2017), 높은 희망 점수와 감사 점수는 긍정적인 정신건강 상태와 보다 높은 삶의 만족도와 연관 있다는 증거가 있다(매캐스킬, 드노반, 2014).

- 최근 연구에서 치료자는 강점이 내담자의 예견력 확장과 희망 고취, 동기 증가에 도움이 됐다고 보고했다. 또한 재구성과 비유를 통해 긍정적인 의미를 창조하는 데도 도움이 됐고, 치료 과정도 개선했다고 했다(스킬, 데이비스, 헨더슨(Scheel, Davis, & Henderson), 2012). 치료자가 치료 중 내담자의 정보에서 긍정정서를 끌어내면 내담자의 자원 활용성이 증진된다는 또 다른 연구 결과도 있다(판덴베르허, 실베스트르 (Vandenberghe & Silvestre), 2013).

- 강점 사용은 내담자의 자아존중감뿐만 아니라 자기효능감과 자신감도 높여준다. 강점은 친절, 유머, 근면, 호기심, 창의성을 갖춘 감사할 줄 아는 좋은 사람이 되는 보다 쉬운 방법을 제시한다. 강점을 사용하면 스트레스가 크게 감소하고, 긍정정서가 풍부해지며, 활력이 생긴다(우드 외 다수, 2011).

회기 시작 시 이완

각 회기는 간단한 이완 운동으로 시작한다. 이 책 마지막에 수록된 〈부록A: 마음챙김과 이완 실습〉을 참조하길 바란다. 이 부록의 복사본은 내담자 워크북에도 나와 있다. 이전 회기의 핵심 개념뿐만 아니라 내담자의 감사 일기를 검토하면서 이 회기를 계속 진행한다.

회기 중 실습: 성격강점 평가

내담자는 성격강점 개념을 토의한 후 자신의 강점을 찾기 위해 다수의 연습을 완료한다. PPT는 자신의 상위 5가지 강점을 파악해 더욱 많이 사용하는 단순한 접근법보다 포괄적인 강점 평가 접근법을 채택한다. 이런 접근법에서는 내담자가 다수의 관점에서 자신의 상위 5~6가지 강점에 관한 정보를 수집한다. 4장의 '긍정심리치료와 강점 통합하기' 단락에서는 내담자의 성격강점을 평가하는 다수의 방법을 제시했다. 최근의 자료와 치료 경험에 따르면 그런 포괄적인 강점 평가는 가치 있고, 내담자에게 도움이 된다(율리

아세크, 라시드, 윌리엄스, 굴라마니, 2016). 각기 다른 강점 평가 방식의 결과 차이를 비교해 볼 수 있다면 내담자 자신의 강점을 비판적으로 분석할 수 있는 기회가 생긴다. 또한 치료자는 내담자가 자신의 강점에 대해 어떻게 느끼는지를 역동적이고 구체적인 방식으로 토의하게 도와줄 수 있다.

치료자용 제안 대본

다음의 대본은 내담자의 대표 강점 파악을 돕기 위해 사용할 수 있다. 이 초안에는 워크시트2.1부터 2.6까지 포함돼 있다. 워크시트는 각 회기마다 수록돼 있고(a), 내담자 워크북에도 나와 있다(b). 다음의 단계 중에는 회기 중 완료할 수 있는 것도 있고, 회기 사이에 완료할 것도 있다.

치료자 노트

1단계에서는 내담자에게 구체적인 동영상을 보여준다. https://youtu.be/k_3ljNr1gCg.

2단계를 완료하려면 내담자에게 봉투 2개가 필요하다.

오늘은 PPT의 핵심인 자신의 대표 강점 파악하기 과정을 다양한 관점에서 시작하겠다.

1단계 동영상을 시청하고 워크시트2.1을 이용해 자신을 가장 잘 대변하는 5가지 강점을 파악해 기록한다. 이 단계를 정확하게 수행할 수 있게 워크시트의 구체적인 지시사항을 따른다. 워크시트2.1을 완료하고 나서 파악한 강점들을 워크시트2.6의 2열에 표시한다.

2단계 워크시트2.2에서 24가지 강점 설명을 읽고 자신을 가장 잘 대변하는 설명을 정확하게 5가지(더 적게도, 더 많게도 안 됨) 고른다. 시간을 갖고 천천히 한다. 워크시트2.2를 완료한 후 파악한 강점을 워크시트2.6의 3열에 표시한다.

3단계 1단계와 2단계에서 파악한 강점들을 워크시트2.3에 표시한다. 워크시트2.1의 강점들은 대체로 당신의 정서 또는 가슴에 해당한다. 이 워크시트의 반응들은 갑작스러운 시청각적 강점 표출에 바탕을 두고 있어서다. 한편 워크시트2.2의 강점들은 당신의 사고나 머리에 바탕을 두고 있다. 이 워크시트에는 5가지 강점을 생각하고 고를 시간이 충분히 있어서다. 가슴과 머리가 일치해야 바람직하다는 증거는 없지만 전체 과정은 각기 다른 2가지 관점에서 자기인식을 하는 것이다. 이렇게 하는 경우는 좀처럼 드물다. 이 강점들은 워크시트2.6에 옮겨 적을 필요가 없다. 워크시트2.3은 가슴과 머리 강점이 중복되는지 살펴보는 것이다.

4단계 워크시트2.4와 2.5를 이용해 친구 한 명과 가족 한 명에게 당신의 성격을 가장 잘 대변하는 것 같은 성격강점 5가지를 찾아달라고 부탁한다. 이때 당신의 강점에 체크 표시만 하고, 그 결과를 비밀로 유지해달라고 한다. 이렇게 완성한 워크시트가 들어 있는 봉투를 받는다. 이 봉투는 다음 회기에 가져오거나 준비되는 대로 가져온다. 워크시트2.4를 완성해 파악한 강점은 워크시트2.6의 4열에 옮겨 적는다. 워크시트2.5를 완성해 파악한 강점은 워크시트2.6의 5열에 옮겨 적는다.

5단계 가정에서 무료 온라인 대표 강점 설문지(SSQ-72; www.tayyabrashid.com, www.KPPSI.com)를 완성해 당신의 상위 강점 5~6가지(높은 점수 순으로 5위권에서 6위권 안에 드는 것)를 알아낸다. 여기서 알아낸 강점들을 워크시트2.6의 6열에 옮겨 적는다.

6단계 워크시트2.1~2.5를 끝내고 5단계를 마치고 나면 워크시트2.6: 대표 강점 프로필을 계속할 수 있다. 워크시트2.6에서 각 행의 점수를 합산해 7열에 적어 넣는다.

7단계 워크시트2.6의 8열에 강점 활용 부족(U)과 활용 남용(O) 여부를 표시한다. 대표 강점이 아닌 다른 강점도 선택할 수 있다.

8단계 자신의 치료 동기를 유념하고, 당신의 대표 강점이나 다른 강점 중 문제 해결이나 항상 원했던 친절한 사람이 되는 데 도움이 되는 강점을 찾아 워크시트2.6의 9열(희망 강점)에 적어 넣는다.

워크시트2.1 당신의 '가슴' 강점은 무엇인가?

여기에 나열된 강점들을 보여주는 동영상을 시청한다. 각각의 강점 명칭이 기록된 사진이 아주 빠르게 지나간다. 각각의 사진이 해당 강점을 가장 잘 대변하는지를 집중해 보지 말고 가능한 한 당신의 정서를 날카롭게 살피길 바란다. 생각은 최소한으로 줄인 채 펜을 들고 준비하고 있다가 당신의 성격을 대변하는 강점이 나오면 오른쪽 칸에 표시한다. 당신을 가장 잘 묘사해주는 강점 5가지만 고르려고 노력한다. 5가지 이상을 골랐다면 동영상이 끝난 후 5가지만 남기고 나머지는 지운다.

성격강점	당신을 대변하는 강점
1. 창의성	
2. 호기심	
3. 개방성(판단력)	
4. 학구열	
5. 예견력(지혜)	
6. 용감성(용기)	
7. 끈기(인내)	
8. 정직(진정성)	
9. 열정(활기)	
10. 사랑	
11. 친절	
12. 사회성 지능	
13. 시민의식(팀워크)	
14. 공정성	
15. 리더십	
16. 용서	
17. 겸손	
18. 신중함	
19. 자기통제력	
20. 감상력(심미안)	
21. 감사	
22. 희망(낙관성, 미래지향성)	
23. 유머(쾌활함)	
24. 영성	

워크시트2.1을 완성하고 나서 파악한 강점들을 워크시트2.6의 2열에 적는다.

워크시트2.2 당신의 '머리' 강점은 무엇인가?

다음의 24가지 성격강점 설명을 읽어본다. 당신의 성격에 가장 가까운 5가지를 골라 대표 강점 칸에 표시한다.

강점 설명	대표 강점
1. 나는 새롭고 더 나은 방식을 잘 생각해낸다.	
2. 나는 탐구하고 질문하길 좋아하고, 색다른 경험과 활동에 개방적이다.	
3. 나는 융통성이 있고 개방적이다. 결정을 내리기 전 모든 측면을 충분히 생각하고 검토한다.	
4. 나는 학교에서 또는 나 혼자 새로운 아이디어와 개념, 사실을 배우길 좋아한다.	
5. 친구들이 나를 또래보다 현명하다고 생각해 중요한 문제를 나한테 상의한다.	
6. 나는 두려워도 역경이나 도전 앞에서 포기하지 않는다.	
7. 나는 산만해져도 대부분의 일을 끝까지 해낸다. 그 과정에 다시 집중해 완성할 수 있다.	
8. 나는 진실하고 정직하며 신뢰할 수 있는 사람이다. 내 행동은 내 가치와 일치한다.	
9. 나는 활동적이고 쾌활하며 생기발랄하다.	
10. 나는 진실한 사랑과 애정을 자연스럽게 표현하고 받아들일 수 있다.	
11. 나는 종종 부탁받지 않아도 다른 사람들에게 친절을 베풀길 좋아한다.	
12. 나는 사회적 상황에서 내 정서를 잘 관리하고 대인관계 기술이 좋다고 평가받는다.	
13. 나는 활동적인 지역 구성원이자 팀 구성원이며 내 집단의 성공에 기여한다.	
14. 나는 부당하게 대우받고 괴롭힘을 당하거나 조롱받는 사람들 편에 선다.	
15. 내가 리더십이 있다고 평가받기 때문에 다른 사람들이 종종 나를 리더로 선택한다.	
16. 나는 앙심을 품지 않는다. 내 기분을 상하게 한 사람들을 쉽게 용서한다.	
17. 나는 주목받기 싫고 다른 사람들에게 빛나는 주역을 넘기는 게 좋다.	
18. 나는 신중하고 조심스럽다. 내 행동의 위험과 문제를 예측해 그에 따라 대응할 수 있다.	
19. 힘든 상황에서도 내 감정과 행동을 관리한다. 일반적으로 규칙과 일상적인 일과를 따른다.	
20. 자연과 예술(그림, 음악, 연극 등)에서나 많은 인생 분야의 탁월함에서 또는 이 모두에서 아름다움에 깊이 감명받는다.	
21. 좋은 것들에 대한 감사를 말과 행동으로 표현한다.	
22. 나쁜 일보다 잘 됐던 일이 더 많이 일어나길 바라고, 그렇게 될 거라고 믿는다.	
23. 나는 쾌활하고 재미있다. 유머로 다른 사람들과 관계를 맺는다.	
24. 더 큰 힘이 존재한다고 믿고 종교나 영적 실습(기도, 명상 등)에 기꺼이 참여한다.	

워크시트2.2를 완료하고 나서 파악한 강점들을 워크시트2.6의 3열에 적는다.

워크시트2.3 당신의 성격강점: 가슴 대 머리

성격강점	가슴	머리
1. 창의성		
2. 호기심		
3. 개방성(판단력)		
4. 학구열		
5. 예견력(지혜)		
6. 용감성(용기)		
7. 끈기(인내)		
8. 정직(진정성)		
9. 열정(활기)		
10. 사랑		
11. 친절		
12. 사회성 지능		
13. 시민의식(팀워크)		
14. 공정성		
15. 리더십		
16. 용서		
17. 겸손		
18. 신중함		
19. 자기통제력		
20. 감상력(심미안)		
21. 감사		
22. 희망(낙관성, 미래지향성)		
23. 유머(쾌활함)		
24. 영성		

가슴 칸에는 워크시트2.1에서 파악한 강점을, 머리 칸에는 워크시트2.2에서 파악한 강점을 표시한다. 이 강점들은 워크시트2.6에 옮겨 적을 필요가 없다. 워크시트2.3의 목적은 가슴과 머리 강점이 중복되는지 살피는 것이다.

워크시트2.4 가족이 보는 당신의 성격강점

가족이 완성하기

다음의 24가지 성격강점 설명을 읽어본다. _____의 성격에 가장 가까운 설명을 정확하게 5가지(이보다 많거나 적어도 안 됨)를 골라 표시한다.

강점 설명	대표 강점
1. ○○는 새롭고 더 나은 방식을 잘 생각해낸다.	
2. ○○는 탐구하고 질문하길 좋아하고, 색다른 경험과 활동에 개방적이다.	
3. ○○는 융통성이 있고 개방적이다. 결정을 내리기 전에 모든 측면을 충분히 생각하고 검토한다.	
4. ○○는 학교에서 또는 혼자 새로운 아이디어와 개념, 사실을 배우길 좋아한다.	
5. 친구들이 ○○를 또래보다 현명하다고 생각해 중요한 문제를 ○○한테 상의한다.	
6. ○○는 두려워도 역경이나 도전 앞에서 포기하지 않는다.	
7. ○○는 산만해져도 대부분의 일을 끝까지 해낸다. 과정에 다시 집중해 완성할 수 있다.	
8. ○○는 진실하고 정직하며 신뢰할 수 있는 사람이다. 자신의 행동은 자신의 가치와 일치한다.	
9. ○○는 활동적이고 쾌활하며 생기발랄하다.	
10. ○○는 진실한 사랑과 애정을 자연스럽게 표현하고 받아들일 수 있다.	
11. ○○는 종종 부탁받지 않아도 다른 사람들에게 친절을 베풀길 좋아한다.	
12. ○○는 사회적 상황에서 자신의 정서를 잘 관리하고 대인관계 기술이 좋다고 평가받는다.	
13. ○○는 활동적인 지역 구성원이자 팀 구성원이며 집단의 성공에 기여한다.	
14. ○○는 부당하게 대우받고 괴롭힘을 당하거나 조롱받는 사람들 편에 선다.	
15. ○○가 리더십이 있다고 평가받기 때문에 다른 사람들이 종종 ○○를 리더로 선택한다.	
16. ○○는 앙심을 품지 않는다. 자신의 기분을 상하게 한 사람들을 쉽게 용서한다.	
17. ○○는 주목받기 싫어하고 다른 사람들에게 빛나는 주역을 넘기는 것을 좋아한다.	
18. ○○는 신중하고 조심스럽다. 자신의 행동의 위험과 문제를 예측해 그에 따라 대응할 수 있다.	
19. 힘든 상황에서도 자신의 감정과 행동을 관리한다. 일반적으로 규칙과 일상적인 일과를 따른다.	
20. 자연과 예술(그림, 음악, 연극 등)에서나 많은 인생 분야의 탁월함에서 또는 이 모두에서 아름다움에 깊이 감명받는다.	
21. 좋은 것들에 대한 감사를 말과 행동으로 표현한다.	
22. 나쁜 일보다 잘 됐던 일이 더 많이 일어나길 바라고 그렇게 될 거라고 믿는다.	
23. ○○는 쾌활하고 재미있다. 유머로 다른 사람들과 관계를 맺는다.	
24. 더 큰 힘이 존재한다고 믿고 종교 실습이나 영적 실습(기도, 명상 등)에 기꺼이 참여한다.	

워크시트2.4를 완성하고 나서 파악한 강점을 워크시트2.6의 4열에 적는다.

워크시트2.5 친구가 보는 당신의 성격강점

친구가 완성하기

다음의 24가지 성격강점 설명을 읽어본다. _____의 성격에 가장 가까운 설명을 정확하게 5가지(이보다 많거나 적어도 안 됨)를 골라 표시한다.

강점 설명	대표 강점
1 ○○는 새롭고 더 나은 방식을 잘 생각해낸다.	
2. ○○는 탐구하고 질문하길 좋아하고, 색다른 경험과 활동에 개방적이다.	
3. ○○는 융통성이 있고 개방적이다. 결정을 내리기 전에 모든 측면을 충분히 생각하고 검토한다.	
4. ○○는 학교에서 또는 혼자 새로운 아이디어와 개념, 사실을 배우길 좋아한다.	
5. 친구들이 ○○를 또래보다 현명하다고 생각해 중요한 문제를 ○○한테 상의한다.	
6. ○○는 두려워도 역경이나 도전 앞에서 포기하지 않는다.	
7. ○○는 산만해져도 대부분의 일을 끝까지 해낸다. 과정에 다시 집중해 완성할 수 있다.	
8. ○○는 진실하고 정직하며 신뢰할 수 있는 사람이다. 자신의 행동은 자신의 가치와 일치한다.	
9. ○○는 활동적이고 쾌활하며 생기발랄하다.	
10. ○○는 진실한 사랑과 애정을 자연스럽게 표현하고 받아들일 수 있다.	
11. ○○는 종종 부탁받지 않아도 다른 사람들에게 친절을 베풀길 좋아한다.	
12. ○○는 사회적 상황에서 자신의 정서를 잘 관리하고 대인관계 기술이 좋다고 평가받는다.	
13. ○○는 활동적인 지역 구성원이자 팀 구성원이며 집단의 성공에 기여한다.	
14. ○○는 부당하게 대우받고 괴롭힘을 당하거나 조롱받는 사람들 편에 선다.	
15. ○○가 리더십이 있다고 평가받기 때문에 다른 사람들이 종종 ○○를 리더로 선택한다.	
16. ○○는 앙심을 품지 않는다. 자신의 기분을 상하게 한 사람들을 쉽게 용서한다.	
17. ○○는 주목받기 싫어하고 다른 사람들에게 빛나는 주역을 넘기는 것을 좋아한다.	
18. ○○는 신중하고 조심스럽다. 자신의 행동의 위험과 문제를 예측해 그에 따라 대응할 수 있다.	
19. 힘든 상황에서도 자신의 감정과 행동을 관리한다. 일반적으로 규칙과 일상적인 일과를 따른다.	
20. 자연과 예술(그림, 음악, 연극 등)에서나 많은 인생 분야의 탁월함에서 또는 이 모두에서 아름다움에 깊이 감명받는다.	
21. 좋은 것들에 대한 감사를 말과 행동으로 표현한다.	
22. 나쁜 일보다 잘 됐던 일이 더 많이 일어나길 바라고 그렇게 될 거라고 믿는다.	
23. ○○는 쾌활하고 재미있다. 유머로 다른 사람들과 관계를 맺는다.	
24. 더 큰 힘이 존재한다고 믿고 종교 실습이나 영적 실습(기도, 명상 등)에 기꺼이 참여한다.	

워크시트2.5를 완성하고 나서 파악한 강점을 워크시트2.6의 5열에 적는다.

워크시트2.6 대표 강점 프로필 작성

이 워크시트에는 채워 넣어야 하는 열이 있다. 각 열은 독립적이다.

2열과 3열: 워크시트2.1과 2.2에서 당신이 알아낸 강점 5가지를 표시한다.

4열과 5열: 워크시트2.4에서 가족이 알아낸 당신의 강점 5가지와 워크시트2.5에서 친구가 알아낸 당신의 강점 5가지를 표시한다.

6열: 대표 강점 설문에서 알아낸 당신의 상위 5~6가지 강점을 표시한다.

7열: 각 행의 점수를 합산해 적는다.

8열: 부족하거나(활용 부족·U) 지나친(활용 남용·O) 강점 5가지를 표시한다.

9열: 소유하고 싶은 강점 5가지를 표시한다.

대표 강점 프로필

1열	2열	3열	4열	5열	6열	7열	8열	9열
강점	WS2.1	WS2.2	WS2.4	WS2.5	SSQ-72	총점	U/O	희망 강점
1. 창의성과 독창성								
2. 호기심, 세상에 대한 흥미								
3. 개방성, 판단력, 비판적 사고								
4. 학구열								
5. 예견력과 지혜								
6. 용감성과 용맹성								
7. 끈기와 성실, 근면								
8. 정직과 진실성, 진정성								
9. 활력과 열정, 열의, 에너지								
10. 사랑: 사랑하고 사랑받는 능력								
11. 친절과 관용								
12. 사회성 지능								
13. 시민의식과 팀워크, 충성심								
14. 공정성과 형평성, 정의감								
15. 리더십								

16. 용서와 자비							
17. 겸손과 겸허							
18. 신중함과 조심성, 분별력							
19. 자기통제력							
20. 감상력, 심미안							
21. 감사							
22. 희망과 낙관성, 미래지향성							
23. 유머와 쾌활함							
24. 영성과 초월성							

치료자 노트

PPT에서 대표 강점은 인간의 가장 핵심적인 부분이다. 대부분의 긍정심리개입은 인기 있는 성격강점 조사의 상위 5가지 강점을 주시한다. 반면 PPT는 내담자에게 앞서 설명한 대표 강점의 포괄적 평가를 완성하라고 한다. 내담자는 누가 보느냐에 따라 자신의 대표 강점이 달라진다는 사실을 알아차릴 수 있다. 다시 말해 자가 파악 강점(사진/가슴이나 글/머리로 파악한 강점)과 타인 포착 강점 또는 객관적 질문지 평가 강점이 다르다. 이것은 PPT에서 중요한 요점이자 다양한 관점에 대해 토의하는 기회가 될 수 있다(성찰과 토의 참조).

내담자와 대표 강점 개념에 대해 토의한다. 셀리그만(2002a)은 모든 내담자가 몇 가지 대표 강점을 지니고 있다고 주장한다. 이런 강점들은 내담자가 의식적으로 소유하고 높이 평가하며 종종 소유욕과 진정성("이게 진짜 나야")을 느끼는 성격강점이다. 그뿐만 아니라 그런 강점을 발휘할 때는 언제나 흥분에 사로잡힌다. 대표 강점을 사용해 빠르게 배움을 얻고, 계속 배워나가며, 지치기보다 활력을 느낀다. 또한 대표 강점을 중심으로 전개되는 프로젝트를 추구하게 된다. PPT에서는 내담자의 대표 강점을 이용해 몰입을 이끌어낸다.

성찰과 토의(1편)

이 실습을 완료한 후 다음의 질문에 대해 생각해보고 토의한다.

- 다양한 관점을 고려한 후 당신의 대표 강점이 당신의 성격을 얼마나 잘 반영해주는가? 당신의 대표 강점이 당신을 전혀 모르는 사람에게도 당신을 적절하게 묘사해주는가?
- 당신의 가족과 친구, 설문지의 관점이 당신의 관점과 크게 다른가? 다수의 사람이 동일한 구체적인 강점들을 찾아냈는가? 그렇다면 그에 대해 설명해본다.
- 대표 강점 프로필을 작성하고 나서 특정한 강점을 특정한 사람과 함께 있을 때나 특정한 상황에서 발휘했는가? 그렇다면 그에 대해 설명해본다.
- 지금까지 당신 인생을 돌이켜봤을 때 어떤 강점이 항상 존재했는가? 어떤 강점이 새로운 것인가? 이 실습에서 무엇을 배울 수 있는가?
- 당신의 강점들이 어떻게 동반 상승효과를 발휘하는가?

이 질문들에 대해 생각해보고 토의하고 난 후 내담자는 워크시트2.7: 당신의 대표 강점 표지자를 완성해야 한다. 내담자의 대표 강점 진정성 분석을 도와주는 게 이 워크시트의 목적이라는 사실을 내담자에게 설명해준다. 내담자의 대표 강점 프로필(워크시트 2.6)에서 파악한 강점들이 내담자 자신의 진짜 강점들인가. 자신의 진짜 강점들을 이해할 때 일상생활의 복잡한 상황을 해결할 수 있다. 앞서 파악한 5~6가지 강점이 자신의 진정한 대표 강점인지 아는 것은 매우 중요한 일이다. 그래야 그런 강점들을 소유할 수 있기 때문이다.

워크시트 2.7 당신의 대표 강점 표지자

제일 먼저 대표 강점 프로필에 기록한 당신의 대표 강점들을 다음의 빈칸에 적는다. 이어서 그다음의 질문을 활용해 특정한 경험을 간략하게 서술한다. 이때 당신의 대표 강점 하나나 그 이상에 관한 사례를 넣는다. 다음의 질문은 대표 강점의 핵심 표지자(진정성)를 부각하는 데 도움이 된다.

대표 강점 프로필에서 파악한 나의 대표 강점은 다음과 같다.

1.

2.

3.

4.

5.

대표 강점의 핵심 표지자를 결정짓는 질문

1. 진정성: 이 강점이 나의 핵심 부분인가?

2. 흥분: 나의 대표 강점을 사용할 때 흥분하는가?

3. 학구열: 이 강점을 자연스럽게 힘들이지 않고 사용하는가?

4. 새로운 사용 방식 찾기: 내 강점을 사용하는 새로운 방법을 찾고 싶은가?

5. 끈기: 이 강점을 한껏 사용하는 활동을 그만두기 어려운가?

6. 고무: 이 강점을 사용하면 지치는 게 아니라 기운이 솟는 것 같은가?

7. 강점을 사용하는 프로젝트: 이 강점을 사용하는 개인적인 프로젝트를 만드는가?

8. 열의: 이 강점을 사용하면 즐겁고 열정과 열의가 느껴지는가?

성찰과 토의(2편)

워크시트2.7을 완성하고 나서 다음의 질문에 대해 생각해보고 토의한다.

- 구체적인 표지자(진정성, 학구열, 고무 등)로 보아 어떤 대표 강점이 두드러지게 나타나는가?

- 이 워크시트를 완성한 후 당신의 대표 강점을 얼마나 자신하게 됐는가?

- 24가지 강점을 모두 검토해본다. 워크시트2.7의 핵심 표지자로 보아 반드시 있어야 할 것 같은 강점들이 대표 강점 프로필에 빠져 있는가? 왜 그런 강점들이 당신의 상위 5~6가지 대표 강점에 들어가지 않았는가?

이제 내담자는 자신의 대표 강점을 알고 있다. 다음 단계는 부족한 강점뿐만 아니라 대표 강점의 사용 부족과 남용을 인지하는 것이다. 내담자에게 워크시트2.8: 강점 사용 부족과 사용 남용을 완성하라고 한다.

워크시트2.8 강점 사용 부족과 사용 남용

다음의 강점 설명을 읽어본다. 충분히 활용하지 못하는(또는 완전히 부족한) 강점 3가지에 – 표시를 한다. 사용 남용하는 강점 3가지에는 + 표시를 한다(이런 강점들이 반드시 당신의 대표 강점이어야 하는 것은 아니다).

이어서 당신의 대표 강점 각각에 사용 부족이나 사용 남용, 사용 과도 여지가 있다면 표시한다.

성격강점	설명	사용 부족	사용 남용
1. 창의성과 독창성	새롭고 더 나은 방식을 잘 생각해낸다. 전통적인 방식에 만족하지 않는다.		
2. 호기심과 경험에 대한 개방성	모험심에 사로잡혀 질문하고 모호성을 잘 견디지 못한다. 색다른 경험과 활동에 개방적이다.		
3. 개방성과 비판적 사고, 판단력	결정을 내리기 전 모든 측면을 충분히 생각하고 검토한다. 신뢰할 수 있는 다른 사람들에게 상담한다. 필요하다면 융통성 있게 마음을 바꾼다.		
4. 학구열	학교, 기업에서 또는 혼자 많은 것과 아이디어, 개념, 사실을 배우길 좋아한다.		
5. 예견력, 지혜	근본적인 의미를 이해하려고 모든 것을 종합한다. 친구들 간 불화를 해소한다. 실수에서 교훈을 얻는다.		
6. 용감성과 용기	두려움을 극복하고 해야 할 일을 한다. 역경이나 도전 앞에서 포기하지 않는다.		
7. 끈기와 인내, 근면	대부분의 일을 끝까지 해낸다. 산만해져도 다시 집중할 수 있고, 불평하지 않고 과제를 완성한다. 어려움을 극복해 과제를 완수한다.		
8. 정직과 진실성, 진정성	자신이 아닌 다른 누군가인 척하지 않는다. 진실하고 정직한 사람처럼 보인다.		
9. 활력과 열정, 열의, 에너지	활동적이고 쾌활하며 생기발랄하다. 다른 사람들이 어울리고 싶어 한다.		
10. 사랑: 사랑받고 사랑하는 능력	친구들 또는 가족과 따뜻하고 배려하는 관계를 맺는다. 진정한 사랑과 애정을 자주 행동으로 보여준다.		
11. 친절과 관용	종종 부탁받지 않아도 다른 사람들에게 친절을 베푼다. 다른 사람들을 자주 도와준다. 친절한 사람으로 평가받는다.		
12. 사회성 지능	다른 사람들의 감정을 쉽게 이해한다. 사회적 상황에서 자신을 잘 관리하고, 뛰어난 대인관계 기술을 발휘한다.		
13. 시민의식과 팀워크, 충성심	팀원들이나 집단 회원들과 잘 어울리고 집단의 성공에 기여한다.		

14. 공정함과 형평성, 정의감	부당하게 대우받고 괴롭힘을 당하거나 조롱받는 사람들 편에 선다. 일일 행동에서 공정함이 드러난다.		
15. 리더십	다른 사람들을 포함시키는 활동을 조직한다. 다른 사람들이 따르고 싶어 하는 사람이 된다. 또래가 종종 지도자로 선택하는 사람이다.		
16. 용서와 자비	자기 기분을 상하게 한 사람들을 쉽게 용서한다. 앙심을 품지 않는다.		
17. 겸손과 겸허	주목받는 걸 싫어한다. 특별하게 행동하지 않는다. 단점을 순순히 인정한다. 자신이 할 수 있는 것과 할 수 없는 것을 안다. 다른 사람들에게 빛나는 주역을 넘긴다.		
18. 신중함과 조심성, 분별력	신중하고 조심스럽다. 과도한 위험을 피한다. 외적인 압력에 쉽게 굴복하지 않는다.		
19. 자기통제력과 자제력	자신의 감정과 행동을 잘 관리한다. 규칙과 일상적인 일과를 따른다.		
20. 감상력(심미안)	자연과 예술(그림, 음악, 연극 등)에서나 많은 인생 분야의 우수성에서 또는 이 모두에서 아름다움에 깊이 감명받는다.		
21. 감사	좋은 것들에 대한 감사를 말과 행동으로 표현한다. 좋은 것들을 당연시하지 않는다.		
22. 희망과 낙관성, 미래지향성	나쁜 일보다 잘 됐던 일이 더 많이 일어나길 바라고 그렇게 될 거라고 믿는다. 실패해도 빨리 회복하고 '실패를 극복할 구제적인 조치를 취한다.		
23. 유머와 쾌활함	쾌활하고 재미있다. 유머로 다른 사람들과 관계를 맺는다.		
24. 영성과 종교성	하나님이나 더 큰 영적 존재가 존재한다고 믿는다. 종교나 영적 실습(기도, 명상 등)에 기꺼이 참여한다.		

성찰과 토의(3편)

워크시트2.8을 완성하고 나서 다음의 질문에 대해 생각해보고 토의한다.

1. 때로는 당신이 생각하는 타인의 부정적 행동이 강점 사용 부족이나 사용 남용의 결과일 수 있다. 다음의 흔한 상황을 생각해보고 그런 상황이 강점 사용 부족이나 사용 남용을 반영하는 것은 아닌지 토의해본다(주: (a)우울한 기분을 설명해주는 다른 정상 참작 사유가 없다면 열정과 긍정정서 남용 (b)예견력 부족이나 신중함 남용 (c)유머와 쾌활함 남용 (d)용감성이나 공정성 부족 (e)자기통제력 부족).

a. 우울하고 활기가 없다.

b. 작은 일을 지나치게 걱정하거나 중요하지 않을지도 모르는 세부사항을 걱정한다.

c. 항상 희희낙락하고 유머가 넘친다.

d. 친구의 부적절한 행동에 맞서지 못한다.

e. 너무 많은 프로젝트나 과제를 맡고 있다.

2. 강점의 균형 잡힌 사용 및 강점 사용 부족이나 사용 남용을 명백하게 또는 간단하게 구별하기 어려울 때가 종종 있다. 호기심을 예로 들어보겠다. 호기심이 생기면 새로운 경험을 개방적으로 받아들이려고 적극적으로 지식을 추구한다. 호기심 사용 부족(무관심, 냉담함, 따분함)은 쉽게 알아차릴 수 있지만 호기심 남용은 포착하기 어렵다. 페이스북 스토킹을 비롯한 많은 목적을 달성하려고 적극적으로 지식을 추구할 수 있기 때문이다. 페이스북 스토킹은 십중팔구 참견질에 해당한다. 이와 마찬가지로 열정에 사로잡히면 활력과 열의가 과도하게 표출돼 비이성적이거나 발작적인 행동이 나타날 수 있다. 자신의 대표 강점을 고려해보고 강점 사용 부족이나 사용 남용을 암시하는 특정한 행동과 태도가 나타나는지 생각해본다.

3. 당신의 대표 강점 사용 부족이나 사용 남용을 강화해주는 특정한 상황이나 환경이 있는가?

4. 특정한 강점의 사용 부족이나 사용 남용을 부추기는 문화적 요소가 있는가? 예컨대 어떤 문화는 겸손을 훨씬 많이 강조하는 한편 팀워크나 사회성 지능을 강조하는 문화도 있다.

5. 당신의 대표 강점 중 하나인 창의성을 남용하고 있다면 대표 강점은 아니지만 창의성을 균형 있게 발휘하는 데 도움이 되는 다른 강점(자기통제력과 겸손, 신중함)을 생각해낼 수 있는가?

사례: 멀리사

34세 여성 멀리사(Melissa)는 집단 PPT를 완료했다. 중증 우울증상과 불안증으로 소개를 통해 집단 PPT를 받았다. 멀리사는 대표 강점 프로필 작성을 끝낸 후 다음의 성찰 내용을 집단 구성원에게 이야기했다.

저는 약혼자와 직장 동료, 고등학교 시절 친구 한 명과 대표 강점 워크시트를 교환 했어요. 약혼자와는 5가지 강점 중 4가지가 일치했죠. 저희는 여러 문제에서 관점이 상당히 달랐기 때문에 그 결과에 깜짝 놀랐어요. 게다가 약혼자가 실제로 저를 잘 알고 있고 제 강점들을 가치 있게 여긴다는 사실을 깨닫고 또 한 번 놀랐죠.

제 직장 동료는 제 리더십을 높이 평가했어요. 제가 의도적으로 리더 역할을 맡은 적은 한 번도 없었기에 좀 놀랐죠. 하지만 직장 동료가 리더십이 제 강점이라고 하니까 언젠가 계획을 주도해볼 수 있을지도 모르겠다는 생각이 들었어요. 현재 직장에 서는 아니더라도 말이죠. 오랜 친구는 정직과 끈기가 제 강점이라고 했어요. 그건 전혀 놀랄 일이 아니었죠. 전 본래 하고 있는 일을 끝내기 전에는 다른 일을 하지 않거든요. 전 정직한 사람이라는 소리를 듣고, 그 점에 있어서는 절대 타협하지 않아요. 뭔가 중요한 것을 희생시키더라도 말이죠. ……실은 가끔씩 주로 엄마한테 "너무 정직하다"는 소리를 들어요.

전 다른 사람들의 관점들을 통합하는 걸 좋아해요. ……그렇게 하지 않으면 자기 자신만 지나치게 믿고, 상반되는 정보를 무시하게 되죠.

사례: 모리즈

21세 남자 대학생 모리즈(Moreez)는 심각한 우울증상과 소외감 때문에 개인 심리 치료를 받았다. 고등학생 초반에 우울증상을 보이기 시작했다. 처음에 모리즈는 심리치료를 제대로 받고자 하는 의욕이 없었고 학업 기능은 떨어진 상태였다. 본래 내향적이고 조용한 성격이라서 정서적 표현 범위가 제한돼 있었다. 회기 중에도 거의 미소를 짓지 않았다.

치료 라포가 형성됐을 때 모리즈는 마지못해 자신의 대표 강점을 찾아보기로 했다. 세 차례 회기를 거치고 나서야 모리즈의 강점에 관한 부수적인 정보를 모두 모을 수 있었다. 모리즈는 가족 대신 친구 2명에게 자신의 강점을 찾아달라고 부탁하기로 했다. 너무 부끄러워 가족한테는 그런 부탁을 할 수 없었기 때문이다.

하지만 각 단계를 밟아나가면서 모리즈는 흥미가 커졌다. 다양한 평가를 종합한 결과 겸손과 신중함, 친절, 사회성 지능, 팀워크가 모리즈의 대표 강점이었다. 모리즈의 치료자는 호기심을 드러내면서 모리즈에게 사회성 지능, 팀워크, 예견력에 관해 어떤 통찰력을 얻었는지 말해달라고 했다. 그러자 모리즈는 자신이 친구들 사이에서 이야기를 잘 들어주는 사람으로 인정받고 있다고 했다. 그러고는 이렇게 말했다. "누군가에게 자기 문제를 들어줄 사람이 필요할 때 항상 제가 나서죠." 모리즈는 자신이 이야기만 잘 들어주는 것은 아니라고 덧붙였다. "두 친구가 다투거나 어떤 친구가 다른 누군가와 충돌할 때마다 제일 먼저 저한테 조언을 구해요. 그래서 전 '이성의 소리'로 불리죠." 팀워크라는 자신의 대표 강점을 설명할 때는 자신이 훌륭한 팀 플레이어라고 했다. 또한 종종 집단 과제를 수행하기 위해 집단에 참여해달라고 요청받기도 한다고 했다.

모리즈는 자신의 대표 강점을 알아내고도 그다지 놀라지 않았다. 이미 직관적으로 알고 있어서다. 모리즈는 남들이 자신을 필요로 할 때는 언제나 도와줬지만 자신을 도와주는 사람은 아무도 없었다고 말했다. 또한 자신의 욕구를 별로 표현하지 않았고, 친구들은 대부분 자신에게 어떻게 지내는지 물어보거나 자신에 관해 깊이 알려고 하지 않는다고 했다.

치료자는 모리즈의 이야기를 공감하며 들어주고 나서 모리즈의 힘겨운 투쟁과 소외감을 전적으로 인정해줬고, 그런 감정들을 치료 중에 털어놓는 용기도 강조했다. 치료자는 또한 부드럽고도 조심스럽게 다른 사람들의 이야기를 들어주고, 상황의 모든 측면을 잘 고려하는 모리즈의 능력에 대해 이야기했다. 조리 정연한 상담을 해줄 수 있는 뛰어난 능력 덕분에 모리즈의 사회성 지능이 높아지고, 그런 강점들을 약간 조정하면 장기적으로 모리즈에게 이로울 것이라고도 했다.

모리즈는 치료자의 요청을 받고 나서 그런 강점들에 관한 많은 사례를 이야기했다. 치료자는 모리즈의 예견력 강점을 강조하면서 모리즈의 친절, 사회성 지능이 여러모로 다른 사람들에게 얼마나 큰 도움이 되는지를 일깨워줬다. 모리즈는 자신의 대표 강점 분석이 매우 이롭다는 사실을 깨달았다. 또한 언제나 자신의 그런 측면을 약점에 가까운 것으로 생각했다고 말했다. 하지만 그런 측면을 강점으로 인지하자 기분이 훨씬 더 나아졌다. 모리즈가 지각한 부채를 자산으로 재구성하자 기분이 좋아졌다. 고독감이 완전히 약해지지는 않았지만 좀 더 효과적인 사람이 되는 것 같았고, 자신의 강점들이 다른 사람들과 어울리는 데 도움이 된다고 믿게 됐다.

이 내담자가 자신의 강점을 좀 더 미묘하게 조절해 사용하는 법을 어떻게 배웠는지는 나중에 소개하겠다. 하지만 자신의 강점을 찾아내는 과정 자체만으로도 모리즈는 우울증에서 벗어날 수 있었다.

적합성과 융통성

PPT를 실시하는 치료자는 강점 기반 관점에서 일하다가 많은 어려움에 부딪힐 수 있다. 어떤 내담자는 치료란 문제점을 상담하는 것이라는 뿌리 깊은 생각에 사로잡혀 강점에 치중하는 것은 부적절하고 시간 낭비라고 생각한다. 그래서 치료에 강점을 사용하는 방식에 회의적이다. 한편 희생자 역할에 위안을 받는 내담자도 있다. 이 책의 저자들은 오랜 세월 수백 명의 내담자에게 강점 기반 접근법을 적용하면서 항상 치료관계와 치료 과정에 집중했다. 그 과정에서 인내하는 법과 다음과 같은 전략을 사용하는 방법을 배웠다.

- 내담자가 어찌할 줄 모르거나 위기에 처했을 때는 치료자의 공감 및 관련성(relatedness) 강점과 내담자의 고통을 견뎌낼 수 있는 능력이 필요하다. 먼저 이런 강점과 능력에 중점을 둔다.
- 내담자에게 보통 어떻게 위기에 대처하는지 물어보고, 어떤 강점이든 다 기록하며, 내담자가 토의할 준비가 됐다 싶을 때마다 그런 강점들에 대해 토의한다.
- 자신의 힘든 투쟁을 기꺼이 이야기하고자 하는 내담자의 마음을 인정해주고 높이 평가한다. 적절하다면 그런 마음을 용기이자 치료자를 신뢰하는 능력이라고 부른다.
- 희망과 변화 추구의 불꽃을 유지하고 나서 강점을 필수적인 변화 촉진 요소로 소개한다.
- 적절할 때마다 강점이라는 렌즈로 문제를 재구성한다. 예컨대 문제를 해결할 때 사람들은 다른 사람들과 상담하는 법을 배우고(사회적 상호작용), 색다른 것을 시도하고(진취성, 창의성, 끈기), 선택안들을 가늠해보고(신중함), 해결할 수 있는 것과 현실적인 것을 탐색하며(예견력), 진로를 따르며 유지하려고 한다(자기통제력).
- 내담자의 강점을 구체적으로 포착한다. 치료자가 내담자의 강점을 암시하는 구체적

인 행동과 습관, 경험, 기술, 이야기, 성취를 이끌어낼 때 공식적인 평가가 살아난다.

- 어떤 내담자는 좀처럼 사라지지 않는 프로이도포비아(Freudophobia)라는 증상을 지니고 있어 강점들을 무시한다(윌슨(Wilson), 2009). 다시 말해 자기 문제의 진짜 원인이 수용할 수 없는 성적 충동과 공격적 충동이라고 믿는 것이다. 대중문화에 만연하는 이런 믿음은 확실한 근거가 없다. 그럼에도 내담자는 이런 믿음에 사로잡혀 두려워하고 자신의 대표 강점에 확신을 갖지 못한다. 그런 믿음은 경험적으로 검증할 수 없을 뿐만 아니라 회상 편향(recollection bias)에 영향받는다. 이에 대해 내담자와 논의해본다(윌슨, 길버트, 2003).

- 점수가 낮은 강점들에 집중하는 내담자가 많고, 그에 초집중하는 내담자 역시 조금 있을 수 있다. 이 경우 내담자의 관심을 상위 강점들로 돌리려고 하지 말고, 내담자에게 특정 강점의 점수가 훨씬 낮은 이유를 설명해달라고 한다. 이렇게 해서 내담자의 이야기를 듣다 보면 내담자의 자아 개념에 관한 귀중한 현재 및 희망 통찰력을 얻을 수 있다. 하위 강점들에 관한 내담자의 이야기에서는 종종 처리되지 않은 트라우마와 아픔, 상처, 모욕이 드러난다. 이것은 치료자가 긍정개입에서 공유했던 내담자의 이야기를 풍성하게 해줄 수 있는 황금 같은 기회다. 더 나아가 하위 강점 설명은 내담자와 치료자 모두가 치료 목표뿐만 아니라 상위 강점들을 종합한 목표 달성 방법을 명확하게 하는 데 도움이 될 수 있다.

치료자 노트

- 몇몇 내담자의 경우 강점 파악과 평가를 하면서 자신의 문제를 주로 다른 사람들과 환경 탓으로 돌리는 성향이 강해질 수 있다. 결국 회복력에 필요한 개인적 책임을 회피할 수도 있다. 예컨대 상호의존적인 문화환경에서 성장한 내담자는 성공과 실패에 대한 책임을 집단적인 것으로 인지하고, 사랑, 사회성 지능, 팀워크 같은 대인관계 기반에 더 가까운 강점들 탓으로 돌린다. 문화뿐만 아니라 성격특성도 이에 한몫할 수 있다. 예컨대 과장된 자기관과 자아도취 성향을 지닌 내담자는 강점을 이용해 자기관을 더욱 강화하려고 할 수 있다. 이런 내담자에게는 강점의 맥락적 및 적응적 사용을 충분히 설명해야 한다.

- 치료받으려는 대부분의 내담자는 부모와 형제자매, 동료, 상사의 비판에 지속적으로 노출된 상태다. 비판은 문화적 영향을 받고 종종 양날의 검이 될 수 있다. 예를 들어 문화적 규범과 집안의 문

화적 규범에 따라 비판이 칭찬과 진정한 애정, 배려와 짝을 이루면 친밀한 가족관계에서 볼 수 있는 것처럼 적응적이 될 수 있다. 하지만 비판이 부정편향과 짝을 이루면 내담자의 반추적 사고가 강화돼 내담자가 반추에 사로잡힐 수 있다. 이런 내담자는 강점을 액면 그대로 받아들여도 자신의 약점을 계속 곱씹을 수 있다. 자신에게 중요한 다른 2명한테 자신의 강점을 확인받고 나서도 자신이 무능하고, 결점이 많으며, 자신의 능력만큼 성취하지 못한다고 생각한다. 그러므로 부정사고를 치료하기 위해 비판의 문화적 뿌리를 파헤치고, 인지행동치료와 정서집중치료 또는 수용전념치료 (acceptance commitment therapy) 같은 다른 치료 접근법도 개방적으로 받아들인다. 이와 동시에 내담자에게 긍정경험을 떠올려 실패와 좌절에 관한 생각을 자동적으로 줄여나가는 적절하게 복잡한 연습 활동을 시킨다. 포괄적인 긍정사고는 거의 모든 PPT 실습에 포함돼 있다.

문화적 고려사항

어떤 내담자는 자신의 대표 강점을 신뢰하지 못하거나 그다지 중요하게 여기지 않을 수노 있다. 이는 어느 정노는 문화적 규범 탓이나. 예컨내 집산주의 문화권 내담자는 순응을 바람직하게 여기는 문화 때문에 창의성 같은 강점을 과소평가할 수 있다. 겸허를 가치 있게 여기는 문화권 내담자는 열정을, 팀워크를 더욱 중시하는 문화권 내담자는 리더십을 과소평가할지도 모른다.

그러므로 이런 강점들의 문화 특수적 표현을 찾아봐야 한다. 보수적 가정에서 성장한 이슬람교도 여성 내담자는 매우 짧은 결혼생활 끝에 이혼을 겪으면서 치료받기 시작했다. 이 여성은 이혼의 주된 이유가 고압적인 시댁 식구의 차별 대우와 성차별이라고 했다. 북아메리카에서 태어나 성장한 이 내담자는 전적으로 자신이 선택한 결혼이었지만 이혼하는 게 옳다고 확신했다. 그런데도 친척들이 자신의 이혼 결정에 대해 캐물을까 봐 무척 걱정했다.

이 내담자의 대표 강점은 예견력, 용감성, 공정성이었다. 특히 공정성은 가족 한 명과 친한 친구 한 명이 확증해준 강점이었다. 공정성을 문화적으로 적절하게 표현하는 법에 관해 논의하자 자기 자신을 비롯한 다른 누군가 부당한 대우를 받을 때 그 사람을 지지하는 것이 공정성에 포함된다는 결과가 나왔다. 이에 힘입어 이 내담자는 자신의 이혼 결정이 가장 중요한 자신의 강점, 즉 가족과 더불어 동질감을 느끼는 문화에서 가치 있게 여기는 강점을 표현한 것이라고 자신하게 됐다. 이 내담자는 자신이 공정하다고 생각하는 것을 집요하게 추구하려고 용감성이라는 강점을 발휘해 문화적 압박에 대항했다.

치료자는 내담자가 문화적 요소 때문에 사회적으로나 재정적으로 또는 정서적으로 큰 희생을 치르면서도 특정한 강점들을 사용하고 회복력을 발휘한 이야기에 민감하게 즉각 반응해야 한다. 한 내담자는 오랜 세월 정서적, 신체적으로 아빠한테 학대당한 끝에 마침내 용기를 냈다. 문화적 규범에 맞서 아빠에게 대들고 결국 집을 떠났다.

또 다른 내담자는 동거인을 사랑해 아주 친절하게 대했다. 8년간의 동거생활은 쾌활함과 열정, 감사로 가득했다. 그러던 어느 날, 그 오랜 세월 동안 동거남이 자신의 가장 친한 친구와 바람을 피웠다는 사실을 알게 됐다. 치료자는 강점을 논의할 때 치료 속도를 민감하게 인지해 신중하게 조절해야 한다. 너무 이른 강점 논의는 강점에 대한 내담자의 믿음을 해칠 수도 있기 때문이다. 먼저 내담자와 견고한 치료관계를 천천히 확립한 후 다음 회기에 논의할 실용지혜를 내담자에게 제공하면서 PPT 요소나 강점 기반 접근법을 소개한다.

유지

내담자가 진척 상태를 유지할 수 있게 다음의 정보를 내담자와 논의한다.

인간은 자기 내부와 외부의 긍정성보다 부정성을 훨씬 더 날카롭게, 고집스럽게 포착해 훨씬 더 깊이 파고든다. 이런 성향은 부정사건을 경험할 때마다 강해진다.

이런 부정편향을 어떻게 하지 않으면 부정성에 사로잡혀 결국 부정성을 떼어놓지 못하게 될 가능성이 크다. 그러다가 만성불안과 슬픔, 분노, 양가감정, 고립이 나타나는 경우가 흔하다. 대부분의 사람은 심리치료가 그런 부정성을 논의하는 것이라고 생각하는데 실제로도 그렇다. 하지만 심리치료는 자신의 취약점을 무시하지 않고도 회복력을 키우는 방법을 찾아낼 수 있는 것이기도 한다. 절망과 환영을 무시하지 않고도 희망과 꿈을 찾아낼 수 있고, 약점을 무시하지 않고도 강점을 키우는 기술을 습득할 수 있는 것이 심리치료다. 이런 노력을 지속적으로 한다면 부정성 렌즈의 초점을 다시 맞출 수 있다. 자신의 강점을 포착해 사용하는 체계적인 방법을 배우면 직장과 가정 같은 다른 생활 영역에도 적용할 수 있고, 삶을 바라보는 일반적인 관점도 넓힐 수 있다. 한 가지 예를 들자면 다음과 같다.

젊은 여성 내담자 캐런(Karen)은 자신에게 강점이 있다고 생각하기가 아주 어려웠다. 정서적 학대를 받았고 가까운 가족을 잃었을 뿐만 아니라 만성적 자살 생각과 정신착란, 과거의 부정기억에 대한 집착으로 병원을 들락거린 '바람직하지 못한 패키지'가 자신이라고 생각했다. 캐런은 깊은 회의주의에 빠져 있다가 자신의 강점을 찾아보기 시작했다. 캐런의 대표 강점은 학구열, 호기심, 창의성, 용감성, 리더십으로 나왔다. 각 강점과 관련된 구체적인 경험을 이야기해달라고 하자 이 젊은 여성은 지역에서 최우수 장학생으로 대학교에 입학해 전액 장학금을 받았다고 했다. 캐런은 힘든 상황에서도 우수한 성적을 유지할 수 있었고, 언제나 '우등생 명단'에 들어갔다. 또한 많은 고등학교 여학생에게 적절한 도움을 청하는 것을 수치스럽게 여기지 말라고 조언한 적도 있었다. 이런 구체적인 사건들을 이야기하자 캐런의 기분이 달라졌고, 캐런은 결국 이렇게 말했다. "제 인생이 그렇게 나쁘지 않다는 걸 방금 깨달았어요. 전 아직 뭔가를 할 수 있어요."

캐런의 이야기에서 어느 정도 동질감을 느낄 수 있는가. 당신은 자신에게 어떤 이야기를 하고 있는지 자문해보자. 그 이야기에 깔려 있는 근본적 주제는 무엇인가. 긍정개입 실습에서는 최상의 당신을 끌어내준 사건을 회상했고, 감사 일기 실습에서는 매일 일어나는 잘 됐던 일 3가지를 살펴봤다. 이런 실습들처럼 당신의 강점을 인정하는 이 실습도 당신 내부와 외부의 보다 긍정적인 측면을 지향하는 사고방식을 키워줄 수 있다. 사람들은 보통 부정성을 원인으로 보기 쉽다('그 사람은 정직하지 못해 횡령했다' 등). 하지만 강점 지식이 있으면 일상생활에서 긍정성을 원인으로 볼 수 있다('그 여자는 친절해 학대받던 관계를 끊어버리고 머물 곳을 찾을 수 있었다' 등).

PPT 실습은 당신의 강점을 깊이 있게 알고 이해할 수 있게 돕는다. 단순한 강점 파악으로 시작해 자신의 강점을 내면화하는 법을 배우게 된다. 다음에서는 치료 시작 시와 강점 탐색 이후 내담자의 자기 묘사를 몇 가지 소개한다. 이런 묘사들은 이들 내담자가 강점을 내면화해 자기 성격으로 만드는 방법을 보여준다.

내담자1

치료 시작 시

절망적이다. 날 이해해주는 사람을 한 명도 찾지 못할 것 같다. 첫 데이트가 끝나자마자 그 사람의 진짜 모습과 부정적 모습이 보이기 시작하니……. 아무래도 나는 잘못된 사람만 끌어당기는 것 같다.

강점 탐색 이후

다른 사람들이 내 강점을 몇 가지 찾아주자 기분이 훨씬 나아졌다. 도무지 제대로 된 사람을 만날 수 없는데도 내가 친절하고 사회성 지능이 높으며 신중하고 겸손한 사람이라고 생각하는 이들이 있을 줄은 생각도 못했다. 그런 평가는 내게 큰 도움이 됐다. 데이트를 하기 시작하면서 지나치게 걱정할 필요가 없고, 남을 너무 빨리 판단하지 않으려고 신중함을 남용할 필요도 없다는 사실을 깨달았다. 그 대신 친절과 사회성 지능을 사용해 다른 사람들을 이해할 것이다.

내담자2

치료 시작 시

나는 "이게 다야?"라고 수차례 자문했다.

강점 탐색 이후

내가 자연의 경이로움에 깊이 감명받는 사실을 전혀 깨닫지 못했다. 지난번 자연을 가까이 접했을 때 나는 절대적인 경외감에 사로잡혔다. 내 몸과 마음, 영혼이 모두 평안해졌다. 아무래도 인생에는 내가 생각하는 것 그 이상이 있는 것 같다.

내담자3

치료 시작 시

나는 도전을 절대 피하지 않는 적극적인 사람이라는 소리를 듣는다. 나는 그 모든 도전을 받아들인다. 하지만 최근은 제대로 해내지 못하는 것 같다. ……종종 제대로 하기는 했는데 시기가 잘못되거나 옳은 일을 하기는 했는데 그 대상이 잘못되기도 한다.

강점 탐색 이후

나는 시야를 넓힐 수 있다. ……열정이 내 대표 강점 중 하나이며, 다른 사람들도 그렇게 생각한다는 걸 알고 있다. 나는 쉽게 영감을 얻어 열정적으로 행동하고, 내가 맡은 일에 모든 것을 다 쏟아붓는다. 어쩌면 좀 더 신중함을 발휘하는 게 나한테 훨씬 도움이 될 수도 있을 것 같다.

내담자4

치료 시작 시

나는 연인에게 사랑과 애정을 표현하고 싶은 마음을 일부러 억누른다. 데이트 상대에게 약하고 의존적이고 불안정한 사람으로 비칠까 봐 두렵기 때문이다.

강점 탐색 이후

내가 지나치게 조심스럽다는 사실을 깨닫지 못했다. 사랑을 주고받으려면 내가 마음을 열어야 한다. ……애정 표현이 내 강점이라는 사실을 깨닫지 못했다. ……예전에는 사랑을 너무 많이 표현하면 내가 약해질 수 있다고 생각했다.

내담자5

치료 시작 시

나의 모든 결점을 없애지 않으면 성장할 수 없다.

강점 탐색 이후

내 약점을 고치려고 치료자와 인생 코치, 뛰어난 동기 부여 연사, 영적 지도자들과 수천 시간은 아니더라도 수백 시간을 보냈다. 하지만 언제나 내 결점을 없앨 수 없을 것 같았다. ……내 약점 때문에 성취욕 높은 아버지의 기대에 부응할 수 없는 것 같았다. ……강점을 파악하자 내 생각이 크게 달라졌다. 아무래도 내 결점을 제거하려고 애쓰기보다 강점을 키우는 게 훨씬 더 나을 것 같다.

회기 종료 시 이완

회기 시작 시와 마찬가지로 짧은 이완으로 회기를 종료한다.

자원

간행물

- Joseph, S., & Wood, A. (2010). Assessment of positive functioning in clinical psychology: Theoretical and practical issues. Clinical Psychology Review, 30(7), 830–838.
- Quinlan, D. M., Swain, N., Cameron, C., & Vella-Brodrick, D. A. (2015). How "other people matter" in a classroom-based strengths intervention: Exploring interpersonal strategies and classroom outcomes. The Journal of Positive Psychology, 10(1), 77–89. doi:10.1080/17439760.2014.920407
- Rashid, T. & Ostermann, R. F. (2009). Strength-based assessment in clinical practice. Journal of Clinical Psychology, 65, 488–498.
- Rashid, T. (2015). Strength-based assessment. In S. Joseph (Ed.), Positive psychology in practice (2nd ed., pp. 519–544). New York: Wiley. doi: 10.1002/9781118996874.ch31
- Scheel, M. J., Davis, C. K., & Henderson, J. D. (2012). Therapist use of client strengths: A qualitative study of positive processes. The Counseling Psychologist, 41(3), 392–427. doi:10.1177/0011000012439427
- Tedeshi, R. G. & Kilmer, R. P. (2005). Assessing strengths, resilience, and growth to guide clinical interventions. Professional Psychology: Research and Practice, 36, 230–237.

동영상

- What Are Your Character Strengths? A brief video to assess character strengths (Worksheet 1; Heart, page x):
  https://youtu.be/K-3IjNr1gCg
- TED Talk on importance of character strengths in psychotherapy by Tayyab Rashid:
  https://youtu.be/Q6W5IrZH7tc
- The Science of Character: an eight-minute documentary presenting a compelling case for character strengths toward a fulfilling life:
  https://youtu.be/p0fK4837Bgg

웹사이트

• The VIA Institute on Character offers invaluable resources on both the science and practice of character, with free measure of character strengths: http:// www.viacharacter.org

9장
3회기: 실용지혜

3회기에서는 실용지혜 기술을 제시한다. 이런 기술들은 대표 강점을 균형 잡힌 방식으로 적절하게 적용해 문제를 해결하는 방법을 가르쳐준다. 이 회기에서 중점적으로 다루는 긍정심리치료(PPT) 실습은 강점 노하우다.

3회기 요약

핵심 개념

    회기 중 실습: 강점 노하우

    성찰과 토의

    실용지혜 기술 쌓기 추가 연습활동

    사례

    적합성과 융통성

    문화적 고려사항

    유지

자원

핵심 개념

이 PPT 회기의 핵심적인 특징은 내담자에게 실용지혜라는 아리스토텔레스의 사상을 가르치는 것이다. 다시 말해 실용지혜란 훌륭하고 의미 있고 도덕적인 삶을 살기 위해 강점을 적응적으로 사용하는 것이다. 강점 적응적 사용의 핵심 개념은 이 회기 후반부의

'실용지혜-강점 노하우 익히기'에서 사례와 더불어 소개하겠다. 내담자는 이런 기술들을 통해 자신의 강점을 적용해 스트레스 요인과 부정정서, 부정경험을 극복하는 법을 배울 수 있다. 이런 기술은 내담자가 성장을 지향하는 극히 개인적인 목적을 추구하게 도와준다.

회기 시작 시 이완

각 회기는 간단한 이완 운동으로 시작한다. 이 책 마지막에 수록된 〈부록A: 마음챙김과 이완 실습〉을 참조하길 바란다. 이 부록의 복사본은 내담자 워크북에도 나와 있다. 이전 회기의 핵심 개념뿐만 아니라 내담자의 감사 일기를 검토하면서 이 회기를 계속 진행한다.

회기 중 실습: 강점 노하우

실용지혜 배양

구체화 추구

무엇보다 대표 강점의 추상적 개념을 구체적인 행동으로 바꿔야 한다. 그래야 내담자가 일상생활에서 어떤 행동이 어떤 강점을 뜻하는지 보다 잘 이해할 수 있다. 자신의 대표 강점 중 영성을 사용한 결과가 자신보다 훨씬 더 원대한 뭔가와 관련돼 있는가. 그렇다면 영성을 대변하는 구체적인 활동이 얼마나 많고, 얼마나 질이 높은지 확인할 수 있다.

대표 강점을 대변하는 행동 구체화는 또한 맥락에 따라 달라진다. 예컨대 창의성은 도전적 맥락에서 창의적인 문제 해결 활동이나 참신한 방식으로 일 처리하기 활동을 대변할 수 있다. 강점은 상호배타적인 것이 아니라 중복될 가능성이 훨씬 많다는 사실에 유념하길 바란다.

〈부록D: 강점 키우기〉는 대표 강점의 미묘한 차이를 파악해 대표 강점을 구체적인 행동으로 바꾸게 도와준다(이 부록은 내담자 워크북에도 나와 있다).

적절성 찾기

좀 더 어려운 두 번째 기술은 당신의 대표 강점이 당면한 상황에 적절한지를 알아내는 것이다. 예컨대 나중에 소개할 여성 내담자 미첼은 용서라는 대표 강점을 지니고 있다. 이 강점을 적절하게 적용하는 문제는 맥락적 요소와 대인적 요소에 의해 좌우된다. 용서 같은 강점은 구체적인 상황이나 대상에게 사용할 때 가장 잘 발휘할 수 있다. 하지만 모든 상황에서 누구에게나 통하는 것은 아니다. 미첼은 용서가 자기 자신과 다른 사람들에게 미치는 영향을 고려해 적절성 기술을 갈고닦은 덕분에 이득을 봤다. 과거의 경험은 용서가 구체적인 맥락에서 적절한지를 파악하는 데 도움이 될 수 있다.

또 다른 중년 남성 내담자 산드로는 20년 이상 함께 살았던 전처에게 강한 분노를 품고 있었다. 산드로의 전처는 결혼생활 내내 다른 남성과 혼외관계를 맺었다. 산드로는 전처가 막내아이가 열여덟 살이 돼 대학교에 들어갈 때까지 기다렸다가 자신을 떠났다고 말했다. 그러면서 자신은 도저히 전처를 용서할 수 없을 것 같다고 했다. 치료자가 그 이유를 묻자 산드로는 이렇게 말했다. "전처가 자신의 잘못을 깨달았으면 좋겠어요. 제가 전처를 용서하면 그 여자는 자기가 무슨 짓을 했는지 깨닫지도 못할 겁니다." 이에 치료자는 이렇게 말했다. "하지만 당신은 지금 고통스러워하고 있는 것 같은데요. ……용서는 전처를 위해서가 아니라 당신 자신을 위해 하는 겁니다. 전처에게 용서한다고 말해줄 필요도 없어요." 하지만 이 내담자는 용서할 준비가 돼 있지 않았고, 결국 치료자는 그 문제를 강요하지 않았다. 이 경우 치료 시에도 용서 강점을 사용하는 게 적절하지 않았다.

실제로 어려운 상황에는 특정한 강점이 어떤 상황에 적절한지를 알려주는 '뉴스티커' 같은 한 줄 전광판이 없다. 그러므로 내담자가 어떤 강점 한 가지 또는 한 세트가 적응적이고 건전한 결과를 도출해내는지를 고려해 적절성 여부를 파악하게 도와줘야 한다.

공정함의 적절한 사용 문제를 한번 생각해보자. 공정함은 유능한 지도자에게 필요한 강점이다. 레이철(Rachael)이라는 내담자는 자신이 유능한 지도자임을 자신하는 수석 인사관리자다. 그런데 자신의 최고 강점이 리더십이 아니라는 사실을 알고 깜짝 놀랐다. 리더십 자질에 관해 자세하게 논의하고 나서야 레이철은 관점이 다른 사람들과 함께 효율적으로 일하는 능력이 부족하다는 사실을 깨달았다. 레이철은 함께 일하는 사람들을 신뢰하지 않았고, 아무리 노력해도 모든 직원으로부터 최상의 모습을 끌어낼 수 없었다. 하지만 사회성 지능, 공정성, 팀워크 같은 다른 강점에 대해 치료자와 논의하고 나서는 그런 강점들을 이용해 리더십 자질을 강화할 수 있었다.

적절성 여부를 결정할 때는 시야 넓히기도 필요하다. 시야를 넓히면 언제, 어디서, 누구에게, 어떻게 사용해야 자신의 대표 강점이 자신은 물론 다른 사람들에게도 가장 유익해지는지 알아낼 수 있다. 한 예로 기혼여성 내담자 메이(May)는 남편의 행복이 자신의 주된 책임이라는 생각에 짓눌려 있다고 했다. 자신의 욕구를 챙기는 것보다 남편을 즐겁게 해주는 것이 훨씬 더 중요하다는 이야기도 자주 했다. 치료 초기에는 메이의 대표 강점이 자신의 행복에 가장 효과적이지 못하다는 사실을 일깨워주는 게 가장 힘들었다. 하지만 결국 메이는 그것이 얼마나 놀라운 깨달음인지를 알게 됐다.

충돌 해소하기

실용지혜를 배양하는 세 번째 기술은 이해를 증진하고, 2가지 강점(또는 대표 강점)이 서로 충돌하는 상황을 긍정적으로 해결하는 것이다. 지아(Jia)라는 내담자는 종종 자신의 창의성과 신중함이 충돌하는 상황을 경험했다. 지아는 화가가 되고 싶었지만 지아의 부모님은 둘 다 의사라서 종종 지아에게 의학계에서 '견실하고 안정된 경력'을 추구해보라고 넌지시 또는 때때로 강력하게 부추겼다. 결국 지아는 조심성에 굴복해 그림(열정)을 포기하고 현재 의과대학에 다니고 있다. 치료 작업이 그다지 큰 효과를 발휘하지 못해 지아는 자신의 2가지 대표 강점의 충돌을 더욱더 날카롭게 의식하게 됐다.

하지만 어떤 대표 강점이 자신의 핵심 가치와 보다 가까운지 또는 어떤 대표 강점이 최적의 결과를 낳는지를 파악하면 충돌을 해소할 수 있다. 예컨대 지아의 핵심 가치가 자기표현이라면 지아는 자신의 창의적인 잠재력이나 최상의 잠재력을 깨달을 때 살아 있는 것 같고, 진정한 자신을 느낀다. 모든 노력에서 창의적인 역할이나 배출구를 찾을 수 있다면 아마 더 행복해질지도 모른다. 반면 지아의 핵심 가치가 부모님과 안정된 관계를 유지하고 확실한 직장을 갖는 것이라면, 즉 문화적 기대에 부응하는 것이라면 지아는 고용안정을 보장하는 경력을 추구하는 게 훨씬 나을 것이다. 희망하는 결과를 먼저 생각해보고, 어떤 강점이 그런 결과를 끌어낼지 평가해본다. 이렇게 하면 충돌을 해소할 수 있을 뿐만 아니라 목표 달성에 도움이 되는 강점을 보다 깊이 이해할 수 있다.

성찰하기

실용지혜를 얻으려면 자신의 대표 강점이 다른 사람들에게 어떤 영향을 미치는지 성찰해봐야 한다. 대표 강점을 보다 광범위하게 발휘하면 어떤 도덕적 결과가 나타나는가.

이 책의 저자들이 치료 실습에서 접했던 몇 가지 사례를 여기서 살펴보겠다. 여학생 마리아의 대표 강점은 신중함, 공정성, 사회성 지능이다. 한번은 친구들이 마리아의 페이스북 페이지에 마리아에 관한 글을 올렸다. 그런데 마리아는 그 글을 오해해 누군가 자신뿐만 아니라 어쩌면 자신과 같은 문화권의 모든 여성을 해치려는 음모를 꾸미고 있다고 생각했다. 그래서 주의 깊고 신중하게 다른 여성들에게 위험에 처할 수도 있다고 경고하는 메시지를 페이스북과 다른 소셜미디어에 올렸다. 그 즉시 캠퍼스 당국이 경계태세에 돌입하고 안전규약이 무더기로 발동돼 많은 학생이 불편을 겪었다. 마리아는 자신이 신중히 생각하지 않고 자신의 대표 강점을 남용했다는 사실을 깨달았다.

또 다른 대학원생 내담자는 지도교수가 바꾸라고 했던 프로젝트에 실험실 자원을 계속 투자했다. 이런 끈기 때문에 이 내담자와 실험실 파트너들은 불필요한 시간과 노력 낭비라는 대가를 치러야 했다. 이것이 바로 끈기를 남용한 결과다. 이 2가지 사례는 강점 남용이 어떻게 부정적 결과를 낳을 수 있는지 보여준다.

게다가 실용지혜의 핵심은 자신의 동기를 인식하는 것이다. 자신의 실패를 인식하고 기꺼이 인정해야 한다. 하지만 자신의 실패를 인정하는 것은 쉽지 않다. 그러자면 용기와 겸손(2가지 강점)이 필요하다. 이 기술을 갈고닦는 한 가지 방법은 뒤로 물러서 자신의 역할과 책임을 공정하게 판단해보고, 특히 다른 사람들에게 영향을 미친 실수에서 어떻게 교훈을 얻을 수 있는지 알아보는 것이다.

조절하기

실용지혜 기술을 배양하려면 정기적으로 상황에 맞춰 적응하고, 변화를 감지하며, 상황의 요구에 맞게 강점 사용법을 조절하고 또 조절해야 한다. 많은 사람이 비효율적인 해결책을 계속 시도하거나 자신의 접근법을 바꾸지 않기 때문에 문제를 해결하지 못한다. 의료전문가를 예로 들어보자. 의사들은 환자들에게 시간을 쏟아부어야 하는 헌신과 전문적 욕구의 균형을 맞춰야 한다. 병원 지출 비용을 충당할 수 있을 만큼 환자를 진료하고, 제시간에 맞춰 다음 환자를 진료하는 것 등이 그렇다. 암 전문의는 말기 암 아동의 부모에게 진실을 말하고 싶은 마음을 어떻게 조절해야 할까. 삶의 다배양과 복잡성은 종종 수많은 회색지대를 낳는다. 모든 규칙과 지침, 정책, 규정이 회색지대를 포착해낼 수 있는 게 아니다. 본래 의도가 얼마나 좋든 규칙을 엄격하고도 좁게 적용하면 개인의 동기가 고갈돼 그런 규칙에 갇혀버린다.

내담자의 대표 강점 프로필과 연이은 PPT 실습은 당면한 어려움에 맞게 강점을 적절하게 사용하는 내담자의 기술을 날카롭게 단련하는 데 도움이 된다. 천천히 시간을 들여 내담자가 대표 강점 프로필을 가능한 한 많이 작성할 수 있게 도와준다. 대표 강점 프로필은 내담자가 자기 자신과 다른 사람들을 더욱 잘 파악하는 토대가 된다.

치료자용 제안 대본

다음의 대본은 내담자가 일상생활에서 대표 강점을 효과적으로 적용하는 실용지혜 기술 활용법의 중요성을 이해하도록 도와준다(카이틀린 외 다수(Kaitlin et. al.), 2007; 로닝스탬(Ronningstam), 2016).

심리적 증상(우울과 분노, 불안 등)이 스트레스를 암시하는 것처럼 강점(감사, 희망, 친절, 호기심 등)은 행복과 만족, 흥미, 몰입, 목적, 삶의 의미를 나타낸다.

연구조사와 치료 경험에 따르면 분노와 적대감, 복수심 같은 부정정서를 경험하거나 자아도취적 특성을 지닌 사람들은 많은 심리 문제를 겪을 가능성이 훨씬 크다. 반면 감사, 용서, 친절, 사랑을 경험하는 사람들은 삶에 만족할 가능성이 더 크다. 이제 당신은 자신의 대표 강점을 알고 있다. 그러므로 강점 사용 기술을 키워 부정성을 관리할 뿐만 아니라 더욱 행복해지기 위해 대표 강점을 어떻게 사용할 수 있는지에 전념하자. 먼저 스트레스 요인을 관리하기 위해 강점 사용 기술을 키우는 법을 집중적으로 파헤친다. 그러자면 자신의 대표 강점을 어떻게 생각하는지를 먼저 살펴봐야 한다.

강점 활용 부족과 남용

내담자에게 워크시트3.1: 강점 활용 부족과 남용 도해를 사용해 자신의 강점을 잘 활용하지 못하거나 남용하는 구체적인 방식을 계속 탐색해보라고 한다. 이런 워크시트는 각 회기마다 수록돼 있고, 내담자 워크북에도 나와 있다.

워크시트3.1 강점 활용 부족과 남용 도해

다음의 도해를 이용해 자신의 강점을 행동(강점을 드러낼 때 취하는 행동과 활동, 습관)으로 바꿔 그림으로 표현한다. 남용하는 강점은 좀 더 큰 원에, 충분히 활용하지 못하는 강점은 좀 더 작은 원에 넣는다. 원이 교차하는 곳은 중복되는 강점을 뜻한다.

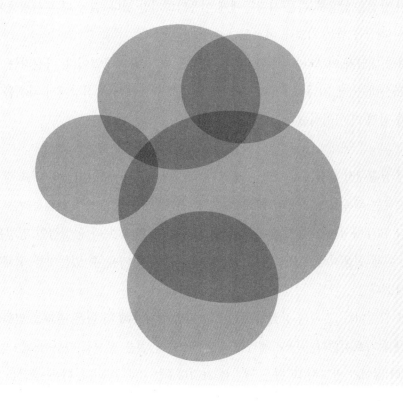

실용지혜—강점 노하우 익히기

치료자용 제안 대본

대표 강점은 파악했으니 이제 강점의 활용 부족과 남용을 알아야 할 차례다. 이 단계에서는 일반적인 강점 활용 부족과 남용 문제를 검토하고, 실용지혜 또는 '강점 노하우'를 익혀 이해도를 높인다. 그럼 실제 PPT 회기에서 발생한 다음의 3가지 상황을 살펴보겠다.

다음의 각 상황에 대해 내담자와 토의하고, 강점 활용 부족과 남용에 관한 내담자의 반응을 이끌어낸다.

- 중년 남성 내담자 살림(Saleem)은 소매업 관리자로, 공정함이 대표 강점이라서 모든 상황을 공정한 관점에서 가늠해본다. 심지어 직원들과 동료들의 온화한 몸짓도 '불공평한'것이라고 인지해 고립됐다.
- 젊은 여성 내담자 미셸(Michelle)의 대표 강점은 용서, 친절, 겸손이다. 미셸은 자신의 강점을 남용해 다른 사람들에게 이용당하기만 했다. 결국 다른 사람들에게 '동네북' 취급을 받는 지경에 이르렀다고 했다.
- 여성 내담자 아켈라(Akella)의 대표 강점은 호기심, 학구열이다. 아킬라는 모든 것을 '조사하는' 데 지나치게 많은 시간을 투자해 학교에서나 직장에서 과제를 완성하기가 점점 더 어려워졌다.

이런 상황에서 내담자의 의도는 좋았다. 하지만 의도가 좋고 자신의 대표 강점을 아는 것만으로는 부족하다. 기술이 필요하고, 그 기술을 사용해 문제를 해결하려는 의지도 필요하다. PPT에서는 그런 기술을 '강점 노하우'라고 한다. 보다 공식적인 명칭은 '실용지혜'다. 이제 실용지혜가 무엇인지, 실용지혜를 어떻게 키울 수 있는지를 구체적으로 논의해보겠다.

대표 강점이든 그 외의 강점이든 PPT는 강점을 사용해 더 나은 결과를 만들어내는 실용지혜를 가르쳐준다. 실용지혜라는 관점에서는 강점을 별개로 다루어서는 안 된다. 게다가 더 많이가 반드시 더 나은 결과를 가져다주는 것은 아니다. 다른 강점을 배제한 채 한 가지 강점만 키우면 바람직하지 못한 결과가 나올 수 있다.

앞서 제시한 세 내담자의 상황을 살펴보면 공정함은 상황에 맞게 조절할 수 있다. 공정함 부족은 타인에 대한 부당한 대우를 낳는다. 하지만 미셸이 남에게 좌우되지 않고 혼자 설 수 있다면 자신에게 도움이 될 것이다. 아켈라의 경우 호기심만으로는 학교 과제나 업무 관련 과제를 완성하지 못할 수 있다.

살림에게는 예견력을 키우고, 사회적 맥락을 읽는 법을 아는 것이 도움이 된다. 그리고 흑백논리에서 벗어나 사람들을 대하는 최상의 방식이 때로는 회색지대에 있다는 사실을 깨닫는 것이 이롭다. 미셸에게는 자신의 정서를 잘 알 수 있게 도와주는 강점들이 유익할 수 있다. 미셸이 사회성 지능, 개방성, 판단력 같은 강점의 도움을 받으면 점점 더 확신에 차 '동네북'이 된 것 같다고 느끼기보다 '이건 부당해'라고 느끼고 말할 수 있다. 마지막으로 아켈라에게는 타이밍 맞추기가 도움이 된다. 아켈라는 탐색할 시간이 많을 때는 대표 강점인 호기심을 사용하는 게 훨씬 나을 수 있다. 하지만 마감 시한 내에 과제나 프로젝트를 완성해 제출해야 할 때는 그렇지 않을 수 있다. 자기통제력과 끈기라는 강점을 발휘해야 더 큰 도움을 받을 수 있다.

이제 워크시트3.2: 실용지혜 기술 키우기로 넘어가자. 여기서는 실용지혜 기술을 설명하고, 그런 기술을 적용해 상황을 해결하거나 다룰 수 있는 방법을 찾아본다.

워크시트3.2: 실용지혜 기술 키우기

실용지혜 또는 강점 노하우를 키우는 5가지 전략은 다음과 같다.

1. **구체화하기** 복잡한 실제 상황과 도전적 상황에서는 구체적인 강점을 가장 잘 대변하는 행동이 무엇인지를 명확하게 알 수 없다. 구체화하기 방법 중 하나는 결과를 고려하는 것이다. 예컨대 학구열을 발휘해 지식 증가라는 결과를 얻는다면 그런 결과를 책이나 잡지 몇 권 읽기 같은 구체적인 것으로 바꿀 수 있다. 〈부록D: 강점 키우기〉는 대표 강점의 미묘한 차이를 파악해 대표 강점을 구체적인 행동으로 바꿀 수 있도록 도와준다. 이 부록은 이 책 마지막에 나와 있고, 강점을 사용하는 다수의 행동 방식을 제시한다.

2. **적절성 찾기** 당신의 대표 강점이 당면한 상황에 적절한지 검토한다. 예컨대 친절과 용서는 공정성이나 용감성을 다루어야 하는 상황에서는 적절하지 않을 수 있다. 어떤 상황에서는 겸손이나 쾌활함이 적절할 수 있지만 자신의 권리를 주장해야 하는 상황에서는 겸손이 효과적이지 않을 수 있다. 이제 막 트라우마를 겪은 사람에게 공감해야 하는 상황에서는 쾌활함이 적절하지 않을 수 있다.

3. **충돌 해소하기** 세 번째 기술은 2가지 대표 강점이 서로 충돌하는 상황을 해결하는 방법을 이해하는 것이다. 예컨대 당신이 한 가지 프로젝트를 맡아 최고로 잘해내고 싶다고 해보자. 당신은 창의성과 끈기라는 대표 강점을 활용하고 싶다. 그런데 당신의 친한 친구도 당신과 함께 시간을 보내고 싶어 한다(대표 강점: 사랑). 또는 열정과 자기통제력 대표 강점이 서로 충돌할 수도 있다. 이럴 때는 어떤 대표 강점이 당신

의 핵심 가치에 훨씬 더 가깝거나 최적의 결과를 이끌어내는지 파악해 그런 충돌을 해결한다.

4. **성찰하기** 실용지혜를 얻으려면 자신의 대표 강점이 다른 사람들에게 어떤 영향을 미치는지 성찰해봐야 한다. 대표 강점을 보다 광범위하게 발휘하면 어떤 도덕적 결과가 나타나는가. 예컨대 공공장소에서 특정한 전통의 영성을 발휘하면 그런 전통에 속하지 않는 사람들을 소외시킬 수 있다. 또는 학구열 발휘가 선천적인 학습장애로 학습을 힘들어하는 사람들의 자신감에 부정적 영향을 끼칠 수도 있다.

5. **조절하기** 실용지혜 기술을 배양하려면 정기적으로 상황에 맞춰 적응하고, 변화를 감지하며, 상황의 요구에 맞게 강점 사용을 조절하고 또 미세한 부분도 조정해야 한다. 많은 사람이 비효율적인 해결책을 계속 시도하거나 상황 변화에 적합하게 자신의 접근법을 바꾸지 않기 때문에 문제를 해결하지 못한다.

다음의 3가지 상황을 검토한 후 충고하고 싶은 구체적인 조언을 각 상황 다음에 적는다.

협조를 잘 하고 사려 깊은 사람 제인(Jane)은 지미와 관계를 맺기 시작한 초창기에 지미가 불안정하고 질투심이 많다는 사실을 알았다. 제인이 다른 남자, 특히 지미의 눈에 사기보다 '훨씬 나아 보이는' 남자와 이야기를 할 때 지미의 반응을 보고 알아차린 사실이었다. 하지만 제인은 자신이 '협조를 잘하고 사려 깊은 사람'으로 알려져 있어 지미와 헤어지기가 힘들다.

당신의 조언

_____

_____

_____

내가 원하는 건 행복뿐 20대 중반의 젊은 남성 리(Lee)는 치료 중 자주 같은 말을 반복했다. 연이어 긍정적인 이야기를 쏟아냈는데 그 내용은 이러했다. "저는 아주 열심히 일해요. 학사학위를 받기도 전에 취직했어요. 잘생기고 재미있고 운동을 잘하고 남을 잘 돕는다는 소리를 들어요. 남을 해친 적이 절대 없어요. (어른이 된 후로) 누군가와 다툰 적이 한 번도 없어요……." 그런데 리는 이렇게 이야기를 끝맺었다. "그런데 행복하지 않아요."

당신의 조언

_____

_____

_____

이야기만 해도 도움 돼 21세 여성 히나(Heena)는 (객관적이고 치료적인) 모든 지표로 봐도 치료의 진전이 없는 상태다. 히나는 시도한 적은 없지만 계속 자살하고 싶다는 생각을 한다고 한다. 모든 변화를 거부하면서도 치료를 계속 받고 싶어 한다. 히나는 "그냥 누군가에게 이야기하는 것만으로도 도움이 돼요"라고 말한다.

당신의 조언

_____

_____

_____

실용지혜 기술을 계속해 배우려면 워크시트3.3: 역경으로 넘어간다.

워크시트3.3: 역경

당신이 현재 직면해 극복하려고 애쓰는 역경에 대해 기술한다. 구체적으로 그 역경이 어떤 것인지, 언제 시작됐는지, 얼마나 오랫동안 지속됐는지, 어떤 점에서 어려운지를 구체적으로 쓴다.

역경	성찰 내용
현재 극복해야 하는 역경을 설명한다.	
언제 시작됐나? 얼마나 오래 지속됐나?	
그 효과가 무엇인가?	

강점 남용이 원인가? 어떤 강점을 어떻게 남용했나?	
이 역경의 어떤 측면을 바꾸고 싶은가?	
적응적 변화를 꾀하기 위해 어떤 특정한 실용지혜 전략을 사용할 수 있는가?	

성찰과 토의

워크시트3.3에서 파악한 역경에 대한 후속 질문은 다음과 같다.

- 실용지혜 전략 한 가지를 사용해 워크시트3.3에서 파악한 문제를 효과적으로 해결할 수 있다고 가정해보자. 그 문제가 해결된다면 어떨까? 당신은 어떤 구체적인 행동을 할 것인가? 또 어떤 행동을 그만둘 것인가? 가능한 한 구체적으로 대답해본다.
- 먼저 바람직한 행동을 생각해둔다. 그러고 나서 그런 행동을 의욕적으로 계속 취할 수 있게 도와주는, 감당할 수 있고 구체적이며 작은 단계들이 뭐가 있을지 생각해본다.
- 한 가지나 그 이상의 실용지혜 전략을 알아냈다면 아마도 다른 사람들의 지지가 필요할 것이다. 누가 당신을 지지해줄까? 그런 지지를 얻을 수 없다면 다른 대안을 생각해볼 수 있는가?

실용지혜 기술 키우기 추가 연습활동

내담자에게 실용지혜를 키우는 다음의 연습 활동 중 한 가지를 선택하라고 한다.

- 정신적 · 정서적 · 신체적 자원(얼마나 많은 노력을 들여야 하나?)을 재분배해 워크시트 3.3에서 파악한 역경을 극복하는 방법에 관해 믿을 수 있는 현명한 친구와 상의한다. 역경의 바꿀 수 없는 측면에 공을 들이기보다 강점을 보다 적응적으로 활용할 수 있는 부분이 있는지를 생각해본다.

- 당신의 대표 강점을 적응적으로 조절할 수 있게 도와주는 새로운 실제 기회를 찾아본다.
- 강점을 드러내는 동시에 이기적으로나 둔감하게 또는 무신경하게 행동하는 사랑하는 사람을 받아들이는 경우처럼 명백한 모순을 통합하는 끈기와 수용의 태도를 키운다.
- 문제를 해결하거나 역경에 적절하게 대응하기 위해 2가지 강점을 함께 사용할 수 있을 때 상충하는 희망과 욕구의 균형을 맞춘다. 예컨대 용서와 공정성을 창의적으로 통합해 용서를 약간 장려하면서도 공정성이 손상되지 않도록 할 수 있지 않을까.

사례

36세의 성공한 전문직 종사자 마크(Mark)는 풀타임으로 일하면서도 여가시간에 경영학 석사학위(MBA) 과정을 공부하다가 업무 관련 스트레스로 치료받았다. 마크가 치료자와 나눈 다음의 대화는 그가 자신의 대표 강점을 어떻게 이해했는지, 대표 강점을 최적으로 활용하기 위해 실용지혜 기술을 어떻게 키웠는지 보여준다.

치료자 마크, 대표 강점 프로필을 완성하고 나서 자신에 대해 뭘 알게 됐나요?

마크 음, 많은 걸 알게 됐는데…… 제가 어떤 사람인가 하는 제 생각이 제 배우자의 생각과는 좀 달랐어요. 제가 선택한 것은…… 그러니까 가슴과 머리 강점 찾기와 온라인 설문지 결과는 학구열, 공정성, 정직이었죠. 3가지 결과에서 공통적으로 나온 강점이었어요. 반면 감상력은 그중 2가지 결과에서만 나왔죠.

치료자 그런 강점들이 당신 성격의 핵심이라고 생각하나요?

마크 네, 당연하죠. 전 공정성에 있어서는 절대 타협하지 않아요. 전 보이는 그대로예요. 숨기는 게 없죠.

치료자 다른 사람들은 당신의 어떤 강점들을 포착해냈나요? 당신 생각과 좀 다른 게 있었나요?

마크 예견력이요. 게다가 놀랍게도 제가 몰랐던 강점 2가지를 골랐어요.

치료자 그게 어떤 강점이었죠?

마크 10년 넘게 같이 산 제 배우자는 사회성 지능과 용감성을, 오랜 제 고등학교 친구는 용감성과 유머를 골랐어요.

치료자 그런 강점들을 듣고서 왜 놀랐나요?

마크 전 명확한 사고력과 결단력이 있는 굉장히 현실적인 사람이거든요. 제가 특별하게 사회성 지능이 뛰어나거나 유머가 있는 사람이라고는 생각하지 못했고……사교성도 뛰어나지 않거든요. 그보다 혼자 지내는 게 좋아요.

치료자 음, 때로는 다른 사람들이 우리 자신은 보지 못하는 걸 보죠. 당신의 고등학교 친구가 또 어떤 강점을 골라줬나요?

마크 공정성과 정직이요.

치료자 적어도 당신을 잘 아는 사람 중 한 명은 당신과 똑같이 공정성과 정직을 고른 것 같네요. 그게 당신의 핵심 강점이 분명하겠군요. 그렇죠?

마크 네, 맞아요. ……하지만 제 직장의 팀원들이 제 공정함을 진짜 공정성으로 보지 않아서 걱정스러워요. 그보다 다들 제 완고함과 냉담함의 표현이라고 생각하죠. 그래서 그들이 저와 거리를 약간 두는 거예요.

치료자 최근의 사례를 하나 이야기해주겠어요?

마크 음…… 2주 전 직원회의에서 누가 동성애 혐오 발언을 했어요. 대놓고 한 것은 아니었죠. 전 그 즉시 그 사람을 비난했어요.

치료자 그래서 어떻게 됐나요?

마크 음, 제가 좀 지나쳤던 것 같아요. ……나중에 그 사람이 아주 당황해하면서 자기 의도는 그게 아니었다고 말했다는 이야기를 들었는데…….

치료자 그 사람이 진짜 그럴 의도가 아니었다고 생각하나요?

마크 돌이켜보면 그게 맞는 것 같아요. 그런 말이나 행동을 예전에는 한 번도 하지 않았던 사람이거든요. 실은 정말 신사적인 사람이에요. ……그때 제가 다르게 대처할 수 있었는데 그러지 못해 아쉬워요.

치료자 실용지혜에서 어떤 전략을 끌어낼 수 있나요?

마크 잘 모르겠어요. ……공정성을 사용할 상황이 아니었다는 거요?

(치료자는 마크에게 워크시트2.6: 대표 강점 프로필 작성을 유심히 살펴보라고 한다.)

마크 (잠시 후)적절성과 구체성을 둘 다 적용할 수 있겠어요.

치료자 왜 그런가요?

마크 음, 대인적 특성과 맥락적 특성을 고려해야 하거든요. 적어도 제가 알기로는 그 사람이 동성애 혐오 발언을 한 건 그때가 처음이었으니까. ……제가 좀 더 섬세하게 대처할 수 있었는데 말이죠. 아니면 회의가 끝난 후 일대일로 만나서 왜 그런 말을 했는지 물어볼 수도 있었고요.

치료자 자, 보세요. 지금 당신은 또 다른 실용지혜를 사용하고 있어요. 바로 성찰하기죠. 당신의 대표 강점이 다른 사람들에게 미치는 영향을 살펴보고 있잖아요.

마크 네, 맞아요. 전혀 의식하지 못했는데…….

치료자 또 어떤 강점을 한 가지나 한 가지 이상 사용할 수 있었을까요?

마크 그건 잘 모르겠는데…….

치료자 배우자가 포착해낸 당신의 강점은 무엇이었나요?

마크 (침묵)사회성 지능이었는데……. 아, 알겠어요. ……눈치가 빨라서 미묘한 차이를 잘 포착한다는 거예요. 기업세계에서 마법의 주문은 정서지수거든요.

치료자 그렇죠. 하지만 진부한 마법 주문에 얽매이지 말고 ……한 단계 더 깊이 들어가보죠. 사회성 지능은 다른 사람들뿐만 아니라 당신 자신의 섬세한 정서를 아는 것도 포함하고 있어요. 예컨대 당신이 특정한 방식으로 대응하는 이유를 아는 거죠. 제가 보기에 당신은 상당히 신중한 사람인데요.

마크 네, 맞아요. 하지만 성적 취향에 관한 문제에 부딪히면 다소 예민해져요. 제 공정함 안테나가 빠르게 작동해 누군가 부당한 대우를 받는 걸 참고 보지 못하죠. ……제가 고등학교 시절 성적 취향 때문에 괴롭힘을 많이 당했거든요.

치료자 당신이 어떤 일을 견뎌내야 했는지 잘 알겠어요. 당신은 평등 강점에 전념하는 게 좋겠어요. 실용지혜의 묘미는 최적의 결과를 끌어내지 못하는 강점이 있으면 언제든지 다른 강점을 사용할 수 있다는 거죠. 공정성이 통하지 않을 경우 사회성 지능을 사용하거나 그 둘을 통합해보세요. 당신에게는 그 2가지 강점을 통합해 최적의 해결책을 찾아낼 수 있는 예견력이 분명히 있어요.

마크 그렇다니 다행이네요. 꼭 시도해볼게요.

적합성과 융통성

내담자가 자신의 강점을 파악했다고 해서 대표 강점 프로필이 최종 완성된 것이라는 부적절한 생각을 심어줘서는 안 된다. 그게 끝이라고 생각하는 내담자도 있을 수 있기 때문이다. 그런 강점들을 적극적으로 향상시키려 하지 않고, 하위 강점이나 약점에 집중할 수도 있다. 인간의 본질적인 부정편향 때문에 하위 강점들은 약점으로 인식될 수 있다. 그러므로 강점은 역동적이라는 사실을 내담자에게 이해시키는 것이 중요하다. 성장의 여지는 언제나 있다. 사춘기나 성인 초기에 사용하느냐, 중년이나 말년에 사용하느냐에 따라 동일한 강점이 달라 보일 수 있다. 내담자가 자신의 상위 강점들을 어떻게 생각하는지도 주기적으로 확인한다. 구체화하기와 적절성 찾기, 조절하기 같은 실용지혜 전략을 가르칠 때는 그런 전략들이 잘 개발된 강점을 사용하기만 하는 것이 아니라 강점을 개발하는 것이라는 사실을 확실하게 인지시킨다(비스바스-디너 외 다수, 2011).

실용지혜는 강점들을 단독으로가 아니라 서로 조화시켜 사용하는 것이다. 한 가지 강점을 더욱 많이 사용한다고 반드시 더 나은 결과가 나오는 것은 아니다. 실제로는 한 가지 강점만 키우면 바람직하지 못한 결과가 노출될 수 있다. 괴롭힘에 대처하거나 정서적 학대에 맞서는 등의 힘든 상황은 용감성, 끈기, 공정성, 신중함, 희망 같은 다수의 강점을 사용해 해결할 수 있다. 이와 마찬가지로 구체화하기나 적절성 찾기 같은 실용지혜 전략을 한 가지 이상 사용하면 강점들을 구체적이고 책임질 수 있는 행동(예견력)으로 바꿀수 있다. 또한 스포츠팀과 보건팀, 프로젝트 특수팀 등의 소규모 집단에서는 구성원의 대표 강점들을 연구한다(예를 들어 모든 결과를 분석해 그 집단에서 가장 흔한 강점을 알아낸다). 이렇게 하면 그 집단 과정에 대한 신뢰가 높아질 가능성이 크다.

어떤 치료자는 내담자에게 자신의 강점을 완전히 이해했다고 속단하기보다 실용지혜 전략을 사용하라고 권장한다. 실제로 긍정소개 실습에서 대표 강점 프로필 작성에 이르기까지 내담자는 자신의 강점들을 보다 깊이 이해할 수 있는 기회가 많다. 그렇지만 치료자는 내담자가 자신의 강점을 이해했는지, 자신의 대표 강점이 가장 유익한 상황과 그렇지 않은 상황을 묘사할 수 있는지 확인해야 한다. 이 점을 강조하고자 또 다른 제휴 강점 사용에 관한 아이디어를 빠르게 제시할 수도 있다(창의성 대신 호기심, 학구열 대신 지혜, 정직 대신 용감성 사용하기 등). 이와 마찬가지로 내담자와 치료자가 의도한 강점을 가장 잘 표현해주는 구체적인 행동에 관해 논의하는 것도 중요하다.

문화적 고려사항

　다른 정서와 마찬가지로 강점 표현은 문화에 따라 다르다. 실용지혜를 얻으려면 표면적 차원의 표현이 아니라 좀 더 깊이 있는 표현을 살펴봐야 한다. 예를 들어 다른 문화권 사람이나 다른 능력의 소유자가 부정행동을 하는 것처럼 보여도 실제로는 그런 행동이 그들의 문화 규범에 어긋나지 않거나 충분히 가능한 일일 수도 있다. 오만해 보이는 사람도 자기 문화권에서는 자신감을 표현하는 것에 지나지 않을 수 있다. 또는 사소한 것을 지나치게 걱정하는 사람이 언제나 완벽주의자인 것은 아니다. 가족에게서나 더 큰 문화권에서 꼼꼼하게 일을 처리하라고 배웠을 수도 있다. 자신의 가치가 꼼꼼한 일 처리 능력에 의해 좌우된다고 인식하고 있을지도 모른다. 이와 마찬가지로 어떤 문화권에서는 심각한 상황을 운명론적으로나 유머러스하게 다룬다. 그러다 보면 그런 상황을 그다지 심각하지 않게 인지하거나 무심하게 넘길 수 있다. 하지만 문화에 따라서는 그것이 쉽게 바로잡을 수 없는 일을 다루는 적절한 방법일 수도 있다.

　오랫동안 학교 심리학자로 일했던 한 저자의 여섯 살 제자 파벨(Pavel)은 자폐 스펙트럼 장애 환자로 의심받고 있었다. 전통적인 평가뿐만 아니라 파벨의 선생님과 방과 후 돌봄 교사들의 평가를 통해 파벨의 강점을 평가했다. 실은 그런 평가로 자폐증이 확인됐다. 하지만 파벨의 선생님들은 파벨이 뭔가에 흥미를 보일 때는 창의적이고 집중해 과제를 끝낼 수 있다고 했다. 파벨의 어머니는 피드백 회기에서 선생님들이 아들의 강점을 창의성이라고 생각한다는 이야기를 듣고는 울면서 이렇게 말했다. "전 파벨을 있는 모습 그대로 받아들였어요. 하지만 제가 잘못한 것 같아요. 아들이 좀 더 발전할 수 있게 도와줄 수 있으니까요." 파벨의 어머니는 뜻 깊은 의견을 제시하면서 이야기를 마무리지었다. "제 아들의 증상 그 너머를 보지 못한 제 눈이 잘못된 거였어요."

　어떤 내담자는 자신의 문화적 맥락에서 어떤 강점을 사용해야 하는지 또는 특정한 대표 강점을 어떻게 사용해야 하는지 잘 모를 수 있다. 그런 내담자에게는 대표 강점을 사용하는 합리적인 방법을 찾아보라고 하기보다 먼저 자신의 정서에 의존해 상황적 요구를 느껴보라고 한다. 내담자가 이런 충고를 개방적으로 받아들일 수 있다면 말이다. 그 후 문화적으로 박식한 자신의 직감적 반응을 분석할 수 있게 되자마자 자신의 정서와 상식을 일치시켜보라고 한다. 예컨대 지속적인 가정 학대에 맞서려면 분노를 표출해야 하는데 지역공동체에서 가족의 명예를 지키려고 분노를 표현하지 못할 수도 있다. 이런 내담자가 분노를 느끼고 합리적인 방법으로 표현할 수 있게 도와주는 것은 실용지혜를 문화적 상황에 맞게 사용하는 한 가지 방법이 될 수 있다. 예를 들어 믿을 만한 지역공동체 연장자와 그 문제를 논의하거나 종교 지도자 또는 영적 지도자의 지원을 받는 게 이로울 수 있다.

문화적 맥락이 저마다 다른 모든 상황이나 어려움을 이 책의 실용지혜 전략으로 해결할 수는 없다. 내담자에게 두려워하지 말고 해결책을 찾는 대안적 방법과 문화적으로 적절한 방법을 시도해보라고 한다. 구체화하기와 적절성 찾기, 성찰하기, 조절하기에 대한 이해가 높아지면 문화적으로 적합한 방법을 찾아내는 데 충분한 정보를 얻을 수 있다.

유지

블레인 포워스(Blaine Fowers)(2005)는 실용지혜 강화에 도움이 되는 구체적인 전략을 제시한다. 내담자의 진척 상태를 유지할 수 있게 그런 조언에 대해 내담자와 토의한다.

- 당신의 내표 강섬은 때때로 서로 충돌할 수 있다. 예컨대 용감성은 위험을 감수해 새로운 미지의 길을 탐험하라고 하지만 신중함은 조심하라고 말한다. 친구에게 친절하고 싶은데 공정성은 다른 사람들을 해치는 그 친구의 윤리 위반에 맞서라고 말한다. 부하직원에게 공감해주고 싶지만 어쩔 수 없이 해고 사실을 통보해야 하는 경우도 있다. 또는 정직한 자신을 드러내고 싶지만 사회적·문화적 규범 때문에 그러지 못할 수도 있다. 워크시트3.2에 나열된 실용지혜 전략을 사용해 이런 충돌을 해소하도록 하자. 또는 대표 강점(그 밖에 다른 강점)을 사용해 단순하게 규칙과 규정을 따르기만 해서는 얻지 못하는 예견력을 키우자.
- 특정한 맥락에서 어떤 대표 강점을 사용해야 할지 모르겠다면 먼저 자신의 정서에 의존해 상황적 요구를 느껴본다. 행동하기 전에 정서를 이성의 파트너로 만든다. 다시 말해 다른 강점을 이용해 정서를 가르치는 것이다.
- 당신의 대표 강점을 사용해 반드시 옳은 일을 하고 있는지 확인한다. 현명한 사람들에게 그 상황에 맞는 옳은 일이 무엇인지 물어본다.
- 대표 강점을 사용해 모든 상황을 해결할 수 있는 건 아니라는 사실을 이해한다. 대안적 강점과 기술, 능력, 재능을 두려워하지 말고 실험적으로 사용해본다.

회기 종료 시 이완

회기 시작 시와 마찬가지로 짧은 이완으로 회기를 종료한다.

자원

간행물

- Allan, B. A. (2015). Balance among character strengths and meaning in life. Journal of Happiness Studies, 16(5), 1247-1261. doi:10.1007/ s10902-014-9557-9
- Cassar, J., Ross, J., Dahne, J., Ewer, P., Teesson, M., Hopko, D., et al. (2016). Therapist tips for the brief behavioural activation therapy for depression-Revised (BATD-R) treatment manual practical wisdom and clinical nuance. Clinical Psychologist, 20(1), 46 – 53.
- Vervaeke, J., & Ferrarro, L. (2013). Relevance, Meaning and the Cognitive Science of Wisdom: The Scientific Study of Personal Wisdom: From Contemplative Traditions to Neuroscience. Edited by M. Ferrarri & N. Weststrate. New York: Springer.
- Walsh, R. (2015). What is wisdom? Cross-cultural and cross- disciplinary syntheses. Review of General Psychology, 19(3), 278 – 293.
- Yang, S. (2013). Wisdom and good lives: A process perspective. New Ideas in Psychology, 31(3), 194.

동영상

- TED Talk: Barry Schwartz: Using our Practical Wisdom:
  https:// youtu.be/ IDS- ieLCmS4
- TED Talk: Joshua Prager: Wisdom from Great Writers on Every Year of Our Life:
  https:// www.ted.com/ talks/ joshua_ prager_ wisdom_ from_ great_ writers_ on_ every_ year_ of_ life

웹사이트

- Centre for Practical Wisdom: University of Chicago:
  http:// wisdomresearch.org/
- Podcast: A Word to the Wise: Canadian Broadcasting Cooperation's Program

Ideas:
http:// www.cbc.ca/ radio/ ideas/ a-word-to-the-wise-part-1- 1.2913730

10장
4회기: 더 나은 버전의 나

1단계 마지막 회기인 4회기에서는 성격강점에 중점을 두면서 긍정적이고 실용적이며 지속적인 자기계발 계획을 명확하게 작성하고 실행한다. 이 회기에서는 더 나은 버전의 나라는 긍정심리치료(PPT) 실습을 중점적으로 다룬다.

4회기 요약

핵심 개념

  회기 중 실습: 더 나은 버전의 나

  성찰과 토의

  사례

  적합성과 융통성

  문화적 고려사항

  유지

자원

핵심 개념

많은 사람이 자신을 개선하고, 어려움을 극복하며, 행복을 증진시키고 싶어 한다. 하지만 언제나 온갖 전자기기와 외적 스트레스 요인으로 가득 찬 바쁜 생활에 짓눌려 자기계발과 생각 실천에 필요한 자기성찰 시간을 내기가 점점 어려워진다. 그런데도 자기계발 상품(책, 동영상, 워크숍, 휴양지, 애플리케이션 등) 매출액이 수십억 달러에 달하는 걸 보면 자기계발 욕구는 줄어들지 않는 것으로 보인다. 더 나은 자신이나 최상의 나를 만들겠다고 생각하면 건강과 직장, 인간관계, 창의적 노력 등의 영역과 상관없이 목표를 달성하고자 강점과 기술, 능력의 방향을 재설정할 수 있다.

최상의 나는 개인적인 목표를 세워 실천하고자 노력할 때 나타난다. 자신의 욕구와 일치하는 목표를 갖고 목표 추구에 다소 호의적인 상황에 처했을 때 목표를 달성하려고 노력할 가능성이 크다. 내담자가 목표를 명확하게 세울 때까지 기다려서는 안 된다. 미칼라크(Michalak)와 홀트포스(Holtforth)(2006)는 치료자가 내담자의 목표와 구조를 적극적으로 평가하고, 가능한 한 빨리 목표와 증상, 치료 동기의 관계를 검토해야 한다고 말한다. 또한 목표 달성 진척 상태를 내담자와 함께 주기적으로 검토하고, 필요하다면 내담자가 그 과정을 개선할 수 있게 도와준다.

목표를 명확히 해 작성하는 것(서면이나 전자 작성)은 매우 중요하다. 글쓰기의 치료 이익은 충분히 입증된 사실이다. 제임스 펜네베이커(James Pennebaker)(1997)는 중대한 연구에서 트라우마와 부정적이거나 힘들었던 경험을 글로 쓰면 안전하게 비밀을 털어놓을 수 있을 뿐만 아니라 보다 나은 대처기제를 개발할 수 있다고 했다. 이야기 심리학 분야의 또 다른 연구학자 로라 킹(Laura King)은 긍정경험을 글로 쓰면 자기감정을 더욱 잘 이해하게 되고 결과적으로 자기통제력이 개선돼 건강이 증진된다는 사실을 밝혀냈다(킹, 밀너(King & Milner), 2000).

최상의 나는 자신이 진정으로 원하는 것을 추구할 때 나타난다. 자기 목표를 기록하고, 그런 정보를 친구와 공유하며, 자신의 목표 달성 진척 상태를 매주 친구에게 보고하면 목표 달성 성공 확률이 33% 더 높아진다는 연구 결과가 있다(호톱, 로시, 가그네(Hortop, Wrosch, & Gagné), 2013; 셸던, 라이어, 데시, 카서, 2004).

회기 시작 시 이완

각 회기는 간단한 이완 운동으로 시작한다. 이 책 마지막에 수록된 〈부록A: 마음챙김과 이완 실습〉을 참조하길 바란다. 이 부록의 복사본은 내담자 워크북에도 나와 있다. 이전 회기의 핵심 개념뿐만 아니라 내담자의 감사 일기를 검토하면서 이 회기를 계속 진행한다.

회기 중 실습: 더 나은 버전의 나

치료자용 제안 대본

명확하게 구분지어본 적이 없을지도 모르지만 단순하게 슬픔과 공포, 분노, 지루함을 적게 느끼고 싶은 것이 아니라 인생에서 기쁨, 희망과 낙관성, 용기, 사랑을 더욱 많이 누리고 싶지 않은가.

그냥 약점을 고치고 자신의 취약성을 보호하는 게 아니라 자신의 강점을 탐색하고 표현하며 향상시키고 싶은가. 목적과 의미가 넘치는 삶을 원하는가. 성장과 플로리시를 꾀하는 방법에 큰 관심이 쏠리고 있다. 긍정사고에서 방향 치료에 이르기까지 온갖 방법을 제시하는 자기계발 비결은 너무 흔하다. 하지만 증상과 강점을 동등하게 중점적으로 다루는 심리치료 접근법은 별로 없다. 긍정심리치료가 그중 하나이며 강점과 증상을 모두 살펴보는 것이 긍정심리치료의 핵심이다.

이전 회기까지는 당신의 대표 강점에 대해 배웠다. 이번 회기에서는 긍정적이고 실용적이며 지속적인 자기계발 계획을 명확하게 작성해 실행하는 법을 배운다. 이에 대한 실습을 소개하기 전에 먼저 몇 가지 중요한 고려사항을 염두에 두라고 부탁하고 싶다. 자기계발 계획을 왜, 어떻게 추구하고 싶은가. 더 나은 버전의 나를 추구하기 위해 고려해야 할 사항은 무엇인가. 이제 핵심 PPT 가정에 토대를 둔 연습활동을 해보자. PPT의 핵심 가정은 성장과 행복, 플로리시를 지향하는 내재적 능력이 누구에게나 있다는 것이다.

인간은 지속적으로 목표를 추구한다. 보다 부유해지고, 보다 날씬해지고, 보다 유명해지거나 영향력 있는 사람이 되려고 한다. PPT가 반드시 그런 목표에 반하는 것은 아니다. PPT는 당신의 대표 강점과 흥미, 재능, 욕구뿐만 아니라 그보다 더 중요한 핵심 가치를 최대한 활용하는 목표 설정을 돕는 데 중점을 둔다.

하지만 때로는 우울증상이나 불안증상 때문에 자신이 원하는 것을 명확하게 표현하는 능력이 제약받을 수 있다. 이전 실습에서는 당신의 가장 중요한 자산(대표 강점)을 탐색했고, 현재의 어려움(워크시트3.3)을 다루었다. 따라서 이제는 당신 자신이 원하는 것과 되고 싶은 사람에 대한 공정한 생각을 갖게 되길 바란다.

아직도 어떤 사람이 되고 싶은지 확실하지 않다면 내재적 동기(진짜로 하고 싶은 것) 조사에서 파생된 다음의 시각화를 이용해보자. 시각화를 통해 자신이 되고 싶은 사람을 명확하게 그려볼 수 있다. 더 나은 버전의 나를 토대로 자기성장 계획을 기록해보자. 자기성장 계획은 구체적이고 달성 가능한 목표를 자신이 누구인지, 어떤 사람이 되고 싶은지를 기반으로 세우는 것이다. 자기성장 계획을 써서 진척 상태를 정기적으로 친구에게 보고하면 목표를 달성할 가능성이 훨씬 커진다는 증거가 있다.

내담자에게 다음과 같이 하라고 한다.

- 워크시트4.1: 더 나은 버전의 나를 펼쳐놓고 펜이나 연필을 준비한다. 이런 워크시트는 각 회기마다 수록돼 있고, 내담자 워크북에도 나와 있다.
- 주변의 공간을 깨끗하게 정리한다. 큰 탁자에 둘러앉아 있다면 소지품을 가방에 넣거나 한쪽으로 치운다. 휴대전화는 꺼둔다.
- 등을 의자 등받이에 대고 머리와 목, 몸통을 편안하게 일직선으로 맞춘 다음 양발은 바닥에, 양손은 허벅지나 그 가까이에 놓으라고 한다.
- 자리에 앉아 심호흡을 세 번 하라고 한다. 심호흡을 할 때 천천히 부드럽게 눈을 감아도 된다(권고 사항일 뿐 반드시 눈을 감아야 하는 것은 아니다).

이어서 다음의 초안을 그대로 읽으라고 한다.

더 나은 버전의 나를 그려본다. 그 모습은 어떠한가. 한 가지 구체적인 주제를 선택한다. 예컨대 더욱 여유로운 나, 더욱 현실적인 나, 더욱 열정적인 나, 더욱 원기왕성한 나, 더욱 몰입하는 나, 더욱 창의적인 나, 더욱 인맥이 좋은 나, 더욱 성찰을 잘하는 나, 더욱 행복한 나, 더욱 건강한 나 중 한 가지를 고른다.

이런 버전 추구로 이로운 결과를 얻으려면 명심해야 할 조건이 있다. 그 조건은 다음과 같다.

- 더 나은 버전의 나를 추구할 때 더욱 행복해지거나 더욱 만족스러워진다고 믿는다.
- 더 나은 버전의 나가 나에게 이롭다고 믿는다.
- 더 나은 버전의 나가 되고 싶다고 믿는다.
- 더 나은 버전의 나가 돼야 한다고 믿는다.

이제 보다 구체적으로 세부사항을 그려본다. 더 나은 버전의 나를 어떻게 지향할 수 있는가. 그런 버전 추구를 하나의 여행이라고 생각해보자. 어떤 길을 따라가야 하는가. 그 길을 따라가려면 정확하게 무엇을 해야 하는가?

자신의 대표 강점을 생각해본다. 자신의 대표 강점을 그릴 때 그런 대표 강점과 관련된 자신의 흥미와 재능, 기술, 능력에 중점을 둔다.

자신의 대표 강점을 대변하는 구체적인 행동과 태도, 일상, 습관을 그려본다. 구체적인 친절한 행동, 사랑을 표현하는 특정한 방식, 인생에서 감사하게 여기는 구체적인 것, 구체적인 창의적 노력이 떠오르는가?

할 수 있다면 몇몇 행동을 방금 그려본 더 나은 버전의 나 성취하기와 연결 짓는다. 대표 강점과 그런 대표 강점을 대변하는 행동이 더 나은 버전의 나를 성취하는 데 어떻게 도움이 되는가?

더 나은 버전의 나 성취에 도움이 되는 행동과 활동, 일상, 습관을 완전히 명확하게나 다소 확실하게 파악했다면 그중 몇 가지를 실행할 수 있는가?

그중 다음 석 달 동안 실행해보고 싶은 것을 고른다.

진전에 방해가 될 수 있는 자신의 잠재적 장벽 또는 내부적·외부적 장벽을 떠올려본다. 그런 장벽을 극복하기 위해 무엇을 할 수 있는지 생각해본다. 이 과정에서 누구의 지지를 받을 수 있는가?

이제 더 나은 버전의 나로 발전할 수 있다면 어떤 일이 벌어질지 그려본다. 자신의 인생이, 일상이 어떻게 달라질지를 구체적으로 그려본다.

내담자에게 각 질문에 대해 충분히 생각할 수 있는 시간을 준다. 이어서 다음으로 넘어간다.

준비가 되면 시각화를 끝내고 현실로 돌아간다. 이제 워크시트4.1: 더 나은 버전의 나를 작성한다. 많이 생각하지 말고 시각화에서 나타났던 자신의 반응을 그대로 기록한다.

워크시트 4.1 더 나은 버전의 나

계획서

현실적인 목표 설정하기

(몇 년 몇 월 며칠)의 더 나은 버전의 나는 어떤 모습인가.

다음과 같은 목표 설정하기	희망하는 몇 가지 변화를 구체적으로 명시하기
• 태도와 행동, 습관을 통해 구체화하고, 관찰할 수 있는 목표 • 현재 자신의 생활 상황과 잘 통합할 수 있는 목표 • 자신의 가치와 충돌하지 않는 목표 • 사회적 인맥의 지지를 받는 목표	• 더욱 여유로운 나? 더욱 현실적인 나? • 더욱 열정적인 나? 더욱 원기왕성한 나? • 더욱 몰입하는 나? 더욱 창의적인 나? • 더욱 인맥이 좋은 나? 더욱 성찰을 잘하는 나? • 더욱 사회적인 나? 더욱 여유로운 나? • 더욱 행복한 나? 더욱 건강한 나?

다음의 문장 완성하기

더 나은 버전의 나가 되면 더욱 행복해지거나 더욱 만족스러워질 것이다. 그 이유는

더 나은 버전의 나는 내게 이로울 것이다. 그 이유는

더 나은 버전의 나는 내가 항상 되고 싶었던 모습이다. 그 이유는

더 나은 버전의 나가 돼야 한다. 그 이유는

일정표 만들기

계획 날짜: _____

예상 종료 날짜: _____

중간 평가 날짜(대략적인 날짜 정하기): _____

파트너 정하기

적극 지원해줄 친구 이름: _____

파트너에게 진척 상태를 보고하는 횟수: _____

소통 방법은? 휴대전화? e메일? 직접 만나서? _____

더 나은 버전의 나 실습의 목표 사례

정서적 회복력 더욱 여유로운 나 또는 더욱 현실적인 나	**사회적 회복력** 친구들과 더욱 깊은 관계를 맺는 나
• 일상적인 이완 활동 계획을 세워 실천한다(하루에 두 번 심호흡하기, 매주 요가나 명상 수업 듣기 등). • 아무것도 하지 않고 빈둥거리는 시간(매일 최소 15분)을 정한다. • 다음에는 화가 나면 즉각 반응하지 않고 잠시 멈췄다가 심호흡하고, 공정한 시각을 갖게 해주는 사람과 상의한다. 아니면 그 맥락을 잘 이해하기 위해 더욱 많은 질문을 던진다. • 집중을 방해하고 생산성을 떨어뜨리는 요소를 적어도 한 가지는 제거한다. • 진짜로 즐기는 일이나 놀이를 할 수 있는 시간을 갖는다.	• 다른 사람들의 구체적인 강점과 능력, 기술을 포착해 칭찬해준다. • 좋아하지만 정서적으로 잘 이해하지 못하는 친구에게 더 좋은 관계를 맺을 수 있는 구체적인 방법을 물어본다. • 서로에게 끌리는 친구와 의미 있고 재미있는 활동(눈신 신고 걷기, 암벽 타기, 보드게임 하기, 스포츠 행사나 공연 보러 가기 등)을 함께한다. • 친구와 단둘이 만나 전자기기는 꺼둔 채 점심이나 저녁을 같이 먹는다. • 부탁받지 않아도 친구에게 한 가지 친절한(크거나 작은) 행동을 한다.
신체적 회복력 더욱 원기왕성한 나 또는 더욱 건강한 나	**업무적 회복력** 더욱 몰입하는 나
• 정기적으로(일주일에 세 번) 할 수 있는 일상적인 운동 계획을 세운다. • 몸에 좋은 간식을 적어도 하나는 일일 식단에 넣는다. • 일정 시간 앉아만 있지 않고, 일정 시간의 신체활동을 일상적 계획에 넣겠다고 맹세한다. • 수면의 질을 높이는 방법(잠들기 적어도 2시간 전에는 아무것도 먹지 않기, 수면에 지속적인 악영향을 끼치는 행사나 활동 거절하기 등) 중 적어도 한 가지는 지속적으로 사용한다. • 신체적 건강을 증진시키는 습관(손 씻기, 정기검진 받기 등) 중 적어도 한 가지는 몸에 익힌다.	• 필수 과제와 마감 시한 등을 검토해 업무나 직장 요구사항에 친숙해진다. • 각각의 프로젝트에 충분한 시간과 노력을 기울여 최적의 몰입 상태를 유지한다. • 일을 자꾸 미루게 된다면 다음과 같은 마음가짐 변화 중 적어도 2가지를 시도한다. 내가 해야 하는 일이야. 내가 선택한 일이야. 내가 반드시 끝내야 하는 일이야. 어디서 언제 시작할 수 있을까? 이 프로젝트는 규모가 너무 커. 이 일을 작은 단위로 나눌 수 있어. 내 프로젝트는 완벽해야 해. 모든 내 프로젝트가 완벽할 수는 없어. 완벽하게가 아니라 인간의 능력으로 할 수 있는 것을 하려고 노력할 거야.

성찰과 토의

이 실습을 완료하고 나서 다음의 질문에 대해 생각해보고 토의하라고 한다.

• 시각화 과정이 무척 길었다. 더 나은 버전의 나를 시각화하는 전반적인 경험이 어떠했는가? 이 시각화 과정을 잘 따라갈 수 있었나, 아니면 몇 가지 힘든 점이 있었나? 이에 대해 이야기해본다.

• 시각화한 내용을 기록하는 경험은 어떠했나? 시각화한 것을 잘 포착해 쓸 수 있었나, 아니면 힘들었는가?

• 이 시각화 연습으로 더 나은 버전의 나에 대한 구체적인 생각을 떠올릴 수 있었나?

• 얼마나 구체적인 생각이 떠올랐는가? 이 실습은 현실적이고 합리적으로 잘 관리할 수 있는 구체적인 생각을 떠올릴 때 더욱 효과적이다.

• 구체적인 생각을 떠올리기 힘든 경우 더 나은 버전의 나에 대한 명확한 그림이 도움이 될 수 있다. 자신이 되고 싶은 사람에 대한 명확한 이미지나 인식이 있다면 그 목표를 달성할 수 있는 구체적인 방법을 생각해내기 힘들어도 그 과정과 궁극적인 목표에 집중할 수 있다. 당신에게는 어떤 것이 도움이 됐는가? 더 나은 버전의 나에 대한 명확한 이미지, 더 나은 버전의 나를 향해 나아가는 구체적인 길, 아니면 둘 다?

사례: 존

38세의 존(John)은 범불안증상으로 개인 치료를 받았다. 다음은 존의 더 나은 버전의 나다.

더 나은 버전의 나 고등학교 시절에 크로스컨트리 선수였고 우승 경험이 많다. 대학교 시절에는 대표팀에서 활약했다. 하지만 이후로 상황이 나빠졌다. 5년 전 경제위기로 큰 타격을 입었다. 직장을 잃었고 그로부터 1년 후에는 파혼에 이르렀다. 그때부터 불안발작을 일으키기 시작했다. 더 나은 버전의 나를 그려봤을 때 단 한 가지 모습은 문제없이 볼 수 있었다. 더욱 차분하고 더욱 여유 있는 나였다. 그런 사람이 되고자 자기통제력과 끈기라는 내 강점을 사용하기로 했다. 열정, 사회성 지능, 호기심은 더욱 차분해지는 데 어떻게 도움이 될지 확실하지 않았기 때문이다. 어쩌면 그런 강점들이 역효과를 일으킬지도 모른다. 내 목표는 다시 달리기를 시작하는 것이다. 석 달 안에 10km 달리기, 다음 해 여름까지 하프마라톤 완주하기라는 목표를 세웠다.

계획 첫달에는 매주 3회 30분씩 달리기로 시작해 40분으로 시간을 늘리기로 했다. 다행히 다시 직장을 잡았지만 오랜 시간 동안 책상 앞에 앉아서 거의 쉬지 않고 컴퓨터 화면을 들여다봐야 한다. 아침에 달리기를 하면 하루 종일 원기왕성하게 보낼 수 있을 것 같다.

나를 지지해주는 사람은? 근처에 사는 친구가 한 명 있다. 야구를 함께하는 사이다. 그 친구가 체중이 불어난 것 같다며 달리기를 하고 싶어 했다. 그 친구도 달리기를 했었는데 지난번 슈퍼마켓에서 만났을 때 내게 자전거를 타거나 달리기를 하고 싶은지 물어봤다. 그 친구에게 전화해 함께 달리기를 하고 싶은지 물어볼 생각이다. 우리 일정이 항상 맞을 것 같지는 않지만 가능할 때마다 전날 저녁에 그 친구에게 문자메시지를 보내 다음 날 아침 같이 운동할 수 있는지 물어볼 계획이다.

내 목표를 달성하면 뭐가 달라질까 내 인생이 극적으로 달라질 것 같지는 않다. 하지만 달리기는 내가 하고 싶은 일이다. 예전에 달리기를 했을 때만큼 마음이 차분해졌던 경험은 또 없었다. 오래 달리고 나서도 피곤하지 않았다. 달리는 동안은 내 문젯거리에 대해 걱정하지 않았다. 다시 달리기를 시작할 수 있다면 더욱 차분하고 덜 걱정하는 나를 되찾을 수 있을 것이다. 약간만 그렇게 변해도 도움이 될 것 같다.

결과 존은 계획을 세우자마자 친구와 연락해 함께 달리기를 시작할 수 있었다. 기대했던 것보다 훨씬 더 자주 친구와 함께 달렸다. 존은 이렇게 말했다. "제 달리기 파트너가 이제는 절친한 친구가 됐어요. 그 친구도 힘든 결별을 겪었죠." 두 사람은 달리기를 하고 나서 서로의 힘든 일을 나눌 수 있었다. 존의 치료보험 혜택이 끊기면서 치료도 끝났다. 마지막 회기 직전에 존은 친구와 함께 10km를 성공적으로 완주했고, 일 년 내에 하프마라톤대회에 출전하려고 훈련하고 있었다.

사례: 샐리

46세의 인사부 관리자 샐리(Sally)는 우울증상 재발로 개인 치료를 받았다. 다음은 샐리의 더 나은 버전의 나다.

이건 꼭 말씀드리고 싶은데 사실 강점이니 더 나은 버전의 나니 하는 게 상당히 의심스러웠어요. 좀 저급하게 들리고, 무슨 뉴에이지풍 같았거든요. 치료가 자기계발 비결로 가득 차 있고, 너무 비싸기만 하다고 생각했죠. 오랜 세월 동안 제 자부심과 자신감 부족 문제를 중점적으로 다루는 치료에 익숙해져 있었으니까요.

제 행동 계획의 목표는 제 강점을 사용해 (제 최고 대표 강점이 사랑으로 나오긴 했지만 그래도) 더욱 사랑이 풍부하고, 더욱 인맥이 좋으며, 더욱 현실적인 나가 되는 것이었죠. 이런 제 강점들은 그다지 놀라운 게 아니었어요. 제가 잘 알고 있는 것이었으니까요. 하지만 영성이 제 대표 강점이 아니라는 사실에는 놀랐어요. 전 제가 영적인 성향이 있다고 생각했거든요. 그래서 뭔가 영성과 관련이 있으면서 살아 있는 느낌을 주는 것을 찾기로 했어요. 초기 계획대로 밀고 나가다가 여성 쉼터와 북클럽에서 자원봉사를 하면서 명상을 시도했죠. 하지만 살아 있는 것 같지도, 깊이 연결된 것 같지도 않았어요. 그래서 그 계획을 중단했어요. 그러던 어느 날 밤, 성가대 연습을 하고 있던 친구를 데리러 갔어요. 성가대 연습을 채 10분도 듣지 않았는데 마음에 들었어요. 친구가 함께 성가대 활동을 하자고 했죠(그럼 차도 얻어타고 동네 소문을 마음껏 떠들어낼 상대도 생기니까요). 저도 성가대에 참여하는 게 좋을 것 같았어요. 성가대 연습 날 저녁에는 남편이 저녁 준비를 하고 집안일을 해주기로 했어요. 그 대신 전 뒷마당 청소와 정원 일을 맡았어요. 원래는 남편이 했지만 전혀 즐기지 못했던 일이죠. 놀랍게도 잡초를 뽑고, 나무를 심으며, 꽃과 나무를 키우는 게 보상이 크고 영적인 일에 가깝다는 걸 깨달았어요.

남편과 아이들은 제가 달라졌다고 했어요. 특히 성가대 연습을 끝내고 집에 돌아온 날 밤에요. 좀 더 활기차 보인다는 이야기를 들었고 제 기분도 점점 나아지기 시작했죠. 크리스마스 무렵에는 다른 사람들과 함께 노래 부르는 활동에 더욱 몰입했고, 더욱 생생해졌으며, 성가대 활동을 더욱 좋아하게 됐어요. ……성가대 공연 중에는 시간이 멈추고 제가 제 자신보다 더 원대한 뭔가의 일부가 되는 것 같은 경험을 수차례 했어요. 이전에는 단 한 번도 느껴보지 못한 기분이었죠. 제게는 그 경험이 영적인 것이었어요. 영성이 제 대표 강점은 아니었지만 그럼에도 가장 깊은 성취감을 가져다줬죠. 어쩌면 영성은 많은 측면을 포괄하는지도 모르겠어요. 직장에서는 직원들이 달라진 제 모습을 알아봤죠. 제가 조금 느긋해 보이고, 더 이상 '지나치게 과로하는 상사'처럼 보이지 않는다고 했어요.

제가 약물을 끊을 수 있을 거라고는 생각지도 못했는데 지금은 끊고 있어요. 그렇게 6개월이 지났는데 더 나은 버전의 나가 됐는지는 모르겠어요. 하지만 기분은 훨씬 가벼워졌고 생기가 넘치는 것 같아요. 어렸을 적 시골 계곡에서 새와 나무들에게 노래를 불러주며 놀았던 때로 돌아간 것 같아요.

적합성과 융통성

더 나은 버전의 나는 대규모 프로젝트가 될 수 있고, 치료 기간 내에 끝내지 못할 수도 있다. 개인적 변화는 보통 효과적이지 못한 오래된 습관을 버리고 새로운 기술을 익혀 연습해야 일어난다. 기존의 다른 기술들과 함께 강화와 개선, 재정비에 필요한 지원과 자원을 끌어모아야 한다. 예컨대 한 내담자는 심각한 자살 시도 이후 새로운 버전의 자신을 성공적으로 실현했다. 이 여행은 4년 전에 시작됐다. 그때 거주형 약물치료를 시작했고, 그 이후로 2년 동안 개인 PPT와 집단 PPT에 참여했다. 내가 이 책을 쓰고 있는 현재 이 내담자의 첫 과학논문이 유명한 저널에 실렸고, 우등 졸업이 가능할 것 같다. 하지만 훨씬 더 나은 버전의 나를 성공적으로 실현하는 과정은 4년이 걸렸고, 수차례 중단했다가 다시 시작했다. 그보다 훨씬 더 중요한 결과는 사회적 변화와 신체적 변화(거주 형태와 고용 변화 등)가 일어난 것이다. 특히 이 내담자의 경우 실존적 변화(사고방식 변화)도 일어났다. 이 모든 변화는 시간이 걸린다. 성공적인 사례는 소수에 불과하지만 적당하게 효과적인 사례는 많다. 그다지 진전을 보이지 못한 수많은 시도도 임상 차트에 기록돼 있다. 그러므로 치료자는 인내심을 갖고 시작과 중단, 진전과 퇴보를 견뎌낼 수 있어야 한다.

문화적 고려사항

치료자는 이 실습을 촉진할 때 문화적 편견을 의식해야 한다. 예컨대 더 나은 버전의 나는 자기계발 개념에 기반을 두고 있다. 이런 자기계발 개념은 문화에 따라 다르다. 자기계발의 서구적 개념은 개인적 성장을 포괄하기 때문에 대체로 개인적인 새로운 계획을 추진하고, 삶에 감사하는 새로운 마음가짐을 갖는 것이다. 앞서 소개한 사례들이 이런 주제를 강조한 것이다. 동양 문화권(대부분 비유럽 문화권)에서 자기계발은 인간관계를 강조한다. 다시 말해 사회적 상호작용을 개선하고, 가족과 집단, 부족의 전통을 지키는 데 기여하는 것이다. 조사 결과에 따르면 문화적 다배양이 증가하고 있지만 그런 차이는 여전히 존재한다. 예컨대 동양 문화권 내담자는 다른 사람들과 더욱 좋은 관계를 맺는 더 나은 버전의 나를 실현하고자 목표를 선택하고 자신의 대표 강점을 이용할 수 있다. 이것이 바로 그런 차이의 영향력이 얼마나 큰지를 보여주는 사례다. 상호의존적인 문화권에서 관계를 회복하거나 개선하려면 오랜 시간 더욱 많은 노력을 기울이고, 더욱 복잡한 상호작용을 해야 한다. 반면 개인적 강점 개선이나 새로운 계획 추진에 집중하는 더 나은 버전의 나는 비교적 짧은 시간 내에 실현할 수 있다. 그러므로 각 사례를 독립적으로 고려해야 한다. 집단 환경에서 실시하는 개입도 마찬가지다.

하지만 이와 동시에 개인적이고 비교적 자주적인 자아감 추구는 보수적 문화권 내담자의 희망 목표가 될 수 있다. 집단 PPT에 참여한 내담자 중 한 명이 그랬다. 이 내담자는 보수적이고 종교적인 남아시아 출신이었는데 자신의 사회성 지능과 겸허, 신중함(남용하는 강점)을 재조정해 더 나은 버전의 나를 실현하고 싶어 했다.

무엇보다 내담자에게 개인적으로 의미 있고 몰입할 수 있으며, 문화적으로나 사회적으로 적절한 목표를 선택할 수 있는 치료적 환경을 제공하는 것이 중요하다.

유지

내담자의 진척 상태를 유지할 수 있게 내담자와 다음의 정보에 대해 토의한다.

- 모든 사람에게는 좋아해 더욱 계발하고 싶은 자아와 싫어해 바꾸고 싶은 자아를 포함해 많은 자아가 있다(마르쿠스, 누루이스(Markus & Nuruis), 2008). 더 나은 버전의 나는 자신이 원하는 자아를 계발하는 조직적인 방법을 제시한다. 자신이 지향하는 구

체적인 자아가 분명하게 있다면 이 실습을 원하는 만큼 자주 반복하거나 수정할 수 있다.

- 더 나은 버전의 나를 계발하기 위해 현실적이고 적절하며 일정 기간 지속적으로 할 수 있는 활동을 선택한다(워크시트4.1 마지막 부분의 사례 참조). 상태를 유지한다고 해서 이탈하지 말아야 하는 것은 아니다. 어떤 상황에서는 일상적 일과를 수정해야 할 수도 있다. 예컨대 때마침 도움이 필요한 친구를 돕고자 운동을 거른다거나 예산과 시간이 정해진 프로젝트를 완성하고자 창의성 비중을 낮추는 것이다. 차분함보다 혼란만 더 가중시킬 수 있다면 용감한 행동을 줄일 수도 있다.

- 더 나은 버전의 나를 실현하려면 구체적인 세부사항(언제, 어떻게, 어디서, 어떤 구체적인 행동을 얼마나 자주 해야 하는가)을 결정해야 한다. 하지만 모든 세부사항을 적절하게 결정하지 않고 이 과정(더 나은 사람이 되는 과정)을 시작해도 괜찮다. 때론 더 나은 사람이 되겠다는 단순한 다짐만으로도 충분하다. 그 다짐을 실행하면서 적절한 세부사항을 추가할 수 있다. 다시 말해 결과 도출에 전념하기만 한다면 그 과정을 즐겨도 괜찮다.

- 때론 자신의 자아개념에 깊이 뿌리박힌 부정편향 때문에 진전에 차질이 생길 수 있다. 그런 부정편향을 바꾸지 못할 수도 있다. 이때 이 실습을 연기하고 부정편향을 없애는 데 도움이 되는 다른 PPT 실습을 시도할 수 있다. 더 나은 버전의 나를 추구하는 도전에 응할 의욕이 생기길 바라면서 말이다.

- 더 나은 버전의 나는 반드시 최상의 나를 실현하는 것이 아니라 더 나은 나를 실현하는 실습이라는 사실을 명심하길 바란다. 최상의 나를 실현하려면 상당한 시간이 걸릴 수 있다. 그동안 다수의 더 나은 버전의 나를 실현할 수 있다. 그런 버전들이 누적되면 가장 바람직한 버전의 나를 실현해 유지할 수 있다.

- 이 실습을 하는 동안 좌절이나 갑작스러운 어려움에 직면해 더 이상 앞으로 나아가지 못할 수도 있다. 더 나은 버전의 나를 최종적으로 판단하는 사람은 바로 당신 자신이라는 사실을 명심하길 바란다. 최선의 노력을 다하는 한 더 나은 버전의 나가 실현될 것이다.

회기 종료 시 이완

각 회기를 마칠 때마다 회기 시작 시와 마찬가지로 짧은 이완으로 회기를 종료한다.

자원

간행물

- Meevissen, Y. M. C., Peters, M. L., & Alberts, H. J. E. M. (2011). Become more optimistic by imagining a best possible self: Effects of a two-week intervention. Journal of Behavior Therapy and Experimental Psychiatry, 42, 371–378.
- Owens, R. L., & Patterson, M. M. (2013) Positive psychological interventions for children: A comparison of gratitude and best possible selves approaches. The Journal of Genetic Psychology, 174(4), 403–428. doi:10.1080/00221325.2012.697496
- Renner, F., Schwarz, P., Peters, M. L., & Huibers, M. J. H. (2016). Effects of a best-possible-self mental imagery exercise on mood and dysfunctional attitudes. Psychiatry Research, 215(1), 105–110.
- Sheldon, K. M., & Lyubomirsky, S. (2006). How to increase and sustain positive emotion: The effects of expressing gratitude and visualizing best possible selves. The Journal of Positive Psychology, 2, 73.

동영상

- Barry Schwartz makes a passionate call for "practical wisdom" as an antidote to a society gone mad with bureaucracy. He argues powerfully that rules often fail us, incentives often backfire, and practical, everyday wisdom will help rebuild our world:
  https://www.ted.com/talks/barry_schwartz_on_our_loss_of_wisdom
- Elizabeth Lindsey, a fellow of the National Geographic Society, discusses indigenous wisdom and traditions:
  http://www.ted.com/speakers/elizabeth_lindsey

웹사이트

- The Max Planck Society's website. Eighty-three institutes of this Germany-based society, including a wisdom institute, conduct basic research in the service of the general public in the natural sciences, life sciences, social sciences, and the humanities:

http:// www.mpg.de/ institutes

• The Science of Older and Wiser:

http:// www.nytimes.com/ 2014/ 03/ 13/ business/ retirementspecial/ the-science- of- older -andwiser. html?_ r=0

• Practical wisdom as the master virtue:

http:// www.artofmanliness.com/ 2011/ 12/ 19/ practical- wisdom/

• Ryan M. Niemiec: The Best Possible Self Exercise (Boosts Hope):

http:// blogs.psychcentral.com/ character-strengths/ 2012/ 09/ the-best-possible-self-exerciseboosts-hope/

11장
5회기: 종결되지 않은 기억과 종결된 기억

긍정심리치료(PPT) 2단계의 시작인 5회기에서 내담자는 종결되지 않은 기억과 종결된 기억을 회상하고 기록하고 처리한다. 긍정평가라는 PPT 실습을 통해 부정적이거나 종결되지 않은 기억을 다루는 기술을 개발하는 법도 배운다.

5회기 요약

핵심 개념

　회기 중 실습: 종결되지 않은 기억

　성찰과 토의

　회기 중 실습: 종결된 기억

　성찰과 토의

　긍정평가

　실습: 긍정평가

　성찰과 토의

　사례

　적합성과 융통성

　문화적 고려사항

　유지

자원

핵심 개념

PPT에서는 부정정서 반응을 불러일으키고 완전히 이해하지 못하거나 해결되지 않은 기억을 '종결되지 않은 기억'이라고 한다. 반면 다소 확실하게 긍정결과가 나왔던 기억은 도전거리나 어려움이 있었어도 '종결된 기억'이라고 한다.

심리치료를 받는 내담자는 종종 이렇게 말한다. "과거의 짐을 엄청 많이 지고 있는데 없애버릴 수가 없어요." "과거에 사로잡혀 앞으로 나아갈 수 없어요." 대부분의 전통적 치료, 특히 정신 역동적 견해에 영향을 받는 치료들은 과거의 상처와 연관된 분노 또는 좌절 표출의 치료 효과를 높이 평가했다. 그래서 이런 치료 전략의 대부분이 억눌린 분노를 풀어내는 방식을 지향한다. 이는 분노를 표출하자마자 내담자가 자동적으로 치료 통찰력을 얻게 된다는, 다소 검증되지 않은 가정에 기반을 두고 있다. 이런 가정은 심리치료에 크나큰 영향을 미치고, 대중문화에도 널리 퍼져 '다 날려버려' '다 털어놔' '가슴 속에 있는 걸 다 꺼내'라는 표현이 만연해 있다.

부정적이거나 종결되지 않은 기억을 털어놓는다고 우울증 내담자의 치료 변화가 일어날 것 같지는 않다. 어떤 경우 그게 오히려 해가 될 수 있다(부시먼, 바우마이스터, 필립스 (Bushman, Baumeister, & Phillips), 2001). 참여자들이 샌드백을 쳐 분노를 표출하면 오히려 더 화가 나고 공격적인 행동에 몰입할 수 있다는 증거도 있다. 더 나아가 분노 표출은 심장질환과 분노를 더욱 심화시킨다(앤더슨, 부시먼(Anderson & Bushman), 2002; 치다, 스텝토 (Chida & Steptoe), 2009). 과거의 부정기억을 반복해 중점적으로 다루면 우울증이 계속되고 심지어 악화된다(놀렌-훅세마, 위스코, 류보머스키(Nolen-Hoeksema, Wisco & Lyubomirsky), 2008).

종결되지 않은 부정기억을 떠올리면 비관적이고 운명론적인 사고방식이 강해지고 스트레스가 증가한다. 이런 감정은 적절하게 적시에 표현하지 않으면 내면에 쌓이고 결국 응어리가 된다. 게다가 부정편향 때문에 타인을 완전히 나쁜 사람으로 낙인찍을 수도 있다. 또한 애초에 부정정서를 불러일으켰던 세부사항에 집중할 수 없을지도 모른다. 남을 원망하기 시작하면 자신에게도 해롭다. 이런 내담자는 다른 사람들을 흑백논리로 바라볼 수 있고, 왜 모두 자기 기분을 상하게 하는지 모르겠다는 생각을 쓸데없이 계속할지도 모른다. 그는 종종 이렇게 묻는다. "그 사람이 나한테 왜 이러는 거죠?" 이런 이야기를 친구들에게 질리도록 할지도 모른다. 이것은 반추의 한 형태다. 이런 내담자는 반추를 통해 통찰력을 얻을 수 있다고 생각한다. 하지만 실제로는 가해자보다 자신이 더 큰 상처를 받게 된다. 종결되지 않은 부정기억을 반추하면 사회적 지지를 잃을 수도 있다. 과거 이야기를 계속 반복해 듣고 싶은 사람들은 없으니까 말이다(칼메스, 리보츠(Calmes & Reborts), 2008).

응어리 같은 부정기억에 집착하는 성향은 성인과 청소년의 고혈압과 연관 있다는 증거가 있다. 가슴속에 응어리를 품은 사람들의 심장질환과 고혈압, 심장마비, 만성통증 발병률이 훨씬 높은 경향이 있다(안드리센(Andreassen), 2001; 메시안스, 세인, 시나토, 웰치 (Messians, Saine, Sinato, & Welch), 2010). 부정기억과 응어리는 종종 부정적이고 주기적(반복적)이며 억울한 생각으로 구성돼 있다. 이런 유형의 생각은 시간이 지나면서 점점 더 인지 자원을 고갈시킨다. 결국 문제 해결 능력이 제한된다.

치료자 노트

먼저 이 회기의 내용을 검토하고 나서 내담자에게 제시한다. 내담자가 정서적·심리적으로 충분히 안정된 상태에서 이 주제를 다루도록 해야 한다. 치료 후반부 단계에서도 언제는 이 주제로 되돌아올 수 있다.

긍정평가는 내담자의 표출된 호소 문제에 따라 모든 내담자에게 적절하지 않을 수도 있다.

회기 시작 시 이완

각 회기는 간단한 이완 운동으로 시작한다. 이 책 마지막에 수록된 〈부록A: 마음챙김과 이완 실습〉을 참조하길 바란다. 이 부록의 복사본은 내담자 워크북에도 나와 있다. 이전 회기의 핵심 개념뿐만 아니라 내담자의 감사 일기를 검토하면서 이 회기를 계속 진행한다.

회기 중 실습: 종결되지 않은 기억

치료자용 제안 대본

종결되지 않은(부정적) 기억과 그런 기억의 심리적·사회적·생리학적 영향력을 소개할 때 다음의 대본을 사용할 수 있다.

보통 사람들은 '심리치료'라는 말을 들으면 무엇을 떠올릴까. 그 대답은 이렇다. 과거에 느꼈던 분노와 좌절을 표출하는 곳 또는 문제가 많아 없애고 싶은데 그럴 수 없는 사람들이 찾는 곳이라는 것이다. 실제로 새로 온 내담자는 종종 이렇게 말한다. "과거에 사로잡혀 앞으로 나아가지 못해요." 많은 형태의 전통적인 심리치료는 억눌린 분노를 풀어내는 과정이나 분노를 표출하자마자 자동적으로 치료 통찰력을 얻게 된다는 다소 검증되지 않은 가정에 기반을 두고 있다. 이런 가정은 심리치료에 크나큰 영향을 미치고, 대중문화에도 널리 퍼져 '다 날려버려' '다 털어놔' '가슴속에 있는 걸 다 꺼내'라는 표현이 만연해 있다.

하지만 부정기억을 털어놓는다고 우울증 내담자의 치료 변화가 일어나는 것은 아니라는 증거가 있다(앤더슨 외 다수(Anderson et al), 2006). 어떤 경우 그게 오히려 해가 될 수 있다. 참여자들이 샌드백을 쳐 분노를 표출하면 오히려 더 화가 나고 공격적인 행동에 몰입할 수 있다는 증거도 있다. 더 나아가 분노 표출은 심장질환과 분노를 더욱 심화시킨다. 과거의 부정기억을 반복해 중점적으로 다루면 우울증이 계속되고 심지어 악화된다는 것은 부인할 수 없는 사실이다.

부정기억을 떠올리면 비관적이고 운명론적인 사고방식이 강해지고 스트레스가 증가한다. 이런 감정은 적절하게 적시에 표현하지 않으면 내면에 쌓이게 된다. 남을 원망하기 시작하면 자신에게도 해롭다. 결국 구체적으로 무엇 때문에 자신이 그런 감정을 느끼는지를 들여다보지 못하고 타인을 '나쁜' 사람으로 낙인찍을 수 있다.

모든 사람을 다 판단하려고 할 뿐만 아니라 왜 다들 자기 기분을 상하게 하는지 이해하려고 쓸데없이 계속 노력할지도 모른다. "저 사람이 나한테 왜 이러는 거죠?"라고 물을 수도 있다. 이런 이야기를 친구들에게 질리도록 한다면 이것이 바로 반추다. 이런 과정을 통해 통찰력을 얻을 수 있다고 생각하지만 실제로는 자신이 상처를 받게 된다.

부정기억을 반추하면 우정과 사회적 지지를 잃을 수도 있다. 보통 사람들은 부정기억에 사로잡혀 아무것도 하지 못하거나 부정적 과거에 집착하는 것 같은 사람들과는 어울리고 싶어 하지 않으니까 말이다.

응어리 같은 부정기억에 집착하는 성향은 성인과 청소년의 고혈압과 연관 있다는 증거가 있다. 응어리를 품은 사람들의 심장질환과 고혈압, 심장마비, 만성통증 발병률이 훨씬 높은 경향이 있다. 부정기억과 응어리는 종종 부정적이고 주기적(반복적)이며 억울한 생각으로 구성돼 있다. 이런 유형의 생각은 시간이 지나면서 점점 더 인지 자원을 고갈시킨다. 결국 문제 해결 능력이 제한된다.

지금부터 이런 개념들과 관련된 짧은 실습을 해보자.

실습: 단계별 세부사항

이 책에서는 내담자가 부정적인 기억을 용기 있게 마주할 수 있는 충분한 배려와 발판을 제공하기 위해 치료자에게 다음의 단계를 활용하라고 권장한다.

- **1단계** 이완 연습을 끝내고 나서 종결되지 않은 기억을 떠올린다. 여기서 종결되지 않은 기억이란 회상할 때마다 부정경험과 감정을 불러일으키는 역경험이다. 내담자는 이런 심란한 기억을 떠올릴 때 '끝내지 못한 업무'처럼 아직 뭔가가 '종결되지 않았다'고 느낀다.
- **2단계** 종결된 기억을 떠올린다. 당시에는 힘들었지만 돌이켜보면 성장의 기회를 얻었던 것 같은 기억이 종결된 기억이다. 이런 경험을 떠올리면 종결감과 만족감이 생겨난다.
- **3단계** 성찰과 토의를 통해 앞서 설명한 2가지 경험을 비교한다.
- **4단계** 긍정적인 인지 평가 기술에 대해 배우고, 그중 한두 가지 기술을 이용해 종결되지 않은 기억을 다루려고 시도한다.

치료자용 제안 대본

내담자가 종결되지 않은 기억을 고르는 데 도움이 되는 대본은 다음과 같다.

편안한 자세로 의자에 앉은 후 양손을 허벅지에 올리고 머리와 목, 가슴을 편안하게 나란히 정렬합니다. 양발은 바닥에 둡니다.

자신의 숨을 자각합니다. 공기가 자신의 몸속에 들어오고 나가는 것을 자각하고 숨을 들이마시고 내쉴 때 가슴의 팽창과 수축이 반복되는 것에 집중합니다.

조심스럽게 숨을 배 속 깊은 곳까지 들이마시고 내쉬기를 반복합니다. 숨의 사이클을 최소 6~8초 간격으로 늘리고 사이클을 반복합니다. 차분하고 조용한 일정 간격의 숨쉬기를 10번 반복하고 눈을 뜹니다.

내담자에게 적어도 1~2분 동안 집중할 시간을 준다. 그러고 나서 다음의 초안을 그대로 읽는다.

완전히 이해하지 못하거나 해결되지 않은 기억을 떠올려보세요. 그 기억을 떠올릴 때마다 불쾌하고 그와 관련해 뭔가 끝내지 못한 업무가 있는 것만 같나요? 그것이 바로 종결되지 않은 기억입니다. 수치심 및 죄책감과 연관되지 않은 기억이나 깊은 슬픔과 상실감, 거절, 분노, 불안, 좌절과 연관된 기억을 골라보세요.

내담자에게 눈을 뜨라고 한 후 다음의 질문을 던져 토론을 이끌어낸다.

성찰과 토의

이 실습이 끝난 후 다음의 질문에 대해 생각해보고 토의한다.

- 종결되지 않았거나 부정기억이 남에게 상처받고 해를 입은 경험과 관련된 것이라면 가해자나 가해자의 행동 원인과 결과를 생각해보는가? 이 과정을 성찰적이다, 반추적이다, 탐닉적(wallowing)이다, 결정적이다 등으로 묘사하는가? 이 과정의 이점과 단점은 무엇인가?
- 이 부정기억을 다른 누군가와 나눈 적이 있는가? 그런 적이 있다면 결과는 어떠했는가? 또 다른 예견력을 얻거나 감정을 분출했는가?
- 이런 부정기억이 정서적 행복에 미치는 장기적 영향은 무엇인가? 그런 영향력을 줄이기 위해 무엇을 할 수 있는가?

회기 중 실습: 종결된 기억

치료자용 제안 대본

다음의 질문에 대해 토의하고 나서 실습을 완료한다. 종결되지 않은 기억과 종결된 기억 실습을 한 회기에서 완료하는 것이 좋다. 다음의 초안을 그대로 읽는다.

견뎌내야 했던 힘든 상황을 생각해봅니다. 때로는 나쁜 일이 일어나도 궁극적으로는 긍정적인 결과가 나타납니다. 돌이켜보면 감사할 수 있는 일들이죠. 그 힘든 경험의 긍정적인 측면에 집중해봅니다. 지금 생각해보면 감사하거나 고마운 일들이 있나요? 이것이 종결된 기억입니다.

내담자에게 눈을 뜨라고 하고 다음의 질문을 던져 토론을 이끌어낸다.

성찰과 토의

- 이 경험을 통해 어떤 이득을 봤는가?
- 이 경험에서 얻은 어떤 강점들이 있었나?
- 이 사건을 계기로 당신의 삶을 보다 더 폭넓게 바라볼 수 있었나?
- 이 사건 덕분에 당신의 인생에서 진실로 중요한 사람과 일에 감사할 수 있었나? 요컨대 이 사건에서 생겨난 이로운 결과에 얼마나 감사할 수 있는가?

긍정평가

내담자는 종결되지 않은 기억과 종결된 기억 실습을 통해 자기 기분을 상하게 하고 자신에게 해를 가하거나 상처를 입힌 가해자가 아닌, 자신이 종결되지 않은 기억으로부터 영향을 받는다는 사실을 좀 더 잘 이해하게 된다. 내담자의 종결되지 않은 기억은 초기에 강한 부정정서를 불러일으켜 처리되지 않은 채 지속되다가 결국 복합적 증상으로 발전한다(하비(Harvey) 외 다수, 2004). 내담자가 이런 기억에 집착하면 특히 뭔가 중요한 일을 하고 싶을 때 마비되기 때문에 정서적 건강이 나빠진다. PPT는 사건이나 상황을 긍정적인 방식으로 재해석하는 의미 기반 대처 접근법인 긍정평가를 사용한다(쿠니 외 다수(cooney et al.), 2007; 폴크먼, 모스코위츠(Folkman & Moskowtiz), 2000; 반 딜렌 외 다수(Van Dillen et al.), 2007).

지속적으로 고통스러운 부정기억의 사례는 다음과 같다.

- 뭔가 좋은 일을 하려고 할 때마다 아내 또는 남편이 과거에 제게 고통스러웠던 사건을 들먹여요.
- 기분 좋아지는 뭔가를 성취할 때마다 과거의 실패가 떠오르면서 기대에 부응하려면 성취해야 할 것이 훨씬 더 많다는 생각에 사로잡혀요.
- 좋은 일을 하고 싶지만 과거의 분노에 사로잡혀 나아가지 못해요. 저의 좋은 행동을 당연시하게 돼요.

- 제게 상처를 준 아내 또는 남편을 용서했지만 여전히 그 사람을 다시 믿기가 어려워요.
- 제일 친한 친구가 정말로 중요한 순간에 제 편을 들어주지 않아서 화가 나요.

부정기억을 회상하면 분노와 원망, 혼란, 슬픔 같은 일련의 부정정서가 나타난다. 가까운 사람한테서 상처를 받거나 해를 입으면 그런 감정이 더욱 악화될 수 있다. 가해자에게 응어리를 품고, 그 사람이 벌을 받고 모욕과 창피를 당하거나 힘을 잃길 바란다. 그러면 어느 정도 정의가 회복된다고 생각한다. PPT에서는 이런 감정을 완전히 인정하고 주의 깊게 검증한다. 그와 동시에 종결되지 않은 기억을 적극적으로 처리하지 않으면 보통 분노와 복수심, 적대감으로 발전한다고 단정 짓는다. 안타깝게도 최대 희생자는 내담자가 응어리를 품은 대상이 아니라 내담자 자신이다. PPT는 내담자가 종결되지 않은 억울하고 부정적인 기억을 다음의 4가지 전략을 동원해 긍정적인 방식으로 다루도록 도와준다.

실습: 긍정평가

워크시트5.1 긍정평가는 긍정평가 실습을 포함해 4가지 전략을 보여준다. 이런 워크시트는 각 회기마다 수록돼 있고, 내담자 워크북에도 나와 있다. 먼저 내담자와 4가지 전략에 관해 토의하고 나서 종결되지 않은 부정기억을 정면으로 다루기 위해 다음 워크시트를 완성하라고 한다.

워크시트 5.1 긍정평가

1. *심리적 공간 조성하기* 쉽게 사라지지 않는 부정기억과 거리를 둘 수 있는 심리적 공간을 만들 수 있다. 가슴 아픈 기억을 제3자의 관점에서 묘사하는 것이 한 가지 방법이다. 다시 말해 '나'를 사용하지 않는 것이다. 이렇게 하면 종결되지 않은 기억과 어느 정도 거리를 둘 수 있다. 결과적으로 종결되지 않은 기억을 반복하기보다 그 기억의 의미와 자신의 감정을 수정할 기회가 생긴다.

실습 자신이 저널리스트나 사진작가 또는 다큐멘터리 영화제작자라고 상상해보고, 다음의 빈칸에 종결되지 않은 기억이나 응어리를 제3자의 관점에서 묘사해 적는다. 그다지 개인적이지 않고 보다 중립적인 3인칭 표현을 유지하려고 노력한다.

_____

_____

2. *재강화* 부정기억에 빠져 있을 때는 사고의 폭이 좁아서 상황의 모든 측면에 주의를 기울이지 못할 가능성이 크다. 현재의 스트레스 요인에 짓눌리지 않는 차분한 상태에서 다음의 실습을 해본다.

실습 심호흡을 한다. 종결되지 않은 가슴 아픈 기억의 더욱 세세하고 미묘한 측면을 떠올려본다. 놓쳤을지도 모르는 모든 긍정적인 측면을 의식적으로 떠올리면서 그 기억을 재해석해 다음의 빈칸에 적는다. 가능한 한 부정기억을 차단한다. 이 실습은 초기에 놓쳤을지도 모르는 종결되지 않은 기억의 긍정적인 측면을 인정하고 기록하는 데 중점을 둔다. 이렇게 하면서 당신의 인생에서 가장 중요한 가치를 생각해보고 수정된 기억에 불어넣는다(폴크먼, 모스코위츠(Folkman & Moskowtiz), 2000; 반 딜렌 외 다수(Van Dillen et al.) 2007; 바즈케즈(Vazquez), 2015).

_____

_____

3. *의식적 자기초점화* 이 실습은 종결되지 않은 기억이 떠오를 때마다 비판단적이고 한결같은 정신 상태를 유지하게 도와준다. 수용적인 마음 상태를 갖춘 후 부정기억으로 초래된 내외적 사건과 경험으로 관심을 돌린다. 종결되지 않은 부정기억이 펼

쳐지면 그에 반응하기보다 관찰하려고 노력한다.

실습 뒤로 물러서서 종결되지 않은 부정기억이 한 편의 영화처럼 눈앞에서 펼쳐지게 놔둔다. 그 기억의 감정에 휩쓸리기보다 관찰자가 된다. 불쾌한 기억이 스쳐 지나가게 둔다. 이 실습을 몇 차례 반복하고 나서 관찰을 통해 종결되지 않은 기억에 좀 더 익숙해지고 분노가 다소 누그러들었는지를 다음의 빈칸에 기록한다.

_____

_____

4. 전환 안테나를 날카롭게 세워 종결되지 않은 가슴 아픈 기억을 떠올려주는 신호(감정, 감각)를 즉각적으로 인지하라고 한다. 그런 회상이 시작되자마자 즉시 관심을 다른 데로 돌려 흥미로운 신체적·인지적·정서적 과제에 몰두한다. 어려운 과제로 관심을 빨리 돌리면 돌릴수록 종결되지 않은 기억의 회상을 차단하기 쉬워진다. 관심을 자주 전환할수록 가슴 아픈 기억을 불러일으키는 외적 신호를 더욱 잘 인지하게 된다. 게다가 그런 신호를 더욱 빠르게 포착할 수 있고, 더욱 건전하고 적응적인 행동으로 관심을 돌릴 수 있다.

실습 종결되지 않은 기억이 떠오르자마자 관심을 다른 데로 돌려 흥미로운 신체적·인지적·정서적 과제에 몰두하려고 애쓴다. 부정기억에서 관심을 돌려줄 수 있는 경험적이고 몰입적이며 실무적이고 복합적인 활동 3가지를 다음의 빈칸에 기록한다.

_____

_____

성찰과 토의

이 실습을 완료하고 나서 다음의 질문에 대해 생각해보고 토의한다.

- 4가지 긍정적인 평가 전략 중 자신의 종결되지 않은 기억과 가장 관련성이 깊은 것은 무엇인가?
- 4가지 전략을 검토하고 난 후 종결되지 않은 기억을 당신에게 효과적인 다른 방식으로 바꾸고 수정하거나 재포장할 수 있을 것 같은가?
- 종결되지 않은 기억을 곰곰이 생각해본다. 긍정평가를 할 수 없을 것 같은 기억은 무엇인가? 종결되지 않은 기억을 반드시 긍정평가로 다루어야 하는 것은 아니다.
- 한 가지나 그 이상의 긍정평가 전략을 실행할 때 어떤 사회적 지지가 필요할까? 그런 지지를 얻지 못할 때 대안을 생각할 수 있는가?
- 복잡하고 상반된 감정이 존재하거나 충돌적인 상황에 부딪혔을 때 이 전략을 어떻게 사용해야 미래에 도움이 될까?

사례: 안나와 그녀의 끝내지 못한 업무

두 아이를 성인으로 키워낸 53세의 싱글맘 안나(Anna)는 만성 우울증상을 겪었고, 과거의 기억 때문에 가슴에 응어리가 맺혀 있었다. 그런 기억의 대부분은 12년간의 결혼생활 동안 전남편 더그(Doug)한테서 받은 정서적 학대로 얼룩져 있었다. 더그와의 결혼생활은 논쟁과 싸움, 엄청난 불행으로 점철된 세월이었다. 안나가 이혼한 지 거의 10년이 됐는데도 치료받을 때 여전히 그 기억에 몸부림치고 있었다. 안나는 그런 기억이 느닷없이 튀어나와 분노와 슬픔, 고립감을 안겨준다고 했다. 예전에도 치료받은 적이 있었지만 여전히 그 기억과 관련해 뭔가 '끝내지 못한 업무'가 있는 것만 같았다. 이런 문제가 안나의 치료에서 주요한 중점이 됐다.

대부분의 사람은 좌절과 역경을 돌이켜본다. 그런 생각을 하면 우울해질 수 있지만 상당수는 마비되는 지경에까지 처하지는 않는다. 과거를 넓은 시각에서 바라보고 현재에 재집중하며 일상적인 삶을 살아나갈 수 있다. 하지만 안나는 그렇지 못했다. 거의 쉴 새 없이 과거의 부정경험을 떠올렸을 뿐만 아니라 거기서 새로운 통찰력을 이끌어내려고 했다. 하지만 그런 노력에도 정서적 학대 경험의 원인과 결과를 중심으로 그 주변만 뱅뱅 돌았다. 이것이 흔히 반추라고 알려진 과정이다. 초기 몇 회기 동안은 치료자가 안나의 고통스러운 기억을 공감하며 들어주면서 안나에게 과거의 기억에 사로잡히지 말고 자기 생각을 살펴보는 관찰자가 되라고 부드럽게 권했다. 하지만 안나에게는 쉽지 않은 과제였다. 안나는 그 과정을 좀 더 쉽게 구체적으로 만들려고 치료자의 제안대로 부정기억에 빠져 있는 시간을 기록했고, 그동안이나 그 후 기분이 어떠했는지도 기록했다. 안나는 과거의 부정기억에 사로잡힐 때마다 기분이 우울해지고, 스트레스를 받는 것 같고, 집중을 잘 하지 못해 결과적으로 업무와 가정생활의 질이 손상됐다고 말했다.

치료자는 안나의 부정기억이 어떠했는지에 대해 세세하게 토의하기보다 적극적으로 토의하고, 안나에게 그런 기억에 탐닉하고 있는 것은 아닌지 생각해보라고 했다. 부정기억에 탐닉하는 것은 우울증의 주요 원인 중 하나다. 안나가 치료자의 제안대로 하자 과거에 머무는 게 다소 유혹적이고 위안이 되지만 도움은 되지 않는다는 사실을 깨달았다. 안나는 과거의 비참했던 기억에서 새로운 통찰력을 얻지 못했다. 그처럼 고통스러웠던 기억을 생각하면 때로는 화가 나고 슬프기도 했다. 더 나아가 자신이 전남편에게 계속 앙심을 품고 있다는 사실을 알게 됐다. 때론 전남편에게 복수하고 싶은 강한 욕구가 치솟기도 했다. 평소의 안나라면 절대 하지 않았을 생각이었다. 이런 복수심은 안나 자신의 아이들을 포함한 다른 사람들에 대한 불신으로 이어졌다. 안나는 동료들을 믿지 않았고, 다른 사람들이 쉽게 할 수 있는 업무도 위임할 수 없었다. 게다가 자신이 과민해져 다른 사람들의 온화한 말도 부정적으로 해석하고 기분 나쁘게 받아들인다는 이야기를 들었다고 했다.

안나는 부정기억에 집착한 결과를 의식하고 나서 그런 기억을 털어내는 기술을 익히는 데 집중했다. 그러자 자신이 희생자이자 샌드백, 동네북이 된 것 같았고 당연히 그럴 만한 이유가 있었다. 거의 평생 동안 강인하고 적극적인 엄마와 지배적인 남편의 영향을 받으며 살아왔기 때문이다. 안나는 오랫동안 정서적 학대를 받아 자신의 성격에 치유할 수 없는 상처가 깊이 새겨졌다고 느꼈다. 치료자는 안나의 관심을 현재로 돌렸다. 현재 안나는 이혼한 지 거의 10년이 지나 더 이상 학대를 받지 않았고, 희생자에서 생존자로 바뀌고 있었다.

치료자와 안나는 고통스러운 과거를 바꿀 수 없지만 현재와 과거가 그에 좌우돼서는 안 된다는 이야기를 나누었다. 안나가 계속해 과거에 질질 끌려다니며 현재와 미래를 독자적으로 설계하지 못한다면 슬픔과 공허감, 고립감, 불행에 계속 빠져 지낼 가능성이 크다. 이런 희생자 역할에 집착하면 성장하지도, 새로운 방식을 탐색하지도 못한다. 안나는 많은 토의 끝에 자신이 성장 잠재력을 지닌 생존자라고 생각하기 시작했다.

적합성과 융통성

몇몇 부정기억(성적·신체적 학대, 사랑하는 사람을 잃은 비극적인 상실감, 사고, 자연재해, 인도에 반하는 범죄 등)은 무척 강력해 다시 떠오를 때마다 강한 부정정서를 이끌어낸다. 긍정평가로 그처럼 강력한 기억을 다룰 수 있게 도와줄 수는 있다. 하지만 그보다 강도가 비교적 약한 기억부터 다루기 시작해 점차적으로 좀 더 심각하고 정서적으로 격앙된 기억으로 넘어가는 게 가상 좋다.

권위적 인물이나 기관(교사, 학교, 교회 등) 때문에 생긴 부정기억은 다루기 쉽지 않다. 특히 개인적 권리를 침해당한 기억은 더더욱 그렇다. 그러므로 그런 기억은 긍정평가로 다루지 않는 것이 좋다. 위기 상황이나 억제하기 힘든 감정적 폭발을 초래할 수 있는 다른 관련 기억이 떠오를 수 있기 때문이다.

최근 트라우마를 경험했거나 심각한 외상 관련 증상이 재발할 것 같은 사람에게도 긍정평가는 바람직하지 않다. 모든 트라우마를 평가해야 하는 것은 아니다. 어떤 경우 트라우마를 성급하게 건드렸다가 역효과가 생길 수도 있다. 이 실습을 시작하기 전 이 회기가 어려울 수도 있기에 천천히 진행하겠다고 내담자에게 미리 말해둔다.

이 실습과 상호작용할 수 있는 구체적인 성격 요소에 적절한 비중을 두고 탐색한다. 한 내담자는 너무 예민하고, 비교적 경미한 사회적 무시(자기 차례가 돌아오지 않는 경우, 비구어적 반대, 파티에 초대받지 못한 경우 등)에 온 신경을 쏟는 경향이 있었다. 사소한 잘못을 폭넓은 시각으로 바라볼 수 있는 자원도 부족했다. 하지만 지혜라는 성격강점을 사용하는 방법에 관해 사전에 토의하자 폭넓은 시각을 가질 수 있었고, 긍정평가에도 참여할 수 있었다.

부정기억에는 다수의 버전이나 복사판이 있을 수 있다. 보통 우울증 내담자의 경우처럼 부정기억이 독립적으로 떠오르지 않을 때는 그중 가장 특징적인 버전을 고르고, 앞서 소개했던 전략을 사용해 그 기억을 적응적으로 다룬다. 내담자가 그런 기억을 처리할 수 있다면 유사한 과거 사례에도 그 전략을 적용할 수 있게 도와준다.

어떤 내담자는 전환을 회피나 억제로 인식할 수도 있다. 전환이라는 명칭 자체가 그런 뜻을 은연중 내비치기 때문이다. 그래서 부정기억을 적응적으로 다루기 위해 그에 더욱 깊이 몰두하기보다 그 기억과 관련된 부정정서를 서둘러 억제하거나 회피할 수 있다. 그러고 나서 그 기억을 완전히 처리했다고 자신할 수도 있다. 치료자는 이처럼 성급한 접근법을 막고자 내담자에게 부정기억의 역효과가 줄어들었는지를 주기적으로 물어본다. 예컨대 성격 급한 내담자는 신체적 움직임을 동반하는 게임이나 스마트폰 게임 또는 끝내야 하는 집안일에 관심을 돌리는 전환 전략을 사용해 자신의 분노 성향을 다스릴 수도 있다.

또 어떤 내담자는 부정기억을 적응적으로 다룰 준비가 돼 있지 않을 수도 있다. 이런 내담자는 오랫동안 부정기억에 집착했고, 그 기억을 떠올릴 때 살아 있는 것 같기 때문에 감정을 터뜨리는 편을 선호하기도 한다. 또는 부정기억과 원한, 분노, 복수심을 털어내는 게 약점이 있다는 증거라고 생각할 수도 있다. 또 다른 사람들은 자기연민이나 희생자 역할에 계속 빠져 지내려 그런 기억에 쉽게 접근하고 싶어 한다. 이런 내담자에게는 온기와 진실성, 공감이 담긴 좀 더 세부적인 토의를 통해 부정기억에 집착하는 성향의 악영향을 평가하게 도와주고, 변화의 중요성을 일깨워줄 수 있다. 적절한 경우 그런 내담자가 안전하게 분노를 표출할 수 있게 도와준다. 그러면 치료 노력에 좀 더 적극적으로 몰두할 수 있다.

더 나아가 내담자에게 긍정평가를 강요하는 것 같은 인상을 주지 않게 유의한다. 그런 인상을 잘못 심어줬다가는 내담자의 자율성과 통제감을 해칠 수 있다. 반면 치료 온기와 진실성, 공감은 내담자가 회피할 수도 있는 어려운 만성적 문제를 마주할 수 있게 해준다.

부정기억 처리는 효과가 일시적일 수도 있다. 동일한 사람이 유사한 일이나 역경을 우연히 접했다가 부정기억을 다시 떠올릴 수 있어서다. 특히 가해 행위 강도가 높은 기억(학대, 공격성, 고의적인 도덕적 위반 등)은 더더욱 그렇다. 이런 응어리를 섣불리 풀어냈다가는 가해 행위를 축소 해석할 위험이 있고 일시적으로 잊어버릴 수 있다. 또는 고통스러운 감정을 부분적으로 부인하거나 회피할 수도 있다. 그러므로 내담자가 심각한 가해 행위와 관련된 종결되지 않은 기억을 선택하지 않도록 한다. 특이 이 기술을 개발하고 유지하는 법을 배울 때는 더더욱 그렇다.

심각한 가해 행위에 관한 종결되지 않은 부정기억은 단순하게 털어낸다고 해소되지 않을 수도 있다. 적극적이고 헌신적이며 어려운 용서의 과정이 필요할 수 있다. 이 과정은 12장(6회기: 용서)에서 소개하겠다. 가슴속에 쌓인 이런 응어리에 관해 더 많이 알아야 하고, 용서에 관심이 있는 내담자도 있을 수 있다. 용서의 내용과 과정에 대해 토의하려면 상당한 시간이 필요하다. 이 과정에서 용서 중심적 실습으로 더욱 잘 다룰 수 있는 기억과 문제가 드러날 수도 있다. 때때로 증상이 재발하거나 악화돼 긍정평가의 치료 효과가 유지되지 않기도 한다.

문화적 고려사항

부정경험과 트라우마, 역경이 어떻게 드러날지는 문화의 영향을 받는다. 내담자의 문화권에서 스트레스가 어떻게 개념화돼 있는지를 유심히 살펴본다. 각 문화권에는 대체로 가족 특유의 요인과 재정적 요인으로 인해 변동이 존재한다는 사실을 명심해야 한다. 어떤 내담자는 종결되지 않은 기억을 명확하게 표현하지 못할 수도 있다. 그랬다가는 자신이 다룰 수 없는 문화적 스트레스가 터져 나올 수 있기 때문이다. 게다가 문화적 기대에 부합하는 역할과 의무를 다하기 위해 마음을 터놓지 못할 수도 있다. 또는 트라우마 자체가 특정 문화 특유의 요소로부터 영향을 받을지도 모른다.

내담자 라티파(Latifah)는 상호의존적인 문화권의 여성으로, 가까운 친척한테서 성폭행을 당했다. 몇 년 후 라티파가 엄마한테 그 일을 이야기했을 때 라티파의 엄마는 (딸에게 진심으로 공감해줬음에도) 결국 입을 다물고 그 일을 아무한테도 이야기하지 말라고 충고했다. 라티파가 사교모임에서 가끔씩 가해자와 마주칠 수밖에 없는 상황이었는데도 말이다. 라티파는 성폭행 자체나 사교모임에서 가해자를 만나는 일보다 엄마의 반응에 더욱 큰 상처를 입었다. 문화적 규범이 트라우마 경험의 반응 내용을 결정지을 수 있다는 사실을 명심하길 바란다.

어떤 내담자는 문화적 장벽에 가로막혀 부정기억을 회상하지도, 명확하게 표현하지도 못할 수 있다. 특히 가까운 누군가와 관련된 기억이라면 더더욱 그렇다. 서구권 문화에서는 다루기 힘든 감정을 털어놓는 게 유능함과 용기의 증거가 된다. 하지만 비서구권 문화에서는 그렇지 않을 수도 있다. 그러므로 부정기억 표현에 관해 유사한 견해를 갖고 있을지도 모르는 내담자와 더불어 문화적 맥락을 고려해야 한다.

유지

진척 상태를 유지할 수 있게 내담자와 다음의 정보에 대해 토의한다.

- 종결되지 않는 기억이 계속 떠오를 때, 특히 가장 원치 않는 상황에서 예기치 않게 떠오를 때는 이 회기에서 배운 기술을 활용한다. 긍정평가 실습이 도움이 됐다면 또 다른 종결되지 않는 기억을 처리한다. 트라우마라고 부를 정도는 아니지만 여전히 떠올리기 괴로운 기억을 선택하는 게 좋다. 편안하고 조용한 장소를 찾는다. PPT에서 이미 해봤던 마음챙김 실습으로 시작한다. 종결되지 않은 기억을 떠올린다. 심호흡을 두 차례 한다. 자신의 정서 상태를 유심히 살펴본다. 감당할 수 없을 것 같거나 정서적으로 멍해지지 않는다면 계속 진행한다. 부정감정에 압도당하지 않고 그에 집중하는 게 목적이라는 사실을 명심한다. 그런 기억에 압도당하지 않는다면 성찰을 통해 과거(이 부정경험과 연관된 역사적 이유)와 현재(그 사건 이후로 상황이 어떻게 변했는가)의 맥락을 덧붙이고 미래(이 사건이 다시 재발할 가능성이 있는가)와 관련지어 그 기억을 자세하게 설명한다. 자신의 행복과 개인적으로 관련된 경험에서 찾아낼 수 있는 의미를 기록한다. 그런 부정경험을 색다른 방식으로 이야기할 수 있는지 자문해본다.
- 종결되지 않은 기억 때문에 계속 괴롭다면 여기서 소개한 과정을 이용해 그 사건 당시에는 스트레스에 짓눌려 간과했을지도 모르는 긍정적인 측면을 회상하려고 노력한다. 보통은 부정편향 때문에 상황의 긍정적이거나 적응적인 측면을 포착하지 못한다. 긍정성을 간과하지는 않았는지 세부 기억을 떠올려본다. 유사한 상황을 떠올리면 간과한 긍정성을 포착해내는 데 도움이 된다.
- 스트레스가 심하거나 부정적 상황에서도 앞으로 나아가 긍정평가 실습에서 논의했던 전환 전략을 사용한다. 전환이 항상 쉽지는 않지만 몰입할 수 있는 적절하게 복잡한 인지 과제(독서나 좋아하는 초콜릿 케이크 굽기 등)로 관심을 돌려본다.

회기 종료 시 이완

회기 시작 시와 마찬가지로 짧은 이완으로 회기를 종료한다.

자원

간행물

- Ayduk, Ö., & Kross, E. (2010). From a distance: Implications of spontaneous self-distancing for adaptive self-reflection. Journal of Personality and Social Psychology, 98(5), 809 – 829. doi:10.1037/ a0019205
- Denkova, E., Dolcos, S., & Dolcos, F. (2015). Neural correlates of 'distracting' from emotion during autobiographical recollection. Social Cognitive and Affective Neuroscience, 10(2), 219 – 230. doi:10.1093/ scan/ nsu039
- Huffziger, S., & Kuehner, C. (2009). Rumination, distraction, and mindful self-focus in depressed patients. Behaviour Research and Therapy, 47(3), 224 – 230. doi:10.1016/ j.brat.2008.12.005
- Joormann, J., Hertel, P. T., Brozovich, F., & Gotlib, I. H. (2005). Remembering the good, forgetting the bad: intentional forgetting of emotional material in depression. Journal of Abnormal Psychology, 114(4), 640 – 648. doi:10.1037/ 0021 – 843X.114.4.640
- Messias, E., Saini, A., Sinato, P., & Welch, S. (2010). Bearing grudges and physical health: Relationship to smoking, cardiovascular health and ulcers. Social Psychiatry and Psychiatric Epidemiology, 45(2), 183 – 187.
- Redondo, R. L., Kim, J., Arons, A. L., Ramirez, S., Liu, X., & Tonegawa, S. (2014). Bidirectional switch of the valence associated with a hippocampal contextual memory engram. Nature, 513, 426 – 430. doi:10.1038/ nature13725

동영상

- A role-play demonstration about dealing with negative memories and grudges: http:// www.webmd.com/ mental- health/ features/ forgive-forget
- Cognitive restructuring in cognitive behavioral therapy, a video from the Beck Institute for Cognitive Therapy: https:// youtu.be/ orPPdMvaNGA

- Quiet Positive Distractions — Explained by Crabtree Innovations:
https:// youtu.be/ GhMaliATDNI
- Author and therapist Paul Gilbert explores how awareness of how our own minds work can help break negative thought patterns and help us to become more compassionate:
https:// youtu.be/ pz9Fr_ v9Okw

웹사이트

- MIT Technology Review: Repairing Bad Memories, June 17, 2013:
http:// www.technologyreview.com/ featuredstory/ 515981/ repairing-bad-memories/
- The Science of Happiness — An Experiment in Gratitude:
https:// youtu.be/ oHv6vTKD6lg?list=PL373A068F767AD185

12장
6회기: 용서

6회기에서는 용서가 한 번의 결정이나 계기가 아닌 점진적 변화를 위한 과정이라고 가르친다. 또한 무엇이 용서이고, 무엇이 용서가 아닌지도 설명한다. 이 회기에서 중점적으로 다루는 긍정심리치료(PPT) 실습은 리치(REACH)라는 용서 접근법과 용서 편지 쓰기다.

6회기 요약

핵심 개념

  회기 중 실습: 리치

  성찰과 토의

  두 번째 실습: 용서 편지

  성찰과 토의

  사례

  적합성과 융통성

  문화적 고려사항

  유지

자원

핵심 개념

용서는 하나의 사건이라기보다 변화의 과정이다. 또한 부정적 분노 기반의 부정정서와 부정적 동기, 부정적 인지를 감소시켜나가는 과정이다(워딩턴(Worthington), 2005). 내담자는 용서를 통해 복수를 하지 않고 가해자에게 친절과 연민을 베풀겠다고 마음먹는 것이다.

증오의 악순환에 갇혀 응어리를 품고 종결되지 않은 부정기억을 곰곰이 생각하기보다 용서를 하면 복수의 대안이 생긴다. 응어리를 쌓는 것은 지속적으로 일어나는 복잡한 정서 과정이며, 적대심과 잔존 분노, 두려움, 우울증으로 두드러지게 나타난다(워딩턴, 웨이드(Worthington & Wade), 1999). 용서는 과거의 파괴적인 관계에서 건설적인 관계로 바꾸면서 정보를 근거로 선택하는 것이다(맥쿨로 외 다수(McCullough et al.), 2014).

용서는 긍정적인 변화를 가해 심리치료를 돕고, 신체·정신건강을 개선하며, 희생자의 개인적 힘을 되찾아주고, 가해자와 피해자가 화해할 수 있게 도와준다. 그뿐만 아니라 실제 세계의 집단 간 충돌을 해소할 수 있다는 희망을 높여준다(코니시, 웨이드(Cornish & Wade), 2015; 페흐르, 겔프랜드, 나그(Fehr, Gelfrand, & Nag), 2010; 투생, 웹(Toussaint & Webb), 2005; 반 통제렌 외 다수(Van Tongeren et al.), 2007).

용서는 많은 것을 의미할 수 있다. 하지만 내담자는 용서가 아닌 것이 무엇인지를 확실하게 알아두어야 한다. 다음과 같은 것은 용서가 아니다(엔라이트, 피츠기번스(Enright & Fitzgibbons), 2015; 워딩턴, 비트빌렛, 피에트리니, 밀러(Worthington, Witvliet, Pietrini, & Miller), 2007).

- 가해자의 가해 행위를 사해준다.
- 사회적으로 수용 가능한 수단을 이용해 정의에 대한 요구를 완화시킨다.
- 잘못된 것을 잊어버린다.
- 용납하고 봐준다(가해자를 참고 견디거나 가해 행위를 못 본 척 넘긴다).
- 정당화한다. 다시 말해 가해자가 옳은 일을 했다고 믿기 시작한다. 시간이 지나면 괜찮아질 거라고 생각한다.
- 부정적 생각이나 감정을 중립적이거나 긍정적인 것으로 대체해 가해 행위의 자연스러운 결과를 무시한다.
- 균형을 맞춘다. 다시 말해 다른 뭔가를 해 가해자에게 복수한다.

여기서 설명한 개념과 비교했을 때 PPT 맥락에서 용서는 긍정평가와 더불어 내담자가 부정기억과 정서적 상처 및 아픔을 다루기 위해 사용할 수 있는 심리적 기술이다.

회기 시작 시 이완

각 회기는 간단한 이완 운동으로 시작한다. 이 책 마지막에 수록된 〈부록A: 마음챙김과 이완 실습〉을 참조하길 바란다. 이 부록의 복사본은 내담자 워크북에도 나와 있다. 이전 회기의 핵심 개념뿐만 아니라 내담자의 감사 일기를 검토하면서 이 회기를 계속 진행한다.

회기 중 실습: 리치

용서 기법

워딩턴(2006)은 리치라는 5단계 과정(쉽지도 빠르지도 않은 과정)을 제시했다.

> **치료자 노트**
>
> 내담자와 함께 리치 단계를 밟아나가면서 내담자에게 워크시트6.1: 리치를 작성하라고 한다. 이런 워크시트는 각 회기마다 수록돼 있고, 내담자 워크북에도 나와 있다.

치료자용 제안 대본

리치 단계를 내담자에게 소개할 때 사용할 수 있는 대본은 다음과 같다.

리치라는 용서에 관한 실습을 시작해보자. 이 실습의 각 단계를 순차적으로 밟아나가길 바란다. 그러자면 상당한 시간과 노력이 필요하겠지만 이 단계들을 완료하고 나면 엄청난 혜택이 있다. 그렇기 때문에 이 실습을 진지하게 시도해볼 것을 권한다. 이에 관한 토의가 필요하다면 주저하지 말고 말한다. 다른 주제로 넘어가야 할 때라도 상관없다.

1단계 R(Recall: 사건 기억하기) 편안한 상태라면 눈을 감을 수도 있다. 당신에게 상처를 준 사람을 생각해보고, 그때 받은 상처의 악영향을 계속 느껴본다. 자기연민에 젖어들지

않는다. 그 사건을 시각화하면서 깊이 천천히 차분하게 숨을 쉰다(내담자에게 2~3분 정도의 시간을 준다.).

이제 눈을 뜬다. 워크시트6.1의 빈칸에 그 사건이나 행사 또는 가해 행위를 기록한다. 실명을 쓰지 않아도 된다. 기억할 수 있는 가명이나 머리글자를 사용할 수 있다.

2단계 E(Empathize: 가해자 관점에서 감정이입하기) 가해자는 생존이 위협당할 때 무고한 사람들을 해칠 수 있다. 감정이입이 용서의 핵심 요소라는 사실을 명심하길 바란다. 감정이입은 다른 사람들을 평가하지 않고 당신 자신을 그들과 정서적으로나 경험적으로 동일시하는 것이다. 이에 도움이 되는 정보는 다음과 같다.

- 사람들은 자신의 생존이 위협당할 때 무고한 사람들을 해칠 수 있다.
- 남을 공격하는 사람들은 대체로 불안과 걱정에 사로잡혀 있고 상처를 받은 사람들이다.
- 사람들은 자신이 처한 상황 때문에 남을 해칠 수도 있다. 이때 이들의 근본적인 성격이 원인이라고 단정할 수는 없다.
- 사람들은 종종 자신이 언제 남을 해치는지도 모른다. 그냥 본능적으로 안에 쌓인 것을 쏟아내기만 할 뿐이다.

이 2단계는 실행하기가 쉽지 않다. 하지만 가해자가 자신의 행동을 정당화해야 하는 상황에서 풀어놓을 법한 이야기를 생각해보자. 워크시트6.1의 빈칸에 가해자가 할 법한 생각을 기록한다.

3단계 A(Altruistic: 용서라는 이타적 선물) 이 단계도 쉽지 않다. 먼저 당신 자신이 죄를 짓고 죄의식을 느꼈다가 용서받았던 때를 떠올려본다. 그것은 당신에게 필요했기 때문에 다른 누군가 당신에게 나눠준 선물이었다. 당신은 그 선물을 고맙게 여겼다. 워크시트 6.1의 빈칸에 그 사건을 기록한다.

4단계 C(Commit: 공개적으로 용서하겠다고 다짐하기) 공개적으로 용서하는 방법에는 '용서 증서' 쓰기, 용서 편지 쓰기, 일기 쓰기, 시나 노래 쓰기, 자신이 한 일을 믿는 친구에게 말하기 등이 있다. 이 모든 것은 리치 과정의 마지막 단계로 나아가는 용서 각서다. 이 중 어떤 것을 이용해 용서하겠다는 다짐을 공개적으로 표현할 것인가. 용서하겠다는

다짐을 어떻게 공개적으로 보여주고 싶은지를 워크시트6.1에 기록한다.

5단계 H(Hold:용서하는 마음 굳게 지키기) 상처를 받았던 사건에 관한 기억은 분명히 반복적으로 떠오른다. 그렇기 때문에 이 5단계도 실천하기 쉽지 않다. 용서한다고 다 지워지는 게 아니다. 떠오르는 기억의 꼬리표만 바꿀 뿐이다. "나는 너를 용서했다." 그 기억이 다시 떠오른다고 해도 당신이 가해자를 용서했다는 사실을 명심한다. 그 기억에 사로잡혀 앙심을 품지도 말고 빠져들지도 않는다. 당신이 이미 용서했다는 사실을 떠올리고, 4단계에서 기록했던 내용을 읽어본다.

워크시트6.1의 빈칸에 용서하는 마음을 굳게 지키는 데 도움이 되는 것들을 기록한다. 이에 방해가 되거나 용서를 지키겠다는 의지를 약화시키는 것들도 적는다.

워크시트6.1 리치(REACH)

1단계 R(사건 기억하기) 편안한 상태라면 눈을 감을 수도 있다. 당신에게 상처를 준 사람을 생각해보고, 그때 받은 상처의 악영향을 계속 느껴본다. 자기연민에 젖어들지 않는다. 그 사건을 시각화하면서 깊이 천천히 차분하게 숨을 쉰다(내담자에게 2~3분 정도의 시간을 준다).
이제 눈을 뜬다. 워크시트6.1의 빈칸에 그 사건이나 행사 또는 가해 행위를 기록한다. 실명을 쓰지 않아도 된다. 기억할 수 있는 가명이나 머리글자를 사용할 수 있다.

_____

_____

_____

_____

2단계 E(가해자 관점에서 감정 이입하기) 가해자는 생존이 위협당할 때 무고한 사람들을 해칠 수 있다. 감정이입이 용서의 핵심 요소라는 사실을 명심하길 바란다. 감정이입은 다른 사람들을 평가하지 않고 당신 자신을 그들과 정서적으로나 경험적으로 동일시하는 것이다. 이에 도움이 되는 정보는 다음과 같다.

- 사람들은 자신의 생존이 위협당할 때 무고한 사람들을 해칠 수 있다.
- 남을 공격하는 사람들은 대체로 불안과 걱정에 사로잡혀 있고 상처받은 사람들이다.
- 사람들은 자신이 처한 상황 때문에 남을 해칠 수도 있다. 이때 이들의 근본적인 성격이 원인이라고 단정할 수는 없다.
- 사람들은 종종 자신이 언제 남을 해치는지 모른다. 그냥 본능적으로 안에 쌓인 것을 쏟아내기만 할 뿐이다.

이 2단계는 실행하기가 쉽지 않다. 하지만 가해자가 자신의 행동을 정당화해야 하는 상황에서 풀어놓을 법한 이야기를 생각해보자. 워크시트6.1의 빈칸에 가해자가 할 법한 생각을 기록한다.

_____

_____

_____

_____

3단계 A(용서라는 이타적 선물) 이 단계도 쉽지 않다. 먼저 당신 자신이 죄를 짓고 죄의식을 느꼈다가 용서받았던 때를 떠올려본다. 그것은 당신에게 필요했기 때문에 다른 누군가 당신에게 나눠준 선물이었다. 당신은 그 선물을 고맙게 여겼다. 워크시트6.1의 빈칸에 그 사건을 기록한다.

_____

_____

_____

_____

4단계 C(공개적으로 용서하겠다고 다짐하기) 공개적으로 용서하는 방법에는 '용서 증서' 쓰기, 용서 편지 쓰기, 일기 쓰기, 시나 노래 쓰기, 자신이 한 일을 믿는 친구에게 말하기 등이 있다. 이 모든 것은 리치 과정의 마지막 단계로 나아가는 용서 각서다. 이 중 어떤 것을 이용해 용서하겠다는 다짐을 공개적으로 표현할 것인가. 용서하겠다는 다짐을 어떻게 공개적으로 보여주고 싶은지를 워크시트6.1에 기록한다.

_____

_____

_____

_____

5단계 H(용서하는 마음 굳게 지키기) 상처받았던 사건에 관한 기억은 분명히 반복적으로 떠오른다. 그렇기 때문에 이 5단계도 실천하기 쉽지 않다. 용서한다고 다 지워지는 게 아니다. 떠오르는 기억의 꼬리표만 바꿀 뿐이다. "나는 너를 용서했다." 그 기억이 다시 떠오른다고 해 당신이 가해자를 용서하지 않았다는 게 아니라는 사실을 명심한다. 그 기억에 사로잡혀 앙심을 품지도 말고 빠져들지도 않는다. 당신이 이미 용서했다는 사실을 떠올리고, 4단계에서 기록했던 내용을 읽어본다.
다음의 빈칸에 용서하는 마음을 굳게 지키는 데 도움이 되는 것을 기록한다. 이에 방해가 되거나 용서를 지키겠다는 의지를 약화시키는 것도 쓴다.

용서하는 마음을 굳게 지키는 데 도움이 되는 것들은

1. _____
2. _____
3. _____

용서하는 마음을 지키는 데 방해가 되거나 그런 의지를 약화시키는 것들은

1. _____
2. _____
3. _____

내담자에게 리치 실행에 관해 궁금한 점이 있다면 분명하게 말하라고 한다.

성찰과 토의

내담자가 리치 실습을 시도하거나 완수할 수 있다면 다음의 질문을 던져 용서 과정을 배워보라고 한다.

- 얼마나 정직하고 철저하게 리치 실습 과정을 완수할 수 있는가?
- 앞서 요약한 단계를 밟아나가는 동안 분노와 실망, 적대감 또는 어느 특정한 감정을 느꼈는가? 이 중 어떤 감정이라도 느꼈다면 구체적으로 어떤 단계 또는 다른 뭔가가 도움이 됐나?
- 어떤 단계가 가장 어려웠는가?
- 용서하겠다는 결심을 바꿔놓을 만한 경험이 등장했다면 그것은 어떤 경험인가?
- 어떤 사람들은 용서하면서도 용서하는 것 같은 행동을 하지 않는다. 당신의 용서는 어떤 것 같은가?
- 피상적인 용서와 진정한 용서를 비교한다면 이 둘은 어떻게 다른가?
- 지금 이 시점에서 완전히 용서할 수 없다면 좀 더 많이 용서하기 위해 무엇이 필요할 것 같은가?

두 번째 실습: 용서 편지

리치를 실행하려면 어느 정도 시간이 걸릴 수 있다. PPT는 워크시트6.2에 소개된 두 번째 용서 실습도 제공한다.

워크시트6.2 용서 편지 쓰기

이 실습에서는 과거에 당신에게 잘못을 저질렀는데 당신이 솔직하게 용서하지 못했던 사람들을 떠올려본다. 그중 어떤 경험이 기억속에 계속 남아 있고, 자유롭게 벗어나고 싶은 부정정서를 만들어내는가. 용서하고 싶은 사람 한 명을 골라 그 사람에게 용서 편지를 쓴다. 용서 편지를 전달하지는 않는다. 이 실습은 용서할 상대가 아니라 당신 자신을 위한 것이다. 이 세상에 없는 사람에게도 용서 편지를 쓸 수 있다.

용서 편지에는 당신이 어떤 피해를 입었는지를 구체적으로 쓴다. 그 가해 행위로부터 어떤 영향을 받았는가. 그 기억에 어떤 식으로 계속 고통 받고 있는가. 편지 마지막에는 그 가해자를 확실하게 용서한다고 선언한다.

이 실습을 강화하는 2가지 방법은 다음과 같다.

1. 가해자를 상징적으로 용서하고 당신의 분노나 응어리를 풀어내는 의식을 계획할 수 있다. 예컨대 용서 편지를 큰 소리로 (자신에게) 읽어주고 나서 뒷마당에 묻거나 특별한 봉투에 넣어 봉한다.

2. 용서 실습을 지속적으로 하고 싶다면 용서 일기를 쓴다. 이 일기에는 현재까지 영향을 미치는 과거의 잘못된 행위에 관한 고통스러운 기억을 기록한다. 그런 기억과 동반돼 나타나는 분노와 억울함에서 자유로워진다면 당신의 인생이 어떻게 달라질지도 생각해본다. 일기를 이용해 필요하다면 용서 편지나 더욱 짤막한 용서 선언문을 쓴다.

성찰과 토의

이 실습을 완료하고 나서 다음의 질문에 대해 생각해보고 토의한다.

• 힘들었던 기억과 어려웠던 상황을 기록하는 것은 힘든 과제지만 궁극적으로는 치료에 도움이 된다. 이 과정이 어떤 점에서 당신의 치료에 도움이 됐는가?

• 이 편지를 쓸 때 가장 힘들었던 점은 무엇이었나?

• 이 글쓰기 과정은 당신의 머릿속에 박힌 가해 행위에 관한 기억을 계속 생각하기만 하는 것과 어떻게 다른가?

사례: 리아의 용서 편지

앞서 언급했듯이 내담자는 리치 실습뿐만 아니라 용서 편지도 쓸 수 있다. 내담자에게 회기 중 용서 편지 초안을 작성한 다음 나중에 재작성해 그 주 내로 완성하라고 할 수 있다. 20대 중반 내담자 리아(Lia)의 용서 편지 최종본은 다음과 같다(리아가 용서 편지를 썼지만 전달하지는 않았다는 사실을 유념하길 바란다. 이 특별한 사례에서 리아는 돌아가신 아버지에게 용서 편지를 썼다).

사랑하는 아빠에게

저세상에서는 아빠의 영혼에 안식과 하나님의 무한한 사랑이 깃들길 바라요. 아빠와 화해하고 싶고, 아빠에 대한 더욱 많은 사랑으로 채워 넣을 수 있는 공간이 제 가슴속에 생기길 바라면서 이 편지를 써요.

제가 한 번도 말씀드린 적이 없어서 아마 아빠는 모를 거예요. 하지만 이제는 엄마와 저희 세 자매를 우선적으로 책임지지 않았던 아빠를 용서한다는 말을 하고 싶어요. 아빠도 마음속으로는 저희를 사랑하고 자랑스러워했을 거라는 걸 알아요. 하지만 그런 생각이 반드시 행동으로 나타나는 건 아니죠. 그걸 알기 때문에 지금은 미소 지으면서 아빠를 용서한다고 말할 수 있어요.

왜 아빠가 항상 다른 사람들에게 돈과 때로는 시간까지도 쏟아붓는지 모르겠다고 생각했던 기억이 지금도 나요. 자기 가족은 사랑에 굶주리고 기아에 허덕이게 방치해놓고 말이죠. 어렸을 때 학비를 내지 못해 학교에서 쫓겨나 창피했던 기억도 나요. 10대 시절에는 또다시 학교에서 쫓겨난 저희들 소지품을 검정색 쓰레기봉투에 담던 엄마를 볼 때마다 수치심이 아니라 분노가 들끓었어요. 그 당시에는 화를 엄청 많이 냈는데 그 이후로 점점 더 조용해졌죠. 모든 감정과 좌절감을 안으로 집어삼켰거든요. 그런 식으로 오랜 세월 부정성향이라는 동물을 제 가슴속에 키우기 시작했어요.

10대 후반에는 이 세상이 건전하지 못하다는 결론까지 내렸던 기억이 나요. 아빠가 예전에 몇 차례 감옥에 들어갔다 나왔다는 거 알아요. 하지만 그 사실을 저한테 확실하게 이야기해준 사람이 아무도 없었죠. 아빠가 생계를 효율적으로 꾸려나가지 못해 저희 가족이 기본적인 끼니나 식수, 전기요금도 감당할 수 없는 처지였다는 거 알아요. 그런데 수단에 살고 있던 고모들과 그 가족은 아빠의 전폭적인 지원 덕분에 우리 가족보다 훨씬 나은 생활을 했다는 사실도 알고 있었죠. 다 알고 있었어요.

몇 년 전부터 제 가슴속에 키우기 시작했던 동물이 쑥쑥 자라 3m의 장신 괴물로 변해 닥치는 대로 뭐든지 먹어치우려고 했어요. 너무나 오랫동안 아빠한테서는 최악의 모습밖에 기대할 게 없다고 생각했죠. 청구서는 지불되지 않고, 엄마를 존중해주지 않을 게 분명했어요. 가장 슬픈 건 아빠의 독재와 분노가 저희 자매에게 쏟아질 게 분명하다는 거였어요.

그래도 아빠를 용서할래요. 저 역시 잘못을 저지르거나 잘못된 판단을 내렸던 적이 있었지만 용서를 받았으니까요. 제가 가해자였을 때 피해자였던 사람이 제 잘못을 꿰뚫어보고 용서해줬던 일을 생각해보고 재현해볼 수 있어요. 그런 관계 덕분에 제가 오늘날 더 나은 사람이자 더욱 현실적인 기여자가 될 수 있었어요. 누군가에게 용서받은 것은 제게 소중한 선물이에요. 지금은 제가 용서라는 소중한 선물을 아빠한테 드리고 싶어요.

깜박하고 좀 더 일찍 말씀드리지 못한 게 하나 있어요. 제 가슴속에는 시커먼 괴물 말고도 아빠 목소리를 듣거나 아빠 얼굴을 볼 때마다 점점 커지는 빛과 사랑의 생물체도 있었다는 것 말이에요. 그런 빛이 있어 아빠가 아내와 자식을 소중히 하는 법을 배우지 못하고 함께 자란 형제만 챙길 줄 아는 그런 사람들과 같다는 걸 알게 됐죠. 그래서 감사해요. 아빠의 그런 특성 덕분에 아빠는 언제나 제가 아는 사람들 중 가장 너그러운 사람으로 남을 거예요. 그런 너그러움을 어디에 쏟아붓느냐는 중요하지 않아요. 무조건적으로 베풀 줄 아는 아빠의 능력이 중요한 거죠.

이성적이고 분석적인 제 두뇌로 그런 아빠의 본모습과 화해하는 건 어려운 일이었어요. 아직까지도 그렇지만, 앞으로 몇 년 동안은 무엇 때문에 아빠가 다른 사람들을 우선시했는지 궁금할 것 같아요. 그렇지만 아빠를 재단하는 일은 다시는 없을 거예요.

아빠를 땅속에 묻은 지 5년이 지났어요. 그 이후로 하루도 아빠한테 감사하지 않은 날이 없었어요. 아빠가 제 아빠여서 감사해요. 교육에 대한 사랑과 현 상태에 반기를 드는 용기, 산더미 같은 바위 뒤에 숨겨놓았던 아빠의 섬세한 마음, 무엇보다 아빠의 자부심 등 그 모든 경이로운 것을 제게 심어줘서 감사해요. 성인이 된 저는 아빠의 가장 좋은 면을 추구하며 살기로 결심했고, 본받지 말아야 할 특성을 의식적으로 멀리하기로 했어요. 아빠는 언제나 제 아빠로 남을 거고, 전 언제나 아빠를 사랑할 거예요.

사랑하는 아빠, 편히 쉬세요.

딸이자 친구인 리아가

사례: 규 메인

27세 남성 규 메인(Kyu Mein)은 지속적인 우울증과 사회불안증상으로 치료받았는데 삼촌에게 분노를 품고 있다고 했다. 아주 어렸을 때 삼촌이 그의 가슴을 압박하는 신체적 학대를 가했기 때문이다. 이 내담자는 그때 이후로 계속 분노를 품고 살았다. 규 메인은 리치를 이용해 삼촌을 용서하려고 했지만 효과가 없었다. 치료자는 규 메인에게 분노와 억울함을 다른 방식으로 다루는 팟캐스트를 들어보라고 권했다. 규 메인은 팟캐스트를 듣고 난 후 삼촌을 용서할 필요가 없다고 말했다. "삼촌을 불쌍하게 여길 수 있어요. 삼촌에게 연민을 선물로 줄 수 있어요. 반드시 삼촌을 용서해야만 동정할 수 있는 게 아니죠."

적합성과 융통성

내담자는 열악한 생활환경과 가난한 이웃, 급진적 차별 등 많은 이유로 분노할 수 있다. 하지만 리치 실습과 용서 편지의 목적은 사회적 상황을 해결하는 것이 아니다. 내담자는 특정한 사람한테서 받은 상처를 치료하고 싶을 수 있다. 하지만 그런 상처는 좀 더 광범위한 사회적 맥락(예: 인종과 성적 취향, 능력, 민족성에 기반을 둔 차별)에 뿌리를 두고 있을지도 모른다. PPT는 역사적 불만을 품고 있는 집단(예: 흑인이나 미국 토착민처럼 역사적으로 부당한 대우를 받은 급진적 소수)의 대표 자격으로 이야기하지 않는다. 다른 사람들을 끌어들이지 않고도 내담자가 일방적 과정으로 용서를 경험할 수 있게 도와줄 수 있다. 다시 말해 가해자로부터 사과나 인정을 받지 못해도 가해자를 용서하기만 하면 내담자에게 이로울 수 있다.

이런 용서의 과정은 가끔씩 효율적이지 못하다. 내담자가 용서해서는 안 되는 일을 용서하려고 할 때가 그렇다. 학대, 중대하고 반복적인 타인의 권리 침해 행위, 내담자가 당했지만 실제로는 다른 누군가 피해자가 될 수 있는 가해 행위 같은 것은 용서해서는 안 되는 일이다.

용서를 유지할 수 있느냐는 내담자의 성격과 증상의 급성 여부에 달려 있다. 예컨대 계속 반복되는 급성 트라우마나 심각한 우울증 환자는 용서를 유지하기가 어려울 수 있다. 2가지 사례를 들자면 다음과 같다. (a)리엔(Lien)은 몇 년 동안 자신을 정서적으로 학대했던 가족을 용서했다. 이 학대로 리엔은 만성 우울증과 불안증을 보였다. 가족 모임에서 작은 충돌이 일었을 때 리엔의 고통스러웠던 학대 기억이 떠올랐고, 용서하는 마음은 감쪽같이 사라져버렸다. 이제 리엔은 전보다 훨씬 더 그 가해자를 미워한다. (b)프랜체스카(Francesca)는 용서 과정을 밟아나가는 대신 가해자를 온라인에서 비난하기 시작했다. 지금은 가해자의 강한 보복으로 상황이 훨씬 더 악화됐다.

해소되지 않은 트라우마를 입은 내담자는 용서를 통해 앞으로 나아갈 수 있다. 이런 내담자가 용서가 독특한 과정이며, 용서처럼 보이지만 실제로는 용서가 아닌 과정과 다르다는 사실을 이해하게 도와준다. 내담자가 열린 마음으로 용서 과정에 참여할 준비가 돼 있다면 용서를 할 수도, 안 할 수도 있다.

치료자 노트

내담자에게 모든 가해 행위를 용서하라고 권하지는 않는다. 가해 행위에 대해서는 치료자와 논의해야 할 수 있다. 또한 용서하는 사람은 마이클 맥쿨로(2008, 87쪽)가 '모두의 동네북'이라고 명명한 그런 사람이 되지 않게 경계해야 한다. 내담자와 함께 실용지혜 기술(9장 3회기 참조)을 다시 찾아본다.

문화적 고려사항

문화적이고 종교적이며 가족적인 기대와 설명은 여러 가지 방식으로 용서를 촉진하거나 억제할 수 있다. 예컨대 가족이나 친척의 요구를 들어주는 것이 사회적으로 바람직하다는 문화적 기대가 있다면 용서를 권장할 수 있다. 몇몇 문화 공동체에서는 용서를 실제로는 용서가 아닌 과정으로 개념화한다. 예컨대 눈감아주기, 정의에 대한 요구 완화하기, 잊어버리기, 무시하기 또는 가해 행위 일반화하기가 용서로 간주될 수 있다.

문화적 맥락에 따라 용서의 의미가 달라질 수 있고 결과적으로 그런 용서가 내담자에게 효과가 있거나 없을 수도 있다. 그러므로 내담자가 무엇이 용서이고, 무엇이 용서가 아닌지를 이해하게 도와줘야 한다. 한 내담자는 자신에게 해를 가했던 사람이 끔찍한 상황에 처했을 때 하나님이 자신을 대신해 복수해줬다고 생각했다. 또 다른 내담자는 가해자한테서 아무 관계가 없는 변명을 듣고도 가해자를 용서해줬지만 1년도 채 지나지 않아 또다시 동일한 가해자한테서 비슷한 가해 행위를 당했다.

유지

내담자의 진척 상태를 유지할 수 있게 다음의 정보에 대해 내담자와 함께 논의해본다.

- 용서하는 마음을 유지할 수 있느냐는 가해자가 앞으로 가해 행위를 삼갈지에 좌우될 수 있다. 특히 내담자와 가해자가 앞으로 만날 가능성이 있을 경우 더더욱 그렇다. 간청에 못 이겨 하는, 약하고 진실 되지 못한 사과도 용서를 받고 싶다는 인상을 줄 수 있다. 하지만 그런 사과만 받아서는 용서하는 마음을 유지하기 어려울 수 있다.
- 용서하지 못한 채 종결되지 않은 부정기억이나 응어리에 계속 집착하면 고혈압과 심장질환, 심장마비, 만성통증에 걸릴 확률이 높아진다는 사실을 명심하길 바란다. 용서는 당신 자신의 전반적인 행복에 이롭다.
- 용서하는 마음을 유지하려면 리치 5단계(워크시트6.1)를 주기적으로 재검토하고, 당신의 실행 의지를 재확인한다. 믿을 만한 친구와 함께하는 게 더 좋다.
- 용서하는 마음을 유지하거나 용서의 이득을 확대시키기 위해 당신이 앙심을 품고 있는 사람들 목록을 작성하고, 그 사람들을 개인적으로 만나 이야기를 나누거나 그들에게 리치를 적용할 수 있는 방법을 시각화한다. 본래의 가해 행위를 적절한 맥락과 관점에서 살펴봐야 한다는 사실을 잊지 말길 바란다.
- 처음에는 가해 행위나 가해자를 용서할 수 있어도 그 마음을 유지하지 못하고, 실제로는 앙심과 모욕감 또는 상처를 계속 키우는 소극적인 수단에 의지할 수도 있다. 따라서 지속적으로 변화하기 위해 용서 과정을 살펴보는 게 중요하다.

회기 종료 시 이완

회기 시작 시와 마찬가지로 짧은 이완으로 회기를 종료한다.

자원

간행물

- Baskin, T. W., & Enright, R. D. (2004). Intervention studies on forgiveness: A meta-analysis. Journal of Counseling and Development, 82, 79-80.
- Harris, A. H. S., Luskin, F., Norman, S. B., Standard, S., Bruning, J., Evans, S., & Thoresen, C. E. (2006). Effects of a group forgiveness intervention on forgiveness, perceived stress, and trait-anger. Journal of Clinical Psychology, 62(6), 715-733. doi:10.1002/ jclp.20264
- Pronk, T. M., Karremans, J. C., Overbeek, G., Vermulst, A. A., & Wigboldus, D. H. J. (2010). What it takes to forgive: When and why executive functioning facilitates forgiveness. Journal of Personality and Social Psychology, 98(1), 119-131. doi:10.1037/ a0017875
- Worthington, E. L. Jr., & Wade, N. G. (1999). The psychology of unforgiveness and forgiveness and implications for clinical practice. Journal of Social and Clinical Psychology, 18, 385-418.

동영상

- TED Talk: The mothers who found forgiveness, friendship, one who lost a son on 9/ 11 and one whose son was convicted:
  https:// www.ted.com/ talks/ 9_11_healing_the_mothers_who_found_forgiveness_friendship
- Nelson Mandela: Message of Forgiveness — The Making Of Mandela:
  https:// youtu.be/ S2RyxVURHoY
- Shawshank Redemption: The moment when Red finally stands up to the system and asserts his own terms of redemption:
  https:// youtu.be/ KtwXlIwozog

웹사이트

- Psychologist Everett Worthington, a leader in the forgiveness research:
http://www.evworthington-forgiveness.com/
- Ten Extraordinary Examples of Forgiveness:
http:// listverse.com/ 2013/10/31/10- extraordinary-examples-of-forgiveness/
- Valuable resources about forgiveness: www.forgiving.org/

팟캐스트

- A Better Way to Be Angry: advice from philosopher Martha Nussbaum:
http://www.cbc.ca/radio/ tapestry/anger-and-forgiveness-1.3997934/a-better-
way-to-be-angryadvice-from-philosopher-martha-nussbaum-1.3997950

13장
7회기: 최대자 대 만족자

7회기에서는 **최대자**(가능한 한 최상의 선택을 목표로 삼는 것)와 **만족자**('충분히 좋은' 선택을 하는 것) 개념을 제시한다. 이 회기의 중점적인 긍정심리치료(PPT) 실습은 만족 지향이다.

7회기 요약
핵심 개념
    회기 중 실습: 최대자인가, 만족자인가?
    성찰과 토의
    회기 중 실습: 만족 지향
    성찰과 토의
    사례
    적합성과 융통성
    문화적 고려사항
    유지
자원

핵심 개념

행복의 핵심 부분에는 환경 통제하기와 희망하는 결과 산출하기가 있다. 선택은 통제하기와 희망하는 결과 산출하기에서 중요한 역할을 담당한다(레오티 외 다수(Leotti et al.),

2010). 특정한 환경적 장벽이 있더라도 선택권은 다양하다. 개인은 그런 선택권을 각자 다른 방식으로 사용한다. 심리학자 배리 슈워츠(2004)는 최대자는 가능한 한 언제나 최상의 선택을 하려고 하기 때문에 상품들을 비교한 후 많은 시간을 고민해 구매 결정을 내린다고 했다. 이들은 설명서를 읽어보고, 소비자 잡지를 훑어보며, 새로운 상품을 시범 사용해보는 데 엄청난 노력을 기울인다. 또한 자신과 다른 사람들의 구매 결정을 비교하는 데도 많은 시간을 보낸다. 이와는 대조적으로 만족자는 '충분히 좋은' 것을 목표로 삼기 때문에 더 나은 선택이 있든 없든 자신의 기준에 맞는 상품을 찾으면 그만 둘러본다.

슈워츠(2004)는 선택이란 좋기도 하고 나쁘기도 하다고 했다. 선택에 필요한 적절한 정보는 모으기가 어렵고, 선택의 범위가 확장되면서 수용할 수 있는 결과의 기준은 높아졌다(예컨대 슈퍼마켓에서 다양한 종류의 시리얼을 볼 수 있다. 그렇게 선택의 여지가 많은데 어떻게 결정을 내리겠는가). 선택권이 확장되면서 많은 선택사항 중 최상의 것을 찾을 수 있어야 한다. 그렇기 때문에 수용할 수 없는 결과가 나오면 자기 탓이라고 생각하기도 한다.

슈워츠의 연구에 따르면 최대자가 만족자보다 객관적으로 더 나은 선택을 할 가능성이 훨씬 높지만 만족감은 떨어진다고 한다. 최대자는 조사를 끝내고 타협해야 할 때 불안을 느낀다. 슈워츠는 최고의 최대자가 자신의 노력에 가장 만족하지 못한다는 사실을 발견했다. 이들은 다른 사람들과 비교했을 때 자신이 훨씬 더 잘했다 싶어도 별로 기뻐하지 않는다. 반면 자신이 훨씬 더 못했다 싶으면 상당히 큰 불만을 느낀다. 그뿐만 아니라 상품 구매 후 후회하는 성향이 더 강하고, 자신의 구매 결정에 실망감을 느끼면 회복하는 데 시간이 오래 걸린다. 더 나아가 최대자는 만족자보다 지난 일을 곱씹거나 반추하는 경향이 강하다.

최대자는 지나치게 높은 기대와 후회할지도 모른다는 자기충족적 두려움 때문에 우울증과 완벽주의에 빠지기가 훨씬 쉽다. 완벽주의자는 최대자처럼 최상의 결과를 성취하려 하고, 이 두 부류 모두 높은 기준을 갖고 있다. 하지만 완벽주의자는 높은 기준을 세우고도 달성할 수 있다고 기대하지 않는 반면 최대자는 높은 기준을 달성할 수 있다고 기대한다. 그러므로 그 기준을 달성하지 못하면 우울해진다(초두리, 라트네시워, 모한티 (Chowdhury, Ratneshwar, & Mohanty), 2009; 슈워츠 외 다수, 2002).

인생에는 선택의 범위가 광범위하다. 무엇을 먹고, 무엇을 입으며, 무엇을 컴퓨터 배경

화면으로 할 것인가 같은 일상적인 결정에서 누구와 데이트하고, 어느 대학에 진학하고, 어떤 경력을 추구하고, 어디로 이사 가며, 어떤 집을 살 것인가 하는 보다 중요한 결정에 이르기까지 결정해야 할 것이 한두 가지가 아니다. 크든 작든 모든 선택은 통제에 대한 믿음을 강화해준다. 하지만 슈워츠는 선택의 여지가 너무 많으면 때로는 더 나은 결정이 나올 수도 있지만 최대자가 큰 희생을 치러야 하고, 최대자의 정서적 영향력이 과소평가된다는 조사 결과를 내놓았다.

회기 시작 시 이완

각 회기는 간단한 이완 운동으로 시작한다. 이 책 마지막에 수록된 〈부록A: 마음챙김과 이완 실습〉을 참조하길 바란다. 이 부록의 복사본은 내담자 워크북에도 나와 있다. 이전 회기의 핵심 개념뿐만 아니라 내담자의 감사 일기를 검토하면서 이 회기를 계속 진행한다.

회기 중 실습: 최대자인가, 만족자인가?

내담자에게 워크시트7.1을 완료하라고 한다. 이 실습은 내담자 자신이 최대자인지 또는 만족자인지 평가하는 데 도움이 된다. 이런 워크시트는 각 회기마다 수록돼 있고, 내담자 워크북에도 나와 있다.

워크시트7.1 최대자인가, 만족자인가?

다음의 척도를 이용해 당신이 만족자-최대자 연속체에서 어디에 해당하는지 평가하고 탐색해본다.
1. 전혀 그렇지 않다. 2. 그렇지 않다. 3. 다소 그렇지 않다. 4. 보통이다. 5. 다소 그렇다. 6. 그렇다. 7. 매우 그렇다.

내용	반응
1. 선택해야 할 때마다 현재 제시되지 않은 가능성까지 합쳐 다른 모든 가능성을 생각해보려고 한다.	
2. 내 일에 얼마나 만족하는지와 상관없이 더 나은 결과를 찾는 것이 옳다.	

3. 차 안에서 라디오를 들으면서 비교적 만족하고 있는데도 더 좋은 프로그램이 있는지 알아보려고 종종 다른 채널을 검색한다.	
4. 한 가지 텔레비전 프로그램을 시청하려고 하면서도 다른 선택지가 있는지 알아보려고 종종 다른 채널을 검색한다.	
5. 인간관계를 옷처럼 취급해 완벽하게 딱 맞는 것을 찾을 때까지 많은 관계를 맺어보려고 한다.	
6. 친구 선물을 사려고 쇼핑하는 게 종종 어렵다.	
7. 영화 CD 빌리기가 정말로 어렵다. 항상 최고의 것을 빌리려고 애쓴다.	
8. 쇼핑을 할 때 진짜 좋아하는 옷을 찾기가 힘들다.	
9. 순위 매기는 목록(최고의 영화 목록, 최고의 가수 목록, 최고의 운동선수 목록, 최고의 소설 목록 등)을 무척 좋아한다.	
10. 글쓰기가 매우 어렵다. 친구에게 편지 한 장 쓰기도 힘들다. 정확한 말을 쓰기가 어렵기 때문이다. 종종 간단한 글도 몇 번씩 초안을 작성한다.	
11. 무슨 일을 하든 나 자신에게 높은 기준을 요구한다.	
12. 결코 차선책에 만족하지 않는다.	
13. 실제 내 생활과는 완전히 다른 삶을 살아가는 환상에 종종 빠진다.	

이 워크시트를 완성하고 나서 총점을 계산한다(13개 항목 점수 합산). 이 척도의 평균 점수는 50점이다. 75점 이상이면 높은 점수이며, 25점 이하이면 낮은 점수다. 65점 이상이 나왔다면 당신의 행복에 악영향을 미치는 최대자 행동이나 습관을 갖고 있다는 것을 뜻한다. 40점 이하가 나오면 이 척도의 만족자 극단에 해당한다.

슈워츠 외 다수, 2002

성찰과 토의

이 실습을 완료하고 나서 다음의 질문에 대해 생각해보고 토의한다.

- 당신의 점수가 무엇을 암시해주는가?
- 높은 점수(50점 이상)를 받았다면 그 결과가 몇몇 의미 있는 만족 지향적 변화를 꾀하는 데 어떤 도움이 될까?
- 높은 점수를 받았다면 최대자의 대가(경제적·정서적·신체적 대가)를 얼마나 의식하고 있는가?
- 인생의 모든 영역에서 최대자를 지향하는 사람은 아무도 없다. 어떤 분야에서는 최

대자를 지향하고, 또 어떤 분야에서는 만족자를 지향하는가? 이 모든 상황에서 당신 자신의 정서적 반응을 회상하고 비교해보길 바란다.

- 만족자보다 상품 비교를 훨씬 더 많이 하는가?
- 어떤 사람은 선택의 여지를 갖고 싶어 하고, 또 다른 사람은 선택을 하고 싶어 한다. 당신은 어느 쪽에 더 가까운가?

회기 중 실습: 만족 지향

최대자의 대안은 만족자다. 만족자도 표준과 기준을 세우지만 뭔가 더 나은 것이 있을 가능성에 대해서는 걱정하지 않는다. 대체적으로 최대자를 지향하든 만족자를 지향하든 상관없이 모든 내담자에게 워크시트7.2: 10가지 만족자 향상 방법을 완료하라고 한다. 이 워크시트에는 슈워츠의 논문에서 발췌한 전략을 인용했다. 이런 전략을 회기 중 내담자에게 제시하고, 내담자가 워크시트 마지막 부분의 각 전략에 개인 목표를 기록하게 도와준다. 최대자와 만족자를 모두 활용해 이 목표를 어떻게 달성할 수 있을지에 관해 토의하고 각 접근법의 대가나 이득에 대해서도 논의한다.

워크시트7.2 10가지 만족자 향상 방법(슈워츠, 2004)	
번호	전략
1	채집자(picker)가 아니라 선택자(chooser)가 돼라 선택자는 중요한 결정의 요소가 무엇인지를 생각할 수 있는 사람이다. 또한 어떤 선택지를 선택해서는 안 되는지, 새로운 선택지를 만들어내야 하는지, 어떤 특정한 선택이 선택자 개인에 대해 말해주는지에 대해 성찰할 수 있다. 다음과 같은 영역에서 채집자가 아니라 선택자가 될 수 있다. • 당신에게 중요하지 않은 결정에 대해 고심하는 시간을 줄이거나 아예 없앤다. • 결정이 중시되는 인생 영역에서 약간의 시간을 내 자신이 진정으로 무엇을 원하는지 자문해본다. 이 모든 선택지가 효과 없다면 다른 방법을 시도해본다. _____ _____
2	더욱 많이 만족하고 더욱 적게 최대화한다 만족자를 수용하기 위해 다음과 같이 해본다. • 인생에서 '충분히 좋은' 것에 편안하게 만족한 경우를 생각해본다. • 그런 경우에 어떻게 선택을 했는지 철저하게 검토해본다. • 그런 전략을 더욱 광범위하게 적용한다. 이 모든 선택지가 효과 없다면 다른 방법을 시도해본다. _____ _____

3	기회비용에 대해 생각해본다 기회비용을 생각하다가 절망감을 느끼는 상황은 다음과 같은 방법으로 피할 수 있다. • 완전히 실망하지 않는 한 대체로 자신이 구매한 것을 계속 사용한다. • '새롭고 향상된 것'을 갖고 싶은 유혹에 저항한다. • '가렵지 않으면 긁지 않는다'는 태도를 갖는다. • 이 세상이 제공하는 모든 새로운 것을 놓칠까 봐 두려워하지 않는다. 이 모든 선택지가 효과 없다면 다른 방법을 시도해본다. _____ _____
4	한번 내린 결정을 되돌리지 않는다 최종 결정을 내리면 대안에 비해 자신의 선택이 훨씬 낫다는 느낌을 강화해주는 다양한 심리적 과정을 경험한다. 그런데 한번 내린 결정을 되돌리면 그런 과정을 똑같은 강도로 경험하지 못한다. 되돌릴 수 있는 결정을 다음에 기록한다. a. _____ b. _____ c. _____ 인생의 영역에서 되돌릴 수 없는 결정을 다음에 기록한다. a. _____ b. _____ c. _____
5	'감사하는 태도' 실습을 한다 어떤 선택의 좋은 점에 더욱 많이 감사하고, 그 선택의 나쁜 점에 덜 실망하려고 의식적으로 노력해 주관적 경험을 크게 향상시킬 수 있다. 당신이 선택할 수 있는 감사하는 태도 실습을 다음에 기록한다. a. _____ b. _____ c. _____
6	후회를 줄인다 후회의 (실질적 또는 잠재적) 아픔은 많은 결정에 영향을 미치고, 때론 아예 결정을 내리지 못하게 한다. 후회가 적절하고 유익한 경우도 있지만 결정에 해가 되거나 결정을 내리지 못하게 될 정도로 극심해지면 후회를 줄이고자 노력할 수 있다. 후회를 줄이는 방법은 다음과 같다. • 최대자보다 만족자의 기준을 채택한다. • 결정을 내리기 전에 고려하는 선택지 수를 줄인다. • 결정의 나쁜 점에 실망하기보다 좋은 점에 집중한다. 이런 전략이 효과가 없다면 다른 방법을 시도해본다. _____ _____

7	적응을 예상한다 사람들은 보통 경험하는 거의 모든 것에 적응한다. 힘든 시절에는 적응을 통해 역경의 전면적 공격을 피할 수 있다. 좋은 시절에는 적응을 통해 '쾌락의 쳇바퀴(hedonic treadmill)'에 빠져 각각의 긍정경험에서 기대되는 만족감을 만끽하지 못한다. 적응을 피할 수는 없다. 시간이 지남에 따라 경험이 어떻게 변할지에 대한 현실적인 기대를 키운다. • 새로운 전자기기를 구매하면 그 흥분감이 두 달 이상 지속되지 않는다는 사실을 인지한다. • 완벽한 것을 찾는 데(최대자) 쏟아붓는 시간을 줄인다. 그러면 자신의 선택에서 느끼는 만족감으로 '갚아나가야' 하는 엄청난 조사비용이 생기지 않는다. • 좋은 것들이 처음에 비해 얼마나 나빠지는지에 신경 쓰기보다 실제로 얼마나 좋은지 떠올린다. 이런 전략이 효과가 없다면 다른 방법을 시도해본다. _____ _____
8	기대를 통제한다 자기 경험에 대한 평가는 실질적으로 그 경험에 대한 기대에 영향을 받는다. 그러므로 결정의 결과에 대한 만족도를 높이는 한 가지 쉬운 방법은 그에 대한 지나치게 높은 기대를 낮추는 것이다. 기대를 좀 더 쉽게 낮추려면 다음과 같은 방법을 시도해본다. • 고려하는 선택지 수를 줄인다. • 최대자보다 만족자가 된다. • 뜻밖의 즐거움을 찾아본다. 이런 전략이 효과가 없다면 다른 방법을 시도해본다. _____ _____
9	사회적 비교를 줄인다 사람들은 사회적 비교로 자기 경험의 질을 평가한다. 이것은 유용하기도 하지만 종종 만족감을 감소시킨다. 그러므로 다음과 같은 방법을 시도해보자. • '장난감을 가장 많이 가지고 죽는 사람이 이긴다'는 말은 범퍼 스티커 문구이지 지혜가 아니라는 사실을 명심한다. • 당신에게 행복을, 당신의 삶에 의미를 가져다주는 것에 집중한다. 이런 전략이 효과가 없다면 다른 방법을 시도해본다. _____ _____
10	제약을 사랑하는 법을 배운다 선택의 여지가 많아지면서 선택의 자유가 선택의 독재로 변했다. 일상적인 결정에도 많은 시간과 관심을 쏟아부어야 한다. 그 바람에 하루가 지나기 전 결정을 내리기가 어렵다. 여러 상황에서 가능성에 한계를 두는 것은 제약이 아니라 자유를 부여하는 것이라고 생각하는 법을 배운다. 사회는 선택에 필요한 규칙과 기준, 규범을 제공하고, 개인적 경험은 습관을 형성한다. 규칙을 따르기로 결정하면(항상 안전벨트 매기, 저녁에 와인 두 잔 이상 마시지 않기 등) 숙고하고 또 숙고해 결정을 내리는 사태를 피할 수 있다. 이런 규칙 준수로 규칙이 적용되지 않는 선택과 결정에 시간과 관심을 쏟아부을 수 있다. 당신이 준수할 규칙은 다음과 같다. a. _____ b. _____ c. _____
슈워츠, 2004	

성찰과 토의

이 실습을 완료하고 나서 다음의 질문에 대해 생각해보고 토의한다.

- 여기서 제시된 만족자 전략 중 비교적 독립적으로 사용할 수 있는 것은 무엇인가?
- 여기서 제시된 만족자 전략 중 성공하기 위해 다른 사람들의 협력이나 지지를 얻어 낼 때 필요한 것은 무엇인가?
- 이사 갈 곳이나 직장 또는 결혼 상대 등에 관한 선택이나 결정은 최대자를 통해 이 득을 볼 수 있다. 당신 인생의 어떤 분야에서 최대자의 혜택을 볼 수 있는가?
- 최대자 행동과 의사결정은 종종 외적인 확인에 의지한다. 다시 말해 높은 평가를 받은 것이나 전문가의 추천, 사회적으로 바람직한 것이나 선호받는 것, 많은 이가 따르는 사람의 영향을 받는다. 당신도 이들로부터 영향을 받아 의사를 결정하는가?

사례: 제시와 운동화

내담자 제시(Jessie)가 일대일 치료에서 최대자와 만족자 개념에 대해 토의하고 난 후 그 개념을 어떻게 이해했는지를 설명한 내용 중 일부를 소개하겠다.

"지난주 신발에 구멍이 나서 그 틈으로 양말이 살짝 보였어요. 진작 신발을 샀어야 했는데 그러지 못했죠. 이제는 정말 다른 신발을 사야 했어요. 그래서 구글에서 '운동화 구매'를 검색했죠. 그러자 갑자기 신발 가게가 2만7000개나 뜨지 뭐예요. 이 정도면 분명히 완벽한 운동화를 찾을 수 있겠다 싶었죠. 그런데 선택지가 수천 개나 된다는 게 그다지 좋은 것 같지는 않더라고요. 많은 선택지를 고려하면서 선택하지 않은 것들의 여러 매력적인 특징을 포기할 수밖에 없었기 때문에 후회가 생겼죠. 새 운동화가 마음에 들었지만 나이키 에어운동화도 있었고, 제 사우코니(sauconys) 운동화에는 없는 쿠션 기능도 있었죠. 선택권이 넓을수록 더 좋은 기능을 놓쳐 후회가 깊어질 수 있어요."

사례: 아나스타샤의 쇼핑몰 여행

불안증세를 보이는 대학교 졸업반 학생 아나스타샤(Anastasia)는 만족자 전략 중

하나를 이용한 경험을 다음과 같이 묘사했다.

"이 실습을 완료하기 전에 옷을 사러 쇼핑몰에 갔어요. 오랫동안 이 가게, 저 가게를 둘러보면서 같은 가격대의 비슷한 상품을 찾아봤죠. 휴대전화로 사진을 찍어 온라인 상품과 비교해보고……. 마침내 옷을 샀어요. ……하지만 집에 가자마자 제가 산 옷의 결점이 보여 반품했어요. ……그렇게 지속적으로 조사하고 구매하고 반품하는 악순환이 계속됐어요. 지난 주말에는 일부러 가장 멀리 떨어져 있는 쇼핑몰에 가서 반품할 수 없는 세일 상품을 구매했어요. 그렇게 집에 돌아왔을 때 이상하게도 종결된 느낌이 들었죠."

적합성과 융통성

최대자 측면에서 높은 점수를 받은 내담자는 더욱 많이 성공하고 월등한 자격을 갖춘 고성취자에 불과할 수 있다. 이들은 자신에게 더욱 많은 것을 기대하는 법을 배웠다. 그러므로 점수를 초월해 내담자가 최대자인지, 아니면 고성취자인지 또는 둘 다인지를 알아보는 것이 중요하다.

또한 내담자의 성격과 최대자-만족자라는 개념의 상호작용을 이해하는 것도 중요하다. 예컨대 지속적인 호기심에다 좋은 분석 능력까지 갖춘 내담자는 친절과 겸손, 감사 같은 강점을 갖춘 내담자보다 최대자를 지향할 가능성이 훨씬 높다. 친절과 겸손, 감사 같은 강점은 최대자보다 만족자와 훨씬 깊이 관련돼 있는 것 같다.

문화적 고려사항

최대자는 내담자가 가정에서 배운 행동전략일 수도 있다. 예컨대 가난한 환경에서 살다가 물건과 기회가 풍부한 서구사회로 이민 온 가정에서는 최대자가 문화적 적응 과정이 될 수 있다. 다시 말해 이런 가정은 어떤 결정을 내리기 전 모든 선택지를 다 살펴보고 싶어 한다. 그 과정을 통해 새로운 문화에 적응할 수 있기 때문이다.

다문화권 가정이 풍요로운 서구국가로 이민 오기 전에 기아와 전쟁 같은 심각한 경제적 위기나 다른 트라우마를 경험했다면 최대자 성향으로 미래의 잠재적 재앙 발생 가능성에 대한 불안감을 완화할 수 있다.

어떤 가정이나 개인은 최대자라서가 아니라 빡빡한 예산 때문에 가장 저렴한 가격에 가장 좋은 물건을 찾으려고 무척 애를 쓴다. 특히 자녀에게 더욱 밝은 학구적 또는 전문적 미래를 보장해주려고 열심히 일하는 몇몇 이민가정의 부모는 자식의 인생을 통해 대리만족을 느끼는 성향이 있다. 이들은 '아메리칸 드림'을 실현하려면 자녀들이 모든 영역에서 뛰어나야 하는 게 아닌가 생각한다. 그렇기 때문에 자녀들에게 모든 기회를 극대화하라고 강력하게 '부추긴다'. 많은 것을 이뤄낸 고성취 가정의 경우 특히 자신들의 문화공동체에서 사회경제적 지위를 유지하려면 자식들이 기회를 극대화해야 하는 게 아닌가 싶어 자녀들에게 극대화 성향을 불어넣는다.

최근 졸업한 학생이나 이제 막 실직을 당해 10여 군데에 입사 지원을 한 근로자는 만족감을 느낄 가능성이 훨씬 적고, 저임금 일자리를 찾아보면서 최대자를 지향할 가능성이 더욱 크다.

유지

내담자의 진척 상태를 유지하기 위해 워크시트7.2에서 강조한 전략 외에 다음의 정보에 대해서도 내담자와 토의한다.

- 최대자는 사회적 비교를 할 가능성이 훨씬 크다. 특히 기준을 평가하고 자기 경험이나 소유물의 상대적 지위를 평가한다. 만족자를 향상시키려면 외적 기준에 의지하기보다 자신만의 닻, 다시 말해 자신만의 내적 기준을 만든다.

- 만족자를 향상시키려면 경험을 음미한다. 많은 경험의 질을 높이려고(쾌락 가치를 높이려고) 하기보다 그런 경험을 비교적 희귀하고 독점적인 것으로 유지하고자 애쓴다. 그렇게 하면 적응을 막을 수 있고, 즐거운 경험을 하고 난 후 매번 더욱 강도 높은 경험을 추구하는 성향이 줄어든다.

- 최대자는 많은 선택지를 검토하며 교육에서 직장생활, 결혼 상대 고르기, 사회적 정체성 형성하기에 이르기까지 자기 인생의 많은 영역을 통제할 수 있다고 믿는 경향이 있다. 하지만 조사 결과에 따르면 순이득(추가 정보라는 측면에서)은 결과에 거의 또는 전혀 영향을 미치지 않는다(슈워츠 외 다수, 2002). 다시 말해 최대자가 완벽한 결과를 통제하거나 관리하려고 하다 보면 자신이 통제권을 잡고 있다는 인상을 받

지만 사실 그 결과는 거의 중요하지 않은 것이다. 그뿐만 아니라 통제 과정을 관리하는 데 모든 노력을 쏟아부은 탓에 그 과정 자체를 즐기지 못하게 된다.

회기 종료 시 이완

회기 시작 시와 마찬가지로 짧은 이완으로 회기를 종료한다.

자원

간행물

- Jain, K., Bearden, J. N., & Filipowicz, A. (2013). Do maximizers predict better than satisficers? Journal of Behavioral Decision Making, 26(1), 4-50. doi:10.1002/bdm.763
- Kahneman, D., & Tversky, A. (1984). Choices, values, and frames. American Psychologist, 39, 341-350.
- Schwartz, B. (2004). The Paradox of Choice: Why More Is Less. New York: Ecco/ HarperCollins.
- Schwartz, B., Ward, A., Monterosso, J., Lyubomirsky, S., White, K., & Lehman, D. R. (2002). Maximizing versus satisficing: Happiness is a matter of choice. Journal of Personality and Social Psychology, 83(5), 1178-1197. doi:10.1037/ 0022-3514.83.5.1178

동영상

- TED Talk: Barry Schwartz, author of The Paradox of Choice, discusses how more choices paralyze us and deplete our happiness:
  https:// www.ted.com/ talks/ barry_ schwartz_ on_ the_ paradox_ of_ choice
- TED Talk: Shyeena Iynger discusses how people choose and what makes us think that we are good at it:
  https:// www.ted.com/ speakers/ sheena_ iyengar
- TED Talk: Dan Gilbert discusses how our beliefs of what makes us happy are often wrong:
  http:// www.ted.com/ talks/ dan_ gilbert_ researches_ happiness
- To assess if you are maximize or satisficer, take a free online test:

http:// www.nicholasreese.com/ decide/

웹사이트

• Elizabeth Bernstein: How You Make Decisions Says a Lot About How Happy You Are "Maximizers" Check All Options, "Satisficers" Make the Best Decision Quickly: Guess Who's Happier? (The Wall Street Journal):
http://www.wsj.com/articles/ how-you-make-decisions-says-a-lot-about-how-happy-you-are- 1412614997

14장
8회기: 감사

긍정심리치료(PPT) 2단계의 마지막 회기인 8회기에서는 1회기에서 감사 일기 형태로 처음 소개된 감사의 개념을 확대한다. 8회기에서는 현재 살아 있는 사람과 과거에 뭔가 긍정적인 일을 당신에게 해줬지만 제대로 감사하지 못한 사람을 떠올려보고 그 사람에게 편지를 쓰라고 한다. 이 회기에서 다루는 PPT 실습은 감사 편지와 감사 방문이다.

8회기 요약

핵심 개념

    회기 중 실습: 감사 편지와 감사 방문

    성찰과 토의

    사례

    적합성과 융통성

    문화적 고려사항

    유지

자원

핵심 개념

다음의 핵심 개념은 감사 일기를 소개했던 7장의 1회기 핵심 개념과 동일하다. 감사는 고마워하는 경험이다. 이런 경험을 하다 보면 인생에서 긍정적인 것을 알아차리고 인지하게 된다. 결과적으로 긍정의 가치와 의미를 인정하게 된다. 감사는 예견력을 확장시키고, 다른 긍정정서와 긍정적인 추론을 키워준다(엠몬스, 2007).

　치료적으로 우울증을 앓는 개인은 그렇지 않은 통제집단보다 감사 수준이 크게 낮다(거의 50% 더 낮다)(왓킨스, 그림, 콜츠(Watkins, Grimm, & Kolts), 2004). 실제로 감사는 우울증을 예방해줄 수 있다(우드 외 다수, 2008; 창(Tsang), 2006).

　또한 감사는 적절하고 실현 가능할 때마다 내담자의 긍정경험뿐만 아니라 부정경험까지도 재구성해줄 수 있다. 이렇게 재구성이 일어나면 심리적 증상이 줄어든다(램버트, 핀챔, 스틸먼, 2012). 감사 일기 계속 쓰기 같은 지속적인 실습을 통해 더욱 많이 감사하는 법을 배우면 훨씬 더 긍정적인 대체 전략을 배워 사용할 수 있고, 결과적으로 스트레스가 줄어든다(우드, 조지프, 린리, 2007).

회기 시작 시 이완

　각 회기는 간단한 이완 운동으로 시작한다. 이 책 마지막에 수록된 〈부록A: 마음챙김과 이완 실습〉을 참조하길 바란다. 이 부록의 복사본은 내담자 워크북에도 나와 있다. 이전 회기의 핵심 개념뿐만 아니라 내담자의 감사 일기를 검토하면서 이 회기를 계속 진행한다.

회기 중 실습: 감사 편지와 감사 방문

치료자용 제안 대본

　내담자에게 감사 편지를 소개할 때 사용할 수 있는 대본은 다음과 같다.

　편안한 자세로 의자에 앉은 후 양손을 허벅지에 올리고 머리와 목, 가슴을 편안하게 나란히 정렬합니다. 양발은 바닥에 둡니다.

　자신의 숨을 자각합니다. 공기가 자신의 몸속에 들어오고 나가는 것을 자각하고 숨을 들이마시고 내쉴 때 가슴의 팽창과 수축이 반복되는 것에 집중합니다.

　조심스럽게 숨을 배 속 깊은 곳까지 들이마시고 내쉬기를 반복합니다. 숨의 사이클을 최소 6~8초 간격으로 늘리고 사이클을 반복합니다.

　눈을 감습니다. 몇 년 전 당신의 인생을 더욱 멋지게 바꿔줬는데 한 번도 적절한 감사를 전하지 못했던, 아직 살아 있는 사람의 얼굴을 떠올려봅니다. 다음 주쯤 일대일로 만날 수 있는 사람을 생각해보세요. 떠오르는 얼굴이 있나요(셀리그만, 2012, 『플로리시(Flourish)』에서 발췌).

눈을 뜨고 나서 곧장 워크시트8.1로 돌아가 방금 떠올린 사람에게 대략 300자 이내로 편지를 씁니다. 그 사람이 어떻게 당신을 도와줬는지를 구체적으로 기록하면서 감사를 표현합니다. 문체나 문법에는 신경 쓰지 마세요. 초안을 쓰는 것뿐이니까요. 당신의 정서를 존중해 떠오르는 대로 기록하세요.

이런 워크시트는 각 회기마다 수록돼 있고, 내담자 워크북에도 나와 있다.

워크시트8.1 감사 편지 초안
감사 편지 초안을 작성한다.

_____ 에게

_____

_____

_____

_____

_____

_____

_____

_____

_____

초안 작성을 끝낸 후 가정에서 다음의 지시에 따라 감사 편지를 계속 쓴다.

감사 편지와 감사 방문

- 회기 중 작성한 감사 편지 초안을 다듬는다. 쓰고 또 수정해가며 왜 고마운지를 구체적으로 묘사한다. 그 사람이 당신에게 구체적으로 어떤 일을 해줬는지 쓰고, 그 행동 덕분에 삶이 어떻게 달라졌는지를 분명하게 설명한다. 지금 당신이 무엇을 하고 있는지, 그 사람의 노력을 얼마나 자주 떠올리는지도 편지에 적는다.
- 감사 편지 최종본을 완성하자마자 그 중요성을 강조하기 위해 서명하고 코팅한다.
- 그러고 나서 그 사람을 방문할 날짜를 정한다. 그 사람을 집으로 초대하거나, 아니면 그 사람의 집으로 찾아간다.
- 그 사람에게 글을 쓰거나 그 사람과 전화 통화를 하는 게 아니라 일대일로 만나 감사를 전하는 마지막 단계를 완료하는 게 중요하다. 방문 목적을 미리 알려주지는 않는다. 그냥 "만나고 싶다"고만 이야기해도 충분하다.
- 와인과 치즈를 가져갈지 말지는 중요하지 않다. 하지만 코팅한 감사 편지는 꼭 선물로 가져간다. 그 사람과 함께 자리에 앉았을 때 상대의 시선을 마주 보며 감정을 살려 편지를 큰 소리로 천천히 읽는다. 그러고 나서 상대가 천천히 반응할 시간을 준다. 그 사람이 당신에게 중요한 의미가 됐던 구체적인 사건을 함께 떠올려본다.

치료자 노트

감사 편지와 감사 방문 실습을 하려면 상당한 노력과 시간을 들여 방문 계획을 세워 관리해야 한다. 그러므로 치료 과정 동안 이 실습을 완료할 수 있도록 내담자에게 적절한 시간을 준다. 내담자와 함께 이 실습의 예상 종료 시한에 대해 논의하고, 이 실습을 끝낼 수 있게 주기적으로 상기케 한다.

내담자에게 연습 삼아 회기 중 감사 편지를 읽어보게 한다. 이렇게 편지를 쓰고 큰 소리로 읽어보면 필요한 경우 내담자가 감사 편지를 수정할 수 있다. 집단 PPT에서는 감사 편지 읽기를 통해 다른 내담자에게 참여 동기를 불어넣을 수 있다. 또한 내담자에게 자신의 감사 방문 경험을 이야기할 수 있는 기회를 반드시 제공한다. 집단 맥락에서 이 실습을 실시할 경우 내담자에게 집단 PPT가 끝나기 전에 이 실습을 완료하라고 한다.

성찰과 토의

감사 편지와 감사 방문을 모두 완료하고 나서 다음의 질문에 대해 생각해보고 토의한다.

- 편지를 쓸 때 기분이 어땠나?
- 편지 쓰기에서 가장 쉬운 부분과 가장 힘든 부분은 무엇이었나?
- 상대방이 당신의 감사 편지에 어떻게 반응했나? 당신은 그 반응으로부터 어떤 영향을 받았나?
- 감사 편지를 보여주고 나서 느꼈던 기분이 얼마나 오래 지속됐나?
- 편지를 읽어주고 난 후 며칠 동안 그 경험을 회상해봤는가? 그렇다면 그 느낌이 어떠했는가?

사례

3가지 사례를 소개하겠다. 첫 번째와 두 번째는 집단 PPT를 완료한 내담자의 사례이며, 세 번째는 개인 치료를 받은 내담자가 이 실습의 과정을 기록한 노트다. 첫 번째 편지는 회기 중 작성한 초안이다. 내담자가 이 편지를 전달했는지는 알 수 없다. 두 번째 편지는 최종본이며, 일대일로 만나 읽어준 것이다.

사례: 감사 편지 초안

사랑하는 샐리에게

너한테 진심으로 감사하고 싶어서 이 편지를 쓰고 있어. 고등학교 시절 날 다정하게 대해줘서 정말 고마워. 내가 오해받는 것 같았을 때, 화가 나고 외로웠을 때 넌 다정하게 내 이야기를 들어주고 위로해줬어. 네가 날 도와줬던 그 시간이 네게는 별것 아닌 것처럼 보였을지 몰라도 내가 지금도 되고자 노력하는 사람이 되는 데 큰 도움이 됐어. 다른 사람들이 말과 조언으로 설교하려 했을 때 넌 행동으로 보여주고 날 돌봐줬지. 나를 네 차에 태워주고, 길가에 앉아 한 시간 동안 함께 이야기를 나누었던 거 기억나니? 이렇게 글로 써놓으면 별일 아닌 것처럼 보일지도 몰라. 하지만 그 일로 내가 얼마나 큰 영향을 받았는지는 글로 다 표현할 수 없어. 너 덕분에 나는 내가 필요한 존재이고 관심받을 만한 가치가 있는 사람이라고 느꼈지. 그게 네가 나한테 준 가장 큰 선물이야. 이 편지는 너 못지않게 나에게도 큰 의미가 있어. 네가 내게 해준 그 모든 일을 진심으로 고맙게 생각해. 그 일들이 내게 얼마나 큰 의미가 있는 지를 이제는 네가 알아줬으면 좋겠어.

사례: 감사 편지와 감사 방문

다음의 사례는 감사 편지와 감사 방문을 묘사한 것이다. 23세 여성이 이 편지를 작성했다. 이 내담자는 개인 치료를 받는 동안 수취인을 치료실로 데려와 치료자와 다른 집단 PPT 내담자 앞에서 이 편지를 읽었다. 당연히 모두의 동의를 얻어 진행한 일이었다.

사랑하는 친구에게

살다 보면 이해할 수 없는 다양한 이유로 여러 사건에 직면하고 많은 사람을 만나게 돼. 독일 시인 라이너 마리아 릴케는 이렇게 말했지. "가슴속에서 풀리지 않는 모든 것에 인내하고, 의문 그 자체를 사랑하려고 해보세요. 그 의문을 품고 살아갈 수 없었기 때문에 얻을 수 없는 답을 찾으려고 애쓰지 마세요. ……모든 것을 안고 사는 게 비결이에요. 이제는 그 의문을 품고 살아보세요." 내 인생이 왜 이렇게 흘러왔는지 그 이유를 완전히 알 수는 없지만 지난 몇 년 동안 많은 모험을 해보고, 변화를 개방적으로 받아들이겠다고 결심했어. 그중 너와 함께 겪었던 변화와 모험이 가장 중요했지. 매일 내 안에서 자라나는 감사의 마음을 너한테 전하고 싶어 이렇게 너에게 편지를 쓰고 있어.

감사하는 마음이 감당하기 힘들 정도로 넘쳐흐를 때는 그걸 일일이 다 말하는 게 쉽지 않아. 그래도 한번 해볼게. 내가 길을 잃은 것 같았을 때 조용히 내 인생 속에 들어와줘서 고마워. 넌 내가 눈치채지 못한 줄 알았겠지만 그렇지 않았어. 네가 내 곁에 있어줘서 얼마나 큰 위로가 됐는지 몰라. 긴장이 서서히 풀렸고 내가 보살핌을 받고 있다는 걸 알았지. 넌 때때로 사람들 안에서 둥지를 틀지. 난 네 안에서 사랑과 상호 기쁨의 둥지를 틀었어.

불안정한 자아의식과 계속 반복되는 우울증, 비수용적(invalidating) 환경, 사람들과의 해로운 관계 때문에 내 인생이 완전히 뒤집어지고 모든 것이 무너지는 것 같았던 때가 있었어. 그때 네가 신선한 변화를 가져다줘서 고마워. 너 덕분에 안전하다고 느꼈고 필요한 존재가 된 것 같았어. 내가 속으로 조용히 감내했던 혼란을 너와 나눌 수 있었고 지금도 그러고 있어. 자기 이야기와 진실(크든 작든 상관없어)을 털어놓을 수 있게 되면 마음이 편안해지는 것 같아. 상처까지도 털어놓을 수 있다면 말이야. 고통을 즉각 다른 것으로 대체하거나 억누를 필요가 없다는 것을 아는 게 아주 중요하다는 사실을 배웠어. (많은 사람이 섣불리 짐작하는 것처럼) 내가 깔끔하게 포장된 상품이 아니라는 사실을 눈치채고, 그 모습 그대로 받아들여줘서 고마워. 넌 내 약점을 알고도 날 다르게 대한 적이 한 번도 없었어. 매일 내가 너와 내 인생을 나눌 때 내 옆자리를 지켜줘서 고마워.

무엇보다 정신적 건강을 찾아가는 내 여정에 디딤돌을 놓아줘서 고마워. 내가 새로운 자기인식의 영역으로 건너갈 때 내 손을 잡아주고, 필요할 때 내 손을 놓아줘서 고마워. 내가 힘든 시기를 헤쳐 나가고 있을 때 무심하게 손 놓고 있지 않아줘서 고마워. 지난해 더없이 무섭고 진 빠지는 몇 주를 보내고 나서 난 정말 끔찍한 상태에 빠져 있었지. 그때 넌 주저하지 않고 그렇게 지속적으로 무너져버리면 어떤 결과가 생기는지 지적하고, 그와 비슷한 사례들을 들려줬어. 넌 솔직하게 내가 내 병을 이겨낼 수 있도록 얼마나 도와줄 수 있는지 말해줬고, 치료받는 다른 방법도 있다고 지적해줬지. 침묵과 학대의 세월을, 나 자신을 학대한 세월을 참고 견디기만 하는 짓을 그만둘 수 있게 내게 동기를 불어넣어줬어. 내가 이곳에 상담받으러 오고, 이 집단에 참여해 안심하고 내 마음을 털어놓기까지는 네 도움이 엄청 컸어. 넌 내 모든 것(내 약점과 질병까지)을 받아들여주고, 단순하게 받아들이기만 하는 게 아니라 날 이해하려고 하지(정신건강과 대처 전략에 관한 정보를 계속 찾아보면서 말이야). 넌 주저하지 않고 내게 현실을 보여줘. 게다가 끊임없이 더 나은 것이 있고, 내가 나 자신을 최고로 대우하는 게 당연하다고 말해주고 있어.

난 점점 성장하고 있어. 그렇다고 내 문제가 완전히 사라진 건 아니야. 사실은 정반대지. 하지만 명쾌하게 밝혀지지 않고, 쉽게 찾지 못하는 답도 있다는 사실을 좀 더 잘 받아들이게 됐어. 시인 E.E. 커밍스(E. E. Cummings)는 이렇게 말했지. "내 눈의 눈이 열린다." 이게 바로 내가 너에게 얼마나 감사하는지를 완벽하게 보여주는 말이야. 고마워, 친구야.

사례: 감사 편지 전달의 효과

라시드 박사님께

잘 지내시죠? 일전에는 할 수 없었지만 꼭 하겠다고 약속드렸던 감사 편지와 감사 방문 실습에 대해 알려드리려고 이렇게 편지를 쓰고 있어요. 음, 오늘이 바로 그날이 었어요. ……사실 전 이 실습에 대해 회의적이었죠. 그런데 일주일 전에 정말 속상한 일이 있었어요. ……박사님도 잘 아는 오래된 감정이 또 솟아오른 거죠. 그러다가 전혀 예상하지 못했던 사람으로부터 쪽지를 받았는데 제가 달라졌어요. 사실 그 예기치 못한 쪽지 덕분에 기분이 좋아졌고, 그 효과가 며칠 동안 지속됐죠. 제가 간단한 쪽지 하나에 행복해졌다는 걸 알게 되자 이복자매에게 감사 편지를 쓰는 게 해가 되지는 않겠다 싶어 편지를 썼어요.

긴 세월 끝에 오늘 이복자매를 찾아가 제 편지를 읽어줬어요. 처음에는 편지를 큰 소리로 읽는 게 어색했어요. 그래서 가능한 한 빨리 해치우고 싶었죠. 하지만 어느 순간, 제가 알지도 못했던 제 안의 어느 지대로 들어섰어요. 곧이어 모든 것을 잊어버렸고, 제 눈과 귀에 들어오는 것은 편지와 이복자매뿐이었죠. ……처음에는 어색했던 편지 읽기가 벅찬 감동을 불러일으켰어요. 곧이어 이복자매의 두 눈에서 눈물이 흘러내렸고 제 눈에도 눈물이 맺혔죠.

전 그 자리에서 무너지지 않고 간신히 편지를 끝까지 다 읽었어요. 사실 편지를 쓸 때는 제 속마음을 다 표현하지 못한 것 같았죠. 하지만 편지를 읽으니까 그 느낌이…….

제가 이복자매한테 도움을 받은 만큼 그 일이 이복자매에게도 큰 도움이 됐다는 사실을 나중에 알았어요. 그때 제 이복자매는 개인적으로 심각한 문제에 시달리고 있었거든요. 제가 이 실습을 완료해 정말 기뻐요.

적합성과 융통성

• 감사 편지와 감사 방문은 강력한 실습이라서 몇몇 내담자는 실행하기 어려울 수 있다. 감사 편지를 써서 개인적으로 전달하는 게 너무 어색하게 느껴질 수 있어서다. 심지어 그런 실습을 하면 자신이 나약해진다고 생각할 수 있다. 이 같은 문제점을

고려해 이런 내담자에게는 융통성을 발휘해야 한다. 원칙적으로는 감사 편지를 개인적으로 전달하라고 강력하게 권한다. 하지만 여러 이유(물리적 거리, 비용 또는 사회적 제약이나 가족의 제약으로 만나기 어려운 경우 등)로 그렇게 하지 못할 수도 있다. 그런 경우 당신의 전화나 영상전화를 받고 펼쳐보라는 부탁을 덧붙인 편지를 e메일로 보낼 수 있다. 아니면 편지를 e메일로 보내고, 이후 전화나 개인 채팅으로 편지 내용에 대해 이야기할 수 있다.

• 어떤 내담자는 편지를 쓰는 대상에게 복잡한 감정을 지니고 있을 수 있다. 죄의식을 깊이 느낌과 동시에 분노나 질투심을 느낄 수도 있다. 감사 방문 대상이 가까운 가족이거나 현재 자주 만나는 사람일 때 주로 그렇다. 이런 경우 내담자에게 이것이 감사 편지와 감사 방문 실습이지 응어리를 풀 수 있는 기회가 아니라는 사실을 상기케 한다. 이 실습의 의도는 부정적인 측면이 아니라 긍정적인 측면에 중점을 두는 것이다. 동일한 사람에게 부정정서와 긍정정서를 동시에 느낄 수 있다. 그럼에도 내담자가 부정정서를 억누르지 못한다면 다른 상대를 골라야 한다.

• 감사 편지와 감사 방문의 대상이 감사를 받는 게 자신의 권리이자 특권이라고 생각한다면 이 실습은 효과가 없을 수도 있다. 이와 마찬가지로 자신의 인생에는 감사할 만한 사람이 없고, 자신이 감사를 받아야 한다고 생각하는 내담자도 있을 수 있다. 또 어떤 내담자는 (감사를 받아야 하는) 상대가 자신의 마음을 알고 있기 때문에 감정 표현이 불필요하다고 할지도 모른다. 이런 경우 긍정적이고 진정한 감사 표현이 관계를 더욱 돈독하게 만들어준다는 사실을 이해하도록 도와준다.

• 내담자는 또한 감사 방문 대신 '감사의 밤'을 주최해 자신의 인생에서 중요하거나 자신의 인생을 크게 바꿔줬지만 제대로 감사를 전하지 못했던 사람을 초대할 수 있다. 공개적으로 감사 편지를 낭독할 수도 있다. 내담자 또한 승진, 상이나 트로피 수여, 이정표 인정 같은 특별한 행사를 통해 그런 영예를 얻을 수 있게 도와준 사람에게 공개적으로나 사적으로 감사를 전할 수 있다.

• 감사를 전하고 싶은 사람을 사망 등과 같은 이유로 만날 수 없다면 그 사람의 친한 친구와 가족 앞에서 감사 편지를 읽어 그 사람의 선한 행동을 인정해줄 수 있다.

• 어떤 내담자는 어려운 생활환경에 처해 있어 감사할 만한 거리를 찾기 어려울 수도 있다. 이런 내담자에게는 감사하게 여기는 과거의 성취를 생각해보라고 한다. 그의

성공을 도와줬던 사람을 떠올려보라고 한다. 진정으로 이 실습을 할 수 없다면 강요하지는 않는다.

문화적 고려사항

감사 표현은 문화에 따라 다를 수 있다. 어떤 사람은 말로 감사를 표현하는 데 익숙지 않거나 감사를 표현하는 어휘 자체가 없어 사용하지 못할 수도 있다. 이런 내담자는 자신의 감정을 글로 표현하기도 어렵다. 이들이 어떻게 해서라도 최대한 감사를 표현할 수 있게 도와준다. 또 어떤 내담자는 주변 사람들이 누리지 못하는 사치를 즐기고 있다는 생각에 이 실습을 하면서 죄의식을 느낄 수도 있다.

문화적 배경이 다양한 내담자도 이 실습을 어려워할 수 있다. 이런 내담자에게는 감사보다 겸손과 신중함이 훨씬 더 중요하고 문화적으로도 더욱 적절하다. 더 나아가 이들은 선한 행동을 회상하고 되풀이해 말하면 그 신성함이 흐려진다고 생각할 수도 있다. 이런 내담자와 함께 그들의 문화권에서는 감사를 어떻게 표현하는지, 이 실습을 문화 친화적으로 수정할 수 있는 방법은 무엇인지를 알아본다.

유지

내담자의 진척 상태를 유지하기 위해 다음의 정보에 대해 내담자와 토의한다.

- 감사할 줄 아는 사람과 더욱 많이 어울리고, 그렇지 못한 사람과는 다소 거리를 둔다. 집단 내에서 표출된 정서는 파급효과를 일으키고 집단 전체가 느끼게 된다. 행복하고 감사하는 사람은 전염성이 있다.

- 말이 현실이 된다. 감사하는 사람은 특별한 언어 스타일을 갖고 있다. 또한 선물과 기부, 행운, 풍요, 만족, 축복(blessing), 은총(blessedness)을 뜻하는 언어를 사용한다. 반면 감사하지 않는 사람은 박탈과 후회, 부족, 필요, 희귀성, 상실을 뜻하는 표현을 쓴다. 감사 능력이 낮은 우울증 환자의 표현은 다소 비슷하고 자아에 중점을 둔다. 예를 들어 "나는 실패자야" "아무도 날 사랑하지 않아" 등이 있다. 감사 능력을 키우고 싶다면 자신의 말을 자가 점검해본다. 그렇다고 피상적인 칭찬으로 자신을 치켜세우라는 말은 아니다. 사람들이 당신에게 해준 잘 됐던 일에 신경 쓰라는

뜻이다.

- 감사 편지와 감사 방문 경험이 강렬했다면 감사를 전하고 싶은 다른 사람들을 생각해봤는가. 특별히 당신에게 친절했지만 한 번도 감사를 전하지 못했던 부모와 친구, 교사, 코치, 팀원, 고용주 등을 생각해본다. 벌써 오래전에 감사를 전해야 했던 사람들일지도 모른다.

- 다른 사람들에게 직접 감사를 표현한다. 감사는 직접적으로, 다시 말해 일대일 만남이나 전화, 편지로 전할 때 가장 효과적인 대인적 속성이다. 단순하게 "고마워"라고 입에 발린 소리는 하지 말자. 구체적으로 감사를 표현한다. 예를 들어 선생님에게는 당신의 재능을 알아보고 최상의 모습을 끌어내줘 고맙다고 말한다. 또는 좋아하는 삼촌에게는 이해해주는 이가 아무도 없어 힘들었던 사춘기 때 격려해줘 고맙다고 말한다. 오랜 친구에게는 괴롭힘을 당할 때 편을 들어줘 고맙다고 전한다. 이들에게 편지를 써서 구체적으로 감사를 표현한다. 여력이 되고 적절하다면 식사나 뮤지컬, 콘서트, 미술 전시회, 스포츠 행사 등 함께할 수 있는 뭔가를 선물로 제안한다.

회기 종료 시 이완

회기 시작 시와 마찬가지로 짧은 이완으로 회기를 종료한다.

자원

간행물

- Emmons, R. A., & Stern, R. (2013). Gratitude as a psychotherapeutic intervention. Journal of Clinical Psychology, 69(8), 846－855.
- Kaczmarek, L. D., Kashdan, T. B., Drążkowski, D., & Enko, J. (2015). Why do people prefer gratitude journaling over gratitude letters? The influence of individual differences in motivation and personality on web-based interventions. Personality and Individual Differences, 75, 1－6.
- Post, S., & Neimark, J. (2007). Why Good Things Happen to Good People: The Exciting New Research that Proves the Link between Doing Good and Living a Longer, Healthier, Happier Life. New York: Random House.

- Toepfer, S. M., & Walker, K. (2009). Letters of gratitude: Improving well-being through expressive writing. Journal of Writing Research, 1(3), 181-198.

동영상

- Science of Happiness: An Experiment in Gratitude, the power of writing and sharing gratitude letter:
  https:// youtu.be/ oHv6vTKD6lg
- Virtual Gratitude Visit: Dr. Daniel Tomasulo discusses how to conduct a virtual gratitude visit:
  https:// youtu.be/ iptEvstz6_ M

웹사이트

- Website of Robert Emmons, one of the most eminent researchers of gratitude:
  http:// emmons.faculty.ucdavis.edu
- Stories of Gratitude: stories about the extraordinary power of gratitude:
  http:// 365grateful.com

15장
9회기: 희망과 낙관성

긍정심리치료(PPT) 3단계의 시작인 9회기에서 내담자는 가능한 한 최상의 현실적인 결과를 내다보는 법을 배운다. 또한 역경은 일시적이고 일부라는 것과 희망을 키우는 방법을 배운다. 이 회기에서 중점적으로 다루는 PPT 실습은 문 하나가 닫히면 다른 문이 열린다고 생각하기다.

9회기 요약
핵심 개념
    회기 중 실습: 문 하나가 닫히면 다른 문이 열린다고 생각하기
    성찰과 토의
    사례
    적합성과 융통성
    문화적 고려사항
    유지
자원

핵심 개념

차별화되고 바람직한 미래를 생각해보고 그런 미래를 실현할 길을 찾는 것은 인간의 가장 두드러진 능력이다. 희망과 낙관성은 그런 능력에 내재돼 있다. 내담자는 종종 이런 이야기를 한다. "꽉 막힌 것 같아요. 일에 치여 성장할 수 없어요." "제 자신을 좋

게 보고 싶지만 보이는 것은 제 약점뿐이에요." "모든 것을 다 시도해봤지만 하나도 효과가 없는 것 같아요." 각기 다른 전통적인 심리치료를 통틀어 봤을 때 희망은 깊은 절망감 치료 시 핵심적이고 가치 있는 목표가 된다(프랭크, 프랭크, 1991). 희망과 낙관성이 심리적 고통을 이겨내는 데 중요한 역할을 하기 때문이다. 그뿐만 아니라 더 나은 신체적·정서적·심리적 건강과도 깊이 연관돼 있다(스나이더, 치벤스, 마이클(Snyder, Cheavens, & Michael), 2005; 세게르스트롬(Segerstrom), 2007; 셀리그만, 1991; 비서 외 다수(Visser et al.), 2013).

희망은 기대하는 목표를 달성할 수 있다는 인식이다(스나이더, 1994). 희망적인 생각에는 기대하는 목표를 달성할 방법을 찾을 수 있다는 믿음이 따라오고, 그런 방법을 찾으면 사용하고 싶은 의욕이 생긴다(스나이더, 랜드, 시그몬(Snyder, Rand, & Sigmon), 2002). 낙관성은 귀인론(attribution), 다시 말해 사건의 원인을 자신에게 설명하는 설명양식으로 정의할 수 있다(셀리그만, 1991). 낙관적인 사람들은 대체로 실패가 (a)전적으로 자기 탓이나 내부 탓이라고 생각하기보다 타인 탓이나 외부 요인 탓이 훨씬 크다고 본다. 또한 (b)실패의 원인을 자기 인생의 전체 사건이 아니라 일부 사건으로 돌리고, (c)실패를 영구적인 것이 아니라 일시적인 것으로 인식한다. 또 다른 이론적 흐름에 따르면 낙관성은 목표 지향적 성향이다. 그렇기 때문에 낙관적인 사람들은 바람직한 목표를 향해 나아갈 수 있다고 생각한다(샤이어, 카버(Scheier & Carver), 1994). 이런 개념 차이에도 희망과 낙관성 연구에는 한 가지 공통점이 있다. 바로 희망과 낙관성이 모든 잘못을 자기 탓으로 돌리는 것이 아니라 희망하는 목표를 향해 나아가는 길이나 방법이라는 것이다. 설명양식을 체계적으로 바꾸면 달성 가능한 방법과 목표를 찾을 수 있다. 심리치료는 본질적으로 자기파괴적인 비관적인 설명양식을 낙관적인 설명양식으로 바꾸고, 바람직한 길과 일상적 흐름을 만들어나가는 것이다. 여기서는 몇 가지 두드러진 희망과 낙관성 연구 결과를 소개하겠다.

- 힘든 시기에 낙관적인 사람들이 고통을 덜 호소한다는 증거가 있다. 더 나은 결과를 도출하는 방식으로 대처하고, 계속해서 밝은 미래를 보장하는 필수 조치를 취하기 때문이다. 낙관적인 사람들이 비관적인 사람들보다 더 불행하다는 증거는 거의 없다.
- 희망과 낙관성은 상당히 이해가 잘 되는 개념이고, 좌절이나 역경에 처했을 때 큰

도움이 된다. 또한 수많은 과학적 연구의 대상이었고, 이런 연구에서 우울증을 치료하고 예방할 수 있는 중요한 요소와 과정이 밝혀졌다(치벤스, 마이클, 스나이더, 2005; 셀리그만, 1991). 희망과 낙관성 키우기는 우울증을 치료하는 가장 강력한 해독제다. 낙관적인 사람과 비관적인 사람은 자신들의 인생에 크나큰 영향을 가하는 방식이 다르다. 문제를 마주하고 역경에 대처하는 방식도 다르다.

- 낙관성은 훌륭한 도덕성과 연관돼 있다. 그뿐만 아니라 효과적인 문제 해결 능력, 학업·운동·군대·직업·정치 분야에서의 성공, 인기, 양호한 건강 상태, 심지어 장수, 트라우마에서 자유로워지기와 관련 있다(알라르콘, 볼링, 카존(Alarcon, Bowling, & Khazon), 2013; 네스, 세게르스트롬(Nes & Segerstrom), 2006).

회기 시작 시 이완

각 회기는 간단한 이완 운동으로 시작한다. 이 책 마지막에 수록된 〈부록A: 마음챙김과 이완 실습〉을 참조하길 바란다. 이 부록의 복사본은 내담자 워크북에도 나와 있다. 이전 회기의 핵심 개념뿐만 아니라 내담자의 감사 일기를 검토하면서 이 회기를 계속 진행한다.

회기 중 실습: 문 하나가 닫히면 다른 문이 열린다고 생각하기

치료자용 제안 대본

내담자에게 이 실습을 소개할 때 사용할 수 있는 대본은 다음과 같다.

윈스턴 처칠 전 영국 총리의 명언을 한번 생각해보길 바란다. "비관적인 사람은 모든 기회에서 위기를 보고, 낙관적인 사람은 모든 위기에서 기회를 본다." 이 말이 당신에겐 어떤 의미로 다가오는가. 당신은 비관적인 사람처럼 행동하는 경향이 있는가, 아니면 낙관적인 사람처럼 행동하는 경향이 있는가.

낙관성에는 현재뿐만 아니라 미래에 대한 긍정정서가 따라온다. 낙관적인 사람은 나쁜 것에서 좋은 것을 본다. 낙관적인 사람이 된다고 어리석거나 순진한 사람이 되는 것은 아니다. 사실 낙관성을 갖는 것은 워크시트9.1 문이 열린다에서 짐작할 수 있듯 쉬운 일이 아닐 수 있다. 원하는 직장을 잡지 못했거나 사랑하는 사람으로부터 거절당한 경험을 떠올려보자. 하나의 문이 닫히면 거의 언제나 또 다른 문이 열린다(파인, 휴스턴(Pine & Houston), 1993).

이런 워크시트는 각 회기마다 수록돼 있고, 내담자 워크북에도 나와 있다.

워크시트9.1 문이 열린다

1단계
문이 열리고 닫히는 것을 경험했던 사건을 다음의 빈칸에 기록한다. 문이 즉각 열렸는가, 아니면 시간이 좀 걸렸는가. 문이 닫히면서 실망과 우울, 억울함 또는 다른 부정감정을 느끼는 바람에 열린 문을 찾기가 훨씬 힘들었는가. 열린 문을 보다 순조롭게 찾기 위해 앞으로 할 수 있는 일이 있는가.
닫힌 문 3개를 생각해본다. 이때 어떤 다른 문이 열렸는가. 다음의 빈칸을 채워보자.

---

(1)영원히 닫혔던 가장 중요한 문은 _____
열렸던 문은 _____

(2)운이 나빠서 또는 기회를 놓쳐 닫혔던 문은 _____
열렸던 문은 _____

(3)상실과 거부 또는 사망으로 닫혔던 문은 _____
열렸던 문은 _____

2단계
2단계에서는 문이 닫힌 이유를 자신에게 어떻게 설명할지 알아본다. 1단계의 3가지 사례 중 하나를 고르고, 다음의 각 설명문이 자신이 생각하는 문이 닫히고 열린 이유와 얼마나 일치하는지 숫자에 표시한다(다음의 척도 중 1은 전혀 일치하지 않는다, 7은 완전히 일치한다는 뜻).

닫힌 문의 번호는 _____
1. 이 문은 대체로 나 자신이나 내부 요인 때문에 닫혔다. 1……3……5……7……
   또는

2. 이 문은 대체로 다른 사람들이나 외부환경 때문에 닫혔다. 1⋯⋯3⋯⋯5⋯⋯7⋯⋯

또는

3. 이 문이나 이와 비슷한 문은 항상 닫혀 있을 것이다. 1⋯⋯3⋯⋯5⋯⋯7⋯⋯

또는

4. 이 문은 일시적으로 닫혀 있다. 1⋯⋯3⋯⋯5⋯⋯7⋯⋯

또는

5. 이 닫힌 문 때문에 내 인생의 모든 것이 망가질 것이다. 1⋯⋯3⋯⋯5⋯⋯7⋯⋯

또는

6. 이 문은 내 인생의 한 일부에만 영향을 미친다. 1⋯⋯3⋯⋯5⋯⋯7⋯⋯

또는

1, 3, 5항목의 합산 점수가 높으면(12점 이상) 문 닫힘(퇴보, 실패, 역경)의 원인을 개인적이고(주로 자신이 원인임), 영구적이며(변하지 않음), 만연적(문 하나가 닫히면 인생의 다른 많은 문도 닫힘)이라고 본다는 뜻이다.

2, 4, 6항목의 합산 점수가 높으면 문 닫힘의 원인을 타의적이고, 일시적이며, 부분적(인생의 모든 영역에 영향을 미치지 않음)이라고 본다는 뜻이다. 셀리그만의 낙관성 학습 이론(포저드, 셀리그만(Forgeard & Seligman), 2012; 셀리그만, 1991)에 따르면 이런 원인 설명 양식은 부정경험 이후 나타나는 더욱 적응적인 기능과 연관돼 있다.

성찰과 토의

이 실습을 완료하고 나서 다음의 질문에 대해 생각해보고 토의한다.

- 패배의 원인을 전적으로 자신에게 돌리고, 그 한 번의 패배로 자기 인생의 거의 모든 영역이 영원히 암울해질 거라고 생각한다면 우울증과 다른 심리적 문제가 생기기 쉽다. 특히 문 하나가 닫힐 때(패배나 역경을 경험하거나 기회를 놓쳤을 때) 그 원인이 무엇이라고 자신에게 설명하는가?
- 문이 닫히면서 어떤 영향을 받았는가? 당신의 행복과 웰빙에 관한 부정적인 측면과 긍정적인 측면은 무엇인가? 그 영향력이 광범위했거나 오래 지속됐는가?

- 그 영향력을 받고 나서 뭔가 긍정적인 일이 생겼는가? 그렇다면 어떤 일이었나?
- 문 하나가 닫히면 다른 문이 열린다고 생각하기 실습 덕분에 당신의 융통성과 적응성이 어떻게 향상됐는가?
- 고의적으로 보다 밝은 측면(열리는 문)에 집중하면 마주해야 하는 고된 현실을 최소화하거나 간과하게 될 수도 있다고 생각하는가?
- 무엇 때문에 문이 닫혔고, 무엇이 또 다른 문을 여는 데 도움이 됐나?
- 살짝이라도 열린 문이 있는지 찾아보는 게 쉬웠나, 아니면 어려웠나?
- 닫힌 문이 지금 당신에게는 어떤 의미로 다가오나?
- 문이 열리면서 성장했는가? 아직 더 성장할 여지가 있는가? 그런 성장이 어때 보이는가?
- 당신이 문을 열 수 있게 도와줬거나 당신이 들어갈 때까지 열린 문을 잡아줬던 사람을 한두 명 떠올려본다.
- 아직도 닫힌 문이 열리길 바라는가, 아니면 이제는 닫힌 문에 신경 쓰지 않는가?

사례: 앤트완

    37세 남성 앤트완(Antoine)은 알코올과 약물을 복용한 상태에서 다른 남성과 무분별한 성관계를 맺었다. 그로부터 6개월 후 에이즈 배양 반응 진단을 받았다. 미술관에서 우수한 영업사원으로 근무하던 앤트완은 처음에 충격을 받았고 죄의식을 느꼈다. 급기야 미래로 나아가는 문이 닫혔다는 생각에 짓눌려 자살 기도를 했다. 그때 어떤 착한 사람이 구조해줬다. 앤트완은 절망에 빠져 자신에게 분노하며 죽는 날만 기다리고 싶었다.

    하지만 트라우마 중심 치료에서 자신의 강점을 평가했다. 그러자 창의성과 감상력이 명확한 강점으로 드러났다. 앤트완은 언제나 사진작가가 되길 꿈꿨다. 그래서 집을 팔고 작은 아파트로 이사 갔으며 사진 수업을 듣기 시작했다. 이 장기 내담자는 자신의 증상을 잘 관리하면서 지금은 전 세계를 돌아다니며 남성 에이즈 환자의 일일 승리와 혼란을 사진에 담고 있다.

사례: 로렌

경계성 성격장애 진단을 받은 23세 여성 로렌(Lauren)은 집에서 쫓겨났을 때 가장 중요한 문이 닫혔다고 생각했다. 처음에는 무섭고 버림받은 것 같았지만 보잘것없는 일자리를 전전하면서 스스로 생계를 책임졌고 학비도 벌었다. 로렌은 요리와 청소하는 법, 빈약한 예산으로 생활하는 법을 배웠다. 집이라는 보금자리의 문이 닫혔을 때 자급자족이라는 문이 열린 것이다. 로렌은 올해 좋은 성적은 아니지만 큰 희망을 갖고 졸업했다.

적합성과 융통성

내담자가 낙관성을 갖고 어떤 과제나 난제에 접근할 때 가장 어려운 점은 낙관성을 어떤 상황에서 사용하는 게 적절한지를 알아내는 것이다. 인생에는 신중함과 비판적 사고를 주의 깊게 사용해야 하는 상황이 많다. PPT는 내담자에게 융통성이 있거나 복합적인 낙관성을 키우라고 한다. 내담자는 우울증 감소와 성취 및 건강 증진이 설려 있다 싶을 때 낙관성을 사용할 수 있다. 하지만 명확한 판단과 책임이 요구될 때는 낙관성을 사용하지 않을 수 있다. 낙관성을 기른다고 자신의 가치관이나 판단이 흐려지는 것은 아니다. 그보다 설정한 목표를 달성할 수 있는 자유가 생긴다. 하지만 낙관성의 혜택도 한계가 있다.

비관성도 사회 전체와 개인의 인생에서 중요한 역할을 담당한다. 비관성이 가치가 있는 예견력을 보여줄 경우 비관성도 견뎌내는 용감성을 지녀야 한다(셀리그만, 1991, 292쪽). 예컨대 비관성은 잠재적 위험을 파악하고 예상해 그에 대비하는 준비성을 향상시킨다. 이것은 특히 위험한 상황에서 중요한 기술이다. 비관적인 사람은 최악의 경우를 생각하기 때문에 이륙하기 전 비행기의 얼음을 두 번이나 제거하려고 할 수 있다. 하지만 낙관적인 사람은 그게 불필요하다고 생각할지도 모른다. 이와 마찬가지로 소방관과 의사에게는 집중적 사고, 당면 과제와 직접 관련지어 선별한 행동이 중요하다. 비관성은 구체적이고 선택적인 것에 국한될 때 적응적이다. 산만하거나 만연적인 비관성은 기능적이지 못하다.

치료자가 내담자의 진정한 희망과 낙관성을 평가하고 키워주는 게 중요하다. 어떤 내담자는 정신건강에 대한 부정적 견해가 강하다는 이유로 자신의 우울증상을 최소화하고 회복 가능성을 과대평가한다. 또는 정서건강의 미묘하지만 중요한 차이를 무시하거나 최소화한다(헌트, 오리엠마, 카쇼(Hunt, Auriemma, & Cashaw), 2003; 통(Tong), 2014). 또 다른 내담자는 낙관적 편향이라는 비현실적 낙관성을 지닐 수 있다(세디키데스, 그레그(Sedikides & Gregg), 2008). 이는 우울증 환자나 보통 사람들이 다른 '보통' 사람들과 비교했을 때 자신이 불운한 사고를 당할 위험이 훨씬 적다고 생각하는 경향을 말한다.

희망과 낙관성은 내담자가 바꿀 수 있는 것을 현실적으로 평가할 때 훨씬 더 효과적이다. 어떤 내담자는 비현실적 낙관성에 빠져 긍정사고만 하면 무엇이든 할 수 있다고 생각할 수 있다. PPT는 바꿀 수 있는 것(사고와 행동, 반응하고 상호작용하는 방식 등)을 바꾸는 것이다. 희망과 낙관성은 바꿀 수 없는 것을 바꾸는 허황된 것이 아니다. 이런 허황된 생각에 빠지면 현실적으로 달성할 수 있는 것을 추구하지 못하게 된다(외팅엔, 골비처(Oettingen & Gollwitzer), 2009).

문화적 고려사항

걱정이 많은 내담자, 특히 동아시아계 내담자는 희망과 열정보다 신중함과 자기통제력을 더욱 많이 키워주는 문화적 요소 때문에 상당히 비관적으로 보일 수 있다. 이런 내담자는 비관성을 갖고도 잘 기능하고 생존할 수 있다. 이들은 보통 기대치를 낮게 잡고 일이 잘못될 수 있다고 짐작한다. 발생할 수 있는 모든 부정적이거나 나쁜 결과를 검토한다. 그리고 나서 마음속으로 다양한 난제를 어떻게 다룰지 생각해본다. 일이 어떻게 풀릴지, 실패 가능성을 최소화하려면 어떤 예방조치를 취해야 하는지가 확실해질 때까지 생각하고 또 생각한다. 대개 방어적 비관성이라고 하는 이런 전략은 때때로 효과가 뛰어나다. 특히 우울증뿐만 아니라 불안증이 있는 사람에게는 더더욱 그렇다(노렘, 창(Norem & Chang), 2000).

이런 방어적 비관성을 이용하기보다 문화적 요소를 염두에 두면 내담자가 신중함과 조심성 강점에 더욱 잘 반응할 수 있다. 따라서 치료자가 내담자의 대표 강점을 깊이 이해하는 게 중요하다. 그래야 내담자가 부정적 측면과 결점 기반 낙인찍기를 버리고 강점 기반 언어를 더욱 많이 사용해 자신을 이해하게 도울 수 있기 때문이다.

희망과 낙관성을 문화적 맥락 내에서 평가하는 것도 중요하다. 예컨대 중국의 낙관성은 앞으로 더욱 잘 됐던 일이 일어날 거라고 기대하기보다 자기 인생의 조건을 받아들일 수 있고(라이, 유(Lai & Yue), 2000), 상호의존적 성향(집단적 성향)이 겸허와 자기효능감을 더욱 높일 수 있다고 생각하는 것이다.

유지

내담자의 진척 상태를 유지하기 위해 다음의 정보에 대해 내담자와 논의한다.

- 다음번에 문제가 있는 친구를 도와줄 때는 상황의 긍정적인 측면을 살펴본다. '밝은 면을 보라'는 진부한 문구를 사용하기보다 친구가 간과할 수 있는 구체적이고 특정한 기회를 찾게 도와준다.
- 특히 치료 이후 겪는 힘든 시기에 희망과 낙관성을 유지하려면 심리치료로 어떤 도움을 받았는지를 떠올린다. 심리치료는 본질적으로 희망을 키워주는 과정이다. 사람들은 자기 행동의 바람직하지 못한 측면을 바꾸는 기술이 부족해서 또는 그런 기술을 갖추고도 창의적으로 적용하는 방법에 대한 자신감이 부족해서 치료받으려고 한다. 치료 과정은 내담자가 자신의 효과적인 기술을 이해하고, 추가적으로 필요한 기술을 이용하거나 향상시킬 수 있게 도와준다. 기술을 갖춘 내담자는 치료 과정을 통해 구체적인 목표 달성 계획을 세워 그런 기술을 적용할 수 있는 자신감과 의욕을 얻거나 되찾을 수 있다. 다음번에 자신에게 희망과 낙관성이 부족하다는 사실을 또 깨닫는다면 심리치료가 얼마나 효과적이었는지를 떠올린다. 실제로 심리치료가 효과적이었을 경우에 말이다. 이런 회상을 통해 치료 중 배웠던 기술로 새로운 난제를 해결할 수 있다. 미래 지향적이고 낙관적인 사람들과 어울리도록 한다. 심각한 패배와 실패, 역경에 부딪힐 때는 낙관적이고 희망적인 친구가 당신의 기운을 북돋아주는 자산이 될 수 있다. 이와 마찬가지로 친구가 문제에 직면했을 때는 당신이 그 친구의 기운을 북돋아줄 수 있다.

회기 종료 시 이완

회기 시작 시와 마찬가지로 짧은 이완으로 회기를 종료한다.

자원

간행물

- Caprara, G. V, Steca, P., Alessandri, G., Abela, J. R, & McWhinnie, C. M. (2010). Positive orientation: explorations on what is common to life satisfaction, self-esteem, and optimism. Epidemiologia E Psichiatria Sociale, 19, 63－71.
- Carver, C. S., Scheier, M. F., & Segerstrom, S. C. (2010). Optimism. Clinical Psychology Review, 30(7), 879－889. doi:10.1016/ j.cpr.2010.01.006.
- Gilman, R., Schumm, J. A., & Chard, K. M. (2012). Hope as a change mechanism in the treatment of posttraumatic stress disorder. Psychological Trauma: Theory, Research, Practice, and Policy, 4, 270－277. doi:10.1037/ a0024252
- Giltay, E. J., Geleijnse, J. M., Zitman, F. G., Hoekstra, T., & Schouten, E. G. (2004). Dispositional optimism and all-cause and cardiovascular mortality in a prospective cohort of elderly Dutch men and women. Archives of General Psychiatry, 61, 1126－1135.
- Jarcheski, A., & Mahon, N. E. (2016). Meta-analyses of predictors of hope in adolescents. Western Journal of Nursing Research, 38(3), 345-368. doi:10.1177/ 0193945914559545
- Weis, R., & Speridakos, E. C. (2011). A meta-analysis of hope enhancement strategies in clinical and community settings. Psychology of Well-Being: Theory, Research and Practice, 1(1), 5.
  http:// doi.org/ 10.1186/ 2211-1522-1-5.
- Yarcheṣki, A., & Mahon, N. E. (2016). Meta-analyses of predictors of hope in adolescents. Western Journal of Nursing Research, 38(3), 345－368. doi:10.1177/ 0193945914559545

동영상

- Explanatory style: Learn how your thinking habits can affect your ability to bounce back from stressful circumstances:
  https:// youtu.be/ q8UiXudooh8
- TED Talk: Neil Pasricha speaks on spreading little optimism everyday about things which make life worth living:
  http:// www.ted.com/ speakers/ neil_ pasricha; retrieved November 24, 2015

- Seligman on Optimism: at BBC's Hardtalk: https:// youtu.be/ nFzlaCGvoLY?list=
  PLB9036743C2E1866F
- Positive Emotions, by Barbara Fredrickson; positivity focuses on what "positivity"
  is and why it needs to be heartfelt to be effective:
  https:// youtu.be/ Ds_ 9Df6dK7c

웹사이트

- A website about awesome things:
  http:// 1000awesomethings.com
- Positive Psychology Daily News: To stay updated about positive psychology
  events:
  http:// positivepsychologynews.com
- Positivity Ratio: Learn about your positive to negative emotion ratio, also called
  the positivity ratio, at Barbara Fredrickson's website:
  www.positivityratio.com

16장
10회기: 외상 후 성장

10회기에서는 내담자를 계속 괴롭히는 트라우마 경험에 관한 깊은 감정과 생각을 들여다보라고 한다. 이 회기의 중점적 긍정심리치료(PPT) 실습은 표현적 글쓰기다.

10회기 요약

핵심 개념

    회기 중 실습: 표현적 글쓰기

    성찰과 토의

    사례

    적합성과 융통성

    문화적 고려사항

    유지

자원

핵심 개념

트라우마를 겪은 후 어떤 사람은 외상 후 스트레스 장애(PTSD)를 보인다. 이것은 중대한 치료가 필요한 심각한 상태다. 하지만 대부분의 사람은 트라우마 이후 외상 후 성장(PTG)을 하기도 한다. PTG에는 삶의 의미와 인간관계의 중요성에 대한 통찰력 변화가 따른다. 이런 성장으로 트라우마 이후 느끼는 상실감이나 무기력이 종종 완화되기도 한다(캘훈, 테데스키(Calhoun & Tedeschi), 2006). PTG가 인간관계 개선과 삶에 보다 감사하는 마음, 개인적 강점과 영성 향상을 낳는다는 연구 결과가 있다(그레이스, 킨셀라, 멀둔, 포춘(Grace, Kinsella, Muldoon, & Fortune), 2015; 뢰프케(Roepke), 2015; 자야위크레메, 블랙키(Jayawickreme & Blackie), 2014). 또 다른 조사 결과에 따르면 PTG를 경험한 사람은 다음과 같은 상태를 보인다.

- 인내하고 승리할 수 있는 자신의 능력을 다시 믿게 된다.
- 인간관계를 개선할 수 있다. 특히 자신의 진정한 친구가 누구인지, 진정으로 의지할 수 있는 사람이 누구인지 알게 된다. 시험을 통과한 인간관계도 있고, 그렇지 못한 인간관계도 있다.
- 친밀감을 보다 편안하게 받아들이고, 고통 받는 사람들을 보다 깊이 연민할 수 있다.
- 더욱 깊고 수준 높으며 만족스러운 생활 철학을 갖게 된다.

이 밖에 고려해야 하는 다른 요소들은 다음과 같다(파지오, 라시드, 헤이워드(Fazio, Rashid, & Hayward), 2008).

- 영성과 감사, 친절, 희망, 용감성이 PTG를 촉진한다.
- PTG가 항상 장밋빛 미래만 보여주는 것은 아니다. 트라우마를 극복한 사람들은 '누가 진정한 친구인지' '누가 좋을 때만 좋은 친구인지' 알게 된다.
- 문제 중심 대처법과 긍정적인 재해석, 긍정적이고 종교적인 대처법이 PTG를 촉진한다.
- 시간 자체는 PTG에 영향을 미치지 못한다. 하지만 그 사이에 끼어드는 사건과 과정이 PTG를 촉진하고, PTG는 시간이 지나면서 안정되는 경향이 있다.

회기 시작 시 이완

각 회기는 간단한 이완 운동으로 시작한다. 이 책 마지막에 수록된 〈부록A: 마음챙김과 이완 실습〉을 참조하길 바란다. 이 부록의 복사본은 내담자 워크북에도 나와 있다. 이전 회기의 핵심 개념뿐만 아니라 내담자의 감사 일기를 검토하면서 이 회기를 계속 진행한다.

회기 중 실습: 표현적 글쓰기

제임스 펜네베이커(James Pennebaker)는 트라우마나 고통스러운 경험에 관한 글쓰기가 사람들의 건강과 행복에 어떤 영향을 끼칠 수 있는지를 20년 넘게 연구했다. 글쓰기 치료(펜네베이커, 에반스, 2014)라는 펜네베이커의 전략을 분석한 연구가 200개가 넘고, 기밀 보장 글쓰기(스미스, 펜네베이커(Smyth & Pennebaker), 2008)도 이 전략에 포함돼 있다. 펜네베이커는 학생들에게 가장 고통스러운 인생 경험이나 트라우마 경험을 글로 쓰라고 한다. 이때 그런 경험을 상세하게 묘사하고, 각자의 개인적인 반응과 가장 깊은 감정을 철저하게 파헤치라고 지시한다. 각각의 글쓰기 회기는 15~30분 동안 진행된다. 학생들에게는 3~5일 동안 글을 계속 쓰라고 한다.

펜네베이커와 그의 동료들은 과거의 트라우마 경험에 관한 표현적 글쓰기(Expressive writing)가 많은 이점이 있다는 사실을 발견했다(파크, 블룸버그, 2002; 펜네베이커, 1997). 3일 동안 일기를 쓰면서 시련이나 트라우마에 관한 자신의 가장 깊은 생각과 감정을 들여다보면 그 이후 몇 달 동안 의사를 훨씬 적게 찾아가고, 면역 기능이 향상되고, 우울증과 고통이 감소하며, 훨씬 높은 성적을 받고, 실직 이후 새로운 직장을 찾을 가능성이 더욱 커진다. 개인적이고 의미 있는 경험을 글로 쓰면 정신건강에 긍정적 영향을 미칠 수 있다(쿠퍼, 프래타롤리(Cooper & Frattaroli), 2006). 이야기를 털어놓고 나면 자신의 고통스러운 경험을 더욱 잘 이해할 수 있고, 자기 감정을 보다 잘 조절할 수 있으며, 세상과의 관계도 개선되고, 결과적으로 건강과 행복에 긍정적인 영향을 미칠 수 있다(나이메이어, 버크, 매카이, 반 다이크 스트링어(Neimeyer, Burke, Mackay, & Van Dyke Stringer), 2010). 비교문화적 연구에서도 이런 효과가 나타났다.

비판적 메커니즘은 글쓰기 과정 자체의 본질인 것 같다. 덕분에 개개인이 트라우마를 좀 더 쉽게 파악하고 받아들이며 이해할 수 있다. 글쓰기를 통해 트라우마에서 의미를 찾으면 그에 관한 거슬리는 생각을 훨씬 적게 하고, 그 생각의 강도도 약해지는 것 같다.

치료자용 제안 대본

내담자에게 표현적 글쓰기 실습을 소개할 때 사용할 수 있는 대본은 다음과 같다.

당신의 가장 깊은 트라우마 경험을 글로 쓰면 누군가 읽을 것 같아 당신의 마음을 글로 표현하지 못할 수도 있다. 이런 두려움을 달래려면 아무도 찾지 못하는 안전한 곳에 당신의 글을 보관해둔다. 남편이나 아내와 함께 살고 있다면 이 실습의 본질과 목적에 대해 설명하고 사생활을 보장해달라고 요구한다.

워크시트10.1의 지시사항에 따라 4일 동안 하루에 적어도 15~20분간 자신의 트라우마 경험을 자세하게 글로 쓴다.

이 실습이 쉽지 않을지도 모르지만 종결되지 않은 부정기억 회상하기뿐만 아니라 힘든 상황을 성찰하고 글로 쓰기 같은 몇 가지 어려운 실습은 이미 회기 중 다루었다. 이런 실습들을 통해 안전한 치료 울타리 내에서 어려운 주제를 다룰 수 있는 자신감이 향상됐길 바란다. 또한 이 같은 실습의 목적은 개인적 성장을 지향하는 새로운 통찰력을 얻는 것이다.

글을 쓰는 동안 끓어넘치는 감정과 생각을 감당할 수 없는 상태가 된다면 잠시 휴식을 취한다(최대 2~5분간 휴식). 이렇게 마음을 가다듬고 나서 바로 다시 글을 쓰기 시작한다. 하루나 이틀만 글을 쓰고 마는 것처럼 이 실습을 끝내지 못하거나 조금 하다가 그만두는 일이 없도록 최선을 다한다.

이런 워크시트는 각 회기마다 수록돼 있고, 내담자 워크북에도 나와 있다.

워크시트10.1 표현적 글쓰기

메모장이나 일기를 이용해 트라우마 경험을 자세하게 글로 쓴다. 이 실습을 4일 동안 하루에 적어도 15~20분간 계속한다. 반드시 다른 사람은 접근하지 못하는 안전하고 안정적인 곳에서 글쓰기 실습을 한다.

당신의 트라우마 경험에 관한 가장 깊은 생각과 느낌을 찾아 글로 풀어내려고 애쓴다. 이 경험을 인생의 다른 부분과 연결 짓거나 특정한 영역에 국한시킬 수 있다. 4일 동안 동일한 경험이나 다른 경험을 글로 풀어낼 수 있다.

마지막 날에는 그런 경험 덕분에 다음과 같은 도움을 받았는지를 기록한다.

• 그 경험이 당신에게 어떤 의미가 있는지 이해할 수 있다.

- 그와 비슷한 상황을 다루는 자신의 능력을 이해할 수 있다.
- 당신의 인간관계를 다른 시각에서 이해할 수 있다.

성찰과 토의

이 실습을 완료하고 나서 다음의 질문에 대해 생각해보고 토의한다.

- 글쓰기에서 가장 어려운 부분은 무엇이었나? 어려웠지만 그래도 가치 있었다고 생각하나?
- 트라우마와 역경 또는 상실에 대한 몇몇 반응은 너무나 강렬해 그와 관련된 감정을 일부러 회피하려고 할 수 있다. 그렇다면 글쓰기 과정을 통해 도움을 받았는가?
- 글쓰기가 삶에 대한 예견력이라는 측면에서 성장을 시각화하는 데 도움이 됐는가?
- 트라우마나 상실의 고통이 아직 남아 있지만 치유나 성장을 경험했는가?
- PTG를 보여주는 어떤 구체적인 행동이나 태도를 실행했는지 또는 실행할 계획이 있는지 기록한다.
- 글쓰기 과정의 구조 덕분에 트라우마 경험의 인과적 연쇄관계(casual chain)를 달리 바라볼 수 있었는가? 그렇다면 어떤 다른 인과적 연쇄관계를 발견했는가?
- 당신의 성격강점이 PTG에 반영됐는가?

사례: 케인

20세 남성 내담자 케인(Kane)은 처음에 개인 PPT를 받았고 이어서 집단 PPT에도 참여했다. 케인은 효과적이고도 성공적인 회복세를 보였다. 마지막 회기 이후 6개월이 지났을 때 자신의 회복과 성장에 관해 이렇게 묘사했다.

명확하고 적응적인 자아감의 회복과 성장 과정은 흐린 날 태양을 쫓아가는 것과 같아요. 태양은 진정한 자아죠. 사람들은 자신을 명확하게 볼 수 없을 때 본능적으로 고통을 느껴요. 하지만 태양을 찾아가는 길을 알려주는 징조가 있어요. 바로 그런 징조를 신경 써서 찾아봐야 하는데 완전히 믿지 못하는 거죠. 태양이 있다는 곳으로 열심히 달렸는데 전혀 다른 방향에서 태양이 나타날 때만큼 충격적인 경험은 또 없어요. 이게 바로 회복 초창기에 불안정을 심어주는 원인인 것 같아요. 그렇기 때문에 그런 실수는 다시 하지 않는 게 중요해요. 그렇다고 자신의 직감을 따르지 말라는 말은 아니에요. 자신의 직감이 정확하다고 생각하지 말아야 한다는 거죠. 추구 대상이 일관적인 자아감만큼 중요할 때는 그런 직감과 함께 생겨나는 감정이 진실하지 않을 수 있어요. 직감을 더욱 강력하게 만들어주는 감정이 목표의 중요성과 결부되는 게 문제예요. 직감 그 자체는 문제가 안 되죠. 이런 실수는 회복에 해가 될 수 있어요.

마지막으로 대부분의 삶에서 가장 크고 가장 거슬리는 구름은 용서하지 못하고 자기 자신을 받아들이지 못하는 것일 가능성이 커요. 마침내 자신을 분명하게 바라보는 일과 보이는 것을 호의적으로 바라보는 일은 별개의 문제죠. 이 문제를 해결하기 위해 제가 해줄 수 있는 이야기는 이거예요. 당신은 받아들일 만한 가치 있는 존재라는 거죠. 자신을 용서하는 것이 자유로워지는 길이에요. 우리가 자신을 판단하는 것보다 더 구속적인 족쇄는 없어요. 자신을 있는 그대로 받아들이는 법을 배우기 전까지는 계속해서 전혀 도움이 되지 않는 방식으로 행동하고 생각하죠. 자신을 자유롭게 풀어주세요. 당신은 그런 자유를 누릴 가치가 있는 사람이에요.

사례: 예견력을 찾아가는 꼬부랑길

23세 남아시아계 여성 애니(Annie)는 미술과 창의적 글쓰기를 전공하고 최근 졸업했다. 입학 첫해 집단 PPT에 참여했지만 표현적 글쓰기 실습을 할 수 없었다. 그로부터 거의 3년 후 졸업 직전에 몇 차례 개인 PPT 회기에 참석했고, 마침내 자신의 트라우마를 글로 쓸 수 있었으며, 그 과정에서 통찰력을 얻었다고 했다(애니의 대표 강점 중 하나는 예견력이었고, 애니는 누가 시키지 않아도 그런 예견력을 다음의 이야기에 통합해 넣었다).

우리 각자는 목격자이자 서술적 의미를 더해주는 '나'를 중심으로 돌아가는 세상에 살고 있어요. 전 무섭게 덮쳐오는 인생의 파도에 휩쓸리지 않으려고 버티고 있죠.

이건 어렸을 때부터 제 자신에게 한 약속이고, 아직도 계속되고 있는 저항의 몸짓이에요. 어렸을 때는 묵직한 덩어리를 집어삼켜 제 배 속에 넣어둔 것만 같았어요. 학교에서 괴롭힘을 당하다가 집에 가서 격한 부부싸움을 목격할 때면 제 방으로 슬그머니 들어갔던 기억이 나요. 그러고는 제 방 창문으로 먼지 쌓인 노란색 가로등을 내다봤죠. 매일 밤 조용히 눈물 흘리고 수치심에 작은 몸을 떨면서 어디론가 도망가고 싶다고, 제 추한 모습을 벗어던지고 싶다고 기도했어요. 그로부터 10년이 더 흘렀을 때 제 작은 몸은 성장했고 추한 껍질이 늘어나 벗겨졌죠. 기도는 약해졌고요.

전 계속 어디론가 나아가려고 했죠. 그게 바로 제 자신을 찾아가는 길을 닦는 데 필수적인 요소가 됐어요. 그건 바로 어린 시절의 저에서 시작돼 그 시절의 저로 돌아가는 길이에요. 더 이상은 어린 시절의 저를 애도하지 않아요. 이제는 그 손을 부드럽게 잡아주죠. 그러니까 제 안으로 파고드는 것이 돌아가는 과정이 된 거죠. 예견력은 비전과 떼어놓을 수 없는 요소예요. 세상을 바라보는 눈과 저 자신 모두에게 소속된 요소죠. 전 섬세한 마음과 천성적으로 캐묻기 좋아하는 성격을 지니고 있어 제 안의 내적 작용에 귀 기울일 수 있었어요. 글쓰기를 수단 삼아 제 성찰과 자기인식의 측면과 변화를 그려봤죠. 매번 여름이 끝날 때마다 공책 두 권에 많은 고백과 경험을 가득 채울 수 있었어요.

글쓰기를 통해 저 자신이라는 단 한 명의 관객이 있는 무대에 올라선 저 자신을 그려볼 수 있어요. 상처에 꽂힌 칼을 빼내는 사이사이에는 빈 페이지가 그 자리를 채웠죠. 처음에는 제 안을 들여다보면서 열망과 절망, 희망에 집중할 수 있었어요. 하지만 오랜 세월이 지나자 그 모든 감정을 헤쳐 나가는 동시에 그 감정 한가운데 머물 수 있는 법을 깨달았죠. 예견력이란 자기 안으로 파고들어가는 동시에 밖으로 뻗어 나가는 능력이라고 생각해요. 그런 일상적인 순간 속에서 스쳐 지나가는 자신의 성장을 포착해낼 수도 있죠. 우리의 영혼이 끝까지 살아남도록 도와주는 것이 우리의 의무예요. 라이너 마리아 릴케가 아름다운 시에서 읊어준 이야기처럼 말이죠.

'모든 아름답고 끔찍한 일이 그대에게 일어나게 하라.

계속 나아가라.

절대 변하지 않는 감정은 없으니.'

사례: 헨리

젊은 내담자 헨리는 매우 어려운 상황에서도 학위를 따고 정규 직장도 얻었다. 처음에 집단 PPT에 참여했다가 개인 PPT를 받은 헨리의 이야기는 다음과 같다.

순수한 어린 시절부터

저 먼 땅에서 하루 만에 일어난 종교와 계급 전쟁이

그의 꿈을 휩쓸어가버렸다.

그는 인간의 잔해들을 봤고

지울 수 없는 상처가 그의 영혼에 새겨졌다.

그의 집은 풍비박산 났고

가족은 세 대륙으로 뿔뿔이 흩어져 수많은 난민캠프를 전전했고

거의 10년 동안 그는 기다렸다, 차가운 구석에서

작고 따뜻한 희망을 품은 채

마침내 차갑지만 안전한 캐나다 땅에 안착했다.

한 발은 눈 위에, 다른 한 발은 슈퍼마켓에 내려놓은 채

그곳에서 매주 60시간씩

주말에도 쉬지 않았고, 친구들이 놀고 파티를 즐기는 동안에도

일했고, 돈이 들어오는 족족 비좁은 집의 방세로

식료품값으로 나갔다.

모두에게는 자신이 그들을 먹여 살렸다고 말했지만

지친 몸을 이끌고 집으로 들어갈 때마다

가족의 비난과 문젯거리가 쏟아질 때마다

종종 '이게 다야?' 하는 생각이 들었다.

그의 동료도 그와 같은 생각을 했고, 급기야는 생을 마감했다.

'이게 전부인가' 싶은 인생을 살아갈 의미도 수단도 없는 존재의 가장자리에 그를 남겨둔 채

……이런 생각이 그를 창문도 없는 차가운 정신병동으로 이끌었고

수많은 시간 동안

수주 동안······ 그는 병원에서 살았다.

그의 정신은 약물에 취해 조용해졌고

그의 영혼은 우울증, PTSD, 사회불안증 등

수많은 진단으로 너덜너덜해졌다.

그는 깊은 회의를 품고 집단 PPT를 받기 시작했고

그의 첫 이야기는 '나는 결코 포기하지 않는다'는 한 줄로 끝났다.

그는 자신에게 스트레스 요인밖에 없고 강점은 없다고 생각했지만

놀랍게도 다른 사람들은 그의 투지와 회복력을 발견했다.

그럼에도 그는 여전히 회의적이었지만 자신의 강점들을 생각하기 시작했고

자기 이야기를 다시 들려줬는데 이번에는 스트레스 요인과 더불어 강점들이 빛을 발했고

많은 제약과 역경에 부딪혀도

매번 '나는 절대 포기하지 않는다'고 자신에게 속삭였다고 그는 말했다.

적합성과 융통성

앤 마리 뢰프케(Anne Marie Roepke)(2015)는 최근 PTG와 관련된 논문을 검토했다. 뢰프케의 제안에 따르면 미묘하거나 무심코 던지는 말 또는 몸짓이 성장을 억제하거나 향상시킬 수 있기 때문에 치료자는 그에 대해 토의하면서 성장 관련 주제를 주의 깊게 다루어야 한다. 특히 트라우마를 다루는 성장 향상 연습은 그런 연습 이후 성장해야 한다는 압박감을 내담자에게 심어줄 위험이 있다. 이런 성장 압력은 결과보다 과정에 중점을 두어 줄여나간다.

트라우마 발현에 관한 특정 주제는 이전의 조사 결과로 설명할 수 있지만 트라우마 발현의 본질과 시간대는 사람마다 다를 수 있다. 특히 현대의 도시와 다양한 사회에서는 더더욱 그렇다. PPT를 실시하는 치료자는 이 실습을 규약과 순서에 따라 완료하는 것보다 각 내담자에게 최적의 임상치료를 제공하려면 규약을 수정하는 것이 훨씬 중요하다는 사실을 명심해야 한다. 이 실습이 자연스러운 치유나 회복 과정에서 잠재적으로 해가

되거나 방해가 된다 싶으면 신중하게 진행해야 한다. 그러나 많은 내담자가 트라우마 처리하기를 회피하지만, 표현적 글쓰기가 구조화된 과정을 통해 트라우마를 다룰 수 있게 도와준다는 사실도 유념해야 한다. 이 실습을 통해 더욱 명확한 예견력을 얻을 수 있는지에 대해 내담자와 토의한다. 그런 예견력을 얻는다면 내담자는 고통스러운 경험을 종결짓고, 긍정적 이득을 얻을 수 있다는 사실을 인정할 수 있다.

트라우마 및 그와 관련된 감정을 직시하면 마음이 불편해질 뿐만 아니라 나약해지는 것 같아 그와 관련된 과거를 파헤치고 싶지 않을 때가 있다. 이런 경우 내담자에게 안정감이나 믿을 만한 사회적 지지를 얻을 수 있는 환경, 생기가 솟아나는 계절(봄 또는 여름)이나 시간대, 외적인 스트레스 요인(업무 스트레스가 많은 주, 공휴일, 가족 구성원의 전환기, 건강 문제)에 짓눌리지 않는 때를 선택해 이 실습을 하라고 한다(옐리네크 외 다수(Jelinek et al.), 2010). 내담자가 좀 더 편안해지면 상담실에서 첫 글쓰기 회기에 참여할 수 있다. 이때 내담자는 치료자에게 잠시 자리를 비워달라고 할 수도 있다.

트라우마를 겪은 최악의 순간은 종종 체계적이지 못하거나 종결되지 않은 생각으로 가득 차 있다. 그렇기 때문에 내담자가 PTG 실습으로 그런 생각을 명확하게나 정확하게 밝혀내지 못할 수 있다는 점에 유념해야 한다. 그렇다고 이 실습을 하지 말아야 한다는 말은 아니다. 이 실습을 하는 동안(전후 도중) 내담자가 기억을 얼마나 정확하게 회상해냈는지 평가하게 한다.

현재의 외적인 요소(세계적인 사건, 뉴스에 보도된 스캔들 등)가 표현적 글쓰기 과정에 영향을 미칠 수 있다는 사실도 유념한다. 예컨대 한 내담자는 최근 증가한 유명 연예인과 공인의 성폭행 사건으로 인해 과거의 기억이 떠올랐다고 했다. 하지만 그 기억이 정확하지 않은 탓에 아마도 아주 어렸을 때 경험한 트라우마인 것 같다고 했다. 치료자는 내담자의 자전적 기억에 바탕을 둔 트라우마 경험 때문에 그 영향력이 과소평가되지도, 과대평가되지도 않게 주의해야 한다. 대부분의 사람은 중대한 외적인 스트레스 요인에 압도당할 수 있고, 결과적으로 이 실습의 최적성이 떨어질 수 있다.

치료자 노트

PTG 중심 실습의 결과로 일어난 변화가 영원히 지속되거나 총체적인 개인적 탈바꿈으로 이어질 거라고 기대하는 것은 합리적이지 못하다.

1. 트라우마에서 성장이 시작되거나 종료된 시점을 구체적으로 명시하기는 어려울 수 있다.

2. 어떤 내담자는 스스로 통제할 수 없는 많은 이유 때문에 장기적으로 성장하지 못할 수 있다는 점을 유념한다. 타당하고 신뢰할 만한 측정도구를 이용해 주기적 평가를 하면 성장의 변화를 측정할 수 있다.

3. 성장에 관해 노골적으로 질문하지 말고 치료 변화에 대해 내담자와 계속해 토의한다. 이렇게 하면 내담자의 뿌리 깊은 환경적 맥락을 이해할 수 있다.

4. 게다가 변화라는 주제에 대해 집중적으로 토의를 계속하면 PTG를 유지하고 증폭시키기 위한 추가적 자원이나 지지가 필요한 시기를 알아낼 수 있다.

이 책의 저자들은 과거 10년 동안 개인 및 집단 치료적 환경에서 수백 명의 내담자를 만나봤다. 그중 PTG를 보여준 한 내담자를 짤막하게 묘사하자면 다음과 같다.

20대 후반의 에리카(Erica)는 수년 동안 남편한테서 정서적 학대뿐만 아니라 때론 신체적 학대까지받았다. 그런 관계는 아이가 발달장애 진단을 받으면서 더욱 악화됐다. 에리카의 남편은 그 고통스러운 현실을 받아들일 수 없었지만 에리카는 받아들였고, 아이에게 가능한 한 최대한의 지원을 하고자 온갖 애를 다 썼다. 이 과정에서 남편과의 관계는 더욱 악화됐지만 에리카는 자신의 아이와 비슷한 발달 문제를 가진 아이들의 부모들을 지지하는 사람이 됐다.

문화적 고려사항

내담자의 언어와 심리적 반응은 문화적 맥락 내에서 주의 깊게 살펴봐야 한다. 어떤 문화권 내담자는 공감하면서 이야기를 들어주기만 할 게 아니라 분명한 조언과 제안, 대처 기술 또는 문화적으로 적절한 자원을 제시해달라고 요구할지도 모른다. 이때는 그들의 요구를 들어주거나 내담자가 직면한 문화적·종교적·경제적 환경을 포함한 트라우마의 맥락적 특성을 이해하는 다른 사람을 소개해준다.

이 실습을 할 때는 특히 트라우마와 관련된, 문화적으로 민감한 정서적 표현을 알아두어야 한다. 문화에 따라 구체적인 정서를 명확하게 구분 짓는 방식도 다르다. 예컨대 대인 정서는 상호의존적인 문화에서 더욱 자주 명확하게 표현된다. 반면 개인 내 정서는 개인주의 문화에서 더욱 명확하게 표현된다(코다로 외 다수(Cordaro et al.), 2018). 다양한 문화적 배경을 지닌 내담자가 PTG 실습에서 정서를 어떻게 표현하는지, 정서와 관련된 심리적 상태를 어떻게 증폭시키는지, 트라우마 및 성장과 관련된 정서를 어떻게 해석하는지를 주의 깊게 살핀다.

또한 특정한 문화적 렌즈로 내담자의 경험을 판단하지 않고 조심스럽게 귀 기울여 들어준다. 이 실습은 치료자가 개방성, 호기심, 사회성 지능이라는 강점을 발휘할 수 있는 좋은 기회다.

유지

내담자의 진척 상태를 유지하기 위해 나음의 정보에 대해 내담자와 토의한다.

- 트라우마에 관한 글쓰기는 상당히 어려울 수도 있다. 하지만 트라우마를 적응적으로 표현하지 않고 안에 가둬두면 자신에게 아주 해로울 수 있다. 그러므로 표현적 글쓰기 전후 자신의 정신적 장벽을 깨뜨리고, 트라우마를 재경험하는 순환을 끊어내며, 보다 중요하게는 트라우마로 긍정적인 변화를 꾀할 수 있는지 탐색하는 것이 목적이라는 사실을 명심해야 한다.
- 이 실습은 개인적인 동시에 대인적이다. 지금까지 치료자의 도움을 받아 완료한 치료 기초 작업은 PTG 노력에 중요한 시발점이 된다. 용감성, 사회성 지능, 자기통제력 강점을 이용해 PTG 작업을 시작할 가능성이 크다. 하지만 그 작업의 의미와 잠재적 성장을 해석할 때 예견력을 얻고 유지하려면 계속적인 치료 지지를 받아야 큰 혜택을 누릴 수 있다. 치료자에게 자신의 감정을 털어놓고, 그런 감정을 말로 표현하며, 잠재적 성장에 관한 통찰력을 얻는 활동은 안전하고 대인적인 맥락에서 하는 것이 가장 좋다. 이 실습의 혜택을 유지하려면 한동안 계속 치료받는 것이 바람직하다.

- 성장의 흔적을 찾아야 한다고 스스로를 압박하거나 트라우마를 극복하면 자신의 인생에 중대한 긍정적인 변화가 일어날 거라고 기대하지 않는 것도 중요하다. 트라우마 후 성장은 알려진 것보다 훨씬 더 자주 일어나는 현상이지만 그러기까지 시간이 걸리고, 필요한 과정도 거쳐야 한다. 그러므로 명확한 성장의 표현을 찾기보다 자기 내부에서 기본적으로 일어날 수 있는 변화에 더욱 집중한다. 예컨대 트라우마 사건을 극복하고 나면 대부분의 사람은 다음과 같은 3가지 경험을 한다(뢰프케, 2015).
- 참고 견디고 승리하는 자신의 능력을 새롭게 믿는다.
- 인간관계가 개선된다. 특히 누가 자신의 진실한 친구인지, 누구에게 진정으로 의지할 수 있는지, 인간관계가 물질적 상품에 비해 얼마나 중요한지를 알게 된다.
- 친밀감을 보다 편안하게 받아들이고, 고통 받는 사람들을 보다 깊이 연민할 수 있다.

이런 변화나 이와 유사한 변화가 자신에게 일어나는지를 주기적으로 살펴본다.

회기 종료 시 이완
회기 시작 시와 마찬가지로 짧은 이완으로 회기를 종료한다.

자원

간행물
- Bonanno, G. A., & Mancini, A. D. (2012). Beyond resilience and PTSD: Mapping the heterogeneity of responses to potential trauma. Psychological Trauma, 4, 74-83.
- Fazio, R., Rashid, T., & Hayward, H. (2008). Growth from trauma, loss, and adversity. In S. J. Lopez (Ed.), Positive Psychology: Exploring the Best in People. Westport, CT: Greenwood.
- Jin, Y., Xu, J., & Liu, D. (2014). The relationship between post traumatic stress disorder and post traumatic growth: Gender differences in PTG and PTSD subgroups. Social Psychiatry and Psychiatric Epidemiology, 49(12), 1903 – 1910.
- Pennebaker, J. W. (2004). Writing to Heal: A Guided Journal for Recovering from

Trauma and Emotional Upheaval. Oakland, CA: New Harbinger.

- Roepke, A. M. (2015). Psychosocial interventions and posttraumatic growth: A meta-analysis. Journal of Consulting and Clinical Psychology, 83(1), 129–142. http:// dx.doi.org/ 10.1037/a0036872

- Tedeschi, R. G. & McNally, R. J. (2011). Can we facilitate posttraumatic growth in combat veterans? American Psychologist, 66, 19–24.

동영상

- Dr. Randy Pausch's inspirational speech: The Last Lecture:
https:// youtu.be/ p1CEhH5gnvg
- Team Hoy: I Can Only Imagine, the story of Dick and Rick Hoyt, one of the most inspirational father and son team to race in an Ironman competition:
https:// youtu.be/ cxqe77-Am3w
- TED Talk: Andrew Solomon: How the worst moments help us know who we are:
http:// www.ted.com/ talks/ andrew_ solomon_ how_ the_ worst_ moments_ in_ our_ lives_ make_ us_ who_ we_ are; Retrieved November 24, 2015

웹사이트

- Home Page of James Pennebaker, pioneer in processing trauma through writing:
https:// liberalarts.utexas.edu/ psychology/faculty/pennebak
- Manitoba Trauma Information & Education Centre:
http://trauma-recovery.ca/ resiliency/ post-traumatic-growth/
- What doesn't kill us:
http:// www.huffingtonpost.com/ stephen-joseph/what- doesnt- kill- us-post_b_ 2862726.html
- Mobile apps related to trauma:
www.veterans.gc.ca/eng/stay-connected/mobile-app/ ptsd-coach-canada

17장

11회기: 느림과 음미하기

11회기에서 내담자는 의도적으로 속도를 늦추고, 음미하기에 대한 인식을 키우는 법을 배운다. 이 회기에서 중점적으로 다루는 긍정심리치료(PPT)는 느림과 음미하기다.

11회기 요약

핵심 개념: 느림

  회기 중 실습: 느림

  성찰과 토의

핵심 개념: 음미하기

  회기 중 실습: 음미하기

  성찰과 토의

  회기 중 실습: 계획된 음미하기 활동

  성찰과 토의

  과제 실습: 음미하는 날

  성찰과 토의

  사례

  적합성과 융통성

  문화적 고려사항

  유지

자원

핵심 개념: 느림

멀티태스킹(다중작업) 시대에 스피드는 궁극적인 희망사항이 됐다. 캐나다인 저널리스트 칼 오노레(Carl Honore)(2005)는 사람들이 멀티태스킹 시대에 살면서 스피드에 중독된다고 했다. 일분일초도 빌 틈 없이 점점 더 많은 것을 자신의 인생에 꽉꽉 채워 넣는다. 그 종류는 다음과 같다.

- 스피드 다이어트와 스피드 데이트
- 채팅, 트위터
- 드라이브 스루(차 안에서 일보기)
- 간편 식사
- 기술 습득 집중 강좌
- 스피드 요가와 스피드 명상

현대인은 터보 엔진이 장착된 삶을 살고 있기에 매순간 시계와 경주하는 것 같다. 이런 조급함이 문화 구석구석에 침투해 모든 사람이 시급하게 치료받고 싶어 한다. 이 같은 인생은 건강과 식습관, 업무에서 공동체, 인간관계, 환경에 이르기까지 모든 것에 악영향을 미친다. 인지적으로 바쁜 사람들은 이기적으로 행동하고, 성차별적 언어를 사용하며, 사회적 상황에서 잘못된 판단을 내릴 가능성이 훨씬 크다는 증거가 있다(카네먼(Kahneman), 2011).

대부분의 내담자가 하루에 많은 일을 빠르게 처리하면서도 여전히 스트레스에 짓눌리고, 충분히 성취하지 못한 것 같아 지친다고 말한다. 이들은 '할 일' 목록을 절대로 완수하지 못할 것만 같다고 한다. 인생을 사는 게 아니라 평생 동안 경주하는 것 같다. 서구 문화는 최소 50년 동안 초고속 스피드가 최고라는 잘못된 믿음에 사로잡혀 있었다(요즘은 나머지 문화권도 대부분 이렇다). 어떤 경우 더욱 빨리 하는 것이 바람직할 수도 있다. 하지만 최근은 '수확 체감' 단계에 들어섰다. 생물학적 성장을 비롯한 거의 모든 분야에서 속도가 빨라졌지만 더 행복하거나 건강하지 않다. 바로 이 때문에 '느림 운동'이 주목받고 있다.

곳곳에서 사람들이 빨리 감기 인생이 얼마나 어리석은지를 깨닫고, 신중하게 속도를 늦춰 모든 것을 더욱 즐기면서 잘하는 법을 찾아가고 있다. 최근 뇌과학 연구에 따르면 인간의 두뇌는 편안하고 여유로운 상태에서 더욱 깊이 있고 풍요로우며 섬세한 사고에 빠져든다고 한다(카네먼, 2011). 심리학자들은 이런 사고를 '느림 사고'라고 한다. 예술가들은 창작 행위를 재촉할 수 없다는 사실을 알고 있고, 기업가들 역시 그 같은 사실을 깨달아가고 있다. 직원들이 긴장을 푼 채 전자기기를 끄고 조용히 생각할 수 있는 시간이 있어야 창의성과 생산성이 좋아진다. 그렇다고 해서 느림이 초고속 스피드를 배척하는 것은 아니다. 초고속 인터넷은 좋은 것이다. (좀 점잖게 말해) 인터넷이 느리면 아이스하키 경기를 즐길 수 없으니까 말이다. 또한 속도를 높여야 프로젝트의 마감 시한을 지킬 수 있다.

멀티태스킹은 우리 사회에 만연해 있다. 하지만 대부분의 고난도 활동에서는 인간의 두뇌가 다중작업을 하지 못한다. 그보다 이 활동, 저 활동을 왔다 갔다 하면서 순차적으로 처리한다(캐리어 외 다수(Carrier et al.), 2015). 이처럼 왔다 갔다 하는 처리 방식은 그다지 생산적이지 못하고, 사실상 처리 시간도 두 배 이상 걸릴 수 있다는 연구 결과가 있다(미니어 외 다수(Minear et al.), 2013). 이렇기 때문에 채팅과 페이스북 알람, 뉴스 속보가 계속 넘쳐나면 프로젝트와 과제를 완수하는 시간이 훨씬 더 오래 걸릴 수 있다.

회기 시작 시 이완

각 회기는 간단한 이완 운동으로 시작한다. 이 책 마지막에 수록된 〈부록A: 마음챙김과 이완 실습〉을 참조하길 바란다. 이 부록의 복사본은 내담자 워크북에도 나와 있다. 이전 회기의 핵심 개념뿐만 아니라 내담자의 감사 일기를 검토하면서 이 회기를 계속 진행한다.

회기 중 실습: 느림

워크시트11.1에서 속도를 늦추는 6가지 전략을 소개한다. 이 각 전략에 대해 내담자와 토의해보자. 이런 심리교육적 접근법은 내담자에게 구체적인 제안을 제시해 느림의 개념 이해를 도와준다. 각 전략을 어떻게 이해했는지에 대해 내담자와 토의한다.

워크시트는 각 회기마다 수록돼 있고, 내담자 워크북에도 나와 있다.

워크시트11.1 느림 전략

기어를 어떻게 변속시켜 속도를 약간 늦출 수 있을까. 몇 가지 제안은 다음과 같다. 다음의 제안 중 쉽게 실행할 수 있는 것을 하나 고른다. 이 워크시트 하단에 자신이 선택한 제안을 기록한다. 그러고 나서 그 제안을 선택한 이유를 적는다.

조금씩 점진적으로 속도 늦추기 점진적으로 속도를 늦추는 것이 급정지하는 것보다 낫다. 조금씩 속도를 줄이기 시작해 점차적으로 감속한다.

몇 가지 분야의 속도 늦추기 대체로 서둘러 일을 처리하는 한두 분야를 골라 그 분야의 속도를 늦춘다. 예를 들어 일주일에 적어도 세 끼는 천천히 먹기, 일주일에 적어도 한 번은 천천히 걷기, 일주일에 한 번은 대중매체나 전자기기 없는 저녁 보내기 등이 있다.

몰입하기 하늘에 떠다니는 구름 바라보기, 일몰 감상하기, 미풍 느끼기, 풍경 소리를 듣고 즐기기 등 평화로운 경험에 집중한다.

가르치기 가족과 친구들에게 스피드의 역효과(사고, 부상, 스트레스, 불안 등)에 대해 이야기해준다.

전자기기 휴대 금지 지대 만들기 전자기기를 사용하지 않는 시간대나 구역을 정한다(오후 6시 이후 휴대전화 금지나 침실에서 텔레비전 안 보기 등).

거절하는 법 배우기 거절하는 법을 배워 일정을 지나치게 많이 잡지 않는다.

선택한 제안
이 제안을 선택한 이유는 무엇인가?

실천 행동
어떤 구체적인 행동을 취할 것인가?

얼마나 자주 할 것인가?

이 전략을 실행하려면 어떤 사회적 지지가 필요한가?

이 전략이 효과가 있다면 3개월 후 무엇이 달라질까?

성찰과 토의

이 실습을 완료하고 나서 다음의 질문에 대해 생각해보고 토의한다.

- 계속 바쁘다면 그 일이 당신의 일상생활에서 어떤 식으로 드러나는가? 계속 시간이 촉박한가? 한번에 여러 가지 일을 처리하는가?
- 정보 과다와 시간 부족, 과잉자극, 저조한 실적, 다중작업이 바쁘게 또는 빨리 살아가고 있다는 징후라고 생각하는가? 이 중 어떤 것을 경험하고 있는가?
- 무엇 때문에 바쁘게 움직이는가? 내적, 외적 또는 내외적 요인이 있다고 생각하는가? 내적 요인으로는 불안한 성격기질, 불안증상이 있다.
- 워크시트11.1에서 선택한 느림 전략이 당신의 일상생활에서 나타나는 구체적인 징후와 어떤 관련이 있는가?
- 여기서 소개한 모든 속도 늦추기 전략은 적극적인 참여를 요구한다. 그런 전략을 실행하기 위해 어떤 구체적인 행동을 취할 것인가? 또는 당신의 적극적인 참여를 지지하거나 막는 사람은 누구인가?
- 선택한 전략을 성공적으로 수행하기 위해 어떤 강점(대표 강점 프로필에 있거나 그렇지 않은 강점)을 사용할 수 있는가?

핵심 개념: 음미하기

음미하기의 선구자 프레드 브라이언트(Fred Bryant)(2003)는 음미하기란 인생의 긍정적인 경험에 집중하고, 그런 경험을 감상하는 사색 과정이라고 정의한다. 또한 음미하기의 다양한 측면은 다음과 같다고 설명한다.

- 음미하기에는 4가지 유형이 있다. 만끽하기와 감사하기, 경탄하기, 즐기기가 그것이다. 음미하기는 긍정정서를 키우고 행복을 증진시킨다.
- 친구들이나 가족과 함께 물체나 경험을 음미하면 자신의 인생에서 의미 있는 사람들과 보다 깊은 관계를 맺을 수 있다.
- 음미하기에는 노력이 필요하다. 다중작업을 처리하고 '움직이고, 움직이고, 움직여야' 한다는 압박감에 대항해야 한다.

• 음미하기는 연습할수록 더욱 자연스러워진다.

회기 중 실습: 음미하기

내담자가 집중해 감상할 수 있고 향상시켜야 하는 음미하기 경험은 아주 다양하다. 이 중 몇 가지 음미하기 경험과 구체적인 음미하기 기법은 워크시트11.2에 나와 있다. 각기 다른 음미하기 경험과 기법에 대해 내담자와 토의해보고, 내담자와 좀 더 관련성이 높은 특정한 경험과 기법이 있는지 알아본다.

워크시트 11.2 음미하기 경험과 기법

음미하기는 긍정적 감각과 감정, 인식, 생각, 믿음을 주의 깊게 결합해 경험을 감상하는 것이다. 이 워크시트에는 다양한 음미하기 경험과 음미하기에 사용할 수 있는 기법이 나와 있다. 이 워크시트 마지막 빈칸에 시도해보고 싶은 음미하기 기법을 선택해 적는다. 그러고 나서 그 기법을 언제, 어디서, 얼마나 지주 일상생활에 사용할 수 있는지 기록한다.

음미하기 경험
만끽하기 자신의 성취와 행운, 축복을 크게 기뻐하거나 그에 만족하기
감사하기 감사하고 감사 표현하기
즐기기 물질적 편안함과 감각을 즐기면서 (전혀 자제하지 않고) 크게 기뻐하기
경탄하기 경이나 놀라움을 가득 느끼기. 아름다움은 종종 경탄을 불러일으킨다. 덕을 행하는 것도 경탄을 자아낼 수 있다. 예컨대 역경을 직시하고 헤쳐 나가는 사람의 강점에 경탄할 수 있다.
마음챙김 자신과 주변 환경, 다른 사람들을 자각하고 주의하고 관찰하는 상태

음미하기 기법
다른 사람들과 공유하기 다른 사람들과 경험을 공유할 수 있고, 당신이 그 순간을 얼마나 가치 있게 여기는지 다른 사람들에게 말할 수 있다. 이런 공유는 기쁨을 예고하는 유일하고도 가장 강력한 예측 변수다.
추억 쌓기 어떤 사건을 사진처럼 마음에 찍어두거나 그에 관한 물질적 기념품을 챙겨 나중에 다른 사람과 함께 그 사건을 회상한다.
자축하기 자랑하는 걸 두려워하지 마라. 당신의 성취를 다른 사람들에게 알린다. 자축은 계속 집중하는 자신의 끈기와 자신에게 의미 있는 뭔가를 성취하는 열정을 진심으로 솔직하게 칭찬하는 것이다.
심취하기 자신이 하고 있는 일에 전념한 채 다른 것은 생각하지 말고 오로지 느끼기만 한다. 다른 일을 떠올리거나, 현재 자신의 일이 어떻게 진척될지 궁금해하거나, 더 좋은 방법을 궁리하느라 마음을 흩트리지 않도록 한다.
위와 같은 음미하기 기법 중 하나를 선택한다. 당신의 일상생활에서 긍정정서를 증진하기 위해 그 기법을 언제, 어디서, 얼마나 자주 사용할 수 있는가?

성찰과 토의

이 실습을 완료하고 나서 다음의 질문에 대해 생각해보고 토의한다.

- 4가지 음미하기 유형(만끽하기, 감사하기, 즐기기, 경탄하기) 중 어떤 것을 어떤 상황에서 가장 많이 사용하는가?
- 이 책에는 나와 있지 않지만 당신이 사용했던 추가적인 음미하기 유형이 있는가?
- 워크시트11.2에 나열된 음미하기 유형을 사용하지 못하게 방해하는 요소가 있는가?
- 음미하기는 연습이 필요하다. 음미하기 연습을 강화화기 위해 취할 수 있는 구체적인 행동은 무엇인가?

회기 중 실습: 계획된 음미하기 활동

이 회기를 시작하기 전 몇 가지 물건(기념품, 돌, 선율이 나오는 것, 깃털, 꽃, 음식, 자연의 아름다움과 경이를 보여주는 사진이나 엽서 등)을 모아둔다. 집단 PPT를 실시할 때는 특정 알레르기가 있는 사람이 있는지 미리 확인해둔다. 집단 PPT라면 물건을 탁자에 내려놓고, 개인 PPT라면 내담자 옆에 둔다.

- 워크시트11.2를 이용해 각기 다른 음미하기 경험과 기법들에 대해 토의한다.
- 내담자에게 물건을 적어도 하나 골라 한 가지나 그 이상의 음미하기 기법을 이용해 그 물건을 음미해보라고 한다.
- 내담자에게 가능한 한 많은 감각을 사용하라고 한다(음미하기 기법뿐만 아니라 다양한 유형의 음미하기도 사용할 것).
- 내담자에게 선택한 물건을 3~5분 동안 음미하라고 한다.

다음 단계는 다른 누군가와 공유하는 것이다. 집단 PPT에서 내담자는 옆 사람과 공유할 수 있고, 개인 PPT에서는 치료자와 공유할 수 있다. 내담자에게 공유하기 경험의 유형과 그 연습에 사용한 기법에 대해 토의한다. 그 이후 다음의 질문에 대해 생각해보고 토의한다.

성찰과 토의

• 선택한 물건을 음미할 때 얼마나 많은 감각을 동원했는가?

• 물건의 감각적 속성들 중 다른 것들은 차단한 채 특정한 것에만 집중하려고 했는가?

• 한 가지 물건을 음미하다가 다른 물건을 음미하고 싶었는가?

• 편안하게 긴장을 풀고 이 활동을 할 수 있었는가? 긴장을 풀려고 무엇을 했는가? 그
  것을 자주 하는가?

• 음미하면서 어떤 특정한 물건이 더 나았을지도 모르겠다고 생각했는가? 왜 그런 생
  각이 들었는가?

• 좋은 경험을 했는가? 무엇 덕분이었나?

과제 실습: 음미하는 날

음미하기 실습을 강화하기 위해 내담자에게 다음의 활동을 집에서 하고 난 후 이어지
는 질문에 대해 생각해보라고 한다.

'음미하는 날'을 정해 음미하기를 실천한다. 남편이나 아내 또는 친구나 가족과 함께
이 활동을 할 수 있다. 예컨대 친구를 초대해 아이스크림을 맛본다(각각 다른 아이스크림
을 함께 맛본다). 함께 좋아하는 영화를 보거나 음악을 들을 수도 있다(가능한 한 집중해 듣
고, 가능한 한 많은 감각을 동원해 영화나 노래를 완전히 감상하겠다는 목표를 세운다). 야외에 앉
아 주변의 자연을 음미하거나 간단하게 다른 사람들과 이야기 나눌 시간을 따로 낸다(그
시간에는 호기심과 관심을 보이고 감상한다). 이 연습활동을 창의적으로 하고, 다른 사람들과
최소 1시간 동안 이 활동을 함께하는 계획을 세운다. 활동이 끝나면 성찰과 토의 질문을
이용해 활동 내용을 기록한다.

성찰과 토의

• 음미하는 날을 얼마나 많이 즐겼는가? 즐기지 못했다면 무엇 때문이었나?

• 계획적인 음미하기라서 기쁨이나 즐거움이 달랐는가? 즉흥적으로 음미했다면 다른
  결과가 나왔을 거라고 생각하나?

• 당신의 인생에서 이런 유형의 날이 얼마나 자주 있는가?

- 음미하는 날의 모든 감각적 속성(광경, 소리, 냄새 등)을 받아들이려고 했는가?
- 음미하는 날에 문제와 걱정거리 또는 여전히 해야 하는 잡일처럼 계속 마음에 걸리는 다른 것에 대해 생각했는가?

사례: 저녁 식사를 준비하며 음미하는 소피아

경계성 성격장애 내담자인 23세의 소피아(Sophia)는 PPT 집단개입에 참여했다. 소피아는 자주 짜증을 부렸고 잠시도 가만히 있지 못했다. 대부분의 PPT 실습을 완료하고 나서 적절한 도움을 받았는데 그중에서도 음미하기를 통해 가장 큰 혜택을 얻었다. 남자친구와는 식기세척기를 비우는 동안 그릇을 어디에 놓을지부터 보고 싶은 텔레비전 프로그램에 이르기까지 사소한 문제로 자주 다퉜다. 두 사람의 관계는 전반적으로 안정적이었지만 매일 잦은 다툼으로 함께 지내는 시간의 질이 떨어졌다. 소피아는 요리하기를 좋아했다. 그래서 남자친구가 좋아하는 인도 요리를 해 남자친구를 깜짝 놀라게 해줬다. 소피아는 그 경험을 다음과 같이 묘사했다.

다양한 음미하기 유형에 대해 배우고 나서 제가 좋아하고, 새미도 좋아하는 뭔가를 하기로 했어요. 지난 주말에는 새미가 하루 종일 일했어요. 그래서 전 먼저 인도 슈퍼마켓에 가서 식재료를 골랐죠. 제가 특히 좋아하는 건 자극적인 커민씨에서 섬세한 강황에 이르기까지 온갖 향신료 향이에요. 그 모든 향신료가 제 감각을 일깨워주거든요. 집으로 돌아가서는 한 번에 한 가지 요리를 하면서 그 향과 요리 과정을 즐기기로 했어요. 제가 좋아하는 인도 기악곡을 틀어놓고 가람마살라를 갈았죠. 특유의 향이 부엌을 가득 채웠어요. 전 느긋하게 채소를 씻고 썰어 준비해놓고 천천히 다음 단계를 밟아나갔어요. 새미는 깜짝 놀라며 아주 즐거워했어요. 우리는 식사를 하나하나 음미하면서 천천히 즐겼어요. 그 식사가 너무 좋아 새미와 번갈아가며 매달 한 번은 그런 식사를 준비하기로 했어요.

성찰: 한 끼 식사로 제 인생이나 새미의 인생을 바꾸지는 못한다는 거 알아요. 하지만 한 번에 한 끼 식사로 제 기분은 훨씬 좋게 바꿀 수 있다는 걸 알았죠. 전 언제나 요리하기를 좋아했고, 새로운 요리법을 시도해보는 게 재밌어요. 그런데 지난번

에 요리를 하다가 사소한 일로 짜증이 나 다 그만두고 새로운 요리법을 시도하지 않기로 마음먹었죠. 하지만 이번 주말의 경험 덕분에 2가지 미묘한 사실을 깨달았어요. 첫째, 저 혼자서도 좋은 시간을 보낼 수 있다는 거예요. 다른 사람들은 필요 없고, 엄청 환상적인 것이 없어도 기분이 좋아질 수 있어요. 저의 노력이 필요한 뭔가를 직접 할 때 기분이 좋아져요. 둘째, 주말 저녁 식사가 너무 즐거워서 그다음 날에는 제가 사소한 언쟁에도 더 잘 대처할 수 있다는 걸 알았죠. 이런 좋은 순간을 계획해 실현시켜야 좋은 날을 보낼 수 있는 것 같아요.

사례: 음미하는 법을 배워 우울증에 대처하는 아이시하

완벽주의자 성향의 24세 내담자 아이시하(Ayseeha)는 재발하는 심각한 우울증으로 개인 치료를 받았다. 처음에 다소 주저하기는 했지만 감사 일기를 쓰기로 했다. 아이시하가 일기에서 나열한 몇 가지 음미하기 경험은 다음과 같다.

일요일	• 엄마가 내 단골 가게에서 사다주신 예쁜 스카프를 음미했다.
	• 남동생이 맛있고 중독적인 할라페뇨와 체다치즈 딥을 소개해줬다.
월요일	• 비: 먼지 가득한 도시 전체가 목욕을 한 것 같아서 비가 좋았다.
	• 모든 버스와 기차, 전차가 제시간에 왔다. 와우!
화요일	• 계속 비를 즐겼다.
	• 새로 나온 비싼 그리스 요구르트를 사서 그래놀라와 함께 먹었는데 맛있었다.
수요일	• 내가 더 이상 어린아이가 아니라 다 큰 여성이라고 엄마로부터 인정받아 그 기분을 음미했다.
	• 죄의식 없이 내 인생의 진로를 내가 선택할 수 있다는 생각을 음미했다.
목요일	• 수업 시간에 늦지 않았다.
	• 수업 시간에 내가 좋아하는 주제에 대해 보람찬 토의를 했다. 몇몇 학생의 성숙 수준에 깜짝 놀랐다. 학생들이 아직은 그런 주제를 의식하지 못한다고 생각했는데 말이다.
금요일	• 금요일이라 학교에 가지 않고 늦잠을 잘 수 있어 감사했다.
토요일	• 아무것도 하지 않는 시간을 즐겼다.

일요일 · 늦잠을 자고 나서 엄마, 여동생과 함께 쇼핑을 즐겼다.

적합성과 융통성

어떤 사람은 음미하기에 끌릴 수 있지만 우울증 내담자는 음미하기를 힘들어할 수 있다. 특히 자신의 부정적인 귀인 방식을 통제하지 못하겠다 싶을 때는 더더욱 그렇다(이런 내담자는 주의를 집중해야 하는 짧은 시간 동안 산만해질 경우 좌절할 수 있다). 내담자가 음미하기 실습을 못하게 방해하는 요소를 평가해본다. 그런 요소를 확실하게 알아내지 못할 경우 그 문제에 대해서도 토의해본다.

경험을 즐기는 것은 자신의 통제력을 인식하는 것보다 훨씬 중요한 음미하기 측면이다. 내담자가 가정활동에서 느낀 자신의 긍정정서를 주의 깊게 살피고 감상할 수 있도록 도와준다.

내담자는 초고속 스피드에 익숙해져 음미하기가 어려울 수 있다. 이럴 경우 느리게 가는 법을 구체적으로 정의해(1분에 두 입 먹기 등) 속도를 늦출 수 있다. 경험은 시간 단위로 쪼개는 것 외에도 보다 작은 단위로 나눌 수 있다. 내담자는 경험하기 전에 각각의 측면을 통해 모든 감각적 경험을 창조할 수 있다.

어떤 경험은 본래 일시적이다(유성 관찰하기, 빠르게 날아가는 희귀종 새 찾기 등). 그러므로 경험의 자연스러운 속도를 유념해둔다. 다시 말해 내담자가 와인과 치즈 음미하기를 한 것처럼 경험의 특정한 측면을 특별히 중시할 수 있다는 사실을 명심해야 한다.

이와 마찬가지로 개인적 성격 기질에 따라 음미하기 경험이 달라질 수 있다. 어떤 사람은 산 정상에 올라 풍경을 즐기는 게 최고의 음미하기 경험이다. 반면 파도 꼭대기에 올라타 서핑을 즐기는 게 최고의 음미하기 경험인 사람도 있다. 또 어떤 사람은 좋아하는 수프를 만들려고 식재료를 씻고 썰고 갈고 끓이고 양념하는 게 최고의 음미하기 경험이다. 음미하기 경험은 복잡하거나 간단할 수 있다. 어떤 내담자는 경험의 한두 가지 측면에 집중하는 반면 경험의 모든 요소를 음미해 시너지 효과를 노리는 내담자도 있다 (파노라마처럼 펼쳐지는 장엄한 자연경관 구경하기, 거장의 연주나 브로드웨이 뮤지컬 감상하기 등).

몇몇 우울증 내담자는 집중하기 어려워 즐거운 경험을 음미하기 힘들 수도 있다. 집중력은 한정된 자원이다. 따라서 내담자가 이용할 수 있는 주의집중 자원을 음미하기에 어떻게 할애하는지 주의 깊게 살펴봐야 한다. 내담자에게 집중을 방해하는 요소를 없애거나 무시하는 법을 가르치면 경험의 몇몇 측면에 완전히 집중할 수 있다. 결과적으로 불안증이 감소하고, 경험의 모든 측면에 집중해야 한다는 잘못된 기대가 축소될 수 있다. 내담자에게 음미하기의 정의가 느린 경험이라는 사실을 상기시켜준다.

문화적 고려사항

빠르게 발전하는 기술 주도적 문화에 둘러싸인 내담자는 느림의 가치를 이해하기 어려울 수 있다. 빠르게 움직이는 능력으로 직장에서의 성공이 정의되고 결정되는 것 같기 때문이다. 이런 내담자는 생산성을 높여야 할 때는 빠르게 움직이더라도 속도를 늦춰 자신을 돌보고 활동과 경험을 즐기는 시간도 가져야 한다는 사실을 이해해야 한다.

모든 문화권이 북아메리카처럼 시간 제한적이고 빠르게 움직이는 것은 아니다. 다양한 문화적 배경을 지닌 내담자는 이미 느린 진행에 친숙하고 익숙해 있을지도 모른다. 문화적 기대에 따라 지시사항을 평가하고 수정한다.

심리적으로 우울한 내담자는 다양한 문화적 배경에 따라 음미하기 선호 성향이 다를 수 있다. 예컨대 동아시아인에 비해 북아메리카인은 긍정경험을 증진시키거나 확장시키는 인지 및 행동적 음미하기 반응을 강력하게 지지한다(자축, 행동 활성화 등; 니스벳(Nisbett), 2008). 예를 들어 밸런타인데이와 핼러윈데이, 추수감사절, 크리스마스 같은 축제 준비와 그에 대한 기대는 행사 시작 몇 주 전부터 시작돼 축하 기간이 늘어난다. 동아시아와 남아시아, 중동, 동유럽 문화권 내담자는 디왈리, 이드, 하누카 같은 자국의 문화축제에 대해 동일한 기대를 가질 수 있다.

유지

내담자의 진척 상태를 유지하기 위해 다음의 정보에 대해 내담자와 토의한다.

- 음미하기는 연습이 필요하다. 음미하기의 유지와 향상에 도움이 되는 개인적 행동 목록을 생각해보고 기록한다.
- 어떤 사람은 지나치게 생각을 많이 해 촉각과 후각, 청각 같은 감각에 신경 쓰지도, 집중하지도 못한다. 그래서 음미하기 실습을 어려워할 수 있다.

- 음미하기 경험의 인지적·정서적·행동적 측면을 포함한 모든 측면에 주의 깊게 집중한다. 하지만 감정이나 생각에 너무 치중하면 역효과가 나 음미하기 경험이 약화될 수 있다.
- 느림과 음미하기 실습은 긍정에 중점을 둔다. 마음이 괴로울 때는 부정적인 생각과 감정을 한동안 접어둘 수 있는지 살펴본다. 그래야 음미하기 실습으로 더욱 큰 혜택을 누릴 수 있다. 음미하기 경험의 혜택을 최대한 누리기 위해 전환 전략(5회기: 종결되지 않은 기억과 종결된 기억)을 사용할 수 있다.
- 음미하기를 유지하는 한 가지 방법은 다양화하는 것이다. 좋아하는 가족이나 친구 한 명과 질 높은 시간을 함께 보낸다. 모두가 즐길 수 있는 활동을 선택한다. 방해 요소가 없는 환경에서 대화 나누기, 영화 보기, 산책하기 등 간단한 활동도 괜찮다. 과거나 미래를 걱정하지 않고 '지금 이곳에서' 자기 곁에 있는 사람과 함께하려고 노력한다.
- 한동안 혼자서 시간을 보낸다. 30분도 좋고, 하루 종일도 괜찮다. 좋아하는 노래를 듣고, 공원을 산책하며, 새로 생긴 레스토랑에 가거나 책 한 권 골라 읽을 수 있다. 그 활동을 하는 동안 자신의 감각을 주의 깊게 살펴본다. 무엇이 보이고, 무슨 냄새가 나고, 무슨 소리가 들리는가?
- 초고속이 항상 나쁜 것도, 항상 좋은 것도 아니다. 때론 빨리 하는 게 좋지만 대부분은 여유로운 상태에서 일할 때 두뇌가 복잡한 과제를 더욱 창의적이고 생산적으로 처리한다.
- 음미하기를 유지하고 향상시키려면 특히 특별한 행사와 축하 행사에서 친구 또는 가족과 회기 중 실습을 되풀이할 수도 있다.

음미하기에 좋은 물건은 다음과 같다. 이들 물건은 각각의 감각을 겨냥한 것이고, 식품 이외의 것으로 음미하기 개념을 확장시킨다. 그 종류로는 다크초콜릿, 부드러운 바위, 조개껍데기, 다양하게 간 커피 또는 통잎 홍차, 만화경, 오페라와 재즈, 힙합 등 다양한 장르의 음악 CD, 다양한 견과류, 풍경, 꽃, 솔방울, 인동, 목화, 사포, 거즈, 시 등이 있다.

회기 종료 시 이완

'자연과 아름다움, 감사: 루이스 슈왈츠버그(Louis Schwartzberg)의 놀라운 저속도 촬영사진술'이라는 테드(TED) 강연을 보고 나서 짧은 마음챙김 기반 운동으로 이 회기를 종료한다.

자원

간행물

- Bryant, F. B., & Veroff, J. (2007). Savoring: A New Model of Positive Experience. Mahwah, NJ: Lawrence Erlbaum Associates.
- Honoré, C. (2005). In Praise of Slowness: How a Worldwide Movement Is Challenging the Cult of Speed. San Francisco: Harper.
- Howell, A. J., Passmore, H. A., & Buro, K. (2013). Meaning in nature: Meaning in life as a mediator of the relationship between nature connectedness and well-being. Journal of Happiness Studies, 14(6), 1681 – 1696. doi:10.1007/ s10902-012-9403-x
- Hurley, D. B., & Kwon, P. (2012). Results of a study to increase savoring the moment: Differential impact on positive and negative outcomes. Journal of Happiness Studies, 13(4), 579 – 588. doi:10.1007/ s10902-011-9280-8

동영상

- TED Talk: Nature. Beauty. Gratitude: Louis Schwartzberg's stunning time-lapse photography:
  http:// www.ted.com/ talks/ louie_schwartzberg_nature_beauty_ gratitude
- TED Talk: David Griffin: How photography connects us:
  http:// www.ted.com/ playlists/ 30/ natural_wonder
- TED Talk: Julian Treasure lays out an eight-step plan to restore our relationship with sound:
  http:// www.ted.com/ talks/ julian_ treasure_ shh_ sound_ health_ in_ 8_ steps

웹사이트

- National Geographic's official website: http:// www.nationalgeographic.com

18장
12회기: 긍정관계

　12회기에서 **내담자는** 사랑하는 사람들의 강점을 인식하는 것이 얼마나 **중요한지를** 배운다. 이 회기에서 중점적으로 다루는 긍정심리치료(PPT) 실습은 긍정관계 나무 만들기다.

12회기 요약

PPT 항해

핵심 개념

　회기 중 실습: 긍정관계 나무

　성찰과 토의

　사례

　적합성과 융통성

　문화적 고려사항

　유지

자원

치료자 노트

여기서는 가족이라는 개념을 광범위하게 사용한다. 가족을 생물학적 가족에 국한시키지 않고 긍정적이고 상호존중하며 사랑하는 관계를 지칭하는 용어로 사용한다.

PPT 항해

지금까지 PPT 항해는 내담자의 내적 자원 활용성을 끌어내는 데 중점을 두었다. 그런 실습들이 내담자가 자신의 긍정자원을 이용해 회복력을 더욱 강화하는 데 도움이 됐길 바란다. 지금까지 치료자와 내담자는 정서와 경험의 꼭대기와 골짜기를 오르락내리락했다. 순간에서 좋은 점을 찾아냈고(감사 일기), 내면의 좋은 점을 끌어내줬던 경험을 다시 떠올려봤으며, 혼란스러운 마음을 가라앉히고 풍요롭고 전인적이며 특색 있는 자아개념(대표 강점 프로필)을 형성했다. 또한 종결되지 않은 부정기억을 용기 있게 마주하고, 감사하는 마음을 계속 표현했다(감사 편지와 감사 방문). 이 모든 긍정정서와 긍정경험은 내담자의 사고방식을 확장시켜줬다. 이제부터 PPT 실습은 주로 대인적·사회적·공동체적 자원 활용성에 중점을 둔다. 먼저 긍정관계부터 알아보겠다.

핵심 개념

사람들은 본래 사교적인 존재다. 대부분의 사람은 다른 사람들과 수동적으로나 적극적으로 어울리는 데 많은 시간을 보낸다(노동통계청(Bureau of Labor Statistics), 2016). 다른 사람들과 함께 보내는 시간의 질도 중요하다. 타인과의 긍정적인 상호작용이 많은 심리적 문제, 특히 우울증을 완화해주는 완충재 역할을 한다는 확실한 증거가 있다(피셔, 로빈슨(Fisher & Robinson), 2009). 그렇기 때문에 모두가 입을 모아 사교 욕구가 충족되지 못하면 다른 질병들 중 특히 우울증이 발생한다고 말한다. 타인과의 긍정적인 상호작용이 제대로 이뤄지면 플로리시를 누리게 된다. 최근의 증거에 따르면 안정적인 관계는 건강 지표와 밀접하게 연관돼 있다. 148개 연구를 분석한 메타분석에서는 연령과 성별, 초기 건강 상태, 사망 원인과 관계없이 사회적 유대가 강한 성인의 생존 가능성이 최소 50% 더 높았다(홀트-룬스태드, 스미스, 레이턴(Holt-Lunstad, Smith, & Layton), 2010).

긍정관계는 많은 형태로 나타난다. 먼저 가족부터 살펴보겠다. 생물학적 가족이든 아니든 모든 가족 구성원은 강점과 자원을 갖고 있다. 하지만 이런 강점들은 부정적 귀인과 부정편향 때문에 잘 드러나지 않는다. PPT는 내담자가 자신의 강점뿐만 아니라 사랑하는 사람들의 강점까지도 찾아낼 수 있게 도와준다. 그러므로 이 단계에서 PPT의 목적은 강점을 쉽게 찾지 못하는 어려움을 극복하는 것이다. 수전 셰리단(Susan Sheridan)(2004)과 그녀의 동료들은 '긍정 가족'이란 구성원의 욕구와 어려움을 해결하기 위해 강점과 자원을 동원해 구체적인 행동으로 기술과 능력을 습득할 수 있는 단위라고 정의했다.

저명한 긍정정서 연구학자 바버라 프레드릭슨(Babara Fredrickson)(2014)은 어려움을 극복하는 핵심 강점이 사랑이라고 했다. 또한 사랑이 있으면 배려와 관심, 연민을 갖고 다른 사람을 전인적으로 바라볼 수 있다고 했다. 사랑하는 관계에서는 매순간 단순하게 상대를 위해 그 사람의 행복에 진심으로 헌신한다. 진정한 사랑에서 나오는 그런 감정은 상호적이다. 상호적 배려가 친밀한 관계의 특징이라는 증거가 있다.

진정한 배려를 체계적으로 키워나가는 방법은 무수히 많다. PPT라는 유리한 관점에서 봤을 때 타인의 강점을 아는 것은 매우 중요하다. 각 개인의 행동과 의도를 보다 공감하고 잘 이해할 수 있기 때문이다. 예컨대 엄마가 정직, 공정성, 용감성이라는 아들의 강점 몇 가지를 발견했다고 치자. 이때 엄마는 아들이 채소 가게에서 계산을 하다가 우연히 주운 1달러를 돌려주려고 휘발유값이 더 나올 텐데도 가게까지 다시 운전해 갔다 오는 이유를 더욱 잘 이해할 수 있다. 엄마는 아들의 그런 행동이 비논리적이라고 생각하기보다 아들이 자신의 성격강점에 따라 행동하는 것뿐이라는 사실을 알 수 있다. 이와 마찬가지로 가족의 대표 강점이 진정성, 정직이라는 걸 알면 다른 사람들에게 무례하거나 퉁명스럽게 보일 수 있는 그 사람의 의견과 말, 반응을 다르게 바라볼 수 있다. 화합은 가족 간 연결성이나 정서적 유대와 더불어 긍정적인 가족의 특징이다. 홀트버그(Houltberg)와 그의 동료들(2011)은 가족 간 연결성이 우울한 기분을 예방한다는 연구 결과를 발표했다(타바섬, 모한, 스미스(Tabassum, Mohan, & Smith), 2016).

회기 시작 시 이완

각 회기는 간단한 이완 운동으로 시작한다. 이 책 마지막에 수록된 〈부록A: 마음챙김과 이완 실습〉을 참조하길 바란다. 이 부록의 복사본은 내담자 워크북에도 나와 있다.

회기 중 실습: 긍정관계 나무

회기 중 다음의 질문에 대해 내담자와 토의한다.

- 친밀한 관계나 확장된 관계에서 언제나 가장 유익하고 낙관적으로 보이는 사람은 누구인가?

- 당신과 관계를 맺은 사람들 중 가장 유머러스하고 유쾌한 기질의 소유자는 누구인가?
- 당신과 관계를 맺은 사람들 중 가장 창의적인 사람은 누구인가?
- 당신과 관계를 맺은 사람들 중 항상 쾌활하고 명랑하며 미소 짓는 사람은 누구인가?
- 당신과 관계를 맺은 사람들 중 가장 호기심이 많은 사람은 누구인가?
- 언제나 다른 사람들을 공정하고 정직하게 대하는 사람은 누구인가?
- 가족이나 친구들 중 가장 정이 많은 사람은 누구인가?
- 당신이 사랑하는 사람들 중 새로운 것을 만들기 좋아하는 사람은 누구인가?
- 당신이 사랑하는 사람들 중 훌륭한 지도자였거나 현재 그런 지도자는 누구인가?
- 당신과 관계를 맺은 사람들 중 가장 용서를 잘하는 사람은 누구인가?
- 당신이 사랑하는 사람들 중 균형 잡힌 자기통제력을 보여주는 사람은 누구인가?

과제

위 질문에 대해 토의하고 난 후 내담자에게 집에 가서 워크시트12.1: 긍정관계 나무를 읽고 완성해오라고 한다.

워크시트12.1 긍정관계 나무

긍정관계를 강화하는 한 가지 방법은 사랑하는 사람들의 대표 강점뿐만 아니라 대가족 및 친구들과 어울리는 방법을 이해하고 인정하는 게 얼마나 중요한지 깨닫는 것이다. 친구와 가족의 강점을 인지하면 그들을 이해하고 그들과 더욱 탄탄한 관계를 맺을 가능성이 높아진다. 게다가 서로의 강점을 알면 예전에 오해했던 사랑하는 사람의 행동을 새로운 통찰력으로 바라볼 수 있다. 예를 들어 베벌리(Beverley)는 남편 잭슨(Jackson)의 대표 강점이 정직, 공정성, 용감성이라는 사실을 알았을 때 남편이 채소 가게에서 우연히 주운 1달러를 돌려주려고 휘발유값이 더 나오는데도 다시 가게까지 운전해 갔다 오는 이유를 이해할 수 있었다. 그런 잭슨의 행동을 비논리적이라고 생각하기보다 남편이 자신의 성격강점에 따라 행동한 것뿐이라는 사실을 이해할 수 있었다. 이와 마찬가지로 아이의 대표 강점이 호기심과 세상에 대한 관심이라는 사실을 이해한 부모는 모든 것이 왜 어떻게 돌아가는지 끊임없이 묻는 아이의 수많은 질문을 더욱 잘 견뎌내고, 심지어 즐길 수도 있다.

긍정관계 나무는 당신과 당신의 친구들이 서로의 강점을 보다 잘 이해하게 도와준다. 내담자는 이 과제를 완성하고자 가족에게 대표 강점 설문지(SSQ-72)나 가치행동 조사를 해달라고 한다. 대표 강점 설문지는 www.tayyabrashid.com, www.kppsi.com(한국 긍정심리연구소)에서, 가치행동 조사는 http://www.viacharacter.org/에서 찾아볼 수 있다.

사랑하는 사람들로부터 그들이 찾아낸 강점을 들은 후 다음의 비어 있는 나무 그림을 완성한다. 참고용으로 완성된 나무 그림 사례를 다음에 제시하고 있다.

긍정관계 나무 사례

나의 긍정관계 나무

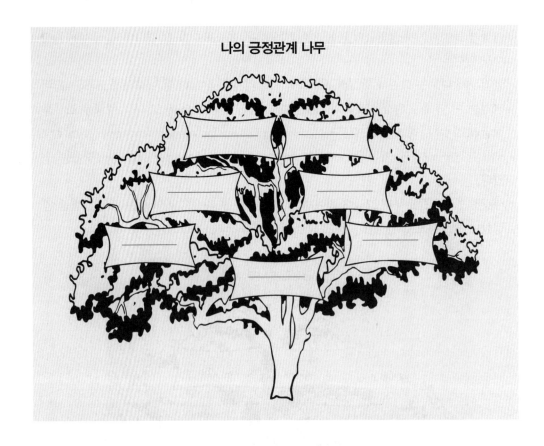

성찰과 토의

이 과제를 끝내고 나서 워크시트12.2: 나의 긍정관계 나무 성찰하기에 나오는 질문을 이용하면 가족과 토의할 수 있다. 내담자에게 다음의 워크시트를 완성해 다음 회기에 가져오라고 한다.

워크시트12.2 나의 긍정관계 나무 성찰하기

나의 긍정관계 나무를 완성한 후 이 워크시트도 완성해 다음 회기에 가져간다.

1. 사랑하는 사람의 강점을 잘 보여주는 구체적인 사건은 무엇인가?
  • 사례1: 아빠는 내가 요구하지 않아도 나에게 잘 됐던 일을 해주려고 항상 애쓰기 때문에 친절하다.

• 사례2: 내 친구는 나쁜 소리를 듣는 사람들 편에 서서 그들을 옹호해주기 때문에 용감하다.

사례:

_____

_____

사례:

_____

_____

사례:

_____

_____

2. 당신의 긍정관계 나무에서 당신의 강점을 키워주는 사람들을 찾아낼 수 있는가?

_____

_____

3. 사랑하는 사람들의 대표 강점 5가지 중 당신의 대표 강점도 포함돼 있는가?

_____

_____

4. 친한 사람들의 강점에서 특정한 패턴이 나타나는가?

_____

_____

5. 당신은 긍정관계 나무에 있는 사람들에게는 없는 강점을 갖고 있는가?

_____

_____

6. 당신의 강점들을 어떻게 사용해 관계를 더욱 탄탄하게 만들 수 있는가?

_____

_____

사례: 사라와 사라의 긍정관계 나무

두 아이 엄마인 47세의 사라(Sarah)는 개인 PPT에서 긍정관계 나무 실습을 완료했다. 사라는 정규직 일과 학업을 병행했는데 남편과 아들의 지지를 충분히 얻지 못해 심리치료를 받았다. 이 실습이 끝난 후 어떤 통찰력을 얻었는지에 대해 다음과 같이 치료자와 이야기를 나누었다.

치료자 긍정관계 나무 실습을 어떻게 알았나요?

사라 아시다시피 전 제 얘기를 잘 안 하는 편이에요. 그래서인지 긍정관계 나무를 만든다는 게 우습게 느껴졌어요.

치료자 어떤 점이 그랬나요?

사라 뭔가 거창하고 좀 어리석은 짓 같았어요. 잘 알겠지만 전 남편과 아들 때문에 힘들어하고 있어요. 게다가 최고의 어린 시절을 보낸 것도 아니었죠. 아버지는 고집스럽고 내성적이었고, 어머니는…… 우울증과 불안증을 앓고 있었던 것 같아요. ……그래서 제 인생에서 긍정관계라는 게 있는지 의심스러웠죠. ……뭔가 새로운 걸 발견할 수 있을지도 모른다고 생각했지만…….

치료자 무엇을 찾아냈나요?

사라 음, 처음에는 남편과 아들에게 온라인 강점 테스트를 시키려고 했지만 실패했어요. 둘 다 절 조롱하기만 했죠. 제가 치료받는다는 걸 알고 있었거든요. 남편은 정신건강의학과 의사가 '우리가 얼마나 미쳤는지' 알고 싶어 하는 게 분명하다고 말했죠. ……그래서 둘 다 테스트를 거절했어요.

치료자 그들이 그 테스트를 할 수는 있었나요?

사라 네, 2주 전에 했어요. 요즘 제가 끝마쳐야 하는 큰 과제가 있는데 회사 일도 아주 바빠요. 그래서 사흘 전에 남편에게는 저녁 식사를 준비하라고, 아들한테는 설거지를 하라고 시켰죠.

치료자 그래서요?

사라 과제 때문에 토의를 하고 나서 집에 간 첫날이었죠. 둘 다 좋아하는 스포츠 채널을 보고 있더라고요. 저녁 식사는 보이지도 않았죠. 그 대신 집에 있던 간식을 다 먹어치웠더라고요.

치료자 그래서 어떻게 했나요?

사라 전 샐쭉해져 조용히 있다가 재빨리 저녁 식사를 차렸어요. 하지만 식사 후 마음을 차분하게 가라앉힐 수 없어서 얼마나 실망했는지 다 이야기했죠. 두 사람 모두 조금 당황하더라고요. 남편은 제가 일하고 공부하고 집에 와서 요리까지 하는 게 공정하지 않다는 데 동의했죠. 두 사람은 저한테 못한 걸 보상해주고 싶다면서 평일에는 저녁을 준비하겠다고 했어요. 전 한참 생각하다가 그렇다면 저녁 식사 준비보다 제가 긍정관계 나무 실습을 완료할 수 있게 도와달라고 했죠. 전 이미 이전의 실습들을 통해 긍정적인 변화를 실감하고 있었거든요. 그래서 남편과 아들이 온라인 강점 테스트를 정직하게 완료해줬으면 좋겠다 싶었죠.

치료자 당신의 공정성 강점을 아주 멋지게 활용해 가족과 책임감을 나눈 것 같네요(사라의 대표 강점 중 하나가 공정성이었다).

사라 네, 하지만 사실 두 사람은 죄의식 때문에 그 테스트를 한 것 같아요. 어쨌든 지난주 저는 남편과 아들에게 좋아하는 요리를 해줬어요. 식사 직후 모두가 온라인 강점 테스트를 완료했죠. 그리고는 후식을 먹으려고 모인 김에 각자의 강점에 대한 피드백을 나누었어요. 그다음 식탁 중앙에 플립 차트를 올려놓고 커다란 나무를 그렸죠. 제가 먼저 나무에 제 대표 강점을 표시했어요. 뒤이어 남편과 아들도 자신들의 강점을 기록했고, 10분도 지나지 않아 모두의 대표 강점이 나무를 꽉 채웠죠.

치료자 다음에는 어떻게 됐는지 궁금하군요.

사라 저희 세 사람이 적어도 끈기라는 한 가지 강점을 공통적으로 갖고 있다는 걸 알고 깜짝 놀랐어요. 남편은 팀워크, 신중함, 예견력 점수가 높았고, 아들은 유머, 쾌활함, 열정, 창의력, 학구열 점수가 높았죠. 두 사람 모두 그런 강점들이 자신들을 잘 설명해준다고 했어요.

치료자 강점들이 원활한 가정생활에 얼마나 큰 힘이 돼줄 수 있는지에 대해서도 토의했나요?

사라 네, 그 전에 실용지혜에 관해 토의해 기뻤어요. 먼저 저희들이 끈기를 어떻게 사용하는지에 대해 이야기했죠. 저희 세 사람 모두 각자 다른 맥락에서 다른 방식으로 끈기를 사용했어요. 아들은 스포츠에, 남편은 일에 끈기를 발휘했죠. 때로는 지나치다 싶을 정도로요. 전 두 사람이 집안일에도 좀 더 끈기를 보여줄 수 있다면 좋겠다고 말했죠. 제가 끈기 있게 일하면서도 학교에 다닐 수 있다면 두 사람도 집안일을 끝내는 끈기를 보여줄 수 있다고도 했고요. 두 사람은 제 말이 무슨 뜻인지 이해할 수 있었죠. 남편은 재빨리 이렇게 말했어요. "여보, 당신은 끈기 있고 공정한 사람이야. 사실 끈기 있게 공정하지." 그 말에 저희 모두가 웃었죠. 남편은 자기 인생에서 처음으로 폭넓은 시야를 가질 수 있었어요. 그 전까지만 해도 제가 일을 동등하게 분배하고, 모두가 집안일을 도와야 한다며 고집스럽게 주장한다고 비난했죠. 하지만 이제는 제 공정성을 이해할 수 있었어요.

치료자 아들은 어땠나요?

사라 매트는 강점에 제일 놀랐던 것 같아요. 매트는 지금 스물한 살이에요. 언제나 활동적인 아이였죠. 에너지가 넘치고, 모험심이 강하며, 야외 스포츠를 좋아해요. 어렸을 때는 협응 능력이 부족한 편이었어요. 지금도 그렇고요. 남편과 전 항상 매트가 ADHD(주의력결핍 과잉행동장애)는 아닌지 의심했죠. 초등학교 때는 선생님들도 그렇게 의심해 검사도 해봤어요. 하지만 몇 가지 특징이 있기는 하지만 완전히 진행된 ADHD는 아니라는 결과가 나왔죠. 매트는 뭔가에 꽂히면 집중을 잘하고 끈기 있게 해나갈 수 있거든요. 하지만 오랜 세월 동안 매트가 ADHD일까 봐 두려워했어요. 검사 결과가 충분히 자세하게 나오지 않아서(사라는 실의에 빠진 게 분명해 보였다).

치료자 아들한테서 최고의 모습을 기대했을 텐데 현실은 그렇지 못해 슬펐겠군요. ……한 가지 물어볼게요. 매트가 '미확진' ADHD일지도 모른다는 두려움이 매트와의 관계에 영향을 미쳤나요?

사라 물론이죠. 전 매트가 부적응적인 아이라고 생각했고…… 어렸을 때 매트와 충분히 놀아주지도 못했으며, 집중력도 길러주지 못했다고 수없이 제 자신과 남편을 탓했죠(사라의 눈에 눈물이 맺혔고, 잠시 침묵이 이어졌다).

치료자 그 심정이 어땠을지 상상이 가요. ……줄곧 그런 감정을 느껴왔군요(침묵).

사라 긍정관계 나무를 작성하고 나서 처음으로 제가 아들과 어쩌면 남편까지도 부적응적인 사람으로 봤다는 사실을 깨달았어요. 저 자신도 그런 사람으로 취급했고요. 오랜 세월 동안 말이죠. 이번 치료를 통해 제 강점을 평가하고 나서야 그런 강점들을 믿기 시작했어요. 제가 사랑하는 사람들의 강점도 믿기 시작해야 할 것 같아요.

치료자 맞아요. 당신 인생의 다양한 부분을 어떻게 통합하고 있는지를 살펴보면 만족감이 커지죠. 이제는 매트를 어떻게 보고 있나요? 이 실습을 통해 매트와의 관계가 달라졌나요?

사라 매트가 미확진 ADHD라는 생각을 더 이상 하지 않아요. 매트의 과잉활동 증상을 보기보다 열정과 활력, 에너지를 볼 수 있게 됐죠. 돌이켜보면 매트는 대부분 자신의 열정을 생산적으로 발휘했어요. 결코 공부를 많이 하지 않았지만 언제나 좋은 성적을 받았죠. 매트의 에너지가 많은 친구를 끌어들인다는 것도 알게 됐고요. 매트는 언제나 파티의 스타였어요.

치료자 매트에 대한 새로운 통찰력이 가족과의 상호작용에 영향을 미치고 있나요?

사라 매트의 강점을 알고 나서 남편이 매트가 자신의 아버지와 비슷하다고 말했어요. 하지만 옛날에는 ADHD라는 용어를 흔히 쓰지 않았죠. 그래서 사람들은 매트의 아버지를 언제나 멋진 일을 하고 싶어 하는 '유쾌한 친구'라고 생각했어요. 실제로도 그랬고요. 시아버지는 뛰어난 선원이었죠.

치료자 이 실습을 출발점으로 삼아 당신이 사랑하는 사람들이 서로의 강점을 찾아보는 일을 어리석은 짓이라고 생각하지 말았으면 좋겠어요(사라가 미소 지었다).

적합성과 융통성

사랑하는 사람들의 강점을 찾아보는 방법 말고 그들의 회복력을 보여주는 이야기를 듣는 것도 그런 강점을 이해하는 또 다른 방법이다. 사랑하는 사람들이 과거에 어떻게 어려움을 극복했는지 알고 나면 그들의 강점을 보다 깊이 이해할 수 있다.

어떤 내담자는 인간관계나 가정생활이 원만하지 않아 이 실습을 완료하기 어려울 수 있다. 재정적 어려움, 실수, 불화, 약물, 알코올 문제 또는 일과 가정생활의 불균형으로 힘들어할 수도 있다. 이런 내담자에게는 대규모 집단치료보다 훨씬 더 효과적인 양자치료를 받아보라고 한다. 양자치료에는 어머니-청소년, 아버지-청소년, 아이-조부모 또는 형제자매의 소집단치료가 있다. 이처럼 좀 더 작은 집단을 통해 강점을 찾아낼 수 있다.

가족으로 여기는 사람은 누구든지 긍정관계 나무에 넣을 수 있다는 사실을 내담자에게 일깨워준다. 파탄 난 가정 또는 제대로 기능하지 못하는 가정에서 자랐거나, 흩어지거나 사망한 가족이 있는 내담자는 이 활동을 감정적으로 어려워할 수 있다. 이들에게는 자신들의 인생에서 사랑하는 사람을 떠올려보라고 한다.

어떤 내담자는 생물학적·문화적·경제적 장벽 때문에 긍정적인 변화를 꾀하지 못할 수도 있다. 이런 경우 약점을 바로잡으려고 하기보다 강점과 자산, 기술을 강조하는 성장 유도 행동을 발달시켜 이득을 볼 수 있다. 그런 행동 발달에 집중하면 연결성과 유능감, 자신감이 훨씬 더 강해질 수 있다.

문화적 고려사항

과거에 가족은 흔히 '전통적인' 모델(남녀 부부와 두 아이로 구성된 핵가족 등)로 찍혀 나왔다. 하지만 현대의 가족은 훨씬 더 다양해져 한부모 가족, 혼합가족, 동성 간 동반자관계 가족, 다인종 가족, 다민족 가족, 이민법규에 따라 분리된 가족(부모가 아이와 같은 나라에 머물지 못하는 경우) 등이 있다. 건전한 가족의 특징은 그처럼 다양한 구성원에 따라 달라진다.

몇몇 문화권의 가족은 부모를 돌보고, 어린 형제자매를 돕고, 상호의존적인 목표와 추구를 선호하는 등 협동적인 강점을 보여주는 이야기를 나눌 가능성이 훨씬 높다. 따라서 문화적 배경이 다양한 내담자를 다룰 때는 팀워크, 사회성 지능, 친절 같은 대인적 강점이 특정한 문화적 맥락 내에서 어떻게 표현되는지를 인지해야 한다. 그런 속성들은 약점으로 인식되기 쉽기 때문이다. 예컨대 어떤 치료자는 개인적 목표가 아닌 가족의 목표를 추구하는 내담자에게 개인적 주체성을 표현하는 데 중점을 두라고 제안할 수 있다. 또 다른 치료자는 그런 내담자에게 자기동정심을 발휘하라고 할 수 있다. 이와 마찬가지로 동생을 돌보거나 동생의 과제를 도와주는 큰아이의 친절이 노동력 착취로 보일 수도 있다. 게다가 내담자는 노골적으로나 은연중 자신들이 부당한 대우를 받고 있다는 이야기를 들을 수 있다.

이민 1세대 내담자를 대할 때는 그들의 죄의식을 읽어주는 것이 좋다. 서구세계에서 자란 몇몇 이민 1세대 성인기 초년생이 부모가 모국에서 겪었던 어려움과 가난을 모면했다고 생각하는 심리적 현상이 있기 때문이다. 결과적으로 이들은 열정과 활력, 쾌활함 같은 긍정정서를 자연스럽게 표현하지 못하거나 억압할 수 있다(캐리어 외 다수, 2015).

문화에 따라 목표에 대한 견해도 다르다. 예컨대 중국 문화에서는 개인적 목표보다 조화로운 가족관계를 유지하는 목표를 선호한다. 이와 마찬가지로 가족의 행복과 한 단위로서의 전반적인 가족 기능도 개인의 행복보다 우선시된다. 그러므로 이 실습을 할 때는 개인적 강점이 집단적 목표에 어떻게 기여하는지에 대해 내담자와 의논해봐야 한다.

마지막으로 긍정관계는 특정한 문화적 규범과 전통, 일상적 관례 내에서 만들어지고 발전하며 유지된다. 강점 표현도 그런 규범적·문화적 맥락 내에서 살펴봐야 한다.

유지

내담자의 진척 상태를 유지하기 위해 다음의 정보에 대해 내담자와 토의한다.

- 긍정관계를 형성하는 한 가지 방법은 사랑하는 사람들의 강점을 찾아 확인하고 칭찬하는 것이다. 사랑하는 사람의 강점을 인정하면 그 즉시 긍정적인 공명이 일어나고, 결과적으로 관계가 강화된다.
- 가족 간 유대를 형성해주는 활동에 집중한다. 이런 활동은 일상적 관례와 전통, 소통 패턴을 확립시켜주고, 정기적으로 일어나는 가족의 핵심 여가활동이다.
- 강점을 포착해 인정하고 칭찬할 때는 자발적인 활동과 조직적인 활동을 모두 하는 게 중요하다. 자발적인 활동은 최소한의 계획이 필요하고, 격식이 없으며, 모든 사람이나 대부분의 가족 구성원이 포함되는 것이다. 예를 들어 공원에서 가족과 함께 식사하기, 보드게임이나 전자게임 하기, 집 앞 진입로에서 농구하기와 뒷마당에서 배드민턴 하기, 지하실에서 탁구 즐기기 같은 일상적인 스포츠 함께하기가 있다. 조직적인 가족활동으로는 가족 여행뿐만 아니라 소풍이나 캠핑, 스포츠, 문화 행사 참여 같은 야외 모험, 다른 도시나 주, 지방, 나라에 사는 대가족이나 친한 친구 방문하기가 있다(모건슨, 리타노, 오닐(Morganson, Litano, & O'Neil), 2014). 몇몇 가족의 경우 종교적으로나 영적으로, 예술적으로나 정치적으로 또는 문화적으로 중요한 특정 장소나 현장을 방문하는 것이 조직적인 활동일 수도 있다. 사랑하는 사람들과 함께하는 자발적인 활동과 조직적인 활동만큼 긍정관계를 강화해주는 것은 없다. 켈리(Kelly)(1997)는 다음과 같이 말했다.

"인생은 테마파크와 유람선으로 구성된 것이 아니다. 저녁 식탁에서 함께 나누는 이야기, 함께하는 여행, 집과 마당 꾸미기, 농담하기, 서로 배려하기, 빈둥거리기, 꿈꾸기, 시시각각 일어나는 자잘한 일들로 구성돼 있다. 이것이 우리 모두에게 중요한 실제 상황에서 펼쳐지는 실제 인생이다(3쪽)."

- 적어도 일주일에 한 번은 아무런 방해도 받지 않고 모든 가족 구성원과 이야기를 나누려고 애쓴다. 주기적으로 이렇게 자문한다. '내가 바라는 것과 똑같은 방식으로 사랑하는 사람의 이야기를 귀 기울여 듣고 있는가?'
- 서로의 강점을 알면 예전에 오해했던 가족의 행동에 대한 새로운 통찰력을 얻을 수 있다. 그런 지식이 생기면 가족끼리 서로의 강점을 알고 인정하며 칭찬해줄 수 있고, 그런 강점들을 중심으로 가족 간 상호작용과 가족 중심 활동이 개선된다. 예컨대 남편이나 아내의 강점이 감상력이라는 사실을 알면 창의적인 예술센터나 공연예술센터가 좋은 여행지가 될 수 있다. 스포츠를 좋아하는 가족이 있다면 스포츠 행사 중심의 가족 여행이 쾌활함, 유머(함께 재미있게 지내기), 팀워크(행사 조직), 학구열(스포츠에 대한 지식 탐구)을 포함한 다수의 강점을 끌어낼 수 있다.
- 자신의 가족과 선택된 가족, 중요한 사람들과의 긍정관계에 투자하려면 시간과 기술, 노력이 필요하다. 이런 노력은 더욱 크나큰 행복을 낳을 수 있다.
- 중요한 사람들과의 긍정관계를 키워나갈 때는 그들의 강점을 인정하고, 모두가 자신의 강점을 사용할 수 있는 활동에 참여하는 것이 중요하다.
- 사랑하는 사람들의 강점과 다른 긍정자질을 기억하는 것은 긍정관계를 유지하는 데 중요하다. 시간이 지나면서 그런 긍정자질에 익숙해져 예전만큼 잘 인지하지 못하게 되기 때문이다.

회기 종료 시 이완
회기 시작 시와 마찬가지로 짧은 이완으로 회기를 종료한다.

자원

간행물

- Davis, M., & Suveg, C. (2014). Focusing on the positive: A review of the role of child positive affect in developmental psychopathology. Clinical Child and Family Psychology Review, 17(2), 97 – 124.
- Ho, H. C. Y., Mui, M., Wan, A., Ng, Y., Stewart, S. M., Yew, C., et al. (2016). Happy family kitchen II: A cluster randomized controlled trial of a community-based positive psychology family intervention for subjective happiness and health-related quality of life in Hong Kong. Trials, 17(1), 367.
- Sheridan, S. M., Warnes, E. D., Cowan, R. J., Schemm, A. V., & Clarke, B. L. (2004). Familycentered positive psychology: Focusing on strengths to build student success. Psychology in the Schools, 41(1), 7 – 17. doi:10.1002/ pits.10134

동영상

- YouTube: Let's Eat Rice Daddy: 2012 Chinese New Year commercial by BERNAS:
  https:// youtu.be/ LzP8E8KSgPc
- Positive Parenting: Lea Waters on Strength Based Parenting:
  https://youtu.be/ RMhVopiQYzM
- TED Talk: Andrew Solomon: What Does Family Mean?
  https:// www.ted.com/ talks/ andrew_solomon_love_no_matter_ what?referrer=playlist-what_ does_ family_ mean
- YouTube: Father, Son and a Sparrow:
  https:// youtu.be/ fOYpFhxEptE

웹사이트

- Institute of Family Studies:
  https:// ifstudies.org/
- Better Together:
  http:// robertdputnam.com/ better-together/
- Centre for Family Studies, University of Oxford:
  https:// www.cfr.cam.ac.uk/

19장
13회기: 긍정소통

13회기에서는 내담자에게 좋은 소식에 반응하는 4가지 유형을 가르쳐준다. 그중 관계 만족도를 예견하는 것은 이 회기에서 중점적으로 다루는 적극적이고 건설적인 반응 기술(*Active Constructive Responding · ACR*)밖에 없다.

13회기 요약

핵심 개념

　회기 중 실습: *적극적이고 건설적인 반응 기술*

　성찰과 토의

　과제 실습: *동반자의 강점 찾기*

　성찰과 토의

　사례

　적합성과 융통성

　문화적 고려사항

　유지

자원

핵심 개념

스웨덴에 이런 속담이 있다. '기쁨은 나누면 배가되고, 슬픔은 나누면 반이 된다.' 살다 보면 잘 됐던 일도 일어나고, 나쁜 일도 일어난다. 어떤 사람은 부정사건을 재구성해 좀 더 넓은 시각에서 바라보려고 한다. 반면 부정사건을 떨쳐내기 힘들어 계속 반추하는 사람들도 있다. 연구 결과에 따르면 사람들은 부정정서보다 긍정정서를 2.5배 더 많이 느끼고, 긍정정서와 부정정서를 동시에 경험하는 경우도 흔하다(트램페, 쿠아드바흐, 타퀘트 (Trampe, Quoidbach, & Taquet), 2015). 하지만 사람들은 부정적인 측면의 잠재력, 특히 계속 떠오르거나 '딱 들러붙어 떨어지지 않는' 성향 때문에 부정적인 측면에 사로잡히면 쉽게 빠져나오지 못한다. 어떤 사람들은 긍정사건도 밝히길 주저한다.

사람들은 역경과 어려움, 다툼, 트라우마를 겪을 때 대체로(항상은 아니지만) 배우자와 동반자, 친구, 가족, 공동체의 지지를 얻으려고 한다. 사회적 지지가 정서적·신체적으로 유익하다는 연구 결과가 있다. 이런 사실은 치료자에게 그다지 새로운 것이 아니다. 하지만 동전의 다른 면을 생각해봤는가. 잘 됐던 일도 일어나고, 대체로 잘 됐던 일이 나쁜 일보다 훨씬 많이 일어난다. 아이러니하게도 심리치료사는 내담자에게 이런 질문을 별로 하지 않는다. "일이 잘 될 때는 어떻게 하나요?" 내담자가 동반자와 함께 있을 때는 더더욱 그렇다. 내담자가 자신의 긍정사건을 밝히는 것은 안정적인 유대관계와 친밀감 형성에 중요한 요소다. 이번 PPT 회기에서는 자기공개의 특정한 유형을 소개한다. 이런 자기공개는 건설적이고 긍정적인 태도로 한다.

셸리 게이블(Shelly Gable)과 그녀의 동료들은(게이블 외 다수, 2004; 메이젤, 게이블(Maisel & Gable), 2009) 자기공개를 하고 잘 됐던 일을 다른 사람들과 나눌 때 어떤 개인 내 결과와 대인적 결과가 나오는지를 연구했다. 랭스턴(Langston)(1994)은 사람들이 긍정사건을 경험하고 그 소식을 다른 사람들과 나눌 때 긍정사건 그 자체의 유의성과 관련된 증가치보다 훨씬 큰 긍정적인 영향을 받는다는 사실을 밝혀냈다. 랭스턴은 이를 일컬어 '증폭화(capitalization)'라고 했다. 게이블도 긍정적인 소식을 다른 사람들과 공유해 추가 혜택을 누리는 과정을 증폭화라고 했다. 증폭화는 보고 느끼며 가치를 정하고 확대하는 과정이다. 이런 요소들은 공유자와 반응자가 모두 타당하다고 느끼기 때문에 더욱 강력해진다. 증폭화는 반응을 조절하는 기술도 선사해준다.

게이블과 그녀의 동료들은 적극적이고 건설적인 반응 기술(ACR:Active Constructive Responding) 4가지 반응 기술을 제시했다. <표19.1>에 제시된 반응 유형 중 ACR는 일상적인 긍정적 효과와 행복이 긍정사건 그 자체와 다른 일상적인 사건의 영향력보다 훨씬 더 크게 증가하는 현상과 관련이 있다.

다른 사람들이 증폭화 시도에 적극적으로나 건설적으로(수동적으로나 파괴적으로가 아니라) 반응하면 그 혜택이 훨씬 더 향상된다는 사실도 게이블과 그녀의 동료들이 밝혀냈다. 게다가 증폭화 시도에 대체로 열정적으로 반응하는 동반자와의 친밀한 관계는 관계 행복(친밀감, 일상적 결혼생활 만족도 등)의 증가와 연관돼 있었다. 최근의 연구 결과에 따르면 긍정사건에 대한 ACR는 커플의 친밀감을 향상시켜주고, 일상적인 행복을 키워주며, 갈등을 줄인다. 자기공개와 동반자 반응은 모두 상호작용의 친밀성 경험에 기여한다. 구체적으로 증폭화는 다음과 같은 상태를 뜻한다.

- 좋은 소식을 나누는 동반자와 다른 사람들이 타당성을 느낀다. 증폭화를 통해 자신들이 중요하다는 메시지를 받는다.
- 긍정사건을 다른 사람들에게 말할 수 없거나 말하지 않기로 했을 때보다 말할 때 훨씬 더 긍정정서를 경험하고 보다 높은 삶의 만족도를 느낀다.
- 공유의 혜택은 긍정사건 그 자체를 경험해 얻는 긍정정서와 삶의 만족도보다 훨씬 크다.
- 긍정사건을 공유하면 그 사건에 대한 의문이 생기고, 그 사건의 중요한 측면과 영향력에 대해 토의하게 된다. 결과적으로 이 모든 요소가 관계를 돈독하게 해준다.

PPT에서는 가족의 대표 강점뿐만 아니라 그들이 더욱 확장된 가족에 섞여 들어가는 방법을 이해하고 인정해 긍정관계를 맺으라고 권한다. 가족의 강점을 인정하면 서로에 대한 감사와 연결성이 더욱 강해질 가능성이 높아진다. 서로의 강점을 알면 예전에 오해했던 가족의 행동을 새로운 통찰력으로 바라볼 수도 있다. 결과적으로 가족 구성원은 서로의 강점을 알고 인정하며 칭찬해줄 수 있고, 상호작용과 그런 강점들을 중심으로 이뤄지는 가족 중심 활동도 개선된다. 예를 들어 아이가 역사를 아주 좋아한다는 사실을 알면 역사박물관이 좋은 가족 여행지가 된다. 서로의 강점을 알면 서로에 대한 통찰력을 얻을 수 있어 오해가 사라지고, 서로의 행동과 의도에 좀 더 공감하고 감사하게 된다.

자기공개는 안정적인 유대관계와 친밀감 형성에 중요한 요소다. PPT에서는 구체적인 자기공개 유형을 권장한다. 이런 자기공개는 건설적이고 적극적인 방식으로 한다. 긍정사건은 잠재력을 키우고 확장시키며 형성하고(프레드릭슨, 2001), 좀처럼 되돌릴 수 없다.

이와는 대조적으로 부정사건은 장기적인 피해를 입히고 보다 빠른 반응을 요구한다. 또한 유해한 상황을 바꾸고자 규제를 요구할 때는 치명적일 수도 있다(프래토, 존(Pratto & John), 1991).

표19.1 사랑하는 사람들이 긍정사건 공유에 반응하는 4가지 기술

	건설적인 반응 기술	파괴적인 반응 기술
적극적인 반응	열정적 지지 보내기, 자세한 경험 설명하기, 타당하고 이해받는다는 느낌, 사건 재체험과 확장하기, 사건 전개와 사건 발생 이유에 대해 구체적으로 질문하기, 추가적으로 발생할 수 있는 긍정사건이 무엇인지 질문하기 **예** "그거 멋진데!" "승진했다니 정말 기뻐. 넌 새로운 직책을 맡아서 아주 잘해낼 거야." **표현** 계속해 시선 마주침, 미소 지음, 긍정정서 표현	긍정사건 일축하기, 대화 중단하기, 수치심과 당혹감, 죄의식 또는 분노 **예** "승진하면 한 주 내내 일하고, 토요일 오전에도 출근해야 할 거야." **표현** 부정적 측면 지적, 찡그린 표정과 이맛살 찌푸리기 등 비언어적 신호로 부정정서 표현
소극적인 반응	조용하게 절제된 지지 보내기, 대화 흐리기, 중요하지 않고 오해받는다는 느낌, 당혹감과 죄의식 **예** "승진했다니 잘됐네." **표현** 행복하지만 열정이 부족한 억제된 표현, 경시함, 적극적인 정서 표현을 거의 또는 전혀 하지 않음	사건 무시하기, 대화 시작도 안 함, 혼란과 죄의식 또는 실망감 **예** "승진했다고? 음, 빨리 옷 갈아입어. 그래야 저녁 먹으러 가지. 나, 배고파." **표현** 시선을 거의 또는 아예 마주치지 않음, 관심 부족, 외면, 방을 나감

회기 시작 시 이완

각 회기는 간단한 이완 운동으로 시작한다. 이 책 마지막에 수록된 〈부록A: 마음챙김과 이완 실습〉을 참조하길 바란다. 이 부록의 복사본은 내담자 워크북에도 나와 있다.

회기 중 실습: 적극적이고 건설적인 반응 기술

워크시트13.1은 회기 중 실습 이전에 4가지 반응 유형의 사례를 먼저 보여준다. 이런 워크시트는 각 회기마다 수록돼 있고 내담자 워크북에도 나와 있다. 워크시트13.1에 소개된 사례는 치료적 및 비치료적 환경에서 수집한 것이다. 내담자에게 다양한 반응 유형을 읽어보고 자기 상황을 대변하는 유형을 한 가지 선택해 반응 칸에 표시하라고 한다.

워크시트13.1 4가지 반응 기술 사례

다음의 각기 다른 반응 기술을 읽어보고 자신의 상황과 대체로 일치하는 반응 칸에 표시한다.

적극적이고 건설적인 반응 기술	나의 반응	동반자 반응
내 동반자는 내 행운에 대개 열정적으로 반응한다.		
내 동반자는 나보다 더 행복해하고 흥분하는 것 같다는 느낌을 가끔씩 받는다.		
내 동반자는 종종 좋은 사건에 관해 질문을 많이 하고, 진정한 관심을 보인다.		
소극적이고 건설적인 반응 기술		
내 동반자는 잘 됐던 일에 유난을 떨지 않으려고 하지만 내 일에 행복해한다.		
내 동반자는 보통 내게 일어난 잘 됐던 일을 조용히 지지해준다.		
내 동반자는 말은 잘 안 하지만 내 일에 행복해한다는 걸 안다.		
적극적이고 파괴적인 반응 기술		
내 동반자는 종종 잘 됐던 일의 문제점을 찾아낸다.		
내 동반자는 가장 잘 됐던 일에도 나쁜 측면이 있다고 상기시켜준다.		
내 동반자는 좋은 사건의 잠재적인 부정적 측면을 지적한다.		
소극적이고 파괴적인 반응 기술		
내 동반자는 나의 잘 됐던 일에 그다지 관심이 없다는 인상을 종종 받는다		
내 동반자는 내게 신경을 많이 쓰지 않는다.		
내 동반자는 종종 무관심해 보인다.		

- 이제는 당신이 오늘 회기 중 ACR를 해본다. 동반자와 교대로 한다(개인 치료를 받을 경우 치료자와 할 수도 있음).
- 공유자가 자신에게 일어났거나 지난주 목격했던 의미 있고 긍정적인 뭔가를 생각해본다. 그 일을 동반자와 공유한다.
- 반응자가 자신의 강점에 대해 생각해보고, 그런 강점을 적극적이고 건설적인 반응 기술에 어떻게 활용할 수 있는지 분석해본다(질문을 유도하는 호기심, 낙관성, 사회성 지능 등).
- 반응자와 공유자가 서로 역할을 바꾼다. 내담자가 이 실습을 완료하고 나면 치료자는 몇 가지 성찰 질문을 던진다.

성찰과 토의

이 실습을 완료하고 나서 다음의 질문에 대해 생각해보고 토의한다.

- 이 실습을 하면서 어떤 점이 편했는가?
- 이 실습을 하면서 어떤 점이 불편했는가?
- ACR를 방해하는 객관적이거나 주관적인 장벽(성격 유형, 선호 성향, 원가족, 문화, 신념, 대인관계 역학 등)이 있는가?
- 이미 몇 가지 기술의 ACR를 했다면 그 수준을 어떻게 높일 수 있을까?
- ACR를 자연스럽게 할 수 없다면 이 실습의 몇 가지 측면을 당신의 기질에 맞게 수정하기 위해 어떤 작은 조치를 취할 수 있을까?
- 4가지 반응 기술을 보여주는 사람이나 상황을 찾아본다. 공유자와 반응자한테서 나타나는 각 기술의 영향력은 어떠한가?
- 당신의 반응 기술을 파악해 어떤 교훈을 얻을 수 있는가?

과제 실습: 동반자의 강점 파악하기

ACR 실습을 확장해 내담자에게 집에서 워크시트13.2를 완료하고, 다음의 질문에 대해 토의해보라고 한다.

워크시트13.2 동반자의 강점

자신의 대표 강점을 찾아내는 실습은 치료 초기에 완료했고, 이제는 그런 강점들에 완전히 익숙해졌다. 이 과제를 완성하려면 다음의 워크시트 2부가 필요하다. 동반자와 함께 최소 30분 동안 이 실습을 한다. 편안한 환경에서 동반자에게 자신을 가장 잘 대변하는 강점 5가지를 찾아내 등급을 매기지 않고 다음의 워크시트에 표시하라고 한다. 동반자가 이 워크시트를 작성하는 동안 당신도 이 워크시트에 동반자의 강점을 적는다. 그러고 나서 서로 워크시트를 교환해 읽어보고 다음의 질문에 대해 생각해보고 토의한다.

강점 설명	대표 강점
1. 나는 새롭고 더 나은 방식을 잘 생각해낸다.	
2. 나는 탐구하고 질문하길 좋아하고, 색다른 경험과 활동에 개방적이다.	
3. 나는 융통성이 있고 개방적이다. 결정을 내리기 전 모든 측면을 충분히 생각하고 검토한다.	
4. 나는 학교에서 또는 나 혼자 새로운 아이디어와 개념, 사실을 배우길 좋아한다.	
5. 친구들이 나를 또래보다 현명하다고 생각해 중요한 문제를 나한테 상의한다.	
6. 나는 두려워도 역경이나 도전 앞에서 포기하지 않는다.	
7. 나는 산만해져도 대부분의 일을 끝까지 해낸다. 과정에 다시 집중해 완성할 수 있다.	
8. 나는 진실하고 정직하며 신뢰할 수 있는 사람이다. 내 행동은 내 가치와 일치한다.	
9. 나는 활동적이고 쾌활하며 생기발랄하다.	
10. 나는 진실한 사랑과 애정을 자연스럽게 표현하고 받을 수 있다.	
11. 나는 종종 부탁받지 않아도 다른 사람들에게 친절을 베풀길 좋아한다.	
12. 나는 사회적 상황에서 내 정서를 잘 관리하고 대인관계 기술이 좋다고 평가받는다.	
13. 나는 활동적인 지역 구성원이자 팀 구성원이며 내 집단의 성공에 기여한다.	
14. 나는 부당하게 대우받고 괴롭힘을 당하거나 조롱받는 사람들 편에 선다.	
15. 내가 리더십이 있다고 평가받기 때문에 다른 사람들이 종종 나를 리더로 선택한다.	
16. 나는 앙심을 품지 않는다. 내 기분을 상하게 한 사람들을 쉽게 용서한나.	
17. 나는 주목받기 싫고 다른 사람들에게 빛나는 주역을 넘기는 게 좋다.	
18. 나는 신중하고 조심스럽다. 내 행동의 위험과 문제를 예측해 그에 따라 대응할 수 있다.	
19. 힘든 상황에서도 내 감정과 행동을 관리한다. 일반적으로 규칙과 일상적인 일과를 따른다.	
20. 자연과 예술(그림, 음악, 연극 등)에서나 많은 인생 분야의 탁월함에서 또는 이 모두에서 아름다움에 깊이 감명받는다.	
21. 좋은 것들에 대한 감사를 말과 행동으로 표현한다.	
22. 나쁜 일보다 잘 됐던 일이 더 많이 일어나길 바라고, 그렇게 될 거라고 믿는다.	
23. 나는 쾌활하고 재미있다. 유머로 다른 사람들과 관계를 맺는다.	
24. 더 큰 힘이 존재한다고 믿고 종교나 영적 실습(기도, 명상 등)에 기꺼이 참여한다.	

성찰과 토의

동반자와 함께 이 실습을 완료하고 나서 다음의 질문에 대해 생각해보고 토의한다.

• 서로의 강점을 찾아내 확인하는 과정이 어떠했는가? 예전에도 동반자와 그와 비슷한 일을 했는가?

- 동반자의 어떤 태도나 행동, 습관이 당신이 파악한 동반자의 강점을 보여주는가?
- 서로 공유하는 강점이 있는가? 공유하지 않는 강점뿐만 아니라 공유하는 강점에 대해서도 토의한다.
- 각자의 강점들이 어떻게 서로 보완해주는가?
- 동반자와 당신의 하위 강점들도 살펴봤는가? 그런 강점들에서 어떤 교훈을 얻을 수 있나?

사례: 적극적이고 건설적인 반응 기술을 구사하려고 시도하는 사브리나

33세의 라틴아메리카계 사브리나(Sabrina)는 남편 호세(Jose)에게 지속적으로 비난받고, 인정받지 못하는 것 같아 심리치료를 받았다. 사브리나와 호세는 둘 다 전일제 인턴으로 일하다가 만났다. 두 사람은 2년 넘게 연애를 한 후 결혼했다. 사브리나는 결혼 전에는 호세가 그녀의 지성과 세부사항에 집중하는 성격, 일에 대한 헌신, 직업적 진실성을 인정해줬다고 했다. 하지만 자신이 호세만큼 열심히 일하고, 호세보다 더 많이 벌면서도 최근에는 가치를 인정받지 못하고 부적절한 사람이 된 것 같다고 했다. 사브리나는 호세에게 상처받는 게 지긋지긋했다. 구체적으로 지난주에는 아주 열심히 일해 회사에 중요한 고객을 확보했다고 했다. 사브리나는 그 일로 사무실의 모든 사람으로부터 칭찬받았고, 보너스에다 이틀 휴가까지 포상으로 받았다. 성취감에 취해 마냥 행복한 기분으로 집에 들어가자마자 흥분해 그 소식을 호세에게 전했다. 하지만 호세는 야구경기에 푹 빠져 사브리나와 눈도 마주치지 않은 채 건성으로 칭찬했고, 그런 고객은 다루기 힘들 거라고 덧붙여 말했다. 그러고는 재빨리 저녁 식사로 화제를 돌렸다.

풀이 죽은 사브리나는 저녁 식사를 준비했고, 호세는 계속 텔레비전을 시청했다. 사브리나는 이후 며칠 동안 속마음을 표현하기 힘들어 안으로 삭이기만 했다. 자신의 성취와 감정은 호세에게 중요하지 않다는 생각이 들었고, 호세가 여전히 자신을 사랑하는지도 의심스러웠다.

사브리나는 자신의 감정을 표현하기가 어려워 호세에게 몇 회기만이라도 심리치료를 함께 받고 싶다고 했다. 호세는 처음엔 주저했지만 그러겠다고 동의했다. 하지만 계속해 우리 부부는 잘 지내고 있다고 주장했다. 이 치료에서는 호세를 비난하고 모욕하는 게 아니라 두 사람이 스스로를 가치 있다고 여길 때나 가치 없다고 여길 때, 인정받고 있다고 느낄 때나 인정받지 못하고 있다고 느낄 때 서로 이야기를 나눌 수 있는 공간을 만드는 데 주력했다. 예상대로 사브리나가 호세보다 훨씬 더 많은 이야기를 했다.

호세는 사브리나의 성찰을 듣고 나서 깜짝 놀랐다. 지금까지 모든 것이 잘 되고 있다고 생각했기 때문이다. 공정한 전문가 앞에서 사브리나의 이야기를 가만히 들으면서 호세는 2가지 사실을 깨달았다. 첫째, 자신이 지속적으로 사브리나와 소통을 했다는 사실이었다. 무슨 말을 하거나 아무 말도 하지 않고, 미소를 짓거나 포커페이스를 유지하고, 사브리나와 시선을 마주치거나 사브리나의 시선을 피하고, 손을 뻗어 사브리나를 만지거나 사브리나와 신체적 접촉을 피하는 식으로 사브리나와 소통한 것이었다. 그리고 사브리나는 그 모든 소통에 의미를 부여했다. 둘째, 호세는 자신의 소통방식 때문에 사브리나가 엄청난 스트레스를 받았다는 사실도 깨달았다. 치료자는 그런 소통방식을 바로잡아주기보다 호세에게 ACR를 시도해보라고 했다.

또한 사브리나에게는 호세의 ACR 실습을 돕기 위해 지난 2주 동안 그녀에게 일어났던 중요하고 긍정적인 일을 호세에게 이야기하라고 했다. 이에 호세는 스스로 진정성이 느껴지고, 사브리나도 이해 또는 인정받고 있다고 느낄 수 있게 열정적으로 반응하라는 지시를 받았다. 호세의 처음 몇 차례 반응은 열정적이거나 진실했지만 둘 다는 아니었다. 호세가 아내에게 인정과 지지를 보여주는 반응을 하려면 약간의 코칭이 필요했다.

호세는 다소 실망해 자신은 변할 수 없다며 이렇게 말했다. "전 원래 이런 사람이에요." 하지만 처음에는 약간 어색하게 느껴져도 시간을 들여 진지하게 노력하면 그런 반응 방식에 익숙해진다는 이야기에 마음을 다잡자 결국 점점 더 자연스럽고 쉽게 ACR를 할 수 있었다. 더 나아가 호세는 모든 사람과 모든 상황에서 ACR를 시도할 필요가 없다. 이 실습의 목적은 모두가 아니라 사랑하는 사람과 진정으로 연결되는 것이기 때문이다.

인간은 본래 부정적인 얼굴 표정과 어조, 몸짓, 자세를 긍정적인 것보다 훨씬 효과적으로 감지하면서도 그런 성향을 종종 인지하지 못한다. 사실 이런 부정편향은 인간의 비판적 사고를 키워줄 수 있지만 친밀한 관계에서 남용하면 해가 될 수도 있다. 다행스럽게도 인간은 그런 성향을 없앨 수 있는 심리적 세련성도 타고났고, 긍정적이고 건설적인 반응을 하려고 노력해 인간관계를 더욱 만족스럽게 만들 수 있다. 사브리나와 호세도 그런 노력을 시작했다.

사례: 유머로 수치심에 대응하는 세리

38세의 여성 내담자 세리(Sherry)는 최근 PPT 워크숍에 참석했다. 이 워크숍 참석자들은 눈을 감고 명상 실습을 하면서 어려운 상황을 긍정적으로 극복했던 때를 떠올려봤다. 세리의 실습 내용은 다음과 같다.

눈을 감았을 때 어려웠던 상황이 워낙 많이 떠올라 한 가지를 고르기가 약간 어려웠어요. 다른 사람들도 마찬가지겠죠. 몇 분이 지나자 엄마에 관한 즐거웠던 기억이 마음속에 계속 맴돌았어요. 엄마와의 관계는 항상 껄끄러운 편이었죠. 지금은 엄마와 더욱 건전하고 행복한 관계를 만들어나가는 법을 배웠기 때문에 '엄마 문제'를 해결하기 위해 노력하고 있어요.

서른다섯 살 때 겪었던 일이에요. 그때 전 거의 7년 동안 상담을 받다 말다 하면서 엄마와의 관계뿐만 아니라 그 밖의 다양한 어려움을 해결하는 데 주력하고 있었죠. 본래는 위협받는다 싶으면 반작용적으로 대처하고, 분노나 공포, 수치심을 쏟아내기 일쑤였어요. 하지만 그렇게 몸에 익은 방식대로 하기보다 자기주장과 개인적 경계에 대해 배우고, 생각과 감정을 더욱 건전한 방식으로 표현하려고 노력하는 중이었죠.

지금 이렇게 다른 참석자 스무 명과 함께 조용한 방에 앉아 눈을 감은 채 호흡을 천천히 편안하고 쾌적한 속도로 조절하자 그 시절의 기억이 하나 떠오른 거죠. 그 기억 속에서 전 전화벨 소리에 전화를 받아 "여보세요?"라고 말했어요. 그러자 엄마가 뭔가를 해달라고 부탁했어요. 그 당시 저는 한부모가 된 지 얼마 되지 않아 혼자 어린 두 아이를 키우면서 사회복지사가 되려고 대학교에 다니고 있었어요. 그러니 말할 것도 없이 정신없이 바빴죠. 엄마를 도와드릴 시간이 없었어요. 엄마가 부탁하는 건 뭐든지 들어주고 싶지도 않았고요. 게다가 진짜 중요한 일도 아니었고, 엄마가 혼자 할 수 있거나 저보다 덜 바쁜 형제가 대신할 수도 있는 일이었죠. 저는 아이를 돌보면서 공부하고 있었고, 한부모로서 해야 하는 집안일도 엄청나게 많았어요. 그래서 "그건 도와드릴 수 없어요"라고 대답했죠. 그러고는 엄마의 부탁을 들어주지 않았으니 어김없이 따라나올 게 분명한 장황한 이야기를 들을 준비를 했죠. "넌 정말 이기적이구나! 넌 너 자신밖에 생각 안 해! 넌 네 아빠랑 똑같아!"(좋은 소리는 절대 나오지 않아요)

부모님은 오래전에 이혼했고, 엄마는 아직도 아빠에 대한 분노와 분개에 휩싸여 있어요. 전 엄마한테서 이기적이라느니 자기중심적이라느니 아빠와 똑같다느니 하는 이야기를 들을 때마다 분노와 두려움, 수치심을 표출했죠. 하지만 그때는 달랐어요. 처음으로 엄마의 말에 감정적으로 대응하지 않았죠. 저에 대한 엄마의 확신이나 비난을 그대로 받아들이지 않았어요. 그런 저 자신에게 얼마나 놀랐는지 몰라요! 그때 전 그렇게 평온할 수가 없었어요. 정말 흥미로운 일이었죠! 돌이켜보면 통찰력이 번뜩이면서 엄마가 제 인생 전체를 그런 패턴으로 이용했다는 사실을 깨달았던 것 같아요. 엄마는 그런 소통방식으로 자식늘을 자기 뜻대로 부렸던 거죠. 그런 인식이 분명해지자 구름이 걷히고, 천상의 노래가 울려 퍼지며, 천사들이 할렐루야를 부르는 것 같았어요. 하, 하, 진짜 그랬던 것 아니고 그렇게 상상한 거죠. 그런 인식을 얻으면서 엄마와의 불편한 관계를 극복했고, 제가 그런 관계에 얼마나 큰 영향을 받고 살았는지를 깨달았죠! 그 순간 웃음이 나오기 시작했어요! 엄마를 비웃은 게 아니었어요. 모든 경이로운 것에 감탄하며 웃었고 그 모든 것을 왜 더 일찍 알아보지 못했나 싶었죠.

엄마는 완전히 조용해졌어요. 그러더니 매서운 목소리로 이렇게 말씀했죠. "뭐가 좋다고 웃는 거지?" 그래도 전 여전히 깔깔거리며 웃으면서 이렇게 말했어요. "세상에, 엄마! 제가 이제야 처음으로 깨달았거든요. 엄마가 이런 식으로 자식들을 이용했다는 걸 말이에요. 엄마는 제 화를 돋우고 이기적이고 자기중심적인 애라고 비난하면서 엄마 뜻대로 절 조종하고 있어요. 제가 죄의식에 사로잡혀 엄마 뜻을 다 들어주길 바라는 거죠!" 이렇게 내뱉고 나서 가만히 기다렸어요. ……그러자 엄마가 이렇게 말했죠. "그래, 이제야 알다니 참으로 오래도 걸렸구나!"

그 대화를 계기로 엄마와 저의 관계가 성인 대 성인의 관계로 다시 태어났어요. 엄마는 더 이상 절 어린아이로 취급하지 않았죠. 성인 여성으로 존중해주는 것 같았어요. 엄마는 그렇게 저와 관계를 맺기 시작했고, 저도 엄마에게 더욱 친절하고 부드러워졌고 인내할 수 있었죠. 엄마를 한 사람의 성인이자 매우 힘든 상황에서 자신만의 어려움을 극복해나가야 했던 한 부모로 볼 수 있었어요.

워크숍에서 이 이야기를 했을 때 제가 쾌활함과 유머라는 강점을 이용해 엄마와의 어려운 문제를 해결할 수 있었다는 이야기를 들었죠.

적합성과 융통성

필자가 만났던 한 내담자처럼 어떤 내담자는 이런 이야기를 할 수 있다. "하지만 전 원래 그다지 열정적이지 않고, 칭찬을 잘 하지도 못해요." "전 그다지 외향적인 사람이 아닌데 ACR는 아주 외향적인 것 같아요." ACR는 내담자 반응의 크기가 아니라 깊이와 관심에 관한 문제다. 또한 구두 표현의 정확성이 아니라 감정의 진실성에 관한 문제다. 내향적인 내담자라도 자신의 기질과 태도에 의지해 더욱 깊이 있는 질문을 할 수 있고, 좋은 소식에 진정으로 관심을 갖고 행복해하는 자신의 마음을 다른 사람들에게 드러낼 수 있다.

좋은 소식이나 나쁜 소식에 대한 모든 반응 유형은 극히 주관적이다. 그렇다면 진짜 ACR가 무엇인지를 어떻게 결정할 수 있을까? 게다가 어떤 사람들은 부드러운 미소에 만족하지만 또 다른 사람들은 격렬한 열정 표현에도 만족하지 못할 수 있다. 셸리 게이블과 그녀의 동료들은(2004) ACR의 객관적 평가가 토의 후 반응자의 감정과 연관돼 있다는 사실을 밝혀냈다. 구체적으로 말하자면 외부 관찰자들이 반응을 적극적이고 건설적이라고 평가하면 공유자들도 자신의 동반자에게 더욱 만족하고, 강한 친밀감을 느꼈다. 그러므로 실제 반응뿐만 아니라 어떤 사람들이 어떤 반응을 적극적이고(또는 수동적이고) 건설적(또는 파괴적)이라고 보는지도 중요한 것 같다. 보통은 진정성이 오가는지를 직감적으로 알 수 있다.

사소한 성공까지도 칭찬하는 게 가식적이고 과시적이거나 지나치게 호들갑 떠는 것 같다고 말하는 내담자도 있다. 실제로 모든 좋은 사건에 대해 ACR를 보여줄 수는 없다. ACR를 자주 사용하거나 남용하면 그 진정성이 흐려진다. 그러므로 의미 있고 중요한 사건에 적극적이고 건설적인 반응을 보여야 한다. 게다가 몇몇 상황적 요소에 따라 좋은 사건 소식에 즉각적으로 ACR를 보이지 못할 수도 있다. 반응자가 상황적 요인 때문에 진정한 ACR를 보일 수 없다면 ACR가 지연된다. 예컨대 누군가의 의학적 요구를 처리할 때나 즉각적인 반응을 보여줘야 하는 전화에 응대할 때, 마감시한이 임박한 프로젝트를 마무리할 때 또는 당신의 반응을 이해하지 못하는 사람들과 함께 있을 때가 그렇다. 마지막으로 ACR는 구체성에 관한 문제다. 각각의 질문은 다음 질문을 기반으로 삼는다. 공유자가 긍정적인 소식을 무시하거나 회피하더라도 반응자는 그런 소식을 계속 인정해줘야 한다.

ACR는 긍정관계의 한 측면이다. 동반자는 또한 혼자 자신의 열정과 취미, 자기성찰을 즐길 수 있는 시간을 내야 한다. 내담자가 이 실습을 하려고 다른 중요한 자질들을 희생시키지 않는 게 중요하다.

오늘날 현문화의 기술적 본질 덕분에 소통이 훨씬 쉬워졌다. 하지만 사적인 소통은 감소했다. 대면하는 상호작용 시간이 점점 더 줄어들고 있다. 좋은 관계의 핵심적인 특징은 대면 상호작용에서 가장 잘 배양되는 사적인 상호작용과 연결성이다(20장 14회기의 핵심 개념에 이 주제에 관한 더욱 많은 내용이 나온다). 그러므로 내담자가 친구에게 문자메시지를 보내는 것과 친구를 직접 만나 이야기하는 것이 어떻게 다른지를 이해할 수 있게 도와줘야 한다.

문화적 고려사항

몇몇 문화권 내담자는 ACR 실습을 과시적인 것으로 여길 수 있다. 그들 문화권에서는 보통 좋은 사건과 경험을 칭찬하지 않기 때문이다. 호주 출신 정신건강 전문가인 42세의 데이브(Dave)는 하루 종일 PPT 훈련 워크숍을 끝내고 나서 ACR가 '허세는 부리지 않는다'는 호주 격언과 비슷하다고 했다. 하지만 상대의 이야기에 적극적이고 건설적인 태도로 질문을 던져 진정한 관심을 보이는 문제에 관해 진지하게 토론하고 나자 주저하는 습관을 훨씬 쉽게 극복할 수 있었다.

치료자는 강점의 자기공개 방식이 문화에 따라 다를 수 있다는 사실을 인지해야 한다. 직접적이거나 간접적인 말로 자기공개를 할 수도 있고, 눈을 거의 마주치지 않거나 계속 눈을 마주치면서, 반응하는 동안 격하거나 작은 몸짓과 자세로, 반응하는 동안 관심을 보여달라고 요청하거나 명령하면서, 긍정적인 경험을 생기 넘치거나 무덤덤한 어조로 이야기하면서 자기공개를 할 수도 있다(고벨, 첸, 리처드슨(Gobel, Chen, & Richardson), 2017); 클라인스미스, 데 실바, 비안치-베르사우제(Kleinsmith, De Silva, & Bianchi-Berthouze), 2006)). 이 실습의 고무적이지만 명확하지 않은 특징은 ACR가 격한 구두 반응에만 의지하지 않는다는 것이다. 몸짓과 자세, 더욱 주의 깊게 경청하는 태도, 적지만 관련성이 더욱 높은 질문이 더욱 중요하다.

ACR는 진정성 있고 긍정적인 반응을 하는 것이다. 반응자들은 ACR를 문화에 맞게 수정해도 좋다. 다시 말해 창의성을 발휘해 문화적으로 적절한 적극적이고 건설적인 반응 방식을 찾아내는 것이다. 예컨대 한 독일 문화권 치료자는 워크숍에서 이 실습을 한 후 이렇게 말했다. "말과 표현을 사용하기보다 비언어적으로 적극적이고 건설적인 반응을 하는 게 훨씬 쉽다는 걸 알았어요. 게슈탈트 심리치료 훈련을 받으면서 소통의 거의 절반 정도가 자세와 얼굴 표정을 통해 비언어적으로 이뤄진다는 걸 배웠죠."

어떤 문화권에서는 잘 됐던 일들을 강조하고 크게 떠드는 것을 오만과 허영으로 간주할 수 있다. 또 다른 문화권에는 좋은 사건을 확대하기보다 축소하는 관행이나 규범이 있을 수 있다. 그렇지만 문화란 역동적이라는 사실을 염두에 두어야 한다. ACR를 문화적으로 민감하게 제시한다면 새롭게 긍정적인 선례를 남길 수 있다. 이 분야의 선구자인 크리스토퍼 피터슨(2006)은 긍정심리학 덕분에 '비열하게 웃긴' 사람에서 '친절하게 웃긴' 사람으로 성장할 수 있었다고 한다. 이와 같은 맥락에서 이 책에서는 인간관계 강화라는 좋은 의도로 ACR를 제시할 수 있다. 인간관계 강화는 문화를 초월해 가치 있게 여겨지는 목표다.

어떤 문화권 내담자는 긍정사건에 대한 감사를 문화적으로 적절한 방식으로 표현하고 싶을지도 모른다. 문화적으로 적절한 방식은 ACR의 영혼과 본질만 건재하다면 사용할 수 있다. 다시 말해 긍정적인 경험을 진정으로 공유하고 칭찬하기만 하면 사용 가능하다.

유지

내담자의 진척 상태를 유지하기 위해 다음의 정보에 대해 내담자와 토의한다.

- ACR에서는 질문의 양이 아니라 진정성이 중요하다. 진정으로 보고 느끼며 가치 있

게 여기고 확장하는 것이 ACR다. 이런 조치는 다양한 상황에서 연습해봐야 한다.

- ACR는 구체성에 관한 것이다. 각 질문은 다음 질문을 기반으로 삼는다. 공유자가 긍정적인 사건을 무시하거나 회피하더라도 반응자는 그런 사건을 계속 인정해줘야 한다.

- ACR는 서로를 깊이 진정으로 알아 쌍방이 이해와 타당성을 인정받고 관심을 받는 다고 느끼는 조율에 관한 것이다.

- ACR는 동반자를 위한 것만이 아니다. 친구들이나 다른 가족이 좋은 사건을 이야기 해줄 때도 사용할 수 있다.

- ACR의 효과는 부정정서와 감정, 회의를 한동안 접어두고 사랑하는 사람과 함께 긍 정적인 순간을 칭찬하고 공유할 때 가장 커지는 것 같다. 부정 측면과 불평, 의혹 또 는 역효과에 대해는 나중에 토의할 수 있다.

- ACR는 사랑하는 사람의 긍정정서와 감정, 경험을 인정하고 이해하며, 그에 반응하 는 능력을 향상시키는 구체적인 방법을 제시한다. 덕분에 ACR의 혜택을 볼 수 있는 다른 문제들과 상황, 사건 또는 경험을 얼마나 더 잘 이해하게 됐는지를 동반자에게 물어본다.

회기 종료 시 이완

회기 시작 시와 마찬가지로 짧은 이완으로 회기를 종료한다.

자원

간행물

- Gable, S. L., Reis, H. T., Impett, E. A., & Asher, E. R. (2004). What do you do when things go right? The intrapersonal and interpersonal benefits of sharing positive events. Journal of Personality and Social Psychology, 87, 228–245.
- Gable, S.L., & Reis, H.T. (2010). Good news! Capitalizing on positive events in an interpersonal context. In M. P. Zanna (Ed.), Advances in Experimental Social Psychology (Vol. 42, 195– 257). San Diego, CA: Elsevier Academic Press.

- Lambert, N. M., Clark, M. S., Durtschi, J., Fincham, F. D., & Graham, S. M. (2010). Benefits of expressing gratitude to a partner changes one's view of the relationship. Psychological Science, 21(4), 574–580.
- Stanton, S. C. E., Campbell, L., & Loving, T. J. (2014). Energized by love: Thinking about romantic relationships increases positive affect and blood glucose levels. Psychophysiology, 51(10), 990 – 995. doi:10.1111/ psyp.12249
- Woods, S., Lambert, N., Brown, P., Fincham, F., & May, R. (2015). "I'm so excited for you!" How an enthusiastic responding intervention enhances close relationships. Journal of Social and Personal Relationships, 32(1), 24–40.

동영상

- YouTube: Active Constructive Responding:

  https:// youtu.be/ qRORihbXMnA?list=PLLBhiMXTg8qvQ4Ge94wRFYZhk66t_wm1e

- Shelley Gable explains Active Constructive Response (ACR):

  https:// youtu.be/ OF9kfJmS_0k

- It Is Not About the Nail: a hilarious illustration on the importance of "I just need you to listen":

  https:// youtu.be/ – 4EDhdAHrOg

웹사이트

- People will like you:

  http:// www.pbs.org/ thisemotionallife/ blogs/ happiness–exercise–how– make– people– love– you

- Using positive psychology in your relationships:

  http:// health.usnews.com/ health–news/ family–health/ brain–and–behavior/ articles/ 2009/ 06/ 24/ using–positive– psychology– in– your– relationships

- Paul Ekman: Atlas of Emotions, aims to build vocabulary of emotions:

  http:// atlasofemotions.org/ #introduction/ disgust

20장
14회기: 이타성

14회기에서 내담자는 이타성이 자신과 타인에게 어떻게 도움이 되는지를 배운다. 이 회기에서 중점적으로 다루는 긍정심리치료(PPT) 실습은 시간의 선물이다.

14회기 요약

핵심 개념

　회기 중 활동: 시간의 선물 실습을 보여주는 동영상

　성찰과 토의

　사례

　적합성과 융통성

　문화적 고려사항

　유지

자원

핵심 개념

이타성은 어떤 부탁도, 재정적 보상도 바라지 않고 자기 의지대로 남에게 이득을 베푸는 것이다. PPT에서 의미를 찾으려면 자아보다 더 원대하다고 믿는 뭔가에 속해 봉사하기 위해 자신의 대표 강점을 사용해야 한다. 누구나 이 세상에서 중요한 삶을 살고 싶어하고 더 나은 세상을 만들어나가고 싶어 한다. 이타성의 심리적 혜택은 다음과 같이 상당히 크다.

- 수렴적 증거에 따르면 자원봉사는 수명 증가, 일상 생활활동 수행 능력 개선, 더욱 건전한 대처 행동, 타인과의 긍정적인 상호작용 증가, 만성통증과 입원 감소, 전반적인 심리적 고통 감소와 연관 있다(캐시데이, 킨스먼, 피셔(Casiday, Kinsman, & Fisher), 2008; 뮤식, 윌슨(Musick & Wilson), 2003; 네델쿠, 미코드(Nedelcu & Michod), 2006; 수사이-네이션, 네그리, 델레 파브(Soosai-Nathan, Negri, & Delle Fave), 2010).

- 또 다른 증거에 따르면 관련된 많은 특성을 조정하고 나서 자원봉사하는 사람들은 훨씬 높은 신체활동 수준을 유지했고, 자가평가 건강 상태가 훨씬 좋았으며, 우울증 상도 훨씬 적었다(필레머 외 다수(Pillemer et al.), 2010).

- 자원봉사와 기부는 행복과 깊이 연관돼 있다. 사람들은 더욱 행복해지겠다는 목표를 달성하려고 상품을 구매하고 소비하지만 구매 행동으로는 좀처럼 그 목표를 달성하지 못한다(카서, 칸너(Kasser & Kanner), 2004; 류보머스키(Lyubomirsky), 2007). 상품의 매력은 쾌락적 적응 때문에 시간이 지나면서 사라지지만 *베풂* 경험은 시간이 지나면서 더욱 좋아진다(카서, 칸너, 2004; 반 보벤, 길로비치(Van Boven & Gilovich), 2003). 사람들은 상품을 살 때 끊이지 않는 확실한 만족감이나 즐거움을 얻을 거라고 기대한다. 반면 자원봉사 등의 경험을 할 때는 자신의 참여가 가치 있는지 없는지와 같은 보다 깊은 성찰을 한다. 게다가 상품은 유용성과 관련 있지만 베풂 경험은 정서와 연관돼 있다. 베풂 경험은 사람과 사람을 (상호작용을 통해) 연결해준다. 반면 상품과 전자기기, 특히 오늘날의 기술 장치는 사람을 사람으로부터 멀리 떼어놓는다. 실제로 페이스북과 다른 소셜미디어 플랫폼에서는 많은 사람과 연결돼 있어도 사무실 동료와 이웃, 옆방에 있는 사랑하는 사람들과는 소원하게 지내는 경우가 흔하다.

- 남을 돕는 사람들은 건강해진다. 무작위 연구에서 영어를 유창하게 구사하고 만성 건강 문제가 없는 캐나다 10학년생 106명이 두 달 동안 초등학생을 돕는 자원봉사를 했다. 이 연구에서는 C-반응단백질 수치와 총 콜레스테롤 수치, 신체질량지수를 포함한 심혈관 위험 표지자를 주시했다. 그 결과, 공감과 이타적 행동이 가장 많이 증가한 사람들과 부정감정이 가장 많이 감소한 사람들은 시간이 지남에 따라 심혈관질환 위험이 가장 많이 줄어들었다(슈라이어, 킴벌리, 쇼너트-레이칠, 첸(Schreier, Kimberly, Schonert-Reichl, & Chen), 2013). 이 연구는 긍정적인 연상의 유행병적 증거

를 최초로 제시한다.

- 하버드대 정치과학자 로버트 풋넘(Robert Putnum)(2000)은 지난 25년에 걸쳐 거의 50만 명을 인터뷰해 경험적 증거를 수집했다. 그 결과에 따르면 긍정관계를 기반으로 형성된 사회적 자원이 상당히 약해졌다. 1950년대와 비교했을 때 대부분의 조직에서 적극적 참여 비율이 50% 이상 감소했고, 워크숍 참석률도 50%에서 25%까지 떨어졌다. 또한 다른 경향의 중도 친구를 집에 초대하는 비율이 45%까지 감소했다. 풋넘은 이타성과 자원봉사, 자선활동이 1950년대 이후 꾸준히 하락하고 있는 암울한 진실을 시사했다.

요컨대 남을 도우면 건전하지 못한 생각에서 훨씬 건전한 행동적 노력으로 관심이 쏠리기 때문에 자신만의 생각에 빠지는(우울한 생각 계속하기 등) 주의집중을 다른 방향으로 전환할 수 있다. 건전하지 못한 생각에 빠지면 취약해지고 희생자라는 자기인식이 강해진다. 반면 건전한 행동적 노력을 하면 자기효능감이 높아진다. 하지만 앞서 언급했듯이 자원봉사와 이타적 행동은 전반적으로 감소하고 있다. PPT가 이런 안타까운 흐름에 어떤 영향을 미칠 수 있을까. PPT는 친밀한 관계를 배양해준 이후 내담자에게 자신을 돕기 위해 남을 도우라고 장려해 대인적 행복을 확대시킨다.

회기 시작 시 이완

각 회기는 간단한 이완 운동으로 시작한다. 이 책 마지막에 수록된 〈부록A: 마음챙김과 이완 실습〉을 참조하길 바란다. 이 부록의 복사본은 내담자 워크북에도 나와 있다. 이전 회기의 핵심 개념뿐만 아니라 내담자의 감사 일기를 검토하면서 이 회기를 계속 진행한다.

회기 중 활동: 시간의 선물 실습을 보여주는 동영상 시청

이 회기 중 실습에서는 이타성 개념을 알려주고, 시간의 선물 실습을 묘사해주는 동영상을 중점적으로 시청한다. 이 유튜브 동영상을 틀어주고 내담자에게 성찰과 토의 질문에 대해 성찰해보고 토의하라고 한다.

싱가포르 영감 드라마 단편영화: 선물(상영 시간: 7:30)

https://youtu.be/K-3IjNr1gCg.

이 단편영화는 아들이 아버지에 관한 큰 비밀을 발견하고 나서 아버지를 다르게 이해하기 시작한다는 이야기를 그리고 있다.

성찰과 토의

- 이 동영상에서 이타성에 관한 어떤 점이 도드라져 보이는가?
- 이 자료 덕분에 이타성에 관한 당신의 경험이 떠올랐는가?
- 그렇다면 이 동영상에서는 일상생활에서 이타성을 키워주는 어떤 구체적인 행동을 생각해보라고 했는가?
- 왜 아버지는 아들에게 비밀을 밝히지 않았는가?
- 이 동영상에서 아버지는 가진 것이 많지 않음에도 많은 것을 내어준다. 줄 것이 아예 없다거나 또는 거의 없다고 생각하는 사람들은 이 아버지를 본보기 삼아 어떤 도움을 받을 수 있을까?

치료자 노트

내담자의 자기관리가 이미 위태로운 지경에 처해 있을 수도 있다. 이런 내담자에게는 이타적 노력이 자기관리 욕구에 부정적 영향을 미치지 않는다고 확신시킨다. 고통과 행복 수준에 대해 세세하게 토의하면 내담자가 자신의 잠재적 취약성을 드러낼 뿐만 아니라 이타적 노력의 규모를 결정하는 데 도움이 된다.

소외된 환경에서 한정된 자원을 갖고 성장한 내담자는 더욱 부유하고 건전한 문화권 내담자보다 자원봉사를 적게 할 가능성이 크다.

이 밖에도 이미 만성적 건강 문제가 있는 가족을 헌신적으로 돌본 내담자, 예기치 못한 잦은 건강 문제로 고생하는 가족을 돌봐야 하는 내담자, 발달장애가 있는 노부모나 가족을 돌보는 내담자는 자원봉사를 하지 못할 수도 있다. 따라서 자원봉사에 관한 주제는 내담자의 상황적 문제점을 세심하게 고려해 토의하는 것이 중요하다.

과제

회기 중 앞서 소개한 동영상을 시청하고 성찰과 토의 질문에 관해 논의하고 난 후 내담자에게 워크시트14.1을 과제로 해오라고 한다. 이런 워크시트는 각 회기마다 수록돼 있고, 내담자 워크북에도 나와 있다. 내담자는 시간을 선물로 제공하라는 요청을 받기 때문에 각자 성향에 따라 이 과제를 다음 회기 전에 하거나 PPT가 완전히 끝난 후 할 수도 있다.

워크시트14.1 시간의 선물

이 실습의 목적은 당신이 마음 쓰는 누군가에게 상당한 시간을 투자하고 당신의 대표 강점 중 하나를 이용해 뭔가를 해줌으로써 시간의 선물을 하는 것이다.

대표 강점을 이용해 이 선물을 전달하면 이 실습이 훨씬 만족스러워진다. 예를 들어 다음과 같다.

• 창의적인 사람은 친한 친구에게 기념일 축하 편지를 쓴다.
• 유희적이고 유머감각이 뛰어난 사람은 파티를 열 수 있다.
• 친절한 사람은 아픈 룸메이트나 동반자를 위해 4코스 저녁 식사를 준비할 수 있다.
• 대표 강점 중 하나 또는 두 개를 활용해 최근 불편해진 사람을 위해 시간의 선물을 한다(-옮긴이주).

이 실습을 완료하고 나서 시간의 선물을 준 당신의 경험을 글로 쓴다. 당신이 무엇을 했고, 시간이 얼마나 오래 걸렸는지, 느낌이 어땠는지를 정확하게 기록한다.

_____

_____

_____

_____

_____

_____

성찰과 토의

이 실습을 완료하고 나서 다음의 질문에 대해 성찰해보고 토의한다.

- 선물을 줄 때 기분이 어땠는가?
- 선물을 주고 났을 때 기분이 어땠는가?
- 당신의 선물을 받은 사람의 반응이 어땠는가?
- 선물을 준 (긍정적이거나 부정적) 결과가 어떠했는가?
- 당신의 대표 강점을 한 가지나 그 이상 사용했는가? 그렇다면 어떤 강점을 어떻게 사용했는가?
- 과거에 그런 활동을 한 적이 있는가? 어떤 활동이었나? 이번에는 예전과 좀 달랐는 가? 그렇다면 어떤 점이 달랐는가?
- 과거에 시간의 선물을 주라는 요구를 받았지만 주기 싫었던 적이 있었는가?
- 누군가로부터 시간의 선물을 받은 적이 있었나? 어떤 선물이었나?
- 특별한 이유로 시간의 선물을 정기적으로 선사할 의향이 있는가? 그 이유는 무엇 인가?
- 적응을 예상하고 있는가? 다시 말해 어느 정도의 시간이면 시간의 선물이 처음 받 았을 때만큼 만족스럽지 않다고 느껴질 것 같은가? 그렇다면 그 문제를 해결하기 위해 어떤 조치를 취할 수 있는가?

사례: 키샤나와 시간의 선물

47세 키샤나(Kishana)는 세 아이의 엄마이자 경영자 코치다. 키샤나는 3일 동안 PPT 훈련에 참여해 과제를 받아왔고, 시간의 선물 과제를 완료하기로 했다. 키샤나 는 워크숍에 참석하고 석 달이 지난 후 시간의 선물 실습을 한창 하면서 그 실습에 대한 성찰을 다음과 같이 기록했다.

제가 아주 어렸을 때부터 저의 가장 훌륭한 롤모델이었던 엄마는 우리가 언제나 긍정적인 뭔가를 다른 사람들에게 줄 수 있다는 깊은 생각을 심어줬어요. 처음에는 근근이 먹고사는 저희 형편에 어떻게 그럴 수 있는지 이해하지 못했죠. 하지만 돌이켜보면 엄마는 언제나 짬을 내서 다른 사람들을 도와줬어요. 벌이가 변변찮은 한부모였던 엄마는 판매업에 종사했기 때문에 얼마나 봉사했는지가 아니라 상품을 얼마나 많이 판매했는지에 따라 전문적 가치를 평가받았죠. 하지만 엄마는 남을 도울 시간을 낼 수 있는지가 자신의 가치를 결정짓는다고 믿었어요. 그래서 노부인이 혼자 쓰레기를 버리지 못하거나 종종 잊어버리고 버리지 못할 때 대신 두 블록을 걸어가 쓰레기를 버려줬죠. 그 밖에도 쇼핑몰과 복도를 들락거리는 우리를 위해 문을 잡아주고, 주말에 (내가 재미있는 곳에 놀러가자고 할 때) 레스토랑에서 먹다 남은 음식을 푸드뱅크나 쉼터에 가져다주고, 새로 도착한 피난민에게 복잡한 사회 시스템을 다루는 법을 가르쳐줬어요.

저는 엄마가 그 모든 잡일을 처리하는 걸 지켜봤죠. 엄마는 종종 절 함께 데려가기도 했어요. 저는 마지못해 따라갔어요. 가끔씩 엄마 대신 절 돌봐줄 사람이 없기도 했거든요. 사춘기에는 운동에 관심이 있었어요. 엄마가 종종 자원봉사를 하는 푸드뱅크 옆에 체육관이 있었는데 체육관 관장이 엄마의 헌신적인 모습을 보고 제게 무료 회원권을 줬어요. 전 달리기와 수영, 근육 단련을 좋아했어요. 전 엄마한테 힘이 없다고 생각해 체육관에서 체력을 강하게 단련했어요. 엄마는 선행을 좋아했지만 사랑이 힘을 가져다주지는 않죠. 오히려 엄마의 그런 성격을 이용하는 사람들이 있었어요. 그런 사람들이 엄마에게 사랑과 돌봄, 도움을 요청하면 엄마는 다 내줬죠. 속으로 저는 엄마에게 화가 났어요.

저희는 힘든 세월을 보냈어요. 전 학업 성적과 스포츠 성적이 좋았죠. 우수한 성적으로 장학금을 받았고, 집에서 멀리 떨어진 대학교에 입학했어요. 전 새롭게 얻은 자유가 좋았어요. 공부도, 훈련도 더욱 열심히 했고, 주대표팀에서 수영선수로 뛰고 있었죠.

어느 끔찍한 가을 저녁이었어요. 전 훈련을 끝내고 기숙사로 돌아가고 있었죠. 그때 약간 젖은 나뭇잎을 밟았다가 기숙사 복도의 대리석 바닥에 미끄러져 ……왼쪽 어깨가 바닥에 부딪히고, 머리를 모퉁이에 찧었어요. 눈을 떴을 때는 병원이었어요. 어깨에 깁스를 하고 머리에 붕대를 감은 상태였죠. 이후 몇 주 동안 주선수권대회에 참가할 수 없다는 절망감과 장학금을 놓칠지도 모른다는 걱정에 사로잡혀 지냈어요. 엄마가 몇 번 찾아왔지만 더 오래 머물 수 없었죠.

석 달 후 수영장에 들어갔지만 거의 수영을 할 수가 없어 수영장 밖으로 나왔어요. 그러고는 우울한 기분에 휩싸여 벤치에 앉아 아무도 제 눈물을 보지 못하길 바라며 울기 시작했어요. 하지만 누군가 제 눈물을 봤죠. 어떤 할아버지였어요. 할아버지는 제 어깨를 부드럽게 토닥거리며 왜 물 밖에 나와 있는지 물었어요. 낯익은 얼굴을 보니 누군지 기억이 났죠. 제가 수영선수 전용 레인에서 훈련받을 때 지역주민 전용 레인에서 수영을 하던 할아버지였어요. 전 할아버지에게 사고 이야기를 했죠. 그러자 할아버지도 국가수영대회에서 3회 우승을 차지한 경력이 있었지만 부상을 당했다고 했어요. 할아버지는 제게 무료로 재활훈련을 도와주겠다고 했어요. 대학 재활팀에서 제공해줄 수 있는 것보다 훨씬 좋은 재활 프로그램이었죠. 전 그 놀라운 제의를 믿을 수 없어 감사하게 받아들였어요.

그 후 석 달 동안 할아버지는 거의 매일 최소 1시간씩 제 신체 유형과 상처에 맞춘 전략으로 재활훈련을 시켜줬어요. 빈틈없는 관찰자이자 노련한 수영선수였던 할아버지는 수영법과 자세를 세세하게 알려줬죠. 제 코치보다 훨씬 더 잘 가르쳐줬어요. 전 점차 회복됐고, 6개월 안에 예전의 최고 컨디션을 거의 되찾을 수 있었죠. 전 할아버지에게 왜 그렇게 많은 시간을 제게 할애했는지 물어봤어요. 그러자 할아버지는 이렇게 말씀하셨어요. "내 결혼생활이 아주 엉망이었단다. 이혼한 후에는 자식들도 나한테 신경 쓰지 않아. 하지만 어머니는 아주 행복한 분이었어. 가난했고 홀로코스트에서 살아남은 분이지. 어머니는 물질적으로 나눠줄 게 거의 없었지만 넓은 마음을 갖고 있었어. 그래서 많은 시간을 내 남을 도울 수 있었단다. 그때는 어머니가 왜 그렇게 많은 시간을 내 남을 돕는지 이해하지 못했지. 사실은 그런 어머니한테 화가 났어. 하지만 지금은 어머니가 왜 그렇게 행복해했는지 이해할 수 있단다. 너와 함께 시간을 보내면서 남을 도우면 얼마나 행복해질 수 있는지를 깨달았거든."

적합성과 융통성

사회적 불안증이 있거나 기질적으로 부끄러움이 많은 내담자는 다른 사람들과 접촉해야 하는 이타적 노력을 할 때 사회적 평가가 두려워 다른 사람들에게 다가가기 힘들 수 있다. 이런 내담자는 자원봉사 프로그램이 잘 개발돼 있는 조직에 가입하는 것처럼 작은 단계부터 밟아나가도록 도와준다. 그런 조직에서는 무엇을 해야 하는지에 관한 체계와 명확한 지시를 제공해주기 때문에 사회적 불안감을 낮출 수 있다. 또한 자원봉사팀과 함께 활동해 일대일 대면을 피할 수도 있다.

다른 사람들의 호소 문제에 현명하게 접근하는 게 아주 중요하다. 이타적인 사람들은 다른 사람들에게 강요를 하거나 도움을 원치 않는 사람들을 도우려고 하지 않는다. 이타적인 봉사활동은 다른 사람들의 명시된 욕구를 충족시키는 것이라는 사실을 내담자에게 상기시켜줘야 한다.

사람들은 필수적인 기술과 전문지식, 경험, 수단을 갖추고 있을 때 주변 사람들을 가장 잘 도와줄 수 있다. 내담자에게 양방 모두가 현실적인 기대를 할 수 있도록 수혜자와 구체적인 사항에 대해 논의하라고 한다. 내담자가 다른 사람들을 도울 수 있는 방법은 아주 많다.

적극적이고 직접적인 자연체험 활동(나무 숨기, 사회기반시설 개선, 침입종 제거, 오솔길 정비 작업, 쓰레기 청소, 새로운 서식지나 녹지공간 조성 등)도 시간의 선물을 선사하는 또 다른 방법이라는 증거가 있다. 환경 자원봉사라고도 알려진 이런 혁신적 접근법은 특히 소외된 지역사회의 개인과 사회에 재통합되고 싶어 하는 범죄자에게 효과적이다. 환경 자원봉사 참여자는 장소감과 자기발견, 전체의 일부가 됐다는 소속감을 경험한다고 한다. 이런 접근법은 또한 참여자에게 책임감을 키워주고 사회적 인맥을 넓혀준다. 더 나아가 치료적 치료의 보조 수단으로도 사용할 수 있다.

우리가 문제로 인식하는 것이 다른 사람들에게는 문제가 아닐 수도 있다는 사실을 항상 명심해야 한다. 내담자가 공감적이고 열린 관점을 유지해야 타인의 욕구를 따라갈 수 있다.

이타적 행동은 베푸는 사람도 즐길 수 있는 선물이라는 사실을 내담자에게 상기시켜 줘야 한다. 이타적 행동을 짐으로 여길 필요는 없다. 이와 마찬가지로 이타적 행동은 보다 큰 사회적·도덕적 관점에서 바라봐야 한다.

문화적 고려사항

몇몇 내담자에게는 이타성이 사회적·종교적·문화적 유산의 중요한 일부가 될 수 있다. 이런 내담자가 개방적이라면 이들이 의미 있게 생각하는 문화적으로나 종교적으로 뿌리 깊이 박힌 이타적 관행을 함께 살펴본다.

내담자에게 베푸는 사람과 수혜자의 문화적 차이를 고려하라고 한다. 내담자(베푸는 사람)는 수혜자에게 무엇(시간의 선물 등)이든 간에 문화적으로 적절한 것을 베풀어야 한다. 예컨대 한 백인 내담자는 많은 노력을 들여 갓난아기용 중고물품을 구해 이민자 가족에게 선물로 줬다. 하지만 그 가족의 반응이 시큰둥해 실망하고 말았다. 약간의 조사를 하고 난 후에야 그 이민자 가정에는 갓난아기에게 새 옷을 선물하는 문화적 관행이 있다는 사실을 깨달았다. 하지만 그 갓난아기의 손위 형제자매들은 중고 옷을 입을 수 있다.

이타적 노력이 경제적·사회적 상태와도 연관돼 있다는 사실을 명심해야 한다. 어떤 내담자는 시간의 선물을 주고 싶지만 직장에서 오랜 시간 동안 일하고 집에서 많은 책임을 지고 있기 때문에 그럴 시간이 없거나 이용할 수 있는 시간을 최고로 적절하게 사용할 수 있는 전문지식이나 기술이 부족할 수 있다.

유지

내담자의 진척 상태를 유지하기 위해 다음의 정보에 대해 내담자와 토의한다.

- 개개인이 공동선을 실현하고자 시간과 재능, 재물을 베푸는 사람으로서 자선활동에 평생 참여할 수 있는 기술을 많이 알고, 갖추고 있는 세상을 상상해보자. 큰 것을 베풀어야만 이타적이 되는 것은 아니다. 일상생활에서 당신의 시간을 너그럽게 낼 수 있는 작은 기회를 찾아볼 수 있다. 예컨대 누군가를 도와주거나 배려해주거나 누군가의 긍정행동을 칭찬할 수 있다.
- 정신건강 문제를 안고 있음에도 자신들의 강점과 기술, 친절을 다른 사람들에게 나눠주는 중요한 이타성에 대해 더욱 많이 배운다. 다이애나 전 영국 왕세자빈(식이장애)과 마틴 루서 킹 전 미국 목사(우울증), 마더 테레사(우울증)가 그런 인물들이다. 이 중 당신은 어떤 사람과 가장 일치하는가? 이런 이타적인 사람들은 어떤 계기로 자신들의 대의에 헌신하게 됐는가? 이들의 행동이 세상을 어떻게 바꿔놓았는가?
- 자원봉사와 시간, 기술 기부 기회를 제공하는 지방 학교와 지역사회 클럽 및 집단에 참여한다.

- 작은 규모로 이타적 노력을 시작해본다. 지속적으로 봉사한다. 일정 시간이 지나면 그런 노력을 통해 목적의식과 의미, 계속 봉사하고 싶은 동기를 얻을 가능성이 높다.
- 이타적 노력은 종종 자원봉사에 필요한 기술을 배울 수 있게 도와주는 사람들과 연결시켜준다. 결과적으로 당신의 사교 영역이 넓어지고, 지역사회에서 이미 존재하는 자원과 서비스를 익혀 효과적으로 활용하는 방법까지 배울 수 있다.

회기 종료 시 이완

회기 시작 시와 마찬가지로 짧은 이완으로 회기를 종료한다.

자원

간행물

- Chen, E., & Miller, G. E. (2012). "Shift-and-persist" strategies: Why low socioeconomic status isn't always bad for health. Perspectives on Psychological Science, 7(2), 135 – 158. doi:10.1177/1745691612436694
- Kranke, D., Weiss, E. L., Heslin, K. C., & Dobalian, A. (2017). We are disaster response experts: A qualitative study on the mental health impact of volunteering in disaster settings among combat veterans. Social Work in Public Health, 32(8), 500.
- Poulin, M. J., Brown, S. L., Dillard, A. J., & Smith, D. M. (2013). Giving to others and the association between stress and mortality. American Journal of Public Health, 103(9), 1649 – 1655.
- Tabassum, F., Mohan, J., & Smith, P. (2016). Association of volunteering with mental wellbeing: A lifecourse analysis of a national population-based longitudinal study in the UK. BMJ Open, 6(8), e011327.
- Welp, L. R., & Brown, C. M. (2014). Self-compassion, empathy, and helping intentions. Journal of Positive Psychology, 9(1), 54 – 65. doi:10.1080/17439760.2013.831465

동영상
- Kindness Boomerang-"One Day":
https://www.youtube.com/ watch?v=nwAYpLVyeFU

- Gift, Singapore Inspiration Drama Short Film:
  https://youtu. be/1DUYlHZsZfc?list=PL8m
- The Science of Kindness:
  https:// www.youtube.com/ watch?v=FA1qgXovaxU

웹사이트

- The Random Acts of Kindness:
  https:// www.kindness.org/
- Compassion Charter:
  https:// charterforcompassion.org/
- Me to We:
  https:// www.metowe.com/
- Greater Good magazine:
  https:// greatergood.berkeley.edu/

21장

15회기: 의미와 목적

15회기에서는 보다 큰 선을 위해 의미 있는 노력을 탐색하고 추구하는 데 집중한다. 이 회기에서 중점적으로 다루는 긍정심리치료(PPT) 실습은 긍정유산이다. 15회기는 PPT 3단계의 마지막 회기이자 전체 회기의 마지막 회기다.

15회기 요약

PPT 여행의 마지막

핵심 개념

   회기 중 실습: 과거의 이야기와 미래의 목표 그리기

   성찰과 토의

   회기 중 실습: 긍정유산

   성찰과 토의

   사례

   적합성과 융통성

   문화적 고려사항

   유지

자원

PPT 여행의 마지막

다음의 PPT는 3단계를 통합하는 회기로 PPT를 종료한다.

- 회복력에 관한 이야기(긍정소개)
- 더 나은 버전의 나를 만들 수 있다는 희망
- 긍정유산을 남기고 싶은 열망

핵심 개념

의미 있는 삶을 이루는 방법은 아주 많다. 예컨대 친밀한 대인관계(최근의 회기에는 긍정관계와 긍정소통을 위한 실습이 포함돼 있음)와 생산성(창조, 재생산), 이타성(14회기에서 다뤘음), 사회적 행동주의나 서비스, 소명과 영성으로 경험하는 경력이 있다. 자기 인생에 목적이 있다고 느낀다면 자신이 존재하기 때문에 세상이 다르게 느껴진다. 반면 목적이 없으면 세상은 위협적인 곳이 되고, 불안증과 우울증을 유발한다(슈넬(Schnell), 2009). 목적의 부재는 우울증 발병 비율을 크게 증가시키는 부분적인 원인이 된다(루첸바우어, 야즈다니, 라바글리아(Ruchenbauer, Yazdani, & Ravaglia), 2007).

'의미'는 목적의식과 성취감을 느끼게 해주는 장기 목표 추구 활동을 향상시키는 세상에 대한 일관적인 이해를 일컫는다. 바우마이스터(2005)는 의미 추구가 다음과 같은 인생의 4가지 목적에 도움이 된다고 했다.

- 의미는 과거와 현재, 미래를 포함한 시간대 내에서 인생의 목표를 정확히 하는 데 도움이 된다.
- 의미는 자기효능감이나 자기통제력을 제공한다. 의미는 우리가 세상의 사건에 좌우되는 장기의 '졸'에 불과한 것이 아니라 그 이상의 존재라고 믿을 수 있게 한다.
- 의미는 행동을 정당화하는 방법을 창조할 수 있게 도와준다.
- 의미와 연관된 활동들은 종종 공동체 의식을 공유하는 사람들의 유대감을 형성시킨다.

빅터 프랭클은 의미에 관한 중요한 연구(『의미에 대한 의지(The Will to Meaning)』(프랭클, 1988); 『인간의 의미 탐색(Man's Searching for Meaning)』(프랭클, 1963); 『의사와 영혼(The Doctor and the Soul)』(프랭클, 1973) 등)에서 의미는 언제나 가능성을 지니고 있고, 인간의 근본적인 욕구라고 했다. 환경에 상관없이 개인은 언제나 자유롭게 관점을 선택해 자신의 경험을 바라본다. 프랭클은 또한 프로이트와 아들러의 연구를 기초 삼아 의미 추구도 쾌락 추구나 권력 추구와 함께 인간의 핵심 속성에 포함시켜야 한다고 주장했다.

의미가 반드시 인생 전체를 아우르는 거창한 개념이어야 할 필요는 없다. 상황적 의미도 있다. 상황적 의미란 보다 작은 규모의 사건과 관련된 의미를 말한다. 예컨대 카드게임과 비디오게임, 스포츠게임에서 승리하면 단기 목적과 그와 관련된 가치를 얻기 때문에 흥분을 맛볼 수 있다. 하지만 그 게임이 필연적으로 인생 전반에 큰 의미를 부여하는 것은 아니다.

의미는 대인적 환경에 존재하는 경향이 있다. 인간은 사회적 동물이기 때문에 자기 집단을 발전시키는 목표('지역사회를 돕기 위해 의사가 되고 싶다' 등)나 집단의 가치에서 파생된 목표('명망 높은 직업이라서 의사가 되고 싶다' 등)를 갖기 쉽다.

인생에 의미를 부여하면 정신건강이 좋아진다는 증거가 있다. 의미를 실현하는 방법은 아주 많다. 보통 이타성을 발휘하고 남에게 봉사해 자신보다 더욱 원대한 뭔가에 소속돼 헌신하는 것은 의미에서 중요한 요소다(슈테거, 2012).

의미의 본질은 연결성이다. 의미는 물질적으로 완전히 동떨어진 두 개체도 연결시켜줄 수 있다. 단 그 두 개체가 동일한 범주에 속하거나(바나나와 사과는 모두 과일), 동일한 사람이 소유한 것이거나(제이슨은 기타와 야구공을 모두 가지고 있음), 공동의 목표 달성을 위해 사용하는(지역 노숙자쉼터에 가져다줄 따뜻한 담요와 음식 제공받기) 것이라면 가능하다. 안타깝지만 이런 사회적·공동체적 연결성은 '극단적 개인주의'의 심화로 크게 약해졌다. 셀리그만(1991)은 극단적 개인주의가 '우울증적 설명양식(depressive explanatory style)'을 극대화해 사람들이 흔한 실패의 원인을 영구적이고 만연적이며 개인적인 것으로 돌리게 만든다고 주장했다. 또한 개인적 실패가 재앙 수준의 영구적인 것처럼 보이기 때문에 보다 크고 자애로운 제도(신, 국가, 가족)의 감소가 이루어지고 있다는 사실도 지적했다.

회기 시작 시 이완

각 회기는 간단한 이완 운동으로 시작한다. 이 책 마지막에 수록된 〈부록A: 마음챙김과 이완 실습〉을 참조하길 바란다. 이 부록의 복사본은 내담자 워크북에도 나와 있다. 이전 회기의 핵심 개념뿐만 아니라 내담자의 감사 일기를 검토하면서 이 회기를 계속 진행한다.

회기 중 실습: 과거의 이야기와 미래의 목표 그리기

긍정소개 실습은 PPT 1회기에서 소개했다. 1회기에서 내담자에게 자신의 회복력 이야기를 글로 써서 최종본을 봉투에 담아 봉하고 서명과 날짜를 적어달라고 했다면, 이제는 그 봉투를 꺼내 내담자에게 그 이야기를 읽어보라고 한다. 그러고 나서 워크시트15.1: 자기 이야기 회상하기와 미래 목표 그리기를 소개한다. 이런 워크시트는 각 회기마다 수록돼 있고, 내담자 워크북에도 나와 있다. 1회기에서 내담자의 이야기를 받아두지 않았다면 내담자에게 몇 분간의 시간을 주고 자신이 썼던 이야기를 떠올려보라고 한다.

치료자 노트

워크시트15.1에서는 내담자에게 1회기에서 했던 긍정소개를 곰곰이 생각해볼 뿐만 아니라 앞으로 추구하고 싶은 성취나 목표를 떠올려보라고 한다. 내담자의 브레인스토밍을 돕기 위해 다음과 같은 중요한 성취나 업적에 관한 사례들을 필요할 때 내담자와 공유할 수 있다.

• 전자기기 재사용과 용도 변경, 재활용하기

• 기업의 사회적 책임 분석 및 개선하기

• 자선적(재능 포함) 기부를 증진시키는 혁신적인 방법 개선하기

• 더 나은 변화를 이끌어내는 대의에 인재 투자하기

• 중요한 사회적 문제를 옹호하는 정치운동에 참여하기

• 푸드뱅크의 이미지를 공동체 정찬으로 변모시키기

• 가난한 사람들을 도울 수 있는 대의에 기여하기

• 불우한 사람들에게 멘토가 돼주기

워크시트15.1 자기 이야기 회상하기와 미래의 목표 그리기

1회기에서 작성한 긍정소개 이야기를 떠올려보고 다음의 질문에 답한다. 치료 과정에서 자신에 관해 알아낸 다른 정보들도 자유롭게 이용한다.

회복력에 관한 당신의 경험에서 어떤 의미를 찾아낼 수 있는가?

_____

_____

_____

이제는 자신의 성격강점을 훨씬 더 잘 알게 됐다. 당신의 이야기에서 어떤 성격강점이 가장 두드러지게 드러났다고 생각하는가? 아직도 그런 강점들을 일상생활에서 사용하고 있는가? 그렇다면 어떻게 사용하고 있는가?

_____

_____

_____

_____

회복력에 관한 당신의 이야기에서 삶의 목적에 관한 것을 찾아낼 수 있는가?

_____

_____

_____

_____

10년 후 추구하고 싶은 창의적이거나 중요한 성취는 무엇인가?

_____

_____

_____

_____

예술과 과학, (사회적) 관계, 학업 분야에서 당신과 타인 모두에게 좋아서 성취하고 싶은 것이 무엇인지를 구체적으로 생각해본다.

_____

_____

_____

_____

그런 성취가 무엇 때문에, 왜 당신에게 중요한 목표인가?

_____

_____

_____

_____

그런 목표가 다른 사람들에게 어떠한 영향을 미치는가?

_____

_____

_____

_____

10년 후 그 목표를 달성하려면 어떤 조치를 취해야 하는가? 매년 무엇을 해야 하는가?

_____

_____

_____

_____

당신의 목표를 달성하기 위해 어떤 대표 강점을 가장 자주 사용할 것인가?

_____

_____

_____

_____

성찰과 토의

내담자는 이 실습을 완료하고 나서 다음의 질문에 대해 성찰해보고 토의한다.

- 당신의 회복력에 관한 이야기를 다시 읽어보니 어땠는가?
- 그 이야기를 다시 쓸 수 있는 기회가 있다면 몇 달 전과 똑같이 쓸 것인가? 그게 아니라면 그 이야기를 어떻게 바꿀 것인가?
- PPT의 마지막 몇 회기를 거치면서 삶의 목적과 의미에 대한 생각이 어떻게 달라졌는가?
- 미래의 목표에 대해 생각하고 그 생각을 글로 쓰는 과정이 어떠했는가?
- 당신의 목표를 성취한다면 어떻게 될까? 당신의 목표를 성취하지 못한다면 어떻게 될까?

회기 중 실습: 긍정유산

치료자용 제안 대본

피터슨(2006)의 저서에서 발췌한 대본은 다음과 같다.

누구에게나 버킷 리스트가 있다. 죽기 전에 '꼭' 하고 싶은 일, '시간이 날 때' 성취하고 싶은 목표와 가보고 싶은 장소가 있다. 하지만 그럴 시간을 일부러 내지 않는 한 절대 그럴 시간이 저절로 생기지 않는다는 사실을 깨달을지도 모른다. 워크시트15.2: 긍정유산은 당신의 미래를 그려보고, 당신의 희망과 꿈을 성취할 수 있는 방법에 대해 진지하게 생각할 수 있게 해준다.

워크시트15.2 긍정유산

당신이 바라는 인생이 무엇인지, 가까운 사람들에게 어떻게 기억되고 싶은지를 미리 생각해본다. 당신의 어떤 성취와 개인적 강점 또는 이 둘 중 하나를 사람들이 이야기할까? 달리 말해 무엇을 당신의 유산으로 남기고 싶은가? 다음의 빈칸에 이 질문의 답을 적어본다. 지나치게 겸손하지 말고 현실적으로 자신의 미래를 그려 기록한다.

_____

_____

_____

_____

_____

_____

_____

_____

글을 다 작성하자마자 다시 읽어보고 현실적이면서도 자기 능력으로 행할 수 있는 유산을 남길 계획을 세웠는지 자문해본다.

글을 다 작성한 후 이 워크시트를 안전한 곳에 보관해둔다. 그러고 나서 1~5년 후 꺼내다시 읽어본다. 그때 당신의 목표를 달성하는 데 진전이 있었는지 자문해보고, 새로운 목표가 나타났다면 자유롭게 수정한다.

성찰과 토의

긍정심리학은 행복을 연구하는 사람이나 만드는 사람 모두에게 귀중한 과학적 통찰력을 제공한다. 예컨대 기본적 욕구가 충족되고 나면 돈을 더 많이 벌어도 행복이 증가하지 않는다(루카스, 2007). 반면 몰입 증가와 만족스러운 관계, 의미 있는 노력은 행복을 더해주고 유지시킨다(피터슨, 박, 셀리그만, 2005). 이런 결과에 비춰봤을 때 어떤 유산을 남겨야 할까. 내담자에게 긍정유산 실습을 완료하고 나서 다음의 질문에 대해 생각해보고 토의한다.

- 긍정유산을 글로 쓰는 과정이 어땠나?
- 이 실습에서 가장 어려운 부분은 무엇이었나? 개념이 너무 추상적인가? 미래의 당신 모습에 관해 주목할 만한 점을 쓰는 게 오만하게 느껴졌는가? 당신이 후세에 어떻게 기억될지는 별로 걱정되지 않는가?
- 당신이 후세에 기억되고 싶은 그런 인생을 살았거나 살고 있는 사람을 떠올릴 수 있는가? 누군가 떠오른다면 그 사람에게 어떤 글을 써서 보내고 싶은지 생각해본다. 아무도 떠오르지 않는다면 역사적인 인물을 생각해본다.
- 당신의 긍정유산을 성취하기 위해 세울 수 있는 장단기 목표는 무엇인가?
- 당신의 장단기 목표를 달성하기 위해 취하고 싶은 구체적인 행동은 무엇인가? 그런 행동을 취하는 일정은 어떻게 되는가?
- 긍정유산을 남길 수 있는 일을 하기 위해 당신의 대표 강점을 어떻게 이용할 수 있는가?

사례: 브라이언의 유산

23세의 내담자 브라이언은 개인 PPT와 집단 PPT에 모두 참여했고, 집단 PPT의 한 회기에서 자신의 긍정유산을 글로 썼다. 편집하지 않은 원본은 다음과 같다.

야망과 연민을 품고 가장 중요한 것을 추구하며 한 개인으로서 자신을 표현한 사람, 그러니까 교사이자 치유자이며, 친구이자 진실하고 자유로운 사람, 무엇보다도 겸손한 학생으로 기억되고 싶어요. 도움을 필요로 하고 요청하는 사람을 도와준 성취로 기억되고 싶어요. 제 유산 덕분에 제가 발견한 세상과 사람들이 처음보다 조금이나마 더 나아지길 바라요. 제 유산을 남기기 위해 어떤 계획을 세워두었냐고요? 제 자신의 평화와 행복을 먼저 찾지 못하면 다른 사람들의 평화와 행복도 찾아줄 수 없어요. 주의 깊은 연습과 생활, 상호작용을 통해 친절해지려고 주도적으로 행동해요. 제 자신을 돌보면서 남을 돌보는 법을 배우고 있죠.

사례: 훌륭한 아버지로 기억되고 싶은 샘

47세의 기업 간부인 샘(Sam)은 자기계발 코스의 일환으로 긍정유산을 완료했다. 그 실습에 관한 샘의 성찰은 다음과 같다.

성찰: 쉬운 실습이 아니었어요. 전 어떻게 행복한 사람이 될 수 있는지, 행복의 의미가 무엇인지를 알아내려고 애썼죠. 제가 누구인지, 어떤 사람이 되고 싶어 하는지를 오랫동안 곰곰이 생각했어요. 지난 6년 동안 제 시간과 에너지의 대부분을 사업에 쏟아부었고, 덕분에 상당히 만족스러운 결과가 나오고 있어 뿌듯했죠. 하지만 가족에 관한 긍정유산을 생각하는 건 어려웠어요. 제가 남기고 싶은 긍정유산이 무엇인지 들여다보자 제 인생에서 중요한 그 영역에서는 거의 한 일이 없다는 걸 알 수 있었죠. 지난 6년 동안 제 사업을 위해서는 많은 일을 했지만 부양하고 싶은 사람들을 위해서는 별로 한 일이 없었어요.

이 실습을 하면서 제가 누구를 위해 이 모든 일을 하고 있는지, 그들과 감정적으로뿐만 아니라 육체적으로도 얼마나 멀어졌는지를 깨달을 수 있었죠. 금전적 성취는 점점 높아지고 있지만 그런 정점을 찍을 때마다 새로운 저점이 생겨나는 것 같았어요. 높이 올라갈수록 사랑하는 사람들과는 점점 더 멀어지는 것 같았죠. 하지만 돌아가는 방법을 찾을 수 없었죠. 이런 사실을 깨닫자 우울해졌지만 희망을 버리지 않는 사업 강점을 이용해 저와 제 가족 모두에게 좋은 것에 집중할 수 있었어요. 덕분에 다음과 같은 3가지 다짐을 할 수 있었죠.

1. 두 아들의 인생에 존재하는 아버지로 기억되고 싶다. 내 사업에 투자하는 만큼 가족에게도 투자하겠다. 지금은 하루 10~12시간 일하고 집으로 돌아간다. 앞으로는 8시간 근무 후 귀가할 계획이다. 일을 더 많이 하기보다 더욱 현명하게 처리하고자 노력하겠다.

2. 집에 가면 텔레비전 앞에 앉기보다 전자기기를 모두 끈 후 내 호기심 강점을 활용해 아이들의 일상에 관심을 가져주고, 아이들과 함께 스포츠 이야기를 하고, 사소한 집안일을 함께하며 아이들과 관계를 맺어나가겠다.

3. 매년 6개월마다 한 번씩 2주간 가족 여행을 예약하겠다. 여행지에 휴대전화를 가져가지 않겠다고 맹세하겠다.

제가 이 3가지를 지속적으로 실행한다면 훌륭한 아버지로 기억될 것입니다.

적합성과 융통성

보다 큰 선을 위해 의미 있는 노력을 탐색하고 추구하는 것, 다시 말해 긍정유산을 남기는 것이 어려운 내담자도 있을 수 있다. 어떤 내담자는 심리적 고통과 인지적 경직성 또는 이 둘 중 하나 때문에 부정적인 세계관을 지니고 있을지도 모른다. 예컨대 최근 아주 비극적인 상황에서 가족을 잃은 내담자나 심각한 우울증에 빠져 깊은 절망을 드러내는 내담자는 삶의 의미를 찾아 추구하기 힘들 수 있다. 심각한 우울증 내담자는 의미 점수가 낮은 경향이 있다(피터슨, 박, 셀리그만, 2005).

어떤 내담자는 의미의 구조가 적극적이고 노력을 요하는 과정이라서 의미를 찾아 추구하기 힘들어할 수 있다. 의미 있는 경험을 찾아 추구하고자 하는 동기가 내담자의 심리적 고통 때문에 제약받는 경우도 있다.

최근 트라우마를 겪었거나 심각한 상실을 경험한 내담자와 슬픔에 빠진 내담자, 사고나 자연재해로 엄청난 자산 손실을 입은 내담자도 의미를 찾기 어려워할 수 있다. 이들은 정신적 스트레스를 부인하거나 최소화하지 않을지도 모른다(힉스, 킹, 2009). 이와 마찬가지로 급성 불안증 내담자도 의미를 찾기 어려워할 수 있다.

소속감에 위협을 받으면 인생이 의미 있는 것이라는 믿음이 약해진다는 증거가 있다(스틸먼, 바우마이스터, 2009). 그러므로 사회적 유대가 약하거나 고립감을 느끼는 내담자는 의미를 찾기 어려워할 수 있다. 그렇다 하더라도 주저하지 말고 내담자에게 의미에 관해 물어본다. 의미에 관한 치료자의 질문은 내담자에게 아주 중요할 수 있기 때문이다. 『실존 심리치료(Existential Psychotherapy)』의 저자 어빈 얄롬(Irvin Yalom)(1980)은 이렇게 말했다. "내가 만났던 거의 모든 환자는 자기 인생에 의미가 부족하다고 쓸데없이 걱정하거나 그 문제에 관한 내 질문에 기꺼이 대답했다."

문화적 고려사항

세계는 문화라는 렌즈를 통해 이해하는 것이다. 그러므로 의미 탐색과 추구는 문화적으로 매우 민감하다. 한 개인이 의미 있거나 의미 없는 경험을 인식하는 방식은 주로 인접한 문화로부터 영향을 받는다. 개인주의-집단주의 스펙트럼에서 문화의 개념화는 급속하게 변하는 다양하고 도시적인 디지털 세계에서 지나치게 단순화될 수 있다. 그럼에도 몇 가지 개념은 여전히 유효하다. 예컨대 대부분의 개인주의 문화권(유럽, 북아메리카 등) 내담자는 개인주의 목표와 자기향상, 자율성을 추구하면서 의미와 목적을 찾는다. 한편 대부분의 집단주의 문화권 내담자는 긍정적이고 적응적인 가족과 공동체의 조화를 유지하고 강화하는 노력과 행동을 하면서 의미를 찾을 수 있다(키타야마, 마르쿠스 (Kitayama & Markus), 2000; 슈테거 외 다수, 2008).

이와 마찬가지로 목적의 근원은 문화마다 다르다. 예컨대 중국의 도교에서 삶의 의미는 도를 거스르는 것이 아니라 주로 자연과 조화를 이루며 살아가는 삶에 기반을 두고 있다(린, 2001). 불교에서는 집착과 업보의 결과인 고통이 피할 수 없는 것이기 때문에 어려운 상황에서도 수용하고 만족하는 태도를 옹호한다(린, 2001). 이런 문화적 차이 때문에 치료적으로 동아시아 문화권 내담자는 묵인하는 것처럼 보일 수 있고, 유럽이나 북아메리카 문화권 내담자는 상황을 개선하기 위해 적극적으로 행동할 수 있다. 이와 마찬가지로 대부분의 아시아와 아프리카 문화권 내담자에게는 삶의 의미가 대체로 문화적 규범과 가족, 공동체와의 친밀한 관계를 형성하는 능력에 좌우된다. 실제로 많은 연구의 통합적 견해에 따르면 사람들은 삶에서 의미를 찾지만 삶의 의미에 대해서는 별로 아는 것이 없다. 문화와 연령을 막론해 사람의 인생에서 가장 중요한 의미의 근원은 특히 가족과의 관계라고 한다(글로 외 다수(Glaw et al.), 2017).

유럽과 북아메리카 문화권 내담자에게 의미 있는 삶은 진정한 삶을 사는가에 달려 있을 수 있다. 그런 진정성을 얻으려면 뿌리 깊은 사회 제도에 반항해야 할 수도 있다. 예를 들어 성소수자(LGBTQ)의 권리 투쟁과 평등 결혼 또는 환경적·정치적 대의를 위해 일하기가 있다. 마지막으로 어떤 내담자는 종교적이고 영적인 탐색을 통해 의미를 추구한다. 다시 말해 이런 내담자에게는 기독교와 회교도, 힌두교, 유대교, 불교의 훌륭한 신자가 되는 것이 의미 있는 삶을 사는 것과 동일하다.

유지

내담자의 진척 상태를 유지하기 위해 다음의 정보에 대해 내담자와 토의한다.

- 의미는 삶에 일관성을 부여하고, 자기효능감을 높여준다. 의미는 또한 건강과 더욱 나은 인간관계와 연관돼 있다. 의미는 세계적이거나 국지적일 수 있다. 의미와 목적 의식을 유지하려면 세계적인 의미를 선택한다. 세계적인 의미란 정의와 평등, 공정함 같은 보다 큰 세계의 문제와 관련된 당신의 목표와 믿음을 일컫는다. 의미는 또한 당신의 공동체나 가족 내에서 구체적인 목표와 객관성을 추구하는 지역적 문제를 해결하면서 유지할 수 있다.

- 의미와 목적의식은 심오하거나 중요한 영향을 받았지만 깊이 성찰해보지 못한 사건들을 심사숙고하고 토의해 유지할 수 있다. 이런 성찰은 시간의 흐름에 따라 의미와 목적을 이해하는 데 도움이 될 수 있다.

- 의미가 변하지 않는 게 아니라는 사실을 명심한다. 의미는 연령대와 환경 또는 중대한 생활 사건에 따라 달라질 수 있다.

- 목적의식을 유지하려고 항상 뭔가를 해야 하는 것은 아니다. 의미는 목적이 없는 것 같은 활동을 줄이거나 거절하는 법을 배워 유지할 수도 있다. 이는 더 이상 행복을 선사해주지 못하는 사람들과 사상, 생활 사건을 놓아버리는 것과 같을 수 있다. 집안을 한 번 둘러보자. 필요 없는 옷이나 책이 있는가. 그렇다면 그것들을 기부해보자. 자주 유익하지 못하거나 자멸적인 생각을 하는가. 그런 생각들은 보다 유익한 생각으로 바꾼다. 당신에게 상처를 주고 당신의 의미 찾기를 방해하는 사람들이 있는가. 당신의 인생에 미치는 그들의 중요성을 제한하는 방법을 생각해낼 수 있는가.

회기 종료 시 이완

회기 시작 시와 마찬가지로 짧은 이완으로 이 회기를 종료한다.

심리치료는 쉬운 여행이 아니다. PPT도 그 명칭과 달리 예외가 아니다. PPT는 반드시 뭔가를 향해 나아가야 하는 것이 아니다. 그보다 안으로 나아가는 것에 더욱 가깝다. 다시 말해 내담자의 내적 공간을 확장해 내담자가 자기정서와 경험의 음양을 더욱 잘 이해할 수 있게 해주는 것이다. 내담자는 PPT의 구조화된 실습을 통해 스트레스 요인을 관리하고, 자신의 강점을 효율적으로 사용하는 법을 배운다. 때로는 스트레스 요인과 강점, 희망과 회의, 포기하고 싶은 유혹과 새로운 것을 시도하는 용기 사이에서 계속 오락가락한다.

PPT의 마지막 회기에 도달했다는 것은 치료자와 내담자가 모두 용기와 희망을 갖고 끈기 있게 해냈다는 뜻이다. 내담자는 회복력에 관한 이야기로 PPT 여행을 시작했고, 치료자의 지도를 받아 그 이야기를 신중하게 수정했으며, 미묘한 문화적 차이를 반영해 맥락화한 강점 지표로 만들었다. 치료자는 회기에 회기를 거듭하면서 힘들고 어렵기도 한 내담자 실습을 촉진해 내담자의 더 나은 버전을 창조해줬다. 이 책의 의도가 구체적인 행동을 통해 잘 전달됐다면 말이다.

긍정심리치료, 즉 PPT나 다른 잘 확립된 접근법을 단 한 번 사용해 영구적으로 모든 증상을 치유하고 모든 강점을 배양할 수 있다고 주장하는 것은 아니다. 성장은 지속적인 것이다. 당신은 내담자의 인생에서 아무도 시도하지 않았던 방식으로 희망과 낙관성의 빛을 비춰준 최초의(어쩌면 유일한) 사람이 될지도 모른다. 서로를 치유해주고 도와주는 인간의 독특한 능력에 찬사를 보내는 이 작업에 한몫한 당신의 업적으로 성취감을 느끼고, 그런 자신을 자랑스럽게 생각하길 바란다.

자원

간행물

- Grundy, A. C., Bee, P., Meade, O., Callaghan, P., Beatty, S., Olleveant, N., & Lovell, K. (2016). Bringing meaning to user involvement in mental health care planning: A qualitative exploration of service user perspectives. Journal of Psychiatric and Mental Health Nursing, 23(1), 12–21. doi:10.1111/ jpm.12275
- Löffler, S., Knappe, R., Joraschky, P., & Pöhlmann, K. (2010). Meaning in life and mental health: Personal meaning systems of psychotherapists and psychotherapy patients. Zeitschrift Für Psychosomatische Medizin Und Psychotherapie, 56(4), 358.
- Wilt, J. A., Stauner, N., Lindberg, M. J., Grubbs, J. B., Exline, J. J., & Pargament, K. I. (2017). Struggle with ultimate meaning: Nuanced associations with search

for meaning, presence of meaning, and mental health. The Journal of Positive Psychology, 13(3), 240 – 251.

동영상

- YouTube: The Time You Have:
  https:// www.youtube.com/ watch?v=BOksW_NabEk
- YouTube: Hugo – Purpose:
  https:// www.youtube.com/ watch?v=7jzLeNYe46g
- YouTube: Peaceful Warrior – Everything Has a Purpose (Duration 3:20):
  https:// youtu.be/ w1jaPahTM4o?list=PL8m55Iz0Oco4BRLkwj9KM9yxbCsLC5mjb

웹사이트

- John Templeton Foundation:
  https:// www.templeton.org/ about
- Virtue, Happiness and Meaning of Life:
  https:// virtue.uchicago.edu/
- The Mind & Life Institute:
  https:// www.mindandlife.org/

부록

부록A

마음챙김과 이완 실습

핵심 개념

마음챙김은 우리가 순간순간 느끼는 감각, 감정, 생각, 그리고 주위 환경을 자각하고 그 자각을 편견 없이 중립적 태도로 유지하는 과정이다. 마음챙김을 통해 우리는 바꿀 수 없는 것을 받아들이고, 바꿀 수 있는 것을 알아차리게 된다.

우리가 살면서 겪는 특정 사건, 경험, 교류는 기억 속에 저장된다. 그런 일들이 떠오를 때마다 슬픔이나 기쁨, 분노, 불안, 죄책감, 혼란 같은 감정에 휩싸이게 되고 때론 이런 감정들에 특별한 자각이 없는 상태로 반응한다. 여기서 마음챙김은 우리의 생각과 감정에 즉각 반응하지 않고 그 흐름을 스스로 관찰하고 자각하는 과정을 말한다.

마음챙김은 또한 괴로운 상황에 처했을 때 우리가 보이는 행동과 반응을 자각하는 능력을 향상시킨다. 이를 통해 우리는 행동이 어떻게 서로 영향을 끼치는지도 배우게 된다. 이렇게 자각 능력이 향상되면 좀 더 수용적인 자세로 문제를 직시할 수 있다.

예를 들어 마음챙김을 친구와의 부정 경험에 적용하면 더 넓은 관점에서 그 경험을 바라볼 수 있다. 친구와의 부정 경험은 어쩌면 둘 중 하나가 범한 행동으로 생긴 것이 아닐 수도 있다. 친구는 두 사람과 전혀 무관한 이유로 화가 났을 것이다. 이럴 때 마음챙김을 통해 복잡한 경험을 부분으로 나눠 관찰하면 좀 더 넓은 시야와 깊은 통찰력을 얻을 수 있다. 이외에도 마음챙김은 개방성, 자기 통제력, 사회성 지능을 끌어올린다.

마음챙김 회기 실습

마음챙김 기술은 향상시킬 수 있지만 규칙적이고 정기적인 연습이 필요하다. 다음에 설명한 다섯 가지 마음챙김과 이완 실습은 PPT 실습에 접목하거나 가정, 직장에서 활용할 수 있다.

회기 실습1: 1분 마음챙김

1. 편안한 자세로 의자에 앉은 후 양손을 허벅지에 올리고 머리와 목, 가슴을 나란히 정렬한다. 양발은 바닥에 둔다.

2. 자신의 숨을 자각한다. 공기가 몸속에 들어오고 나가는 것을 자각하면서 숨을 들이마시고 내쉴 때 가슴의 팽창과 수축이 반복되는 것에 집중한다.

3. 조심스럽게 숨을 배 속 깊은 곳까지 들이마시고 내쉰다. 이 사이클을 최소 6~8초 간격으로 늘려 반복한다.

4. 생각을 비우려고 애쓰지 말고 집중력을 유지하면서 머릿속으로 숫자를 센다. 의식이 자연스레 다른 곳으로 흐를 때 다시 돌아와 사이클을 지속한다. 이 실습은 집중력 연습일 뿐 아니라 마음챙김의 출발점이다. 1분이 지나면 알람이 울릴 것이다. 치료자가 진행하는 회기라면 1분 후 잔잔한 알람과 함께 회기를 종료한다.

회기 실습2: 숨쉬기

1. 편안한 자세로 의자에 앉는다.

2. 머리와 목, 가슴을 나란히 정렬한 후 힘을 뺀 평온한 상태를 유지한다.

3. 어깨의 힘을 풀고 등받이에 등을 댄다.

4. 양손을 허벅지나 편한 위치에 둔다.

5. 편안한 상태라면 천천히 부드럽게 눈을 감는다.

6. 코로 깊이 숨을 들이마시고 6~8초간 유지한 후 아주 천천히 내쉰다.

7. ①~⑥ 과정을 두 번 더 반복하고 매번 전보다 좀 더 깊이 숨을 들이마신다.

8. 숨을 쉬는 동안 머리부터 발끝까지 온몸의 힘을 빼고 평온을 유지한다.

9. 숨은 차분하고 끊김없이 유지한다.

10. 자신의 숨쉬기를 형성한다. 좋은 숨쉬기에는 차분함, 일정한 간격, 고요함 등 세 가지 조건이 있다[소빅(Sovik), 2005].

11. 숨쉬기 과정을 지나치게 의식하지 말고 온몸이 숨을 쉬듯 자연스럽게 유지한다.

12. 코로 숨을 들이마시고 내쉬는 것에 집중한다.

13. 차분하고 조용한 숨쉬기를 일정 간격으로 열 번 반복한 뒤 눈을 뜬다.

회기 실습3: 스트레칭과 긴장 풀기

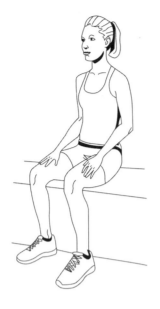

시작

- 의자에 앉아 힘을 뺀 상태에서 머리와 목, 가슴을 나란히 정렬한다.
- 다리는 꼬지 않고 양발은 바닥에 둔다.
- 양손은 허벅지에 올린다.
  [커텔라(Cautela)와 고든(Goren), 1978]

머리

- 어깨를 고정하고 머리를 천천히 오른쪽으로 돌린다.
- 안정된 숨쉬기를 세 번 한다.
- 머리를 반대편으로 돌려 같은 방법으로 숨쉬기를 반복한다.

귀

- 어깨를 고정한 상태로 왼쪽 귀를 왼쪽 어깨 쪽으로 내린다. 이때 어깨는 움직이지 않는다.
- 안정된 숨쉬기를 세 번 한다.
- 반대편도 같은 방법으로 반복한다.

목

- 머리와 목, 가슴을 나란히 정렬하고 어깨도 수평을 유지한다.
- 고개를 천천히 천장을 향해 들고 통증이 느껴지지 않을 정도로 목을 젖힌 채 편안하게 앞목을 스트레칭한다.
- 숨을 천천히 내쉬면서 턱이 가슴팍에 닿을 때까지 고개를 숙인다.
- 그 자세를 유지하고 뒷목을 스트레칭한다.
- 충분히 스트레칭한 후 원 상태로 돌아온다.

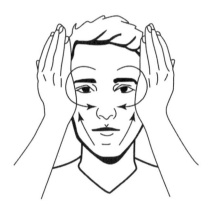

얼굴 마사지

- 손바닥 밑 부분을 관자놀이 주위 광대 윗부분에 대고 천천히 안쪽 방향으로 원을 그리며 마사지한다.
- 원형을 그리면서 천천히 턱선까지 내려온 후 같은 방법으로 얼굴의 여러 부위를 마사지한다.

[밸런타인(Bellentine), 1977]

눈, 이마 마사지

- 주먹을 느슨하게 쥔 후 마디 부분으로 눈 바로 밑을 지그시 누른다.
- 천천히 관자놀이 쪽으로 이동했다가 눈썹과 이마 부분을 누르며 마무리한다.
- 같은 방법으로 몇 번 반복한 후 얼굴의 다른 뼈 부분도 마사지한다.

회기 실습4: 긍정 이미지 만들기

이 실습을 회기로 진행하고 있다면 치료자가 다음 대본을 읽어준다. 개인이 집에서 진행하고 있는 경우에는 이 대본을 녹음해 실습 때 듣는다. 시작을 위해 편안한 자세로 앉는다.

눈을 감고 한 장소를 상상해보자. 이 장소는 실내일 수도 있고 실외일 수도 있지만 자신이 별 의식을 하지 않고 편안하다고 느낄 수 있는 장소를 선별해야 한다. 안정된 숨쉬기를 몇 번 반복해 자신이 정말 그 장소에 도착했다는 것을 느낀다. 자신이 한 번에 하나의 감각에 집중할 수 있는지 확인한다. 무엇이 보이는가? (잠시 정지) 주위를 한번 천천히 둘러보라. (잠시 정지) 무엇이 들리는가? 가까운 곳에서, 먼 곳에서 또는 아주 먼 곳에서 나는 소리일 수도 있다. 다음은 후각 차례다. 자연스러운 냄새가 나는가, 아니면 뭔가 인위적인 냄새가 나는가? (잠시 정지) 이제 무언가를 만져보라. 물체의 촉감이 부드러운지 거친지, 딱딱한지 물렁한지, 가벼운지 무거운지 느껴본다. 이제 주위를 둘러보고 아무 물체나 색감 또는 형체가 있는지 관찰한다. 만약 무언가를 발견했다면 한번 만져보라. 그리고 가능하다면 그것들로 무언가를 만들어보라. 완벽한 모양이거나 균형을 맞출 필요는 없다. 원하지 않는다면 아무것도 하지 않아도 좋다. 무엇을 하든, 하지 않든 부담감을 갖지 말고 안정을 취한다. 깊은 숨쉬기를 몇 번 반복하고 이 장소의 세부적인 부분을 기억하려고 노력한다. 마치 머리로 사진을 찍듯이 말이다. 이곳은 오로지 당신만의 장소이며 당신이 안정을 취하는 곳이다. 들어온 과정과 같은 방법으로 천천히 발걸음을 떼 장소를 떠난다.

회기 실습5: 자애명상

자애명상(사랑과 친절)은 《자애명상》이라는 저서를 인용해 만들어졌다[샤론 샐즈버그 (Sharon Salzberg), 1995]. 이 실습은 일정 단어와 문장을 낭송함으로써 '한없이 따스한 마음'이 들도록 도와준다. 이 느낌의 힘은 가족과 종교, 사회 계층에 한정되지 않는다. 자신으로부터 시작해 서서히 넓어져 마지막으로 모든 것의 행복을 기원한다.

시작은 다음과 같은 문장으로 한다.

"저를 행복하게 해주세요. 저를 온전하게 해주세요. 저를 안전하게 해주세요. 저에게 평화와 안정을 주세요."

문장들을 낭송하면서 그것이 의미하는 것에 몰두한다. 자애명상은 우리의 고결한 마음과 타인의 행복을 연결해준다. 사랑과 친절, 수용의 자애가 당신을 채우게 하고 문장을 낭송하면서 이 감정들을 증폭시킨다. 명상을 계속하면서 자신의 모습을 머릿속에 그리며 자애의 마음이 자신에게 돌아오게 하는 것도 좋다. 자애의 마음을 자신에게 향하게 한 후에는 자신을 정말 아끼는 친구의 모습, 사랑하는 사람의 모습을 떠올려보자. 그리고 그를 위해 천천히 사랑과 친절의 문장을 낭송한다.

"그를 행복하게 해주세요. 그를 온전하게 해주세요. 그를 안전하게 해주세요. 그에게 평화와 안정을 주세요."

문장들을 낭송하면서 가슴 벅차오르는 의미에 집중한다. 자애의 마음이 부풀어 오른다면 그 마음을 자신이 낭송하는 단어들과 연결해 낭송이 그 마음을 극대화할 수 있게 한다. 명상을 진행하면서 친구와 가족, 이웃, 지인, 타인, 동물, 그리고 마지막으로 자신이 어려워하는 사람까지 사랑·친절의 원 안에 포함시킨다.

부록B

감사 일기

자신이 생각하는 축복, 즉 잘됐던 일 세 가지를 매일 밤 잠들기 전에 적는다. 각각의 잘됐던 일 옆에는 다음을 참고해 잘된 이유를 최소 한 문장씩 쓴다.

- 잘됐던 일 세 가지가 어떻게 오늘 발생했는가? 자신에게 어떤 의미가 있는가?
- 시간을 투자해 축복 또는 잘됐던 일을 글로 적으면서 무엇을 배웠는가?
- 자신이나 타인이 세 가지 축복에 어떻게 공헌했는가?

오늘의 잘됐던 일: 일요일

일요일	날짜:
첫 번째 잘됐던 일: 이유:	
두 번째 잘됐던 일: 이유:	
세 번째 잘됐던 일: 이유:	

오늘의 잘됐던 일: 월요일

월요일	날짜:
첫 번째 잘됐던 일: 이유:	
두 번째 잘됐던 일: 이유:	
세 번째 잘됐던 일: 이유:	

오늘 잘됐던 일: 화요일

화요일	날짜:
첫 번째 잘됐던 일: 이유:	
두 번째 잘됐던 일: 이유:	
세 번째 잘됐던 일: 이유:	

오늘 잘됐던 일: 수요일

수요일	날짜:
첫 번째 잘됐던 일: 이유:	
두 번째 잘됐던 일: 이유:	
세 번째 잘됐던 일: 이유:	

오늘 잘됐던 일: 목요일

목요일	날짜:
첫 번째 잘됐던 일: 이유:	
두 번째 잘됐던 일: 이유:	
세 번째 잘됐던 일: 이유:	

오늘 잘됐던 일: 금요일

금요일	날짜:
첫 번째 잘됐던 일: 이유:	
두 번째 잘됐던 일: 이유:	
세 번째 잘됐던 일: 이유:	

오늘 잘됐던 일: 토요일

토요일	날짜:
첫 번째 잘됐던 일: 이유:	
두 번째 잘됐던 일: 이유:	
세 번째 잘됐던 일: 이유:	

부록C

긍정심리치료 척도

긍정심리치료 척도(PPTI)는 팔마(PERMA)를 바탕으로 내담자의 행복을 평가하는 일차적 수단이다. 즉 PPTI는 긍정 정서와 몰입, 관계, 의미, 성취 측면에서 행복을 평가한다. 이미 출판된 관련 연구서적들에서도 사용되고 있으며, 튀르키예어(옛 터키어)와 페르시아어, 독일어, 한국어로도 번역됐다. PPTI 정신력 측정에 대해서는 여기 뒷부분에서 다루겠다.

C1 척도

긍정심리치료 척도

각 문장을 신중하게 읽길 바란다. 아래 표 상단의 1에서 5까지 점수 중 하나를 골라 회색 네모 칸에 적는다. 각 줄의 회색 네모 칸에만 표시한다.

강점에 관한 질문이 몇 가지 있다. 강점은 생각과 느낌, 행동으로 드러나는 안정된 특성이다. 도덕적 가치가 있으며, 자신과 타인 모두에게 이로운 것이기도 하다. 강점의 사례로는 희망과 낙관성, 열정, 영성, 공정성, 겸손, 사회성 지능, 끈기, 호기심, 창의성, 팀워크 등이 있다.

C1

전혀 그렇지 않다	그렇지 않다	보통이다	그렇다	매우 그렇다
1	2	3	4	5

	내용	P	E	R	M	A
1	나는 기쁨이 넘친다.	■				
2	나는 내 강점을 잘 알고 있다.		■			
3	나는 정기적으로 교류하는 이들과 좋은 관계를 맺고 있다고 생각한다.			■		
4	내가 하는 일은 사회에 영향을 미칠 수 있다.				■	
5	나는 목표의식이 뚜렷하고 포부가 큰 사람이다.					■

번호	문항					
6	다른 사람들은 내가 행복해 보인다고 말한다.	■				
7	나는 나의 강점을 사용할 수 있는 활동을 찾아 나선다.		■			
8	나는 내가 사랑하는 이들에게 친밀감을 느낀다.			■		
9	나는 내 삶에 목적이 있다고 생각한다.				■	
10	타인의 성공은 나에게 영감이 돼 나의 개인적 목표를 이루는 데 도움을 준다.					■
11	나는 내 삶의 좋은 점들을 인지하고 감사함을 느낀다.	■				
12	나는 문제를 해결할 때 강점을 사용한다.		■			
13	내게 힘든 일이 닥칠 때 나를 지원해줄 사람이 언제나 곁에 있다.			■		
14	나는 종교적 활동에 참여한다.					■
15	내 인생에서 많은 일을 잘해냈다.					■
16	나는 안정돼 있다.	■				
17	내 강점을 사용하는 활동을 할 때 집중력이 매우 좋은 편이다.		■			
18	내 주위엔 나를 성장시키고 행복할 수 있게 도와주는 사람들이 있다.				■	
19	나는 내 자아보다 더 높은 곳에 기여하는 일을 한다.					■
20	목표를 세우면 반드시 이룬다.					■
21	나는 웃을 때 진심 어린 마음으로 크게 웃는다.	■				
22	내 강점을 사용해 활동할 때는 시간이 빨리 흘러간다.		■			
23	내 말을 경청하고 마음을 헤아려줄 수 있는 사람이 적어도 한 명은 있다.			■		
24	내 강점을 사용해 다른 사람을 도와준다.				■	
25	나는 목표를 이루고 나면 새로운 목표를 성취하고 싶어진다.					■

강점 설명문

각 열의 네모 칸에 표시한 점수를 합산해 아래 표에 옮겨 적는다. 위의 표 상단에 P, E, R, M, A라고 표시된 열이 다섯 개 있으니 유념하길 바란다. 이 알파벳 대문자들은 표 왼

분야	번호	당신의 합계	일반	내담자
P=긍정 정서	1+6+11+16+21		21	14
E=몰입	2+7+12+17+22		21	16
R=관계	3+8+13+18+23		22	14
M=의미	4+9+14+19+24		19	14
A=성취	5+10+15+20+25		21	18
합계			104	76

쪽 열에 있는 내용과 연관성이 있다.

C2

채점 방법

척도	각 항목 점수 더하기	팔마 요소 정의
긍정 정서	1+6+11+16+21	만족감과 자부심, 평온함, 희망과 낙관성, 신뢰감, 자신감, 감사 같은 긍정 정서 경험하기
몰입	2+7+12+17+22	극도로 집중하는 최적의 상태와 집중하는 최적의 상태, 발전하고자 하는 본능적 의욕을 느끼려고 자신의 강점을 사용하는 활동에 깊이 몰입하기
관계	3+8+13+18+23	긍정적이고 안정적이며 신뢰할 수 있는 관계 맺기
의미	4+9+14+19+24	목표의식과 자신보다 더 원대한 믿음을 가진 어딘가에 소속되어 봉사하기
성취	5+10+15+20+25	성공과 통달, 성취 자체를 추구하기

정신력 측정

PPTI 정신력 측정은 지금도 연구되고 있다. 최대 규모의 PPTI 입증 연구는 문화적으로 다양한 젊은 층 표본을 대규모로 포괄한다[총인원=2,501, 평균 나이=22.55세, 표준편차(SD)=2.96, 68.3퍼센트 여성]. 이들은 강점 기반 프로그램에 참가한 사람들로, PPTI뿐 아니라 많은 측정을 마쳤다. 그 종류는 다음과 같다.

- **정신적 고통 측정 결과 설문지**(Psychiatric Distress: Outcome Questionnaire·OQ-45; Lambert et al., 1996): 이 45개 항목 측정은 증상을 보이는 고통과 대인관계, 사회적 역할이라는 세 개 영역뿐 아니라 전반적인 고통 수준을 평가한다.
- **학생 몰입 척도**(Student Engagement Inventory·SEI; Rashid & Louden, 2013): 이 측정은 교실에서 행동과 과제, 시험, 학업 동기, 학업 회복력, 캠퍼스 몰입, 캠퍼스 적응 등 7가지 영역의 학생 몰입 수준을 평가한다.
- **대표강점 설문지**(Signature Strengths Questionnaire·SSQ-72; Rashid et al., 2013): 이 72개 항목 측정은 24가지 성격강점을 측정한다.
- **집념**(Grit; Duckworth et al., 2007): 이 8개 항목의 자기보고 척도는 장기적 목표를

추구하는 끈기와 열정의 특성 수준을 평가한다.

위에서 언급한 임상 표본(≥63의 OQ-45 임상 범주 점수와 낮은 점수로 결정됨)과 비임상 표본(OQ-45 점수 ≤63) 측정의 이변수 상관관계는 '표 C1'에 나와 있다. 이 표는 정신적 고통과 전반적 학업 몰입, 성격강점, 집념 측정과 PPTI(총점)의 이변수 상관관계를 보여준다. 이 상관관계 성향에 따르면 PPTI 행복 측정은 긍정적 구성 요소와는 호의적 상관관계를, 부정적 구성 요소와는 비관적 상관관계를 보이는 것이 분명하다.

구조

PPTI의 다섯 가지 척도는 만족스러운 내적 일관성을 가진다. 앞서 언급한 표본의 크론바흐 알파값(Cronbach's alphas)은 긍정 정서가 .77, 몰입이 .81, 긍정 관계가 .84, 의미가 .71, 성취가 .77이다. 또한 발표된 연구 결과에서는 PPTI가 5개의 요인 기저 구조를 지니고 있는 것으로 밝혀졌다. 더 나아가 구조화된 개입 결과에 따르면 5가지 항목 점수뿐 아니라 전반적인 점수도 수정할 수 있다.

표 C1
스트레스와 학업 몰입, 성격강점 측정과 긍정심리치료 척도의 이변수 상관관계

	치료 (n=710)	적응 (n=937)
정신적 고통(전반적)	−.40**	−.38**
증상을 보이는 스트레스	−.16**	−.12**
대인관계 어려움	−.20**	−.16**
사회적 역할 어려움	−.23**	−.30**
학업 몰입(전반적)	.14**	.20**
교실과 과제	.24**	.19**
시험과 발표	.22**	.23**
학업 동기	.29**	.18**
캠퍼스 몰입	.24**	.22**
학업 회복력	.20**	.18**

캠퍼스 적응	.15**	.11*
성격강점(전반적)	.20**	.09**
감상력	.07	.17**
용감성	.09*	.19**
시민의식과 팀워크	.08*	.14**
창의성	.04	.19**
호기심	.03	.18**
공정성	.03	.18**
용서	.07	.21**
감사	.10**	.18**
집념	.16	.48**
정직	.08*	.21**
희망과 낙관성	.10*	.20**
유머	.12**	.16**
친절	.09*	.16**
리더십	.10**	.21**
사랑	.16**	.20**
학구열	.13**	.22**
겸허와 겸손	−.02	.15**
개방성	.04	15**
끈기	.13**	.19**
예견력	.08*	.18**
신중함	.08*	.16**
자기 통제력	.01	.16**
사회성 지능	.05	.17**
영성	.06	.22**
열정	.13**	.17**

*= $p < .05$; **= $p < .01$

부록D

강점 키우기

스트레스 요인과 강점은 모두 일상적이다. 하지만 스트레스 요인(대인관계, 직장생활, 구직, 직장생활과 사생활의 균형, 심리질환, 교통체증, 세금 등)이 강점들(호기심, 정직, 친절, 공정성, 신중함, 감사)보다 부각되는 것이 현실이다. '부록D'에선 일상에서 강점을 어떻게 사용할지를 다룰 것이다. 그리고 강점을 다룬 영화나 테드(TED) 강연 외에 다른 온라인 자료들도 제공한다. 이 부록의 '치료 작용'은 심리치료를 대체할 수는 없지만, 스트레스와 문제가 존재하는 일상에서 어떻게 하면 강점들을 사용해 이런 문제들을 해결하고 행복을 이룰지에 대한 해답을 찾을 기회를 제공한다.

구조

'부록D'의 목표는 추상적인 성격강점 콘셉트를 구체적인 예시를 통해 해석하고 강점들을 관련 있는 멀티미디어 예시들과 연결하는 것이다. 이 부록은 셀리그만과 피터슨의 《성격강점과 미덕 분류 편람(VIA Classification of Character Strengths and Virtues)》을 기반으로 만들어졌다.

셀리그만과 피터슨의 말을 인용하면 성격강점은 우리가 지닌 소중한 가치이지만 빈번한 요소들이며, 이 강점들이 언제나 구체적인 결과를 제시하는 것은 아니다. 심리적 증상과 비교할 때 강점은 개인을 폄하하지 않으며, 그와 반대로 강점을 발휘하는 이들을 높이 평가하고 시기나 질투보다는 존경을 불러온다.

치료적 환경에서 성격강점은 많은 모습으로 나타난다. 일부 강점은 치료적 환경에서 쉽게 드러나고(감사나 창의성의 표현), 다른 강점들은 발견하기 쉽지 않을 수도 있다(겸손함이나 자기 통제력의 표현). 강점과 마찬가지로 미덕 또한 모든 문화권에서 큰 가치를 지니며 특유의 문화, 종교, 철학적 배경을 가지고 있다. 셀리그만과 피터슨은 미덕은 강점들의 조합이고, 따라서 미덕은 좋은 삶을 사는 길이라고 주장한다.

'표 D1'에는 24가지 강점이 6개 미덕으로 분류돼 있다. 이 부록에서는 모든 성격강점에 대한 토의를 진행하며, 다음 내용들을 포함하고 있다.

- 강점에 대한 설명

- 강점의 중용에 대한 토론

- 강점과 통합할 수 있는 다른 강점들에 대한 설명

- 영화를 통해 보는 예시: 인물들이 어떻게 강점을 사용하는지 알아보기

- 치료 작용: 강점을 발전시키는 법

- 예시: 강점을 대표하는 위인들

- 저서: 강점에 대한 깊이 있는 이해를 도움

- 웹사이트: 강점의 개념을 더 넓게 이해할 수 있도록 도움

표 D1 미덕과 그에 따른 강점들

미덕	지혜와 지식	용기	사랑과 인간애	정의감	절제력	영성과 초월성
	창의성	용감성	사랑	팀워크	용서	감상력
	호기심	끈기	친절	공정성	겸손	감사
강점	학구열	정직	사회성 지능	리더십	신중함	희망
	개방성(판단력)	열정			자기 통제력	유머
	예견력					영성

　부록 마지막에 있는 '표 D2'는 모든 강점의 특성을 정리한 것이다. 한눈에 볼 수 있는 이 자료는 24가지 강점을 남용하거나 부족할 때 나타나는 결과를 제시하고, 균형 있는 강점의 사용(중용)과 좋은 조합을 이루는 강점에 대해 설명해놓았다.

　이 부록은 치료자나 상담사도 사용할 수 있지만 내담자들을 위해 만들었다. 2장에 나와 있는 대표강점 평가를 마친 후 사용하면 된다. 치료자나 상담사는 부록 내용을 통해 치료 세션에 필요한 기술들을 보강할 수 있다. 이 부록은 강점을 중심으로 일상의 역경을 다루면서 긍정 정서와 몰입, 긍정 관계를 구축해 의미 있는 목표를 달성하고 유지할 수 있게 해준다.

중용

'중용'이란 아리스토텔레스의 철학적 개념으로, 도덕 행동(중심)이 두 극단점 사이에 있는 것을 말한다. 강점 위주의 긍정심리치료에서 중용이란 치료적이고 효율적인, 균형 있는 강점의 사용을 뜻한다. 예를 들면 호기심의 균형 있는 사용은 극단적인 사용(과도한 참견, 캐물음)과 사용 부재(지루함, 무관심) 사이를 가리킨다.

통합

각 강점은 다른 강점들과 같은 특성을 가지는 경우가 많고, 특성이 비슷한 강점들과 좋은 조화를 이룬다. 예를 들면 다음과 같다.

- 우울 증세에서 벗어나려면 미래에 생길 사건들이 모두 부정적이지 않다고 믿으면서 (희망) 그러한 믿음을 계속 유지하려고 노력할 필요가 있다(끈기).
- 충동적인 행동을 방지하려면 자신의 감정을 통제할 수 있는 능력(자기 통제력)과 통제에 실패했던 과거의 자신을 너무 비난하지 않으면서 스스로를 지키려는 자세(자기 용서)가 필요하다.
- 대인관계 문제를 다룰 때, 특히 "당신은 나를 이해하지 못해" 같은 말을 들었을 때는 타인의 감정과 의중을 이해하고 다른 전략을 사용하면서 관계의 미묘한 상황을 이해해야 한다(사회성 지능). 물론 유머, 팀워크, 정직 같은 강점으로 문제에 접근해 상대방과 깊이 교감하는 것도 가능하다.

미덕: 지혜와 지식

더 나은 삶을 위해 지식을 습득하고
활용하는 것과 관련된 인지적 강점들

1. 창의성

서론

창의성이 대표강점 중 하나인 사람은 자신의 행복을 위협하는 문제를 창의력을 발휘해 새로운 방안으로 극복할 수 있는 능력을 지녔다. 가장 창의적인 표현 방법인 예술(미술, 도예, 그래픽디자인 등), 집필(시, 소설, 에세이 등), 공연예술(노래, 연기, 악기 연주)은 엄청난 치료 잠재력을 가지고 있다. 이 같은 방법은 집중력과 감정의 한정된 자원을 의미 없이 소비하지 않고 올바르게 사용하는 것을 도와준다.

중용

창의성이 있는 사람은 어떤 일을 평소대로 하거나 보이지 않는 규범의 틀에 갇혀 있는 것에 만족하지 않는다. 그렇다고 친구들이 당신의 창의적인 시도가 사회적으로 기이하다고 여기는 것은 결코 아니다. 당신은 그저 무엇에 만족하는 데서 멈추지 않고 혁신을 원할 뿐이다. 심리치료 관점에서 볼 때 창의성을 균형 있게 사용한다면 삶의 지속적인 문제에 대한 새로운 해답을 찾을 수 있다. 다만, 창의성을 발휘할 때 자신이 상대방에게 어떤 영향을 끼치는지 언제나 의식해야 한다. 예를 들어 창의성을 발휘해 자신의 사무실 인테리어를 바꿀 수 있을 것이다. 하지만 이는 사무실이 개인 소유이거나 당신이 인테리어 리모델링을 총괄하는 역할을 맡은 경우에만 해당한다. 공공장소에서 상대방 의견을 반영하지 않은 채 자신의 창의성을 발휘하는 것은 균형 있는 창의성 표현이 아니다. 창의성이 빛을 발하는 최고 시나리오는 상대방 의견을 경청하고 새로운 아이디어에 개방적인 자세로 임하는 브레인스토밍식 토의를 주관하거나 진행하는 것이다.

- 사용 남용: 특이함, 기괴함
- 사용 부족: 단조로움, 지루함, 순응

통합

창의성을 더 개선하고 싶다면 호기심, 끈기, 열정, 용감성 강점을 창의성과 접목하는 것이 좋다. 더 나아가 당신의 창의적인 표현 방법이 상대방에게 더 큰 영향을 미치길 원한다면 사회성 지능, 팀워크, 개방성 같은 강점을 사용해 상대방과 함께 문제를 해결하고 행복을 추구할 수도 있다.

슬픔과 고통을 창의성의 원천으로 생각하는 경우가 많다. 하지만 창의적 표현은 여러 방법과 과정을 통해 할 수 있다. 놀고 있는 아이들을 예로 들어보자. 아이들은 즐겁게 (긍정 정서) 역할놀이를 하고 가상인물을 만들어 존재하는 배경 안에서 완전하게 새로운 시나리오를 써나간다. 감사, 감상력, 쾌활함 강점이 긍정 위주의 감정과 만나면 창의성을 대폭 발전시킬 수 있다. 하지만 창의적 표현이 열매를 수확하는 데까지는 끈기와 자기 통제력으로 몰입 상태를 유지해야 하고 몰입이 흐트러진 경우에는 다시 돌아올 수 있어야 한다.

치료 작용

- **오래된 문제에 새로운 해답 제시하기** 당신과 주변 사람들이 가진 지속적인 문제에 대한 해답을 담은 목록을 작성해 소셜네트워크서비스(SNS)나 적합한 매체를 통해 친구들과 공유하고 피드백을 받는다.
- **지루한 업무 해결하기** 지루하지만 자신이 꼭 해야 하는 업무 목록을 작성한 후 창의적으로 업무를 이행하는 방법을 찾아본다. 창의성을 발휘해 이 업무들을 좀 더 즐겁게 만드는 것이 중요하다.
- **창의적인 해결책 제시하기** 친구나 가족 중 한 명을 선택해 그의 문제에 창의적인 해결책을 제시한다. 당신의 관련 경험과 성공 또는 실패 사례를 토대로 토의하고 상대

방의 해결책도 경청한다.

- **잔여 물품(음식, 종이, 재활용품 등)으로 새로운 아이템 만들기** 집에 있는 잔여품을 버리기 전 그것으로 실용적이고 창의적인 아이템을 만들어본다.

- **자료 수집하고 정리하기** 특정 자료(웹사이트, 온라인 비디오, 차트 등)를 수집하고 정리해 당신의 새로운 아이디어를 곧바로 구체화할 수 있게 준비해둔다.

- **몰입도 높이기** 몰입하려 할 때 중요한 세부사항을 빠뜨리거나, 집중력이 쉽게 흐트러지거나, 여러 내용을 머릿속에 정리하고 암기하는 것에 어려움을 겪는다면 창의적인 시도와 노력을 통해 몰입도를 향상시켜본다.

영화

- Pianist (2002), Wladyslaw Szpilman's character is inspiring in this World War II movie. Despite the incredible cruelty of the Nazis, Szpilman relies on his creativity to survive. App endix 270 D: Bu ild ing Your Strengths 270

- Gravity (2013), This film presents an excellent illustration of creative problem solving as two astronauts work together to survive after an accident that leaves them stranded in space

- Julie & Julia (2009), Based on the celebrity chef Julia Child, the movie shows many facets of creativity both by Julia Child and another woman, Julie Powell

강연

www.ted.com

- William Kamkwamba: How I harnessed the wind
- Isaac Mizrahi: Fashion and creativity
- Linda Hill: How to manage for collective creativity
- Kary Mullis: Play! Experiment! Discover!
- Richard Turere: My invention that made peace with lions

책

- Carlson, S. (2010). Your Creative Brain: Seven steps to Maximize Imagination, Productivity, and Innovation in Your Life. San Francisco: Wiley
- Csikszentmihalyi, M. (1996). Creativity: Flow and the Psychology of Discovery and

Invention. New York: HarperCollins

- Edwards, B. (2013). Drawing on the Right Side of the Brain: A Course in Enhancing Creativity and Artistic Confidence. London: Souvenir Press
- Drapeau, P. (2014). Sparking Student Creativity: Practical Ways to Promote Innovative Thinking and Problem Solving. Alexandria, VA: ASCD. App endix D: Bu ild ing Your Strengths 271

웹사이트

- Inspiring Creativity: A short film about creative thinking and behaviors: www.highsnobiety.com/2014/05/16/watch-inspiring-creativity-a-short-film-aboutcreative-thinking-and-behaviors
- The Imagination Institute: Focuses on the measurement, growth, and improvement of imaginationacross all sectors of society: https://imagination-institute.org
- Shelley Carson's website: Complete a test to explore your creative mindset: www.shelleycarson.com/creative-brain-test www.authentichappiness.sas.upenn.edu/learn/creativity
- 25 things creative people do differently: www.powerofpositivity.com/25-things-creative-people-differently
- The Artist's Way-tools to enhance your creativity, videos with the author Julia Cameron: www.theartistway.com

2. 호기심

서론

호기심은 기회를 인식하고 도전하며 새로운 지식을 갈망하는 강점이다. 심리치료 관점에서 볼 때 호기심은 당신이 기피하며 살아온, 즉 당신을 불편하고 초조하게 만드는 상황(예: 만원지하철에 탑승하기, 안내센터에 가서 질문하기, 친목회에서 모르는 사람에게 말 걸기)이나 물건(예: 바늘, 공중화장실의 세균, 특정 음식)에 대해 좀 더 개방적인 자세를 취하도록 도와준다. 지금까지 공포에 대한 인식을 바꿀 수 없다고 생각하며 살아온 당신에게 호기심은 엄청난 치료 잠재력을 발휘해 당신을 유연성 있는 사람으로 만들어줄 것이다. 호기심은 불확실함과 새로움 앞에서 더 열린 자세를 취하게 해주고, 이런 자세는 자신이 가지고 있는 공포를 세밀하게 이해하도록 도와준다. 이를 통해 스스로 회복하고 성장할 수 있는 기회가 주어진다.

중용

우리는 일상의 거의 모든 긍정적 요소에 익숙해진다. 이때 균형 있는 호기심은 우리를 지루함, 무관심, 의욕 상실로부터 구해준다. 즉 호기심을 발휘하면 평소 접하는 경험, 과정, 사물을 지금까지 보지 못했던 새롭고 이색적인 관점에서 볼 수 있다. 또한 호기심은 흥미 없는 일상을 더 열정적이고 동기 부여가 되는 양상으로 만들어준다. 균형 있는 호기심을 자신을 이해하는 데 사용하는 것은 성장에 필수 요소다. 지식의 한계에 도전하고 확대 해석이나 자아도취에 빠지지 않은 상태로 자신 및 자신을 둘러싼 세상에 대해 호기심과 탐구욕을 가지는 것은 중요하다.

- 사용 남용: 집요함, 참견
- 사용 부족: 지루함, 냉담, 무관심

통합

호기심은 창의성, 끈기, 개방성 등 많은 강점과 연결돼 있다. 자신이 곤란한 상황에 처했을 때 균형 있는 호기심과 다른 강점을 조합해 사용하면 최적의 결과를 낼 수도 있다. 때로 호기심은 용감성을 필요로 하기도 한다. 특히 양면적인 감정(분노와 슬픔)을 느끼지만 정확한 원인을 찾지 못할 때 용감성을 발휘해 자신을 성찰하면 이 같은 감정의 원인(예: 자신의 공포를 외면하기 위해 자신보다 지위가 높은 사람의 부당한 대우 또는 트라우마로 인한 감정 배제)이 무엇인지 찾아낼 수 있다. 호기심을 발휘해 고통의 원인을 찾아내는 것은 고통에서 벗어나기 위한 중대한 첫걸음이다.

치료 작용

- **두려움 직시하기** 자신을 두렵고, 불편하고, 불안하게 만드는 것을 목록으로 정리한다. 자신이 반드시 피하는 것(예: 일정 장소, 음식, 인물)과 피하는 행동(예: 길을 돌아가거

나 대체 음식을 먹거나, 사람들과 교류를 회피하는 행동 등)을 정리한다. 전문가의 의견을 듣거나 읽고, 관련 영상을 시청하며, 주위에 조언해줄 만한 이들로부터 도움을 받아 자신의 두려움에 대해 스스로 학습한다.

- **다양한 문화를 탐방하며 지루함 극복하기** 지루하게 반복되는 일상에 지쳤다면 새로운 것을 시작해보자. 예를 들어 낯설게 느껴지는 다른 문화권의 요리를 접해본다. 그리고 그 문화권에 익숙한 이에게 이 같은 경험의 문화적 배경에 대해 물어본다. 이 경험에서 느낀 점을 친구들과 직접 만나서 이야기하거나 소셜미디어를 통해 나눈다.

- **불확실함에서 오는 불안감 극복하기** 우리는 주위에서 발생하는 모든 사건을 예견하고 통제하며 이해하고 싶어 한다. 하지만 그것은 불가능한 일이기에 많은 이가 불안감을 느낀다. 불안감을 비생산적인 방법으로 해결하려 하기(예: 충동적으로 접한 부정확한 정보로 지레짐작하기)보다 호기심을 발휘해 새로운 정보를 받아들이자. 이 과정은 불확실함을 견디고 불안감을 이겨내는 데 도움을 준다. 확실함을 찾기보다 확실함을 찾는 과정 자체에 호기심을 가진다.

- **인맥을 넓혀 편견에서 벗어나기** 우리는 일반적으로 자신과 비슷한 사람들을 만나고 어울린다. 이 경우 동질감을 느끼겠지만, 사회적으로 인맥을 넓히는 기회가 제한되고 다른 문화권의 사람들에 대한 편견이 생길 수 있다. 따라서 다른 문화권에서 온 사람과 적어도 한 달에 한 번씩 만나 커피를 마시며 그들의 문화를 배워보자. 이때 무비판적이면서 탐구적인 자세를 유지하고 자신의 문화권에 대해서도 이야기를 나눈다.

- **자연에 대한 호기심 기르기** 자연은 엄청난 치료 잠재력을 가지고 있다. 평소 해결되지 않은 문제 때문에 걱정하고 불안해하고 스트레스 받는 시간 중 한 시간 정도를 투자해 자연을 찾아보자. 일주일에 적어도 한 시간씩 숲이나 공원, 계곡, 정원으로 나가 자연을 접하고 소감과 감정을 글로 쓰거나 그림으로 그려본다.

영화

- October Sky (1999)-The curiosity of Homer Hickam, inspired by the launch of Sputnik, motivates him and his friends to build their own rockets, and eventually they get a spot in the National Science Awards competition
- 10 Items or Less (2006)-A "has-been" actor, in pursuit of a new role, goes to a grocery store in a small industrial town to observe a worker, displaying a high level of curiosity while interacting with a wide range of people
- Indiana Jones and The Raiders of the Lost Ark (1981)-An archaeological adventure-covering a booby-trapped temple in Peru to the search for ancient artefacts-shows numerous aspects of curiosity

강연

www.ted.com

- Kary Mullis: Play! Experiment! Discover!
- Brian Cox: Why we need the explorers
- Taylor Wilson: Yup, I built a nuclear fusion reactor
- Jack Andraka: A promising test for pancreatic cancer from a teenager

책

- Goldin, I., & Kutarna, C. (2016). Age of Discovery: Navigating the Risks and Rewards of Our New Renaissance. Bloomsbury, UK: St Martin's Press
- Gruwell, E. (1999). The Freedom Writers Diary: How a Teacher and 150 Teens Used Writing to Change Themselves and the World around Them. New York: Doubleday
- Grazer, B., & Fishman, C. (2015). A Curious Mind: The Secret to a Bigger Life. Toronto: Simon & Schuster
- Kashdan, T. (2009). Curious. New York: William Morrow
- Leslie, I. (2014). Curious: The Desire to Know and Why Your Future Depends on It. New York: Basic Books

웹사이트

- Discover how cultivating an inquiring mind can help you lead a happier, healthier life: https://experiencelife. com/article/the-power-of-curiosity
- Four reasons why curiosity is important and how it can be developed:

www.lifehack.org/articles/productivity/4-reasons-why-curiosity-is-important-and-howto-develop-it.html
- Curiosity prepares the brain for better learning: www.scientificamerican.com/article/curiosity-prepares-the-brain-for-better-learning

3. 개방성(판단력, 비판적 사고)

서론

개방성(판단력)은 어떤 주제를 다룰 때 다방면으로 생각할 수 있는 능력이다. 심리치료 관점에서 개방성은 자신의 신념과 상반되는 의견일지라도 받아들일 여지를 두는 것을 뜻한다. 심리치료는 내담자의 신념과 믿음을 이해하고자 노력하고, 특히 내담자에게 스트레스와 다른 증후군을 야기하는 원인을 파악하는 데 힘을 쏟는다. 이때 개방성을 복잡한 개인 사정을 다루는 데 사용한다면 기존엔 보지 못했던 관점에서 문제를 직시할 수 있다. 또한 문제에 직면했을 때 개방성을 발휘하면 무편견적이고 객관적인 '현실 직시적' 시선을 유지할 수 있다. 한마디로 개방성은 자신의 관점만 고집하게 만드는 '개인적 편견'을 접어두고 상대의 관점도 고려하게 하는 강점이다.

중용

개방성은 일상의 골칫거리나 그보다 큰 문제를 비평적 탐구와 면밀한 정보 조사로 직시하는 태도를 수반한다. 개방성이 결여되어 있다면 문제를 관찰하는 능력이 떨어지고 모든 것을 흑백논리로 판단하려 들 것이다. 주위에선 이런 사람을 융통성이 없다고 말하고, 고지식한 성향은 스트레스 증상을 더욱 악화할 수 있다. 우울증과 불안 증세가 있는 상태에서 역경이나 차질 또는 실패까지 겪는다면 자신의 부족함을 스스로 비난하며 자책할 가능성이 크다. 더 나아가 이 역경이 끝나지 않으리라는 부정적인 생각이 삶의 모든 측면에 영향을 끼치도록 방관할 것이다.

반대로 개방성이 지나친 경우 상대방을 신뢰하지 못하고 냉소적이며 회의적인 사람이 될 공산이 크다. 개방성을 균형 있게 사용하고 싶다면 비판적 사고를 유지하되, 각 상황에서 수치화할 수 없는 감정적 요소도 간과해선 안 된다는 점을 명심해야 한다. 예를 들어 연인과 결별 후 이성적 측면에선 결별이 자신에게 득이 된다고 애써 판단할지라도 슬픔과 고독은 그대로일 수 있다. 감정에 휘둘리지 않는 선에서 헤어짐의 슬픔을 표현하는 것은 매우 중요하다.

- 사용 남용: 냉소주의, 회의주의, 편협함
- 사용 부족: 독단주의, 고지식함, 단순함, 무분별함

통합

개방성은 다수의 강점과 함께 사용될 때 시너지 효과가 난다. 예를 들어 개방성과 비판적 사고, 판단력(창의성, 호기심)을 함께 발휘하면 새로운 대안과 혁신적 해결책을 모색할 수 있다. 즉 개방성은 여러 관점을 통해 지혜에 접근하고, 비판적 사고는 공정성과 정직을 돕는다.

치료 작용

- **과거의 문제점 고쳐 써보기** 자신이 했던 정신적으로 건강하지 못한 생각 세 가지를 기록해본다(예: "내 아내는 언제나 집 안을 어지럽히고 난 그걸로 스트레스를 너무 많이 받아! 평소 아무 불만도 표현하지 않지만 그녀는 날 존중하지 않는 것 같아. 왜 만날 나에게 이런 일이 생기는 거지?"). 그리고 자신의 생각을 되돌아보며 개방성을 사용해 다른 관점에서 그 상황을 이해하려 시도해본다.
- **역효과로 돌아온 자신의 선택에 대해 써보기** 최근에 한 선택 중 자신이 바라던 결과가 나오지 않았거나 오히려 역효과가 났던 일 세 가지를 생각해보고 적는다. 이를 지혜로운 친구 한 명과 공유한다. 스스로에게 화를 내거나 방어적 태세로 전환하지 않겠다고 약속한 후 친구에게 비판적 평가를 부탁한다.
- **'악마의 대변인' 되어보기** 자신이 가진 가장 굳건한 의견을 선택한다. 그리고 그 의견과 정반대되는 의견을 스스로 내본다. 냉정한 분석을 바탕으로 한 사실만으로 반대 의견을 변호한다. 이 연습을 통해 당신은 이전과는 다른 새로운 관점을 발견할 수도 있다.

- **다른 문화권 또는 종교인의 멘토 되어보기** 사회적 약자나 소수 그룹에 속한 이들에게 가르쳐줄 수 있는 기술 또는 전문성이 자신에게 있는지 생각해본다. 그리고 그 일에 임할 때 자신도 상대방으로부터 뭔가를 배운다는 자세를 가진다.
- **자신의 실패 재평가하기** 최근 자신을 실망시킨 실패 사례 세 가지를 선정한다. 개방성을 사용해 이 실패 사례들을 다시 평가한 후 일종의 패턴이 존재하는지 살펴본다. 예를 들어 누구 때문에 긴장되고 무기력해졌다거나, "미팅 전에 언제나 중요한 것을 빼먹어" 같은 특정 사유가 있는지 확인한다.

영화

- The Help (2011)-Eugenia Skeeter, an open-minded white female writer, strives to tell the stories and perspectives of black maids in a clearly stratified and highly racist society
- The Matrix (1999)-Neo, the protagonist, displays open-mindedness by questioning the meaning of reality
- The Social Network (2010)-This movie tells how Mark Zuckerberg founded Facebook. A scene depicting the first meeting of a difficult college course shows the lack of openmindedness of the professor, while the movie shows how Zuckerberg, despite experiencing social deficits, exercises his flexible and critical thinking strengths
- Apocalypse Now (1979)-In an adaptation of Joseph Conrad's novel, Heart of Darkness, famed film director Francis Ford Coppola depicts a critical inquiry into primal madness, brought on by the Vietnam War
- Water (2005)-This film displays the lives of three widows showing extraordinary judgment to remain open to new experiences confronting injustice and negative societal traditions

강연

www.ted.com

- Alia Crum: Change Your mindset, Change the game, TEDxTraverseCity
- Adam Savage: How simple ideas lead to scientific discoveries
- Adam Grant: The surprising habits of original thinkers

- Vernā Myers: How to overcome our biases? Walk boldly toward them
- Dalia Mogahed: What do you think when you look at me?

책
- Costa, A. (1985). Developing Minds: A Resource Book for Teaching Thinking. Alexandria, VA: Association for Supervision and Curriculum Development
- Hare, W. (1985). In Defence of Open-Mindedness. Kingston, UK: McGill-Queen's University Press
- Markova, D. (1996). The Open Mind: Exploring the 6 Patterns of Natural Intelligence. Berkeley, CA: Conari Press

웹사이트
- YouTube: Critical Thinking: A look at some of the principles of critical thinking: https://youtu.be/6OLPL5p0fMg
- YouTube: Top 5 Mind Opening and Quality Movies: https://youtu.be/gsjEX91vAgY
- Open-mindedness, its benefits, its role as a "corrective virtue," and its exercises: www.authentichappiness.sas.upenn.edu/newsletters/authentichappiness-coaching/open-mindedness

4. 학구열

서론

학구열은 열정적으로 새로운 기술과 주제, 지식을 학습하는 강점이다. 학구열이 대표 강점이라면 배움을 진심으로 즐기고, 많은 주제를 깊이 있게 이해한다. 또 공부를 위한 동기 부여는 외부 자극이 아닌, 정보 및 지식 축적에 대한 내면의 욕구에서 비롯된다. 그 것이 컴퓨터든, 요리든, 영화든, 미술이든, 문학이든 가리지 않는다. 또한 장소에 상관없 이 학교, 독서클럽, 토론 모임, 강의, 워크숍, 수업 등 모든 곳을 지식의 중심지로 만든다. 어떤 장애물이나 역경도 배움을 향한 열정을 꺾을 수 없다.

중용

새로운 지식에 대한 학습과 이해를 거부하는 행위는 개인의 성장을 막을 뿐 아니라, 우울증의 기저를 이루는 증상일 수도 있다. 배움에 깊이를 더하는 것은 개인에게 수많은 이득을 가져다준다. 하지만 지식은 사실에 의거하는 정보이고 통계, 수치, 역사적 사건, 과학의 발견, 구체적 증거는 개인에게 지나친 과신을 불어넣어 그로 인해 생긴 오만이 아는 자와 모르는 자, 많이 알지 못하는 자 사이에 분열을 만들 수 있다. 그렇기에 지식과 정보가 풍부한 이 세상에서 지식의 계층을 나누고 상대방을 낮춰 보는 일은 없어야 한다. 더불어 감정의 중요성도 무시해서는 안 된다. 자신의 근심, 두려움, 의심을 이해하는 것은 매우 중요하며, 이런 감정은 지식과 합리적인 생각에 맥락을 더해 상황을 완벽히 이해하면서 문제를 해결하는 것을 돕는다.

- 사용 남용: 모든 것을 다 안다고 착각하는 오만
- 사용 부족: 안주, 잘난 척

통합

학구열은 지식과 지혜에 포함된 많은 강점과 함께 사용될 수 있다. 예를 들어 학구열은 호기심과 끈기를 동반한다. 끈기 없이는 어떤 주제도 깊이 있게 학습할 수 없다. 마찬가지로 학구열은 비판적 사고와 시너지 효과를 내고 더 넓은 시야를 가지게 한다.

치료 작용
- **적응하고 극복하는 방법에 시간 투자하기** 우리는 문젯거리를 극복하려는 노력 대신 음울한 생각에 빠져 너무 많은 시간을 소비한다. 자신의 문제에 얼마나 많은 시간을 소비하는지 관찰하고 비슷한 문제를 극복한 타인의 사례를 찾아본다.
- **배움 나누기** 친구들과 나눌 수 있는 주제를 찾고 겸손하고 열린 토론의 장을 마련한다. 토론이 끝난 후엔 그 시간을 되새겨본다.
- **현재 진행 중인 사건 조사하기** 개인적으로 친밀함을 느끼는 지역 또는 세계의 이슈를 조사한다. 자신이 해당 주제에 대해 몰랐던 내용들을 목록으로 작성한다.
- **휴식을 통해 배우기** 새로운 장소로 여행을 떠나 배움과 휴식을 적절히 취한다. 그

장소에 있는 동안 투어나 요리 수업, 박물관 방문 등을 통해 현지 문화와 역사를 배운다.

- **함께 배우기** 평소 자신과 지적 관심사가 일치하는 친구와 따로 공부할 수 있는 동일한 주제를 선정한다. 그리고 자신이 습득한 지식을 차 한잔하면서 공유한다. 이때 배우자, 부모, 자녀, 친척 등 자신이 사랑하는 이를 친구로 선택하면 함께하는 긍정 경험을 통해 관계도 발전할 것이다.

영화

- Theory of Everything (2014)-An extraordinary story of one of the world's greatest living minds, the renowned astrophysicist Stephen Hawking displays love of learning despite extraordinary challenges
- Akeelah and the Bee (2006)-The passion of an American adolescent to learn unfolds as she reluctantly participates and eventually wins the National Spelling Bee competition
- A Beautiful Mind (2001)-This is the story of Noble Laurate John Nash and his passion for self-discovery and knowledge despite severe mental health challenges

강연

www.ted.com

- Salman Khan: Let us Use Video to Reinvent Education
- Bunker Roy: Learning from a barefoot movement
- Ramsey Musallam: 3 rules to spark learning

책

- Yousafzai, M., & Lamb, C. (2013). I Am Malala: The Girl Who Stood Up for Education and Was Shot by the Taliban. London: Hachette.
- Watson, J. C., & Watson, J. C. (2011). Critical Thinking: An Introduction to Reasoning Well. London: Continuum
- Markova, D. (1996). The Open Mind: Exploring the 6 Patterns of Natural Intelligence. Berkeley, CA: Conari Press

5. 예견력(예지력, 지혜)

서론

지혜라고도 부르는 이 강점은 지능과는 달리 우수한 지식과 판단력을 필요로 한다. 그만큼 예견력은 상대방에게 지혜로운 조언을 할 수 있는 힘이 된다. 예를 들어 많은 정신건강 문제가 추정에 의해 생기는데, 이는 대인관계가 생각대로 될 것이라고 믿기 때문이다. 그래서 상대방이 자신의 기대에 못 미치고 자신이 원하는 바를 하지 못하거나 이루지 못하면 실망하고 때론 우울증에 빠지기도 한다(예: "내가 왜 이런 어려운 선택을 해야 했는지 우리 가족이 알아주길 바랐는데…"). 이 경우 심리치료 관점에서 예견력은 자신이 무엇을 할 수 있고 할 수 없으며, 무엇이 현실적이고 비현실적인지를 구별하게 해준다.

우리는 상반되는 정보를 접하거나 명확한 정답이 없는 선택의 상황에서 동요한다(예: "일을 더해 휴가비를 마련할까, 아니면 사랑하는 이와 함께 보드게임을 하면서 시간을 보낼까?"). 스스로를 위해서든, 상대방을 위해서든 예견력은 선택의 기로 앞에서 어느 쪽이 더 큰 이득인지 판단하는 것을 도와준다. 또한 예견력은 도덕과 삶의 의미에 대한 심오한 질문에 주목하게 한다. 예견력을 지닌 사람은 인생의 굴레에 담긴 삶의 의미를 알고 자신의 강점과 약점을 파악해 사회에 이바지하는 것이 얼마나 중요한지를 깨닫는다.

중용

예견력은 어떻게 보면 중용 그 자체다. 즉 예견력이 대표강점 중 하나인 사람은 업무와 삶의 균형을 맞출 수 있고 현실적인 예상도 가능하다. 또한 긍정 요소와 부정 요소를 나눠 따로 잴 수 있으며, 개인적 요소(예: "난 언제나 바보짓을 해")가 개입된 상황과 상황적 요소(예: "어제 프레젠테이션이 성공하지 못한 건 동료가 중요한 수치를 제공하지 않았기 때문이야")가 개입된 상황을 분석할 수 있는 능력을 지닌다. 올바른 예견력을 가진 사람은 나무가 모여 이룬 숲을 볼 수 있고, 또 숲을 이루는 나무 하나하나를 볼 수 있다. 예견력은 단기적 고통(예: 자신이 불안해하는 상황에 직면)을 견디고 장기적 이득(불안감 해소)을 취할 수 있는 지혜도 준다. 하지만 예견력이 모든 상황에 필요한 것은 아니다. 예견력의 렌즈를 통해 일상의 모든 사건을 평가하다 보면 당신의 선택이 지나치게 현학적으로 보일 수도 있다.

- 사용 남용: 엘리트주의, 과도한 현학적 성향, 고압적 태도
- 사용 부족: 천박함, 얕은 생각

통합

어떤 의미에서 예견력은 앞서 거론된 강점들을 모두 담고 있다. 즉 예견력은 학구열, 호기심, 창의성 같은 강점과 그 강점들의 조합, 그리고 적절한 양을 통해 만들어지는 조화에 대한 이해도를 함축한다.

치료 작용

- **자신을 좌절하게 하는 일에 대한 목표 세우기** 일상에서 겪는 스트레스 요인(예: 배우자가 식사 후 접시를 싱크대로 가져오지 않는 것, 중요한 웹사이트의 아이디와 비밀번호를 계속 잊는 것)을 해결할 수 있는 다섯 가지 목표를 정한다. 그것을 단계로 나누고 시간과 공을 들여 하나하나 완수한 후 매주 그 과정을 관찰한다.
- **문제 해결에 능한 롤모델 찾기** 끈기와 회복력의 표본이 되는 롤모델을 찾고 어떻게 그를 벤치마킹할 수 있을지 생각해본다. 자신과 비슷한 문제를 가지고 있던 이를 선택하고, 만약 그 롤모델이 주변에 있다면 그와 만나 예견력에 대해 토론한다.
- **인생관을 넓히고 일시적 스트레스 요인 관찰하기** 자신의 인생관을 두 문장 정도로 간추려 적어본다. 그리고 일시적인 스트레스 요인이 당신의 관점을 흔들 때가 있는지 매주 관찰한다. 만약 변화가 관찰된다면 환희와 고통 속에서도 흔들리지 않는 예견력을 가지기 위해 어떻게 해야 하는지 브레인스토밍을 한다.

- **개인 문제에 대해 생각할 시간을 봉사에 투자하기** 세상에 변화를 주려는 일에 참여해 자신의 시간과 자원을 투자한다. 이런 시간의 재배치는 자신의 문제로부터 일시적으로나마 자유롭게 해줄 것이다. 자원봉사 같은 긍정적인 기분 전환 요소는 때론 해결하지 못한 문제를 새로운 관점에서 바라볼 수 있는 기회를 제공하기도 한다.
- **신념과 감정 연결하기** 열정을 주제로 한 책이나 영화를 보고 자신의 신념을 감정과 연결해본다. 단, 너무 격한 감정의 표출은 자제한다.

영화

- Hugo (2011)-Hugo, a 12-year-old boy living in the Gare Montparnasse train station in Paris, offers perspective on experiences with what really matters in life. The movie is also a brilliant illustration of resilience and social intelligence
- Peaceful Warrior (2006)-Socrates, played by Nick Nolte, teaches Dan, an ambitious teenager, the strength of perspective, humility, and focus through actions and applied scenarios
- American Beauty (1999)-Lester Burnham, a middle-aged businessman trapped in his own misery, undergoes a rapid transformation to realize what is truly important in his life

강연

www.ted.com
- Barry Schwartz: Using our practical wisdom
- Joshua Prager: Wisdom from great writers on every year of life
- Rory Sutherland: Perspective is everything

책

- Frankl, V. (2006). Man's Search for Meaning. Boston: Beacon Press
- Hall, Stephen, (2010). Wisdom: From Philosophy to Neuroscience. New York: Random House
- Sternberg, R. J., ed. (1990). Wisdom: Its Nature, Origins, and Development. Cambridge: Cambridge University Press
- Vaillant, G. E. (2003). Aging Well: Surprising Guideposts to a Happier Life from the

Landmark Study of Adult Development. New York: Little Brown

웹사이트

- This website details the work of Thomas D. Gilovich, who studies beliefs, judgment and decision-making. He studies how these factors affect, and are affected by, emotions, behavior and perception: www.psych.cornell.edu/people/Faculty/tdg1.html

- Barry Schwarz studies practical wisdom and the paradox of choice. He discusses the disadvantages of having infinite choices, which he argues exhausts the society and the human psyche: www.ted.com/speakers/barry_chwartz

미덕: 용기

내적 · 외적 난관에 직면하더라도
목표를 성취하고자 하는 의지를 실천하는 강점들

6. 용감성(용기)

서론

용감성은 위험과 위기를 감수하고 자신이나 상대방을 돕기 위해 행동할 수 있는 자세를 말한다. 이미 심리적으로 고통받고 있는 상황에서 다른 역경과 고난이 닥치는 '이중고' 상태는 당신에게 배로 영향을 미칠 수 있다. 때론 견디기 힘든 문제와 역경, 고난만으로도 정신건강 문제가 발생한다. 이때 용감성이 대표강점 중 하나라면 인생의 역경을 헤쳐 나갈 적절한 방법을 찾을 수 있는 능력을 지녔다는 의미가 된다. 이렇듯 용감성은 역경에 굴복하지 않고 정면으로 대응하도록 도와주며, 위기가 따른다 해도 행동할 수 있게 해준다.

용감성이 대표강점이라면 당신은 용맹이라는 자질을 아주 높게 평가한다. 스트레스 받고, 슬프고, 두렵고, 화나며, 감정에 휩싸여도 용감성은 당신이 행동하도록 동기를 부여할 것이다. 용감한 사람은 자신에게 닥쳐오는 위협, 도전, 고통을 회피하거나 그것에 주눅 들지 않고 자신의 목적을 이루고자 노력한다. 한마디로 용감성 또는 용맹함은 예상되는 역경에 굴하지 않고 행동하는 자발적인 자세이며, 용감한 사람은 이상과 도덕에 가장 큰 의미를 둔다.

중용

용감성을 사용해 난관을 극복하는 데 가장 중요한 것은 강요 또는 외적 요인이 동기 부여가 되어서는 안 된다는 점이다. 용감한 행위는 그것이 신체적이든, 감정적이든 자신의 가치관을 필수로 반영해야 한다. 예를 들어 가족을 학대하는 다른 가족 구성원에게 맞서 대항하거나, 억압받고 있는 개인을 옹호하기로 마음먹었을 때 당신의 행동이 진실되려면 깊게 뿌리박힌 자신의 가치관을 토대로 행동해야 한다. 그리고 용감성을 적절히 사용하려면 자신의 용감한 행동으로 탈출할 수 있는 실재적인 위험이나 위기 상황이 있어야 한다. 또한 행동을 취하든, 취하지 않든 자신의 선택이 가져올 결과를 생각해야 한다. 자신이 선택한 행동이 당신이나 다른 이들의 안전을 위협하는 위험한 행위가 되어선 안 되기 때문이다. 반대로 용감성 부재는 자신에게 무력함을 불러올 수 있다.

정리하자면 과도한 용감성은 자신의 사회적 평판을 위협할 수 있고 노출, 보복으로까지 이어질 위험이 있으며, 부족한 용감성은 자신을 희망과 의욕이 없는 소극적인 사람으로 만들 수 있다.

- 사용 남용: 위험 감수 경향, 어리석음, 무모함
- 사용 부족: 두려움에 굴복, 비겁함

통합

용감성은 많은 강점에 접목될 수 있다. 예를 들어 용감성은 정직, 예견력, 공정성 같은 강점과 함께 유용하게 쓰일 수 있으며 예견력, 신중성, 자기 통제력, 용서 강점을 사용하면 용감성의 무모한 사용을 통제하는 것이 가능하다. 또한 용감성은 열정, 사회성 지능, 끈기와도 좋은 조합을 이룬다. 강점 통합의 예로는 불편한 감정과 기억으로 얽힌 자신의 두려움을 개방된 자세로 직면하기(개방성), 부정 정서의 순환 고리 끊기 또는 충동에 저항하기(자기 통제력), 자기 목표 지키기(끈기) 등이 있다.

치료 작용

- **용감한 '일대일'로 대인관계 문제 해결하기** 현재 자신이 고충을 겪고 있는 대인관계 문제를 세 가지 정도 적는다. 이때 자신이 일상적으로 교류하고 억압받는 느낌이 들며 상대방이 자신보다 권위적인 위치에 있는 사례를 선택하는 것이 좋다. 균형 있는 용감성 사례를 생각하면서 자신의 문제를 해결해본다(예: "수업 후 용기를 내 지도교수

에게 나의 의견을 전하겠어").

- **진실을 말함으로써 자유로워지기** 용감성을 발휘해 가까운 친지에게 자신에 대한 진실을 털어놓는다. 이 진실은 당신과 그들의 대인관계에 부정적인 영향을 끼칠 수 있을 정도로 중대한 진실이어야 하며, 당신이 지금까지 그들에게 외면당할까 봐 두려워 감췄던 사실이어야 한다(예: "나는 사실 성소수자야. 이 진실은 내 삶의 중요한 일부이지만 내가 어떻게 받아들여질지 몰라 두려워. 하지만 이걸 숨기고 산다면 난 가족과 함께 진실된 삶을 살 수 없어").

- **어렵거나 현 상황을 뒤흔드는 질문하기** 회사, 가족, 친구 등 자신이 소속된 집단에서 어려운 질문이나 현 상황을 바꿀 수 있는 질문을 던진다. 예를 들어 집단이 규정한 일정 규칙이 왜 일부 구성원을 배제하고 리더십을 발휘하지 못하게 하는지에 대해 질문하고 대담하지만 현실적인 해결책을 제시한다.

- **개인이나 대의를 옹호하기** 어린 동생, 여성, 이민자, 자신의 권리를 모르는 노동자 등 혼자 일어서기 힘겨워하는 이들을 위해 싸운다. 지원이 필요한 이들을 위해 용감히 나서는 집단에 가입하는 것도 좋다.

영화

- Milk (2008)-This movie depicts Harvey Milks' courage to become the first openly gay person to be elected to public office in California
- The Kite Runner (2007)-A moving tale of two friends, Amir and Hassan, whose friendship flourishes in pre-Soviet-invasion Kabul, in the mid to late 1970s. The film shows how Amir musters the courage to rescue Hassan's son from war-ravaged and Taliban-ruled Afghanistan
- Schindler's List (1993)-Oskar Schindler is a German businessman whose bravery saves over a thousand Jews during World War II
- The Help (2011)-Eugenia, also known as "Skeeter," is a courageous white female writer who strives to tell the stories and perspectives of black maids in a clearly stratified and highly racist society

강연

www.ted.com

- Ash Beckham: We're all hiding something. Let's find the courage to open up
- Clint Smith: The danger of silence
- Eman Mohammed: The courage to tell a hidden story

책

- Diener, R. (2012). The Courage Quotient: How Science Can Make You Braver. San Francisco: Jossey-Bass
- Pury, C. (2010). The Psychology of Courage: Modern Research on an Ancient Virtue. Washington, DC: American Psychological Association
- Pausch, R., & Zaslow, J. (2008). The Last Lecture. New York: Hyperion

웹사이트

- The skill of bravery, its benefits, and the balance between fear and over-confidence: www.skillsyouneed.com/ps/courage.html
- Nine teens and their incredible acts of bravery: https://theweek.com/articles/468498/9-heroic-teens-incredible-acts-bravery-updated

7. 끈기(인내)

서론

끈기(인내)는 수많은 장애물과 차질 앞에서도 목표를 향해 계속 전진할 수 있는 정신력을 뜻한다. 심리치료 관점에서 많은 정신건강 문제는 주의를 분산하고 집중을 방해한다. 이럴 때 끈기는 많은 어려움 앞에서도 목표 달성에 주의를 기울이게 해 집중력 문제를 해결할 수 있는 가장 좋은 강점이다. 만약 집중력이 흐트러졌다 해도 끈기는 결국 다시 목표를 상기케 해줄 것이다. 당신은 최선을 다해 자신이 맡은 임무를 완수할 테고, 임무가 지루하고 정신이 태만해지는 시기가 와도 인내로써 나아가 자신의 능률에 만족감과 행복감을 느낄 수 있을 것이다.

중용

끈기의 균형 있는 사용은 상황에 따라 끈기를 접을 줄도 아는 자세에 달렸다. 끈기 있게 계속 나아갈지, 깨끗이 포기할지를 정할 때는 해당 목표를 완수하지 못했을 경우 어떤 일이 생길지에 대해 생각해봐야 한다. 또한 당신이 바뀌는 환경에 얼마나 잘 적응할 수 있는지도 상당히 중요하다. 만일 자신이 원하는 직종에서 일하고 싶다면 불가피하게 변화하는 시장과 혁신기술, 사회경제학적 요소에 적응해야만 한다.

마지막으로 명심해야 할 점은 자신의 목표를 거듭 인지해야 한다는 것이다. 예를 들어 저녁과 주말에 수업을 들어야 하는 소셜미디어 자격증 획득을 목표로 삼았다면 자신의 목표를 객관적으로 평가하고 끝까지 해냈을 때 받을 보상을 바라보며 나아가야 한다.

- 사용 남용: 집요함, 집착, 불가능한 것 추구
- 사용 부족: 나태함, 무관심

통합

자신의 끈기가 적응력 있게 버티는 것인지, 강박적인 집착으로 변질돼가는지 등을 냉정하게 평가하려면 자기 통찰력, 사회성 지능, 판단력(개방성), 신중함 강점이 필요하다. 역경과 장애물을 끈기로 이겨내기 위해서는 적당한 희망과 낙관성도 필요하다. 희망과 낙관성이 없다면 끈기는 활기를 잃을 수 있다. 다만, 희망과 낙관성은 현실성 있는 범주에서만 실용적이라는 점을 명심해야 한다. 즉 현실적 낙관성을 말하는 것이다.

치료 작용

- **자신에게 버거워 보이는 목표에 도전하기** 자신이 해결해야 하는 큰 과제 다섯 가지를 작성한다. 이 과제들을 단계별로 나누고 한 단계씩 완수할 때마다 스스로를 축하하고 격려하며 단계별 진행을 주시한다.
- **어려움 속에도 끈기로 버텨낸 롤모델 찾기** 많은 어려움을 끈기로 이겨낸 롤모델을 찾고 어떻게 하면 자신도 그 사람의 행보를 따를 수 있을지 생각해본다. 기왕이면 자신과 비슷한 문제를 가지고 있던 사람과 만나 어떻게 문제를 끈기로 극복했는지 직접 들어본다.

- **새로운 기술을 습득할 때 끈기 발휘하기** 기술적인 문제로 더 나아갈 수 없다면 끈기가 막다른 길에 도달한 느낌이 들 것이다. 예를 들어 자신의 기술이 부족해 목표를 완성할 수 없다면 무작정 끈기로 버틸 것이 아니라 남에게 도움을 청해 해결할 수도 있다.
- **'몰입'하기** 자신에게 끈기가 부족하다고 생각되는 경우 몰입에 빠지는 방법이 도움이 되기도 한다. 본질적인 내면에서 나오는 동기 부여로 무엇인가에 몰두한 심리 상태를 뜻하는 몰입에 빠져든다면 끈기는 자연스럽게 따라올 것이다.
- **타인과 함께 일하기** 자신과 비슷한 이들과 함께 일하는 것도 심리치료에 도움이 된다. 타인과 협력하는 것은 언제나 끈기의 기술을 발전시킨다.

영화
- Life of Pi (2010)-This movie presents the epic journey of a young man who perseveres and survives on the open sea to strike an unlikely connection with a ferocious Bengali Tiger
- 127 Hours (2010)-In a remarkable display of persistence and courage, Ralston, a mountain climber, becomes trapped under a boulder while canyoneering alone near Moab, Utah
- The King's Speech (2010)-England's King George VI perseveres to overcome a speech impediment

강연
www.ted.com
- Angela Lee Duckworth: Grit: The power of passion and perseverance
- Elizabeth Gilbert: Success, failure and the drive to keep creating
- Richard St. John: 8 secrets of success App endix 284 D: Bu ild ing Your Strengths

책
- Duckworth, A. (2016). Grit: The Power of Passion and Perseverance. New York: Simon &Schuster
- Luthans, F., Youssef, C., & Avolio, B. (2007). Psychological Capital: Developing the

Human Competitive Edge. New York: Oxford University Press
- Tough, P. (2012). How Children Succeed: Grit, Curiosity, and the Hidden Power of Character. New York: Houghton Mifflin Harcourt

웹사이트
- Self-determination theory discusses intrinsic motivation, values and how they affect wellbeing and goals: www.selfdeterminationtheory.org
- Edward L. Deci studies motivation and self-determination and their effects on different facets of life, such as mental health, education, and work: www.psych. rochester.edu/people/deci_edward/index.html

8. 정직(진정성)

서론

정직은 오로지 진실만을 말하고 진정성 있는 모습을 보여주는 자세다. 심리치료 관점에서 볼 때 수많은 정신건강 문제는 억압, 두려움, 수치심, 동요, 거절에서 비롯되고, 이런 감정들은 진실성 있는 생각과 감정의 공유를 방해한다. 이때 정직은 자신의 생각과 감정을 솔직히 표현할 수 있게 해준다. 정직이 대표강점인 사람은 언제나 자신의 행동에 책임을 지고 가치관에 준거해 행동한다. 그만큼 내면에 분노나 자기소외감이 없으며, 현실 검증 및 사회적 추론 능력이 발달한다. 정직한 개인은 인지 왜곡이나 사회적 공포를 겪을 가능성이 현저히 낮을 뿐 아니라, 까다로운 정신병리학적 딜레마를 더 쉽게 이해하고 다룰 수 있다.

정직한 사람은 자신의 생각, 감정, 책임감에 대해 솔직하고 개방적이다. 또한 상대방이 어떤 행동이나 정보 누락으로 오해의 소지를 만들 위험에 언제나 유의한다. 마지막으로 이 강점을 가진 사람은 자기 감정의 온전한 주인으로서 진실된 완전함을 느낄 수 있다.

중용

문화적·종교적·정치적·경제적·기술적 영향이 지대한 오늘날 자신의 가치관에 맞게 살아가는 것, 자신의 모든 감정을 부정하지 않고 받아들이는 것은 매우 어려운 일이다.

따라서 정직을 올바르게 사용하려면 상황을 이해해야만 한다. 한 예로 페이스북이나 트위터에 자신의 감정을 모두 드러내는 것을 정직의 올바른 사용법이라고 할 수는 없다. 진실되고 정직한 삶을 살아가는 데는 외부의 압박을 이겨낼 용기가 중요하다. 진실된 삶을 산다는 것은 신뢰할 수 있고 현실적이며 언제나 사실을 말한다는 의미다. 다만 유의할 점이 있다면 진실성은 하나의 절대적 정의를 내릴 수 없다는 것이다. 문화에 따라 자신의 진실성을 어떻게 표현할지에 큰 차이가 있을 수밖에 없다. 정직을 평가할 때 문화적 배경을 고려한다면 더 정확한 결과가 나올 수 있다.

문화적 배경과 무관하게 개인에게 정직이 부족한 경우 자신의 감정, 관심사, 필요를 표현하지 못할 가능성이 크다. 그리고 이것은 자기효능감을 제한하곤 한다. 그뿐 아니라 정직의 부재는 자신이 원하지 않는 역할과 상황으로 자신을 밀어 넣을 수도 있다. 이런 상황이 지속될 경우 개인의 인격이 분열되어 외부 압박으로부터 영향을 받고 조종당할 가능성이 더욱 커진다.

- 사용 남용: 독선, 당위
- 사용 부족: 천박함, 위선

통합

정직을 강점으로 사용하고 싶다면 자기 내면의 필요와 동기 부여를 제대로 이해해야 한다. 열정과 활기는 정직을 제대로 보완하고, 예견력과 지혜는 상황의 맥락을 이해할 수 있게 해준다. 그리고 감성적 지능(사회적 지능의 일부)은 진정성 있고 적절한 내면의 이해와 표출을 돕는다. 친절과 사랑 또한 정직과 언제나 공존하는 강점이다. 배려와 나눔으로 나타나는 진정한 사랑은 진실성을 키워준다.

치료 작용

- **억압, 평가, 거절(진정성의 부재)에 대해 평가하기** 자신이 스트레스를 받는 다섯 가지 상황을 적는다. 각 상황이 사회적 규범과 기대치에 따른 억압, 평가, 거절에 대한 두려움 때문에 생긴 것인지 평가한다. 친한 친구나 가족 구성원과 함께 이 상황을 진실성을 바탕으로 어떻게 해결할지 논의한다.

- **자신의 진정성을 키울 수 있는 상황 찾기** 자연스러운 자신의 모습을 유지할 수 있는 상황을 적어보고 자신이 어떻게 이런 상태를 유지하는지, 어떤 내외부적 요소가 있는지 판단한 후 친구와 비슷한 상황을 늘릴 수 있는 방법에 대해 토론한다.

- **진정성 있는 관계 조성하기** 심리적으로 스트레스를 받는 많은 이유 중 하나는 다른 정직한 이들과 진정성 있는 관계를 맺지 못하기 때문이다. 자신과 함께할 사람들을 정하고 그들에게 관계를 진전시킬 수 있는 진정성 있고 건설적인 피드백을 제공한다.

- **진정성 있는 역할 맡기** 진정성 있고 정직을 유지할 수 있는 투명한 구조의 직무를 선택한다. 조직에서 솔직하고 단도직입적인 소통을 필요로 하는 역할을 찾는다.

- **도덕적 신념 사용하기** 자신의 가장 굳건한 도덕적 신념을 선택한다(예: 자신이 맡은 업무에 최고 효율로 최선을 다하는 것). 그리고 어떻게 하면 이런 신념을 평소 자신의 삶에서 부족하다고 느꼈던 부분에 접목할 수 있을지 고민해본다(예: 교통신호 지키기, 친환경 제품 사용하기, 부당한 대우를 받는 이들을 돕기). 측정 가능한 작은 목표를 만들어 자신이 부족한 부분을 보완하는 동시에 정직성을 발전시킬 수 있도록 노력한다.

영화

- Separation (2011, Iran)-During the dissolution of a marriage, this film presents an inspiring display of integrity and honesty by a person who is accused of lying
- Erin Brockovich (2000)-The lead character's deep sense of integrity to bring the truth to light eventually results in one of the biggest class-action lawsuits in U.S. history
- The Legend of Bagger Vance (2000)-Rannulph Junnah, once the best golfer in Savannah, Georgia, overcomes alcoholism to reconstruct both his golf game and his life through the strengths of authenticity and integrity
- Dead Poet Society (1989)-English teacher John Keating, teaches boys about the joys of poetry, but in essence, they learn and eventually show the strengths of honesty and integrity

강연

www.ted.com

- Brené Brown: The power of vulnerability
- Malcolm McLaren: Authentic creativity vs. karaoke culture
- Heather Brooke: My battle to expose government corruption

책

- Brown, B. (2010). The Gifts of Imperfection: Let Go of Who You Think You're Supposed To Be and Embrace Who You Are. Center City, MN: Hazelden
- Cloud, H. (2006). Integrity: The Courage to Meet the Demands of Reality. New York: Harper
- Simons, T. (2008). The Integrity Dividend Leading by the Power of Your Word. San Francisco: Jossey-Bass

웹사이트

- Profiling voices, victims and witnesses of corruption and work toward a world free of corruption: www.transparency.org
- The International Center for Academic Integrity works to identify, promote, and affirm the values of academic integrity among students, faculty, teachers, and administrators: www.academicintegrity.org/icai/home.php

9. 열정(열의/활기)

서론

열정은 에너지와 환희, 흥, 활기의 진정한 가치를 깨닫고 사는 삶의 자세로 만족, 기쁨, 희열 같은 긍정 정서를 수반한다. 심리치료 관점에서 볼 때 열정 부족은 우울증과 소극성, 무료함을 유발한다. 열정과 활기가 대표강점 중 하나라면 당신은 인생을 언제나 전심으로 살아갈 것이다. 일과를 처리하는 과정에서도 감정적·신체적 활력을 추구하고 이런 느낌으로부터 영감을 받아 창의적인 프로젝트나 계획에 반영한다. 또한 업무에 최선을 다하고, 그 적극성은 다른 사람들의 열정을 북돋운다. 활력적인 삶은 스트레스 감소와 건강 호전을 동시에 경험할 수 있는 바탕이다.

중용

열정도 다른 강점과 마찬가지로 적당량 있는 것이 중요하다. 하지만 적절한 양의 열정과 과도한 양의 열정을 구분하기란 쉽지 않다. 두 상태 모두 그저 열정처럼 보이기 때문이다. 하지만 과도한 열정은 결국 내면 깊은 곳에 자리 잡아 자기 정체성의 일부가 된다. 반대로 열정이 부족하면 소극적인 자세와 동기 부여 부족이 잇따른다. 열정을 올바르게 사용하려면 열정이 자기 성격의 일부가 되어야지 전부가 되어선 안 된다. 또한 모든 일에 적극적으로 임하되 자신의 다른 책무들을 잊어서는 곤란하다.

- 사용 남용: 과잉 활동
- 사용 부족: 수동적 태도, 억압

통합

열정은 다른 미덕에 포함된 신중함, 자기 통제력, 호기심, 감상력 강점과 좋은 조합을 이룬다. 이 강점들은 열정과 함께 건전한 경험을 만들어낼 수 있다. 예를 들어 악기 연주를 위해선 체계적인 반복 연습이 필요하고(자기 통제력), 음악의 가치를 아는 것도 중요하며(감상력), 배움의 과정을 즐겨야 하고(호기심), 실력 향상 등 발전이 있어야 한다(창의성). 그리고 무엇보다 음악을 하면서도 자신의 책무를 잊어서는 안 된다(신중함).

치료 작용

- **'골칫거리' 해결하기** 하고 싶지 않지만 꼭 해야 하는 골칫거리 과업(과제, 운동, 설거지 등)을 꼽은 후 창의성을 발휘해 그 일을 색다르고 신나게 할 수 있는 방법을 찾아본다. 배우자나 친구와 함께하는 것도 좋다.
- **야외로 나가기** 매주 최소 한 시간씩 산책, 사이클링, 조깅, 등산 같은 야외활동을 한다. 바깥 공기를 만끽하는 동시에 자기 내면의 기쁨을 즐긴다. 자연은 엄청난 심리치료 잠재력을 지니고 있다.
- **숙면 취하기** 수면 패턴을 정확히 확립해 수면의 질을 개선한다. 잠들기 3~4시간 전부터는 음식물 또는 카페인 섭취나 침실에서 업무 처리 등을 자제한다. 이 같은 규칙을 지키고 난 후 일상에서 열정의 차이를 실감한다.

- **사교 모임 가입하기** 콘서트를 보러 가거나 최소 월 1회 활동할 수 있는 댄스클럽, 공연예술팀 등 사교 모임에 가입한다. 노래나 춤과 관련된 활동이면 더욱 좋다.
- **행복한 이들과 시간 보내기** 호쾌하게 웃을 줄 아는 친구들과 시간을 보낸다. 그들의 웃음이 자신에게도 전염되는 것에 주목한다. 대안으로 시트콤을 시청하거나 친구와 코미디영화를 보러 가도 좋다.

영화

- Hector and the Search for Happiness (2014)-This movie presents a quirky psychiatrist's quest to feel alive and search for the meaning of life. The film displays a number of character strengths including zest, curiosity, love, perspective, gratitude, and courage
- Silver Lining Playbook (2012)-The main character, Pat, has a motto-excelsior (which is a Latin word meaning forever upward)-which embodies zest and vitality, as Pat recovers from setbacks and becomes determined, energetic, and more attentive
- Up (2009)-An uplifting story (literally and metaphorically) of 78- -year- -old Carl, who pursues his lifelong dream of seeing the wilds of South America, along with an unlikely companion
- My Left Foot (1993)-Born a quadriplegic in a poor Irish family, Christy Brown (with the help of his dedicated mother and teacher) learns to write using the only limb he has any control over: his left foot. This character displays vitality, zest, and enthusiasm for life

강연

www.ted.com
- Dan Gilbert: The surprising science of happiness
- Ron Gutman: The hidden power of smiling
- Meklit Hadero: The unexpected beauty of everyday sounds
- Matt Cutts: Try something new for 30 days

책

- Buckingham, M. (2008). The Truth About You. Nashville, TN: Thomas Nelson
- Elfin, P. (2014). Dig Deep & Fly High: Reclaim Your Zest and Vitality by Loving

Yourself from Inside Out. Mona Vale, NSW: Penelope Ward

- Peale, V. N. (1967). Enthusiasm Makes the Difference. New York: Simon & Schuster

웹사이트

- Robert Vallerand explains what passion is and what differentiates obsessive passion from harmonious passion: https://vimeo.com/30755287
- Website of self-determination theory, which is concerned with supporting our natural or intrinsic tendencies to behave in effective and healthy ways: www.selfdeterminationtheory.org
- Four Reasons to Cultivate Zest in Life: https://greatergood.berkeley.edu/article/item/four_reasons_to_cultivate_zest_in_life

미덕: 사랑과 인간애

사람을 보살피고 관계가 친밀해지는 것과 관련된
대인관계 강점들

10. 사랑

서론

사랑은 상대방을 소중하게 여기고 아끼는 마음으로, 주는 것은 물론 받을 수 있는 능력이다. 그래서 상대방이 같은 마음으로 화답해주는 관계인 것도 매우 중요하다. 사랑이 대표강점 중 하나라면 사랑을 주고받는 것을 자연스럽게 여긴다. 자신이 의지하고 낭만적/성적/심적으로 사랑하는 이들에게 감정을 표현할 수 있다. 사랑은 상대를 신뢰할 수 있도록 도와주고 인생에서 뭔가를 선택할 때 그들을 우선순위에 두게 한다. 사랑하는 이들에게 진심을 다해 헌신할 때 깊은 만족감을 느낀다.

중용

사랑은 많은 강점의 원천이라 해도 과언이 아니다. 하지만 그만큼 사랑과 다른 강점을 적절히 조절하는 일은 매우 어렵다. 특히 자신이 불안감, 슬픔 같은 감정을 느끼고 있을 때 사랑은 몹시 다루기 힘든 강점이다. 평소 자신을 괴롭히는 이에게 항의하지 않고 받아주기만 하는 사람이라면 사랑 강점을 사용해 상대방의 행동을 눈감아주거나 용서하려 들 것이다. 마찬가지로 상대방으로부터 정당하지 못한 대우를 받아도 사랑을 핑곗거리 삼아 애써 참을 수도 있다. 상대방(이성관계, 부모, 자식, 남매, 친구)을 향한 편향되거나 선택적인 사랑은 당신 주위의 다른 이들에게 상처를 주기도 한다.

균형 있는 사랑의 정의는 문화적 배경에 따라 달라진다는 사실도 유념할 필요가 있다.

집단주의 문화권에서 균형 있는 사랑은 가족 구성원 모두를 평등하게 대하는 모습이다. 반면 개인주의 문화권에서 균형 있는 사랑은 보통 업무와의 적절한 균형을 의미한다.

- 사용 남용: 정서적 문란
- 사용 부족: 정서적 고립, 무심함

통합

상호 호혜적인 관심과 배려를 뜻하는 사랑은 보편적 욕구인 동시에 거의 모든 강점을 통합하는 '초강력 접착제' 같은 역할을 한다. 3장 '3회기: 실용지혜'에는 강점들을 통합하는 데 유용한 여러 전략이 서술돼 있다. 다만, 사랑은 모든 것을 아우르지만 사람들은 저마다 특유의 사랑 방식을 가지고 있기에 어떤 강점 조합을 사용해야 하는지에 대한 고정 가이드라인은 존재하지 않으며, 상황과 문제에 따라서도 달라질 수 있다. 예를 들어 대인관계로 스트레스를 받는 경우 당신은 사랑, 사회성 지능, 용감성으로 문제를 해결하는 반면, 비슷한 상황의 다른 이는 사랑, 창의력, 유머의 조합으로 문제를 해결하기도 한다.

치료 작용

- **사랑은 배울 수 있는 기술** 사랑 때문에 스트레스를 받고 있다면 그 스트레스의 근원과 결과에 대해 생각해본다. 사랑은 습득해야 하는 기술이고 연습을 필요로 한다. 그 연습 중 하나는 사랑하는 이의 강점을 찾아주는 것일 수 있다(12회기: 긍정 관계 회기 중 긍정 관계 나무, 13회기: 긍정 소통 참고).
- **배우자, 사랑하는 이들과 소통하기** 사랑하는 이들과 지속적으로 소통하는 것은 중요하다. 5분을 투자해 간단한 전화 통화나 문자메시지로 하루(특히 기념일이나 중요한 날)가 어땠는지 묻는다. 또한 수시로 스트레스와 근심, 어려움, 업무, 희망, 꿈, 친구 등에 대해 물어본다.
- **'대인관계 피로증' 극복하기** 대인관계는 대부분 긍정적으로 시작된다. 하지만 부부는 어느 시점부터 서로를 완벽하게 파악했다고 추정해 긍정적 요소를 최소화하고 부정적 요소를 강조하는 경향이 있다. 이런 편견 어린 시선은 관계의 발전을 막고 분노와 원망만 키울 뿐이다. 사랑, 창의력, 호기심을 사용해 배우자의 새로운 점을

찾으려 노력하고 둘이 함께해보지 않은 일들을 시도한다.

- **서로에게 의미 있는 것을 깊이 있게 공유하기** 사랑하는 관계는 서로 놀고 웃을 때, 그리고 서로 의미 있는 것을 공유할 때 더욱 돈독해진다(예: 독립성, 가족 간 화합, 출세에 대한 열정 등 개인에게 가치 있는 것을 공유).
- **시간 공유하기** 가족과 함께하는 산책, 등산, 사이클링, 캠핑 등 정기적인 여가시간을 만들거나 단체로 스포츠 경기, 콘서트, 문화 행사 등을 관람한다. 이 같은 경험은 값지고 행복한 사랑의 추억을 만들어줄 것이다.

영화

- Doctor Zhivago (1965)-An epic story showing love-the capacity to love and be loved-of a physician who is torn between love of his wife and love of his life, set amidst the Russian Revolution
- The English Patient (1996)-Set during World War II, this film tells a powerful story of love, when a young nurse cares for a mysterious stranger
- The Bridges of Madison County (1995)-Francesca Johnson, a married mother, falls in love with a traveling photographer; the romance lasts only four days, but it changes her life drastically
- Brokeback Mountain (2005)-This film presents the deep love story between two cowboys who fall in love almost by accident, set in the conservative landscape and social milieu of the 1960s, when gay love was still largely unaccepted

강연

www.ted.com

- Robert Waldinger: What makes a good life? Lessons from the longest study on happiness
- Helen Fisher: Why we love, why we cheat
- Yann Dall'Aglio: Love-you're doing it wrong
- Mandy Len Catron: Falling in love is the easy part

책

- Fredrickson, B. L. (2013). Love 2.0. New York: Plume

- Gottman, J. M., & Silver. N. (1999). The Seven Principles for Making Marriage Work. New York: Three Rivers Press
- Pileggi Pawelski, S., & Pawelski, J. (2018). Happy Together: Using the Science of Positive Psychology to Build Love That Lasts. New York: TarcherPerigee
- Vaillant, G. E. (2012). Triumphs of Experience: The Men of the Harvard Grant Study. Cambridge, MA: Belknap Press of Harvard University Press

웹사이트

- The Gottman Institute offers research-based assessment techniques and intervention strategies as well as information about training in couple's therapy: www.gottman.com
- The Attachment Lab: The Research on attachment focuses on understanding the conscious and unconscious dynamics of the attachment behavioral system: https://psychology.ucdavis.edu/research/research-labs/adult-attachment-lab
- The Centre for Family Research, at the University of Cambridge, has a worldwide reputation for innovative research that increases understanding of children, parents and family relationships: www.cfr.cam.ac.u

11. 친절(배려)

서론

친절 강점은 배려심과 정중함, 세심함 같은 특성을 지닌다. 만약 친절이 대표강점 중 하나라면 이 같은 특성을 행동으로 옮겨 타인을 위해 봉사하면서도 보상을 바라지 않는다. 친절을 베풀 때는 단순히 행하는 것이 아니라 자신의 동기, 능력, 그리고 자신의 행동이 불러올 영향까지 생각한 후 실천한다. 친절은 무엇인가를 받기 위해 베푸는 것은 아니지만, 심리치료 관점에서 볼 때 친절은 받는 이와 베푸는 이 모두가 긍정 정서를 경험할 수 있다. 또한 친절은 자신보다 상대방에게 주목함으로써 자신의 스트레스로부터 거리를 둘 수 있기에 일종의 완충재 역할도 한다. 친절이 강점이라면 당신은 타인을 돕는 것에 기쁨을 느끼고, 타인이 구면인지 초면인지 여부와 무관하게 조건 없이 친절을 베푼다.

중용

상대방이 긴급하게 필요로 할 때 즉흥적으로 친절을 베푸는 것은 당연히 값지고 소중한 일이다. 이런 행동은 상대방이 쓰는 기기의 기술적 결함을 해결해주는 것일 수도 있고, 다친 이를 응급처치하는 일일 수도 있다. 또한 스트레스 받은 이야기를 경청하거나 아픈 친구를 위해 요리를 하는 것일 수도 있다. 다만, 많은 노력과 에너지, 시간을 투자해야 하는 친절을 베풀 때는 행동으로 옮기기 전 한 번 더 고민할 필요가 있다. 잠재적 리스크나 행동의 결과도 당연히 고려해야 할 부분이다.

자신의 도움이 정말로 요긴한지 재차 확인하는 것도 매우 중요하다. 상대방이 도움을 받아들일지, 상대에게 도움을 제안할 때 정중하게 접근했는지, 도움이 실용적인지, 도움으로 자신에게 직간접적 또는 이차적 이득이 생기지는 않는지도 생각해봐야 한다. 여기에 더해 도움을 받는 이에게 정확한 과정과 실행 계획을 설명해 중간에 오해나 차질이 생기지 않도록 하는 것 또한 필수다.

마지막으로 지속적인 도움이 상대방의 의존도를 높이는 결과를 초래해서는 안 된다. 친절은 상대방에게만 베푸는 것이 아니고 스스로에게도 적용할 수 있다. 자기애에 빠지지 않는 범위에서 스스로에게 베푸는 관대함은 내면의 가혹한 비평가를 잠재우는 데 유용하다. 균형 있는 친절은 자신에게도 친절을 베풀 줄 아는 것이다.

- 사용 남용: 참견
- 사용 부족: 무관심, 잔혹함, 옹졸함

통합

친절은 수많은 강점과 함께 쓰이곤 한다. 예를 들어 사회성 지능은 더 좋은 결과를 위해 필요한 강점이 친절인지, 아니면 다른 것인지 그 미묘한 차이를 평가할 수 있다. 그리고 자신이 줄 수 있는 도움이 한정돼 있다면 다른 이에게 도움을 청할 수도 있을 것이다(팀워크). 또한 자신의 기술에 한계가 있는 경우 도움을 받는 이에게 그 한계를 솔직히 말하고 또 다른 도움을 청하는 것도 가능하다(정직). 자신이 상대방을 도울 적합한 기술을 갖고 있지만 실수가 두려워 주저하고 있다면 도움을 받는 이와 소통하면서 신중성, 판단력, 개방성 같은 강점을 사용해 자신의 도움을 최적화할 수 있다.

치료 작용

- **자기효능감 키우기** 타인에게 하루 최소 1회 이상 친절을 베푼다. 아무것도 바라지 않고 진실된 마음으로 누군가를 도울 때 기쁨과 보람을 느끼고 일상의 스트레스도 줄일 수 있다.

- **스스로에게 친절하기** 우울증을 포함한 각종 스트레스에 시달리는 사람은 스스로를 가혹하게 비판하고 자신이 스트레스의 주원인이라고 생각한다. 만약 당신이 그렇다면 스스로에게 좀 더 관대해질 필요가 있다. 자신의 부족한 부분에 중점을 두기보다 자신의 강점에 집중하는 편이 도움이 될 것이다.

- **소통을 통해 친절 전하기** 이메일, 편지, 통화, SNS 등을 통해 상대방과 소통할 때 더 상냥하고 부드러운 언어를 사용한다. 어떻게 하면 SNS에서 더 친절해질 수 있을지 목록을 작성해 타인들과 공유하고 조언을 구한다.

- **친절 범위를 넓히고 문화적 교류하기** 자신의 문화권 외 다른 문화권을 하나 선택해 그 문화권과 자신의 문화권 간 소통에서 생기는 흔한 오해 사례를 찾아본다. 사례들을 복록으로 작성한 후 자신의 공동체와 공유한다.

- **즉흥적 친절 베풀기** 운전 중 양보하고 특히 보행자를 정중히 배려한다. 건물을 들어가고 나올 때 뒤따라 오는 사람을 위해 문을 잡아준다. 누군가의 차에 문제가 생긴 것을 목격하면 그 차를 세워 문제를 알려주고, 누군가 길을 잃어 휴대전화 사용이 필요하다면 자신의 것을 기꺼이 빌려준다.

- **자신의 소지품 또는 기술 나누기** 자신의 물건을 타인과 나누고 작동법도 기꺼이 알려준다(예: 잔디깎이, 제설기 등).

영화

- Blind Side (2009)-Based on a true story of kindness and compassion, Michael Oher, a homeless and traumatized boy, is adopted by Sean and Leigh Anne Tuohy-a connection that leads Michael to play in the National Football League
- Children of Heaven (1997, Iran)-This movie shows kindness and compassion, rather than traditional sibling rivalry, between a brother and sister who share a pair of shoes

- The Secret Life of Bees (2008)-A moving story that shows a powerful connection between strangers. A 14-year-old girl escapes a troubled world to find care and love in the home of the Boatwright sisters and their engrossing world of beekeeping
- The Cider House Rules (1999)-Homer, a youth residing in an orphanage in Maine, learns both medicine and the value of kind actions over blind deference to rules

강연

www.ted.com

- Karen Armstrong: Charter of Compassion
- Matthieu Ricard: How to let altruism be your guide
- Robert Thurman: Expanding our circle of compassion
- Hannah Brencher: Love letters to strangers
- Abigail Marsh: Why some people are more altruistic than others

책

- Keltner, D., & Marsh, J., & Smith, J. A. (Eds.). (2010). The Compassionate Instinct: The Science of Human Goodness. New York: W. W. Norton
- Rifkin, J. (2009). The Empathic Civilization: The Race to Global Consciousness in a World in Crisis. New York: Penguin
- Ferrucci, P. (2007). The Power of Kindness: The Unexpected Benefits of Leading a Compassionate Life. Paperback edition. New York: Penguin

웹사이트

- A list of 35 little acts of kindness you can do: www.oprah.com/spirit/35-Little-Acts-of-Kindness
- The Random Acts of Kindness, an internationally recognized non-profit organization that provides resources and tools that encourage acts of kindness: www.randomactsofkindness.org
- The Roots of Empathy and Compassion; Paul Ekman describes some of the necessary components of empathy and compassion: https://youtu.be/3AgvKJK-nrk
- Evidence-based article showing the benefits of a compassionate mind: www.psychologicalscience.org/index.php/publications/observer/2013/may-

june-13/thecompassionate-mind.html

• How to Increase Your Compassion Bandwidth: Bandwidth: https://greatergood.berkeley.edu/article/item/how_to_increase_your_compassion_bandwidth

12. 사회성 지능(감성 지능, 인성 지능)

서론

사회성 지능(감성 지능과 인성 지능 포함)을 가진 사람은 자신과 타인의 감정, 의도를 읽는 것에 능하다. 사회성 지능이 대표강점 중 하나라면 자신과 타인의 감정, 동기, 행동을 예리하게 포착하고 판단할 수 있다. 뛰어난 직감으로 상대방의 감정선을 제대로 읽어내기에 일촉즉발의 상황에 개입해 평화를 유지하곤 한다. 조직에서 협업할 때는 편안한 분위기를 조성하고 상대방이 존중감과 소속감을 느낄 수 있게 해준다. 심리치료 관점에서 볼 때 사회성 지능은 자신과 타인의 감정을 이해하는 길을 터주는 특성이 있어 인간관계를 시작하고 유지하며 발전시키는 데 큰 도움이 된다.

중용

사회성 지능을 균형 있게 사용하면 타인들 사이에 존재하는 미세한 차이를 알아차릴 수 있다. 특히 상대방의 기분이나 내적 동기가 변할 때 이 강점은 빛을 발한다. 또한 사회성 지능이 높은 사람은 상황에 맞게 대처할 수 있으며, 자신을 타인과 연결하는 것이 자연스럽다. 상황에 맞게 상대를 동정하고 공감대를 형성해 그 사람 입장에서 생각할 수 있다. 예를 들어 친구가 슬픔에 잠겨 있다면 자신의 사회성 지능을 사용해 그 감정을 파악하고 친구를 더 큰 근심에 빠뜨릴 언행을 자제할 것이다. 이처럼 사람의 본질을 이해할 수 있는 능력인 사회성 지능은 사랑이나 친절 강점과 같이 풍요로운 삶을 사는 데 필요한 필수 요소다.

균형이 깨진 사회성 지능은 심리 문제로 진전될 수 있다. 사회성 지능이 부족한 사람은 상대방과 깊이 있는 공감대를 형성하기 어렵다. 그럼 자신이 스트레스, 슬픔, 불안을 느낄 때 자신을 지지하고 치유해주는 인간관계를 맺기 힘들고, 슬픔과 불안 같은 부정 요소는 상대방과 거리를 더 벌려놓기 때문에 악순환이 반복된다.

사회성 지능이 부족한 사람은 자신의 심리적 고통을 부끄러워하거나 남에게 누를 끼친다고 생각해 자신의 상태를 타인과 나누지 못할 수 있다. 반면, 사회성 지능이 높은 사람은 상대방에게 자신의 마음을 여는 것에 긍정적이라서 더 쉽게 정신적 지지를 얻곤 한다. 그런 의미에서 사회성 지능은 개인이 힘든 시기를 보낼 때 일종의 완충재 역할을 한다고 볼 수 있다.

극단적인 사회성 지능 결핍은 자폐증, 아스퍼거 증후군, 조현병 같은 정신질환 형태로 나타나기도 한다. 이런 질환들은 유전적 원인이 크고 전문치료를 필요로 하지만 부분적 사회성 지능 개발을 통해 효과를 볼 수도 있다.

사회성 지능의 남용 또한 문제가 된다. 예를 들어 타인을 알고 이해하는 과정은 사회적으로 복잡하고 많은 시간을 필요로 하며 감정적인 투자 역시 만만치 않다. 이런 한정된 자원을 과다하게 사용하다 보면 자신을 위한 시간이 사라진다. 또한 당신이 상대방에게 시간을 투자할 여유가 있다는 것이 주위 사람들에게 알려지면 그들은 당신에게 비현실적인 기대치를 가질 수도 있다. 그렇게 '동네 심리상담가'가 돼버린 당신은 감정적으로 지칠 가능성이 크다. 즉 당신의 강점이 오히려 무거운 부담으로 작용해 예민함이나 공감 부족이 나타날 수 있고, 상대방에게 지속적으로 같은 지적을 받으면 자신이 무능하다는 생각을 하게 된다. 따라서 강점을 적절히 사용하는 것만이 진정으로 자신의 행복을 챙기는 길이다.

- 사용 남용: 헛소리꾼(정신병자), 자기기만, 지나친 분석
- 사용 부족: 둔감함, 아둔함

통합

사회성 지능을 균형 있게 사용하려면 예견력을 포함한 다른 강점과의 적절한 조합이 매우 중요하다. 인성 지능과 사회성 지능을 효율적으로 사용하기 위해선 언제나 큰 그림(의미와 목적)을 중심에 두어야 한다. 또한 판단력과 개방성은 상황을 모든 각도에서 바라보고 편견에서 벗어나게 해주기 때문에 사회성 지능과의 시너지 효과가 상당하다. 열정/활력 또한 동기 부여와 희망이 필요한 상황에서 사회성 지능을 더욱 강조하는 역

할을 한다. 마지막으로 긴장이 고조된 민감하고 심각한 상황에서 유쾌하고 재미있는 부분을 찾아내는 유머/쾌활함을 사회성 지능과 접목하면 슬기롭게 대처할 수 있다.

치료 작용

- **감성 지능을 사용해 불편한 상황 해결하기** 평상시 사회생활을 하면서 자신을 불안하거나 우울하게 만드는 상황에 직면해본다(예: 사내 미팅에서 반대 입장 밝히기, 해결되지 않은 오래된 문제점을 가족 구성원과 논의하기, 반대 입장인 친구에게 자신의 소신 표현하기 등). 인성 지능과 사회성 지능을 발휘해 명확하게 이해하지 못했던 부분을 완벽히 이해한 후 문제를 대면하는 것이 중요하다. 다른 이들과 당신 자신의 동기나 가치관을 나누고 그들도 당신과 같이 행동할 수 있도록 응원한다. 이 같은 도전은 적어도 모두가 자신의 가치관을 더 굳건하게 만드는 계기가 될 수 있다.

- **방해 없이 오로지 경청하기** 평소에도 자주 진술한 대화를 나누는 사랑하는 이의 말을 끝까지 경청한다. 상대에게 대화 시작부터 끝까지 방해하거나 반론하지 않겠다고 약속하고, 하고 싶은 이야기는 상대방의 말이 다 끝났을 때 한다. 이 경험을 통해 느낀 점을 상대방에게 말하고 의견도 물어본다.

- **개인적 감정과 패턴 분석하기** 4주 동안 매일 다섯 가지 감정을 기록하고 그 패턴을 분석해본다. 예를 들어 '손해를 감수하면서까지 남을 기쁘게 해주려는 경향이 강했지만 먼저 자신에게 친절하고 자신을 위해 시간을 할애해야만 친구나 가족과도 잘 지낼 수 있음을 깨달았,고 기록할 수 있다.

- **개인 피드백 받기** 상대방에게 당신이 그의 감정을 이해하지 못했던 사례를 알려달라고 부탁하고, 어떻게 하면 다음엔 그를 더 잘 이해할 수 있을지 솔직하게 물어본다.

- **진솔하고 단도직입적으로 소통하기** 자신과 가까운 이들과 소통할 때 진솔하고 단도직입적으로 자신이 필요로 하는 것과 소원하는 것에 대해 말한다. 상대방도 당신과 똑같이 표현할 수 있도록 편견이나 섣부른 판단 없이 그의 의견을 경청한다.

영화

- Monsieur Lazhar (2011)-Bahir Lazhar, an Algerian immigrant and replacement teacher, uses his social intelligence to connect with students in a class that just lost their teacher in a traumatic way
- Children of a Lesser God (1986)-This film beautifully depicts social and personal intelligence as the relationship between a speech therapist and a woman with hearing challenges evolves in understanding one another's emotions, intentions, and actions
- K-Pax (2001)-A mysterious patient in a mental hospital claims to be an alien from a distant planet, demonstrating a remarkable display of social intelligence in relating to the other patients
- I am Sam (2002)-Sam, a man with significant psychological challenges, fights for custody of his young daughter, arguing successfully that it is not brains but love and relationships that count the most

강연

www.ted.com

- Daniel Goleman: Why aren't we more compassionate?
- Joan Halifax: Compassion and the true meaning of empathy
- David Brooks: The social animal

책

- Cassady, J. C., & Eissa, M. A. (Eds.) (2008). Emotional Intelligence: Perspectives on Educational and Positive Psychology. New York: P. Lang
- Goleman, D. (2006). Social Intelligence: The New Science of Human Relationships. New York: Bantam Books
- Livermore, D. A. (2009). Cultural Intelligence: Improving Your CQ to Engage Our Multicultural World. Grand Rapids, MI: Baker Academic

웹사이트

- Yale's Center for Emotional Intelligence: https://ei.yale.edu
- Emotional Intelligence Consortium: www.eiconsortium.org
- Marc Brackett-Yale Center for Emotional Intelligence: https://youtu.be/62F9z1OgpRk

미덕: 정의감

개인과 집단 간 상호작용을 건강하게 만드는
공동체 생활과 관련된 사회적 강점들

13. 시민의식(팀워크/협동심)

서론

시민의식, 팀워크, 협동심으로 불리는 이 강점은 조직의 일원으로서 대의를 위해 일하는 자세를 뜻한다. 시민의식이 강점인 사람은 자신을 희생해 지역과 종교집단, 학교, 직장, 문화권 등의 공익을 위해 행동할 수 있다. 즉 자신의 지역구, 도시, 국가에 적절한 정도의 소속감(다른 지역 사람들을 차별하지 않을 정도)을 느끼며 자신이 소속된 공동체를 자기 존재의 일부로 받아들인다. 또한 시민의 책임을 철저히 이행함으로써 자신의 강점을 드러낸다.

이들은 보편적으로 가치관이 비슷한 사람들과 활동하기 때문에 정신건강 지수가 높고 사회적 신뢰도 또한 높은 편이다. 사회적 신뢰는 자신이 살아가는 이 세상이 위험하지 않다는 안정감을 준다. 또한 이들은 사회활동을 통해 높은 자기효능감을 얻는다.

중용

시민의식과 팀워크를 성공적으로 사용하기 위해서는 자신의 강점, 전문성, 지식, 자원을 사용해 공익에 이바지할 집단이나 팀을 찾아야 한다. 하지만 시민의식은 권력 앞에서 맹목적으로 규칙과 통제에 순종만 하는 것이 아니다. 시민의식을 균형 있게 사용하려면 집단 내 모든 개인이 내재적 동기를 바탕으로 집단의 성공을 위해 헌신해야 한다. 시민의식과 팀워크는 개인의 차이를 뒤로하고 팀의 목표를 우선순위에 둘 때 비로소 최적의 효과를 낼 수 있다. 물론 모든 구성원은 자신들만의 개성을 유지하겠지만 집단 정체성은 집단의 화합과 연대를 이끌 것이다.

또한 균형 있는 시민의식의 사용은 스스로 방관자가 되는 것을 용납하지 않는다. 만약 집단 내 다른 몇 명이 당신의 역할을 가져간다면 용감성, 공정성 같은 강점을 사용해 집단의 화합을 유지하는 동시에 문제를 해결해야만 한다. 시민의식과 팀워크 부족은 사회나 소속 집단에서 멀어지게 하고 지지받지 못하고 있다는 생각이 들게 한다.

- 사용 남용: 맹목적 복종, 의존
- 사용 부족: 이기심, 나르시시즘(자기애)

통합

시민의식과 팀워크를 최적화하려면 다른 강점을 적절히 사용해야 한다. 예를 들어 팀워크를 위해선 자신과 상대방을 잘 파악해야 하고(사회성 지능), 다양한 팀원(인종, 교육 배경, 성격, 선호도)들과 함께하려면 개방성과 공정성의 자세를 가지고 서로의 차이를 존중할 줄 알아야 한다.

거의 모든 조직이 갈등과 충돌을 경험한다. 그럴 때 조직 구성원들의 창의성을 사용해 해결책을 브레인스토밍해보면 최상의 실적을 위한 많은 아이디어가 나올 것이다. 또한 적절한 유머와 쾌활함은 조직의 갈등을 완화하며, 모든 구성원이 공동 목표를 공유하고 연대하면(예견력) 업무가 더욱 수월해질 수 있다. 구성원의 강점들을 발견하고 인정하고 지지해주면 조직의 팀워크는 한층 더 견고해진다.

치료 작용

- **소외된 시민 되지 않기** 많은 이가 자신이 참여해도 변화를 이끌 수 없다는 생각에 시민적 참여를 거부하고 거리를 둔다. 이처럼 희망이 없는 비관적 사고는 우울증의 주범이 된다. 그러니 지역사회 사업에 관여하고, 가능하다면 친구들도 참여하게 한다. 당신의 헌신은 집단에 이득을 가져다줄 테고, 좋은 대의명분으로 관련 업무를 하는 조직들과 당신을 연결해줄 것이다.
- **온라인 커뮤니티 만들기** 온라인 커뮤니티를 만들어 구성원과 함께 멸종위기 동물

보호, 난민구호기금 모금, 인종이나 성소수자 차별 반대운동 같은 대의명분을 추진한다. 홍보를 통해 커뮤니티 규모도 키운다.

- **커뮤니티에 참여하기** 자신에게 안전하고 차분한 환경을 제공해줄 수 있는 커뮤니티를 시작하거나 가입한다. 정신적 문제로 어려움을 겪는 사람들, 그렇지 않은 사람들과 교류한다. 공간과 과제를 나누면서 일하다 보면 자연스럽게 그 분야 또는 지역사회 일부가 될 것이다.

- **경험을 바탕으로 공공장소에서 예술공연을 하기** 심리적 어려움을 겪는 이들이 자신의 많은 경험을 예술로 승화시켜 나눌 수 있도록 이용 가능한 공공장소에 초대한다. 예술작품을 온라인을 통해 제출하는 것도 좋다.

- **정신건강지원센터 가입하기** 지역사회 위주의 정신건강지원센터에 가입한다. 센터에서 제공하는 교육과정이나 매체를 활용해 다른 이들이 정신건강 문제를 어떻게 다루는지, 특정 문제를 다루는 가장 효율적인 방법은 무엇인지 스스로 학습한다.

영화

- Field of Dreams (1989)-An excellent depiction of citizenship and teamwork, this film shows the collaborative efforts of an Iowa farmer who interprets a mysterious message, if you build it, they will come
- Invictus (2009)-This is the inspiring true story of a rugby team that wins the World Cup on the field and also unites post-apartheid South Africa off the field
- Hotel Rwanda (2004)-An extraordinary display of social responsibility by Paul Rusesabagina, a hotel manager who, during the Rwanda Genocide, housed over a thousand Tutsi refugees, shielding them from the Hutu militia
- Blind Side (2009)-A homeless and traumatized boy becomes an All American football player and first round NFL draft pick with the help of a caring woman and her family

강연

www.ted.com
- Jeremy Rifkin: The empathic civilization
- Douglas Beal: An alternative to GDP that encompasses our wellbeing

- Hugh Evans: What does it mean to be a citizen of the world?
- Bill Strickland: Rebuilding a neighborhood with beauty, dignity, hope

책

- Putnum, R. (2001). Bowling Alone: The Collapse and Revival of American Community. New York: Simon & Schuster
- Kielburger, C., & Keilburger, M. (2008). Me to We: Finding Meaning in a Material World. New York: Simon & Schuster
- Ricard, M. (2015). Altruism: The Power of Compassion to Change Yourself and the World. New York: Little Brown

웹사이트

- Me to We, a non-profit organization that advocates connecting with others, building trust, and getting involved in community building initiatives: www.metowe.com
- Harvard sociologist, Robert Putnum's websites on the decline and rise of community, with resources: https://bowlingalone.com robertdputnam.com/better-together

14. 공정성

서론

공정성은 모든 사람을 보편적인 평등과 정의 기준에 맞춰 대하는 자세다. 공정성이 대표강점 중 하나라면 타인에 대한 도덕적 결정을 내릴 때 개인적 감정이 아닌 보편적으로 납득할 수 있는 기준에 따른다. 공정성에는 도덕적 가이드라인에 대한 존중과 상대방을 배려하는 자세가 포함된다. 공정성 강점은 일상과 업무, 집단 활동 외에도 당신의 삶 모든 부분에서 사용될 수 있다.

중용

균형 있는 공정성의 사용을 위해선 타인(자신이 모르는 이도 포함)의 복지(welfare)를 고려하는 기본 원칙을 언제나 명심해야 한다. '복지'의 정의를 내리는 것은 생각보다 어려울 수 있다. 다양한 문화권에서 추구하는 주요 가치관 중 무엇이 공정하고 무엇이 올바른지 결정하는 데 큰 어려움을 겪을 수도 있을 것이다. 예를 들어 여성의 옷차림과 겸손은 문화권마다 대단히 큰 차이가 있다. 보수적인 이슬람국가에서 여성이 비키니를 입는다면 무례하고 천박한 행위로 간주될 수 있지만, 서방국가에선 대체로 대수롭지 않게 여긴다. 비슷한 예로 이슬람 여성이 히잡을 착용하는 것은 이슬람국가에서는 존중받을 행동일지 모르나 서방국가 시선에서는 종교적·문화적 압박으로 인한 강요된 선택처럼 보일 수도 있다.

이 같은 이유로 상반되는 권리와 의식, 가치관 사이에서 공정성을 추구하려면 언제나 상황을 명확히 판단할 수 있어야 한다. 그리고 공정성을 적용하기 전 사회문화적 제스처를 해석할 때 반드시 조언을 구하는 것이 현명하다. 공정성은 다른 강점에 비해 흑백 경계가 더 불명확할 수 있기에 언제나 애매한 영역을 탐험할 각오를 해야 한다.

공정성을 사용하기 전 궁극적 목표가 무엇인지를 먼저 생각할 필요가 있다. 예를 들어 형평과 평등을 살펴보면 공정성 관점에서 형평성은 모두의 차이를 고려하지만, 평등성은 모두 같다는 가정하에서 똑같이 대한다. 모든 이가 같은 수준의 지원이 필요하지 않더라도 말이다. 당신이 유토피아적 사회에서 살고 있지 않다면 모두를 평등하게 대한다 하더라도 그것만으로 공정성이 이뤄지는 것은 아니라는 사실을 알아야 한다. 그렇기 때문에 공정성은 절대적 정의를 두기보다 상황에 맞는 유연성이 필요하다.

- 사용 남용: 공감과 이해 없는 공정함, 무심함, 거리 둠
- 사용 부족: 편견, 당파심

통합

공정성의 원활한 사용을 위해선 리더십과 시민의식, 팀워크 같은 강점이 필요하다. 정직과 진정성도 공정성을 여러 방면으로 강화해준다. 상황에 따라 친절 같은 강점 역시 공정성과 함께 응용할 수 있다. 예를 들어 교사가 ADHD 학생이 과잉행동을 한다고 무작정 벌을 준다면 벌의 효과가 점차 사라질 뿐 아니라, 아이를 더 화나게 하고 억울하게 만들 것이다. 벌 대신 친절을 베풀어 설명해주는 것이 아이를 진정시키는 데 더 큰 도움

이 될 수 있다.

치료 작용

- **편견과 선입견 이해하기** 공정성을 추구하기 위해선 자신이 목격하거나 직접 겪은 차별의 성격을 이해할 줄 알아야 한다. 차별은 성(性), 노인, 장애인, 외국인 등 많은 부류에서 드러날 수 있다. 공정성을 사용해 이런 편견과 선입견을 멈출 수 있는 방법을 찾아본다.

- **일상에서 공정성 늘리기** 일상에서 공정성을 사용할 수 있는 상황을 목록으로 작성한다. 공정성이 발휘되지 않을 경우 스트레스 요인이 될 상황을 중심으로 작성한다 (예: 배우자에게 가사 분담 요구하기 등). 공정성을 추구할 때 문화적, 상황적으로 적합한 방식으로 접근해 스트레스 해소 목표를 달성한다.

- **자신을 불편하게 하는 사회 이슈 찾아보기** 자신을 불편하게 만드는 사회 이슈를 찾아 목록으로 작성한다. 공정성을 사용해 해당 사회 이슈가 해결될 수 있는지 생각해 본다(예: 성별 간 급여 차이, 방치되는 불우이웃의 빈곤율, 시장에서 버젓이 판매되는 인체에 해로운 가공식품).

- **자신의 판단 분석하기** 스스로를 관찰해 평상시 자신의 판단력이 개인적 성향에 치우치는지, 아니면 공정성과 정의를 배경으로 원칙주의를 고수하는지 확인한다. 미래에는 개인적 선호도를 판단 과정에 주입시키지 않도록 주의한다.

- **자신의 공동체를 위해 나서기** 다른 공동체도 존중하는 자세로 자신의 공동체 권리를 위해 힘쓴다.

영화

- The Emperor's Club (2002)-William Hundert, a principled Classics professor, comes into conflict with a pupil at a prestigious academy, as his attempts to teach the young man to act fairly and morally have mixed results
- Philadelphia (1993)-Andrew Beckett, fired from his law firm for being both gay and HIV-positive, hires homophobic lawyer Joe Miller to act on his behalf. During the

legal proceedings, Miller comes to view Beckett as a person worthy of respect and fair treatment, rather than as a stereotype

- The Green Zone (2010)-This is a chilling depiction of fairness and social justice. Roy Miller, a senior CIA officer, unearths evidence of weapons of mass destruction in the Iraq war and realizes that operatives on both sides of the conflict are attempting to spin the story in their favor

- Suffragettes (2015)-This film is an excellent depiction of fairness. It tells a story of ordinary women during the first part of the 20th century who are loving wives, mothers, and daughters. Their main concern is gender inequality. They face sexual harassment in the workplace, domestic violence, and violation of their parental rights, and their salaries are much lower than those of their male colleagues

강연

www.ted.com

- Daniel Reisel: The neuroscience of restorative justice
- Paul Zak: Trust, morality-and oxytocin?
- Jonathan Haidt: The moral roots of liberals and conservatives
- Bono: My wish: Three actions for Africa

책

- Sun, L. (2009). The Fairness Instinct: The Robin Hood Mentality and Our Biological Nature. New York: Prometheus Books
- Harkins, D. (2013). Beyond the Campus: Building a Sustainable University Community Partnership. Charlotte, NC: Information Age
- Last, J. (2014). Seven Deadly Virtues: 18 Conservative Writers on Why the Virtuous Life Is Funny as Hell. West Conshohocken, PA: Templeton Press

웹사이트

- The difference between equality and equity: https://everydayfeminism. com/2014/09/equality-is-not-enough
- With more than 100 national chapters worldwide, Transparency International works with partners in government, business, and civil society to put effective measures in place to tackle corruption: www.transparency.org
- Roméo Antonius Dallaire: commandeered the United Nations Assistance Mission

for Rwanda in 1993. Since his retirement, he has become an outspoken advocate for human rights, genocide prevention, mental health, and war-affected children: www.romeodallaire.com

15. 리더십

서론

리더십은 그룹 구성원을 조직화·활성화하고 방향성을 제시해 그룹의 공동목표를 이룰 수 있게 도와주는 능력이다. 리더십이 대표강점 중 하나인 사람은 사회에서 타인들과 관계하며 두드러지는 역할을 맡지만, 훌륭한 리더는 다른 구성원의 의견과 감정 또한 아우를 수 있어야 한다. 즉 리더 위치에서 그룹이 화합하며 활기차고 효율적인 상태로 목표를 달성할 수 있도록 그룹과 구성원을 돕는다.

중용

훌륭한 리더십은 서로 다른 구성원을 아우르며 공통점을 찾는 모습을 보인다. 이 공통점은 효율적인 여러 방식으로 구성원에게 소통되어 동기를 유발한다. 어떤 리더는 팀원들에게 희망과 활기를 불어넣는 일에는 뛰어날지 몰라도 자신의 비전을 명확하고 구체적인 과정이나 결과물로 만들어내는 기술은 부족할 수 있다. 그렇기에 훌륭한 리더십은 의지와 동기 부여뿐 아니라 구체성도 필요하다.

리더십이 성공하려면 이끄는 것도 중요하지만 따를 수 있는 것도 매우 중요하다. 겸손과 경청이 없는 리더는 독재자로 변질되기 마련이다. 또한 리더는 구성원과 진정성 있고 신뢰할 수 있는 관계를 맺어야 한다. 서로에 대한 신뢰가 바탕인 그룹은 성공할 가능성도 그만큼 크다. 권력 남용이나 두려움이 기반이 된 그룹은 불신이 가득할 수밖에 없다.

- 사용 남용: 독재, 권력 남용
- 사용 부족: 순종, 묵인

통합

　리더십과 여러 강점의 조합을 통해 행복과 회복력을 키울 수 있다. 사회성 지능, 팀워크, 친절은 조직관계를 더 굳건하게 하고 겸손, 감사는 리더십을 더 인간적이면서 접근성 좋게 만든다. 이런 강점으로 형성된 시너지 효과는 조직의 움직임을 적절히 조율하도록 도와준다.

치료 작용

- **타인 돕기나 대의를 위해 나서기** 부당한 대우를 받는 이를 위해 적극적으로 나서본다. 다른 리더들에게도 그룹 내 공정성을 지속적으로 강조한다. 자신에게 의미 있는 대의를 위해 나서는 것도 방법이다. 주제는 미성년자 노동, 실업률, 학교 폭력 등 다양하다.

- **정신건강 문제를 겪은 리더의 전기 읽기** 정신질환을 겪었지만 강인한 리더십으로 이를 극복한 위인들의 전기나 영화를 찾아 감상한다(예: 빅토리아 전 영국 여왕, 에이브러햄 링컨 전 미국 대통령, 윈스턴 처칠 전 영국 총리). 그들의 삶을 통찰력 있게 살피고 어떤 모습을 자신의 리더십에 접목할 수 있을지 생각해본다.

- **어린이의 멘토 되기** 방과후 수업 등에서 당신의 기술이 도움이 될 만한 어린이들을 찾아 도와준다. 멘토 교육 전과 후 자신의 감정 상태에 주시하고 아이들의 변화 또한 관찰한다.

- **관계가 나쁜 두 친구 사이에서 개입 역할 수행하기** 관계가 좋지 않은 두 친구를 불러 개입 역할을 자청한다. 대화 전 기본 원칙을 몇 가지 정한 후 한 사람씩 의견을 말할 수 있도록 유도한다. 토론을 통해 문제 해결 방법을 찾겠다고 강조한다.

- **가족 행사 마련하기** 친인척을 모두 초대해 가족 행사를 주선한다. 사이가 좋지 않은 친인척이 있더라도 리더십을 발휘해 한자리에 모이게 한 후 모두가 대화에 동참할 수 있는 분위기를 조성한다. 연령대가 같은 이들끼리 대화하는 것을 막고 모든 연령대가 공감할 수 있는 대화를 이어나가도록 노력한다.

영화

- Gandhi (1982)-The life of Mohandas Gandhi offers the model of leadership based on the ethos of nonviolence, social justice, and humility, ideas that inspired the likes of Martin Luther King Jr
- Iron Lady (2011)-This movie is based on the life of Margaret Thatcher, the British stateswoman and politician who became the first ever female (and longest-serving) prime minister of the United Kingdom in the 20th century
- Mandela: Long Walk to Freedom (2013)-This film chronicles Nelson Mandela's epic leadership journey, starting from his early life, through his coming of age, education, and 27 years in prison, to become the president of post-apartheid South Africa
- Lincoln (2012)-This movie about Abraham Lincoln recounts his extraordinary number of strengths, especially his leadership and courage to go against the current and emancipate slaves despite continuing unrest on the battlefield and strife within his own ranks

강연

www.ted.com

- Roselinde Torres: What it takes to be a great leader
- Simon Sinek: How great leaders inspire action
- Simon Sinek: Why good leaders make you feel safe

책

- Avolio, B. & Luthans, F. (2006). The High-Impact Leader. New York: McGraw-Hill
- Csikszentmihalyi, M. (2004). Good Business: Leadership, Flow, and the Making of Meaning. New York: Penguin
- Rath, T. & Conchie, B. (2009). Strengths-Based Leadership. New York: Gallup Press

웹사이트

- The top 10 qualities that make good leaders: www.forbes.com/sites/tanyaprive/2012/12/19/top-10-qualities-that-make-a-great-leader
- 20 ways to become a leader right now: www.inc.com/john-brandon/20-ways-to-become-a-better-leader-right-now.html

- Uma Jogulu's work on leadership, and its cultural influences: www.buseco. monash.edu.my/about/school/academic/management/uma-jogulu-dr
- Kim Cameron's work revolves around organizational structures and positive leadership: https://michiganross.umich.edu/faculty-research/faculty/kim-cameron
- Gilad Chen studies team and leadership effectiveness, as well as work motivation: www.rhsmith.umd.edu/directory/gilad-chen
- Centre for Health Leadership and Research led by Dr. Ronald R. Lindstrom: https://sls.royalroads.ca/centre-health-leadership-and-research

미덕 : 절제력

지나치지 않게 조절하는 능력으로,
독단에 빠지지 않게 하고 무절제를 막아주는 중용적 강점들

16. 용서(자비)

서론

용서는 한 번의 결정이나 계기가 아닌 점진적 변화의 과정이다. 결국 용서는 복수할 권리와 욕구를 스스로 내려놓음으로써 복수의 굴레에서 벗어나고, 결과적으로 자기성장을 성취하는 계기가 된다. 이 강점은 과오를 범한 상대를 용서하고, 이를 통해 상대방의 부족함을 이해하며, 그에게 다시 한 번 기회를 주는 동시에 분노를 들끓게 하거나 다른 강점을 사용하는 길을 막는 자멸적인 부정 정서를 스스로 해결할 수 있도록 도와준다. 용서에는 자비가 필요하기에 용서의 과정을 걷기 위해선 자비를 베푸는 법을 먼저 연습해야 한다. 잘못을 저지른 상대의 결점을 이해하고 그를 위한 정신적·감정적 공간을 제공할 수 있어야 한다. 자비는 용서를 시작할 때만 필요한 것이 아니라 용서의 과정을 유지할 때도 지속적으로 필요하다.

중용

진정으로 용서하려면 용서가 자비를 의미하는 것은 아니라는 사실을 알아야 한다. 용서 강점을 사용하는 사람은 상대방이 범한 과오를 잊는 것도, 무시하는 것도 아니다. 정의구현의 필요성을 최소화하는 것도 아니며, 부정 정서를 긍정 정서로 뒤바꾸는 것도 아니다. 종교에 모든 것을 맡기는 것도, 또 일방적으로 문제를 해결하는 것도 아니다. 용서는 결과가 아닌 친사회적 변화의 과정이다. 점진적이고 복잡한 이 과정은 피해자가 복수의 순환을 끊고, 과오를 잊지는 않았지만 그것을 뛰어넘었기에 더는 그로 인해 고통받지

않는다는 특징을 가진다.

용서는 극도로 어려운 일이다. 하지만 용서를 추구하는 일은 언제나 가치 있다. 만약 용서하지 못한다면 이는 곧 종결되지 않은 과거 기억에 대한 쓸쓸함이 남아 있는 냉소적인 사람이 된다는 뜻일 것이다. 자비와 친절이 함께하는 경우 용서 과정이 좀 더 수월해질 수 있다. 용서와 자비가 없다는 것은 신뢰가 한 번 깨지면 되돌릴 수 없다는 뜻이기에 타인과 관계에서도 문제가 생기곤 한다. 누군가 당신에게 실수를 한 번 한다면 당신은 수없이 많은 날을 부정 기억에 사로잡혀 감정을 소비하는 데 쓸 것이다. 반대로 용서와 자비가 과할 때는 자기주장도 밝히지 못하는 나약한 '동네북' 취급을 당할 수 있다. 그리고 당신이 용서받지 못할 행위(지속적인 학대, 인권유린 등)를 이해하려 드는 경우 용서의 과정이 원활하게 진행되지 못할 가능성이 크다.

- 사용 남용: 지나친 관대함
- 사용 부족: 무자비함, 복수심

통합

감사는 당신의 정신과 마음을 삶에서 있었던 진실된 긍정적 순간으로 채워 아픈 기억을 상쇄해준다. 용서하기로 마음먹었을 때 가장 먼저 필요한 강점은 용감성이다. 용감성은 내면에 있는 두려움과 분노, 복수심을 내려놓는 데 필수적인 강점이다. 판단력과 개방성은 상황을 모든 관점에서 바라볼 수 있는 지혜를 안겨준다. 또한 친절은 이타적인 마음으로 상대에게 용서를 권할 수 있는 능력을 준다. 끈기와 사회성 지능을 사용하면 그 마음을 지속적으로 유지할 수 있다.

치료 작용

- **용서 못 하는 자신 관찰하기** 용서하지 못하는 것이 얼마나 큰 감정적 고문인지 느껴보자. 그 과정에서 분노와 두려움, 근심, 슬픔, 불안, 질투 같은 파괴적인 감정이 생기는가? 이런 감정이 자신에게 어떤 영향을 끼치는지 적어본다. 그리고 전체적으로 봤을 때 자신의 정신건강에 미치는 영향도 기록한다.
- **용서를 통해 부정 정서 내려놓기** 용서에 대해 다룬 6회기를 복습한다. 용서를 통해

부정 정서를 긍정 정서로 바꾸는 방법을 집중적으로 학습한다. 예견력과 용서를 결합해 부정 정서를 내려놓는 것이 자신에게 얼마나 큰 이득인지 생각해본다.

- **용서를 베풀 동기 찾기** 용서는 내면에서 의지가 생길 때 할 수 있는 일이다. 용서하지 못했을 때 기분과 용서를 베풀었을 때 기분을 비교해보자.
- **자신이 용서받았던 순간 기억하기** 자신이 저지른 과오를 용서받았던 순간을 최대한 생생하게 기억해낸다. 만약 당신을 용서한 이가 당신이 사랑하는 사람 중 한 명이라면 어떻게 용서할 수 있었는지 물어보자. 그리고 자신은 비슷한 상황에서 어떻게 용서할 수 있을지 고민해본다.
- **상대방이 과오를 범할 때 어떻게 대처할지 계획해두기** 미리 계획을 세워두고 가능하다면 연습을 해본다. 주기적으로 스스로에게 "상대가 나에게 어떤 식으로 과오를 범하든 나는 계획한 대로 실행하겠다"고 외친다.
- **분노를 내려놓고 공감하기** 우울한 기억을 곱씹고 있는 자신의 모습이 용서의 길을 방해하는가? 우울함은 부정 감정이 다른 생각을 방해하도록 방치한다. 자신의 감정을 내려놓고 자신에게 상처를 준 사람이 왜 그렇게 행동했는지 입장을 바꿔 생각해본다. 그리고 자신의 현재 감정이 상대방보다 자신을 더 다치게 하고 있는 것은 아닌지 곰곰이 되짚어본다.

영화

- Incendies (2010, France/Canada)-In a series of flashbacks, twins (a brother and sister) uncover the mystery of their mother's life, which unsettles them, but the strength of forgiveness helps them to reconcile with the past
- Pay it Forward (2000)-Seventh-grader Trevor McKinney undertakes an intriguing assignment-to change the world for the better-which starts a chain of acts of kindness and forgiveness
- Dead Man Walking (1995)-This film tells the tale of a convicted murderer on death row who befriends a nun, who helps him understand that forgiveness is possible even under the worst circumstances
- Terms of Endearment (1983)-Amidst the ups and downs of life, a mother and daughter find ways to see past resentments and transgressions and find joy in their

relationship

강연
www.ted.com
- Aicha el-Wafi and Phyllis Rodriguez: The mothers who found forgiveness, friendship
- Joshua Prager: In search of the man who broke my neck
- Shaka Senghor: Why your worst deeds don't define you

책
- Enright, R. D., & Fitzgibbons, R. (2001). Forgiveness Is a Choice: A Step-by-Step Process for Resolving Anger and Restoring Hope. Washington, DC: APA Books
- Nussbaum, M. C. (2016). Anger and Forgiveness: Resentment, Generosity, Justice. New York: Oxford University Press
- Tutu, D. (2015). The Book of Forgiving: The Fourfold Path for Healing Ourselves and Our World. New York: HarperOne
- McCullough, M. (2008). Beyond Revenge: The Evolution of the Forgiveness Instinct. New York: Wiley

웹사이트
- Psychologist Evertt Worthington, a leader in the forgiveness research: www.evworthington-forgiveness.com
- Ten Extraordinary Examples of Forgiveness: https://listverse.com/2013/10/31/10-extraordinary-examples-of-forgiveness
- Ten Inspiring Stories of Extreme Forgiveness: https://incharacter.org/archives/forgiveness/ten-great-moments-in-forgiveness-history
- Great Moments in Forgiveness History: https://incharacter.org/archives/forgiveness/ten-great-moments-in-forgiveness-history

17. 겸손(겸양)

서론

겸손과 겸양은 자신의 업적이나 성공이 스스로 빛날 수 있도록 굳이 나서지 않는 자세를 뜻한다. 겸손이 대표강점인 사람은 업적이나 성공을 스스로 인지하고 있으면서도 남들에게까지 알릴 필요가 없다고 생각한다. 또한 자신의 한계도 잘 알고 있다. 겸손과 겸양이 대표강점 중 하나라면 단호한 자부심을 지니고 있으면서도 스스로를 남보다 더 낫다고 여기지 않으며, 스스로의 업적과 행복을 소셜미디어나 여러 매체를 통해 전해야 속이 풀리는 현대사회에서 오히려 주목받기를 피하는 편이다. 겸손을 갖춘 사람은 스스로에게 정직하고, 자신이 완벽하지 않다는 것을 알며, 자신의 한계를 직시하면서 상대방에게 도움을 요청하는 것을 두려워하지 않는다.

중용

겸손의 좋은 점은 앞서 언급한 것과 같다. 하지만 여기서 주의해야 할 부분은 겸손과 겸양의 남용은 생각보다 알아채기 어렵다는 점이다. 겸손이 균형을 이루는지 파악하려면 특정 상황을 살펴보고 당신이 정말 괜찮은 것인지, 아니면 당신이 정신건강 문제로 소극적인 태도를 보일 때 그런 상황을 활용해 이점을 취하는 상대방을 그냥 방관하고 있지는 않은지 잘 생각해봐야 한다. 리더 역할을 맡을 자격이 충분한데도 겸손 때문에 앞에 나서 자신을 홍보하지 못하거나, 자신의 능력에 대해 지나치게 겸손하거나, 자신의 겸손과 겸양이 더 높은 자리로 올라가는 것을 용납하지 못해 상대에게 기회가 넘어가도록 방치하는 것이 그 예다. 이런 상황에서 겸손의 균형을 맞추는 방법은 현 위치에 정말 만족하는지 스스로에게 묻는 것이다. 만족하지 못한다면 겸손을 조금 줄이고 자신의 권리를 챙길 필요가 있다. 만약 혼자 선택하지 못하겠다면 현명하고 공정한 지인을 찾아 조언을 구하는 것이 바람직하다.

반대로 겸손과 겸양이 부족하다면, 그리고 평소 주위에서 그런 이야기를 들었다면 신뢰할 수 있는 친구에게 정직한 의견을 물어본다. 이때 당신에게 피드백을 주는 것을 두려워하지 않고 당신도 의견 듣는 것이 두렵지 않은 상대를 선택하는 것이 중요하다. 그 친구가 무슨 의견을 제시할지 깊이 생각해보고 자신이 발전할 수 있는 부분을 떠올려본다(예: 자신의 업적을 친한 친구가 아닌 남들에게 과시하는 경향 저지하기). 인정받고 싶은 강한 욕구는 꼭 겸손의 부족에서만 오는 것은 아니다. 과거에 형제와 부모로부터 무시당했거나 다른 가족 구성원과 비교해 자신이 부족하다는 이야기를 지속적으로 들으며 자랐다면 그것에 대한 트라우마가 욕구를 키웠을 공산이 있다. 또한 넘치는 열정과 활력의 표현이 겸손과 겸양 부족으로 비쳤을 개연성도 배제할 수 없다. 따라서 겸손과 겸양의 진정한 중용은 상황의 미묘한 차이를 하나하나 인지할 때 비로소 진가가 드러난다.

- 사용 남용: 자기비하
- 사용 부족: 어리석은 자존심, 오만함

통합

겸손은 친절과 사회성 지능, 자기 통제력, 신중성 같은 강점과 함께 사용할 때 효과가 극대화된다. 하지만 여기서 주의해야 할 점은 강점의 조합에 따라 현 상태가 지속적으로 유지되는 상황이 발생할 수도 있다는 것이다. 예를 들어 직장에서 당신이 겸손한 사람으로 알려져 있고 대표강점이 친절, 신중함, 겸손과 겸양이라면 이 강점들의 조합이 당신을 건실하지만 자기주장이 없고 주제를 넘지 않는 이미지로 만들 수 있다. 따라서 이 같은 강점의 조합보다는 열정, 호기심을 겸손과 함께 사용해 업무에서 더 적극적으로 최적의 결과를 내는 편이 훨씬 낫다. 겸손과 겸양을 겸비한 사람은 주변인들의 관점까지 수긍할 수 있다. 이 경우 상대방에게 당신에 대한 정직한 의견을 물어본다면 아마 당신의 기량을 진심으로 칭찬할 것이다. 칭찬받을 때는 품위 있게, 그리고 당연히 겸손하게 받아들여야 한다.

치료 작용

- **다른 강점을 통해 겸손 키우기** 다른 강점을 사용하면 겸손을 키울 수 있다. 예를 들어 세심함(사회성 지능)을 발휘하면 자신의 의도치 않은 자랑에 상대방이 어떻게 반응했는지 알아볼 수 있다. 즉 자신의 업적을 친인척이나 친구들과 함께 나눈 후 신뢰할 수 있는 친구에게 사람들이 그 소식을 어떻게 받아들였는지 물어보자. 그들은 당신의 소식을 듣고 잘난 척이라고 느꼈는가? 의도치 않게 자신과 비교된 누군가

불편해하거나 상처받지는 않았는가? 답을 들은 후 자신의 겸손을 어떻게 더 발전시킬 수 있을지 생각해본다.

- **경청하고, 적게 말하기** 어느 날 당신이 집단에서 가장 말이 많다는 것을 깨달았다면 상대방이 말할 때 자기 차례를 기다리기보다 상대방 말을 경청하도록 노력한다.

- **자신의 실수 인정하기** 자신의 잘못을 인정한다. 특히 사랑하는 이와 자신의 사이를 멀어지게 만든 계기가 된 실수가 있다면 더욱 그래야 한다. 상대가 자신보다 어리다 해도 정중한 사과가 필요하다. 자신이 다음 세대의 롤모델 위치에 있다는 것을 명심해야 한다.

- **당신의 기술, 능력, 업적을 상대방이 직접 찾게 놔두기** 자신의 업적과 능력, 기술을 떠벌리는 것을 자제한다. 상대방이 스스로 그것을 알아보게 놔두는 것이 중요하다.

- **진심을 담아 칭찬하기** 상대방이 당신보다 월등한 점이 있다면 진심으로 칭찬한다. 반대로 상대방이 칭찬할 땐 겸손하게 받아들일 줄 알아야 한다.

영화

- Forest Gump (1994)-Despite a low IQ, Forest Gump accomplishes a lot: meeting presidents, winning an All American football player award, receiving the Congressional medal of honor, and being featured on magazine covers. Displaying humility, he experiences all of his accomplishments in stride
- Peaceful Warrior (2006)-Dan, brimming with pride for being an elite gymnast, thinks that he has figured out life, until a surprising mentor, Socrates, teaches him humility and wisdom
- The Passion of the Christ (2004)-This film shows the final hours of Jesus Christ and numerous, moving examples of humility

강연

www.ted.com

- Feisal Abdul Rauf: Lose your ego, find your compassion
- Robert Wright: Progress is not a zero-sum game
- Graham Hill: Less stuff, more happiness
- Sam Richards: A radical experiment in empathy

책

- Hess, E. D., & Ludwig, K. (2017). Humility Is the New Smart: Rethinking Human Excellence in the Smart Machine Age. Oakland, CA: Berrett-Koehler
- Nielsen, R., Marrone, J. A., & Ferraro, H. S. (2014). Leading with Humility. New York: Routledge
- Worthington, E. L. (2007). Humility: The Quiet Virtue. West Conshohocken, PA: Templeton Press

웹사이트

- How to develop and maintain humility: www.bigquestionsonline.com/content/how-do-we-develop-and-maintain-humility
- Best Leaders are Humble Leaders: Harvard Business Review: https://hbr.org/2014/05/the-best-leaders-are-humble-leaders
- How we develop and maintain humility: www.bigquestionsonline.com/content/how-do-we-develop-and-maintain-humility

18. 신중함

서론

신중함은 미래의 목표를 향한 현실적인 방향성이다. 신중함이 대표강점 중 하나인 사람은 일반적으로 무엇을 선택할 때 상당히 조심하는 편이다. 리스크를 무모하게 떠안지 않고, 단기 결정을 내릴 때 장기 목표를 생각한다. 그래서 예상치 못한 상황에도 훌륭하게 대처하는 좋은 플래너가 될 수 있다. 또한 약속 장소에 일찍 도착하는 편이다. 부득이하게 늦을 경우에는 기다리는 이들을 위해 미리 연락을 취한다. 운전할 땐 조심성 있고 교통법규를 준수한다. 결정을 내리거나 계획을 짤 땐 집중을 방해하는 불필요한 요소를 사전에 모두 제거한다. 생각을 정리하고 정신을 맑게 해야 할 순간에는 시간을 들인다. 그리고 자신의 충동적인 행동을 통제하고, 통제하지 못했을 때 결과를 예측한다. 마지막으로 성급한 판단을 자제하며 새로운 제안이나 아이디어를 쉽게 받아들이지 않는다.

중용

신중함을 올바르게 사용한다는 것은 어떤 결정을 내리거나 중요한 업무를 볼 때 심사숙고한다는 의미다. 그러나 신중함이 과하면 세부적인 것과 분석에 사로잡혀 일종의 강박관념이 될 위험이 있다. 물론 극도로 세부적인 것을 요구하는 업무도 있을 것이다(예: 뇌수술, 신용카드 번호 입력, 기사를 내기 전 맞춤법 검사 등). 하지만 식기세척기를 완벽하게 채우고 책상을 정리하는 데 업무보다 많은 시간을 쓴다거나, 중대한 보고서를 작성할 때 내용보다 양식 만드는 데 시간을 더 많이 들이는 등 크게 중요하지 않은 세부적인 일에 시간을 낭비하는 경우가 생길 수 있다. 이런 일에 신중함을 사용하는 것은 명백한 강점 남용이다. 신중함의 균형 있는 사용은 계획하는 일을 돕고, 제시간에 목적지에 도착하게 하며, 규칙과 법규를 준수하게 하고, 예상치 못한 일이 발생했을 때 공황 상태에 빠지는 것을 방지한다.

이 강점은 인색함, 소심함과 동의어로 쓰일 수 없다. 신중함은 인생 목표를 현명하고 효율적으로 이뤄가도록 도와주는 강점이다. 하지만 과도한 신중함은 우유부단함을 불러와 당신의 의사 결정을 마비시킬 위험이 있다. 반대로 신중함 부족은 성급한 선택, 간과된 리스크, 규칙 준수에 대한 해이한 자세 등을 불러올 수 있다. 간혹 참작할 수 있는 예외 상황을 제외하고 신중함이 부족한 사람은 일반적으로 상황을 충분히 분석할 여유가 없고 필요 이상으로 빠른 결정을 내릴 가능성이 매우 높다. 예를 들어 누군가 입사지원서 제출 기간의 연장을 요청할 때 신중함이 부족하다면 연장을 허락함으로써 생길 수 있는 불공평함에 대해 미리 고려하지 못할 것이다.

- 사용 남용: 우유부단함, 답답함
- 사용 부족: 무모함, 자극 추구 성향

통합

신중함도 많은 강점과 함께 사용될 수 있다. 사회성 지능은 상대방의 동기를 파악하는 것을 돕고, 호기심은 신중한 선택을 하기 전 상황을 탐구하는 것을 돕는다. 끈기와 자기통제력은 신중한 결정을 내렸을 때 마음이 바뀌지 않고 유지될 수 있도록 해준다. 또한 개방성, 친절 강점을 함께 사용하면 비용 편익 분석을 철두철미하게 하는 것은 물론, 자신이 내린 결정의 인간적 요소를 고려할 수 있다.

치료 작용

- **안정된 상태에서 중요한 결정 내리기** 결정을 내릴 때 안정된 상태는 모든 가능성을 고려하게끔 도와주고 역효과를 낳을 수 있는 충동적 결정을 예방한다. 만약 압박과 긴장 속에서 결정해야 하는 상황이라면 몇 초라도 투자해 숨을 크게 쉬고 마음을 비운 후 결정을 내린다.

- **방해 요소 제거하기** 관련 없는 모든 방해 요소를 치운 후 앞으로 가장 중요한 세 가지 결정을 내린다. 시간을 들여 마음을 비우고 생각을 정리한다.

- **장기적 결과물 예견하기** 선택의 결과를 1년, 5년, 10년 단위로 예상해본다. 단기 선택을 하기 전 이런 장기적 결과를 고려한다.

- **생각하고 말하기** 말하기 전 두 번 생각한다. 한 주에 최소 열 번 실습하고 그 영향력을 기록한다.

- **교통법규를 준수하고 안전운행하기** 인생에는 한시가 급한 긴급사태가 생각보다 많지 않다는 것을 인지하고 안전운행을 한다. 고속도로 안전운행을 우선사항으로 두고 통근시간이나 명절날은 특히 유의한다.

영화

- Shawshank Redemption (1995)-Andy Dufresne, wrongly convicted of a double murder and serving his sentence at the Shawshank State Prison in Maine, uses his strengths of prudence, social intelligence, and resilience to improve the conditions of the prison, which enhances the dignity of the prisoners
- Driving Miss Daisy (1989)-Daisy Werthan, a wealthy 72-year-old Jewish widow, slowly builds trust and friendship with her African-American chauffer, Hoke Colburn. Their friendship develops through the mutual strength of prudence
- The Queen (2006)-Helen Mirren portrays Queen Elizabeth II and brilliantly captures her strengths, especially her prudence, sense of duty, and stoicism

강연

www.ted.com

- Naomi Klein: Addicted to risk
- Paolo Cardini: Forget multitasking, try monotasking
- Gary Lauder's new traffic sign: Take Turns

책

- Hariman, R. (2003). Prudence: Classical Virtue, Postmodern Practice. University Park: Pennsylvania State University Press
- McKeown, G. (2014). Essentialism: The Disciplined Pursuit of Less. New York: Crown
- Gracian, J., & Robbins, J. (2011). The Pocket Oracle and Art of Prudence. London: Penguin

웹사이트

- Virtue First Foundation: https://virtuefirst.org/virtues/prudence
- In Praise of Prudence, by Kathryn Britton: https://positivepsychologynews.com/news/kathryn-britton/2013031225590

19. 자기 통제력

서론

자기 통제력은 목표를 달성하거나 일정 기준에 맞추기 위해 스스로를 통제할 수 있는 능력을 말한다. 자기 통제력이 대표강점 중 하나인 사람은 내면에서 나오는 공격성이나 충동성을 제어할 수 있고 심사숙고한 후 행동한다. 심리학적 관점에서 볼 때 자기 통제력이 대표강점이라면 자신의 감정, 생각, 행동을 효과적으로 조정할 수 있고 감정이 몰아치는 상황에서도 정신적으로 건강한 방향을 선택하곤 한다. 또한 상대방이 흥분해도 침착하게 평정심을 유지한다. 즉 쉽게 자극받지 않고 평온을 유지하는 방법을 알고 있는 것이다.

중용

자기 통제력의 적절한 사용은 상황에 따라 달라진다. 심각한 상황을 과소평가하면서 문제가 해결될 것이라고 안일하게 생각하는 것은 금물이다. 물론 반대로 상황을 과대평가해 공황 상태에 빠져서도 안 된다. 자기 통제력을 효율적으로 사용하려면 자신이 무엇을 통제하고 있는지부터 반드시 알아야 한다. 일상적인 사례 세 가지로 ①체중 감량을 위한 구체적인 목표 세우기, ②부정 정서에 치우치지 않기, ③건전하지 않은 연인관계 시작하지 않기를 들어보자. 체중 감량을 위해선 자기 통제력을 적절히 사용해 건강한 식품을 섭취하고 운동을 병행해야 한다. 그렇다고 특정 상표에 과도하게 집착하거나 저녁 식사 초대를 받았을 때 자신과 맞지 않는 식단이 나왔다고 실망한 모습을 보여서는 안 된다. 부정 정서에 대응하려면 자신이 통제할 수 없는 지나간 경험에서 초점을 옮겨와 자신이 통제 가능한 경험이나 사건 또는 부정 정서를 밀어낼 수 있는 긍정 기억에 초점을 맞춘다. 마지막으로 건전한 교제관계를 맺으려면 외모나 피상적 요소보다 상대방의 인격이나 가치관에 중점을 둔다.

자기 통제력을 올바르게 사용하기 위해서는 육체적·정신적 자해 요소가 포함되지 않은 적용 가능한 구체적인 목표가 필요하다. 건강한 방식의 체중 감량은 괜찮을지 모르나 과도한 운동이나 극단적 식단은 사람을 병들게 할 수 있다. 과한 감정 통제 또한 사람을 고독하게 만들곤 한다. 반대로 자기 통제력 부족은 흡연, 마약, 성적 문란함 같은 충동적인 행동 패턴을 초래할 위험이 있다. 심리학 관점에서 보면 자기 통제력이 부족할 때 감정에 휩쓸리게 되고 현명하지 못한 선택을 반복해 부정 감정이 만들어진다. 또한 통제되지 않은 충동적인 언행으로 상대방에게 해를 끼치고 관계가 악화될 수 있다.

- 사용 남용: 억제, 과묵함
- 사용 부족: 방종, 충동성

통합

자기 통제력은 일정한 강점과 함께 사용될 때 좋은 효과를 내는데, 그중에서도 가장 중요한 강점이 끈기다. 끈기 없는 자기 통제력은 존재하는 것조차 불가능하다. 그 밖에도 신중함, 공정성, 정직, 예견력, 용감성 강점이 효율적인 자기 통제를 돕는다. 바람직한 행동이 무엇인지 이론적으로만 아는 것은 아무런 의미가 없다. 이론을 구체적인 행동으로 옮기는 것이 중요하다. 목표를 향해 나아갈 때 앞을 가로막는 장애물을 넘으려면 적정 수준의 희망과 낙관성, 창의력, 용감성이 자기 통제력과 함께 필요하다.

치료 작용

- **유혹 요소 제거하기** 다이어트를 할 때 패스트푸드를 주위에 두지 말자. 사랑하는 이와 시간을 더 보내고자 한다면 텔레비전을 끄자. 술을 끊고 싶다면 술이 제공되는 행사나 클럽에 가는 것을 자제하자. 금연하고 싶다면 껌이나 씹을 수 있는 다른 대체 음식을 찾아보자. 쇼핑을 자제하길 원한다면 현금과 신용카드를 두고 외출하자. 하지만 한 달에 한 번쯤은 맛있는 디저트를 먹고 신용카드를 들고 외출하는 것이 좋다. 스스로에게 어느 정도 보상을 하지 않으면 의지가 꺾일 수도 있기 때문이다. 또한 주위 사람들에게 자신의 의지를 알리고 자신이 더 건강한 라이프스타일을 추구하는 것을 응원해달라고 부탁한다.

- **'방아쇠' 기록하기** 감정을 격하게 촉발해 통제불능 상태로 만드는 상황을 목록으로 작성한다. 이 상황을 중화할 수 있는 방법을 최소 한 가지 이상 개발한다. 같은 방법을 다음 통제불능 상태가 올 때 사용할 수 있게끔 만든다.

- **감정 통제하기** 화가 나는 상황이 발생했을 때 감정을 추스르고 상황의 긍정적 요소를 생각해본다. 자신의 기분과 행동을 어느 정도 통제할 수 있는지 인식한다.

- **규칙적인 패턴 만들기** 규칙적으로 따를 수 있는 생활 패턴을 만든다. 생활 패턴은 일정 시간에 잠자리에 들거나 운동을 하는 등 심리치료에 도움이 되는 것으로 정한다.

- **스트레스 줄이기** 평소 자신에게 스트레스를 주는 것들을 목록으로 작성한다. 그리고 점진적으로 스트레스를 줄이거나 없애는 목표를 세운다. 직장 동료의 못마땅한 행동 또는 늦게 도착하는 만원 전철이 스트레스를 준다면 어떻게 하면 줄일 수 있을지 생각해본다. 그리고 스트레스를 줄일 수 있는 측정 가능한 구체적인 방법을 제시한다. 예를 들어 직장 동료를 피하는 것은 업무에 지장을 줄 수 있으니 동료의 개인 성향보다 업무에 최대한 초점을 맞춘 후 함께 작은 프로젝트를 진행해본다. 만약 사춘기 아들의 생활습관이나 음악 취향, 옷차림이 마음에 걸린다면 그런 것에 중점을 두기보다 아들의 사랑스러운 점에 초점을 맞춰보자.

• **최상의 시간 찾기** 자신의 생체시계를 주의 깊게 관찰한 후 가장 효율적인 시간대를 찾아 그때 중요한 업무를 처리한다.

영화

- Twelve Years a Slave (2013)-Solomon (Chiwetel Ejiofor), a free black man from upstate New York, is abducted and sold into slavery. He displays extraordinary strength of selfregulation and poise for 12 years, enduring abuse and cruelty, yet retaining his dignity
- Black Swan (2010)-This psychological thriller shows the electrifying, and at times scary, journey of a young ballerina who displays an extreme sense of self-regulation and discipline to give a near-perfect performance
- The King's Speech (2010)-England's Prince Albert ascends the throne as King George VI and has to overcome a severe speech impediment. The movie shows the king's strengths of courage and self-regulation in learning to speak with confidence

강연

www.ted.com

- Judson Brewer: A simple way to break a bad habit
- Carol Dweck: The power of believing that you can improve
- Michael Merzenich: Growing evidence of brain plasticity
- Arianna Huffington: How to succeed? Get more sleep

책

- Berger, A. (2011). Self-Regulation: Brain, Cognition, and Development. Washington, DC: American Psychological Association
- Shanker, S. (2012). Calm, Alert and Learning: Classroom Strategies for Self-Regulation. Toronto: Pearson
- Vohs, K. D., & Baumeister, R. F. (Eds.). (2016). Handbook of Self-Regulation: Research, Theory, and Applications (3rd ed.). New York: Guilford Press

웹사이트

- Canadian Self-Regulation Initiative: www.self-regulation.ca/about-us/canadian-self-regulation-initiative-csri
- How to develop focus and feel better: www.psychologytoday.com/blog/anger-in-the-age-entitlement/201110/self-regulation
- Wilhelm Hofman studies self-regulation in different contexts as well as looking at why people act impulsively in certain contexts: https://hofmann.socialpsychology.org/publications
- The MEHRIT Centre presents books, videos, info sheets, and other resources highlighting Dr. Shanker's work in self-regulation: www.self-reg.ca

미덕: 영성과 초월성

현상과 행위에 의미를 부여하고,
좀 더 큰 우주와 관계를 맺는 강점들

20. 감상력(심미안)

서론

감상력이 풍부한 사람은 자신 앞에 펼쳐진 경치와 패턴에 감동받는다. 그래서 자연과 외적 아름다움을 관찰하는 것을 즐길 뿐 아니라, 상대방의 기술과 능력을 진심으로 존경할 줄도 안다. 또한 신념과 도덕성에서 피어나는 내면적 아름다움을 발견하고 존중한다. 그것이 자연이든, 예술작품이든, 수학이든, 과학이든 일상의 모든 곳에서 아름다움을 발견한다.

심리치료 관점에서 볼 때 아름다운 것을 관찰하고 사랑할 줄 아는 마음은 긍정 정서를 많이 생산한다. 그 긍정 정서는 부정 정서에 아주 효과적으로 대응한다. 누군가 용기 있는 행동을 하거나 대의를 위해 희생할 때, 또는 스트레스 받는 상황에서도 평정심을 유지하고 더 나아가 친절과 상냥함을 잃지 않을 때 우리는 그런 모습에 존경심이 생기고 그를 닮고 싶다는 생각이 든다. 이렇듯 감상력은 상대방의 훌륭한 모습을 발견하고 자신도 그 모습을 닮고 싶다는 동기 부여를 안겨준다. 이런 마음은 유기적인 긍정 행동의 동기가 되어 부정 감정을 이겨내는 힘이 된다.

중용

감상력 강점을 적절히 사용한다는 것은 긍정 경험을 섬세하게 인식하고, 감사한 마음을 가지며, 관찰할 줄 안다는 뜻이다. 이런 감상력은 세세한 측면에서 개인별로 차이가 있으며 문화적 배경에 따라서도 다를 수 있다. 예를 들어 당신은 모차르트나 베토벤 음악을 듣고 감동받을 수 있겠지만 다른 사람은 인도 전통음악이나 그레고리오 성가 또는 아르헨티나 탱고나 아일랜드 스텝댄스에 감동할 수 있다. 탄생과 죽음, 기적 같은 회복, 상상도 못 한 엄청난 업적처럼 삶을 바꾸는 사건도 문화적 배경에 따라 달리 이해할 필요가 있다. 즉 이 사건들을 최대치로 음미하려면 해당 문화적 배경을 거시적(예: 아일랜드식 장례식 같은 문화적 규범)이나 미시적(예: 아일랜드 한 가정의 장례식 전통)으로 이해해야 한다.

만약 사교모임에서 누군가 깊은 감명을 받았는데 자신은 아무것도 느끼지 못했다면 용기를 내 정중하게 자신이 놓치고 있는 중요한 무언가에 대해 물어본다. 개인적인 위험을 무릅쓰고 타인을 돕는 도덕적 용기는 개인의 배경이나 언어와 상관없이 보편적인 이해를 가능케 하고 감동을 선사한다. 예술적 표현(음악, 무용, 연기, 미술 등) 또한 우리에게 영감을 준다. 이런 영향은 미술관이나 콘서트장에서는 물론, 텔레비전 프로그램 같은 대중적 콘텐츠에서도 받을 수 있다. 다만 감상력을 사용해 자신의 감정을 표현하고 공유할 때 허세스러운 모습을 보이지 않는 것이 중요하다. 또한 자신이 느끼는 것을 표현할 때 누군가의 인정을 받으려고 해서는 안 된다. 반대로 감상력 부족은 지루한 일상과 고갈된 동기 부여를 불러올 수도 있다.

- 사용 남용: 허영, 허세스러움, 완벽주의
- 사용 부족: 망각, 무의식

통합

감상력은 창의성, 감사 등 많은 강점과 자연스럽게 연결될 수 있다. 감상력을 지닌 사람은 그림, 조각, 예술공연 등이 필요로 하는 창의성에 감탄할 줄 안다. 그리고 무엇인가에 감탄할 수 있는 자세 그 자체가 감사의 특징이기도 하다. 감탄과 감사는 언제나 우리를 연결해주고, 연결은 사회적 신뢰와 영감을 낳는다. 이런 강점은 누군가 역경을 무릅쓰고 타인을 위해 나설 때, 응급구조사가 자신의 목숨을 걸고 조난자를 구할 때, 미처 몰랐던 예술가의 아름다운 예술공연을 목격할 때와 같은 경험에서 발휘된다. 이 같은 경험은 내면에 동기, 열정, 끈기를 불어넣기에 우리는 경험한 것을 깊이 이해하고 본보기로 삼을 수 있다.

치료 작용

- **자기감정 탐험하기** 자신의 부정 감정을 인지하고 그 감정들이 얼마나 집요하게 지속되며 자신의 행동에 영향을 미치는지 주시한다. 그리고 적어도 하루에 한 번은 주위에서 목격할 수 있는 자연의 아름다움을 찾는다(예: 해돋이, 노을, 구름, 햇살, 눈, 무지개, 나무, 흩날리는 나뭇잎, 지저귀는 새 등). 일과를 마무리하는 시간에 하루 동안 했던 긍정적이고 부정적인 생각을 돌아보고 어떻게 하면 긍정적인 생각을 늘릴 수 있을지 고민해본다.

- **부정 정서에 완충재 역할을 해줄 프로젝트 시작하기** 시간과 공을 들여 창의력, 끈기, 감상력 강점을 사용할 수 있는 과제를 세 가지 선별한다. 스트레스에 짓눌리거나 근심 또는 걱정을 할 시간에 과제에 집중한다. 집중도가 높은 과제를 선별해 부정 정서가 스며들 틈이 없게 한다.

- **상대방의 표현에 집중하기** 다른 사람들이 언어, 제스처, 행동 등으로 자신의 감상력을 어떻게 표현하는지 관찰한다. 그리고 그들이 당신이 평소 미처 생각지 못했던 삶의 일부에 감사함을 느끼며 살고 있는지 살펴본다. 만약 그런 부분이 있다면 당신도 그 부분에 대해 감사할 줄 아는 마음을 배운다.

- **감상 목록 만들기** 자연의 아름다움 세 가지, 인간의 창의성이나 예술적 표현을 담은 사례 세 가지, 그리고 자신도 따라 할 수 있는 타인의 긍정 행동 세 가지를 목록으로 작성한다.

- **감상력을 가까운 대인관계에 접목하기** 감상력을 일상에 접목하면 부정 감정을 완화할 수 있다. 만약 당신이 특정 인물에게 약간의 편견이나 부정 감정을 가지고 있다면 그 사람의 긍정적인 부분을 찾고 진정성 있게 존중하는 마음을 길러본다. 이 과정을 통해 부정 정서가 오히려 신뢰와 친밀함으로 뒤바뀔 수도 있다.

영화

- Avatar (2009)-The human/Na'vi hybrids, called Avatars, connect with human minds to explore the beauty of Pandora because the environment is otherwise toxic to humans

- Out of Africa (1985)-Karen Blixen goes to Africa from Denmark in order to start a coffee plantation. Amidst a dysfunctional marriage, she begins to appreciate the beauty of her surroundings
- The Color of Paradise (1999, Iran)-The film centers on a visually impaired boy who explores beauty in nature through his remaining senses, with a dramatic and emotionally powerful ending

강연

www.ted.com

- Louie Schwartzberg: Nature. Beauty. Gratitude
- Bernie Krause: The voice of the natural world
- Mac Stone: Stunning photos of the endangered Everglades

책

- Cold, B. (2001). Aesthetics, Well-Being, and Health: Essays within Architecture and Environmental Aesthetics. Aldershot, UK: Ashgate
- Murray, C. A. (2003). Human Accomplishment: The Pursuit of Excellence in the Arts and Sciences, 800 B.C. to 1950. New York: HarperCollins
- Wariboko, N. (2009). The Principle of Excellence: A Framework for Social Ethics. Lanham, MD: Lexington Books

웹사이트

- Fringe Benefits of Appreciation of Beauty and Excellence: https://positivepsychologynews.com/news/sherri-fisher/2014091529973
- How to appreciate beauty and enjoy its benefits: https://feelhappiness.com/how-to-appreciate-beauty

21. 감사

서론

감사는 인생의 좋은 것을 인식하고 고마워하는 마음을 가질 줄 아는 자세다. 감사가 대표강점 중 하나인 사람은 자신에게 주어진 것에 감사하는 마음을 표현하는 데 시간과 공을 들인다. 자신의 인생을 돌아볼 때 부정적인 과거에 사로잡히지 않고 오히려 한 걸음 더 나아가 그런 경험에서도 의미를 찾는다. 또 주어진 것을 당연하게 생각지 않으며, 개인이나 신 또는 자연에도 감사함을 느낀다. 그런 마음가짐이 있기에 세상을 부정적이기보다 긍정적으로 바라보고, 그런 믿음은 타인을 향한 다른 감사를 만들어내기도 한다.

감사 강점은 대부분 '상대방 중점'이라고 볼 수 있다. 상대방과 공유하는 감사는 상대방의 존재 자체에 대한 것일 수도, 상대방의 행동에 대한 것일 수도, 상대방과 함께 느끼는 마음일 수도 있다. 이런 과정은 긍정관계를 발전시키는 것을 돕고 상대방을 대할 때 긍정적인 면에 더 주목하게 한다.

중용

균형 있는 감사의 마음은 개인적 이득이나 긍정적 결과를 바라지 않는다. 또한 일반적으로 부정 정서를 동반하지도 않는다. 진정성 있는 감사는 분노와 씁쓸함, 질투, 욕심, 열등, 거만 같은 감정이 담겨 있지 않다. 하지만 예외도 존재한다. 예를 들면 임신을 위해 몇 년 동안 노력해 가진 아이가 심각한 장애를 가지고 태어날 것이라는 사실을 알았을 때, 학대에서 벗어났다는 안도와 자신을 아직도 괴롭히는 일이 공존할 때, 큰 사고에서 기적적으로 생존했지만 전신마비가 됐을 때처럼 긍정 감정과 부정 감정이 공존하는 상황이 존재하기도 한다.

감사 강점을 남용하다 보면 상대방이 그것에 적응해 더는 그 마음을 알아주지 않을 수 있다. 또 상대방이 직설적이고 개방적인 감사 표현에 부담감을 느낄 개연성도 있다. 따라서 감사를 표현할 때는 상대방의 개인 성향과 상황을 파악하는 것이 중요하다. 반대로 감사 표현이 너무 적으면 상대방이 당신을 모든 것을 당연시 여기고 자신밖에 모르는 사람이라고 오해할 수도 있다.

올바른 감사는 균형 있는 자아상을 유지하는 것을 돕고, 상대방과 자신을 비교하지 않으면서 자신이 가진 것에 만족할 수 있게 해준다. 다만, 이것은 발전의 여지가 없거나 현상태에 안주한다는 뜻이 아니다. 상대적 비교로 스트레스를 받기보다 내면의 절대적 가치를 통해 성장하는 것을 의미한다.

- 사용 남용: 아부, 아첨
- 사용 부족: 모든 것을 당연시 여기는 마음, 극렬한 개인주의

통합

감사를 친절, 사랑, 사회성 지능 강점과 함께 발휘할 때 통찰력과 섬세함으로 상대방의 필요를 파악하고 자신의 생각을 행동으로 옮길 수 있다. 또한 감사는 긍정 경험을 음미할 수 있게 해준다.

치료 작용

- **감사 키우기** 감사의 표현과 부정 정서는 공존할 수 없다. 그러므로 매사 감사하는 마음을 가진다면 분노, 혼란, 슬픔 같은 스트레스 요인으로 고생할 일이 없다. 감사를 표현하고 자기연민을 하지 않는 결단을 통해 매일 감사의 마음을 키워보자. 긍정 정서가 넘칠수록 부정 정서는 적을 수밖에 없고, 부정 정서에 갇혀 있는 시간도 그만큼 줄어들게 된다.
- **감사 표현하기** 성공에 도움을 준 모든 이에게 공로의 크기와 상관없이 진심 어린 감사를 보내자. 자신의 성공은 상대방의 생산적인 영향과 자신의 공로로 이룬 것임을 기억해야 한다. 단, 그저 "감사합니다"라고 말하기보다 좀 더 구체적으로 "어떤 일에 대해 어떤 식으로 도와주셔서 감사합니다" 같은 방식으로 상대방에게 감사를 전달한다. 그때 상대방이 감사 표현을 어떻게 받아들이는지도 관찰한다.
- **자기연민 내려놓기** 감사는 자신이 가진 것과 지금까지 이뤄온 것, 그리고 자신을 둘러싼 지지와 후원을 인지하고 그것에 대해 고마움을 느끼는 것이다. 이런 마음은 자신감을 키워주며, 자기연민과 피해의식 같은 부정 정서를 멀리하도록 도와준다.
- **트라우마 극복하기** 감사는 트라우마와 스트레스를 극복할 때도 탁월한 효능을 발휘한다. 감사의 마음은 자신을 괴롭히던 과거의 사건도 긍정적인 프레임을 통해 재해

석하도록 도움을 준다.

- **매일 감사 연습하기** 하루에 10분씩 투자해 자신이 겪은 긍정 경험을 만끽한다. 이 시간만큼은 다른 생각을 하지 않고 이것에만 집중한다.

영화

- The Fault in Our Stars (2014)-Two teenagers with cancer fall in love, rather miraculously. This movie is a reminder to be grateful for the love and beauty around us, as we may not be around forever to enjoy it
- Amélie (2001, France)-Amélie approaches life with an inquisitive nature and an appreciation for the little things. She befriends a shut-in neighbor, plays pranks, and returns lost items to their owners
- Sunshine (1999)-This epic film follows the lives of three generations of Jewish men living in Hungary. The movie ends with the grandson's ultimate realization of his gratitude toward his family and his heritage, regardless of the pain of the past

강연

www.ted.com

- David Steindl-Rast: Want to be happy? Be grateful
- Laura Trice: Remember to say thank you
- Chip Conley: Measuring what makes life worthwhile

책

- Emmons, R.A. (2007). THANKS! How the New Science of Gratitude Can Make You Happier. Boston: Houghton-Mifflin
- Sacks, O. (2015). Gratitude (1st ed.). Toronto: Alfred A. Knopf
- Watkins, P. C. (2013). Gratitude and the Good Life: Toward a Psychology of Appreciation. Dordrecht: Springer

웹사이트

- A practical guide to cultivating gratitude: www.unstuck.com/gratitude.html
- Robert Emmon's lab on Gratitude: https://emmons.faculty.ucdavis.edu

22. 희망과 낙관성

서론

희망과 낙관성은 미래에 일이 잘될 것이라고 기대하는 자세를 뜻한다. 희망과 낙관성은 때로 동의어로 사용되기도 하지만, 연구에 따르면 이 두 단어엔 미묘한 차이가 있다. 심리치료 관점에서 볼 때 개인이 실패의 원인을 부정적 요소에서 찾는 행위는 우울증을 유발할 수 있지만, 낙관적인 사람은 실패를 다른 시선으로 바라본다. 예를 들어 우울증을 겪는 사람은 한 번의 실패가 인생의 끝이고, 같은 실패가 인생의 모든 분야에 영향을 끼치며, 영원히 자신을 따라다닐 것이라고 생각한다. 반면 낙관적인 사람은 한 번의 실패가 앞으로도 있을 도전의 실패를 뜻하는 것이 아니고, 인생의 끝을 의미하는 것도 아니며, 결국 다 지나가리라는 것을 알고 있다. 따라서 우울증이 있는 사람이 희망을 강점으로 키운다면 의지가 상승하는 것은 물론, 의지와 동기를 행동으로 실천하는 전략을 세우는 데도 도움이 된다. 또한 희망과 낙관성은 자신의 가장 나은 모습을 스스로 기대하게 하는 강점이다.

중용

희망과 낙관성을 올바르게 사용하려면 비현실적인 목표를 세우지 않는 것이 매우 중요하다. 특히 심리적으로 스트레스를 받는 상황에서 이룰 수 없는 목표를 세우는 것은 특히 바람직하지 못하니 도움을 받을 수 있는 현실적이고 접근하기 쉬운 목표부터 차근차근 밟아 나간다.

긍정심리치료의 기본 원칙은 자신의 강점을 믿는 것과 타인에게 도움을 청할 줄 아는 것이다(도움을 청하는 것은 희망과 낙관성의 사용이기도 하다). 다른 사람의 도움이 필요하다는 것을 인정할 용기가 있다면 그것만으로도 아주 좋은 출발이 될 것이다. 긍정심리치료는 개인 목표를 정하고 달성하기 위한 노력이기도 하다. 강점을 사용해 치료자와 내담자 모두에게 의미 있는 개인 목표를 세울 수 있고, 치료 과정을 거치면서 목표의 진행 정도도 계속 관찰할 수 있다. 목표가 현실적일수록 회복도, 행복의 성취도 빠르다. 목표를 하나하나 이룰 때마다 스스로를 축하하고 격려하는 것도 잊지 않는다.

희망과 낙관성 강점을 효율적으로 사용하려면 심리치료 과정 초반에 자신의 치료 목표를 확실히 정하는 것이 중요하다. 치료를 시작하고 첫 몇 주 사이에 증상 변화가 나타날 가능성이 가장 크기 때문이다. 목표를 달성하지 못하거나 너무 즉흥적으로 목표를 설정한다면 스스로 변화할 동기를 잃고 증상이 악화될 수도 있다. 자신의 긍정적인 미래 모습을 글로 적어보는 것도 현실적인 목표를 정하거나 조정하는 데 도움이 된다. 마지막으로 희망과 낙관성 역시 다른 강점과 마찬가지로 문화적 차이가 존재할 수 있음에 유의한다.

- 사용 남용: 비현실적 낙관성
- 사용 부족: 비관성, 절망, 부정성

통합

수많은 강점이 희망, 낙관성과 함께 사용될 때 시너지 효과를 낸다. 희망과 낙관성을 구체적인 목표로 만드는 것은 매우 중요한데, 용감성과 끈기를 함께 발휘하면 목표를 포기하지 않고 진전시킬 수 있다. 타인의 비판이나 내면에서 오는 자기비판에 노출되면 좌절을 경험할 수도 있기에 이런 경우에는 특히 많은 용기와 열정이 필요하다. 그렇지 못하면 강점에 대한 믿음을 저버리고 자신의 약점이나 결점에 초점을 맞출지도 모른다.

치료 작용

- **희망과 낙관성 접목하기** 자신의 희망과 낙관성을 고갈시키는 세 가지 요소를 적는다. 지금까지 배운 강점들을 사용해 어떻게 하면 희망과 낙관성을 유지하고 스트레스를 줄일 수 있을지 방법을 찾아본다.
- **낙관적인 친구 찾기** 자신의 주위를 낙관적이고 미래지향적인 사람들로 채운다. 특

히 당신이 어려움을 겪고 있을 때 그들의 격려와 도움을 감사하게 받아들이고, 그들이 어려움을 겪을 때 당신도 그들의 곁을 지키겠다는 의지를 표현한다.

- **고생 후 성공 만끽하기** 자신이나 지인이 어려움을 극복하고 성공한 사례를 찾아본다. 미래에 또 다른 어려움이 닥쳤을 때 이 사례를 기억하고 활용하도록 한다.
- **자신의 미래 상상하기** 1년, 5년, 10년 후 자신이 어디서 무엇을 하고 싶은지 상상하면서 그 목표를 이루기 위한 과정을 진지하게 생각해본다.
- **역경 떠올리기** 역경에 부딪혔다면 과거 역경에 처했을 때 어떻게 처신했는지 떠올려본다. 자신의 성공 사례가 미래의 도전에 거름이 될 수 있도록 한다.

영화

- The Diving Bell and the Butterfly (2007)-This is the remarkable tale of Jean-Dominique Bauby, a French editor, who suffered a stroke and became paralyzed; his only way of communicating with the outside world was by blinking one eye. His hope and optimism helped him learn to speak through his seemingly irrelevant gestures, and he began to produce words
- Cinderella Man (2005)-During the depths of the Great Depression, legendary athlete Jim Braddock-a once-promising light heavyweight boxer-uses his hope and optimism to find his way back into the ring and pull off a surprising third-round win
- Gone with the Wind (1939)-Scarlett O'Hara is living during the tumultuous years of the Civil War in a society torn by every sort of strife. In addition, she must contend with the trials of unrequited love and romantic frustration. In spite of all these obstacles, Scarlett maintains her sense of hope and continues to strive toward a better future for herself
- Good Will Hunting (1997)-Will Hunting, a janitor at MIT, has a gift for mathematics. To deal with his difficult past and articulate his sense of hope and optimism, he needs the good counsel of a compassionate therapist who believes in him

강연

www.ted.com

- Tali Sharot: The optimism bias
- Martin Seligman: The new era of positive psychology
- Douglas Beal: An alternative to GDP that encompasses our well-being
- Laura Carstensen: Older people are happier
- Carlos Morales Finds Hope After Tragedy While Raising Quadruplets on His Own

책

- Gillham, J. (2000). The Science of Optimism and Hope: West Conshohocken, PA, Templeton Press
- Seligman, M. (2006). Learned Optimism: How to Change Your Mind and Your Life. New York: Vintage Books
- Tali Sharot, T. (2011). The Optimism Bias: A Tour of the Irrationally Positive Brain. Toronto: Knopf
- Snyder, C. R. (1994). The Psychology of Hope: You Can Get There from Here. New York: Free Press
- Seligman, M. (2018). The Hope Circuit: A Psychologist's Journey from Helplessness to Optimism. New York: Hachette Book Group

웹사이트

- Overview of hope research: www.thepositivepsychologypeople.com/hope-research
- Shane J. Lopez, PhD: www.hopemonger.com

23. 유머(쾌활함)

서론

유머는 크게 웃을 줄 알고, 친근감 있는 장난을 칠 줄 알며, 자신과 타인에게 행복을 선사할 줄 아는 모습이다. 사회생활의 필수 요소인 유머는 새로운 관점을 제시한다. 유머와 쾌활함이 대표강점인 사람은 스트레스를 받는 상황에서도 집단 결손력을 손상시키지 않는 범위에서 분위기를 완화할 줄 안다. 심리치료 관점에서 봤을 때 유머는 부정 정서를 배출할 수 있는 훌륭한 방법들을 알려준다. 이 강점을 사용하면 인생의 많은 상황에서 유쾌한 요소를 찾아내고, 어려움에 낙심하기보다 활력을 유지할 수 있다. 유머는 농담할 줄 아는 것에 한정된 강점이 아니라, 인생 전체를 쾌활하고 상상력 있게 바라볼 수 있는 능력이다.

중용

과도한 유머는 사람을 우스꽝스럽게 만든다. 반대로 유머가 부족하면 너무 진지하고 지루해 보인다. 유머와 쾌활함의 균형을 맞추는 것은 생각보다 쉬운 일은 아니지만 성취할 수 있다면 매우 매력적인 능력이다. 공감 능력과 문화적 이해심을 유지할 수 있는 상태에서 재치 넘치는 농담이나 말 한마디는 새롭고 신선한 시선을 제공해 깊이 있는 생각을 돕고 자존감을 높인다.

하지만 많은 강점과 마찬가지로 유머도 상황이 매우 중요하다. 짧은 유머 후 진지한 상황으로 빠른 전환이 필요한 순간에 유머가 지나치면 상대방은 당신이 일에 진지하게 임하지 않는다는 인상을 받을 뿐 아니라 신뢰할 수 없는 사람이라고 생각할 것이다. 반대로 가벼운 농담도 통하지 않는 무뚝뚝함은 스스로를 고립시키고, 다른 사람들과 자연스럽게 마음을 트고 생각이나 감정을 나누는 기회를 차단한다.

- 사용 남용: 어리석음, 경솔함
- 사용 부족: 음울함, 엄격함

통합

유머를 다른 강점과 접목하는 것은 어렵지 않다. 사회성 지능, 열정, 호기심, 팀워크, 친절, 정직, 공정성 등 많은 강점이 유머, 쾌활함과 함께 쓰일 수 있다. 적절한 유머는 긴장이 고조된 상황에서 모든 이의 스트레스를 해소하고 새로운 돌파구를 제시하곤 한다. 단, 유머를 사용할 때는 자신의 농담이나 즐거운 이야기가 상황과 연관성이 있고, 사람들의 마음을 끌 수 있으며, 사회적으로 민감한 부분을 건드리는 일이 없어야 한다.

치료 작용

- **집중을 분산하는 유머 요소 찾기** 스트레스를 받거나 우울할 때 유튜브나 다른 매체를 활용해 재미있는 목록을 만들고 시청한다. 부정 정서를 잠시나마 잊을 수 있을 정도로 몰입도가 높은 콘텐츠를 선택한다. 그리고 목록을 자주 업데이트한다.
- **우울한 친구 격려하기** 무엇을 좋아하고 싫어하는지 잘 아는 친한 친구를 격려한다. 남을 격려하는 일은 의외로 자신의 스트레스를 완화해준다.
- **재미있는 사람을 친구로 두기** 유머감각이 있는 친구를 사귀고 가까이한다. 그 친구가 어려운 상황을 자신의 강점을 사용해 어떻게 극복하는지 주시한다.
- **진지한 상황에서 유쾌한 요소 찾기** 심각한 상황이 발생했을 때 그 상황에서 유쾌한 요소를 찾아본다. 진지함을 유지하는 동시에 너무 엄격하지 않게 균형을 맞추는 것이 관건이다.
- **야외에서 재미 찾기** 적어도 한 달에 한 번씩 친구들과 야외로 나가 조깅, 스키, 등산, 사이클링 같은 육체적 활동을 즐긴다. 그들과 함께 웃고 즐길 때 집단관계가 어떻게 향상되는지 주시한다.

영화

- Patch Adams (1999)-Patch Adams commits himself to a psychiatric ward and finds joy in helping his fellow patients. Disturbed by the staff's cold approach to the patients, he vows to change the system and enrolls in medical school. His unorthodox blend of medicine and humor brings him both praise and at times condemnation
- Life is Beautiful (1998, Italy)-Guido, a charming Jewish man, never loses his cleverness, hope, or humor, especially in protecting his young son from the horrors of the Holocaust by pretending the whole affair is a game
- Amadeus (1984)-This film depicts the humor and laughter of young Mozart, who in addition to his creativity and perseverance shows his lighter side when engaging in practical jokes

강연

www.ted.com

- Jane McGonigal: The game that can give you 10 extra years of life
- Liza Donnelly: Drawing on humor for change
- John Hunter: Teaching with the World Peace Game
- Cosmin Mihaiu: Physical therapy is boring-play a game instead
- Ze Frank: Nerdcore comedy

책

- Akhtar, M. C. (2011). Play and Playfulness: Developmental, Cultural, and Clinical Aspects. Lanham, MD: Jason Aronson
- McGonigal, J. (2011). Reality Is Broken: Why Games Make Us Better and How They Can Change the World. New York: Penguin Press
- Schaefer, C. E. (2003). Play Therapy with Adults. Hoboken, NJ: Wiley
- Russ, S. W., & Niec, L. N. (2011). Play in Clinical Practice: Evidence-Based Approaches. New York: Guilford Press

웹사이트

- Cognitive neuroscientist Scott Weems talks about his book HA! The Science of When We Laugh and Why: www.scientificamerican.com/podcast/episode/humor-science-weems
- Scientists discover the secret of humor: www.telegraph.co.uk/news/science/science-news/7938976/Scientists-discover-thesecret-of-humour.html
- The Science of Humor: This website contains detailed information on humor research: https://moreintelligentlife.com/story/the-science-of-humour;
- Signs you have a good sense of humor: www.huffingtonpost.com/2014/08/29/good-sense-of-humor_n_5731418.html

24. 영성(종교성)

서론

영성은 범우주적 틀 안에서 자신의 위치를 알아가는 과정으로, 종교의 믿음과 의식을 포함할 수도 있지만 그것에만 제한된 것은 아니다. 또한 영성을 발휘하면 성스럽거나 세속적인 일상의 요소를 자각할 수 있다. 특히 이 강점은 역경을 겪을 때 마음에 평안과 행복을 가져다주고 현세를 초월해 진리에 다가서는 경험을 하게 해준다. 영성이 대표강점 중 하나인 사람은 우리보다 큰 존재가 있고 그 존재를 믿을 수 있다는 사실에 안정감을 느끼며, 이런 느낌을 통해 역경을 이겨낼 감정적 지지를 얻기도 한다. 영성 강점을 키우고 싶을 땐 일반적으로 알려진 정신적 또는 종교적 기준을 따르면 된다. 이 같은 과정을 통해 인생의 의미를 깨달을 수 있다.

중용

균형 있는 영성은 인생에 의미와 목적을 부여한다. 물론 그 의미와 목적이 웅장하고 거창할 필요는 없다. 무료급식소, 장애아동센터, 양로원 등에서 하는 구체적인 사회 환원이나 봉사를 통해서도 의미와 목적을 찾을 수 있다. 종교기관, 전문협회, 스포츠클럽, 비영리집단, 인권집단 등에서 활동하는 것도 우리를 자신보다 큰 존재와 연결해준다. 영적이고 의미 있는 인생을 살기 위한 방식이 무엇이든 중요한 점은 목표와 의미를 확실히 하는 것이다. 영성으로 통하는 길은 여러 갈래가 있고, 그 길들은 당신을 목표로 이끈다. 단, 그 길들 가운데 하나를 걷기 전 길 끝에 무엇이 있을지 생각해봐야 한다. 반면 영성 강점의 부족은 공허함과 목적성 상실로 초조함을 유발할 수도 있다.

- 사용 남용: 광신주의, 급진주의
- 사용 부족: 무질서, 고립

통합

감사, 자기 통제력, 끈기, 정직, 감상력, 희망과 낙관성 강점은 영성과 자연스러운 조합을 만들어낸다. 강점 외에 특정 행동을 통해서도 영성을 경험할 수 있다(예: 멘토링, 배우자나 친구와 떠나는 수련회, 타인과 같은 공간에서 하는 명상이나 기도, 자신의 인생 의미에 대한 관철과 그 의미에 맞는 행동의 실천 등).

치료 작용

- **자신을 세상과 연결하거나 고립되게 했던 경험 쓰기** 매주 또는 매달 세상에서 고립됐던 경험을 적는다. 그 경험 옆에 어떤 방법을 통해 끊긴 고리를 다시 연결할 수 있을지 써본다.
- **자유로운 탐구하기** 슬픔, 스트레스, 분노 같은 부정 감정에 억눌려 있다면 스스로를 자연, 예술, 음악, 시, 문학에 빠져들게 만들어 내면의 경외심을 불러일으킨다. 세상에 대한 경외심을 통해 영적인 연결을 얻을 때도 있다.
- **휴식 연습하기** 매일 10분씩 투자해 숨을 깊게 쉬고 안정을 취하면서 명상을 즐긴다. 이때 근심과 걱정을 내려놓고 호흡에 집중한다. 명상이 끝난 후 어떤 느낌이 들었는지 생각해본다.
- **종교에 대해 알아보기** 종교를 가진 누군가와 함께 종교행사에 참여하고 종교인을 만나 그들을 인간으로서 알아가는 경험을 한다. 관련 강의나 인터넷 검색도 도움이 된다.
- **목적 찾기** 만약 길을 잃고 공허한 느낌이 든다면 인생의 목적이 무엇인지 생각해보고 그 목적에 맞는 행동을 실천한다. 매일 목적을 향해 한 걸음씩 나아가고 있는지 스스로에게 물어본다.
- **추도문 작성하기** 자신의 추도문을 스스로 작성해보거나 사랑하는 이들에게 당신을 어떻게 기억하고 싶은지 물어본다. 혹시 그들이 당신의 대표강점을 언급했는가?

영화

- Contact (1997)-Dr. Eleanor Arroway, a scientist working on the search for extraterrestrial intelligence, discovers a signal from a faraway star. This discovery throws society into turmoil as the age-old conflict erupts between reason and belief

- Priest (1994, Britain)-Fr. Greg Plinkington lives two lives, one as a conservative Catholic priest and the other as a gay man with a lover. When a girl in his confessional tells him about sexual abuse at the hands of her father, his frustration with the laws of the Catholic Church boils over, and he must reconcile his inner beliefs with the tenets of his doctrinal faith
- Eat Pray Love (2010)-Despite having a home and successful career, Liz's divorce leaves her confused and at a crossroads. She ventures out on a quest of self-discovery and travels to different places in the world, where she steps out of her comfort zone to learn more about herself

강연

www.ted.com

- Lesley Hazleton: On reading the Koran
- Dan Dennett: Let's teach religion-all religion-in schools
- Julia Sweeney: Letting go of God
- Kwame Anthony Appiah: Is religion good or bad? (This is a trick question)

책

- Aslan, R. (2017). God: A Human History. New York: Random House
- Newberg, A., & Waldman, M. R. (2006). Why We Believe What We Believe: Uncovering Our Biological Need for Meaning, Spirituality, and Truth. New York: Free Press
- Valliant, G. (2008). Spiritual Evolution: How We Are Wired for Faith, Hope, and Love. New York: Broadway

웹사이트

- How to get in touch with your spiritual side: www.actionforhappiness.org/take-action/get-in-touch-with-your-spiritual-side
- Research on spirituality by Michael McCullough: www.psy.miami.edu/faculty/mmccullough
- Research on spirituality by Kenneth I. Pargament: www.bgsu.edu/arts-and-sciences/center-for-family-demographic-research/about-cfdr/research-affiliates/kenneth-i-pargament.html

표 D2 균형 잡힌 성격강점 사용

강점과 미덕	사용 남용 (지나치게 과함)	사용 부족 (부족하거나 거의 없음)	중용	통합 (다른 강점과 상호작용)
지혜와 지식 더 나은 삶을 위해 지식을 습득하고 활용하는 것과 관련된 인지적 강점들				
창의성	특이함, 기괴함	단조로움, 지루함, 순응	적응적이고 긍정적이며 혁신적인 방식으로 행동함	호기심, 개방성, 열정
호기심	집요함, 참견	지루함, 냉담, 무관심	따분하지 않고, 주제 넘게 참견하지도 않는 탐구와 개방성을 가짐	끈기, 개방성, 용감성
개방성 (판단력, 비판적 사고)	냉소주의, 회의주의, 편협함	독단주의, 고지식함, 단순함, 무분별함	필요할 경우 적응적 변화를 추구하기 위해 편견 없이 탐구함	예견력, 호기심, 공정성
학구열	모든 것을 다 안다고 착각하는 오만	안주, 잘난 척	자아와 사회를 더욱 잘 이해하기 위해 지식을 깊이 있게 파헤침	호기심, 개방성, 끈기
예견력 (예지력, 지혜)	엘리트주의, 과도한 현학적 성향 (박식한 척하기), 고압적 태도	천박함, 얕은 생각	문맥을 이해하기 위해 지식을 통합하며, 삶에서 가장 중요하고 복잡한 문제들을 잘 헤쳐 나감	정직, 사회성 지능, 용감성
용기 내적 · 외적 난관에 직면하더라도 목표를 성취하고자 하는 의지를 실천하는 강점들				
용감성 (용기)	위험 감수 경향, 어리석음, 무모함	두려움에 굴복, 비겁함	안전과 행복을 위태롭게 하지 않으면서 위협과 공포에 맞서 대응함	자기 통제력, 정직, 끈기
끈기 (인내)	집요함, 집착, 불가능한 것 추구	나태함, 무관심	끝내야 하는 일이라면 시작한 일은 반드시 끝냄	용감성, 예견력, 열정
정직 (진정성)	독선, 당위	천박함, 위선	외적 압력이나 보상 없이도 진실하고 진정한 모습을 보임	공정성, 용감성, 예견력
열정 (열의/활기)	과잉 활동	수동적 태도, 억압	강박적이지도, 지나치게 억제되지도 않은 열정	자기 통제력, 희망과 낙관성, 용감성
사랑과 인간애 사람을 보살피고 관계가 친밀해지는 것과 관련된 대인관계 강점들				
사랑	정서적 문란	정서적 고립, 무심함	극단적인 희생을 하지 않고도 다른 사람들을 진정으로 사랑하고 돌봄	친절, 사회성 지능, 희망과 낙관성
친절 (배려)	참견	무관심, 잔혹함, 옹졸함	부탁받지도 않았고 보상이 없어도 도움이 필요한 사람들을 위해 행동함	사회성 지능, 예견력, 시민의식(팀워크)
사회성 지능 (감성 지능, 인성 지능)	헛소리꾼(정신병자), 자기기만, 지나친 분석	둔감함, 아둔함	강점과 정서, 동기, 그에 상응하는 변화의 미묘한 차이를 잘 파악함	친절, 사랑, 자기 통제력

정의감 개인과 집단 간 상호작용을 건강하게 만드는 것과 관련된 사회적 강점들				
시민의식 (팀워크/협동심)	맹목적 복종, 의존	이기심, 나르시시즘(자기애)	공동선을 위해 포용과 조화를 추구함	사회성 지능, 리더십, 희망과 낙관성
공정성	공감과 이해 없는 공정함, 무심함, 거리 둠	편견, 당파심	개인적 편견과 사회적 편견에 상관없이 옳은 일을 함	정직, 용감성, 개방성
리더십	독재, 권력 남용	순종, 묵인	긍정적인 공동선을 염원하면서 다른 사람들을 그 대의에 끌어들임	열정, 사회성 지능, 시민의식(팀워크)
절제력 지나치지 않게 조절하는 능력으로, 독단에 빠지지 않고 무절제를 막아주는 중용적 강점들				
용서(자비)	지나친 관대함	무자비함, 복수심	기꺼이 복수를 그만두려고 함	친절, 사회성 지능, 정직
겸손(겸양)	자기비하	어리석은 자존심, 오만함	소홀함 없이 자신을 돌보지만 마땅히 받아야 하는 주목은 받으려고 하지 않음	감사, 정직, 영성
신중함	우유부단함, 답답함	무모함, 자극 추구 성향	잠재적인 위험과 실제 위험에 사로잡히지 않고, 또 무심하지 않으면서 신중하게 행동함	끈기, 자기 통제력, 호기심
자기 통제력	억제, 과묵함	방종, 충동성	억눌려 있거나 자제하고 있다는 느낌 없이 감정과 행동을 잘 조절함	예견력, 끈기, 희망과 낙관성
영성과 초월성 현상과 행위에 의미를 부여하고, 좀 더 큰 우주와 관계를 맺는 강점들				
감상력(심미안)	허영, 허세스러움, 완벽주의	망각, 무의식	속물 근성 없이 본질적으로 감상하는 아름다움과 탁월함	감사, 열정, 창의성
감사	아부, 아첨	모든 것을 당연시 여기는 마음, 극렬한 개인주의	특권이나 의무감을 느끼지 않고 진정으로 깊이 감사하는 마음	친절, 사랑, 사회성 지능
희망과 낙관성	비현실적 낙관성	비관성, 절망, 부정성	현실적 한계를 벗어나지 않고 낙관적임	개방성, 용감성(용기), 열정
유머(쾌활함)	어리석음, 경솔함	음울함, 엄격함	어떤 상황에서 좀 더 가볍고 장난스러운 측면을 좋은 의도로 전달함	열정, 사회성 지능, 정직
영성(종교성)	광신주의, 급진주의	무질서, 고립	의미 있는 행동을 하면서 적응적인 방도를 추구함	감사, 겸손, 친절

참고문헌

Ackerman, S., Zuroff, D. C., & Moskowitz, D. S. (2000). Generativity in midlife and young adults: Links to agency, communion, and subjective well- being. International Journal of Aging & Human Development, 50, 17. 41.

Adler, J. M., & McAdams, D. P. (2007). Telling stories about therapy: Ego development, well-being, and the therapeutic relationship. In R. Josselson, D. P. McAdams, & A. Lieblich (Eds.), The meaning of others: Narrative studies of relationships (pp. 213. 236). Washington, DC: American Psychological Association.

Ajzen, I., & Sheikh, S. (2013). Action versus inaction: Anticipated affect in the theory of planned behavior. Journal of Applied Social Psychology, 43(1), 155. 162. doi:10.1111/ j.1559-1816.2012.00989.x

Alarcon, G. M., Bowling, N. A., & Khazon, S. (2013). Great expectations: A meta- analytic examination of optimism and hope. Personality and Individual Differences, 54(7), 821. 827. doi:10.1016/ j.paid.2012.12.004

Aldao, A., Nolen- Hoeksema, S., & Schweizer, S. (2010). Emotion- regulation strategies across psychopathology: A meta- analytic review. Clinical Psychology Review, 30(2), 217. 237.

Al- Krenawi, A., Elbedour, S., Parsons, J. E., Onwuegbuzie, A. J., Bart, W. M., & Ferguson, A. (2011). Trauma and war: Positive psychology/ strengths approach. Arab Journal of Psychiatry, 22, 103. 112.

Allan, B. A., & Duffy, R. D. (2014). Examining moderators of signature strengths use and well-being: Calling and signature strengths level. Journal of Happiness Studies, 15(2), 323. 337. doi:10.1007/ s10902- 013- 9424- 0

American Psychiatric Association. (2013). Diagnostic and statistical manual of mental disorders (5th ed.). Arlington, VA: American Psychiatric Association.

Anderson, A. K., Wais, P. E., & Gabrieli, J. D. (2006). Emotion enhances remembrance of neutral events past. Proceedings of the National Academy of Sciences of the United States of America, 103(5),1599. 604.

Anderson, C. A., & Bushman, B. J. (2002). Human aggression. Annual Review of Psychology, 53(1), 27. 51.

Andreassen, T. (2001). From disgust to delight. Journal of Service Research, 4(1), 39. 49.

Andrewes, H. E., Walker, V., & O'Neill, B. (2014). Exploring the use of positive psychology interventions in brain injury survivors with challenging behaviour. Brain Injury, 28(7), 965. 971. doi:10.3109/ 02699052.2014.888764

Asebedo, S. D., & Seay, M. C. (2014). Positive psychological attributes and retirement satisfaction. Journal of Financial Counseling and Planning, 25(2), 161. 173. Retrieved from http:// search.proquest.com/ docview/ 1635267624?accountid=14771

Asgharipoor, N., Farid, A. A., Arshadi, H., & Sahebi, A. (2012). A comparative study on the effectiveness of positive psychotherapy and group cognitive- behavioral therapy for the patients suffering from major depressive disorder. Iranian Journal of Psychiatry and Behavioral Sciences, 6(2), 33.

Azanedo, C. M., Fernandez- Abascal, E. G., & Barraca, J. (2014). Character strengths in Spain: Validation of the Values in Action Inventory of Strengths (VIA- IS) in a Spanish sample. Clinica y Salud, 25, 123. 130. doi:10.1016/ j.clysa.2014.06.002

Baer, R. A., Smith, G. T., & Allen, K. B. (2004). Assessment of mindfulness by self- report: The Kentucky Inventory of Mindfulness Skills. Assessment, 11, 191. 206.

Barlow, H. D. (2008). Handbook of clinical disorders. New York: Guilford Press.

Bartels, M., Cacioppo, J. T., van Beijsterveldt, Toos, C. E. M., & Boomsma, D. I. (2013). Exploring the association between well- being and psychopathology in adolescents. Behavior Genetics, 43(3), 177. 190.

Baumeister, R. F. (2005). The cultural animal: Human nature, meaning, and social life. New York: Oxford University Press.

Baumeister, R. F., Bratslavsky, E., Finkenauer, C., & Vohs, K. D. (2001). Bad is stronger than good. Review of General Psychology, 5, 323. 370. doi:10.1037/ 1089- 2680.5.4.323

Baumeister, R. F., & Leary, M. R. (1995). The need to belong: Desire for interpersonal attachment as a fundamental human motivation. Psychological Bulletin, 117, 497. 529.

Bay, M. (2012). Comparing positive psychotherapy with cognitive behavioral therapy in treating depression. Unpublished manuscript. Paris West University Nanterre La Defense (Universite Paris Ouest Nanterre La Defense).

Bearse, J. L., McMinn, M. R., Seegobin, W., & Free, K. (2013). Barriers to psychologists seeking mental health care. Professional Psychology: Research and Practice, 44(3), 150. 157. http:// dx.doi.org/ 10.1037/ a0031182

Beck, A. T., Epstein, N., Brown, G., & Steer, R. A (1988). An inventory for measuring clinical anxiety: Psychometric properties. Journal of Consulting and Clinical Psychology, 56, 893. 897.

Beck, A. T., Steer, R. A., & Brown, G. K. (1996). BDI- II. Beck Depression Inventory: Manual (2nd ed). Boston: Harcourt Brace.

Berntson, G. G., Thomas Bigger, J., Eckberg, D. L., Grossman, P., Kaufmann, P. G., Malik, M., . . .Der Molen, M. W. (1997). Heart rate variability: Origins, methods, and interpretive caveats. Psychophysiology, 34(6), 623. 648.

Berthold, A., & Ruch, W. (2014). Satisfaction with life and character strengths of non- religious and religious people: It's practicing one's religion that makes the difference. Frontiers in Psychology, 5, 876. doi:10.3389/ fpsyg.2014. 00876

Bertisch, H., Rath, J., Long, C., Ashman, T., & Rashid, T. (2014). Positive psychology in rehabilitation medicine: A brief report. NeuroRehabilitation, 34(3), 573. 585. doi:10.3233/ NRE- 141059

Berzoff, J., & Kita, E. (2010). Compassion fatigue and countertransference: Two different concepts. Clinical Social Work Journal, 38(3), 341. 349. http:// dx.doi.org/ 10.1007/ s10615- 010- 0271- 8

Birchwood, M., Smith, J., Cochrane, R., & Wetton, S. (1990). The Social Functioning Scale: The development and validation of a new scale of social adjustment for use in family intervention programmes with schizophrenic patients. British Journal of Psychiatry, 157, 853. 859.

Biswas-Diener, R., Kashdan, T. K., & Minhas, G. (2011). A dynamic approach to psychological strength development and intervention. The Journal of Positive Psychology 6(2), 106. 118.

Bjelland, I., Dahl, A. A., Haug, T. T., & Neckelmann, D. (2002). The validity of the Hospital Anxiety and Depression Scale. An updated literature review. Journal of Psychosomatic Research, 52, 69. 77.

Boisvert, C., & Faust, D. (2002). Iatrogenic symptoms in psychotherapy: A theoretical exploration of the potential impact of labels, language, and belief systems. American Journal of Psychotherapy, 56, 244. 259.

Bolier, L., Haverman, M., Westerhof, G., Riper, H., Smit, F., & Bohlmeijer, E. (2013). Positive psychology interventions: A meta- analysis of randomized controlled studies. BMC Public Health, 13, 119.

Bonanno, G. A., & Mancini, A. D. (2012). Beyond resilience and PTSD: Mapping the heterogeneity of responses to potential trauma. Psychological Trauma: Theory, Research, Practice, and Policy, 4(1), 74. 83. doi:10.1037/ a0017829

Bron, T. I., van Rijen, Elisabeth, H. M., van Abeelen, A. M., & Lambregtse- van, D. B. (2012). Development of regulation disorders into specific psychopathology. Infant Mental Health Journal, 33(2), 212. 221. http:// dx.doi.org/ 10.1002/ imhj.21325

Bryant, F. B. (1989). A four-factor model of perceived control: Avoiding, coping obtaining, and savoring. Journal of Personality, 57, 773. 797.

Bryant, F. B. (2003). Savoring Beliefs Inventory (SBI): A scale for measuring beliefs about savouring. Journal of Mental Health, 12, 175. 196.

Bryant, F. B., Smart, C. M., & King, S. P. (2005). Using the past to enhance the present: Boosting happiness through positive reminiscence. Journal of Happiness Studies, 6, 227. 260.

Bryant, F. B., & Veroff, J. (2007). Savoring: A new model of positive experience. Mahwah, NJ: Erlbaum.

Buckingham, M., & Clifton, D.O. (2001). Now, discover your strengths. New York: Free Press.

Bureau of Labor Statistics. (2015). American time use survey. Retrieved from http:// www.bls. gov/tus/ charts/ home.htm# on December 1, 2015.

Bureau of Labor Statistics. (2016). American time use survey. Retrieved from https:// www.bls. gov/tus/ documents.htm on December 31, 2017.

Burton, C. M., & King, L. A. (2004). The health benefits of writing about intensely positive experiences. Journal of Research in Personality, 38, 150. 163.

Buschor, C., Proyer, R. T., & Ruch, W. (2013). Self and peer rated character strengths: How do they relate to satisfaction with life and orientations to happiness? Journal of Positive Psychology, 8, 116. 127. doi:10.1080/ 17439760.2012.758305

Bushman, B. J., Baumeister, R. F., & Phillips, C. M. (2001). Do people aggress to improve their mood? Catharsis beliefs, affect regulation opportunity, and aggressive responding. Journal of Personality and Social Psychology, 81(1), 17. 32.

Calhoun, L. G., & Tedeschi, R. G. (Eds.). (2006). Handbook of posttraumatic growth: Research and practice. Mahwah, NJ: Erlbaum.

Calmes, C. A., & Roberts, J. E. (2008). Rumination in interpersonal relationships: Does corumination explain gender differences in emotional distress and relationship satisfaction among college students? Cognitive Therapy and Research, 32(4), 577. 590. https:// doi. org/10.1007/ s10608- 008- 9200-3

Carr, A., Finnegan, L., Griffin, E., Cotter, P., & Hyland, A. (2017). A randomized controlled trial of the Say Yes To Life (SYTL) positive psychology group psychotherapy program for depression: An interim report. Journal of Contemporary Psychotherapy, 47(3), 153. 161. https:// doi. org/ 10.1007/ s10879- 016- 9343- 6

Carrier, L. M., Rosen, L. D., Cheever, N. A., & Lim, A. F. (2015). Causes, effects, and practicalities of everyday multitasking. Developmental Review, 35, 64. 78. https:// doi.org/ 10.1016/ j.dr.2014.12.005

Carver, C. S., Scheier, M. F., & Segerstrom, S. C. (2010). Optimism. Clinical Psychology Review, 30(7), 879. 889. doi:10.1016/ j.cpr.2010.01.006

Casellas- Grau, A., Font, A., & Vives, J. (2014). Positive psychology interventions in breast cancer. A systematic review. Psycho- Oncology, 23(1), 9. 19. https:// doi.org/ 10.1002/ pon.3353

Casiday, R., Kinsman, E., Fisher, C., & Bambra, C. (2008). Volunteering and health: What impact does it really have? London: Volunteering England.

Castonguay, L. G. (2013). Psychotherapy outcome: An issue worth re- revisiting 50 years later. Psychotherapy, 50(1), 52. 67. doi:10.1037/ a0030898

Chaves, C., Lopez- Gomez, I., Hervas, G., & Vazquez, C. (2017). A comparative study on the efficacy of a positive psychology intervention and a cognitive behavioral therapy for clinical depression. Cognitive Therapy and Research, 41(3), 417. 433. doi: 10.1007/ s10608- 016- 9778-9

Cheavens, J. S., Feldman, D., Gum. A., Michael, S. T., & Snyder, C. R. (2006). Hope therapy in a community sample: A pilot investigation. Social Indicators Research, 77, 61. 78.

Cheavens, J. S., Strunk, D. S., Sophie Lazarus, S. A., Goldstein, L. A. (2012). The compensation and capitalization models: A test of two approaches to individualizing the treatment of depression. Behaviour Research and Therapy, 50, 699. 706.

Chibnall, J. T., & Tait, R. C. (1994). The short form of the Beck Depression Inventory: Validity issues with chronic pain patients. The Clinical Journal of Pain, 10, 261. 266.

Chida, Y., & Steptoe, A. (2009). The association of anger and hostility with future coronary heart disease: A meta- analytic review of prospective evidence. Journal of the American College of Cardiology, 53, 936. 946.

Chowdhury, T. G., Ratneshwar, S., & Mohanty, P. (2009). The time- harried shopper: Exploring the differences between maximizers and satisficers. Marketeting Letters, 20, 155. 167.

Cooney, R. E., Joormann, J., Atlas, L. Y., Eugene, F., & Gotlib, I. H. (2007). Remembering the good times: Neural correlates of affect regulation. Neuroreport, 18(17), 1771. 1774.

Cooper, H., & Frattaroli, J. (2006). Experimental disclosure and its moderators: A meta- analysis. Psychological Bulletin, 132(6), 823. 865. doi:10.1037/ 0033- 2909.132.6.823

Cordaro, D. T., Sun, R., Keltner, D., Kamble, S., Huddar, N., & McNeil, G. (2018). Universals and cultural variations in 22 emotional expressions across five cultures. Emotion, 18(1), 75. 93. http:// dx.doi.org/ 10.1037/ emo0000302

Cornish, M. A., & Wade, N. G. (2015). A therapeutic model of self- forgiveness with intervention strategies for counselors. Journal of Counseling & Development, 93(1), 96. 104. http:// dx.doi. org/ 10.1037/ cou0000080

Corrigan, P. (2004). How stigma interferes with mental health care. American Psychologist, 59,614. 625.

Corrigan, P. W., Salzer, M., Ralph, R., Sangster, Y., & Keck, L. (2004). Examining the factor structure of the Recovery Assessment Scale. Schizophrenia Bulletin, 30, 1035. 1041.

Costa- Requena, G., & Gil, F. (2010). Posttraumatic stress disorder symptoms in cancer: Psychometric analysis of the Spanish Posttraumatic Stress Disorder Checklist. Civilian version. PsychoOncology, 19, 500. 507. http:// dx.doi.org/ 10.1002/ pon

Coyne, J. C., & Tennen, H. (2010). Positive psychology in cancer care: Bad science, exaggerated claims, and unproven medicine. Annals of Behavioral Medicine, 39, 16. 26. doi:10.1007/s12160- 009- 9154- z

Crits- Christoph, P., Connolly Gibbons, M. B., Ring- Kurtz, S., Gallop, R., Stirman, S., Present, J., . . . Goldstein, L. (2008). Changes in positive quality of life over the course of psychotherapy. Psychotherapy, 45(4), 419. 430. doi:10.1037/ a0014340

Csikszentmihalyi, M. (1990). Flow: The psychology of optimal experience. New York: HarperCollins.

Cuadra- Peralta, A., Veloso- Besio, C., Perez, M., & Zuniga, M. (2010). Resultados de la psicoterapia positiva en pacientes con depresion [Positive psychotherapy results in patients with depression.]. Terapia Psicologica, 28, 127. 134. doi:doi:10.4067/ S0718- 48082010000100012

D'raven, L. L., & Pasha- Zaidi, N. (2014). Positive psychology interventions: A review for counselling practitioners/ interventions de psychologie positive: Une revue a l'intention des conseillers praticiens. Canadian Journal of Counselling and Psychotherapy, 48(4), 383. 408.

Davidson, L., Shahar, G., Lawless, M. S., Sells, D., & Tondora, J. (2006). Play, pleasure, and other positive life events: "Non- specific" factors in recovery from mental illness? Psychiatry, 69(2), 151. 163. doi:10.1521/ psyc.2006.69.2.151

Davis, D. E., Choe, E., Meyers, J., Wade, N., Varjas, K., Gifford, A., . . . Worthington, E. L. Jr. (2016). Thankful for the little things: A meta- analysis of gratitude interventions. Journal of Counseling Psychology, 63(1), 20. 31.

Dawda, D., & Hart, S. D. (2000). Assessing emotional intelligence: Reliability and validity of the bar- on emotional quotient inventory (EQ- i) in university students. Personality and Individual

Differences, 28(4), 797. 812.

De Shazer, S., Berg, I. K., Lipchik, E., Nunnally, E., Molnar, A., Gingerich, W., & Weiner- Davis, M. (1986). Brief therapy: Focused solution development. Family Process, 25(2), 207. 221.

Deacon, B. J. (2013). The biomedical model of mental disorder: A critical analysis of its validity, utility, and effects on psychotherapy research. Clinical Psychology Review, 33(7), 846. 861.

Deci, E. L., & Ryan, R. M. (2008). Self- determination theory: A macrotheory of human motivation, development and health. Canadian Psychology, 49, 182. 185. doi:10.1037/ a0012801

Deighton, R. M., Gurris, N., & Traue, H. (2007). Factors affecting burnout and compassion fatigue in psychotherapists treating torture survivors: Is the therapist's attitude to working through trauma relevant? Journal of Traumatic Stress, 20(1), 63. 75. http:// dx.doi.org/ 10.1002/ jts.20180

Demir, M. (2010). Close relationships and happiness among emerging adults. Journal of Happiness Studies, 11(3), 293. 313. doi:10.1007/ s10902- 009- 9141- x

Derogatis, L. R. (1993). Brief Symptom Inventory (BSI): Administration, scoring, and procedures manual (3rd ed.). Minneapolis, MN: National Computer Systems.

Dewey, J. (1934). Art as experience. New York: Minton, Balch & Company.

Dittmar, H., Bond, R., Hurst, M., & Kasser, T. (2014). The relationship between materialism and personal well- being: A meta- analysis. Journal of Personality and Social Psychology, 107(5), 879. 924. http:// doi.org/ 10.1037/ a0037409

Donaldson, S. I., Csikszentmihalyi, M., & Nakamura, J. (Eds.). (2011). Applied positive psychology: Improving everyday life, health, schools, work, and society. London: Routledge Academic.

Donaldson, S. I., Dollwet, M., & Rao, M. A. (2015). Happiness, excellence, and optimal human functioning revisited: Examining the peer- reviewed literature linked to positive psychology. The Journal of Positive Psychology, 10(3), 185. 195. doi:10.1080/ 17439760.2014.943801

Douglass, R. P., & Duffy, R. D. (2015). Strengths use and life satisfaction: A moderated mediation approach. Journal of Happiness Studies, 16(3), 619. 632.

Dowlatabadi, M. M., Ahmadi, S. M., Sorbi, M. H., Beiki, O., Khademeh Razavi, T., & Bidaki, R. (2016). The effectiveness of group positive psychotherapy on depression and happiness in breast cancer patients: A randomized controlled trial. Electronic Physician, 8(3), 2175. 2180. https:// doi.org/ 10.19082/ 2175

Drvaric, L., Gerritsen, C., Rashid, T., Bagby, R. M., & Mizrahi, R. (2015). High stress, low resilience in people at clinical high risk for psychosis: Should we consider a strengths-based approach? Canadian Psychology, 56(3), 332. 347.

Duan, W., Ho, S. M. Y., Tang, X., Li, T., & Zhang, Y. (2014). Character strength-based intervention to promote satisfaction with life in the Chinese university context. Journal of Happiness Studies, 15(6), 1347. 1361. doi:10.1007/ s10902- 013- 9479- y

Duckworth, A. L., Steen, T. A., & Seligman, M. E. P. (2005). Positive psychology in clinical practice. Annual Review of Clinical Psychology, 1(1), 629. 651. doi:10.1146/ annurev. clinpsy.1.102803.144154

Duckworth, A. L., Peterson, C., Matthews, M. D., & Kelly, D. R. (2007). Grit: Perseverance and passion for long-term goals. Journal of Personality and Social Psychology, 92, 1087. 1101.

Ehrenreich, B. (2009). Bright-sided: How positive thinking is undermining America. New York: Metropolitan Books.

Eichstaedt, J. C., Schwartz, H. A., Kern, M. L., Park, G., Labarthe, D. R., Merchant, R. M., . . . ,Seligman, M. E. P. (2015). Psychological language on Twitter predicts county-level heart disease mortality. Psychological Science, 26(2), 159. 169. http:// doi.org/ 10.1177/ 0956797614557867

Elkins, D. (2009). The medical model in psychotherapy. Journal of Humanistic Psychology, 49(1), 66. 84.

Emmons, R. A. (2007). Gratitude, subjective well-being, and the brain. In R. J. Larsen & M. Eid(Eds.), The science of subjective well-being (pp. 469. 492). New York: Guilford Press.

Emmons, R. A., & McCullough, M. E. (2003). Counting blessing versus burdens: An experimental investigation of gratitude and subjective well-being in daily life. Journal of Personality and Social Psychology, 84(2), 377. 389.

Emmons, R. A., & Mishra, A. (2012). Why gratitude enhances well-being: What we know, what we need to know. In K. Sheldon, T. Kashdan, & M. F. Steger (Eds.), Designing the future of positive psychology: Taking stock and moving forward. New York: Oxford University Press.

Enright, R., & Fitzgibbons, R. (2015). Forgiveness therapy. Washington, DC: American Psychological Association.

Evans, I. M. (1993). Constructional perspectives in clinical assessment. Psychological Assessment, 5, 264. 272. http:// dx.doi.org/ 10.1037/ 1040-3590.5.3.264

Fadla, A. (2014). Self-leadership. Leadership Excellence, 31(8), 10. 11.

Fava, G. A. (2016). Well-being therapy. In A. M. Wood & J. Johnson (Eds.), The Wiley handbook of positive clinical psychology (pp. 395. 407). Chichester, UK: John Wiley. http:// doi. org/10.1002/ 9781118468197

Fava, G. A., & Ruini, C. (2003). Development and characteristics of a well-being enhancing psychotherapeutic strategy: Well-being therapy. Journal of Behavior Therapy and Experimental Psychiatry, 34(1), 45. 63. doi:10.1016/ S0005-7916(03)00019-3

Fazio, R. J., Rashid, T., Hayward, H., & Lopez, S. J. (2008). Growth through loss and adversity: A choice worth making. In S. J. Lopez (Ed.), Positive psychology: Exploring the best in people: Vol. 3, Growing in the face of adversity (pp. 1. 28). Westport, CT: Praeger.

Fehr, R., Gelfand, M. J., & Nag, M. (2010). The road to forgiveness: A meta-analytic synthesis of its situational and dispositional correlates. Psychological Bulletin, 136, 894. 914. doi:10.1037/ a0019993

Feldman, G. C., Joormann, J., & Johnson, S. L. (2008). Responses to positive affect: A self-report measure of rumination and dampening. Cognitive Therapy and Research, 32(4), 507. 525. doi:10.1007/ s10608-006-9083-0

Finlay, W. M. L., & Lyons, E. (2000). Social categorizations, social comparisons and stigma: Presentations of self in people with learning difficulties. British Journal of Social Psychology, 39, 129. 146.

First, M. B., Spitzer, R. L., Gibbon, M., & Williams, J. (2007). Structured Clinical Interview for DSMIV-TR Axis I disorders, Research Version, Patient Edition (SCID- VP). New York: Biometrics Research, New York State Psychiatric Institute.

Fisher, K., & Robinson, J. (2009). Average weekly time spent in 30 basic activities across 17 countries. Social Indicators Research, 93(1), 249. 254. doi:10.1007/ s11205-008-9372-y

Fitzpatrick, M. R., & Stalikas, A. (2008). Integrating positive emotions into theory, research, and practice: A new challenge for psychotherapy. Journal of Psychotherapy Integration, 18, 248. 258.

Flinchbaugh, C. L., Moore, E. W. G., Chang, Y. K., & May, D. R. (2012). Student well- being interventions: The effects of stress management techniques and gratitude journaling in the management education classroom. Journal of Management Education, 36(2), 191. 219. doi:10.1177/ 1052562911430062

Fluckiger, C., Caspar, F., Holtforth, M. G., & Willutzki, U. (2009). Working with patients' strengths: A microprocess approach. Psychotherapy Research, 19(2), 213. 223. https:// doi.org/10.1080/ 10503300902755300

Fluckiger, C., & Grosse Holtforth, M. (2008). Focusing the therapist's attention on the patient's strengths: A preliminary study to foster a mechanism of change in outpatient psychotherapy. Journal of Clinical Psychology, 64, 876. 890.

Folkman, S., & Moskowitz, J. T. (2000). Positive affect and the other side of coping. American Psychologist, 55(6), 647. 654.

Fordyce, M. W. (1983). A program to increase happiness: Further studies. Journal of Consulting Psychology, 30, 483. 498.

Forest, J., Mageau, G. V. A., Crevier- Braud, L., Bergeron, L., Dubreuil, P., & Lavigne, G. V. L.(2012). Harmonious passion as an explanation of the relation between signature strengths' use and well-being at work: Test of an intervention program. Human Relations, 65(9), 1233. 1252.

Forgeard, M. J. C., & Seligman, M. E. P. (2012). Seeing the glass half full: A review of the causes and consequences of optimism. Pratiques Psychologiques, 18(2), 107. 120. doi:10.1016/ j.prps.2012.02.002

Fowers, B. J. (2005). Virtue and psychology: Pursuing excellent in ordinary practices. Washington, DC: American Psychological Association.

Frank, J. D., & Frank, J. B. (1991). Persuasion and healing: A comparative study of psychotherapy (3rd ed.). Baltimore: Johns Hopkins University Press.

Frankl, V. E. (1963). Man's search for meaning: An introduction to Logotherapy. New York: Washington Square Press.

Frankl, V. E. (1986). The doctor and the soul: From psychotherapy to Logotherapy. New York: Penguin Books.

Frankl, V. E. (1988). The will to meaning: Foundations and applications of Logotherapy. Expanded Edition. New York: Penguin Books.

Frattaroli, J. (2006). Experimental disclosure and its moderators: A meta- analysis. Psychological Bulletin, 132(6), 823. 865. http:// doi.org/ 10.1037/ 0033- 2909.132.6.823

Fredrickson, B. (2014). Love 2.0: Creating happiness and health in moments of connection. New York: Plume.

Fredrickson, B. L. (2001). The role of positive emotions in positive psychology. American Psychologist, 56, 218. 226.

Fredrickson, B. L. (2009). Positivity: Discover the ratio that tips your life toward flourishing. New York: Crown.

Fredrickson, B. L., & Branigan, C. (2005). Positive emotions broaden the scope of attention and thought- action repertoires. Cognition and Emotion, 19, 313. 332.

Fredrickson, B. L., Grewen, K. M., Coffey, K. A., Algoe, S. B., Firestine, A. M., Arevalo, J. M. G.,... Cole, S. W. (2013). A functional genomic perspective on human well- being. Proceedings of the National Academy of Sciences of the United States of America, 110(33), 13684. 13689. doi:10.1073/ pnas.1305419110

Fredrickson, B. L., & Losada, M. F. (2005). Positive affect and the complex dynamics of human flourishing. American Psychologist, 60(7), 678. 686.

Fredrickson, B. L., Tugade, M. M., Waugh, C. E., & Larkin, G. R. (2003). What good are positive emotions in crisis? A prospective study of resilience and emotions following the terrorist attacks on the United States on September 11th, 2001. Journal of Personality and Social Psychology, 84, 365.376.

Freidlin, P., Littman- Ovadia, H., & Niemiec, R. M. (2017). Positive psychopathology: Social anxiety via character strengths underuse and overuse. Personality and Individual Differences, 108, 50. 54.

Frisch, M. B. (2013). Evidence- based well- being/ positive psychology assessment and intervention with quality of life therapy and coaching and the Quality of Life Inventory (QOLI). Social Indicators Research, 114(2), 193. 227. doi:10.1007/ s11205- 012- 0140- 7

Frisch, M. B. (2016). Quality of life therapy. In A. M. Wood, & J. Johnson (Eds.), The Wiley handbook of positive clinical psychology (pp. 409. 425). Chichester, UK: John Wiley. http:// doi.org/10.1002/ 9781118468197

Froh, J. J., Emmons, R. A., Card, N. A., Bono, G., & Wilson, J. A. (2011). Gratitude and the reduced costs of materialism in adolescents. Journal of Happiness Studies, 12(2), 289. 302.

Fung, B. K., Ho, S. M., Fung, A. S., Leung, E. Y. P., Chow, S. P., Ip, W. Y., . . . Barlaan, P. I. G. (2011). The development of a strength- focused mutual support group for caretakers of children with cerebral palsy. East Asian Archives of Psychiatry, 21(2), 64.

Furchtlehner, L. M., & Laireiter, A.- R. (2016, September). Comparing positive psychotherapy (PPT) and cognitive behavior therapy (CBT) in the treatment of depression: Preliminary ITT results from a RCT study. Paper presented at the 1st Conference on Positive Psychology of

DACH PP(German-language Association of Positive Psychology), Berlin.

Furnes, B., & Dysvik, E. (2013). Experiences of memory-writing in bereaved people. Bereavement Care, 32(2), 65. 73. doi:10.1080/ 02682621.2013.812817

Gable, S. L, Reis, H. T., Impett, E. A., & Asher, E. R. (2004). What do you do when things go right? The intrapersonal and interpersonal benefits of sharing positive events. Journal of Personality and Social Psychology, 87, 228. 245.

Gander, F., Proyer, R., Ruch, W., & Wyss, T. (2013). Strength-based positive interventions: Further evidence for their potential in enhancing well-being and alleviating depression. Journal of Happiness Studies, 14(4), 1241. 1259. doi:10.1007/ s10902-012-9380-0

Gelso, C. J., Nutt Williams, E., & Fretz, B. R. (2014). Working with strengths: Counseling psychology's calling. In Counseling psychology (3rd ed., pp. 157. 178). Washington, DC: American Psychological Association. doi:10.1037/ 14378-007

Gilman, R., Schumm, J. A., & Chard, K. M. (2012). Hope as a change mechanism in the treatment of posttraumatic stress disorder. Psychological Trauma: Theory, Research, Practice, and Policy, 4, 270. 277. doi:10.1037/ a0024252

Glasgow, R. E., Vogt, T. M., & Boles, S. M. (1999). Evaluating the public health impact of health promotion interventions: The RE-AIM framework. American Journal of Public Health, 89, 1322. 1327.

Glaw, X., Kable, A., Hazelton, M., & Inder, K. (2017). Meaning in life and meaning of life in mental health care: An integrative literature review. Issues in Mental Health Nursing, 38(3), 242. 252.

Gobel, M. S., Chen, A., & Richardson, D. C. (2017). How different cultures look at faces depends on the interpersonal context. Canadian Journal of Experimental Psychology, 71(3), 258. 264. http:// dx.doi.org.myaccess.library.utoronto.ca/ 10.1037/ cep0000119

Goodwin, E. M. (2010). Does group positive psychotherapy help improve relationship satisfaction in a stressed and/ or anxious population? (Doctoral dissertation). Retrieved from ProQuest Dissertations and Theses, 166 (Order No. 3428275, Palo Alto University).

Govindji, R., & Linley, P. A. (2007). Strengths use, self-concordance and well-being: Implications for strengths coaching and coaching psychologists. International Coaching Psychology

Grace, J. J., Kinsella, E. L., Muldoon, O. T., & Fortune, D. (2015). Post-traumatic growth following acquired brain injury: A systematic review and meta-analysis. Frontiers in Psychology, 6, 1162.

Grafanaki, S., Brennan, M., Holmes, S., Tang, K., & Alvarez, S. (2007). "In search of flow" in counselling and psychotherapy: Identifying the necessary ingredients of peak moments of therapy interaction, person- centered and experiential psychotherapies. International Journal of Person- Centred and Experiential Psychotherapies, 6, 239. 255.

Graham, J. E., Lobel, M., Glass, P., & Lokshina, I. (2008). Effects of written constructive anger expression in chronic pain patients: Making meaning from pain. Journal of Behavioral Medicine, 31, 201. 212.

Gratz, K. L., & Roemer, L. (2004). Multidimensional assessment of emotion regulation and dysregulation: Development, factor structure, and initial validation of the difficulties in emotion regulation scale. Journal of Psychopathology and Behavioral Assessment, 26, 41. 54.

Gresham, F. M., & Elliott, S. N. (1990). Social skills rating system manual. Circle Pines, MN: American Guidance Service.

Guney, S. (2011). The Positive Psychotherapy Inventory (PPTI): Reliability and validity study in Turkish population. Social and Behavioral Sciences, 29, 81. 86.

Gusewell, A., & Ruch, W. (2012). Are there multiple channels by which to connect with beauty and excellence? Journal of Positive Psychology, 7, 516. 529. doi:10.1080/ 17439760.2012.726636

Hamilton, M. (1960). A rating scale for depression. Journal of Neurology, Neurosurgery, and Psychiatry, 23, 56. 62.

Hanna, F. J. (2002). Building hope for change. In F. J. Hanna, Therapy with difficult clients: Using the precursors model to awaken change (pp. 265. 273). Washington, DC: American Psychological Association.

Hansen, N. B., Lambert, M. J., & Forman, E. V. (2002). The psychotherapy dose-response effect and its implications for treatment delivery services. Clinical Psychology: Science and Practice, 9, 329. 343.

Harris, A., & Thoresen, C. E. (2006). Extending the influence of positive psychology interventions into health care settings: Lessons from self-efficacy and forgiveness. The Journal of Positive Psychology, 1, 27. 36.

Harris, A. H. S., Luskin, F., Norman, S. B., Standard, S., Bruning, J., Evans, S., & Thoresen, C. E. (2006). Effects of a group forgiveness intervention on forgiveness, perceived stress, and traitanger. Journal of Clinical Psychology, 62, 715. 733. doi:10.1002/ jclp.20264

Harris, A. H. S., Thoresen, C. E., & Lopez, S. J. (2007). Integrating positive psychology into counseling: Why and (when appropriate) how. Journal of Counseling & Development, 85, 3. 13.

Harrison, A., Al-Khairulla, H., & Kikoler, M. (2016). The feasibility, acceptability and possible benefit of a positive psychology intervention group in an adolescent inpatient eating disorder service. The Journal of Positive Psychology, 11(5), 449. 459.

Harrison, R. L., & Westwood, M. J. (2009). Preventing vicarious traumatization of mental health therapists: Identifying protective practices. Psychotherapy: Theory, Research, Practice, Training, 46(2), 203. 219. http:// dx.doi.org/ 10.1037/ a0016081

Hart, D. S. (2014). Review of lying down in the ever-falling snow: Canadian health professionals' experience of compassion fatigue. Canadian Journal of Counselling and Psychotherapy, 48(1), 77. 79.

Harvey, A., Watkins, E., Mansell, W., & Shafran, R. (2004). Cognitive behavioural processes across psychological disorders: A transdiagnostic approach to research and treatment. New York: Oxford University Press.

Hawkes, D. (2011). Review of solution focused therapy for the helping professions. Journal of Social Work Practice, 25(3), 379. 380.

Headey, B., Schupp, J., Tucci, I., & Wagner, G. G. (2010). Authentic happiness theory supported by impact of religion on life satisfaction: A longitudinal analysis with data for Germany. The

Journal of Positive Psychology, 5, 73. 82.

Heatherton, T. F., Kozlowski, L. T., Frecker, R. C., & Fagerstrom, K. (1991). The Fagerstrom test for nicotine dependence: A revision of the Fagerstrom tolerance questionnaire. British Journal of Addiction, 86, 1119. 1127. http:// dx.doi.org/ 10.1111/ j.1360- 0443.1991.tb01879.x

Hicks, J. A., & King, L. A. (2009). Meaning in life as a subjective judgment and a lived experience. Social and Personality Psychology Compass, 3(4), 638. 658. doi:10.1111/ j.1751- 9004.2009.00193.x

Ho, H. C. Y., Yeung, D. Y., & Kwok, S. Y. C. L. (2014). Development and evaluation of the positive psychology intervention for older adults. The Journal of Positive Psychology, 9(3), 187. 197. doi:10.1080/ 17439760.2014.888577

Holt- Lunstad, J., Smith, T. B., & Layton, J. B. (2010). Social relationships and mortality risk: A meta- analytic review. PLoS Medicine, 7(7). doi:10.1371/ journal.pmed.1000316

Hone, L. C., Jarden, A., & Schofield, G. M. (2015). An evaluation of positive psychology intervention effectiveness trials using the re- aim framework: A practice- friendly review. The Journal of Positive Psychology, 10(4), 303. 322. doi:10.1080/ 17439760.2014.965267

Honore, C. (2005). In praise of slowness: Challenging the cult of speed. New York: HarperCollins.

Hortop, E. G., Wrosch, C., & Gagne, M. (2013). The why and how of goal pursuits: Effects of global autonomous motivation and perceived control on emotional well- being. Motivation and Emotion, 37(4), 675. 687.

Horvath, A. O., Del Re, A. C., Fluckiger, C., Symonds, D., Horvath, A. O., & Del Re, A. C. (2011). Alliance in individual psychotherapy. Psychotherapy, 48(1), 9. 16.

Houltberg, B. J., Henry, C. S., Merten, M. J., & Robinson, L. C. (2011). Adolescents' perceptions of family connectedness, intrinsic religiosity, and depressed mood. Journal of Child and Family Studies, 20(1), 111. 119.

Huebner, E. S. (1991). Initial development of the Students' Life Satisfaction Scale. School Psychology International, 12, 231. 243.

Huffman, J. C., DuBois, C. M., Healy, B. C., Boehm, J. K., Kashdan, T. B., Celano, C. M., & Lyubomirsky, S. (2014). Feasibility and utility of positive psychology exercises for suicidal inpatients. General Hospital Psychiatry, 36(1), 88. 94.

Huffman, J. C., DuBois, C. M., Millstein, R. A., Celano, C. M., & Wexler, D. (2015). Positive psychological interventions for patients with type 2 diabetes: Rationale, theoretical model, and intervention development. Journal of Diabetes Research, 2015, 1. 18. doi:10.1155/ 2015/ 428349

Huffman, J. C., Mastromauro, C. A., Boehm, J. K., Seabrook, R., Fricchione, G. L., Denninger, J. W., & Lyubomirsky, S. (2011). Development of a positive psychology intervention for patients with acute cardiovascular disease. Heart International, 6(2). https:// doi.org/ 10.4081/hi.2011.e14

Hunt, M., Auriemma, J., & Cashaw, A. C. A. (2003). Self- report bias and underreporting of depression on the BDI- II. Journal of Personality Assessment, 80, 26. 30. doi:10.1207/

S15327752JPA8001_10

Huta, V., & Hawley, L. (2008). Psychological strengths and cognitive vulnerabilities: Are they two ends of the same continuum or do they have independent relationships with well-being and illbeing? Journal of Happiness Studies, 11(1), 71. 93. doi:10.1007/ s10902-008-9123-4

Huynh, K. H., Hall, B., Hurst, M. A., & Bikos, L. H. (2015). Evaluation of the positive re-entry in corrections program: A positive psychology intervention with prison inmates. International Journal of Offender Therapy and Comparative Criminology, 59(9), 1006.

Hwang, K., Kwon, A., & Hong, C. (2017). A preliminary study of new positive psychology interventions: Neurofeedback-aided meditation therapy and modified positive psychotherapy. Current Psychology, 36(3), 683. 695. http:// doi.org/ 10.1007/ s12144-016-9538-8

Jahoda, M. (1958). Current concepts of positive mental health. New York: Basic Books.

Jayawickreme, E., & Blackie, L. E. R. (2014). Post-traumatic growth as positive personality change: Evidence, controversies and future directions. European Journal of Personality, 28(4), 312. 331.

Jelinek, L., Stockbauer, C., Randjbar, S., Kellner, M., Ehring, T., & Moritz, S. (2010). Characteristics and organization of the worst moment of trauma memories in posttraumatic stress disorder. Behaviour Research and Therapy, 48(7), 680. 685. https:// doi.org/ 10.1016/ j.brat.2010.03.014

Johnson, D. P., Penn, D. L., Fredrickson, B. L., Meyer, P. S., Kring, A. M., & Brantley, M. (2009). Loving-kindness meditation to enhance recovery from negative symptoms of schizophrenia. Journal of Clinical Psychology, 65, 499. 509. doi:10.1002/ jclp.20591

Johnson, J., Gooding, P. A., Wood, A. M., & Tarrier, N. (2010). Resilience as positive coping appraisals: Testing the schematic appraisals model of suicide (SAMS). Behaviour Research and Therapy, 48, 179. 186.

Johnson, J., Gooding, P. A., Wood, A. M., Taylor, P. J., Pratt, D., & Tarrier, N. (2010). Resilience to suicidal ideation in psychosis: Positive self-appraisals buffer the impact of hopelessness. Behaviour Research and Therapy, 48, 883. 889.

Johnson, J., & Wood, A. M. (2017). Integrating positive and clinical psychology: Viewing human functioning as continua from positive to negative can benefit clinical assessment, interventions and understandings of resilience. Cognitive Therapy and Research, 41(3), 335. 349. doi:10.1007/ s10608-015-9728-y

Joormann, J., Dkane, M., & Gotlib, I. H. (2006). Adaptive and maladaptive components of rumination? Diagnostic specificity and relation to depressive biases. Behavior Therapy, 37, 269. 280. doi:10.1016/ j.beth.2006.01.002

Joormann, J., & Siemer, M. (2004). Memory accessibility, mood regulation, and dysphoria: Difficulties in repairing sad mood with happy memories? Journal of Abnormal Psychology, 113(2), 179. 188. doi:10.1037/ 0021-843X.113.2.179

Joormann, J., Siemer, M., & Gotlib, I. H. (2007). Mood regulation in depression: Differential effects of distraction and recall of happy memories on sad mood. Journal of Abnormal Psychology, 116(3), 484. 490. doi:10.1037/ 0021-843X.116.3.484

Joseph, S., & Linley, A. P. (2006). Positive therapy: A meta- theory for positive psychological practice. New York: Rutledge.

Kahler, C. W., Spillane, N. S., Day, A. M., Cioe, P. A., Parks, A., Leventhal, A. M., & Brown, R. A. (2015). Positive psychotherapy for smoking cessation: A pilot randomized controlled trial. Nicotine & Tobacco Research, 17(11), 1385. 1392.

Kahneman, D. (2011). Thinking fast and slow. London: Allen Lane.

Kahneman, D., Krueger, A. B., Schkade, D., Schwarz, N., Stone, A. A., Schwartz, N., & Stone, A. A. (2006). Would you be happier if you were richer? A focusing illusion. Science, 312(5782), 1908. 1910. doi:10.1126/ science.1129688

Kaitlin, A. H., Karly, M. M., & Mezulis, A. (2017). Ruminating on the positive: Paths from trait positive emotionality to event- specific gratitude. Journal of Happiness Studies, 1. 17. https:// doi. org/ 10.1007/ s10902- 017- 9940- 4

Kapur, N., Cole, J., Manly, T., Viskontas, I., Ninteman, A., Hasher, L., & Pascual- Leone, A. (2013). Positive clinical neuroscience: Explorations in positive neurology. The Neuroscientist, 19(4), 354. 369. doi:10.1177/ 1073858412470976

Kashdan, T. B., Julian, T., Merritt, K., & Uswatte, G. (2006). Social anxiety and posttraumatic stress in combat veterans: Relations to well- being and character strengths. Behaviour Research and Therapy, 44, 561. 583.

Kashdan, T. B., & Rottenberg, J. (2010). Psychological flexibility as a fundamental aspect of health. Clinical Psychology Review, 30, 865. 878.

Kasser, T. (2002). The high price of materialism. Cambridge, MA: MIT Press.

Kasser, T., & Kanner, A. D. (Eds.). (2004). Psychology and consumer culture: The struggle for a good life in a materialistic world. Washington, DC: American Psychological Association. http:// dx.doi.org/ 10.1037/ 10658- 000

Kazdin, A. E. (2009). Understanding how and why psychotherapy leads to change. Psychotherapy Research, 19(4. 5), 418. 428.

Kelly, J. R. (1997). Changing issues in leisure-family research. again. Journal of Leisure Research, 29(1), 132. 134.

Kern, M. L., Waters, L. E., Adler, A., & White, M. A. (2015). A multidimensional approach to measuring well- being in students: Application of the PERMA framework. The Journal of Positive Psychology, 10(3), 262. 271. https:// doi.org/ 10.1080/ 17439760.2014.936962

Kerner, E. A., & Fitzpatrick, M. R. (2007). Integrating writing into psychotherapy practice: A matrix of change processes and structural dimensions. Psychotherapy: Theory, Research, Practice, Training, 44(3), 333. 346.

Kerr, S. L., O'Donovan, A., & Pepping, C. A. (2015). Can gratitude and kindness interventions enhance well- being in a clinical sample? Journal of Happiness Studies, 16(1), 17. 36. http:// dx.doi. org/ 10.1007/ s10902- 013- 9492- 1

Keyes, C. L. M. (2013). Promotion and protection of positive mental health: Towards complete mental health in human development. New York: Oxford University Press.

Keyes, C. L M., & Eduardo, J. S. (2012). To flourish or not: Level of positive mental health predicts ten-year all-cause mortality. American Journal of Public Health 102, 2164. 2172.

Khanjani, M., Shahidi, S., FathAbadi, J., Mazaheri, M. A., & Shokri, O. (2014). The factor structure and psychometric properties of the Positive Psychotherapy Inventory (PPTI) in an Iranian sample. Iranian Journal of Applied Psychology, 7(5), 26. 47. (In Persian)

Khumalo, I. P.,Wissing, M. P., & Temane, Q. M. (2008). Exploring the validity of the Values-In-Action Inventory of Strengths (VIA-IS) in an African context. Journal of Psychology in Africa, 18, 133. 142. doi:10.1080/ 14330237.2008.10820180

King L. A., & Milner, K. N. (2000). Writing about the perceived benefits of traumatic events: Implications for physical health. Personality and Social Psychology Bulletin. 26, 220. 230.

Kirsch, I., Moore, T. J., Scoboria, A., & Nicholls, S. S. (2002). The emperor's new drugs: An analysis of antidepressant medication data submitted to the U.S. Food and Drug Administration. Prevention & Treatment, 5, art. 23.

Kitayama, S., & Markus, H. R. (2000). The pursuit of happiness and the realization of sympathy: Cultural patterns of self, social relations, and well-being. In J. B. P. Sinha (Ed.), Culture and subjective well-being (pp. 113. 161). Thousand Oaks, CA: SAGE.

Kleinsmith, A., De Silva, P. R., & Bianchi-Berthouze, N. (2006). Cross-cultural differences in recognizing affect from body posture. Interacting with Computers, 18(6), 1371. 1389.

Ko, Y. S., & Hyun, M. Y. (2015). Effects of a positive psychotherapy program on depression, self-esteem, and hope in patients with major depressive disorders. Journal of Korean Academy of Psychiatric and Mental Health Nursing, 24(4), 246. https:// doi.org/ 10.12934/ jkpmhn.2015.24.4.246

Kovacs, M. (1992). Children Depression Inventory: Manual. New York: Multi Health System.

Kross, E., Ayduk, O., & Mischel, W. (2005). When asking "why" doesn't hurt: Distinguishing reflective processing of negative emotions from rumination. Psychological Science, 16, 709. 715.

Lai, J. C. L., & Yue, X. (2000). Measuring optimism in Hong Kong and mainland Chinese with the revised life orientation test. Personality and Individual Differences, 28(4), 781. 796.

Lambert, M. (2007). Presidential address: What we have learned from a decade of research aimed at improving psychotherapy outcome in routine care. Psychotherapy Research, 17(1), 1. 14. doi:10.1080/ 10503300601032506

Lambert, M. J. (2013). Outcome in psychotherapy: The past and important advances. Psychotherapy, 50(1), 42. 51.

Lambert, M. J., Burlingame, G. M., Umphress, V. J., Hansen, N. B., Vermeersch, D., Clouse, G., & Yanchar, S. (1996). The reliability and validity of the Outcome Questionnaire. Clinical Psychology and Psychotherapy, 3,106. 116.

Lambert, M. J., Hansen, N. B., & Finch, A. E. (2001). Patient-focused research: Using patient outcome data to enhance treatment effects. Journal of Consulting and Clinical Psychology, 69(2), 159. 172. Retrieved from http:// www.ncbi.nlm.nih.gov/ pubmed/ 11393594

Lambert, M. J., Whipple, J. L., Hawkins, E. J., Vermeersch, D. A., Nielsen, S. L., & Smart, D. W.(2003). Is it time for clinicians to routinely track patient outcome? A meta- analysis. Clinical Psychology: Science and Practice, 10, 288. 301.

Lambert, N. M., Fincham, F. D., & Stillman, T. F. (2012). Gratitude and depressive symptoms: The role of positive reframing and positive emotion. Cognition and Emotion, 26(4), 615. 633. doi:10.1080 / 02699931.2011.595393

Lambert D'raven, L. T., Moliver, N., & Thompson, D. (2015). Happiness intervention decreases pain and depression, boosts happiness among primary care patients. Primary Health Care Research & Development, 16(2), 114. 126. https:// doi.org/ 10.1017/ S146342361300056X

Lambert D'raven, L., & Pasha- Zaidi, N. (2016). Using the PERMA model in the United Arab Emirates. Social Indicators Research, 125(3), 905. 933.

Lamont, A. (2011). University students' strong experiences of music: Pleasure, engagement, and meaning. Music and Emotion, 15, 229. 249.

Langston, C. A., & Langston, C. A. (1994). Capitalizing on and coping with daily- life events: Expressive responses to positive events. Journal of Personality and Social Psychology, 67(6), 1112. 1125. doi:10.1037/ 0022-3514.67.6.1112

Larsen, D., Edey, W., & Lemay, L. (2007). Understanding the role of hope in counselling: Exploring the intentional uses of hope. Counselling Psychology Quarterly, 20(4), 401. 416.

Larsen, D. L., Attkisson, C. C., Hargreaves, W. A., & Nguyen, T. D. (1979). Assessment of client/ patient satisfaction: Development of a general scale. Evaluation and Program Planning, 2, 197. 207. http:// dx.doi.org/ 10.1016/ 0149- 7189(79)90094- 6

Larsen, D. J., & Stege, R. (2010). Hope-focused practices during early psychotherapy sessions: Part I: Implicit approaches. Journal of Psychotherapy Integration, 20(3), 271. 292. doi:10.1037/ a0020820

Le Boutillier, C., Leamy, M., Bird, V., Davidson, L., Williams, J., & Slade, M. (2011). What does recovery mean in practice? A qualitative analysis of international recovery-oriented practice guidance. Psychiatric Services, 62, 1470. 1476.

Lemay, E. P. Jr., Clark, M. S., & Feeney, B. C. (2007). Projection of responsiveness to needs and the construction of satisfying communal relationships. Journal of Personality & Social Psychology, 92, 834. 853.

Leotti, L. A., Iyengar, S. S., & Ochsner, K. N. (2010). Born to choose: The origins and value of the need for control. Trends in Cognitive Sciences, 14(10), 457. 463.

Leykin, Y., & DeRubeis, R. J. (2009). Allegiance in psychotherapy outcome research: Separating association from bias. Clinical Psychology: Science and Practice, 16, 54. 65. doi:10.1111/ j. 1468-2850.2009.01143.x

Lightsey, O. (2006). Resilience, meaning, and well- being. The Counseling Psychologist, 34, 96. 107. doi:10.1177/ 0011000005282369

Lin, A. (2001). Exploring sources of life meaning among Chinese (Unpublished master's thesis). Langley: Trinity Western University.

Linley, P. A. (2008). Average to A+: Realising strengths in yourself and others. Leicester, UK: CAPP Press.

Linley, P. A., Nielsen, K. M., Wood, A. M., Gillett, R., & Biswas- Diener, R. (2010). Using signature strengths in pursuit of goals: Effects on goal progress, need satisfaction, and well-being, and implications for coaching psychologists. International Coaching Psychology Review, 5, 8. 17.

Littman- Ovadia, H., & Lavy, S. (2012). Character strengths in Israel. European Journal of Psychological Assessment, 28, 41. 50. doi:10.1027/ 1015- 5759/ a000089

Littman- Ovadia, H., & Steger, M. (2010). Character strengths and well- being among volunteers and employees: Toward an integrative model. The Journal of Positive Psychology, 5(6), 419. 430. https:// doi.org/ 10.1080/ 17439760.2010.516765

Long, E. C. J., Angera, J. J., Carter, S. J., Nakamoto, M., & Kalso, M. (1999). Understanding the one you love: A longitudinal assessment of an empathy training program for couples in romantic relationships. Family Relations, 48(3), 235. https:// doi.org/ 10.2307/ 585632

Lounsbury, J. W., Fisher, L. A., Levy, J. J., & Welsh, D. P. (2009). Investigation of character strengths in relation to the academic success of college students. Individual Differences Research, 7(1), 52. 69.

Lu, W., Wang, Z., & Liu, Y. (2013). A pilot study on changes of cardiac vagal tone in individuals with low trait positive affect: The effect of positive psychotherapy. International Journal of Psychophysiology, 88(2), 213. 217.

Lucas, R. E. (2007). Adaptation and the set- point model of subjective well-being: Does happiness change after major life events? Current Directions in Psychological Science, 16(2), 75. 79. doi:10.1111/ j.1467- 8721.2007.00479.x

Lyubormirsky, S. (2007). The how of happiness: A scientific approach to getting the life you want. New York: Penguin.

Lyubomirsky, S., King, L., & Diener, E. (2005). The benefits of frequent positive affect: Does happiness lead to success? Psychological Bulletin, 131(6), 803. 855. doi:10.1037/ 0033- 2909.131.6.803

Lyubomirsky, S., & Layous, K. (2013). How do simple positive activities increase well- being? Current Directions in Psychological Science, 22, 57. 62. doi:10.1177/ 0963721412469809

Macaskill, A. (2016). Review of positive psychology applications in clinical medical populations. Healthcare, 4(3), 66.

Macaskill, A., & Denovan, A. (2014). Assessing psychological health: The contribution of psychological strengths. British Journal of Guidance & Counselling, 42(3), 320. 337. doi:10.1080/ 03069885.2014.898739

Maddux, J. E. (2008). Positive psychology and the illness ideology: Toward a positive clinical psychology. Applied Psychology, 57, 54. 70. doi:10.1111/ j.1464- 0597.2008.00354.x

Maisel, N. C., & Gable, S. L. (2009). The paradox of received support: The importance of responsiveness. Psychological Science, 20, 928. 932.

Markus, H., & Nurius, P. (1986). Possible selves. American Psychologist, 41, 954. 969.

Marques, S. C., Pais- Ribeiro, J. L., & Lopez, S. J. (2011). The role of positive psychology constructs in predicting mental health and academic achievement in children and adolescents: A twoyear longitudinal study. Journal of Happiness Studies, 12(6), 1049. 1062. doi:10.1007/ s10902-010-9244-4

Martinez-Marti, M. L., & Ruch, W. (2014). Character strengths and well- being across the life span: Data from a representative sample of German-speaking adults living in Switzerland. Frontiers in Psychology, 5, 1253. doi: 10.3389/ fpsyg.2014.01253

Martinez-Marti, M. L., & Ruch, W. (2017). Character strengths predict resilience over and above positive affect, self-efficacy, optimism, social support, self- esteem, and life satisfaction. The Journal of Positive Psychology, 12(2), 110. 119.

Maslow, A. H. (1970). Motivation and personality (2nd ed.). New York: Harper & Row.

Mazzucchelli, T., Kane, R., & Rees, C. (2009). Behavioral activation treatments for depression in adults: A meta-analysis and review. Clinical Psychology: Science and Practice, 16(4), 383. 411. http:// doi.org/ 10.1111/ j.1468- 2850.2009.01178.x

Mazzucchelli, T. G., Kane, R. T., & Rees, C. S. (2010). Behavioral activation interventions for well-being: A meta- analysis. The Journal of Positive Psychology, 5(2), 105. 121. doi:10.1080/ 17439760903569154

McAdams, D. P. (2008). Personal narratives and the life story. In O. P. John, R. W. Robins, & L. A. Pervin (Eds.), Handbook of personality: Theory and research (3rd ed., pp. 242. 262). New York: Guilford Press.

McCormick, B. P., Funderburk, J. A., Lee, Y., & Hale-Fought, M. (2005). Activity characteristics and emotional experience: Predicting boredom and anxiety in the daily life of community mental health clients. Journal of Leisure Research, 37, 236. 253.

McCullough, M. E. (2008). Beyond revenge: The evolution of the forgiveness instinct. San Francisco: Jossey-Bass.

McCullough, M. E., Pedersen, E. J., Tabak, B. A., & Carter, E. C. (2014). Conciliatory gestures promote forgiveness and reduce anger in humans. Proceedings of the National Academy of Sciences of the United States of America, 111(30), 12111. 12116.

McGrath, R. E. (2015). Integrating psychological and cultural perspectives on virtue: The hierarchical structure of character strengths. The Journal of Positive Psychology, 10(5), 407. 424.

McKnight, P. E., & Kashdan, T. B. (2009). Purpose in life as a system that creates and sustains health and well- being: An integrative, testable theory. Review of General Psychology, 13(3), 242. 251. http:// doi.org/10.1037/ a0017152

McLean, K. C., Pasupathi, M., & Pals. J. L. (2007). Selves creating stories creating selves: A process model of narrative self development in adolescence and adulthood. Personality and Social Psychology Review, 11, 262. 278.

McLean, K. C., & Pratt, M. W. (2006). Life's little (and big) lessons: Identity statuses and meaningmaking in the turning point narratives of emerging adults. Developmental Psychology,

42(4), 714. 722. doi:10.1037/ 0012-1649.42.4.714

McNulty, J. K., & Fincham, F. D. (2012). Beyond positive psychology? Toward a contextual view of psychological process and well- being. American Psychologist, 67, 101. 110.

McWilliams, N. (1994). Psychoanalytic diagnosis. New York: Guilford Press.

Messias, E., Saini, A., Sinato, P., & Welch, S. (2010). Bearing grudges and physical health: Relationship to smoking, cardiovascular health and ulcers. Social Psychiatry and Psychiatric Epidemiology, 45(2), 183. 187.

Meyer, P. S., Johnson, D. P., Parks, A., Iwanski, C., & Penn, D. L. (2012). Positive living: A pilot study of group positive psychotherapy for people with schizophrenia. The Journal of Positive Psychology, 7, 239. 248. doi:10.1080/ 17439760.2012.677467

Michalak, J., & Holtforth, M. G. (2006). Where do we go from here? The goal perspective in psychotherapy. Clinical Psychology: Science and Practice, 13(4), 346. 365. doi:10.1111/ j.1468-2850.2006.00048.x

Minear, M., Brasher, F., McCurdy, M., Lewis, J., & Younggren, A. (2013). Working memory, fluid intelligence, and impulsiveness in heavy media multitaskers. Psychonomic Bulletin & Review, 20(6), 1274. 1281. doi:10.3758/ s13423-013-0456-6

Mitchell, J., Stanimirovic, R., Klein, B., & Vella- Brodrick, D. (2009). A randomised controlled trial of a self- guided Internet intervention promoting well- being. Computers in Human Behavior, 25, 749. 760. doi:10.1016/ j.chb.2009.02.003

Mongrain, M., & Anselmo- Matthews, T. (2012). Do positive psychology exercises work? A replication of Seligman et al. (2005). Journal of Clinical Psychology, 68, 382. 389.

Montgomery S. A., & Asberg, M. (1979). A new depression scale designed to be sensitive to change. British Journal of Psychiatry, 134, 382. 389.

Morganson, V. J., Litano, M. L., & O'Neill, S. K. (2014). Promoting work. family balance through positive psychology: A practical review of the literature. The Psychologist- Manager Journal, 17(4), 221. 244. https:// doi.org/ 10.1037/ mgr0000023

Muller, R., Gertz, K. J., Molton, I. R., Terrill, A. L., Bombardier, C. H., Ehde, D. M., & Jensen, M. P. (2016). Effects of a tailored positive psychology intervention on well- being and pain in individuals with chronic pain and a physical disability: A feasibility trial. The Clinical Journal of Pain, 32(1), 32. 44.

Murray, G., & Johnson, S. L. (2010). The clinical significance of creativity in bipolar disorder. Clinical Psychology Review, 30, 721. 732. doi:10.1016/ j.cpr.2010.05.006

Murray, H. A. (1938). Explorations in personality. Oxford: Oxford University Press.

Musick, M. A., & Wilson, J. (2003). Volunteering and depression: The role of psychological and social resources in different age groups. Social Science & Medicine, 56(2), 259. 269.

Nakamura, J., & Csikszentmihalyi, M. (2002). The concept of flow. In C. R. Snyder & S. J. Lopez (Eds.), Handbook of positive psychology (pp. 89. 105). New York and Oxford: Oxford University Press.

National Collaborating Centre for Methods and Tools. (2008). Quality assessment tool for quantitative studies: Effective public health practice project. Hamilton, ON: McMaster University.

Nedelcu, A. M., & Michod, R. E. (2006). The evolutionary origin of an altruistic gene. Molecular Biology And Evolution, 23(8), 1460. 1464.

Neimeyer, R. A., Burke, L. A., Mackay, M. M., & van Dyke Stringer, J. G. (2010). Grief therapy and the reconstruction of meaning: From principles to practice. Journal of Contemporary Psychotherapy, 40, 73. 83. doi:10.1007/ s10879-009-9135-3

Nelson, C., & Johnston, M. (2008). Adult Needs and Strengths Assessment. abbreviated referral version to specify psychiatric care needed for incoming patients: Exploratory analysis. Psychological Reports, 102, 131. 143.

Nes, L. S., & Segerstrom, S. C. (2006). Dispositional optimism and coping: A meta-analytic review. Personality and Social Psychology Review, 10(3), 235. 251. doi:10.1207/ s15327957pspr1003_3

Newman, C. F., Leahy, R. L., Beck, A. T., Reilly- Harrington, N. A., & Gyulai, L. (2002). Bipolar disorder: A cognitive therapy approach. Washington, DC: American Psychological Association.

Niemiec, R., & Wedding, D. (2013). Positive psychology at the movies: Using films to build virtues and character strengths (3rd ed.): Cambridge, MA: Hogrefe & Huber.

Nikrahan, G. R., Laferton, J. A. C., Asgari, K., Kalantari, M., Abedi, M. R., Etesampour, A., . . . Huffman, J. C. (2016). Effects of positive psychology interventions on risk biomarkers in coronary patients: A randomized, wait-list controlled pilot trial. Psychosomatics, 57(4), 359. 368.

Nisbett, R. E. (2008). Eastern and Western ways of perceiving the world. In Y. Shoda, D. Cervone, & G. Downey (Eds.), Persons in context: Constructing a science of the individual (pp. 62. 83). New York: Guildford Press.

Nolen-Hoeksema, S., & Davis, C.G. (1999). "Thanks for sharing that": Ruminators and their social support networks. Journal of Personality and Social Psychology, 77, 801. 814.

Nolen-Hoeksema, S., Wisco, B., & Lyubomirsky, S. (2008). Rethinking rumination. Perspectives on Psychological Science, 3(5), 400. 424.

Norem, J. K., & Chang, E. C. (2001). A very full glass: Adding complexity to our thinking about the implications and applications of optimism and pessimism research. In E. C. Chang (Ed.), Optimism and pessimism: Implications for theory, research and practice (pp. 347. 367). Washington, DC: APA Press.

Ochoa, C., Casellas- Grau, A., Vives, J., Font, A., & Borras, J. (2017). Positive psychotherapy for distressed cancer survivors: Posttraumatic growth facilitation reduces posttraumatic stress. International Journal of Clinical and Health Psychology, 17(1), 28. 37.

O'Connell, B. H., O'Shea, D., & Gallagher, S. (2016). Enhancing social relationships through positive psychology activities: A randomised controlled trial. The Journal of Positive Psychology, 11(2), 149. 162.

Odou, N., & Vella- Brodrick, D. A. (2013). The efficacy of positive psychology interventions to increase well- being and the role of mental imagery ability. Social Indicators Research, 110(1), 111. 129. doi:10.1007/ s11205-011-9919-1

Oettingen, G., & Gollwitzer, P. M. (2009). Embodied goal pursuit. European Journal of Social Psychology, 39(7), 1210. 1213.

Oksanen, T., Kouvonen, A., Vahtera, J., Virtanen, M., & Kivimaki, M. (2010). Prospective study of workplace social capital and depression: Are vertical and horizontal components equally important? Journal of Epidemiology and Community Health, 64, 684. 689. doi:10.1136/ jech. 2008.086074

Overall, J. E., & Gorham, D. R. (1962). The Brief Psychiatric Rating Scale. Psychological Reports, 10, 790. 812.

Park, C. L., & Blumberg, C. J. (2002). Disclosing trauma through writing: Testing the meaningmaking hypothesis. Cognitive Therapy and Research, 26, 597. 616.

Park, N., & Peterson, C. (2006). Values in Action (VIA) inventory of character strengths for youth. Adolescent & Family Health, 4, 35. 40.

Park, N., Peterson, C., & Seligman, M. E. P. (2004). Strengths of character and well- being. Journal of Social & Clinical Psychology, 23, 603. 619.

Parks, A. C., & Schueller, S. M. (Eds.). (2014). The Wiley-Blackwell handbook of positive psychological interventions. Oxford: Wiley-Blackwell.

Parks, A., Della Porta, M., Pierce, R. S., Zilca, R., & Lyubomirsky, S. (2012). Pursuing happiness in everyday life: The characteristics and behaviors of online happiness seekers. Emotion, 12, 1222. 1234.

Parks-Sheiner, A. C. (2009). Positive psychotherapy: Building a model of empirically supported self-help (Doctoral dissertation). University of Pennsylvania.

Pediaditakis, N. (2014). The association between major mental disorders and geniuses. Psychiatric Times, 31(9). 32.

Pedrotti, J. T. (2011). Broadening perspectives: Strategies to infuse multiculturalism into a positive psychology course. The Journal of Positive Psychology, 6(6), 506. 513. doi:10.1080 / 17439760. 2011.634817

Peeters, G., & Czapinski, J. (1990). Positive-negative asymmetry in evaluations: The distinction between affective and informational negativity effects. European Review of Social Psychology, 1, 33. 60.

Pennebaker, J. W. (1997). Opening up: The healing power of expressing emotions. New York: Guildford Press.

Pennebaker, J. W., & Evans, J. F. (2014). Expressive writing: Words that heal. Enumclaw, WA: Idyll Arbor.

Peseschkian, N. (2000). Positive psychotherapy. New Delhi: Sterling.

Peseschkian, N., & Tritt, K. (1998). Positive psychotherapy: Effectiveness study and quality assurance. The European Journal of Psychotherapy, 1, 93. 104.

Peterson, C. (2006). Primer in positive psychology. New York: Oxford University Press.

Peterson, C., Park, N., & Seligman, M. E. P. (2005). Orientations to happiness and life satisfaction: The full life versus the empty life. Journal of Happiness Studies, 6, 25. 41.

Peterson, C., Ruch, W., Beerman, U., Park, N., & Seligman, M. E. P. (2007). Strengths of character, orientations to happiness, and life satisfaction. The Journal of Positive Psychology, 2, 149. 156.

Peterson, C., & Seligman, M. E. P. (2004). Character strengths and virtues: A handbook and classification. New York and Oxford: Oxford University Press and Washington, DC: American Psychological Association.

Phillips, L., & Rolfe, A. (2016). Words that work? Exploring client writing in therapy. Counselling and Psychotherapy Research, 16(3), 193. 200.

Pillemer, K., Fuller-Rowell, T. E., Reid, M. C., & Wells, N. M. (2010). Environmental volunteering and health outcomes over a 20-year period. The Gerontologist, 50, 594. 602. doi:10.1093/ geront/ gnq007

Pine, A., & Houston, J. (1993). One door closes, another door opens. Toronto: Delacorte/ Random House Canada.

Pirkis, J. E., Burgess, P. M., Kirk, P. K., Dodson, S., Coombs, T. J., & Williamson, M. K. (2005). A review of the psychometric properties of the Health of the Nation Outcome Scales (HoNOS) family of measures. Health and Quality of Life Outcomes, 3(1), 76.

Pratto, F., & John, O. P. (1991). Automatic vigilance: The attention grabbing power of negative social information. Journal of Personality and Social Psychology, 61, 380. 391.

Proctor, C., Tsukayama, E., Wood, A. M., Maltby, J., Eades, J. F., & Linley, P. A. (2011). Strengths gym: The impact of a character strengths- based intervention on the life satisfaction and wellbeing of adolescents. The Journal of Positive Psychology, 6(5), 377. 388. https:// doi.org/ 10.1080/ 17439760.2011.594079

Proyer, R. T., Gander, F., Wellenzohn, S., & Ruch, W. (2013).What good are character strengths beyond subjective well-being? The contribution of the good character oneself-reported healthoriented behavior, physical fitness, and the subjective health status. The Journal of Positive Psychology, 8, 222. 232.doi:10.1080/ 17439760.2013.777767

Putnum, R. (2000). Bowling alone: The collapse and revival of American community. New York: Simon & Schuster.

Quinlan, D., Swain, N., & Vella- Brodrick, D. A. (2012). Character strengths interventions: Building on what we know for improved outcomes. Journal of Happiness Studies, 13(6), 1145. 1163. doi:10.1007/ s10902-011-9311-5

Quinlan, D. M., Swain, N., Cameron, C., & Vella- Brodrick, D. A. (2015). How "other people matter" in a classroom-based strengths intervention: Exploring interpersonal strategies and classroom outcomes. The Journal of Positive Psychology, 10(1), 77. 89.

Quoidbach, J., Mikolajczak, M., & Gross, J. J. (2015). Positive interventions: An emotion regulation perspective. Psychological Bulletin, 141(3), 655.

Radloff, L. (1977). The CES- D Scale. Applied Psychological Measurement, 1, 385. 401. doi:10.1177/ 014662167700100306

Rapp, C. A., & Goscha, R. J. (2006). The Strengths Model: Case management with people with psychiatric disabilities (2nd ed.). New York: Oxford University Press.

Rashid, T. (2004). Enhancing strengths through the teaching of positive psychology. Dissertation Abstracts International, 64, 6339.

Rashid, T., & Anjum, A. (2008). Positive psychotherapy for young adults and children. In J. R. Z. Abela & B. L. Hankin (Eds.), Handbook of depression in children and adolescents (1st ed., pp. 250. 287). New York: Guilford Press.

Rashid, T., Anjum, A., Lennex, C., Quinlin, D., Niemiec, R., Mayerson, D., & Kazemi, F. (2013). In C. Proctor & A. Linley (Eds.), Research, applications, and interventions for children and adolescents: A positive psychology perspective (2017). New York: Springer.

Rashid, T., Summers, R., & Seligman, M. E. P. (2015). Positive Psychology; Chapter 30, pp-489-499., In A. Tasman., J. Kay, J. Lieberman, M. First & M. Riba (Eds.), Psychiatry (Fourth Edition). Wiley-Blackwell.

Rashid, T., & Howes, R. N. (2016). Positive psychotherapy. In A. M. Wood & J. Johnson (Eds.), The Wiley handbook of positive clinical psychology (pp. 321. 347). Chichester, UK: John Wiley. http:// doi.org/ 10.1002/ 9781118468197

Rashid, T., Howes, R., & Louden, R. (2017). Positive psychotherapy. In M. Slad, L. Oades, & A. Jarden (Eds.), Wellbeing, recovery and mental health (pp. 112. 132). New York: Cambridge University Press.

Rashid, T., & Louden, R. (2013). Student Engagement Inventory (SEI). Unpublished data. University of Toronto Scarborough.

Rashid, T., Louden, R., Wright, L., Chu, R., Lutchmie-Maharaj A., Hakim, I., . . . Kidd, B. (2017). Flourish: A strengths-based approach to building student resilience. In C. Proctor (Ed.), Positive psychology interventions in practice (pp. 29. 45). Amsterdam: Springer.

Rashid, T., & Ostermann, R. F. O. (2009). Strength-based assessment in clinical practice. Journal of Clinical Psychology, 65, 488. 498.

Rashid, T., & Seligman, M. E. P. (2013). Positive psychotherapy. In D. Wedding & R. J. Corsini (Eds.), Current psychotherapies (pp. 461. 498). Belmont, CA: Cengage.

Redondo, R. L., Kim, J., Arons, A. L., Ramirez, S., Liu, X., & Tonegawa, S. (2014). Bidirectional switch of the valence associated with a hippocampal contextual memory engram. Nature, 513, 426. 430. doi:10.1038/ nature13725

Reinsch, C. (2014, May). Adding science to the mix of business and pleasure: An exploratory study of positive psychology interventions with teachers accessing employee assistance counselling. Paper presented at the Canadian Counselling Psychology's Annual Convention, Manitoba.

Retnowati, S., Ramadiyanti, D. W., Suciati, A. A., Sokang, Y. A., & Viola, H. (2015). Hope intervention against depression in the survivors of cold lava flood from Merapi Mount. Procedia. Social and Behavioral Sciences, 165, 170. 178. http:// doi.org/ 10.1016/ j.sbspro.2014.12.619

Rief, W., Nestoriuc, Y., Weiss, S., Welzel, E., Barsky, A. J., & Hofmann, S. G. (2009). Metaanalysis of the placebo response in antidepressant trials. Journal of Affective Disorders, 118(1), 1. 8.

Roepke, A. M. (2015). Psychosocial interventions and posttraumatic growth: A meta- analysis. Journal of Consulting and Clinical Psychology, 83(1), 129. 142.

Ronningstam, E. (2016). Pathological narcissism and narcissistic personality disorder: Recent research and clinical implications. Current Behavioral Neuroscience Reports, 3(1), 34. 42. doi:10.1007/ s40473-016-0060-y

Rozin, P., & Royzman, E. (2001). Negativity bias, negativity dominance, and contagion. Personality and Social Psychology Review, 5, 296. 320.

Ruch, W., Huber, A., Beermann, U., & Proyer, R. T.(2007). Character strengths as predictors of the "good life" in Austria, Germany and Switzerland. In Romanian Academy, George Barit Institute of History, and Department of Social Research (Eds.), Studies and researches in social sciences series humanistica (pp. 123. 131). Cluj-Napoca: Argonaut Press. doi:10.5167/ uzh-3648

Ruckenbauer, G., Yazdani, F., & Ravaglia, G. (2007). Suicide in old age: Illness or autonomous decision of the will? Archives of Gerontology and Geriatrics, 44, 355. 358.

Ruini, C., & Fava, G. A. (2009). Well-being therapy for generalized anxiety disorder. Journal of Clinical Psychology, 65, 510. 519.

Ruini, C., & Vescovelli, F. (2013). The role of gratitude in breast cancer: Its relationships with posttraumatic growth, psychological well-being and distress. Journal of Happiness Studies, 14(1), 263. 274. doi:10.1007/ s10902-012-9330-x

Rust, T., Diessner, R., & Reade, L. (2009). Strengths only or strengths and relative weaknesses? A preliminary study. The Journal of Psychology, 143(5), 465. 476. Retrieved from http://search. proquest.com/ docview/ 213830202?accountid=14771.

Ryan, R. M., Huta, V., & Deci, E. L. (2008). Living well: A self-determination theory perspective on eudaimonia. Journal of Happiness Studies, 9(1), 139. 170.

Ryan, R. M., Lynch, M. F., Vansteenkiste, M., & Deci, E. L. (2011). Motivation and autonomy in counseling, psychotherapy, and behavior change: A look at theory and practice 1ψ7. The Counseling Psychologist, 39(2), 193. 260.

Ryff, C. D. (1989). Happiness is everything, or is it? Explorations on the meaning of psychological well. being. Journal of Personality and Social Psychology, 57, 1069. 1081.

Ryff, C. D., Heller, A. S., Schaefer, S. M., van Reekum, C., & Davidson, R. J. (2016). Purposeful engagement, healthy aging, and the brain. Current Behavioral Neuroscience Reports, 3(4), 318. 327.

Ryff, C. D., & Singer. B. (1996). Psychological well- being: Meaning, measurement, and implications for psychotherapy research. Psychotherapy and Psychosomatics, 65, 14. 23.

Ryff, C. D., Singer, B. H., & Davidson, R. J. (2004). Making a life worth living: Neural correlates of well-being. Psychological Science, 15(6), 367. 372.

Saleebey, D. (1997). The strengths approach to practice. In D. Saleebey (Ed.), The strengths perspective in social work practice (2nd ed., pp. 49. 57). New York: Longman.

Sanjuan, P., Montalbetti, T., Perez-Garcia, A. M., Bermudez, J., Arranz, H., & Castro, A. (2016).

A randomised trial of a positive intervention to promote well- being in cardiac patients. Applied Psychology: Health and Well- Being, 8(1), 64. 84.

Scheel, M. J., Davis, C. K., & Henderson, J. D. (2012). Therapist use of client strengths: A qualitative study of positive processes. The Counseling Psychologist, 41(3), 392. 427. doi:10.1177/0011000012439427

Scheier, M. F., Carver, C. S., & Bridges, M. W. (1994). Distinguishing optimism from neuroticism(and trait anxiety, self-mastery, and self-esteem): A reevaluation of the Life Orientation Test. Journal of Personality and Social Psychology, 67, 1063. 1078. doi:10.1037/ 0022-3514.67.6.1063

Schmid, K. L., Phelps, E., & Lerner, R. M. (2011). Constructing positive futures: Modeling the relationship between adolescents' hopeful future expectations and intentional self regulation in predicting positive youth development. Journal of Adolescence, 34(6), 1127.

Schnell, T. (2009). The Sources of Meaning and Meaning in Life Questionnaire (SoMe): Relations to demographics and well- being, The Journal of Positive Psychology, 4, 483. 499.

Schotanus- Dijkstra, M., Drossaert, C. H., Pieterse, M. E., Walburg, J. A., & Bohlmeijer, E. T. (2015). Efficacy of a multicomponent positive psychology self- help intervention: Study protocol of a randomized controlled trial. JMIR Research Protocols, 4(3), e105. http:// doi.org/ 10.2196/ resprot.4162

Schrank, B., Bird, V., Rudnick, A., & Slade, M. (2012). Determinants, self-management strategies and interventions for hope in people with mental disorders: Systematic search and narrative review. Social Science & Medicine, 74(4), 554. 564.

Schrank, B., Brownell, T., Jakaite, Z., Larkin, C., Pesola, F., Riches, S., . . . Slade, M. (2016). Evaluation of a positive psychotherapy group intervention for people with psychosis: Pilot randomised controlled trial. Epidemiology and Psychiatric Sciences, 25(3), 235. 246. doi:10.1017/ S2045796015000141

Schrank, B., Riches, S., Coggins, T., Rashid, T., Tylee, A., & Slade, M. (2014). WELLFOCUS PPT. modified positive psychotherapy to improve well- being: Study protocol for pilot randomised controlled. Trial, 15(1), 203.

Schrank, B., & Slade, M. (2007). Recovery in psychiatry. Psychiatric Bulletin, 31, 321. 325.

Schrank, B., Stanghellini, G., & Slade, M. (2008). Hope in psychiatry: A review of the literature. Acta Psychiatrica Scandinavica, 118(6), 421. 433.

Schreier, H. M. C., Schonert- Reichl, K. A., & Chen, E. (2013). Effect of volunteering on risk factors for cardiovascular disease in adolescents. JAMA Pediatrics, 167(4), 327. http:// doi.org/ 10.1001/ jamapediatrics.2013.1100

Schueller, S. (2010). Preferences for positive psychology exercises. The Journal of Positive Psychology, 5, 192. 203.

Schueller, S. M., & Parks, A. C. (2012). Disseminating self- help: Positive psychology exercises in an online trial. Journal of Medicine Internet Research 14(3), e63. doi:10.2196/ jmir.1850

Schueller, S. M., Kashdan, T. B., & Parks, A. C., (2014). Synthesizing positive psychological interventions: Suggestions for conducting and interpreting meta- analyses. International Journal of Wellbeing, 4(1), 91. 98. doi:10.5502/ ijw.v4i1.5

Schueller, S. M., & Seligman, M. E. P. (2010). Pursuit of pleasure, engagement, and meaning: Relationships to subjective and objective measures of well- being. The Journal of Positive Psychology, 5(4), 253. 263. doi:10.1080/ 17439761003794130

Schwartz, B. (2004). The paradox of choice: Why more is less (1st ed.). New York: ECCO.

Schwartz, B., & Sharpe, K. E. (2010). Practical wisdom: The right way to do the right thing. New York: Riverhead Books.

Schwartz, B., Ward, A., Monterosso, J., Lyubomirsky, S., White, K., & Lehman, D. R. (2002). Maximizing versus satisficing: Happiness is a matter of choice. Journal of Personality and Social Psychology, 83, 1178. 1197. doi:10.1037/ 0022-3514.83.5.1178

Secker, J., Membrey, H., Grove, B., & Seebohm P. (2002). Recovering from illness or recovering your life? Implications of clinical versus social models of recovery from mental health problems for employment support services. Disability & Society, 17, 403. 418.

Sedikides, C., & Gregg, A. P. (2008). Self- enhancement: Food for thought. Perspectives on Psychological Science, 3, 102. 116.

Segerstrom, S. C. (2007). Optimism and resources: Effects on each other and on health over 10 years. Journal of Research in Personality, 41(4), 772. 786. http:// doi.org/ 10.1016/ j.jrp.2006.09.004

Seligman, M. E. P. (1991). Learned optimism. New York: Knopf.

Seligman, M. E. P. (1995). The effectiveness of psychotherapy: The Consumer Reports study. American Psychologist, 50(12), 965. 974. doi:10.1037/ 0003-066X.50.12.965

Seligman, M. E. P. (2002a). Authentic happiness: Using the new positive psychology to realize your potential for lasting fulfillment. New York: Free Press.

Seligman, M. E. P. (2002b). Positive psychology, positive prevention, and positive therapy. In C. R. Snyder & S. J. Lopez (Eds.), Handbook of positive psychology (pp. 3. 9). New York: Oxford University Press.

Seligman, M. E. P. (2006). Afterword: Breaking the 65 percent barrier. In M. C. I. S. Csikszentmihalyi (Ed.), A life worth living: Contributions to positive psychology (pp. 230. 236). New York: Oxford University Press.

Seligman, M. E. P. (2012). Flourish: A visionary new understanding of happiness and well-being. New York: Simon & Schuster.

Seligman, M. E. P., & Csikszentmihalyi, M. (2000). Positive psychology: An introduction. American Psychologist, 55(1), 5. 14. doi:10.1037/ 0003-066X.55.1.5

Seligman, M. E., Rashid, T., & Parks, A. C. (2006). Positive psychotherapy. American Psychologist, 61, 774. 788. doi: 10.1037/ 0003-066X.61.8.774

Seligman, M. E., Steen, T. A., Park, N., & Peterson, C. (2005). Positive psychology progress: Empirical validation of interventions. American Psychologist, 60, 410. 421. doi:10.1037/ 0003-066X.60.5.410

Shafer, A. B. (2006). Meta- analysis of the factor structures of four depression questionnaires: Beck, CES- D, Hamilton, and Zung. Journal of Clinical Psychology, 62, 123. 146.

Sheldon, K. M., & Lyubomirsky, S. (2006). How to increase and sustain positive emotion: The effects of expressing gratitude and visualizing best possible selves. The Journal of Positive Psychology, 1(2), 73. 82. doi:10.1080/ 17439760500510676

Sheldon, K. M., Ryan, R. M., Deci, E. L., & Kasser, T. (2004). The independent effects of goal contents and motives on well-being: It's both what you pursue and why you pursue it. Personality and Social Psychology Bulletin, 30, 475. 486.

Sheridan, S. M., Warnes, E. D., Cowan, R. J., Schemm, A. V., & Clarke, B. L. (2004). Familycentered positive psychology: Focusing on strengths to build student success. Psychology in the Schools, 41(1), 7. 17.

Siddique, J., Chung, J. Y., Brown, H. C., & Miranda, J. (2012). Comparative effectiveness of medication versus cognitive- behavioral therapy in a randomized controlled trial of low-income young minority women with depression. Journal of Consulting and Clinical Psychology, 80(6), 995. 1006.

Simons, J. S., & Gaher, R. M. (2005). The Distress Tolerance Scale: Development and validation of a self-report measure. Motivation and Emotion, 29, 83. 102. http:// dx.doi.org/ 10.1007/ s11031-005-7955-3

Sin, N. L., & Lyubomirsky, S. (2009). Enhancing well-being and alleviating depressive symptoms with positive psychology interventions: A practice-friendly meta-analysis. Journal of Clinical Psychology, 65, 467. 487. doi:10.1002/ jclp.20593

Sirgy, M. J., & Wu, J. (2009). The pleasant life, the engaged life, and the meaningful life: What about the balanced life? Journal of Happiness Studies, 10, 183. 196.

Skaggs, B. G., & Barron, C. R. (2006). Searching for meaning in negative events: Concept analysis. Journal of Advanced Nursing. doi:10.1111/ j.1365-2648.2006.03761.x

Slade, M. (2010). Mental illness and well-being: The central importance of positive psychology and recovery approaches. BMC Health Services Research, 10(26).

Smyth, J., & Pennebaker, J. (2008). Exploring the boundary conditions of expressive writing: In search of the right recipe. British Journal of Health Psychology, 13, 1. 7.

Snyder, C. R. (1994). The psychology of hope: You can get there from here. New York: Free Press.

Snyder, C. R., Cheavens, J., & Michael, S. T. (2005). Hope theory: History and elaborated model. In J. A. Eliott (Ed.), Interdisciplinary perspectives on hope (pp. 101. 118). New York: Nova Science.

Snyder, C. R., Rand, K., & Sigmon, D. (2002). Hope theory: A member of the positive psychology family. In C. R. Snyder & S. J. Lopez (Eds.), Handbook of positive psychology (pp. 257. 276). New York: Oxford University Press.

Soosai-Nathan, L., Negri, L., & Delle Fave, A. (2013). Beyond pro-social behaviour: An exploration of altruism in two cultures. Psychological Studies, 58(2), 103. 114.

Spanier, G. B. (1976). Measuring dyadic adjustment: New scales for assessing the quality of marriage and similar dyads. Journal of Marriage and the Family, 38, 15. 28.

Spielberger, C. D., Gorsuch, R. L., Lushene, R., Vagg, P. R., & Jacobs, G. A. (1983). Manual for the State-Trait Anxiety Inventory (Form Y). Palo Alto, CA: Consulting Psychologists Press.

Steger, M. F. (2012). Experiencing meaning in life: Optimal functioning at the nexus of spirituality, psychopathology, and well-being. In P. T. P. Wong & P. S. Fry (Eds.), The human quest for meaning (2nd ed, pp. 165. 184). New York: Routledge.

Steger, M. F., Kawabata, Y., Shimai, S., & Otake, K. (2008). The meaningful life in Japan and the United States: Levels and correlates of meaning in life. Journal of Research in Personality, 42(3), 660. 678. doi:10.1016/ j.jrp.2007.09.003

Steger, M. F., & Shin, J. Y. (2010). The relevance of the Meaning in Life Questionnaire to therapeutic practice: A look at the initial evidence. International Forum for Logotherapy, 33, 95. 104.

Stewart, T., & Suldo, S. (2011). Relationships between social support sources and early adolescents' mental health: The moderating effect of student achievement level. Psychology in the Schools, 48(10), 1016. 1033. doi:10.1002/ pits.20607

Stillman, T. F., & Baumeister, R. F. (2009). Uncertainty, belongingness, and four needs for meaning. Psychological Inquiry, 20, 249. 251.

Stoner, C. R., Orrell, M., & Spector, A. (2015). Review of positive psychology outcome measures for chronic illness, traumatic brain injury and older adults: Adaptability in dementia? Dementia and Geriatric Cognitive Disorders, 40(5. 6), 340. 357.

Substance Abuse and Mental Health Services Administration. (2015). Evidence-based practicles. Retrieved from http:// store.samhsa.gov/ facet/ Professional-Research-Topics/ term/ Evidence-Based-Practices?narrowToAdd=For-Professionals&pageNumber=1 on November 27, 2015.

Suldo, S. M., & Shaffer, E. J. (2008). Looking beyond psychopathology: The dual- factor model of mental health in youth. School Psychology Review, 37(1), 52. 68.

Szasz, T. S. (1961). The myth of mental illness: Foundations of a theory of personal conduct. New York: Hoeber.

Tabassum, F., Mohan, J., & Smith, P. (2016). Association of volunteering with mental well-being: A lifecourse analysis of a national population- based longitudinal study in the UK. BMJ Open, 6(8), e011327.

Tedeschi, R. G., & Calhoun, L. G. (1996). The posttraumatic growth inventory: Measuring the positive legacy of trauma. Journal of Traumatic Stress, 9(3), 455. 472.

Tennant, R., Hiller, L., Fishwick, R., Platt, S., Joseph, S., Weich, S., . . . Stewart-Brown, S. (2007). The Warwick-Edinburgh Mental Well-being Scale (WEMWBS): Development and UK validation. Health and Quality of Life Outcomes, 5(1), 63. https:// doi.org/ 10.1186/ 1477-7525-5-63

Terrill, A., Einerson, J., Reblin, M., MacKenzie, J., Cardell, B., Berg, C., . . . Richards, L. (2016). Promoting resilience in couples after stroke: Testing feasibility of a dyadic positive psychologybased intervention. Archives of Physical Medicine and Rehabilitation, 97(10), e62.

e63. https://doi.org/ http:// dx.doi.org/ 10.1016/ j.apmr.2016.08.190

Toepfer, S., & Walker, K. (2009). Letters of gratitude: Improving well- being through expressive writing. Journal of Writing Research, 1(3), 181. 198. http:// dx.doi.org/ 10.17239/jowr-2009.01.03.1

Tong, E. M. W. (2014). Differentiation of 13 positive emotions by appraisals. Cognition & Emotion, 29, 1. 20. doi:10.1080/ 02699931.2014.922056

Toussaint, L., & Webb, J. R. (2005). Theoretical and empirical connections between forgiveness, mental health and well-being. In E. L. Worthington (Ed.), Handbook of forgiveness (pp. 349. 362). New York: Routledge.

Trampe, D., Quoidbach, J., & Taquet, M. (2015). Emotions in everyday life. PLoS One, 10(12), e0145450.

Trompetter, H. R., de Kleine, E., & Bohlmeijer, E. T. (2017). Why does positive mental health buffer against psychopathology? An exploratory study on self-compassion as a resilience mechanism and adaptive emotion regulation strategy. Cognitive Therapy and Research, 41(3), 459. 468.

Tsang, J. (2006). Gratitude and prosocial behavior: An experimental test of gratitude. Cognition and Emotion, 20, 138. 148.

Uliaszek, A. A., Rashid, T., Williams, G. E., & Gulamani, T. (2016). Group therapy for university students: A randomized control trial of dialectical behavior therapy and positive psychotherapy. Behaviour Research and Therapy, 77, 78. 85. http:// dx.doi.org/ 10.1016/ j.brat.2015.12.003

Undurraga, J., & Baldessarini, R. J. (2017). Tricyclic and selective serotonin-reuptake-inhibitor antidepressants compared with placebo in randomized trials for acute major depression. Journal of Psychopharmacology, 31(12), 1624. 1625. doi:10.1177/ 0269881117731294

Van Boven, L., & Gilovich, T. (2003). To do or to have? That is the question. Journal of Personality and Social Psychology, 85, 1193. 1202. doi:10.1037/ 0022-3514.85.6.1193

Van Dillen, L. F., Koole, S. L., Van Dillen, L. F., & Koole, S. L. (2007). Clearing the mind: A working memory model of distraction from negative mood. Emotion, 7(4), 715. 723.

Van Tongeren, D. R., Burnette, J. L., O'Boyle, E., Worthington, E. L., & Forsyth, D. R. (2014). A meta-analysis of intergroup forgiveness. The Journal of Positive Psychology, 9(1), 81. 95. doi:10.1080/ 17439760.2013.844268

Vandenberghe, L., & Silvestre, R. L. S. (2013). Therapists' positive emotions in-session: Why they happen and what they are good for. Counselling and Psychotherapy Research, April, 1. 9. http:// doi.org/ 10.1080/ 14733145.2013.790455

Vazquez, C. (2015). Beyond resilience: Positive mental health and the nature of cognitive processes involved in positive appraisals. The Behavioral and Brain Sciences, 38, e125.

Vazsonyi, A. T., & Belliston, L. M. (2006). The cultural and developmental significance of parenting processes in adolescent anxiety and depression symptoms. Journal of Youth and Adolescence, 35(4), 491. 505.

Vella-Brodrick, D. A., Park, N., & Peterson, C. (2009). Three ways to be happy: Pleasure, engagement, and meaning: Findings from Australian and U.S. samples. Social Indicators Research, 90, 165. 179.

Vertilo, V., & Gibson, J. M. (2014). Influence of character strengths on mental health stigma. The Journal of Positive Psychology, 9(3), 266. 275. doi:10.1080/ 17439760.2014.891245

Visser, P. L., Loess, P., Jeglic, E. L., & Hirsch, J. K. (2013). Hope as a moderator of negative life events and depressive symptoms in a diverse sample. Stress and Health, 29(1), 82. 88. doi:10.1002/ smi.2433

Wade, N., Worthington, E., & Haake, S. (2009). Comparison of explicit forgiveness interventions with an alternative treatment: A randomized clinical trial. Journal of Counseling & Development, 87, 143. 151.

Wallace, J. E. (2013). Social relationships, well- being, and career commitment: Exploring crossdomain effects of social relationships. Canadian Review of Sociology/ Revue Canadienne De Sociologie, 50(2), 135. 153.

Walsh, S., Cassidy, M., & Priebe, S. (2017). The application of positive psychotherapy in mental health care: A systematic review. Journal of Clinical Psychology, 73(6), 638. 651. http:// doi. org/ 10.1002/ jclp.22368

Wammerl, M., Jaunig, J., Maierunteregger, T., & Streit, P. (2015, June). The development of a German Version of the Positive Psychotherapy Inventory Uberschrift (PPTI) and the PERMA- Profiler. Paper presented at the World Congress of International Positive Psychology Association, Orlando, FL.

Wampold, B. E. (2001). The great psychotherapy debate: Models, methods, and findings. Mahwah, NJ: Lawrence Erlbaum.

Wampold, B. E. (2007). Psychotherapy: The humanistic (and effective) treatment. American Psychologist, 62, 857. 873. doi:10.1037/ 0003- 066X.62.8.857

Watkins, C. E. (2010). The hope, promise, and possibility of psychotherapy. Journal of Contemporary Psychotherapy, 40, 195. 201. doi:10.1007/ s10879-010-9149-x

Watkins, P. C., Cruz, L., Holben, H., & Kolts, R. L. (2008). Taking care of business? Grateful processing of unpleasant memories. The Journal of Positive Psychology, 3, 87. 99.

Watkins, P. C., Grimm, D. L., & Kolts, R. (2004). Counting your blessings: Positive memories among grateful persons. Current Psychology, 23, 52. 67.

Weber, M. (2002). The Protestant ethic and the spirit of capitalism. New York: Penguin. (Original work published 1905)

Weiten, W. (2006). A very critical look at the self- help movement: A review of SHAM: How the self help movement made America helpless. Psycritiques, 51, 2.

Wilson, T. D. (2009). Know thyself. Perspectives on Psychological Science, 4(4), 384. 389. http:// dx.doi.org/ 10.1111/ j.1745-6924.2009.01143.x

Wilson, T. D., & Gilbert, D. T. (2003). Affective forecasting. In M. P. Zanna (Ed.), Advances in experimental social psychology (Vol. 35, pp. 345. 411). San Diego, CA: Academic Press.

Winslow, C. J., Kaplan, S. A., Bradley-Geist, J., Lindsey, A. P., Ahmad, A. S., & Hargrove, A. K. (2016).

An examination of two positive organizational interventions: For whom do these interventions work? Journal of Occupational Health Psychology, 22(2), 129.

Wong, Y. J., Owen, J., Gabana, N. T., Brown, J. W., Mcinnis, S., Toth, P., & Gilman, L. (2018). Does gratitude writing improve the mental health of psychotherapy clients? Evidence from a randomized controlled trial. Psychotherapy Research, 28(2), 192. 202. http:// doi.org/ 10.1080/10503307.2016.1169332

Wood, A. M., Froh, J. J., & Geraghty, A. W. A. (2010). Gratitude and well-being: A review and theoretical integration. Clinical Psychology Review, 30(7), 890. 905. doi:10.1016/ j.cpr.2010.03.005

Wood, A. M., & Johnson, J. (Eds.). (2016). The Wiley handbook of positive clinical psychology. Chichester, UK: John Wiley. http:// doi.org/ 10.1002/ 9781118468197

Wood, A. M., & Joseph, S. (2010). The absence of positive psychological (eudemonic) well-being as a risk factor for depression: A ten year cohort study. Journal of Affective Disorders, 122(3), 213. 217. doi:10.1016/ j.jad.2009.06.032

Wood, A. M., Joseph, S., & Linley, P. (2007). Coping style as a psychological resource of grateful people. Journal of Social and Clinical Psychology, 26(9). 1076. 1093.

Wood, A. M., Joseph, S., Lloyd, J., & Atkins, S. (2009). Gratitude influences sleep through the mechanism of pre-sleep cognitions. Journal of Psychosomatic Research, 66(1), 43. 48. doi:10.1016/ j.jpsychores.2008.09.002

Wood, A. M., Linley, P. A., Maltby, J., Kashdan, T. B., & Hurling, R. (2011). Using personal and psychological strengths leads to increases in well-being over time: A longitudinal study and the development of the Strengths Use Questionnaire. Personality and Individual Differences, 50(1), 15. 19. doi:10 .1016/ j.paid.2010.08.004

Wood, A. M., Maltby, J., Gillett, R., Linley, P. A., & Joseph, S. (2008). The role of gratitude in the development of social support, stress, and depression: Two longitudinal studies. Journal of Research in Personality, 42, 854. 871.

Wood, A. M., & Tarrier, N. (2010). Positive clinical psychology: A new vision and strategy for integrated research and practice. Clinical Psychology Review, 30(7), 819. 829. doi:10.1016/ j. cpr.2010.06.003

Wood, A. M., Taylor, P. T., & Joseph, S. (2010). Does the CES- D measure a continuum from depression to happiness? Comparing substantive and artifactual models. Psychiatry Research, 177, 120. 123.

Worthington, E. L. (2006). Forgiveness and reconciliation: Theory and application. New York: Routledge.

Worthington, E. L., & Drinkard, D. T. (2000). Promoting reconciliation through psychoeducational and therapeutic interventions. Journal of Marital and Family Therapy, 26, 93. 101.

Worthington, E. L., Hook, J. N., Davis, D. E., & McDaniel, M. A. (2011). Religion and spirituality. Journal of Clinical Psychology, 67(2), 204. 214. doi:10.1002/ jclp.20760

Worthington, E. L. Jr., & Wade, N.G. (1999). The psychology of unforgiveness and forgiveness and implications for clinical practice. Journal of Social & Clinical Psychology, 18, 385. 418.

Worthington, E. L., Witvliet, C. V. O., Pietrini, P., & Miller, A. J. (2007). Forgiveness, health, and well-being: A review of evidence for emotional versus decisional forgiveness, dispositional forgivingness, and reduced unforgiveness. Journal of Behavioral Medicine, 30(4), 291. 302. https:// doi.org/ 10.1007/ s10865-007-9105-8

Worthington, E. L. Jr. (Ed.). (2005). Handbook of forgiveness. New York: Brunner-Routledge.

Wright, B. A., & Lopez, S. J. (2009). Widening the diagnostic focus: A case for including human strengths and environmental resources. In S. J. Lopez & C. R. Snyder (Eds.), The handbook of positive psychology (pp. 71. 87). New York: Oxford University Press. doi:10.1093/ oxfordhb/9780195187243.013.0008

Wrzesniewski, A., McCauley, C., Rozin, P., & Schwartz, B. (1997). Jobs, careers, and callings: People's relations to their work. Journal of Research in Personality, 31, 21. 33.

Yalom, I. D. (1980). Existential psychotherapy. New York: Basic Books.

Young, K. C., Kashdan, T. B., & Macatee, R. (2015). Strength balance and implicit strength measurement: New considerations for research on strengths of character. The Journal of Positive Psychology, 10(1), 17. 24. doi:10.1080/ 17439760.2014.920406

Zalaquett, C. P., Fuerth, K. M., Stein, C., Ivey, A. E., & Ivey, M. B. (2008). Reframing the DSM-IVTR from a multicultural/ social justice perspective. Journal of Counseling & Development, 86, 364. 371. doi:10.1002/ j.1556-6678.2008.tb00521.x

Zung, W. W. K. (1965). A self-rating depression scale. Archives of General Psychiatry, 12, 63. 70.

색인